English—
Norwegian
Norwegian—
English

Dictionary

English—
Norwegian
Norwegian—
English
Dictionary

Revised by
Egill Daae Gabrielsen

HIPPOCRENE BOOKS

NEW YORK

ISBN 0-88254-615-5
Library of Congress Catalog Card Number: 80-8995

© Kunnskapsforlaget
H. Aschehoug and Co.   (W. Nygaard) A/S og
A/S Gyldendal Norsk Forlag, Oslo 1980

New, Second Revised Edition, 1986
Third Revised Edition, 1990

HIPPOCRENE BOOKS, INC.
171 Madison Ave.
New York, N.Y. 10016

Manufactured in the United States of America

PREFACE

This English-Norwegian/Norwegian-English dictionary is intended to supply the need for a practical and handy pocket dictionary for tourists and people who are studying Norwegian. Therefore it also in its English/Norwegian part gives ample information about the gender of Norwegian nouns. Norwegian nouns have three genders: masculine, feminine and neuter, but for a tourist or for a student at a more elementary stage it will be sufficient to distinguish between two genders: 1) masc./fem. = *common gender (c)*, and 2) *neuter gender (n)*. The definite form of common gender nouns has the ending *-en* (horse = hest; the horse = hest*en*); neuter gender *-et* (house = hus; the house = hus*et*). There is also a great need for information about Norwegian irregular verbs. We have, therefore, inserted a list of the most frequent irregular verbs in Norwegian with their infinitive, past and perfect tenses.

Oslo 1980

SOME SIMPLE RULES FOR THE PRONUNCIATION OF NORWEGIAN

In general, the pronunciation of Norwegian is easy. The spelling is more consistent than in English, and there is a closer correspondence between spelling and pronunciation. Still, as in English, many words contain one or more letters that are not pronounced. A few general rules can be given on his point. E.g, the final -g in adjectives ending in -ig, -lig is not heard; neither is the final -t in the def sg. form of neuter nouns, e.g. **huset**, «the house», nor -t in the very common pronoun **det**, «it, that».

For most language sounds near equivalents can be found in both languages, although they are often spelled differently. Still there are some points of difference that should be noted even at an elementary stage.

The Norwegian alphabet has three more letters than the English: Æ æ, Ø ø, Å å. Their sound value can be shown by the following comparison with English words:

Æ æ. long: lær «leather» cp. lair. The short æ sound is always spelled e; it is most frequently found preceding r, e.g. verden «world» cp. larry, laird.

Ø ø. short: øst «east» cp. dust. Long: død «dead, death» cp bird. The common diphtong øy, as in øy «island», øye «eye» has no near equivalent in English; the nearest is probably the vowel sound in buoy, buoyed.

Å å. short: måtte «must» cp. got. The short å sound is very often spelled o e. g. konge «king», kopp «cup». Long: båt «boat» cp. bought.

A vowel is always short when followed by a geminated consonant or a consonant cluster. It is always long when followed by a single consonant.

Difficult sounds are:
Y y. sounds much like

French *u*, e.g. h*y*tte (short) «hut, cabin» cp. Fr. h*u*tte, and l*y*s (long, «light», cp. Fr. l*u*ne.

kj. sounds like German *ch*, e.g. *kj*emi «chemistry», *Ki*na «China» cp. Germ. *Che*mie.

ABBREVIATIONS AND SYMBOLS

~ replaces the word which is at the head of the entry
~- replaces the head-word with a hyphen
~- replaces the word which is at the head of the entry plus a se-
  cond preceeding link (e.g.) chair – – – ~ man – – –
  ~ ~ ship chairmanship
| indicates that only the part of the head-word which is before
  the stroke is replaced by ~ or ~ -

---

adj adjective
adv adverb
agr agriculture
amr american
anat anatomy
art article
ast astronomy
bergv mining
bibl biblical
bot botany
brit British
c common gender
dt colloquial
el or
elektr electricity
eng English
etc etcetera
fig figurative(ly)
filos philosophy
fork abbreviation

fotogr photography
fys physics
gen genitive case
geo(l) geology
geom geometry
gram grammar
hand commerce
is especially
itr intransitive
jernb railway
jur law
kjem chemistry
koll collective
konf conjunction
konkr concrete
mar navigation
mat mathematics
med medicine
merk commerce
mil military

mly mineralogy
mus music
n neuter gender
num numeral
ogs also
o.l. and the like
omtr approximately
osv and so on
poet poetical
pol politics
pron pronoun
prp preposition

rad radio
rel(g) religion
s noun
teat(r) theatre
tekn engineering
typogr printing term
ubest indefinite
v verb
vanl general(ly)
vi intransitive verb
vt transitive verb
zool zoology

SOME NORWEGIAN
IRREGULAR VERBS

be, *ask, beg* - bad - bedt
binde, *bind, tie* - bandt - bundet
bite, *bite* - bet - bitt
bli, *be* - ble - blitt
brekke, *break* - brakk - brukket
brenne, *burn* - brant - brent
bryte, *break* - brøt - brutt
by, *ask, offer* - bød - budt
bære, *carry* - bar - båret
dra, *pull* - drog - dratt
drikke, *drink* - drakk -drukket
falle, *fall* - falt - falt
finne, *find* - fant - funnet
fly, *fly* - fløy - fløyet
flyte, *float* - fløt - flytt
fryse, *freeze* - frøs - frosset
fyke, *drift* - føk - føket
få, *get* - fikk - fått
gi, *give* - gav - gitt
gni, *rub* - gned - gnidd
gripe, *grasp* - grep - grepet
gråte, *cry* - gråt - grått
gå, *walk, go* - gikk - gått
henge, *hang* - hang - hengt
hjelpe, *help* - hjalp - hjulpet
holde, *hold* - holdt - holdt
knekke, *crack, break* - knakk - knekket
komme, *come* - kom - kommet
krype, *creep* - krøp - krøpet
la, *let* - lot - latt
ligge, *lie* - lå - ligget

lyve, *lie* - løy - løyet
løpe, *run* - løp - løpt
nyse, *sneeze* - nøs - nyst
nyte, *enjoy* - nøt - nytt
pipe, *pipe* - pep - pepet
rekke, *reach* - rakk - rukket
ri, *ride* - red - ridd
rive, *tear* - rev - revet
ryke, *smoke, burst* - røk - røkt/røket
se, *see, look* - så - sett
sitte, *sit* - satt - sittet
skjelve, *tremble* - skalv - skjelvet
skjære, *cut* - skar - skåret
skrike, *cry, shout* - skrek - skreket
skrive, *write* - skrev - skrevet
skyte, *shoot* - skjøt - skutt
skyve, *push* - skjøv - skjøvet
slippe, *let go, release* - slapp - sluppet
slå, *hit, beat* - slo - slått
slåss, *fight* - sloss - slåss
smelle, *bang, crack* - smalt - smelt
sove, *sleep* - sov - sovet
sprekke, *crack, burst* - sprakk - sprukket
springe, *run, burst* - sprang - sprunget
stikke, *sting* - stakk - stukket
stjele, *steal* - stjal - stjålet
strekke, *stretch* - strakk - strukket

stryke, *stroke, rub, iron* - strøk
  - strøket
stå, *stand* - stod - stått
svinne, *vanish* - svant - svun-
  net
synge, *sing* - sang - sunget
synke, *sink* - sank - sunket

ta, *take* - tok - tatt
treffe, *hit, meet* - traff - truffet
trekke, *pull, draw* - trakk -
  trukket
vinne, *win* - vant - vunnet
være, *be* - var - vært

English–
Norwegian
Dictionary

A

a [ei, ə], en, et.
aback [ə'bæk] *mar* bakk; **taken ~** forbauset, forbløffet.
abandon [ə'bændn] oppgi, forlate; **~ed**, løssluppen; **~ment**, oppgivelse *c*.
abash [ə'bæʃ] gjøre skamfull.
abate [ə'beit] minske, forringe; **~ment**, minking *c*, reduksjon *c*.
abbess ['æbis] abbedisse *c*; **~ey**, abbedi *n*; **~ot**, abbed *c*.
abbreviate [ə'bri:vieit] forkorte; **~ion**, forkortelse *c*.
ABC [eibi'si] abc, alfabet *n*.
abdicate ['æbdikeit] frasi seg; **~ion**, (tron)frasigelse *c*.
abed [ə'bed] i seng.
aberration [æbə'reiʃn] avvik *n*, villfarelse *c*.

abet [ə'bet] tilskynde, hjelpe.
abeyance [ə'beiəns] uavgjorthet *c;* **in ~**, i bero.
abhor [əb'hɔ:] avsky; **~rence**, avsky *c*, vemmelse *c;* **~rent**, avskyelig, vemmelig.
abide [ə'baid] **(by)** stå, holde fast (ved); avvente.
abridge [ə'bridʒ] forkorte, sammendra; **~(e)ment**, forkortelse *c*, utdrag *n*.
abroad [ə'brɔ:d] ute, i (*el* til) utlandet.
abrogate ['æbrogeit] oppheve.
abrupt [ə'brʌpt] bratt; plutselig.
abscond [æb'skɔnd] rømme, stikke av.
absence ['æbsəns] fravær *n;* mangel *c*.
absent ['æbsənt] fraværende; **~minded**, distré.
absolute ['æbsəlu:t] absolutt.

absorb [əb'sɔ:b] suge inn, oppta; ~ **ption**, inn-, oppsuging c.

abstain [əb'stein] avholde seg; ~ **er**, avholdsmann c.

abstention [æb'stenʃn] avhold n (**from** fra).

abstinence ['æbstinəns] avhold(enhet) n (c).

abstract ['æbstrækt] abstrakt; utdrag n.

absurd [əb'sə:d] absurd, tåpelig; ~ **ity**, meningsløshet, urimelighet c.

abundance [ə'bʌndəns] overflod c (**of** på); ~ **t**, rikelig.

abuse [ə'bju:z] misbruke; skjelle ut; misbruk n; ~ **ive**, grov.

abyss [ə'bis] avgrunn c.

academic [ækə'demik] akademisk; akademiker c; ~ **ician**, akademiker c; medlem n av et akademi; ~ **y**, akademi n.

accede [æk'si:d] ~ **to** etterkomme, imøtekomme.

accelerate [æk'seləreit] fremskynde; mot gi gass c; ~ **ion**, akselerasjon c; ~ **or**, gasspedal c.

accent ['æksənt] aksent c; uttale c; tonefall n. v

[æk'sent] betone; ~ **uate**, betone, fremheve; ~ **uation**, betoning c, aksentuering c.

accept [ək'sept] ta imot, si ja til, godta; ~ **able**, antakelig; ~ **ance**, godtagelse c; aksept c; ~ **or**, hand akseptant c.

access ['ækses] adgang c; med anfall n; ~ **ible**, tilgjengelig (**to** for).

accession [æk'seʃn] tiltredelse c; tilgang c.

accessory [æk'sesəri] underordnet c; medskyldig (**to** i); ~ **ies**, tilbehør n.

accident ['æksidənt] tilfelle n, ulykkestilfelle n; ~ **insurance**, ulykkesforsikring c; ~ **al**, tilfeldig.

acclamation [æklə'meiʃn] bifallsrop n.

accommodate [ə'kɔmədeit] tilpasse; imøtekomme; huse; ~ **ing**, imøtekommende; ~ **ion**, tilpasning c; plass c, husly n. **seating** ~ **ion**, sitteplass c.

accompaniment [ə'kʌmpənimənt] ledsagelse c, akkompagnement n; ~ **any**, ledsage, akkompagnere.

accomplish [ə'kɔmpliʃ]

fullføre; klare, greie;
~ed, dannet, talentfull;
~ment, fullføring c; fer-
dighet c.

accord [ə'kɔ:d] samsvar c;
enighet c; mus akkord c;
v innvilge; forsone;
stemme overens (with
med); ~ance, overens-
stemmelse c; ~ing to,
ifølge; ~ingly, følgelig.

accordion [ə'kɔ:diən]
trekkspill n.

account [ə'kaunt] konto c,
regning c; pl accounts
regnskap(er) c; beret-
ning c; on no ~, på
ingen måte c; on ~ of,
på grunn av; take into
~, ta i betraktning c; ~
for, gjøre rede for; for-
klare; ~able, ansvarlig;
~ant, bokholder c, re-
visor c; ~book, regn-
skapsbok c; ~ current
kontokurant c.

accredit [ə'kredit] akkredi-
tere (to hos), gi fullmakt
c; ~ed, anerkjent.

accumulate [ə'kju:mjuleit]
samle, hope (seg) opp,
tilta; ~ion, opphopning
c.

accuracy ['ækjurəsi] nøy-
aktighet c; ~te, nøyak-
tig.

accusation [ækju'zeiʃn]
anklage c; ~e, v ankla-
ge; ~er, anklager c.

accustom [ə'kʌstəm] venne
(to til); ~ed, vant; van-
lig.

ace [eis] ess n (i kortspill).

acetate ['æsiteit] kjem ed-
diksurt salt n; ~ify, gjø-
re sur.

ache [eik] smerte; verke.

achieve [ə'tʃi:v] utrette;
fullføre; vinne, (opp)nå;
~ment, fullføring c; be-
drift c, dåd c.

acid ['æsid] sur; syre c;
~ity, surhet c; ~ulous
syrlig.

acknowledge [ək'nɔlidʒ]
erkjenne, bekrefte; inn-
rømme; ~ment, inn-
rømmelse c; anerkjen-
nelse c; erkjennelse c.

acoustics [ə'ku:stiks] akus-
tikk c.

acquaint [ə'kweint] gjøre
kjent; ~ance, bekjent-
skap n; kjenning c.

acquire [ə'kwaiə] erverve,
oppnå; ~ment, erver-
velse c.

acquisition [ækwi'ziʃn] er-
vervelse c.

acquit [ə'kwit] frikjenne
(of for); ~tal, frikjen-
ning c.

acre ['eikə] eng. flatemål 4046,9 m²; ~ age, flateinnhold *n*.

across [ə'krɔ:s] (tvers) over; come ~, støte på.

act [ækt] handling *c*, gjerning *c;* forordning *c*, vedtak *n*, lov *c;* akt *c* (i skuespill); dokument *n;* fungere; handle, opptre; innvirke (on på); spille, agere; ~ ing, handling; spill *n* (på scenen); ~ ion, handling, gjerning *c; jur* prosess *c*, søksmål *n*.

active ['æktiv] aktiv, virksom; ~ ity, virksomhet *c;* aktivitet *c*.

actor ['æktə], actress, skuespiller(inne) *c*.

actual ['æktjuəl], ['ækt∫uəl] virkelig, faktisk.

acute [ə'kju:t] skarp; gløgg.

adapt [ə'dæpt] tilpasse, bearbeide (from etter); ~ ability, tilpasningsevne *c;* ~ able, tilpasningsdyktig; ~ ation, tillemping *c;* bearbeidelse *c*.

add [æd] tilføye; addere; ~ up, regne sammen.

addict ['ædikt] slave av last *c;* ~ ed to, henfallen til.

addition [ə'di∫n] tilføyelse *c;* addisjon *c;* in ~, dessuten.

address [ə'dres] henvendelse *c*, adresse *c;* behendighet *c;* offentlig tale *c; v* henvende, tiltale; adressere.

adequacy ['ædikwəsi] tilstrekkelighet *c*, riktig forhold *n;* ~ te, passende, tilstrekkelig.

adhere [əd'hiə] henge fast (to ved); ~ nt, tilhenger.

adhesive [əd'hi:siv] klebende; ~ plaster, heftplaster *n*.

adjacent [ə'dʒeisnt] tilstøtende.

adjourn [ə'dʒə:n] utsette; heve (om møte).

adjunct ['ædʒʌŋkt] tilleggs-; tillegg *n;* medhjelper *c*.

adjust [ə'dʒʌst] innstille; ordne; ~ ment, innstilling *c*, justering *c;* bileggelse *c* (av tvist).

administer [əd'ministə] forvalte, styre; tildele, gi; ~ ration, forvaltning *c;* ~ rator, bestyrer *c*, administrator *c*.

admirable ['ædmərəbl] beundringsverdig, utmerket; ~ tion, beundring *c*.

admire [əd'maiə] beundre; ~r, beundrer c.

admissible [əd'misəbl] tillatelig; ~ion, adgang c; innrømmelse c.

admit [əd'mit] innrømme; slippe inn; **no** ~**tance**, ingen adgang! ~**tedly**, riktignok, ganske visst.

admixture [əd'mikstʃə] tilsetning(sstoff) c.

ado [ə'du:] ståhei n, oppstyr n.

adolescent [ædo'lesnt] halvvoksen.

adopt [ə'dɔpt] adoptere, anta; ~**ion**, adopsjon c, antagelse c.

adorable [ə'dɔ:rəbl] bedårende; ~**ation**, tilbedelse c; ~**e**, tilbe; forgude.

adorn [ə'dɔ:n] smykke, pryde; ~**ment**, prydelse c, utsmykning c.

adroit [ə'drɔit] behendig.

adult ['ædʌlt] voksen c.

adulterate [ə'dʌltəreit] forfalske; ~**ation**, forfalskning c; ~**er**, ~**ess**, ekteskapsbryter(ske) c; ~**y**, ekteskapsbrudd n.

advance [əd'va:ns] fremskritt n; fremrykning c; avansement n; forskudd n; (pris) forhøyelse c; v gå (sette) fram; ~**ment**, forfremmelse c.

advantage [əd'va:ntidʒ] fordel c.

advantageous [ædvən'teidʒəs] fordelaktig.

adventure [əd'ventʃə] opplevelse c; eventyr n; ~**er**, eventyrer c.

adversary ['ædvəsəri] motstander c; ~**e**, fiendtlig, ugunstig.

adversity [əd'və:siti] motgang c; ulykke c.

advertise ['ædvətaiz] reklamere, kunngjøre, avertere; ~**ement**, annonse c; ~**er** annonsør c; ~**ing**, reklame c; ~**ing agency**, reklamebyrå n; ~**ing film**, reklamefilm c; ~**ing space**, annonseplass c.

advice [əd'vais] råd n; underretning c; **a piece of** ~, et råd.

advisable [əd'vaizəbl] tilrådelig.

advise [əd'vaiz] underrette (**of** om); råde; advisere; ~**edly**, med velberådd hu; ~**er**, rådgiver c.

advocacy ['ædvəkəsi] forsvar n; ~**te**, talsmann c; advokat c; forfekte.

aerial [ɛəriəl] luft-, luftig; antenne c.

aero ['ɛərou] fly-; ~**dro-**

me, flyplass *c;* ~**gram,** trådløst telegram *n;* ~**plane,** fly *n.*

afar [əˈfɑ:] langt borte.

affair [əˈfɛə] sak *c,* affære *c.*

affect [əˈfekt] virke på; berøre; hykle; ~**ation,** påtatt vesen *n;* ~**ed,** affektert; ~**ion,** hengivenhet *c;* ~**ionate,** kjærlig, hengiven.

affiliate [əˈfilieit] knytte **(to** til); ~**ion,** tilknytning *c.*

affirm [əˈfə:m] forsikre; bekrefte; ~**ation,** bekreftelse *c,* forsikring *c;* ~**ative,** bekreftende.

afflict [əˈflikt] bedrøve; ~**ion,** lidelse *c;* prøvelse *c;* sorg *c.*

affluence [ˈæfluəns] tilstrømning *c;* velstand *c;* ~**t society,** velstandssamfunn *n.*

afford [əˈfɔ:d] ha råd til; yte.

afield [əˈfi:ld] ut(e) på marken; **far** ~, langt borte, helt på villspor.

afloat [əˈflout] *mar* flott; flytende.

afoot [əˈfut] til fots; i gjære.

afraid [əˈfreid] redd **(of for).**

afresh [əˈfreʃ] på ny.

Africa [ˈæfrikɑ] Afrika; ~**n,** afrikaner, *c,* afrikansk.

aft akter-.

after [ˈɑ:ftə] etter; etter at; ~**birth,** etterbyrd *c;* ~**body,** akterskip *n;* ~**crop,** ettergrøde *c;* ~**glow,** aftenrøde *c;* ~**math,** etterslett *n,* følger *c;* ~**noon,** ettermiddag *c* (etter kl. 12); ~**s,** *pl* dessert, etterrett *c;* ~**wards,** etterpå.

again [əˈgen, əˈgein] igjen; på den annen side; **now and** ~, nå og da; ~ **and** ~, gang på gang; ~**st,** mot.

age [eidʒ] (tids)alder *c;* **of** ~, myndig; **under** ~, umyndig; ~**d,** gammel av år.

agency [ˈeidʒənsi] virksomhet *c;* agentur *n;* byrå *n;* ~**da** dagsorden *c;* ~**t,** agent *c.*

agglomerate [əˈglɔmәreit] klumpe (seg) sammen.

aggravate [ˈægrәveit] forverre, skjerpe; irritere; ~**ion,** forverring, ergrelse *c.*

aggregate [ˈægrigeit] samle, oppsamle; [ˈægrigit]

samlet; samling *c*, opp-
hopning *c*, aggregat *n*.
aggression [əˈgreʃn] an-
grep ~**ive**, stridbar, på-
gående.
ago [əˈgou] for – siden;
long ~, for lenge siden.
agonize [ˈægənaiz] pi-
ne(s); ~**izing**, pinefull;
~**y**, dødskamp *c*, pine
c.
agrarian [əˈgreəriən] agrar
c, agrarisk, jordbruks-.
agree [əˈgriː] stemme
(overens), bli (være)
enig (**on**, **in** om, **to** om
å), samtykke (**to** i, **that**
i at); ~**able**, behagelig,
overensstemmende (**to**
med); ~**ment**, enighet *c*;
overenskomst *c*.
agricultural [ˌægriˈkʌl-
tʃərəl] jordbruks-; ~**e**,
jordbruk *n*.
aground [əˈgraund] på
grunn.
ahead [əˈhed] fremover,
foran; **go** ~ ! kjør i vei!
aid [eid] hjelpe; hjelp *c*.
ail [eil] være syk, hangle;
~**ing**, skrantende;
~**ment**, illebefinnende
n, sykdom *c*.
aim [eim] sikte *n*; mål *n*;
sikte (**at** på), trakte, stre-
be etter (**at** etter);

~**less**, uten mål.
air [ɛə] luft *c*, luftning *c*;
by ~ med fly; lufte ut,
gi luft, tørke; mine *c*,
utseende *n pl* airs, viktig
vesen *n*; melodi *c*, arie
c; **in the open** ~, ute i
det fri; **on the** ~, i
radio; ~**-base**, flybase
c; ~**-borne**, flybåren;
~**-conditioning** luftkon-
disjonering *c*; ~**craft**
luftfartøy *n*; fly *n*; ~
force, luftvåpen *n*;
~**ing**, spasertur *c*; ~**-li-**
ner, rutefly *n*; ~**-mail**,
luftpost *c*; ~**man**, flyger
c; ~**-pipe**, luftrør *n*;
~**plane**, *amr* fly *n*;
~**pocket**, lufthull *n*; ~**-**
port, lufthavn *c*; ~**-raid**,
luftangrep *n*; ~**-tight**,
lufttett; ~**-way**, flyrute;
~**y**, luftig; flott, lettvint.
aisle [ail] midtgang *c*.
ajar [əˈdʒaː] på gløtt.
akin [əˈkin] beslektet (**to**
med).
alarm [əˈlaːm] alarm,
angst *c*; alarmere, eng-
ste; ~**clock**, vekkerur *n*.
alas [əˈlaːs] akk! dessver-
re!
alcohol [ˈælkəhɔl] alkohol
c; ~**ic**, alkoholisk; alko-

holiker c; ~ism, alko-
holisme c.
alder ['ɔ:ldə] older c, or c.
alderman ['ɔ:ldəmən] råd-
mann c.
ale [eil] (engelsk) øl n.
alert [ə'lə:t] årvåken;
(fly-)alarm c; **on the ~**,
på post.
alien ['eiliən], fremmed,
utenlandsk; utlending c;
~ate, avhende; støte fra
seg; avhendelse c; like-
gyldighet c.
alight [ə'lait] stige ned, ut.
alike [ə'laik] lik(edan).
alive [ə'laiv] i live, leven-
de.
all [ɔ:l] alt, alle, all, hel;
after ~ når alt kommer
til alt; **not at ~**, slett
ikke; **~ the same**, like-
vel; **~ right**, i orden; **~
over**, over det hele.
allege [ə'ledʒ] påstå.
allegorical [æli'gɔrikl]
sinnbilledlig, allegorisk.
alleviate [ə'li:vieit] lindre;
~ion, lettelse c, lindring
c.
alley ['æli] allé c, smug n.
All Fools' Day [ɔ:l fu:lz
dei] 1. april.
alliance [ə'laiəns] forbund
n; ~ed ['ælaid] alliert c.
allocate ['æləkeit] tildele.

allocation [ælə'keiʃn] til-
deling c.
allot [ə'lɔt] tildele;
~ment, tildeling c; lott
c; parsell c.
allow [ə'lau] tillate; inn-
rømme; gi; ~able, tilla-
telig; ~ance, innrøm-
melse c; rasjon c; kost-,
lommepenger c; under-
støttelse c; rabatt c.
alloy ['ælɔi] legering c.
all-round [ɔ:l raund] all-
sidig.
All Saints' Day, allehel-
gensdag c; ~ **Souls'
Day,** allesjelesdag c.
allude [ə'l(j)u:d] hentyde
(to til).
allure [ə'l(j)u:ə] (for)lok-
ke; ~ment, tillokking c,
lokkemat c.
allusion [ə'l(j)u:ʃn] hen-
tydning c.
ally ['ælai] alliert c, for-
bundsfelle c; [ə'lai] for-
binde, alliere.
almighty [ɔ:l'maiti] all-
mektig.
almond ['a:mənd], mandel
c.
almost ['ɔ:lmoust] nesten.
alms [a:mz] *(pl = sg)*
almisse c.
aloft [ə'lɔft] til værs.
alone [ə'loun] alene, ens-

lig; **to let** *(el* **leave)** ~, å la i fred.

along [ə'lɔŋ] langs (med); av sted; bortover.

aloof [ə'lu:f] fjern; reservert.

aloud [ə'laud] høyt, lydelig.

alp, the Alps, Alpene; **-ine,** alpe-.

alphabet ['ælfəbet] alfabet.

already [ɔ:l'redi] allerede, alt.

also ['ɔ:lsou] også, dessuten.

altar ['ɔ:ltə], alter *n.*

alter ['ɔ:ltə] forandre, endre; ~ **ation,** forandring *c.*

alternate ['ɔ:ltəneit] veksle, skifte; [ɔl'tə:nit] vekselvis; ~ **tion,** avveksling *c;* ~ **tive,** mulighet *c,* alternativ *n,* valg *n.*

although [ɔ:l'ðou] skjønt, selv om.

altitude ['æltit(j)u:d] høyde *c.*

altogether [ɔ:ltə'geðə] aldeles, ganske; alt i alt.

alum ['æləm] alun *c.*

aluminium [ælju'miniəm] el. *amr* **aluminum** [ə'lu:-minəm] aluminium *n.*

always ['ɔ:lwəz] alltid.

a.m. [ei em] = **ante me-**ridiem, (om) formiddag(en).

amalgamation [əmælgə'meiʃn] sammensmelting *c,* fusjon *c.*

amateur ['æmətə:] amatør *c.*

amaze [ə'meiz] forbløffe; ~ **ement,** forbauselse *c,* forbløffelse *e;* ~ **ing,** forbløffende.

ambassador [æm'bæsədə] ambassadør *c.*

amber ['æmbə] rav *n* (-gul).

ambiguity [æmbi'gjuiti] tvetydighet *c;* ~ **guous,** tvetydig.

ambition [æm'biʃn] ærgjerrighet *c;* ~ **us,** ærgjerrig.

ambulance ['æmbjuləns] ambulanse *c.*

ambuscade [æmbəs'keid] = **ambush** ['æmbuʃ] bakhold *n;* ligge (legge) i bakhold.

ameliorate [ə'mi:liəreit] (for)bedre, bedre seg.

amenable [ə'mi:nəbl], mottagelig **(to** for); føyelig.

amend [ə'mend], forbedre; endre; ~ **ment,** forbedring *c;* endring *c.*

amenity [ə'mi:niti, ə'meniti] behagelighet c, komfort c.

America [ə'merikə] Amerika; ~**n**, amerikaner(inne) c, amerikansk.

amiability [eimjə'biliti] elskverdighet c; ~**le**, elskverdig.

amicable ['æmikəbl] vennskapelig.

amid(st) [ə'mid(st)] midt iblant.

amiss [ə'mis] uriktig, feil; **take it** ~ ta det ille opp.

among(st) [ə'mʌŋ(st)] blant.

amorous ['æmərəs] forelsket.

amortization [əmɔ:ti-'zeiʃn] amortisasjon c; ~**e** [ə'mɔ:taiz] amortisere.

amount [ə'maunt] beløp n, mengde c; beløpe seg (**to** til), bety.

ample ['æmpl] vid, stor, rikelig.

amplifier ['æmplifaiə] (**valve**) forsterker(rør) c (n); ~**ify**, forsterke, utvide.

amuse [ə'mju:z], more, underholde; ~**ment**, underholdning c, moro c.

an [æn, ən] en, et.

anaemia [ə'ni:miə] blod-

mangel c; ~**c**, blodfattig.

anaesthesia [ænis'pi:ziə] bedøvelse c; ~**etic**, bedøvende (middel n).

analogic(al) [ænə'lɔdʒikl], ~**ous**, analog; ~**y**, analogi c, overensstemmelse c.

analyse ['ænəlaiz] analysere; ~**is**, pl ~**es** [ə'næləsis, -i:z] analyse(r) c.

anatomist [ə'nætəmist] anatom c; ~**y**, anatomi c.

ancestor ['ænsistə] stamfar c, pl forfedre, aner; ~**ry**, aner; ætt c, herkomst c, byrd c.

anchor ['æŋkə] anker n, ankre; ~**age** [-ridʒ] ankerplass c.

anchovy [æn'tʃouvi] ansjos c.

ancient ['einʃənt] gammel, fra gamle tider; **the** ~**s**, folk i oldtiden.

ancillary ['ænsiləri] hjelpe-.

and [ænd] og.

anew [ə'nju:] på ny, igjen.

angel ['eindʒəl] engel c.

anger ['æŋgə] sinne n; gjøre sint.

angle ['æŋgl] vinkel *c*; angel *c*, fiske med snøre.

Anglican ['æŋglikn] som hører til den engelske statskirke.

Anglo-Saxon [æŋglou-'sæksn] angelsaksisk.

angry ['æŋgri] sint (at over, with på).

anguish ['æŋgwiʃ] pine *c*, kval *c*.

angular ['æŋgjulə] vinkelformet.

animal ['æniməl] dyr(isk) *n*.

animate ['ænimeit] besjele, gjøre levende, animere; ~ion, livlighet *c*; liv *n*, fart *c*.

animosity [æni'mɔsiti] hat *n*, fiendskap *n*.

ankle ['æŋkl] ankel *c*.

annex [ə'neks] knytte til; legge ved; annektere; ['ænəks] tilføyelse *c*, anneks *n*; ~ation [ænək-'seiʃn] tilknytting *c*, innlemmelse *c*.

anniversary [æni'və:səri] årsdag *c*.

announce [ə'nauns] meddele, kunngjøre, melde; ~ment, kunngjøring *c*, melding *c*; ~r, hallomann *c* (-dame *c*).

annoy [ə'nɔi] ergre, irrite-

re; ~ance, ergrelse, irritasjon *n*.

annual ['ænjuəl] årlig.

anomalous [ə'nɔmələs] uregelrett; ~y, uregelmessighet *c*, avvik *n*.

anonymity [ænɔ'nimiti] anonymitet *c*; ~ous [ə'nɔniməs] anonym.

another [ə'nʌðə] en annen, et annet, en (et) til.

answer ['a:nsə] svar *n*; svare, besvare; svare til; stå til ansvar (for for); ~able, ansvarlig.

ant [ænt] maur *c*.

antagonism [æn'tægənizm] strid *c*, motsetningsforhold *n*; ~ist, motstander *c*.

Antarctic [æn'ta:ktik] sydpols-.

antecedents [ænti'si:dənts] *pl* fortid *c*, tidligere liv (hendelser); ~chamber, forværelse *n*; ~date, forutdatere.

ante meridiem ['ænti mi'ridjəm] = a.m., før kl. 12 middag.

antenna [æn'tenə] *pl* ~ae [-i] følehorn *n*; antenne *c*.

anterior [æn'ti:riə] tidligere.

anteroom ['æntiru:m] forværelse *n*.

anthem ['ænþəm] hymne *c;* **national** ~, nasjonalsang *c.*

anthill ['ænthil] maurtue *c.*

anti- ['ænti] (i)mot-.

anticipate [æn'tisipeit] foregripe, forutse; ~ **ion**, foregriping *c,* forutfølelse *c,* forventning *c.*

antidote ['æntidout] motgift *c.*

antipathy [æn'tipəþi] antipati, motvilje *c.*

antiquarian [ænti'kwɛəriən] oldgransker, *c,* antikvar *c.*

antique [æn'ti:k] antikk; antikvitet *c;* ~ **ity**, den klassiske oldtid; *pl* ~ **ities**, oldtidslevninger.

antiseptic [ænti'septik] antiseptisk (middel).

anvil ['ænvil] ambolt *c.*

anxiety [æŋ'zaiəti] uro *c,* engstelse *c.*

anxious ['æŋkʃəs] engstelig **(about** for), ivrig.

any ['eni] noen (som helst), hvilken som helst; enhver (som helst); ~ **body**, ~ **one**, noen (som helst), enhver, hvem som helst; ~ **how**, i hvert fall; ~ **thing**, noe; alt; ~ **way** =

~ **how**, ~ **where**, hvor som helst.

apart [ə'pa:t] avsondret; ~ **from**, bortsett fra; ~ **ment**, værelse *n; is. amr* leilighet *c.*

apathy ['æpəþi] sløvhet *c.*

ape [eip] ape *c;* etterape.

aperture ['æpətʃə] åpning *c,* hull *n.*

apiece [ə'pi:s] for stykket, til hver.

apish ['eipiʃ] apelignende; etterapende, fjollet.

apologetic [əpɔlə'dʒetik] unnskyldende; ~ **ize** [ə'pɔlədʒaiz] be om unnskyldning; ~ **y**, unnskyldning *c.*

apostle [ə'pɔsl] apostel *c.*

appal [ə'pɔ:l] forskrekke.

apparatus [æpə'reitəs] apparat *n.*

apparent [ə'pærənt] øyensynlig, tilsynelatende.

appeal [ə'pi:l] appellere **(to** til; også: behage); appell *c,* innanking *c.*

appear [ə'pi:ə] vise seg, opptre, synes; ~ **ance**, tilsynekomst *c,* utseende *n; pl* skinn.

appetite ['æpitait] lyst *c;* appetitt *c* **(for** på); ~ **zing**, appetittvekkende.

applaud [ə'plɔ:d] applaudere; ~**se**, bifall *n*, applaus *c*.

apple ['æpl] eple *n*.

appliance [ə'plaiəns] redskap *c (n)*, innretning *c*.

applicable ['æplikəbl] anvendelig (to på); ~**nt** søker *c*.

application [æpli'keiʃn] anvendelse *c*, anbringelse *c;* søknad *c;* flid *c*.

apply [ə'plai] bruke; henvende seg (to til); søke (for); gjelde.

appoint [ə'pɔint] fastsette; utnevne; ~**ment**, avtale *c;* utnevnelse *c;* utrustning *c*.

appraise [ə'preiz] taksere.

appreciate [ə'pri:ʃieit] vurdere, sette pris på; forstå; ~**ion**, verdsettelse *c*, bedømmelse *c*.

apprehend [æpri'hend] gripe, anholde; begripe; frykte; ~**sion**, pågripelse *c;* begripelse *c;* frykt *c;* ~**sive**, rask til å oppfatte; redd (of for), bekymret.

apprentice [ə'prentis] lærling *c;* ~**ship**, læretid *c*.

approach [ə'proutʃ] nærme seg; det å nærme

seg, adgang *c*, innstilling *c*.

approbation [æpro'beiʃn] bifall *n*.

appropriate [ə'proupriit] passende (to for); [-ieit] tilegne seg; bevilge; ~**ion**, bevilgning *c*, tilegnelse *c*.

approval [ə'pru:vəl] billigelse *c;* ~**e**, bifalle, billige (of).

approximate [ə'prɔksimit] omtrentlig.

apricot ['eiprikɔt] aprikos *c*.

April ['eiprəl] april.

apron ['eiprən] forkle *n*.

apt [æpt] passende; dyktig; tilbøyelig.

aptitude ['æptitju:d] skikkethet *c;* dugelighet *c;* anlegg *n*.

Arab ['ærəb] araber *c;* ~**ia** [ə'reibjə] Arabia; ~**ian**, arabisk, araber(inne) *c (c);* ~**ic** ['ærəbik] arabisk.

arbitrary ['a:bitrəri] vilkårlig.

arbitration [a:bi'treiʃn] voldgift *c;* ~**or**, voldgiftsmann *c*.

arcade [a:'keid] buegang *c*.

arch [a:tʃ] bue *c*, hvelv *n*; skjelmsk; erke-.

archaeologist [a:kiˈblə-dʒist] arkeolog *c*; ~y, arkeologi *c*.

archbishop [ˈa:tʃˈbiʃəp] erkebiskop *c*.

archer bueskytter *c*.

archipelago [a:kiˈpelagou] arkipel *n*, øygruppe *c*.

architect [ˈa:kitekt] arkitekt *c*; ~ure, byggekunst *c*.

arctic [ˈa:ktik] arktisk.

ardent [ˈa:dənt] brennende, ildfull.

area [ˈɛəriə] areal *n*; flate(innhold) *c (n)*; område *n*; **danger** ~, faresone *c*.

Argentine [ˈa:dʒəntain] argentinsk; argentiner *c*; **the** ~, Argentina.

argue [ˈa:gju] drøfte; argumentere; ~ment, argument *n*, drøfting *c*; strid *c*; ~mentation, bevisføring *c*.

arise [əˈraiz] oppstå; fremtre.

aristocracy [ærisˈtɔkrəsi] aristokrati *n*; ~t, aristokrat *c*; ~tic [-ˈkrætik] aristokratisk.

arithmetic [əˈripmətik] regning *c*, aritmetikk *c*; ~al [æripˈmetikl] aritmetisk.

arm [a:m] arm *c*, armlene *n*; (oftest *pl*) våpen(art) *n (c)*; bevæpne, ruste seg; ~**chair**, lenestol *c*; ~**istice**, våpenstillstand *c*; ~**let** armbind *n*; ~**our**, rustning *c*; panser *n*, pansre; ~**oury** arsenal *n*; ~**pit**, armhule *c*; ~y, hær *c*.

aroma [əˈroumə] aroma *c*, duft *c*; ~ **tic** [ærəˈmætik] aromatisk.

around [əˈraund] rundt om.

arouse [əˈrauz] vekke.

arrange [əˈreindʒ] ordne; avtale; ~ment, ordning *c*, avtale *c*.

arrears [əˈriəz] restanse *c*.

arrest [əˈrest] arrestasjon *c*; arrest *c*; arrestere, fengsle.

arrival [əˈraivəl] ankomst *c*; nykommer *c*; *pl* ankommende tog *n* el skip *n*; *merk* forsyninger; ~e, (an)komme (**at, in** til).

arrogance [ˈærəgəns] hovmod *n*; ~t, hovmodig, hoven.

arrow [ˈærou] pil *c*.

arson [ˈa:sn] brannstiftelse *c*.

art [a:t] kunst *c;* list *c;* **the fine arts,** de skjønne kunster.

arterial [a:'tiəriəl] **road,** hovedtrafikkåre *c;* ~ **y,** pulsåre *c;* hovedtrafikkåre *c.*

artichoke ['a:titʃouk] artiskokk *c.*

article ['a:tikl] artikkel *c,* vare *c.*

articulate [a:'tikjuleit] uttale tydelig; ~ **ion,** uttale *c,* leddannelse *c.*

artificial [a:ti'fiʃl] kunstig.

artisan ['a:tizæn] håndverker *c.*

artist ['a:tist] kunstner *c;* ~ **ic** [a:'tistik] kunstnerisk.

as [æz] (lik)som; idet, ettersom, da; etter hvert som; ~ **for (to),** med hensyn til; ~ **good** ~, så god som; ~ **if** *(el.* **though),** som om; ~ **it were,** liksom, så å si; ~ **well** ~, også; ~ **yet,** hittil, ennå.

ascend [ə'send] stige, gå opp, bestige; ~ **dancy,** (over)herredømme *n.* ~ **sion,** oppstigning *c;* **Ascension (Day),** Kristi himmelfartsdag.

ascertain [æsə'tein] finne ut.

ascribe [əs'kraib] tilskrive, -legge.

ash [æʃ] ask(etre) *c (n); pl* aske *c;* **Ash Wednesday,** askeonsdag.

ashamed [ə'ʃeimd] skamfull; **be** ~, skamme seg **(of** over).

ash-can [æʃkæn] *amr* søppeldunk *c.*

ashore [ə'ʃɔ:] i land.

ash-tray ['æʃtrei] askebeger *n.*

Asia ['eiʃə] Asia; ~ **Minor,** Lilleasia.

aside [ə'said] til side, avsides.

ask [a:sk] spørre **(for** etter); **be (for** om); forlange; innby.

askance [əs'kæns] på skjeve.

asleep [ə'sli:p] i søvne; **be** ~, sove; **fall** ~, sovne.

asparagus [ə'spærəgəs] asparges *c.*

aspect ['æspekt] utseende *n;* side av en sak.

aspen ['æspən] osp *c;* ospe-.

aspire [ə'spaiə] strebe **(to, after** etter); ~ **in,** aspirin *c.*

ass [æs] esel *n; fig* tosk *c.*

assassin [ə'sæsin] (snik)-morder c; ~ate, myrde; ~ation, (snik)mord n.

assault [ə'sɔ:lt] angrep n; overfall(e) n.

assemblage [ə'semblidʒ] samling c; montering c; ~e, samle seg, komme sammen; montere; ~y, (for)samling c; montasje c.

assent [ə'sent] samtykke (to i).

assert [ə'sə:t] hevde; ~ion, påstand c.

assess [ə'ses] iligne, beskatte; ~ment, skatteligning c.

assets ['æsets] pl aktiva.

assign [ə'sain] an-, tilvise; ~ment, angivelse c; oppgave c.

assizes [ə'saiziz] kretsting n.

associate [ə'souʃieit] knytte til; forbinde; [-ʃiit] kollega c, assosiert c; ~ion, forening c, forbindelse c.

assume [ə'sju:m] anta; påta seg; ~ption [ə'sʌm(p)ʃən] antagelse c, forutsetning c; anmasselse c.

assurance [ə'ʃuərəns] forsikring c, løfte n; visshet c; ~e, (for)sikre, trygde.

astern [ə'stə:n] akter(ut).

asthma ['æsmə] astma c; ~tic [æs'mætik] astmatisk.

astonish [ə'stɔniʃ] forbause; ~ing, forbausende; ~ment, forbauselse c.

astound [ə'staund] forbløffe.

astray [ə'strei] på villspor.

astride [ə'straid] overskrevs.

astrologer [ə'strɔlədʒə] stjernetyder c; ~nomer, astronom c; ~logy, astrologi c; ~nomy, astronomi c.

astute [ə'stju:t] slu, gløgg.

asunder [ə'sʌndə] i stykker.

asylum [ə'sailəm] asyl n.

at [æt] til, ved, i, hos, på; ~ table, ved bordet; ~ school, på skolen; ~ the age of, i en alder av; ~ three o'clock, klokken tre; ~ home, hjemme.

Athens ['æθinz] Athen.

athlete ['æpli:t] (fri)-idrettsmann c, atlet c, ~ic [æp'letik] atletisk; ~ics, friidrett c.

atmosphere ['ætməsfiə] atmosfære c.

atom ['ætəm] atom n; ~ic [ə'tɔmik] atom-; ~ic

bomb, atombombe *c;* ~**ic energy,** atomenergi *c.*

atrocious [ə'trouʃəs] fryktelig; ~**ty** [ə'trɔsiti] grusomhet *c.*

attach [ə'tætʃ] knytte; tillegge; ~**ed,** knyttet **(to** til), hengiven; ~**ment,** fastgjøring *c;* hengivenhet *c.*

attack [ə'tæk] angrep *n;* angripe.

attain [ə'tein] (opp)nå.

attempt [ə'tempt] forsøk *n;* attentat *n;* forsøke; gjøre attentat.

attend [ə'tend] ledsage, betjene, ekspedere; besørge; delta i; ~**ance,** oppvartning *c;* nærvær *n;* fremmøte *n;* ~**ant,** vaktmann *c;* tjener *c.*

attention [ə'tenʃn] oppmerksomhet *c;* ~**ive,** oppmerksom.

attest [ə'test] bevitne; ~**ation,** bevitnelse *c.*

attic ['ætik] kvist(rom) *c (n).*

attitude ['ætitju:d] holdning *c;* (inn)stilling *c.*

attorney [ə'tə:ni] *amr* advokat *c.*

attract [ə'trækt] tiltrekke; ~**ion,** tiltrekning(skraft) *c;* ~**ive,** tiltrekkende.

attribute ['ætribju:t] kjennetegn *n;* [ə'-] tilskrive.

auburn ['ɔ:bən] (kastanje)-brun.

auction ['ɔ:kʃən] auksjon(ere) *c.*

audacious [ə'deiʃəs] (dum)dristig.

audible ['ɔ:dəbl] hørbar.

audience ['ɔ:djəns] publikum *n,* tilhørere, audiens *c;* ~**it** revidere; revisjon *c;* ~**itor** [-ditə] tilhører *c;* revisor *c.*

augment [ɔ:g'ment] øke, vokse.

August ['ɔ:gəst] august.

aunt [a:nt] tante *c.*

auspices ['ɔ:spisiz] auspisier; ~**ious,** lykkevarslende.

Austria ['ɔ:striə] Østerrike.

authentic [ɔ:'θentik] ekte, autentisk.

author(ess) ['ɔ:pə(ris)] forfatter(inne) *c (c);* opphavsmann *c;* ~**itative** [ɔ:'pɔritətiv] bestemmende, toneangivende; myndig; ~**ity,** myndighet *c;* autoritet *c;* fullmakt *c;* ~**ize,** bemyndige.

auto [ˈɔːtou] bil *c;*
~ **graph,** autograf *c;*
~ **matic(ally),** automatisk; ~ **mobile,** *amr* bil
c.

autumn [ˈɔːtəm] høst *c.*

avail [əˈveil] nytte; ~ **oneself of,** benytte seg av;
~ **able,** disponibel, tilgjengelig.

avalanche [ˈævəlaːnʃ] lavine *c;* snøskred *n.*

avarice [ˈævəris] griskhet
c, gjerrighet *c;* ~ **ious**
[ævəˈriʃəs] gjerrig, grisk.

avenge [əˈvendʒ] hevne.

avenue [ˈævinjuː] aveny *c,*
allé *c.*

average [ˈævəridʒ] gjennomsnitt(lig); havari *n.*

averse [əˈvəːs] uvillig (**to**
til).

aviation [ˈeivieiʃn] flyging
c; ~ **tor,** flyger *c.*

avocation [ævoˈkeiʃn] bibeskjeftigelse *c.*

avoid [əˈvɔid] unngå.

await [əˈweit] vente på,
avvente.

awake [əˈweik] våkne,
vekke; våken; ~ **n,** vekke.

award [əˈwɔːd] kjennelse
c, pris, premie *c;* tilkjenne.

aware [əˈwɛə]: **be** ~ **of,**
være klar over.

away [əˈwei] bort, unna;
borte.

awe [ɔː] ærefrykt *c;* age *c;*
respekt *c;* inngyte ærefrykt; ~ **ful,** forferdelig.

awkward [ˈɔːkwəd] keitet,
klosset; kjedelig, lei;
~ **ness,** klossethet *c.*

awning [ˈɔːning] solseil *n.*

awry [əˈrai] skeiv(t), forkjært.

axe [æks] øks *c.*

axis [ˈæksis] akse *c;* ~ **le,**
hjulaksel *c.*

ay(e) [ai] ja.

azure [ˈæʒə] himmelblå(tt).

B

B.A. [ˈbiː ˈei] fork. for
Bachelor of Arts, laveste
akademiske grad i England (og i USA).

baby [ˈbeibi] spebarn *n.*

bachelor [ˈbætʃələ] ungkar
c.

back [bæk] rygg *c,* bakside *c;* bak-; rygge, bakke, støtte; vedde på; ~ **bite,** baktale; ~ **bone,** ryggrad *c;* fasthet *c;* ~ **ground** bakgrunn *c;* ~ **hand** slag i tennis; ~ **ward,** tilbakestående.

backward(s) ['bækwədz] tilbake, baklengs.

bacon ['beikn] sideflesk *n.*

bad [bæd] dårlig, slem; bedervet; syk; **he is** ~ **ly off,** han har dårlig råd; **want** ~ **ly,** trenge hardt til.

badge [bædʒ] kjennetegn *n,* merke *n.*

baffle ['bæfl] forvirre; forpurre.

bag [bæg] sekk *c;* pose *c,* taske *c;* ~ **gage,** (især i *amr)* bagasje; ~ **gage-check,** *amr* baggasjekvittering *c;* ~ **gy,** poset; ~ **pipe,** sekkepipe *c.*

bail [beil] kausjon (ved løslatelse).

bait [beit] lokkemat *c;* agn *n;* agne.

bake [beik] bake; steke; ~ **r,** baker *c;* ~ **ry,** bakeri *n.*

balance ['bæləns] vekt(skål) *c (c);* likevekt *c;* saldo *c;* balansere, veie; saldere.

balcony ['bælkəni] balkong, altan *c.*

bald [bɔːld] skallet.

bale [beil] balle *c;* øse, lense.

ball [bɔːl] ball *c,* kule *c;* nøste *n;* dansefest *n.*

ballet ['bælei] ballett *c.*

balloon [bə'luːn] ballong *c.*

ballot ['bælət] stemmeseddel *c,* skriftlig avstemning; ~ **box,** valgurne *c.*

balm [baːm] balsam *c;* trøst *c;* ~ **y,** mild; *dt* skrullet.

Baltic ['bɔːltik] baltisk; **the** ~ **(Sea),** Østersjøen.

bamboo [bæm'buː] bambus *c.*

banana [bə'naːnə] banan *c.*

band [bænd] bånd *n;* bande *c;* orkester *n,* musikkorps *n;* ~ **age,** bind *n,* bandasje *c;* forbinde; ~ **box,** hatteske *c;* ~ **master,** dirigent *c.*

bang [bæŋ] slag *n,* smell *n;* slå, smelle.

banish ['bæniʃ] forvise; ~ **ment,** forvisning *c.*

banisters ['bænistəz] *pl* gelender *n.*

bank [bæŋk] bank *c;* banke *c;* kant *c;* bredd *c;*

~(ing) **account**, bankkonto c; ~-**bill**, bankveksel c; ~-**book**, bankbok c; ~**er**, bankier c; ~**ing**, bankvesen n, bankvirksomhet c; ~**note**, pengeseddel c; ~**rupt**, fallent; ~**ruptcy**, konkurs c.

banner [ˈbænə] banner n, fane c.

banns [bænz] pl (ekteskaps)lysing c.

banquet [ˈbæŋkwit] bankett c, festmåltid n.

baptism [ˈbæptizm] dåp c; ~**tize** [bæpˈtaiz] døpe.

bar [ba:] stang c, slå c, bom c; sandbanke c; (retts-)skranke c; bar(disk) c; stenge, sette slå for.

barb [ba:b] tagg c, mothake c, brodd c.

barbed wire, piggtråd c.

barbarian [ba:ˈbɛəriən] barbarisk; barbar c; ~**baric**, ~**barious**, barbarisk.

barber [ˈba:bə] barber c.

bare [bɛə] bar, naken, snau; **lay** ~, blotte; ~**faced**, frekk; ~**foot(ed)**, barbeint; ~**ly**, knapt, såvidt.

bargain [ˈba:gin] handel c;

godt kjøp n; tinge, prute.

barge [ba:dʒ] pram c, lekter c.

barkeeper [ˈba:ki:pə] barkeeper c.

bark [ba:k] bark c; gjøing c, gjø.

barley [ˈba:li] bygg n.

barman barkeeper c.

barn [ba:n] låve c, amr stall c.

barometer [bəˈrɔmitə] barometer n.

barrack(s) [ˈbærəks] kaserne c, brakke(r) c.

barrel [ˈbærəl] tønne c, fat n; løp n (på en børse); valse c.

barren [ˈbærən] ufruktbar, gold.

barrister [ˈbæristə] advokat c.

barrow [ˈbærou] trillebår c.

bartender (især amr) barkeeper c.

barter [ˈba:tə] byttehandel c; tuske, bytte.

base [beis] basis c; grunnflate c; base c; tarvelig; basere; ~**ball**, amr ballspill n; ~**ment**, kjeller(etasje) c (c).

basic [ˈbeisik] basisk, grunn-.

basin ['beisn] kum *c;* fat *n;* basseng *n.*

basis ['beisis], basis *c;* grunnlag *n.*

bask [ba:sk] sole seg; ~ **et**, kurv *c.*

bass [beis] bass *c.*

bastard ['bæstəd] uekte barn; uekte.

bat [bæt] balltre *n;* flaggermus *c.*

bath [ba:þ] bad *n;* badekar *n;* ~ **room**, bad(eværelse) *n* ~ **tub**, badekar *n;* ~ **e** [beið] bade; bad *n* (i det fri); ~ **ing suit**, badedrakt *c;* ~ **trunks**, badebukse *c.*

battle ['bætl] slag *n;* ~ **field**, slagmark *c;* ~ **ment**, brystvern *n.*

Bavaria [bə'vɛəriə] Bayern.

bawl [bɔ:l] skråle, brøle; skrål, *n,* brøl *n.*

bay [bei] bukt *c,* vik *c;* rødbrun (hest); laurbær *n;* bjeffe.

be [bi:] være; bli.

beach [bi:tʃ] strand *c;* sette på land.

beacon ['bi:kn] sjømerke *n;* fyr *n,* trafikklys *n.*

bead [bi:d] liten kule *c;* perle *c.*

beak [bi:k] nebb *n.*

beam [bi:m] bjelke *c;* (lys)stråle *c;* stråle, smile.

bean [bi:n] bønne *c.*

bear [bɛə] bjørn *c;* bære; bringe; tåle; føde; ~ **in mind**, huske; ~ **d** [biəd] skjegg *n;* ~ **er**, bærer *c;* overbringer *c;* ihendehaver *c;* ~ **ing**, holdning *c;* peiling *c;* lager *n* (i maskin).

beast [bi:st] dyr *n,* udyr ~ **ly**, dyrisk; avskyelig.

beat [bi:t] slå; overvinne; (hjerte)slag *n (n);* takt-(slag) *n.*

beau [bou] kavaler *c,* laps *c.*

beautiful ['bju:tiful] skjønn.

beauty ['bju:ti] skjønnhet *c;* ~ **salon**, ~ **shop**, *amr* ~ **parlor** skjønnhetssalong *c.*

beaver ['bi:və] bever-(skinn) *c (n).*

because [bi'kɔz] fordi; ~ **of**, på grunn av.

beckon ['bekən] vinke (på).

become [bi'kʌm] bli; sømme seg; kle; ~ **ing**, passende.

bed seng *c;* bed *n;* elvefar *n;* ~ **ding**, sengklær; underlag n; ~**fellow,** sengekamerat n; ~**plan,** (syke)bekken n; ~**room,** soveværelse n; ~**spread,** sengeteppe n; ~**stead,** seng c.

bee [bi:] bie c.

beech [bi:tʃ] bøk c.

beef [bi:f] oksekjøtt n; ~**steak,** biff c.

beehive ['bi:haiv] bikube c; ~**keeper,** birøkter c.

beer [biə] øl n.

beetle ['bi:tl] bille c.

before [bi'fɔ:] før, foran; ~**hand,** på forhånd; i forveien.

beg tigge, be (inntrengende); **I** ~ **your pardon,** unnskyld; **I** ~ **to ...** jeg tillater meg å ...

beggar ['begə] tigger c; ~**ly,** ussel.

begin [bi'gin] begynne; ~**ner,** begynner c; ~**ning,** begynnelse c.

behalf [bi'ha:f] **on** ~ **of,** på vegne av.

behave [bi'heiv] oppføre seg; ~**iour,** oppførsel c.

behind [bi'haind] bak(om); tilbake.

behold [bi'hould] se, skue.

being ['bi:iŋ] eksistens c; skapning c, vesen n.

belated [bi'leitid] seint ute, forsinket.

belch [beltʃ] rap n, oppstøt n; rape.

Belgian ['beldʒən] belgisk; belgier c; ~**um,** Belgia.

belief [bi'li:f] tro c; ~**vable,** trolig; ~**ve,** tro (**in** på).

bell klokke c; bjelle c; (mar) glass n, halvtime c; ~**-hop,** amr pikkolo c; ~**igerent,** krigførende; ~**ows,** blåsebelg c.

belly ['beli] buk c, mage c.

belong [bi'lɔŋ] **to,** tilhøre, høre til; ~**ings,** eiendeler c pl.

beloved [bi'lʌvid] elsket; avholdt.

below [bi'lou] (neden)under.

belt belte n; reim c; feste med belte.

bench [bentʃ] benk c; domstol c.

bend bøyning c, krumning c, sving c; bøye (seg), svinge.

beneath [bi'ni:þ] = **below.**

benediction [beni'dikʃn] velsignelse c.

benefaction [beni'fækʃn] velgjerning c; ~**or,** velgjører c.

beneficence [bi'nefisns] godgjørenhet c; ~ent, godgjørende; ~ial, gagnlig.

benefit ['benifit] gode c, gagn n; nytte c; gagne; ~ by, ha nytte av.

benevolence [bi'nevələns] velvilje c, velgjerning c; ~t, velvillig.

bent, hang c, tilbøyelighet c; ~ on, oppsatt på.

benzine ['benzi:n] (rense)-bensin c.

bequeath [bi'kwi:þ] testamentere; ~est, testamentarisk gave c.

berry ['beri] bær n.

berth [bə:þ] ankerplass c; køye c.

beseech [bi'si:tʃ] be innstendig.

beside [bi'said] ved siden; ~s, dessuten; foruten.

besiege [bi'si:dʒ] beleire.

best best; **make the ~ of**, gjøre det best mulige ut av; ~ **man**, forlover c.

bestow [bi'stou] skjenke; gi; ~al, tildeling c.

bet vedde(mål) n.

betake [bi'teik] **oneself**, begi seg (**to** til).

betimes [bi'taimz] tidlig, i tide.

betray [bi'trei] forråde, røpe; ~al, forræderi n.

betroth [bi'trouð] forlove; ~al, forlovelse c.

better ['betə] bedre; forbedre; **get the ~ of**, beseire; **so much the ~**, desto bedre.

between [bi'twi:n] (i)mellom; ~ **you and me**, mellom oss sagt.

beverage ['bevəridʒ] drikk c.

beware [bi'wɛə] passe seg (**of** for).

bewilder [bi'wildə] forvirre; ~**ment** forvirring c.

bewitch [bi'witʃ] forhekse.

beyond [bi'jɔnd] hinsides, på den andre siden (av); utover; ~ **measure**, over all måte; ~ **me**, over min forstand.

bias(s)ed ['baiəst] forutinntatt, partisk.

bib smekke c.

bible ['baibl] bibel c.

bicker ['bikə] kjekle.

bicycle ['baisikl] sykkel c.

bid by, befale; gjøre bud; bud n; ~**der**, byder c.

bier [biə] (lik)båre c.

big stor, svær.

bigamy ['bigəmi] bigami n.

bike [baik] sykkel *c;* sykle.

bile [bail] galle *c;* ~**ious** ['biljəs] gallesyk, grinete.

bill regning *c;* veksel *c* (~ **of exchange**); lovforslag *n;* plakat *c; amr* pengeseddel *c;* nebb *n.* ~ **of fare,** spiseseddel *c;* ~ **of lading,** konnossement *n.*

billiard(s) ['biljəd(z)] biljardspill *n.*

billion ['biljən] billion *c; amr* milliard *c.*

bin binge, kasse *c.*

bind [baind] binde; forbinde; binde inn; forplikte; ~**ing,** forpliktende; bind *n;* innbinding *c.*

binoculars [bi'nɔkjuləz] kikkert *c.*

biographer [bai'ɔgrəfə] levnetsskildrer *c;* ~**y,** biografi *c.*

biology [bai'ɔlədʒi] biologi *c.*

birch [bə:tʃ] bjørk *c.*

bird [bə:d] fugl *c.*

birth [bə:þ] fødsel *c;* byrd *c;* herkomst *c;* ~**day,** fødselsdag *c;* ~-**mark,** føflekk *c;* ~ **place,** fødested *n.*

biscuit ['biskit] (skips)-kjeks *c.*

bishop ['biʃəp] biskop *c.*

bit bit *c;* stykke *n;* bissel *n;* borspiss *c;* ~ **by** ~, litt etter litt; **a** ~, litt, en smule.

bitch [bitʃ] tispe *c.*

bite [bait] bitt *n;* bite.

bitter ['bitə] bitter; besk; bitter *c* (øl); ~**ness,** bitterhet *c;* skarphet *c.*

black [blæk] svart, mørk; neger *c;* sverte; ~**berry,** bjørnebær *n;* ~**board,** veggtavle *c;* ~ **currant,** solbær *n;* ~**guard** ['blægəd] kjeltring *c,* slyngel *c;* ~-**list,** svarteliste *c;* ~**mail,** pengeutpressing *c;* ~ **market** svartebørs *c;* ~**smith,** grovsmed *c.*

bladder ['blædə] blære *c.*

blade [bleid] blad *n.*

blame [bleim] daddel *c;* dadle, klandre.

bland [blænd] mild, blid.

blank [blæŋk] blank, ubeskrevet; tomrom *n;* ~**et,** ullteppe *n.*

blaspheme [blæs'fi:m] spotte, banne; ~**y** ['blæsfəmi], gudsbespottelse *c.*

blast [bla:st] vindkast *n;* trompetstøt *n;* spreng-

ning *c;* ødelegge, spren-
ge; **oh,** ~! pokker også!
~-**furnace,** masovn *c.*
blaze [bleiz] flamme *c,*
brann, *c;* lyse, skinne.
blazer ['bleizə] sportsjak-
ke *c;* ~**onry,** heraldikk
c.
bleach [bli:tʃ] bleike.
bleak [bli:k] (rå)kald,
guffen.
bleat [bli:t] breke.
bleed [bli:d] blø; årelate.
blemish ['blemiʃ] skavank
c.
blend blande; blanding *c.*
bless velsigne; ~**ed,** vel-
signet, hellig; ~**ing,** vel-
signelse *c.*
blind [blaind] blind **(to**
for); rullegardin *c,* sjalu-
si *c;* ~**fold,** binde for
øynene.
blink blink *n;* glimt *n;*
blinke.
bliss lykksalighet *c;*
~**ful,** lykksalig.
blister ['blistə] vable *c,*
blemme *c.*
blizzard ['blizəd] snøstorm
c.
bloat [blout] svulme opp.
block [blɔk] blokk *c;*
kloss *c; amr* kvartal *n;*
blokkere; ~**ade** [blɔ-
'keid] blokade *c;* blokke-
re; ~**head,** dumrian *c.*

bloke [blouk] *dt* fyr,
mann.
blood [blʌd] blod *n;*
~**poisoning,** blodforgift-
ning *c;* ~**shed,** blodsut-
gytelse *c;* ~**vessel,** blod-
kar *n;* ~**y,** blodig; for-
dømt, helvetes.
bloom [blu:m] (blomster)-
flor *n;* blomstring *c;*
blomstre.
blossom ['blɔsəm] blomst
c; blomstre.
blot [blɔt] klatt *c,* flekk *c;*
flekke, skjemme; ~**out,**
utslette; ~**ter,** løsjer *c;*
~**ting-pad,** underlag av
trekkpapir; ~-**ing-pa-
per,** trekkpapir *n.*
blouse [blauz] bluse *c.*
blow [blou] slag *n,* støt *n;*
blåse; ~**out,** utblåsing
c; ~**up,** sprenge i lufta;
~**over,** gli over; ~**er,**
blåser *c;* ~**fly,** spyflue
c.
blubber ['blʌbə] (hval)-
spekk *n;* sutre.
blue [blu:] blå; *(fig)* ned-
trykt; ~**s,** tungsinn *n;*
~**print,** blåkopi *c.*
bluff [blʌf] steil, bratt;
barsk; bratt skrent *c;*
bløff *c;* bløffe.
blunder ['blʌndə] bom-
mert *c.*

blunt [blʌnt] sløv; like-fram.

blur [blə:] uklarhet *c*, tåke *c*; plette, dimme.

blurt [blə:t] **out**, buse ut med.

blush [blʌʃ] rødme.

boar [bɔə] råne *c*; villsvin *n*.

board [bɔ:d] bord *n*, brett *n*; papp *c*, kartong *c*; styre *n*, utvalg *n*; bord-kle; ha i kost; være i kost; ~ **and lodging**, kost og losji; **on ~ om** bord; ~ **er**, pensjonær *c*; ~ **ing house**, pensjonat *n*; ~ **ing school**, pensjonatskole *c*.

boast [boust] skryt *n*; skryte.

boat [bout] båt *c*; skip *n*; ~ **swain** ['bousn] båts-mann *c*.

bob [bɔb] vippe, nikke, rykke; duppe; stusse; noe som henger og dingler, dupp *c*.

bobbin ['bɔbin] snelle *c*; spole *c*.

bobby ['bɔbi] (engelsk) politimann *c*.

bodily ['bɔdili] legemlig.

body ['bɔdi] legeme *n*; kropp *c*; lik *n*; korps *n*; forsamling *c*; karosseri

n; hoveddel *c*; ~ **guard**, livvakt *c*.

bog [bɔg] myr *c*; ~ **gy**, myrlendt.

boil [bɔil] byll *c*; koke; ~ **er**, (damp)kjele *c*.

boisterous ['bɔistərəs] larmende, bråkende.

bold [bould] dristig; frei-dig.

bolster ['boulstə] (under)-pute *c*; støtte med puter.

bolt [boult] bolt *c*; slå *c*; lyn *n*; stenge (med slå *el* skåte); løpe (løpsk, sin vei); stikke av; sikte (korn, mjøl).

bomb [bɔmb] *v* & *s* bombe *c*; ~ **astic**, svulstig; ~ **er**, bombefly *n*.

bonanza [bou'nænza] gull-gruve *c*.

bond [bɔnd] bånd *n*; obligasjon *c*; forpliktelse *c*; frilager *n*; ~ **age**, trell-dom *c*.

bone [boun] bein *n*, knokkel *c*.

bonfire ['bɔnfaiə] bål *n*.

bonnet ['bɔnit] damehatt *c*.

bony ['bouni] beinet, knoklet.

book [buk] bok *c*; bestille; bokføre; løse billett til; ~ **binder**, bokbinder

c; ~**case,** bokreol *c;*
~**ing** office, billettkon-
tor *n;* ~**keeper,** bokhol-
der *c;* ~**maker,** vedde-
målsagent *c;* ~**mark,**
bokmerke *n;* ~**seller,**
bokhandler *c;* ~**shelf,**
bokhylle *c;* ~**stall,**
kiosk *c;* ~**store,** *amr*
bokhandel *c.*

boom [bu:m] bom *c;*
drønn *n;* høykonjunktur
c; ta *(el.* gi) et oppsving.

boot [bu:t] bagasjerom (i
bil) *n;* (salgs)bod; tele-
fonkiosk.

booze [bu:z] rangle; ran-
gel *c.*

border ['bɔ:də] rand *c,*
kant *c;* grense(land) *c*
(n); avgrense; grense
(upon til).

bore [bɔ:] bor *n;* kjedelig
person *c;* plage; kjede,
it is a ~, det er ergerlig,
kjedelig; springflo *c;*
~**dom,** kjedsomhet *c.*

borough ['bʌrə] bykom-
mune *c;* valgkrets *c.*

borrow ['bɔrou] låne (av).

bosom ['buzəm] barm *c;*
bryst *n.*

boss [bɔs] mester *c,* sjef *c;*
bule *c,* kul *c.*

botanic(al) [bə'tænik(l)]
botanisk; ~**ist**

['bɔtənist], botaniker *c;*
~**y,** botanikk *c.*

both [bouþ] begge.

bother ['bɔðə] bry, plage,
bry(deri) ~**some,** bry-
som, plagsom.

bottle ['bɔtl] flaske *c;* fylle
på flasker.

bottom ['bɔtəm] bunn *c;*
grunn *c;* innerste del;
sette bunn i; **at the** ~,
på bunnen; ved foten
(of av).

boulder ['bouldə] kampe-
stein *c.*

bounce [bauns] sprang *n,*
byks *n;* sprette, bykse;
~**r** *dt* utkaster *c.*

bound [baund] sprett(e),
bykse(e); begrense;
grense *c;* **be** ~ **to do,**
(forut)bestemt, nødt til;
~ **for** bestemt for, på
vei til; ~**ary,** grense *c.*

bount|iful ['bauntiful] gav-
mild; rikelig; ~**y,** gav-
mildhet *c;* premie *c.*

bow [bou] bue *c;* fiolin-
bue *c;* sløyfe *c;* [bau]
bukk *n;* bøye; bukke;
baug *c.*

bowels ['bauəlz] innvoller,
tarmer.

bowl [boul] kule *c;* bolle
c, skål *c;* pipehode *n;*
spille kjegler; ~**er,** stiv
hatt; ~**ing,** kjeglespill *n.*

bow-legged [boulegd] hjulbeint.

box [bɔks] eske *c;* skrin *n;* kasse *c;* koffert *c;* kuskesete *n;* losje *c;* avlukke *n;* bokse; slå; slag *n,* ørefik *c;* buksbom; ~ **er,** bokser *c;* ~ **ing-day,** annen juledag; ~ **office,** billettkontor *n* (på teater).

boy [bɔi] gutt *c;* tjener *c;* ~ **hood,** gutteår; ~ **ish,** guttaktig, gutte-; ~ **scout,** speidergutt *c.*

bra [bra:] *dt* bysteholder.

brace [breis] bånd *n;* støtte *c;* par *n* (i jaktspr.); binde, stramme, spenne; ~ **s,** bukseseler; ~ **let,** armbånd *n.*

bracket ['brækit] konsoll *c;* klammer (parentes) *c;* sette i klammer.

brag [bræg] skryte.

braid [breid] flette *c;* snor *c;* flette.

brain [brein] hjerne *c;* forstand *c* (også **brains);** ~ **less,** enfoldig.

brake [breik] *s & v* bremse *c.*

bran [bræn] kli *n.*

branch [bra:n(t)ʃ] grein *c;* arm *c;* filial *c.*

brand [brænd] brann (glo) *c (c);* merke *n;* fabrikat *n;* (brenne)merke; stempel; ~ **-new,** splinterny.

brandy ['brændi] konjakk *c.*

brass [bra:s] messing *c; dt* gryn (penger); ~ **band,** hornmusikkorps *n.*

brat [bræt] unge *c.*

brave [breiv] modig, tapper.

brawl [brɔ:l] klammeri *n.*

brazen ['breizn] frekk, uforskammet.

breach [bri:tʃ] brudd *n;* bresje *c.*

bread [bred] brød *n;* ~ **th,** bredde ~ **winner,** familieforsørger *c.*

break [breik] brekke, bryte; ødelegge; brudd *n;* avbrytelse *c;* friminutt *n;* ~ **down,** bryte sammen; **a** ~ **down,** motorstopp *c,* sammenbrudd *n;* ~ **up,** bryte opp; oppløse; ~ **able,** skrøpelig; ~ **age,** brudd *n,* beskadigelse *c;* ~ **er,** brottsjø *c;* ~ **fast** ['brekfəst] frokost *c;* ~ **water,** molo *c.*

breast [brest] bryst *n.*

breath [breþ] ånde; (ånde)drag *n;* pust *c;* ~ **e**

[bri:ð] puste; ~ less, andpusten.

breed [bri:d] rase c; avle; fostre; ~ ing, avl c; oppdragelse c.

breeze [bri:z] bris c; ~ y, luftig.

brew [bru:] brygg n, brygge; være i gjære; ~ age, brygg n; ~ er, brygger c; ~ ery, bryggeri n.

bribe [braib] bestikke(lse) (c); ~ ry, bestikkelse c.

brick murstein c; ~ layer, murer c.

bridal ['braidl] brude-, bryllups-.

bride [braid] brud c; ~ -groom, brudgom c; ~ smaid, brudepike c.

bridge [bridჳ] bro c.

bridle ['braidl] bissel n; tøyle c.

brief [bri:f] kort(fattet); orientere; ~ case, dokumentmappe c.

bright [brait] klar; lys; glogg; ~ en, lysne; ~ ness, klarhet c, glans c; skarpsindighet c.

brilliancy ['briljənsi] glans c, lysstyrke c; ~ t, briljant; skinnende.

brim rand c, kant c.

bring bringe; ~ about, forårsake, få i stand; ~

forth, frembringe, føde; ~ in, innføre, innbringe; ~ on, bevirke; ~ out, bringe for dagen; utgi; ~ up oppdra; bringe på bane.

brink kant c.

brisk livlig, sprek.

bristle ['brisl] bust c; reise bust.

Britain ['britn]; **Great Britain**, Storbritannia; ~ ish, britisk; ~ on, brite c.

brittle ['britl] skjør, sprø.

broad [brɔ:d] bred, vid; ~ cast, kringkaste; ~ casting, kringkasting c, radio c; ~ minded, vidsynt, tolerant; ~ en, gjøre bred.

broil [brɔil] steke, riste; klammeri n.

broke [brouk] blakk, pengelens; ~ n, ødelagt; ruinert; gebrokken.

broker ['broukə] mekler c.

bronze [brɔnz] bronse c; bronsere; gjøre (kobber)brun.

brooch [broutʃ] brosje c.

brook [bruk] bekk c; tåle.

broom [bru:m] sopelime c.

Bros. ['brʌðəz] brødrene (i firmanavn).

broth [brɔp] kjøttsuppe.
brothel ['brɔpl] bordell.
brother ['brʌðə] bror *c;*
~**-in-law,** svoger *c.*
brow [brau] panne *c;*
(øyen)bryn *n;* panne *c.*
brown [braun] brun; brune.
bruise ['bruːz] kveste(lse)
c.
brush [brʌʃ] *s & v* børste
c; pensel *c;* ~ **away,**
avfeie; pusse opp, gjenoppfriske.
Brussels ['brʌslz] Bryssel.
brutal ['bruːtl] dyrisk;
brutal; ~**ality,** råskap *c,*
brutalitet *c;* ~**e,** dyr *n;*
umenneske *n,* udyr *n.*
bubble ['bʌbl] boble *c.*
buck [bʌk] hann *c,* bl.a.
geite-, sau-, reinsbukk *c;*
sprade; *amr* dollar *c;*
gjøre bukkesprang; stritte imot.
bucket ['bʌkit] bøtte *c,*
spann *n.*
buckle ['bʌkl] *s & v* spenne.
bud [bʌd] knopp *c;* skyte
knopper.
buddy ['bʌdi] *dt* kamerat
c.
budge [bʌdʒ] røre (seg).
budget ['bʌdʒit] budsjett
n.

buffalo ['bʌfəlou] bøffel *c;*
amr bison *c.*
buffoon [bʌ'fuːn] bajas *c.*
bug [bʌg] veggelus *c; amr*
insekt *n;* skjult mikrofon; avlytte (med skjult
mikrofon); ~ **bear,** busemann *c.*
build [bild] bygge; fasong
c.
bulb [bʌlb] elektrisk pære
c; løk *c,* svibel *c.*
bulge [bʌldʒ] kul *c;* bulne
ut.
bulk [bʌlk] omfang *n;*
(hoved)masse *c;* last *c;*
~**y,** svær, voluminøs.
bull [bul] okse *c;* haussespekulant *c;* bulle *c;*
~**dog,** bulldog *c;* ~**et,**
(gevær- *el* revolver)kule
c.
bull's-eye ['bulzai] kuøye
n; blinkskudd *n.*
bully ['buli] bølle *c.*
bulwark ['bulwək] skansekledning *c; (fig)* forsvar *n,* vern *n.*
bum [bʌm] rumpe *c;*
landstryker *c;* boms *c;*
gå på bommen.
bumble-bee ['bʌmblbi]
humle *c* (insekt).
bump [bʌmp] slag *n;* bule
c; støte, dunke; ~**y,**
humpet.

bun [bʌn] (hvete)bolle *c.*
bunch [bʌn(t)ʃ] bunt *c,*
knippe *n;* klase *c.*
bundle [ˈbʌndl] bunt *c*
(-e), bylt *c.*
bung [bʌŋ] spuns *n;*
spunshull *n.*
bungle [ˈbʌŋgl] (for)kludre.
bunion [ˈbʌnjən] ilke *c.*
bunk [bʌŋk] fast køye *c;*
~ **er,** bunker *c,* bunkre.
buoy [bɔi] bøye *c;* merke
opp; holde flott; ~ **ancy,** oppdrift *c;* ~ **ant,**
flytende; spenstig.
burden [ˈbə:dn] byrde *c;*
bør *c;* drektighet *c;* lesse. legge på; bebyrde;
~ **some,** byrdefull.
bureau [ˈbju:rou] byrå *n;*
skrivebord *n.*
burglar [ˈbə:glə] innbruddstyv *c;* ~ **y,** innbrudd *n.*
burial [ˈberiəl] begravelse
c; ~ **ground,** kirkegård *c.*
burn [bə:n] brenne (opp).
bur(r) [bə:] borre *c;* skarring.
burrow [ˈbʌrou] hule *c;*
gang *c;* grave ganger i
jorda.
burst [bə:st] briste; eksplodere; sprenge;
sprengning; utbrudd *n;*
revne *c,* brudd *n.*

bury [ˈberi] begrave.
bus [bʌs] buss *c.*
bush [buʃ] busk *c,* kratt-
(skog) *c;* ~ **el,** engelsk
skjeppe *c.*
business [ˈbiznis] forretning *c,* butikk *c;* beskjeftigelse *c;* sak *c;* oppgave
c; ~ **-like,** forretningsmessig.
bust [bʌst] byste *c.*
bustle [ˈbʌsl] travelhet *c;*
ha det travelt.
busy [ˈbizi] beskjeftige;
travel, opptatt; ~ **body,**
geskjeftig person *c.*
but [bʌt, bət] men; unntagen; bare; **all** ~, nesten; ~ **for him,** hadde
ikke han vært; **the last**
~ **one,** den nest siste.
butcher [ˈbutʃə] slakter *c;*
~ **y,** slakteri *n.*
butler [ˈbʌtlə] kjellermester *c;* overtjener *c.*
butt [bʌt] (skyte)skive *c*
(også *fig*); tykkende,
kolbe *c;* (sigarett)stump
c; stange.
butter [ˈbʌtə] smør *n;*
smøre smør på; smigre;
~ **fly,** sommerfugl *c.*
buttocks [ˈbʌtəks] *pl* (bak)-
ende *c,* sete *n.*
button [ˈbʌtn] knapp *c*
(-e); ~ **hole,** knapphull(sblomst) *n.*

buxom [ˈbʌksəm] ferm, yppig.
buy [bai] kjøpe, ~**er**, kjøper c; avtaker c.
buzz [bʌz] summe, surre.
by [bai] ved (siden av), av, forbi; innen, med; etter, ifølge; ~ **oneself**, for seg selv, alene; ~ **6 o'clock**, innen kl. 6; ~ **the sack**, i sekkevis; **little ~ little**, litt etter litt; **day ~ day**, dag for dag;

~ **rail**, med jernbane; ~ **all means**, ja visst; ~ **the by** el ~ **the way**, forresten, apropos; ~ **day (night)**, om dagen (natten); **all ~ himself**, helt for seg selv, alene; ~-**election** [ˈbaiilekʃən] suppleringsvalg; ~**word**, ordspråk n, ordtak n.
bygone [ˈbaigɔn] fordums, tidligere.

C

cab [kæb] drosje c.
cabbage [ˈkæbidʒ] kål(hode) c (n).
cabin [ˈkæbin] hytte c; lugar c.
cabinet [ˈkæbinit] skap n; kabinett n; ~**maker**, møbelsnekker c.
cable [ˈkeibl] kabel c; telegrafere; ~**gram**, (kabel)telegram n.
cab|man, drosjesjåfør c; ~**rank**, ~**stand**, drosjeholdeplass c.
cackle [ˈkækl] kakling c; kakle, snadre.
cad [kæd] pøbel c, simpel fyr c.
cadaver [kəˈdeivə] kadaver

n, lik n; ~**ous** [kəˈdævərəs] lik-, likbleik.
cage [keidʒ] (sette i) bʊr n.
cairn [kɛən] varde (av stein) c.
cake [keik] kake c; ~ **of soap**, såpestykke n; klumpe (seg) sammen.
calami|tous [kəˈlæmitəs] katastrofal; ~**y**, ulykke c, katastrofe c.
calcula|ble [ˈkælkjuləbl] beregnelig; ~**te**, beregne, regne ut; amr tro, formode; ~**tion**, beregning c.
calendar [ˈkæləndə] kalender c.

calf *pl* **calves** [ka:f, ka:vz] kalv *c;* (tykk)legg *c.*

calibre ['kælibə] kaliber *n.*

call [kɔ:l] rop *n;* oppringning *c;* (kort) besøk *n;* anløp *n;* kalle, benevne; rope (ut, opp); (til)kalle; se innom; vekke, purre; ringe til; ~ **box**, telefonkiosk *c;* ~ **ing**, roping *c;* kall *n,* yrke *n.*

callous ['kæləs] hard *(is. fig).*

calm [ka:m] rolig, stille; ro *c,* stillhet *c;* vindstille; berolige; ~ **down**, stilne, bli rolig.

camel ['kæməl] kamel *c.*

camera ['kæmərə] fotografiapparat *n,* kamera *n.*

camp [kæmp] leir *c;* ligge i *(el* slå) leir; ~ **-bed**, feltseng *c;* ~ **-stool**, taburett *c,* feltstol *c.*

campaign [kæm'pein] felttog *n;* kampanje *c;* **electoral** ~, valgkamp *c.*

camphor ['kæmfə] kamfer *c.*

campus ['kæmpəs] *amr* universitetsområde *n.*

can [kæn] kanne *c,* spann *n;* hermetikkboks *c;* nedlegge hermetisk; kan; ~ **ned goods**, hermetikk *c;* ~ **opener**

boksåpner *c;* ~ **nery** hermetikkfabrikk *c.*

canal [kə'næl] (kunstig) kanal *c.*

canary [kə'nɛəri] (~ **-bird**) kanarifugl *c.*

cancel ['kænsl] stryke ut, annullere, avlyse.

cancellation [kænsə'leiʃn] utstrykning *c,* annullering *c,* avlysing *c.*

cancer ['kænsə] *med* kreft *c;* ~ **ous**, kreft-, kreftaktig.

candid ['kændid] oppriktig, ærlig.

candidate ['kændideit] kandidat *c.*

candle ['kændl] (stearin)-lys *n;* ~ **stick**, lysestake *c.*

candy ['kændi] kandis-(sukker) *n; amr* sukkertøy *n;* kandisere.

cane [kein] rør *n;* spaserstokk *c;* pryle.

cannon ['kænən] *mil* kanon *c.*

cannot ['kænɔt] kan ikke.

canny ['kæni] lur; slu; varsom.

canoe [kə'nu:] kano *c.*

canon ['kænən] *rel* kanon *c,* kirkeregel *c;* kannik *c.*

canopy ['kænəpi] baldakin *c.*

cant [kænt] hykleri *c*, tomme fraser *c*; (fag) sjargong *c*; helling *c*; helle, sette på kant; ~ **teen**, kantine *c*.

canvas ['kænvəs] seil(duk) *n (c)*; lerret *n*, maleri *n*; ~ **s**, (drive) husagitasjon *c*.

canyon ['kænjən] slukt *c*, fjellkløft *c*.

cap [kæp] lue *c*, hette *c*, kapsel *c*; sette hette på, dekke; overgå.

capability [keipəˈbiliti] evne *c*, dyktighet *c*; ~ **le**, i stand til; dugelig, dyktig.

capacitate [kəˈpæsiteit] sette i stand til å; ~ **y**, rom(melighet) *n (c)*; kapasitet *c*, dyktighet *c*, evne *c*.

cape [keip] nes *n*, kapp *n*, nes *n*; (ermeløs) kappe *n*.

capital ['kæpitl] hoved-, viktigst; døds- (~ **pun- ishment**, dødsstraff *c*); *dt* storartet; hovedstad *c*; kapital *c*; stor bokstav *c*; ~ **ism**, kapitalisme *c*.

capitulate [kəˈpitjuleit] ka- pitulere; ~ **ion**, kapitu- lasjon *c*; oppgivelse *c*.

caprice [kəˈpriːs] kaprise

c, lune *n*; ~ **ious**, lune- full, lunet.

capsize [kæpˈsaiz] kantre; ~ **sule** ['kæpsjuːl] kapsel *c*.

captain ['kæptin] kaptein *c*; skipsfører *c*; lagleder *c*.

caption ['kæpʃn] over- skrift *c*, billedtekst *c*.

captivate ['kæptiveit] *fig* fengsle; ~ **e**, fanget, fange *c*; ~ **ity**, fangen- skap *n*.

capture ['kæptʃə] tilfange- tagelse *c*, arrestasjon *c*; bytte *n*; ta til fange; oppbringe.

car [kɑː] bil *c*; især *amr* jernbanevogn *c*.

caravan ['kærəvæn] kara- vane *c*; stor vogn *c*.

carbon ['kɑːbən] kullstoff *n*; ~ **paper**, karbonpa- pir *n*.

carburettor ['kɑːbjurətə] forgasser *c*.

carcass, carcase ['kɑːkəs] skrott *c*, kadaver *n*.

card [kɑːd] kort *n*; karde *c*; ~ **board**, kartong *c*, papp *c*.

cardigan ['kɑːdigən] strik- kejakke *c*.

cardinal ['kɑːdinəl] ho- ved-; kardinal *c*; ~

number, grunntall *n.*

card index, kartotek *n.*

care omhu *c;* omsorg *c;* bekymring *c,* pleie *c;* bekymre seg; ~ **of** (c/o), hos, adressert (til); **take** ~, passe seg; **take** ~ **of,** ta vare på; ~ **for,** være glad i; ta seg av.

career [kə'ri:ə] løpebane *c.*

careful ['kεəful] forsiktig, omhyggelig, påpasselig (**of** med hensyn til); ~ **less,** likegyldig, skjødesløs.

caress [kə'res] kjærtegn(e) *n.*

caretaker ['kεəteikə] oppsynsmann *c (el* -kvinne), vaktmester *c;* ~ **worn,** forgremmet.

cargo ['ka:gou] ladning *c,* last *c.*

caricature ['kærikətju:ə] karikatur *c;* karikere.

carnation nellik *c;* kjøttfarge *c.*

carnival ['ka:nivəl] karneval *n.*

carol ['kærəl]; **Christmas** ~, julesang *c.*

carp [ka:p] karpe *c.*

carpenter ['ka:pintə] tømmermann *c,* bygningssnekker *c;* tømre.

carpet ['ka:pit] (golv)teppe *n.*

carriage ['kærid3] vogn *c,* transport *c;* frakt *c.*

carrier ['kæriə] bærer *c;* fraktemann *c,* speditør *c;* transportmiddel *n;* bagasjebrett *n;* ~ **bag,** bærepose *c.*

carrot ['kærət] gulrot *c.*

carry ['kæri] bære, frakte, bringe; vedta; *amr* føre (en vare); ~ **on,** fortsette; drive (forretning); ~ **out,** gjennomføre, utføre.

cart [ka:t] kjerre *c;* kjøre.

carton [ka:tn] kartong *c,* eske *c.*

cartoon [ka:'tu:n] karikatur *c,* tegneserie *c,* tegnefilm *c;* karikere.

cartridge ['ka:trid3] patron *c.*

carve [ka:v] skjære, hogge ut; ~ **ing,** treskjærerarbeid *n.*

cascade [kæs'keid] liten foss *c;* kaskade *c.*

case [keis] tilfelle *n;* (retts)sak *c;* hylster *n,* etui *n,* mappe *c;* kasse *c,* skrin *n;* **in** ~, i tilfelle; **in any** ~, i hvert fall.

casement ['keismənt] vindusramme *c.*

cash [kæʃ] kontant(er) *merk* kasse *c;* heve (penger); ~ **payment,** kontant betaling; ~ **on delivery,** mot etterkrav *n;* ~ **register,** kassaapparat *n.*

cashier [kæˈʃiə] kasserer *c.*

cask [ka:sk] fat *n,* tønne *c.*

cast [ka:st] kast *n;* form *c;* (av)støpning *c;* rollebesetning *c;* kaste; støpe, forme; tildele en rolle; ~ **iron,** støpejern *n.*

castaway [ˈka:stəwei] skibbrudden *c;* utstøtt.

caste [ka:st] kaste *c.*

castle [ˈka:sl] borg *c,* slott *n;* tårn *n* (sjakk): ~ **in Spain,** luftslott; rokere.

castor oil [ˈka:stərˈɔil] lakserolje *c;* ~ **sugar,** farin.

casual [ˈkæʒjuəl] tilfeldig; bekvem (om klær); ~ **ty,** ulykkestilfelle *n; pl* ofre (døde og sårede).

cat [kæt] katt *c.*

catalogue [ˈkætəlɔg] katalog *c,* katalogisere.

catarrh [kəˈta:] katarr *c,* snue *c.*

catastrophe [kəˈtæstrəfi] katastrofe *c.*

catch [kætʃ] fangst *c;* grep *n,* tak *n;* fange,

gripe, innhente; oppfatte; ~ **the train,** rekke toget; ~ **on,** slå an, bli populær; ~ **ing,** smittsom, smittende.

cater [ˈkeitə] **for** levere mat til; tilfredsstille.

caterpillar [ˈkætəpilə] larve *c.*

cathedral [kəˈpi:drəl] katedral *c.*

Catholic [ˈkæpəlik] katolsk, katolikk *c.*

cattle [ˈkætl] storfe *n;* ~ **show,** dyrskue *n.*

cauliflower [ˈkɔliflauə] blomkål *c.*

causal [ˈkɔ:zəl] kausal, årsaks-; ~ **ity,** årsakssammenheng *c.*

cause [kɔ:z] årsak *c,* grunn *c;* sak *c;* forårsake; ~ **less,** grunnløs.

caustic [ˈkɔ:stik] etsende, bitende.

caution [ˈkɔ:ʃn] forsiktighet *c;* advarsel *c;* advare; ~ **ous,** forsiktig, varsom.

cave [keiv] hule *c;* ~ **rn,** hule.

cavity [ˈkæviti] hulrom *n.*

cease [si:s] holde opp med; ~ **less,** uopphørlig, uavlatelig.

ceiling ['si:liŋ] (innvendig) tak *n; fig* øverste grense.

celebrate ['selibreit] feire; ~ **ed,** berømt; ~ **ion,** feiring *c*.

celebrity [si'lebriti] berømthet *c*.

celerity [si'leriti] hurtighet *c*.

celery ['seləri] selleri *c*.

celestial [si'lestjəl] himmelsk.

celibacy ['selibəsi] ugift stand *c*, sølibat *n*.

cell [sel] celle *c;* ~ **ar,** kjeller *c*.

cellophane ['seləfein] cellofan(papir) *c (n);* ~ **uloid** [-juloid] celluloid *c*.

cement [si'ment] bindingsmiddel *n*, sement *c; fig* bånd *n*; binde, befeste.

cemetery ['semetri] kirkegård *c*, gravlund *c*.

cent [sent] hundre; **per** ~, prosent *c, amr* cent = ¹/₁₀₀ dollar.

centennial [sen'tenjəl] hundreårs-(dag) *n*.

central ['sentrəl] sentral *c*, midt-; ~ **heating,** sentralvarme *c;* ~ **ization,** sentralisering *c*.

centre ['sentə] sentrum *n;* konsentrere.

century ['sentʃuri] århundre *n*.

ceramics [si'ræmiks] keramikk *c*.

cereal ['siəriəl] korn *n;* ~ **s,** kornslag *n*, kornprodukter *n*, frokostretter.

cerebral ['seribrəl] hjerne-.

ceremonial [seri'mounjəl] seremoniell, høytidelig; ~ **y** ['seriməni] seremoni *c*.

certain ['sə:tn] sikker, viss; ~ **ty,** visshet *c;* bestemthet *c*.

certificate [sə'tifikit] sertifikat *n;* attest *c;* ~ **fy** ['sə:tifai] attestere, bevitne; ~ **tude** ['sə:titju:d] visshet *c*.

chafe [tʃeif] gni; irritere.

chaff [tʃa:f] agner, hakkelse *c;* skjemt *c;* småerte.

chain [tʃein] kjede *n*, lenke *c*.

chair [tʃɛə] stol *c;* forsete *n;* ~ **man,** formann *c*, ordstyrer *c;* ~ **ship,** formannsstilling.

chalk [tʃɔ:k] kritt *n* (-e).

challenge ['tʃælindʒ] utfordring *c;* anrop *n;* utfordre; bestride.

chamber ['tʃeimbə] kammer *n; pl* advokatkontor *n; ~* **music**, kammermusikk *c.*

champagne [ʃæm'pein] champagne *c.*

champion ['tʃæmpiən] (for)kjemper *c;* (i sport) mester *c; ~* **ship**, mesterskap *n.*

chance [tʃɑːns] sjanse *c,* tilfelle *n;* anledning *c; by ~,* tilfeldigvis.

chancellor ['tʃɑːnsələ] kansler *c.*

chandelier [ʃændi'liə] lysekrone *c.*

change [tʃeindʒ] forandring *c,* bytte *n;* (av)veksling *c;* småpenger; forandre (seg); bytte, veksle.

channel [tʃænl] (naturlig) kanal *c;* **the Channel,** Kanalen.

chap [tʃæp] sprekk *c;* kar *c,* fyr *c.*

chapel ['tʃæpl] kapell *n.*

chaplain ['tʃæplin] prest (ved institusjon) *c.*

chapter ['tʃæptə] kapittel *n,* losje *c.*

character ['kæriktə] skrifttegn *n,* bokstav *c;* karakter *c;* (teater)rolle *c;* ry *n; ~* **istic** [-'ristik] karakteristisk **(of** for); *~* **ize,** kjennetegne.

charcoal ['tʃɑːkoul] trekull *n.*

charge [tʃɑːdʒ] ladning *c;* byrde *c;* oppdrag *n,* omsorg *c,* (storm)angrep *n;* omkostning *c,* pris *c;* anklage; pålegge; forlange (som betaling); **free of ~,** gratis; **be in ~,** ha ledelsen.

charitable ['tʃæritəbl] godgjørende, barmhjertig; *~* **y,** nestekjærlighet *c,* godgjørenhet *c.*

charm [tʃɑːm] trylleri; sjarm *c;* amulett *c.*

chart [tʃɑːt] sjøkart *n;* kartlegge.

charter ['tʃɑːtə] (forfatnings)dokument *n,* privilegium *n;* befrakte.

charter-party ['tʃɑːtəpɑːti] fraktavtale *c,* certeparti *n.*

charwoman ['tʃɑːwumən] reingjøringshjelp *c.*

chase [tʃeis] jakt *c,* forfølgelse *c;* jage, forfølge; siselere.

chassis ['ʃæsi] understell *n.*

chaste [tʃeist] kysk, ren.

chastise [tʃæs'taiz] straffe, tukte; *~* **ty,** kyskhet *c,* renhet *c.*

chat [tʃæt] prat *c* (-e);

~ **ter,** skravle; klapre;
~ **terbox,** skravlekopp *c.*

chauffeur ['ʃoufə] (privat)
sjåfør *c.*

cheap [tʃi:p] billig; godt-
kjøps; ~ **en,** gjøre billi-
gere.

cheat [tʃi:t] bedra(ger) *c.*

check [tʃek] sjakk! (i
sjakkspill); hindring *c,*
stans *c;* kontroll(merke)
c (n); amr sjekk *c el*
(restaurant)regning *c;*
rutet mønster; gjøre
sjakk; hemme, stanse;
gjennomgå, kontrollere;
~ **ed,** rutet; ~ **er,** kon-
trollør *c;* ~ **ered,** rutet;
broket, avvekslende;
~ **-up** undersøkelse *c,*
kontroll *c.*

cheek [tʃi:k] kinn *n,*
frekkhet *c;* ~ **y,** frekk.

cheer [tʃiə] hurrarop *n,*
munterhet *c;* ~ **(up),**
oppmuntre; ~ **io,** mor-
n'a, ha det! ~ **s!** skål!

cheese [tʃi:z] ost *c.*

chemical ['kemikl] kje-
misk; ~ **s,** kjemikalier.

chemist ['kemist] kjemiker
c, apoteker; ~ **ry,** kjemi
c.

cheque [tʃek] sjekk *c;*
~ **-book,** sjekkhefte *n.*

cherish ['tʃeriʃ] verne om,

pleie; sette høyt; nære
(håp).

cherry ['tʃeri] kirsebær-
(tre) *n (n).*

chess [tʃes] sjakk *c;*
~ **-board,** sjakkbrett *n.*

chest [tʃest] kiste *c;* bryst
n; ~ **of drawers,** kom-
mode *c.*

chestnut ['tʃesnʌt] kastan-
je *c* (-brun).

chew [tʃu:] tygge; ~ **ing
gum,** tyggegummi *c.*

chicken ['tʃikin] kylling *c;*
~ **-pox,** vannkopper.

chief [tʃi:f] viktigst, ho-
ved-; overhode *n,* sjef *c,*
høvding *c;* ~ **ly,** hoved-
sakelig; ~ **tain,** høvding
c.

child [tʃaild], *pl* ~ **ren**
['tʃildrən] barn *n;*
~ **hood,** barndom *c.*

chill [tʃil] kjølighet *c;* gys-
ning *c;* kjøl(n)e; kjølig;
~ **y,** kjølig.

chime [tʃaim] klokkespill
n, kiming *c;* lyde, kime.

chimney ['tʃimni] skor-
stein *c;* ~ **sweep(er),**
skorsteinsfeier *c.*

chin [tʃin] hake (ansikts-
del) *c.*

china ['tʃainə] porselen *n.*
China ['tʃainə] Kina; **Chi-**

nese [tʃaiˈniːz] kineser(e, -inne) c (c); kinesisk.

chip [tʃip] spon c, flis c; splint c; slå stykker av; hugge til el av; ~s, franske poteter.

chisel [tʃizl] meisel c; meisle.

chivalrous [ˈtʃivəlrəs] ridderlig; ~ry, ridderskap n; ridderlighet c.

chocolate [ˈtʃɔk(ə)lit] sjokolade c.

choice [tʃɔis] (ut)valg n; utsøkt.

choir [ˈkwaiə] (kirke-, sang-) kor n.

choke [tʃouk] kvele(s).

cholera [ˈkɔlərə] kolera c; ~ic, kolerisk.

choose [tʃuːz] velge.

chop [tʃɔp] hogg n; hakk n; kotelett c; hogge, hakke.

chores [tʃɔːz] pl (hus)arbeid; rutinearbeid.

chorus [ˈkɔːrəs] kor(sang) n (c); synge (el rope) i kor.

Christ [kraist] Kristus.

christen [ˈkrisn] døpe; ~ing, dåp c.

Christian [ˈkristjən] kristen; ~ name, fornavn n; ~ity, kristendom(men) c.

Christmas [ˈkrisməs] jul(ehelg) c; ~-box, julegave c; ~ Eve, julaften c; Father ~, julenissen c.

chronological [krɔnəˈlɔdʒikl] kronologisk.

chuck [tʃʌk] kast(e) n, hive.

chuckle [tʃʌkl] klukkle.

chum(my) [ˈtʃʌm(i)] kamerat c.

chunk [tʃʌŋk] tykk skive c.

church [tʃəːtʃ] kirke c; ~yard, kirkegård c.

churn [tʃəːn] (smør)kjerne (n) c; kjerne.

cider [ˈsaidə] eplevin c, sider c.

cigar [siˈgaː] sigar c; ~-case, sigaretui n; ~ette, sigarett c.

cinder [ˈsində] slagg n.

Cinderella [sindəˈrelə] Askepott.

cinema [ˈsinimə] kino c.

cinnamon [ˈsinəmən] kanel c.

cipher [ˈsaifə] null c; siffer n (skrift); chiffrere; regne.

circa [ˈsəːkə] cirka, omtrent.

circle [ˈsəːkl] sirkel c, krets c; teat 1. losjerad c; kretse om, omringe.

circuit ['sə:kit] omkrets *c;* strømkrets *c;* rundtur *c;* **short ~,** kortslutning *c.*

circular ['sə:kjulə] sirkelrund; **~ (letter),** rundskriv *n;* **~te,** sirkulere, være i omløp; **~tion,** omløp *n;* (avis-, tidsskrift-)opplag *n.*

circumcise ['sə:kəmsaiz] omskjære; **~ference** [sə'kʌmfərəns] periferi *c,* omkrets *c;* **~stance,** omstendighet *c.*

circus ['sə:kəs] sirkus *n,* rund plass *c.*

cite [sait] sitere, anføre.

citizen ['sitizn] borger *c;* **~ship,** borgerskap *n.*

city ['siti] (større) by *c;* forretningssentrum *n,* **~ hall,** rådhus *n.*

civic ['sivik] by-, borger-, kommunal-; **~l,** by-, borger-; høflig; sivil; **~lity,** høflighet *c;* **~l war,** borgerkrig *c;* **~lization** [sivilai'zeiʃn] sivilisasjon *c;* **~lize** ['sivilaiz] sivilisere.

claim [kleim] fordring *c,* krav *n; bergv* skjerp *n;* fordre, kreve; påstå.

clammy ['klæmi] fuktig, klam.

clamour ['klæmə] skrik *n* (-e), rop(e) *n.*

clamp [klæmp] klamp *c,* krampe *c.*

clan [klæn] klan *c,* stamme *c.*

clank [klæŋk] klirr *n,* skrangling *c;* klirre, skrangle.

clap [klæp] klapp *n,* smell *n;* klappe (bifall *n);* smelle.

claret ['klærət] rødvin (især bordeaux) *c.*

clash [klæʃ] klirr(ing) *c;* sammenstøt *n;* klirre, støte sammen, komme i konflikt med.

clasp [kla:sp] hekte *c,* spenne *c;* omfavnelse *c;* hekte; omfavne; **~-knife,** foldekniv *c.*

class [kla:s] klasse *c;* stand *c;* **~ with,** sette i klasse med.

classic ['klæsik] klassiker *c,* klassisk; **~al,** klassisk.

classification [klæsifi-'keiʃn] inndeling *c,* klassifisering *c;* **~fy** [-fai] klassifisere, inndele.

clause [klɔ:z] klausul *c;* setning *c.*

claw [klɔ:] klo *c;* klore, krafse.

clay [klei] leire *c;* ~**ey**, leiret.

clean [kli:n] rein, reint; rense; ~**ly**, reinslig; ~**se** [klenz] rense.

clear [kliə] klar, lys; ryddig; tydelig; klare; klarne; befri, ta bort, rydde; selge ut; tjene netto; ~ **up**, oppklare, klarne; ~**ance**, (toll)klarering *c;* opprydding *c;* ~**ance sale**, utsalg *n;* ~**ing**, avregning *c;* ~**ness**, klarhet *c*, tydelighet *c*.

clench [klentʃ] presse sammen, bite sammen (tennene).

clergy [ˈklə:dʒi] geistlighet *c;* ~**man** geistlig *c*, prest *c*.

clerical [ˈklerikl] geistlig; kontor-.

clerk [kla:k] kontorist *c; amr* (butikk)ekspeditør *c*.

clever [ˈklevə] dyktig; flink.

client [ˈklaiənt] klient *c*.

cliff [klif] klippe *c*, fjellskrent *c*.

climate [ˈklaimit] klima *n*.

climb [klaim] klatre (opp på); klatretur *c*.

clinch [klinʃ] tak *n*, grep *n;* omfavnelse *c;* klinke; avgjøre (en handel).

cling [kliŋ] **(to)** klynge seg (til).

clinic [ˈklinik] klinikk *c*.

clip [klip] klipp(ing) *n (c);* klemme *c;* (be)klippe; **(paper)** ~, binders *c;* tie ~, slipsnål *c;* ~**per**, klipper *c* (skip *(n));* stort passasjer- og fraktfly *n;* ~**pers**, hår-negleklipper *c;* ~**ping**, klipping *c;* avklipt stykke *n;* (avis)-utklipp *n*.

cloak [klouk] kappe *c*, kåpe *c;* ~**-room**, garderobe *c; jernb* reisegodsoppbevaring *c;* (til)dekke.

clock [klɔk] (tårn-, vegg-) ur *n*, klokke *c;* ~**wise**, i urviserens retning, med solen.

clog [klɔg] tresko *c;* hemsko *c;* hemme.

close [klouz] lukke; slutte, ende; [klous] nær, trang, lukket, nøyaktig; gjerrig; [klouz] avslutning *c*, slutt *c*. ~ **by**, ~ **to**, like ved; ~**-up**, nærbilde *n;* ~**ing time**, lukningstid.

closet ['klɔzit] klosett *n;*
kott *n.*
cloth [klɔp] *pl* ~s; tøy *n,*
stoff *n,* (bord)duk *c;*
face~, vaskeklut *c;* ~e,
(på-, be-)kle; ~es *pl*
klær; antrekk *n;* ~ier,
tøyfabrikant *c,* kles-
handler *c;* ~ing, be-
kledning *c,* klær.
cloud [klaud] sky *c;* skye
til; ~y, skyet.
clove [klouv] (krydder)-
nellik *(n) c.*
clover ['klouvə] kløver *c.*
clown [klaun] klovn *c,* ba-
jas *c;* spille bajas.
club [klʌb] klubb(e) *c (c);*
~s, kløver (kort).
clue [klu:] *fig* nøkkel *c;*
holdepunkt til forståel-
se.
clump [klʌmp] klump *c;*
klynge *c.*
clumsiness ['klʌmzinis]
klossethet *c;* ~y, klos-
set.
cluster ['klʌstə] klynge *c.*
clutch [klʌtʃ] grep *n,* tak
n; kopling *c;* gripe.
Co. = **Company.**
c/o = **care of.**
coach [koutʃ] (turist)buss
c, diligence *c,* jernbane-
vogn *c;* ekvipasje *c;* ma-
nuduktør *c;* idrettstrener
c; trene, manudusere;

~**man,** kusk *c.*
coal [koul] (stein)kull *n;*
~**fish,** sei *c;* ~**mine,**
~**-pit,** kullgruve *c;*
~**scuttle,** kullboks *c.*
coarse [kɔ:s] grov, rå;
~**ness,** råhet *c.*
coast [koust] kyst *c;* seile
langs kysten; la det stå
til nedover (på sykkel,
kjelke); ~**er,** kystfartøy
n; ølbrikke *c.*
coat [kout] frakk *c;* kåpe
c; jakke *c;* ham *c;* dekke
n; strøk *n* (maling);
(be)kle; dekke, overtrek-
ke.
coax [kouks] lokke, over-
tale.
cobble ['kɔbl] rund bro-
stein *c;* brolegge; flikke,
lappe sammen; ~**r,** lap-
peskomaker *c.*
cobweb ['kɔbweb] spindel-
vev.
cock [kɔk] hane *c;* hann-
(fugl) *c;* hane *c* (på bøs-
se); kran *c;* høysåte *c;*
heve, løfte; spenne ha-
nen på; ~**ney,** (østkant)
londoner; ~**pit,** fører-
rom i fly; ~**roach,** ka-
kerlakk *c;* ~**scomb,** ha-
nekam; ~**sure,** skråsik-
ker.
cocoa ['koukou] kakao *c.*

coconut ['koukounʌt] ko-kosnøtt *c.*

cocoon [kə'ku:n] kokong *c.*

cod [kɔd] torsk *c.*

code [koud] kode *c;* lov-bok *c;* kodeks *c.*

cod-liver oil, (lever)tran *c.*

coffee ['kɔfi] kaffe *c;* ~ **bean,** kaffebønne *c;* ~ **grounds,** kaffegrut *c;* ~ **pot,** kaffekanne *c.*

coffin ['kɔfin] likkiste *c;* legge i kiste.

cog [kɔg] tann *c* (i tann-hjul).

cogent ['koudʒənt] overbe-visende, tvingende.

cogwheel ['kɔghwi:l] tann-hjul *n.*

cohere [kou'hiə] henge sammen; ~ **nce,** sam-menheng *c;* ~ **nt,** sam-menhengende.

cohesive [kou'hi:siv] sam-menhengende.

coil [kɔil] ring *c,* spiral *c,* kveil *c;* legge sammen i ringer, kveile.

coin [kɔin] mynt *c;* prege; ~ **age,** mynting *c,* pre-ging *c;* oppdikting *c.*

coincide [kouin'said] **(with)** falle sammen (med); ~ **nce** [kou'in-sidəns] sammentreff *n*

(av omstendighter); ~ **nt,** sammentreffende.

coke [kouk] koks *c.*

cold [kould] kulde *c;* forkjølelse *c;* kald.

collaborate [kə'læbəreit] samarbeide; ~ **ion** [kəl-æbə'reiʃn] samarbeid *n.*

collapse [kə'læps] falle sammen; sammenbrudd *n.*

collar ['kɔlər] krage *c;* snipp *c;* ~ **bone,** krage-bein *n.*

colleague ['kɔli:g] kollega *c.*

collect ['kɔlekt] kollekt *c;* [kə'lekt] samle (inn, på), hente; innkassere; ~ **ed,** fattet, rolig; ~ **ion,** (inn)samling *c;* innkas-sering *c.*

college ['kɔlidʒ] universi-tetsavdeling *c;* høyere læreanstalt *c.*

collide [kə'laid] **(with)** stø-te sammen (med).

collier ['kɔliə] kullgruve-arbeider *c;* kullbåt *c;* ~ **y,** kullgruve *c.*

collision [kə'liʒn] sam-menstøt *n.*

colloquial [kə'loukwiəl] som hører til hverdags-språket; ~ **ism,** hver-dagsuttrykk *n.*

colonel ['kə:nl] oberst c.

colonial [kə'lounjəl] koloni-; ~ize, kolonisere, slå seg ned; ~y, koloni c.

colour ['kʌlə] farge c; påskudd n; farge; smykke; rødme; ~s fane c, flagg n.

colt [koult] føll n.

column ['kɔləm] søyle c; kolonne c; spalte c (i avis, bok).

comb [koum] kam c; kjemme.

combat ['kɔmbət] kamp c; (be)kjempe.

combination [kɔmbi'neiʃn] forbindelse c; kombinasjon c; ~s, kombination (undertøy n).

combine [kəm'bain] forbinde (seg), kombinere; ['kɔmbain] sammenslutning c, syndikat n.

combustible [kəm'bʌstibl] brennbar; ~bility, brennbarhet c; ~on, forbrenning c.

come [kʌm] komme; **to** ~, fremtidig; ~ **along**, skynde seg; bli med; ~-**back**, tilbakevending c; suksessrik gjenopptreden; ~ **by**, få fatt på;

~ **off**, slippe fra (noe); foregå, finne sted; ~ **true**, oppfylles; ~ **up to**, komme opp imot, tilsvare.

comedian [kə'mi:diən] komiker c; ~y ['kɔmidi] komedie c, lystspill n.

comely ['kʌmli] tekkelig, pen.

comfort ['kʌmfət] trøst c; hygge c, komfort c; trøste; ~**able**, behagelig, makelig, hyggelig; be ~**able**, ha det koselig, føle seg vel.

comic ['kɔmik] komisk; ~ **strip**, tegneserie c.

coming ['kʌmiŋ] kommende, fremtidig.

command [kə'ma:nd] befaling c, kommando c; rådighet c; kommandere; styre; beherske; ~**er**, befalhavende c; kommandør c; marinekaptein c; ~**er-in-chief** øverstbefalende c; ~**ment**, rel bud n.

commemorate [kə'meməreit] feire, minnes; ~**ion**, minne(fest) n (c).

commence [kə'mens] begynne; ~**ment**, begynnelse c, amr eksamenshøytidelighet c.

commend [kə'mend] rose, anbefale.

comment ['kɔment] (kritisk) bemerkning *c*, kommentar *c*; ~ **on**, gjøre bemerkninger til, kommentere; ~ **ary**, kommentar *c*, ledsagende foredrag *n*.

commerce ['kɔməs] handel *c*; samkvem *c*; ~ **ial** [kə'mə:ʃl] handels-; reklamesending.

commission [kə'miʃn] verv *n*, oppdrag *n*; provisjon *c*; kommisjon *c*; gi i oppdrag; ~ **aire** [-'næə] dørvakt *c*; kommisjonær *c*; ~ **er**, kommissær *c*, medlem av en kommisjon (komité).

commit [kə'mit] betro, overlate; begå; ~ **oneself**, forplikte seg, engasjere seg.

common ['kɔmən] felles; alminnelig, simpel; ~ **law**, allmenn sivilrett *c* bygd på sedvanerett; ~ **sense**, sunn fornuft , *c*; ~ **er**, borger *c*, uprivilegert person; underhusmedlem *n*; ~ **place**, banalitet *c*; banal; ~ **room**, fellesrom *n* (bl.a. lærer-, professorværelse

n); ~ **s**, alminnelige (jevne) folk; **the House of Commons**, Underhuset; **the (British) Commonwealth of Nations**, Det britiske samvelde.

commotion [kə'mouʃn] røre *n*, uro *c*.

communal ['kɔmjunl] felles, offentlig.

communicate [kə'mju:nikeit] meddele, stå i forbindelse med, sette seg i forbindelse med; ~ **tion**, meddelelse *c*, forbindelse *c*; **means of** ~, kommunikasjonsmiddel *n*; ~ **tive**, meddelsom.

communion [kə'mju:njən] fellesskap *n*; nattverd *c*, altergang *c*; ~ **ism**, kommunisme *c*; ~ **ity**, *n*, samfunn *n*.

commute [kə'mju:t] bytte, skifte (ut), ~ **r**, pendler *c*.

companion [kəm'pænjən] kamerat *c*, ledsager *c*; pendant *c*, motstykke *n*; ledsage; ~ **ship**, selskap *n*, samkvem *n*.

company ['kʌmpəni] (handels)selskap *n*; samvær *n*; gjester; kompani *n*.

comparable ['kɔmpərəbl]

sammenlignbar; ~ **ative**
[kəm'pærətiv] forholds-
messig; sammenlignen-
de; ~ **e** [kəm'pæə] sam-
menligne; ~ **ison**, sam-
menligning c; gradbøy-
ning c.

compartment [kəm'pa:t-
mənt] avdeling c; rom n;
kupé c.

compass ['kʌmpəs] om-
krets c; utstrekning c;
kompass n, passer c;
omgi.

compassion [kəm'pæ∫n]
medlidenhet c; ~ **ate**,
medlidende.

compatibility [kəmpætə-
'biliti] forenlighet c, sam-
svar n; ~ **le** [kəm'pætəbl]
forenlig, som passer
sammen med.

compatriot [kəm'pætriət]
landsmann c.

compel [kəm'pel] (frem)-
tvinge.

compensate ['kɔmpenseit]
kompensere; erstatte;
~ **ion** [kɔmpən'sei∫n]
kompensasjon c; erstat-
ning c.

compete [kəm'pi:t] kon-
kurrere; ~ **nce** ['kɔm-
pitəns] kompetanse c;
kvalifikasjon c; (sorg-
fritt) utkomme n; ~ **nt**,

kompetent, skikket, kva-
lifisert.

competition [kɔmpi'ti∫n]
konkurranse c; ~ **ive**
[kəm'petitiv] konkurran-
sedyktig; ~ **or** [kəm'pe-
titə] konkurrent c.

complacence [kəm'plei-
səns] (selv)tilfredshet c;
~ **t**, selvtilfreds.

complain [kəm'plein] (be)-
klage (seg) (**about, of**
over); ~ **t**, klage c. lidel-
se c.

complement ['kɔmplimənt]
komplement c; utfylling
c.

complete [kəm'pli:t] full-
stendig(gjøre), fullføre;
utfylle; ~ **ion**, fullendel-
se c, utfylling c, kom-
plettering c.

complex ['kɔmpleks] sam-
mensatt; innviklet, flo-
ket; ~ **ion**, ansiktsfarge
c; fig utseende n; ~ **ity**,
innviklethet c.

compliance [kəm'plaiəns]
samsvar n; innvilgelse c.

complicate ['kɔmplikeit]
komplisere, gjøre inn-
viklet.

compliment ['kɔmpliment]
kompliment n; (**with**)
~ **s**, hilsen c; kompli-
mentere; ønske til lyk-

ke; ~ **ary** [kɔmpli'men-
təri] komplimenterende.

comply [kəm'plai] **with**,
imøtekomme, etterkom-
me.

component [kəm'pounənt]
bestanddel *c*.

compose [kəm'pouz] sette
sammen; danne; kom-
ponere; berolige; ~ **er**,
komponist *c*; ~ **ition**,
sammensetning *c*; kom-
posisjon *c*; skriftlig opp-
gave *c*; ~ **itor** [-'pɔzitə]
setter *c*; ~ **ure** [-'pouʒə]
ro *c*, fatning *c*.

compound ['kɔmpaund]
sammensetning *c*; sam-
mensatt; ~ **interest**,
rentesrente *c*; [kəm-
'paund] sette (blande)
sammen.

comprehend [kɔmpri-
'hend] innbefatte; begri-
pe; ~ **sible** begripelig;
~ **sion**, oppfatning *c*,
fatteevne *c*; ~ **sive**, om-
fattende.

comprise [kəm'praiz] inn-
befatte.

compromise ['kɔmprə-
maiz] kompromiss *n*;
forlik *n*.

compulsion [kəm'pʌlʃn]
tvang *c*; ~ **ory**, obligato-
risk.

compute [kəm'pju:t] (be)-
regne; ~ **er**, regnema-
skin *c*.

comrade ['kɔmrəd] kame-
rat *c*.

conceal [kən'si:l] skjule.

concede [kən'si:d] innrøm-
me.

conceit [kən'si:t] idé *c*, fo-
restilling *c*; innbilskhet
c; ~ **ed**, innbilsk.

conceivable [kən'si:vəbl]
tenkelig; ~ **e**, unnfange,
tenke ut; forstå.

concentrate ['kɔnsentreit]
konsentrere (seg) **(on**
om).

concept ['kɔnsəpt] begrep
n; ~ **ion**, unnfangelse *c*;
oppfatning *c*; idé *c*.

concern [kən'sə:n] (større)
bedrift *c*; anliggende *n*;
bekymring *c*; angå, be-
kymre; ~ **ing**, angående.

concert ['kɔnsət] konsert
c; forståelse *c*.

conciliate [kən'silieit] for-
like, forsone; ~ **ion**, for-
soning *c*.

concise [kən'sais] kortfat-
tet, konsis.

conclude [kən'klu:d] (av)-
slutte, ende; dra en slut-
ning *c*; ~ **sion**, avslut-
ning *c*, slutt *c*; konklu-
sjon *c*; ~ **sive**, avgjøren-
de.

concord [ˈkɔŋkɔ:d] enighet c.

concrete [ˈkɔnkri:t] fast; konkret; betong c.

concur [kənˈkə:r] stemme overens; falle sammen; medvirke.

concussion [kənˈkʌʃn] risting c, (hjerne)rystelse c.

condemn [kənˈdem] (for)-dømme; kondemnere; ~ **able**, forkastelig; ~ **ation**, fordømmelse c; kondemnering c.

condense [kənˈdens] fortette, kondensere; ~ **r**, kondensator c.

condescend [kɔndiˈsend] nedlate seg; ~ **ing**, nedlatende.

condition [kənˈdiʃn] betingelse c; (til)stand c; kondisjon c; ~ **s**, forhold.

condole [kənˈdoul] kondolere; ~ **nce**, kondolance c.

conduce [kənˈdju:s] bidra, føre (til); ~ **ive**, som bidrar til.

conduct [ˈkɔndəkt] oppførsel c, atferd c; [kənˈdʌkt] føre, lede; mus dirigere; ~ **or**, leder c; mus dirigent c; konduktør c; amr togfører c.

cone [koun] kjegle c, kongle c.

confection|er [kənˈfekʃənə] konditor c; ~ **ery**, konditori n; konditorvarer.

confedera|cy [kənˈfedərəsi] forbund n; ~ **te**, forbundsfelle c, forbundet; ~ **tion**, forbund n.

confer [kənˈfə:] tildele (on til), overdra; konferere; ~ **ence**, konferanse c.

confess [kənˈfes] tilstå, bekjenne; ~ **ion**, tilståelse c; bekjennelse c; skrifte.

confide [kənˈfaid] betro (seg) (to til); ~ **ence**, tillit c; fortrolighet c.

confine [kənˈfain] begrense; sperre inne; begrensning c; ~ **ment**, begrensning c; innesperring c; nedkomst c.

confirm [kənˈfə:m] bekrefte; ~ **ation**, bekreftelse c.

confiscate [ˈkɔnfiskeit] konfiskere; beslaglegge; ~ **ion**, beslagleggelse c.

conflict [ˈkɔnflikt] konflikt c; [kənˈflikt] stride (with med).

conform [kənˈfɔ:m] tilpasse seg; føye, rette seg etter; ~ **ity**, overensstemmelse c; **in** ~ ~ **with**, i samsvar med.

confound [kənˈfaund]

blande sammen, forveksle; forvirre; fordømme.

confront [kən'frʌnt] stå like overfor; konfrontere.

confuse [kən'fju:z] forvirre; blande sammen; ~ **ion**, forvirring c, uorden c; sammenblanding c.

confute [kən'fju:t] gjendrive.

congeal [kən'dʒi:l] fryse, størkne.

congenial [kən'dʒi:niəl] (ånds)beslektet; tiltalende.

congestion [kən'dʒestʃən] blodtilstrømning c; opphopning c, trafikkstans c.

congratulate [kən'grætjuleit] lykkønske; ~ **ion**, lykkønskning c.

congregate ['kɔŋgrigeit] samle (seg); ~ **ion**, menighet c.

congress ['kɔŋgres] møte n, kongress c; ~ **man** amr kongressmedlem n.

conic(al) ['kɔnik(l)] kjegleformet, konisk; ~ **section**, kjeglesnitt n.

conjugal ['kɔndʒugl] ekteskapelig.

conjuncture [kən'dʒʌŋktʃə]

sammentreff n (av omstendigheter).

connect [kə'nekt] forbinde; stå i forbindelse med; ~ **ion**, forbindelse c; ~ **ive**, forbindende; bindeledd n.

connive [kə'naiv] se gjennom fingrene (**at** med).

conquer ['kɔŋkə] erobre; seire; ~ **or**, erobrer c; seierherre c.

conquest ['kɔŋkwest] erobring c.

conscience ['kɔnʃəns] samvittighet c; ~ **tious** [kɔnʃi'enʃəs] samvittighetsfull.

conscious ['kɔnʃəs] bevisst; ~ **ness**, bevissthet c.

conscription [kɔn'skripʃn] utskrivning c, verneplikt c.

consecrate ['kɔnsikreit] (inn)vie, vigsle.

consecutive [kən'sekjutiv] som kommer etter hverandre.

consent [kən'sent] samtykke n; ~ **to**, samtykke i.

consequence ['kɔnsikwens] følge c, konsekvens c; betydning c; ~ **tly**, følgelig.

conservation [kɔnsə'veiʃn]

bevaring *c;* ~ **tive**, konservativ.

conserve [kən'sə:v] bevare; sylte; ~ **s**, syltetøy *n.*

consider [kən'sidə] betrakte, overveie, betenke; anse for; mene; ~ **able**, betydelig, anselig; ~ **ate**, hensynsfull; ~ **ation**, overveielse *c;* hensyn(sfullhet) *c;* godtgjørelse *c.*

consign [kən'sain] overdra, konsignere, sende (varer); ~ **ment**, sending *c* (av varer); konsignasjon *c.*

consist [kən'sist] bestå **(of** av, **in** i å).

consisten|cy [kən'sistənsi] konsistens *c,* konsekvens *c;* ~ **t** forenlig, som stemmer **(with** med); konsekvent.

consola|tion [kɔnsə'leiʃn] trøst *c;* ~ **e** [kən'soul] trøste.

consolidat|e [kən'sɔlideit] grunnfeste, trygge; forene, samle; ~ **ion**, konsolidering *c.*

conspicuous [kən'spikjuəs] iøynefallende, påfallende.

conspir|acy [kən'spirəsi] sammensvergelse *c;*

~ **ator**, sammensvoren *c;* ~ **e** [-'spaiə] sammensverge seg.

constable [ˈkʌnstəbl] konstabel *c,* betjent *c.*

constan|cy [ˈkɔnstənsi] uforanderlighet *c;* trofasthet *c;* ~ **t**, uforanderlig, bestandig.

consternation [kɔnstə:-ˈneiʃn] forskrekkelse *c.*

constipat|e [ˈkɔnstipeit] forstoppe; ~ **ion**, forstoppelse *c.*

constituen|cy [kən'stitjuənsi] valgkrets *c;* ~ **t part**, bestanddel *c.*

constitut|e [ˈkɔnstitju:t] utgjøre; utnevne; stifte; ~ **ion** [kɔnsti'tju:ʃən] beskaffenhet *c;* konstitusjon *c,* grunnlov *c;* ~ **ional**, konstitusjonell.

construct [kən'strʌkt] bygge, konstruere; ~ **ion**, bygging *c;* konstruksjon *c;* ~ **ive**, konstruktiv; ~ **or**, konstruktør *c.*

consul [ˈkɔnsəl] konsul *c;* ~ **general**, generalkonsul *c.*

consult [kən'sʌlt] rådspørre, konsultere; se etter, slå opp i (en bok); ~ **ation** [kənsəl'teiʃn], rådslagning *c.*

consume [kən'sju:m] for-
tære, forbruke; ~**r**,
konsument *c.*
consumption [kən'sʌm(p)-
ʃn] forbruk *n;* lungetu-
berkulose *c.*
contact ['kɔntækt] berø-
ring *c,* kontakt *c; v* også
[kən'tækt] sette seg i for-
bindelse med, kontakte.
contagion [kən'teidʒən]
smitte *c;* ~**us**, smittsom.
contain [kən'tein] innehol-
de; beherske; ~**er**, be-
holder *c.*
contaminate [kən'tæmi-
neit] (be)smitte, foruren-
se; ~**ion**, besmittelse *c,*
forurens(n)ing *c.*
contemplate ['kɔntempleit]
betrakte; gruble (over);
~**ation**, betraktning *c,*
grubleri *n.*
contemporary [kən'tempə-
rəri] samtidig; moderne.
contempt [kən'tem(p)t]
forakt *c;* ~**uous**, full av
forakt; hånlig.
contend [kən'tend] kjem-
pe, slåss.
content [kən'tent] tilfreds;
tilfredsstille; tilfredshet;
~ **oneself with**, nøye seg
med; **to one's heart's** ~,
av hjertens lyst; ~**s**
['kɔntents] innhold *n;*
~**ment**, tilfredshet *c.*

contest ['kɔntest] strid *c;*
konkurranse *c;* [kən'test]
bestride; konkurrere
om; ~**able**, omtvistelig.
continent ['kɔntinənt] fast-
land *n;* verdensdel *c;*
måteholden; kysk; ~**al**
[kɔnti'nentl] kontinental.
contingent [kən'tindʒənt]
(troppe)kontingent *c;*
tilfeldig; avhengig (**upon**
av).
continual [kən'tinjuəl]
uavbrutt, stadig; ~**ance**,
(ved)varenhet *c;* ~**ation**,
fortsettelse *c;* ~**e** fort-
sette; ~**ous**, sammen-
hengende, stadig, uav-
brutt.
contour ['kɔntu:ə] omriss
n.
contraband ['kɔntrəbænd]
smugling *c,* smuglergods
n.
contraception [kɔntrə-
'sepʃn] prevensjon *c.*
contract [kən'trækt] trekke
sammen; pådra seg;
kontrahere, inngå kon-
trakt; ['kɔn-] avtale *c,*
kontrakt *c;* ~**ion**, sam-
mentrekning *c;* ~**or**, en-
treprenør *c;* kontrahent
c.
contradict [kɔntrə'dikt]
motsi; ~**ion**, motsigelse
c; ~**ory**, motsigende.

contrary ['kɔntrəri] mot-
satt; **on the** ~, tvert
imot; ~ **to,** stridende
imot.
contrast ['kɔntra:st] mot-
setning c; [kən'tra:st]
sammenligne; danne
motsetning til.
contravene [kɔntrə'vi:n]
handle imot, overtre;
~ **tion,** overtredelse c.
contribute [kən'tribjut] bi-
dra; ~ **ion,** bidrag n;
~ **or,** bidragsyter c;
medarbeider c; ~ **ory,**
som gir bidrag.
contrite ['kåntrait] anger-
full.
contrivance [kən'traivəns]
oppfinnelse c, påfunn c;
innretning c; ~ **e,** finne
opp, pønske ut.
control [kən'troul] tilsyn
n, kontroll c; herredøm-
me n; kontrollere, be-
herske.
controversial [kɔntrə'və:ʃl]
omstridt, strids-; ~ **y**
['kåntrəvə:si] kontrovers
c.
convalesce [kɔnvə'les]
friskne til (etter syk-
dom); ~ **nce,** rekonvale-
sens c; ~ **nt,** rekonvale-
sent c.
convene [kən'vi:n] kom-

me, kalle sammen;
~ **ience** bekvemmelighet
c, komfort c; **at your
earliest** ~, så snart det
passer Dem; ~ **ient,** be-
kvem, bekvemmelig.
convent ['kɔnvənt] (non-
ne)kloster n; ~ **ion** møte
n, kongress c; avtale c;
skikk og bruk; ~ **ional,**
konvensjonell.
conversation [kɔnvə:-
'seiʃn] samtale ~ **e,** sam-
tale **(with** med); ~ **ion,**
forvandling c, omdan-
nelse c; omvendelse c.
convert [kən'və:t] omdan-
ne, omvende.
convey [kən'vei] bringe,
transportere, overbrin-
ge; meddele; ~ **ance,**
transport c; befordrings-
middel n, skjøte n.
convict ['kɔnvikt] straffan-
ge c; [kən'vikt] erklære
skyldig **(of** i); ~ **ion,**
domfellelse c; overbevis-
ning c.
convince [kən'vins] over-
bevise.
convoke [kən'vouk] sam-
menkalle.
coo [ku:] kurre.
cook [kuk] kokk(e) c (c);
lage mat.
cool [ku:l] kjølig; kald-

blodig, rolig; freidig; avkjøle; ~ness, kjølighet c, kaldblodighet c.

coolie ['ku:li] kuli c.

cooper ['ku:pə] bøkker c.

co-operate [cou'opəreit] samarbeide; medvirke, bidra; ~ion, samarbeid; medvirkning c; kooperasjon c; ~ive, samvirke, kooperativ; ~ ~ society, samvirkelag n.

cop [kɔp] politimann c.

cope [koup] with, greie, klare, mestre.

copper ['kɔpə] kopper(-slant) n (c); politimann c.

copy ['kɔpi] kopi c; avskrift c, avtrykk n, gjennomslag n, reproduksjon c; eksemplar n (av bok, avis), n; manuskript n; kopiere; fair ~, renskrift c; rough ~, kladd c, konsept n; ~-book, skrivebok c; ~ing-ink, kopiblekk n; ~right, forlagsrett c, opphavsrett c.

coral ['kɔ:rəl] korall c.

cord [kɔ:d] snor, snøre n.

cordial ['kɔ:diəl] hjertelig; styrkedrikk c.

corduroy ['kɔ:dərɔi] kordfløyel c.

core [kɔ:] kjerne(hus) c (n).

cork [kɔ:k] kork c (-e); ~screw, korketrekker c.

corn [kɔ:n] korn n (planter); liktorn c; amr mais c; ~-cob, maiskolbe c; ~y, underlig, skrullet.

corner ['kɔ:nə] hjørne n; krok c.

coronation [kɔrə'neiʃn] kroning c.

corporal ['kɔ:pərəl] korporlig, kroppslig; korporal c; ~ation, juridisk person c; kommune-, bystyre n; amr aksjeselskap n.

corpse [kɔ:ps] lik n.

correct [kə'rekt] korrekt, riktig; rette, korrigere; ~ion, (oppgave)retting (c) c; ~ive, forbedrende; korrektiv n.

correspond [kɔris'pɔnd] svare (to, with til); brevveksle (with med); ~ence, overensstemmelse c, korrespondanse c; ~ent, korrespondent c; ~ing, tilsvarende.

corridor ['kɔridɔ:] korridor c.

corrode [kə'roud] tære på, fortære; ruste; ~sion,

fortæring *c* (ved rust);
~**sive**, tærende.

corrugate ['kɔrugeit] ryn-
ke, rifle; ~**d iron**, bøl-
geblikk *n.*

corrupt [kəˈrʌpt] forder-
vet; korrupt; bederve,
ødelegge; forderve; be-
stikke; ~**ion**, bedervelse
c; fordervelse *c,* korrup-
sjon *c.*

corset ['kɔ:sit] korsett *n.*

cosmetics [kɔzˈmetiks]
kosmetikk *c.*

cost [kɔst] omkostning(er)
c; koste.

costermonger ['kɔstə-
mʌŋgə] gateselger *c.*

costly ['kɔstli] kostbar.

costume ['kɔstju:m] kosty-
me *n;* (-re), drakt *c.*

cosy ['kouzi] koselig.

cot [kɔt] barneseng *c,* felt-
seng *c;* køye *c.*

cottage ['kɔtidʒ] hytte *c,*
lite hus *n.*

cotton ['kɔtn] bomull *c*
(-splante, -svarer, -støy).

couch [kautʃ] benk *c,* sofa
c, sjeselong *c.*

cough [kɔ:f] *v & s* hoste
c.

council ['kaunsl] råd *n,*
rådsforsamling *c;* ~**lor,**
rådsmedlem *n.*

counsel ['kaunsl] råd *n,*

rådslagning *c;* advokat *c*
(i en rettssak); gi råd;
~**lor,** rådgiver *c.*

count [kaunt] beregning *c,*
telling *c;* notis *c;* greve
c; telle; ~ **on,** regne
med, stole på.

countenance ['kauntinəns]
ansikt *n,* mine *c;* billige.

counter ['kauntə] disk *c,*
spillemerke *n;* mot-,
kontra-; gjøre mottrekk
(i sjakk), gi slag igjen
(boksing); ~**act,** mot-
virke; ~**balance,** mot-
vekt *c;* oppveie, utligne;
~**feit** [-fit] ettergjort,
uekte; forfalskning *c;* et-
tergjøre, forfalske;
~**feiter,** falskmyntner *c;*
~**pane,** sengeteppe *n;*
~**part,** motstykke *n;* si-
destykke *n.*

countess ['kauntis] grevin-
ne *c.*

country ['kʌntri] land *n;*
strøk *n,* egn *c;* ~**man,**
landsmann *c;* mann fra
landet, bonde *c.*

county ['kaunti] grevskap
n, fylke *n.*

couple ['kʌpl] par *n;* a ~
of days, et par dager;
parre, sammenkople.

courage ['kʌridʒ] mot *n;*
~**ous** [kəˈreidʒəs] modig.

course [kɔ:s] (for)løp *n,*
gang *c;* kurs *c,* retning *c,*
bane *c;* veddeløpsbane
c; kurs(us) *n;* rett *c;* **of**
~, selvfølgelig.

court [kɔ:t] gård(splass) *c;*
hoff *n;* domstol *c;* (ten-
nis)bane *c;* ~**eous,** høf-
lig, beleven; ~**esy**
['kə:tisi] høflighet *c;*
~**ship,** frieri *n;* ~**yard,**
gårdsplass *c.*

cousin ['kʌzn] fetter *c;* ku-
sine *c.*

cover ['kʌvə] dekke *n,*
deksel *n,* lokk *n;* omslag
n, bind *n;* perm *c;* futte-
ral *n;* dekning *c,* skjule-
sted *n;* kuvert *c;* dekke
(til), skjule, beskytte; til-
bakelegge; ~**ing,** dekke
n, overtrekk *n;* ~**let,**
sengeteppe *n;* ~**t,**
skjult, fordekt, hemme-
lig; skjul *n,* tilholdssted
n.

covet ['kʌvit] begjære, at-
trå; ~**ous,** begjærlig **(of**
etter).

cow [kau] ku *c.*

coward ['kauəd] feig(ing)
c; ~**ice,** feighet *c.*

cowboy ['kaubɔi] *amr* ri-
dende gjeter *c.*

crab [kræb] krabbe *c;* kri-
tisere.

crack [kræk] sprekk *c,*
revne *c;* smell *n;* knek-
ke; knalle, smelle
(med); sprenge; *dt* flott,
prima; ~**ed,** sprukket;
~**er,** knallbonbon *c;*
kjeks *c;* ~**s,** nøtteknek-
ker *c.*

cradle ['kreidl] *v* og *s* vug-
ge *c.*

craft [kra:ft] håndverk *n;*
dyktighet *c;* fartøy *n;*
~**sman,** håndverker *c;*
~**y,** slu.

cramp [kræmp] krampe *c;*
hemme, innsnevre.

cranberry ['krænbəri] tra-
nebær *n.*

crane [krein] kran *c;* tra-
ne *c.*

crank [kræŋk] sveiv *c;*
krumtapp *c;* særling *c,*
forskrudd person; svei-
ve opp.

crape [kreip] krepp *c.*

crash [kræʃ] brak *n;* ned-
styrtning *c;* brake,
dundre; styrte ned;
~**-helmet,** styrthjelm *c.*

crate [kreit] (sprinkel)kas-
se *c;* stor kurv; pakke i
kasse.

crater ['kreitə] krater *n.*

crave [kreiv] be inntren-
gende om; begjære,
lengte etter; ~**en,** feig;

~**ing,** begjær *n;* sterkt ønske *n.*

crawl [krɔ:l] kravle, krabbe; crawle; **be ~ing with,** myldre av.

crayfish [ˈkreifiʃ] kreps *c.*

craziness [ˈkreizinəs] galskap ~**y,** skrullet, gal.

creak [kri:k] knirk *n* (-e).

cream [kri:m] fløte *c,* krem *c.*

crease [kri:s] fold *c,* brett *c;* buksepress *c;* krølle.

create [kriˈeit] skape; utnevne; ~**ion,** skapelse *c;* utnevnelse *c;* ~**or,** skaper *c;* ~**ure** [ˈkri:tʃə] (levende) vesen *n,* skapning *c;* kreatur.

credibility [krediˈbiliti] troverdighet *c;* ~**le,** troverdig, trolig.

credit [ˈkredit] tillit *c,* (til)tro *c;* kredit(t) *c;* anseelse *c;* tro (på); godskrive; kreditere.

credulous [ˈkredjuləs] godtroende.

creek [kri:k] vik *c,* bukt *c; amr* bekk *c.*

creep [kri:p] krype, liste seg; ~**er,** slyngplante *c;* ~**y,** uhyggelig.

cremation [kriˈmeiʃn] kremasjon *c;* ~**orium,**

~**ory** [ˈkremətəri] krematorium *n.*

crescent [ˈkresnt] månesigd *c;* halvrund plass; halvmåneformet; voksende.

crest [krest] (hane)kam *c;* hjelmbusk *c;* bakkekam *c;* familievåpen *n;* ~**fallen,** motløs.

crevice [ˈkrevis] (fjell)sprekk *c.*

crew [kru:] mannskap *n.*

crib [krib] krybbe *c;* fuske.

cricket [ˈkrikit] siriss *c;* cricketspill *n;* **not ~,** ikke realt.

crime [kraim] forbrytelse *c;* ~**inal,** forbrytersk, forbryter *c;* ~ ~**ity** kriminalitet *c.*

crimson [ˈkrimzn] høyrød.

cringe [krindʒ] krype **(to** for).

cripple [ˈkripl] krøpling *c.*

crisis, *pl* -es [ˈkraisis, -i:z] vendepunkt *n;* krise *c.*

crisp [krisp] kruset; sprø; frisk; kruse (seg), bli sprø.

critic [ˈkritik] kritiker *c;* ~**cal,** kritisk; ~**cism,** kritikk *c;* ~**cize** [-saiz]; kritisere.

croak [krouk] kvekke, skrike.

crockery ['krɔkəri] stentøy *n*.

crocodile ['krɔkədail] krokodille *c*.

crook [kru:k] krok *c*, hake *c*; sving *c*; bedrager *c*; ~ ed, kroket, skjev; uærlig.

crooner ['kru:nə] vokalist *c*.

crop [krɔp] avling *c*; kro *c* (på fugler).

cross [krɔs] kors *n*, kryss *n*, krysning *c*; tverr, gretten; krysse, gå tvers over; motvirke; ~ grained, vrien, tverr; (vei-, gate-)kryss *n*; overfart *c*; ~-word puzzle, kryssord *n*.

crouch [krautʃ] huke seg ned.

crow [krou] kråke *c*; gale.

crowd [kraud] (menneske)mengde *c*; trenge (til side), flokkes.

crown [kraun] *v* & *s* krone *c*.

crucial ['kru:ʃl] avgjørende.

crucifixion [kru:si'fikʃn] korsfestelse *c*.

crude [kru:d] rå, umoden.

cruel [kru:əl] grusom; ~ ty, grusomhet *c*.

cruise [kru:z] (kryss)tokt *n*, sjøreise *c*.

crumb [krʌm] (brød)smule *(n) c*.

crumple ['krʌmpl] krølle(s).

crusade [kru:'seid] korstog *n*.

crush [krʌʃ] trengsel *c*; knuse; klemme, presse.

crust [krʌst] skorpe *c*; skare *c*; dekke(s) med skorpe.

crutch [krʌtʃ] krykke *c*.

cry [krai] skrik *n*, rop *n*; gråt *c*, skrike; gråte.

crystal ['kristl] krystall *n*; ~ lize, krystallisere.

ct. fork. for *cent.*

cub [kʌb] valp *c*, unge *c*.

cube [kju:b] terning *c*.

cuckoo ['kuku:] gjøk *c*.

cucumber ['kju:kʌmbə] agurk *c*.

cud [kʌd] drøv; **chew the** ~, tygge drøv.

cuddle ['kʌdl] ligge lunt; kjæle (med).

cudgel ['kʌdʒəl] klubbe *c*, kølle *c*.

cue [kju:] (biljard)kø *c* *(c)*; stikkord *n*.

cuff [kʌf] mansjett *c* (erme-)oppslag *n*; slag

n, dask *c;* ~**s**, håndjern; daske.

culminate [ˈkʌlmineit] kulminere.

culpable [ˈkʌlpəbl] straffskyldig; ~**rit**, gjerningsmann *c*, skyldig.

cult [kʌlt] kultus *c;* ~**i-vate**, dyrke; kultivere; ~**ivation**, dyrking *c;* ~**ural**, kultur *c;* dyrking *c;* dannelse *c;* dyrke; kultivere; ~**ured**, kultivert, dannet.

cumbersome [ˈkʌmbəsəm] byrdefull, besværlig.

cunning [ˈkʌniŋ] list(ig) *c*.

cup [kʌp] kopp *c*, beger *n;* pokal *c;* ~**board** [ˈkʌpbəd] skap *n*.

cupidity [kjuˈpiditi] begjærlighet *c*.

cur [kə:] kjøter *c*.

curable [ˈkjuˈrəbl] helbredelig.

curate [ˈkjuˈrit] kapellan *c;* ~**or** [-ˈreitə] kurator *c;* konservator *c*.

curb [kə:b] tøyle *c;* kantstein *c*, fortauskant *c* (også -**stone**).

cure [kjuˈ] kur *c;* helbredelse *c;* helbrede; konservere (salte, røyke, tørke).

curfew [ˈkə:fjuˈ] portforbud *n*.

curiosity [kjuˈriˈɔsiti] nysgjerrighet *c;* raritet *c;* ~**us**, nysgjerrig; underlig, kunstferdig.

curl [kə:l] krøll *c;* krølle (seg), sno.

currant [ˈkʌrənt] korint *c;* rips *c* (red ~); solbær *n* (black ~).

currency [ˈkʌrənsi] valuta *c;* omløp *n;* gangbarhet *c;* ~**t** strøm(ning) *c;* gangbar, løpende, inneværende; aktuell.

curriculum [kəˈrikjuləm] undervisningsplan, pensum *n;* ~ **vitae** [ˈvitai] levnetsbeskrivelse *c*.

curry [ˈkʌri] karri *c*.

curse [kə:s] forbanne(lse) *c*, ~**e ed** *c*.

curt [kə:t] kort, mutt; ~ **ain** [ˈkə:tn] gardin *n*, forheng *n; teat* teppe *n*.

curts(e)y [ˈkə:tsi] neie; kniks *n*.

curve [kə:v] kurve *c*, sving *c;* krumme (seg).

cushion [ˈkuʃn] pute *c;* polstre.

custodian [kʌˈstoudiən] vokter *c*, vaktmester *c;* ~**y** [ˈkʌstədi] forvaring *c*, varetekt *c*.

custom [ˈkʌstəm] sedvane *c*, skikk *c;* ~**s** toll(vesen) *c (n);* ~**ary**, vanlig;

~er, kunde c; ~-house, tollbod c; ~s officer, toller c.

cut [kʌt] skjære; hogge; klippe; uthogge; redusere; overse; skulke; ta av (i kort); snitt n; hogg n; slag n; (av)klipp n; reduksjon c; ~ teeth, få tenner; ~ down, innskrenke; ~ off, avskjære, avbryte; utestenge; ~ out, tilskjære; sjalte ut; ~ short, avbryte (plutselig); ~ glass, slepet glass n; ~ up rough slå seg vrang, bli sint.

cute [kjuːt] skarpsindig; amr søt, sjarmerende.

cutler ['kʌtlə] knivsmed c; ~y, kniver, sakser etc.

cutlet ['kʌtlit] kotelett c.

cutting ['kʌtiŋ] skjærende; skarp; utklipp n; (vei-, jernbane-)skjæring c.

cycle ['saikl] syklus c, krets c; sykkel c; sykle.

cylinder ['silində] sylinder c, valse c.

cynic ['sinik] kyniker c; ~al, kynisk.

Czech [tʃek] tsjekker c; ~oslovakia, Tsjekkoslovakia.

D

dab [dæb] slå lett; daske.

dad(dy) ['dæd(i)] pappa c.

daffodil ['dæfədil] påskelilje c.

daft [daːft] skrullet, tosket.

dagger ['dægə] dolk c.

daily ['deili] daglig; dagblad n, daghjelp c.

dainty ['deinti] lekker, fin; kresen.

dairy ['dɛəri] meieri n.

daisy ['deizi] tusenfryd c.

dam [dæm] dam c, demning c; demme opp.

damage ['dæmidʒ] skade c; beskadige; ~s, erstatning c.

damn [dæm] fordømme; ~! pokker!

damp [dæmp] fuktighet c; fuktig, klam; (amr ~en) fukte, væte; dempe.

dance [daːns] dans c; ~er, danser(inne) c (c); ~ing, dans(ing) c.

dandelion ['dændilaiən] løvetann c.

dandruff ['dændrʌf] flass n.

dandy ['dændi] laps c; fin.

Dane [dein], danske c; dane.

danger ['deindʒə] fare c; ~ous, farlig.

Danish ['deiniʃ] dansk.

dapper ['dæpə] livlig, vever.

dare [dɛə] tore, våge.

daring ['dɛəriŋ] dristighet c; modig; dristig.

dark [da:k] mørk; mørke n; ~en, mørkne; ~ness, mørke n; ~room, mørkerom n.

darling ['da:liŋ] skatt c, elskling c; yndling c.

darn [da:n] stoppe (huller).

dart [da:t] kastespyd n, kastepil c; fare (av sted), styrte; kaste.

dash [dæʃ] splintre, slå i knas; kyle; styrte av sted; stenk n, skvett c, plutselig bevegelse c, tankestrek c; ~board, instrumentbord n (på bil, fly osv.); ~ing, flott, feiende.

date [deit] daddel c; tidspunkt n; dato c; tid c; årstall n; avtale c; amr stevnemøte n; datere; **out of** ~, foreldet; **up to** ~, moderne, tidsmessig.

daub [dɔ:b] smøre(ri) n.

daughter ['dɔ:tə] datter c; ~-in-law, svigerdatter c.

dawn [dɔ:n] gry n, daggry n; dages, lysne.

day [dei] dag c; **the other** ~, forleden (dag); **this** ~ **week**, i dag om en uke; ~**break**, daggry n; ~**light**, dagslys n; ~**'s work**, dagsverk n.

dazzle ['dæzl] blende.

dead [ded] død, livløs; sloknet; matt; øde; ~**beat**, dødstrett; ~ **body**, lik n; ~**en**, avdempe, døyve; ~**lock**, stillstand c, uføre n; ~**ly**, dødelig, drepende.

deaf [def] døv; tunghørt; ~**aid**, høreapparat n; ~**ening**, øredøvende; ~-**mute**, døvstum; ~**ness**, døvhet c.

deal [di:l] forretning, handel c; avtale c; kortgiving c; tildele; fordele; gi (kort); handle; **a good** ~, **a great** ~, en hel del; ~**er**, handlende c, forhandler c.

dean [di:n] dekan(us) c; domprost c.

dear [diə] dyr; dyrebar; kjær.

death [deþ] død *c,* dødsfall *n; ~ -rate,* dødelighet(sprosent) *c (c).*

debark [diˈbɑːk] gå i land; landsette; *~ ation,* landgang *c;* landsetting *c.*

debate [diˈbeit] ordskifte *n,* debatt *c;* debattere.

debauch [diˈbɔːtʃ] forføre; utsvevelse *c.*

debit [ˈdebit] debet *c;* debitere.

debt [det] gjeld *c; ~ or,* debitor *c,* skyldner *c.*

decade [ˈdekeid] tiår *n.*

decadence [ˈdekədəns] forfall *n; ~ t,* som er i forfall.

decanter [diˈkæntə] karaffel *c.*

decay [diˈkei] forfalle; råtne, visne bort; forfall *n.*

decease [diˈsiːs] bortgang *c,* død *c;* gå bort, dø.

deceit [diˈsiːt] bedrageri *n.*

deceive [diˈsiːv] bedra; narre.

December [diˈsembə] desember.

decency [ˈdiːsnsi] sømmelighet *c;* anstendighet *c; ~ t,* sømmelig, skikkelig.

deception [diˈsepʃn] bedrag *n;* skuffelse *c; ~ ve,* skuffende; bedragersk.

decide [diˈsaid] beslutte; avgjøre.

decision [diˈsiʒən] avgjørelse *c;* beslutning *c; ~ ve* [diˈsaisiv] avgjørende.

deck [dek] pynte, pryde; dekk *n.*

declaration [dekləˈreiʃn] erklæring *c,* kunngjøring *c; ~ e,* erklære; kunngjøre; melde (i kort); angi (til fortolling).

decline [diˈklain] avta; forfalle; avslå; nedgang *c,* tilbakegang *c.*

decorate [ˈdekəreit] pryde, dekorere; *~ ion,* (ordens-)dekorasjon *c;* pynt *c.*

decoy [ˈdiˈkɔi] lokkefugl *c.*

decrease [diˈkriːs] avta, minke; [ˈdiːkriːs] nedgang *c,* reduksjon *c.*

decree [diˈkriː] forordne; dekret *n.*

decrepit [diˈkrepit] avfeldig.

dedicate [ˈdedikeit] innvie; tilegne; *~ ion,* innvielse *c;* tilegnelse *c,* dedikasjon *c.*

deduce [diˈdjuːs] utlede, slutte.

deduct [diˈdʌkt] trekke

fra; ~ **ion,** fradrag-
(spost) *n (c);* utledning
c.

deed [di:d] dåd *c,* gjer-
ning *c;* dokument *n;*
skjøte *n,* tilskjøte.

deem [di:m] anse for; me-
ne.

deep [di:p] dyp; dypt;
~ **en,** utdype.

deer [diə] dyr *n* (av hjor-
teslekten).

defeat [di'fi:t] overvinne;
tilintetgjøre; nederlag *n;*
~ **ism,** defaitisme *c.*

defect [di'fekt] mangel *c,*
feil *c;* ~ **ive** defekt, man-
gelfull.

defence [di'fens] forsvar
n; ~ **d,** forsvare; ~ **dant,**
the ~ saksøkte *c,* ankla-
gede; ~ **sive,** forsvars-,
defensiv *c.*

defer [di'fə:] utsette.

defiance [di'faiəns] ut-
fordring *c;* tross *c;*
~ **ant,** utfordrende, tros-
sig.

deficiency [di'fiʃənsi]
mangel *c;* ufullkommen-
het *c;* ~ **cient,** mangel-
full, evneveik.

deficit ['defisit] under-
skudd *n.*

define [di'fain] forklare,
definere; ~ **ite** ['definit]

bestemt, nøye avgren-
set; ~ **ition,** bestemmel-
se *c;* ~ **itive** [di'finitiv]
definitiv, endelig; avgjø-
rende.

deflect [di'flekt] avvike,
bøye(s) av.

deform [di'fɔ:m] misdan-
ne, vansire; ~ **ity,** mis-
dannelse *c,* vanskapthet
c; feil *c.*

defraud [di'frɔ:d] bedra.

defray [di'frei] bestride
(omkostninger).

deft flink, netthendt.

defunct [di'fʌŋkt] (av)død.

defy [di'fai] trosse; utford-
re.

degenerate [di'dʒenəreit]
utarte; ~ **ion,** utarting *c.*

degradation [degrə'deiʃn]
degradering *c;* ~ **e,** de-
gradere.

degree [di'gri:] grad *c;*
rang *c;* eksamen *c* (ved
universitet *el* college).

deject [di'dʒekt] nedslå;
~ **ion,** motløshet *c.*

delay [di'lei] utsette(lse),
forsinke(lse) *c.*

delegate ['deligeit] delege-
re; sende ut med full-
makt; ['-git] utsending *c.*

delete [di'li:t] stryke (ut).

deliberate [di'libərit] over-
lagt; [di'libəreit] over-
veie.

delicacy ['delikəsi] finhet
c; finfølelse c; lekker-
bisken c; ~ te, fin; fint-
følende; sart.
delicious [di'liʃəs] deilig,
herlig, lekker.
delight [di'lait] glede c;
glede seg (**in** ved, over);
~ **ful** deilig, herlig.
delinquency [di'liŋkwənsi]
forseelse c, forsømmelse
c; **juvenile** ['dʒu:vinail]
~ ungdomskriminalitet
c; ~ **t,** forsømmelig;
skyldig; forbryter c.
deliver [di'livə] (over)leve-
re; befri; forløse; holde
(f.eks. en tale); ~ **ance,**
befrielse c; ~ **y,** overle-
vering c; levering c; om-
bæring c (av post); for-
løsning c; fremføring c.
delude [di'lu:d] villede,
narre.
deluge ['delju:dʒ] over-
svømmelse c; syndflod
c.
delusion [di'lu:ʒən] illu-
sjon c, villfarelse c;
~ **ve,** skuffende; illuso-
risk.
demand [di'ma:nd] fordre,
kreve, forlange; ford-
ring c; etterspørsel c; **in
great** ~, meget søkt, et-
terspurt.

demeanour [di'mi:nə] opp-
førsel c.
demi, halv-.
demob(ilize) ['di:'mɔb- (di-
'moubilaiz)] demobilise-
re.
democracy [di'mɔkrəsi]
demokrati n; ~ **t** ['demə-
kræt] demokrat c; ~ **tic**
[demə'krætik] demokra-
tisk; ~ **tize** [di'måkrətaiz]
demokratisere.
demolish [di'mɔliʃ] rive
ned; ~ **ition,** nedriving
c.
demonstrate ['demənstreit]
(be)vise, demonstrere;
~ **tion,** bevisføring c;
bevis n; (offentlig) de-
monstrasjon c; ~ **tive**
[di'månstrətiv] klargjø-
rende; demonstrativ,
åpen.
demure [di'mjuə] ærbar.
den, hule c (dyrs); hybel
c.
denial [di'naiəl] (be)nek-
telse c; avslag n.
Denmark ['denma:k] Dan-
mark.
denominate [di'nɔmineit]
benevne; ~ **ation,** be-
nevnelse c; pålydende n,
verdi c; religiøst sam-
funn n.
denounce [di'nauns] for-
dømme; angi, melde.

dense [dens] tett; fast; tungnem; ~ity, tetthet.

dent, hakk *n*, bulk *c*; bulke.

dental ['dentl] tann-; ~ifrice, tannpulver *n* (-krem, -pasta, -vann); ~ist, tannlege *c*; ~ure, gebiss *n*.

denunciation [dinʌnsi'eiʃn] fordømmelse *c*; anmeldelse *c*.

deny [di'nai] (be)nekte; avslå.

depart [di'pa:t] (av)gå, reise bort; gå bort, dø; avvike; ~ed, avdød; ~ment, avdeling *c*; område *n*; *amr* departement *n*; ~ ~ store, varehus; ~ure, avgang *c*, avreise *c*; avvik *n*; død *c*.

depend [di'pend] ~able, pålitelig; ~ on, avhenge av; stole på; ~ence, avhengighet *c*.

depict [di'pikt] male; skildre.

deplorable [di'plɔ:rəbl] beklagelig; ~e, beklage.

depopulate [di'pɔpjuleit] avfolke.

deport [di'pɔ:t] deportere.

depose [di'pouz] avsette; vitne.

deposit [di'pɔzit] deponere, anbringe; sette inn (penger); avleire; depositum *n;* innskudd *n;* avleiring *c*.

depreciate [di'pri:ʃieit] sette ned (*el* falle) i verdi; ~tion, (verdi)forringelse *(c) c*.

depress [di'pres] trykke ned; nedslå; ~ed, nedtrykt; ~ion, nedtrykking *c;* nedtrykthet *c,* depresjon *c*.

deprive [di'praiv] berøve.

depth [depþ] dybde *c;* dyp *n*.

deputy ['depjuti] representant *c,* varamann *c*.

derail [di'reil] avspore; ~ment, avsporing *c*.

derange [di'reindʒ] bringe i ulage; ~d, sinnsforvirret; ~ment, (sinns)forvirring *c*.

derision [di'riʒən] hån *c*.

derive [di'raiv] avlede, utlede.

derrick ['derik] lastekran *c,* lossebom *c;* boretårn *n*.

descend [di'send] synke; stige ned; nedstamme; ~dant, etterkommer *c;* ~t, nedstigning *c;* avstamning *c*.

describe [di'skraib] beskrive.

description [di'skripʃn] beskrivelse c.

desert ['dezət] ørken c, øde sted n; [di'zə:t] forlate; desertere; fortjent lønn c; ~ **ion**, frafall n; desertering c.

deserve [di'zə:v] fortjene; ~ **ing**, fortjenstfull, verdig.

design [di'zain] tegne; skissere; planlegge; bestemme **(for til)**; tegning c; plan c; konstruksjon c; ~ **ate** ['dezigneit] betegne, utpeke **(to, for til)**; ~ **ation**, betegnelse c; ~ **er**, tegner c, konstruktør c; ~ **ing**, listig, renkefull.

desirable [di'zaiərəbl] attråverdig; ønskelig; ~ **e**, ønske **(v & n)**; begjær n; (-e); ~ **ous**, begjærlig **(of** etter).

desk, pult c, skranke c.

desolate ['desəlit] ubebodd, øde; ulykkelig.

despair [dis'pɛə] fortvile(lse) c; ~ **ing**, fortvilet.

desperate ['despərit] fortvilet; desperat.

despise [dis'paiz] forakte.

despite [dis'pait] nag n; tross c; **prp** til tross for.

despondency [dis'pondənsi] motløshet n; ~ **t**, motløs.

dessert [di'zə:t] dessert c.

destination [desti'neiʃn] bestemmelsessted c **(n)**; ~ **e** ['-tin] bestemme; ~ **y**, skjebne c.

destitute ['destitju:t] blottet **(of for)**; fattig; ~ **ion,** fattigdom c; mangel c, nød c.

destroy [dis'trɔi] ødelegge; **destruction** [dis'trʌkʃn] ødeleggelse c; ~ **ve**, ødeleggende.

detach [di'tætʃ] skille, avsondre; ~ **ment**, atskillelse c; kjølig fjernhet c.

detail ['di:teil] berette inngående om; detalj c; ~ **ed**, inngående.

detain [di'tein] holde tilbake; oppholde.

detect [di'tekt] oppdage; ~ **ive**, detektiv c.

detention [di'tenʃn] forvaring c, arrest c.

detergent [di'tə:dʒənt] vaskemiddel, -pulver n.

deteriorate [di'tiəriəreit] forringe; bli forringet.

determinate [di'tə:minit] bestemt; ~ **ation**, besluttsomhet *c;* bestemmelse *c;* ~**e,** bestemme (seg); beslutte.

detest [di'test] avsky *c;* ~**able,** avskyelig.

detonation [detou'nei∫n] eksplosjon *c;* knall *n.*

detour ['di:tuə] omvei *c.*

detract [di'trækt], avlede; ~ **from** nedsette, forringe.

detriment ['detrimənt] skade *c;* ~**al** [-'mentl] skadelig.

devastate ['devəsteit] herje.

develop [di'veləp] utvikle (seg); *fotogr* fremkalle; ~**ment,** utvikling *c.*

deviate ['di:vieit] avvike; ~**ion** [-'ei∫n] avvikelse *c.*

device [di'vais] påfunn *n;* innretning *c;* devise *c.*

devil ['devl] djevel *c.*

devise [di'vaiz] tenke ut.

devoid [di'vɔid] fri, blottet (of for).

devote [di'vout] hellige, vie; ~**ed,** hengiven; ~**ion,** hengivenhet *c;* fromhet *c.*

devour [di'vauə] sluke.

devout [di'vaut] from.

dew [dju:] dugg(e) *c;* ~**y,** dugget.

dexterity [deks'teriti] (be)-

hendighet ~**ous** ['dekstərəs] hendig, fingernem.

diagnose ['daiəgnouz] diagnostisere; ~**is,** *pl* ~**es** [daiəg'nousis] diagnose *c.*

dial ['daiəl] solur *n;* urskive *c,* telefonskive *c;* slå telefonnummer.

dialect ['daiəlekt] målføre *n.*

diameter [dai'æmitə] diameter *c,* tverrmål *n.*

diamond ['daiəmənd] diamant *c;* ruter (i kortspill).

diaper ['daiəpə] bleie *c.*

diary ['daiəri] dagbok *c.*

dice [dais] *(pl* av **die)** terninger; spille med terninger.

dictate [dik'teit] diktere; ~**ion,** diktat *c;* ~**or,** diktator; ~**orship,** diktatur *n.*

dictionary ['dik∫ənri] ordbok *c,* leksikon *n.*

didactic [di'dæktik] didaktisk, belærende.

die [dai] dø; omkomme; dø bort; (i *pl:* **dice)** terning *c.*

diet ['daiət] kost *c,* diett *c,* riksdag *c.*

differ ['difə] være for-

skjellig, avvike; ~**ence,**
forskjell *c;* uenighet *c;*
stridspunkt *n;* ~**ent,**
forskjellig **(from** fra).
difficult ['difikəlt] vanske-
lig; ~**y,** vanskelighet *c.*
diffuse [di'fju:z] utbre,
spre; ~**ion,** spredning *c;*
utbredelse *c.*
dig, grave; slite, jobbe.
digest ['daidʒest] sammen-
drag *n,* [di'dʒest] for-
døye(s); ~**ible,** fordøye-
lig; ~**ion,** fordøyelse *c.*
digit ['didʒit] finger-
(bredd) *c,* (ensifret) tall
n.
dignified ['dignifaid] (ær)-
verdig; ~**fy,** utmerke,
hedre; ~**ty,** verdighet *c.*
digress [dai'gres] komme
bort fra emnet; ~**ion,**
digresjon *c.*
dike [daik] dike *n;* dem-
ning *c.*
diligence ['dilidʒəns] flid
c; ~**t,** flittig.
dilute [dai'lju:t] fortynne.
dim, mørk, matt, uklar.
dimension [di'menʃn] di-
mensjon *c,* utstrekning
c, mål *n.*
diminish [di'miniʃ] for-
minske; minke.
diminution [dimi'nju:ʃn]

forminskelse *c;* minking
c.
dimple ['dimpl] smilehull
n.
din, larm *c,* drønn *n,* bra-
ke.
dine [dain] spise middag.
dingy ['dindʒi] skitten,
mørk.
dining-car ['daiŋiŋka:]
spisevogn *c;* ~**room,**
spisestue *c;* ~**table,** spi-
sebord *n.*
dinner ['dinə] middag(s-
mat) *c (c);* ~**-jacket**
smoking *c.*
diocese ['daiəsi:s] bispe-
dømme *n.*
dip, dyppe; øse; dukke;
dukkert *c;* dypping *c;*
helling *c.*
diploma [di'plouma] dip-
lom *n,* vitnemål ~**cy,**
diplomati *n;* ~**t** ['diplo-
mæt] diplomat *c.*
dipper ['dipə] sleiv *c,* øse
c.
direct [di'rekt *el* dai-] rett,
strak; direkte; umiddel-
bar; styre, rettleie; gi
ordre; adressere; ~ **cur-
rent,** likestrøm *c;* ~**ion,**
retning *c;* ledelse *c;*
~**ly,** direkte; umiddel-
bart, straks; ~**or,** leder
c; styremedlem *n,* direk-

tør *c;* **board of** ~**ors** (bedrifts)styre *n;* ~**ory,** adressebok *c;* **telephone** ~, telefonkatalog *c.*

dirt [də:t] skitt; ~**y,** skitten.

disability [disə'biliti] inkompetanse *c;* uførhet *c;* ~**able** [-'eibl] gjøre ubrukbar; gjøre til invalid; ~**abled** handikappet.

disadvantage [disəd'va:ntidʒ] ulempe *c,* uheldig forhold; ~**ous** [-'teidʒəs] ufordelaktig.

disagree [disə'gri:] være uenig (**with** med); ikke stemme overens; ikke ha godt av (om mat og drikke); ~**able,** ubehagelig; ~**ment,** uoverensstemmelse *c,* uenighet *c.*

disappear [disə'piə] forsvinne; ~**ance,** forsvinning *c.*

disappoint [disə'pɔint] skuffe; ~**ment,** skuffelse *c.*

disapproval [disə'pru:vl] misbilligelse *c;* ~**ve,** misbillige.

disarm [dis'a:m] avvæpne, nedruste; ~**ament,** avvæpning *c,* nedrusting *c.*

disaster [di'za:stə] ulykke *c;* ~**rous,** ulykkelig, katastrofal.

disbelief ['disbi'li:f] vantro *c,* tvil *c;* ~**eve,** tvile på.

disburse [dis'bə:s] betale ut; ~**ment,** utbetaling *c.*

disc *(el* **disk)** [disk] skive *c,* (grammofon)plate *c.*

discern [di'sə:n] skjelne; skille; erkjenne; ~**ing,** forstandig; skarpsindig; ~**ment,** skarpsindighet *c.*

discharge [dis'tʃa:dʒ] losse; avfyre; frigi; løslate; utføre (plikt); betale (gjeld); avskjedige; lossing *c;* avlessing *c;* avfyring *c;* salve *c;* befrielse *c,* løslating *c;* frigivelse *c,* avmønstring *c;* betaling *c.*

disciple [di'saipl] disippel *c;* ~**ine** ['disiplin] disiplin *c;* fag *n;* disiplinere, tukte.

disclose [dis'klouz] oppdage, avsløre; ~**ure,** avsløring *c.*

discolour [dis'kʌlə] avfarge(s).

discomfort [dis'kʌmfət] ubehag *n,* bry *n;* plage, uleilige.

disconcert [diskən'sə:t] forfjamse, bringe ut av fatning; forpurre.

disconnect [diskə'nekt]
(av)bryte; kople fra.
disconsolate [dis'kɔnsəlit]
trøsteløs.
discontent ['diskən'tent]
misfornøyd; misnøye *c;*
~**ed**, misfornøyd.
discontinue [diskən'tinju]
holde opp med, avbryte.
discord ['diskɔ:d] dishar-
moni *c;* uenighet *c;* mis-
lyd *c.*
discount ['diskaunt] rabatt
c; diskonto *c;* be at a ~
stå under pari; ogs. væ-
re billig til salgs;
[-'kaunt] diskontere,
trekke fra.
discourage [dis'kʌridʒ] ta
motet fra.
discourse [dis'kɔ:s] fore-
drag *n;* avhandling *c.*
discourteous [dis'kə:tiəs]
uhøflig.
discover [dis'kʌvə] oppda-
ge; ~ **er**, oppdager *c;*
~**y**, oppdagelse *c.*
discredit [dis'kredit] vanry
n.
discreet [dis'kri:t] taktfull,
diskret.
discrepancy [dis'krepənsi]
uoverensstemmelse *c*,
motsigelse; ~ **t**, uover-
ensstemmende **(from**
med).

discretion [dis'kreʃn] dis-
kresjon *c;* forstand *c; at*
~, etter behag.
discriminate [dis'krimi-
neit] skjelne; gjøre for-
skjell, diskriminere;
~ **ion**, skjelning *c,* dis-
kriminering *c;* skjønn *n.*
discuss [dis'kʌs] drøfte,
diskutere; ~ **ion**, drøf-
ting *c,* diskusjon *c;* for-
handling *c.*
disdain [dis'dein] forakt(e)
c.
disease [di'zi:z] sykdom *c;*
~ **d**, syk; sykelig.
disembark ['disim'ba:k] ut-
skipe, landsette; gå i
land.
disengage ['disin'geidʒ]
gjøre fri, befri; ~ **d**, fri,
ledig; ~ **ment**, befrielse
c; heving av forlovelse.
disentangle ['disin'tæŋgl]
greie ut, utrede.
disfigure [dis'figə] vansire.
disgrace [dis'greis] unåde
c, vanære *c;* bringe i
unåde; vanære; ~ **ful,**
vanærende.
disguise [dis'gaiz] forkle;
maskere; forkledning *c;*
forstillelse *c.*
disgust [dis'gʌst] vemmel-
se *c;* volde vemmelse;
~ **ing**, motbydelig.

dish [diʃ] fat *n*, (mat)rett *c*.

dishonest [dis'ɔnist] uærlig; ~y, uærlighet *c*.

dishonour [dis'ɔnə] skam *c*; vanære *c*; ikke honorere (en veksel); ~able, vanærende; æreløs.

disillusion [disi'lu:ʒn] desillusjonere.

disinfect [disin'fekt] rense, desinfisere; ~ant, desinfeksjonsmiddel *n*; ~ion, desinfeksjon *c*.

disinherit [disin'herit] gjøre arveløs.

disinterested [dis'intristed] uegennyttig; uhildet, upartisk.

disk, se *disc*.

dislike [dis'laik] mishag *n*; ikke like.

dislocate [dislokeit] forrykke; bringe av ledd; ~ion, forrykkelse *c*, forvridning *c*.

disloyal [dis'lɔiəl] illojal.

dismantle [dis'mæntl] demontere, sløyfe.

dismay [dis'mei] forferde, nedslå; forferdelse *c*.

dismiss [dis'mis] sende bort; avvise; avskjedige; ~al, avskjed *c*, avvisning *c*.

dismount [dis'maunt] stige av (hest *el* sykkel); demontere.

disobedience [disɔ'bi:-djəns] ulydighet *c*; ~t, ulydig (to imot).

disobey [disɔ'bei] være ulydig.

disorder [dis'ɔ:də] uorden *c*; sykdom *c*; bringe i uorden; ~ly, uordentlig, opprørsk.

disparage [dis'pærid3] rakke ned på, laste; ~ment, nedrakking *c*.

disparate [dispərit] ulik, uensartet.

dispatch [dis'pætʃ] avsendelse, sending *c*, hurtig besørgelse; sende; ekspedere; ~er, avsender *c*.

dispel [dis'pel] spre, drive bort.

dispensable [dis'pensəbl] unnværlig; ~ary, reseptur (i apotek) *n*; ~ation, fritagelse *c*; tildeling *c*.

disperse [dis'pə:s] spre (seg).

displace [dis'pleis] flytte; forskyve; fordrive; fortrenge; ~ment, forskyvning *c*, deplasement *n*; ~d person, flyktning *c*, (lands)forvist *c*.

display fremvisning *c*, utstilling *c;* vise, stille ut.
displease [dis'pli:z] mishage; **~ure** [-'pleʒə] misnøye *c*, mishag *n*.
disposal [dis'pouzl] rådighet *c*, disposisjon *c;* **~e**, ordne, innrette; **~ed**, innstilt, disponert; **~ition**, ordning *c;* disposisjon *c;* tilbøyelighet *c;* gemytt *n*.
dispossess [dispə'zes] berøve; fordrive.
disproportion ['dɪsprə'pɔ:ʃən] misforhold *n*.
dispute [dis'pju:t] strides; drøfte; disputt *c*, ordstrid *c*.
disquiet [dis'kwaiət] uro *c;* forurolige, uroe.
disregard ['disri'ga:d] ringeakt *c;* ignorering *c;* ikke ta hensyn til.
disreputable [dis'repjutəbl] beryktet.
disrespect ['disri'spekt] mangel på aktelse *c;* **~ful**, uærbødig.
dissatisfaction ['disætis-'fækʃn] utilfredshet *c;* misnøye *c;* **~fied**, misfornøyd.
dissemble [di'sembl] skjule; forstille seg.

disseminate [di'semineit] spre.
dissension [di'senʃn] tvist *c*, splid *c*, uenighet *c*.
dissimilar [di'similə] ulik.
dissipate ['disipeit] spre(s); ødsle bort; **~ed**, utsvevende; **~ion**, spredning *c;* ødsling *c;* utsvevelser.
dissolute ['disəl(j)u:t] utsvevende.
dissolvable [di'zɔlvəbl] oppløselig; **~e**, oppløse(s).
dissuade [di'sweid] frarå-de.
distance ['distəns] avstand *c*, distanse *c;* **~t**, fjern.
distaste [dis'teist] avsmak *c*.
distil [dis'til] destillere; **~lation**, destillasjon *c;* **~lery**, brenneri *n*.
distinct [dis'tiŋkt] atskilt; tydelig; **~ion**, atskillelse *c*, forskjell *c;* utmerkelse *c;* **~ive**, eiendommelig; utpreget; særpreget.
distinguish [dis'tiŋgwiʃ] atskille; skjelne; utmerke; **~ed**, utmerket, fremragende, fornem.
distort [dis'tɔ:t] fordreie.
distract [dis'trækt] avlede, distrahere; **~ed**, forstyr-

ret, forrykt, gal; ~ **ion,**
adspredelse c, forstyrrel-
se c; sinnsforvirring c.
distress [dis'tres] nød c,
kval c; bekymre, volde
sorg.
distribute [dis'tribju:t] de-
le ut, fordele; ~ **ion,** ut-
deling c, fordeling c; ut-
bredelse c; ~ **or,** forde-
ler c; forhandler c.
district ['distrikt] distrikt
n.
distrust [dis'trʌst] mistro,
ha mistillit til; mistillit
c.
disturb [dis'tə:b] forstyrre;
forurolige; ~ **ance,** for-
styrrelse c; uro(lighet) c.
ditch [ditʃ] grøft c; kjøre
i grøften.
ditty ['diti] vise(stubb) c.
dive [daiv] dukke, stupe;
dukkert c, bad n; amr
bule c; styrtflukt c; ~ **r,**
dykker c.
diverse [dai'və:s] forskjel-
lig, ulik; ~ **ion,** avled-
ning c, omkjøring c; at-
spredelse c.
divert [dai'və:t] avlede;
omdirigere; atspre.
divide [di'vaid] (for-,
inn-)dele, dele seg; divi-
dere; (vann)skille n.
divine [di'vain] spå; gud-

dommelig; ~ **ity,** gud-
dom c; teologi c; ~ **ity
school,** teologisk fakul-
tet n.
division [di'viʒən] (av-,
inn-)deling c; divisjon;
uenighet c; ~ **ible,** dele-
lig.
divorce [di'vɔ:s] skilsmisse
c; skille (ektefolk); skil-
les.
divulge [dai'vʌldʒ] avslø-
re, røpe.
dizziness ['dizinis] svim-
melhet c; ~ **y,** svimmel.
do [du:] gjøre; utføre; vi-
se; handle; klare, greie
seg, gå an, være nok,
passe; leve, ha det; ~
one's best, gjøre sitt bes-
te; ~ **me a service,** gjør
meg en tjeneste; **I have
done eating,** jeg er ferdig
med å spise; ~ **one's
hair,** stelle håret; ~
one's lessons, gjøre lek-
sene sine; ~ **the town,**
se (severdighetene i) en
by; ~ **away with,** av-
skaffe; vrake; **that will
~,** det er nok; **that
won't ~,** den går ikke;
will this ~? kan De
bruke denne?; **I am
done for,** det er ute med
meg; **how ~ you ~?**

god dag! (det) gleder meg (ved presentasjon); ~ **without**, unnvære; **do** ved nektelse: I ~ **not like it**, jeg liker det ikke; do ved spørsmål: ~ **you speak English?** snakker (kan) du engelsk?; forsterkende: ~ **come**, å, kom nå; vær så snill å komme; **don't you know**, ikke sant? er du ikke enig?

docile ['dousail, *amr* 'dɔsil] lærvillig, føyelig.

dock [dɔk] dokk *c;* anklagebenk *c;* ~ **er**, havnearbeider *c;* ~ **et**, resymé *n*, sakliste *c;* ~ **yard**, verft *n*.

doctor ['dɔktə] doktor *c;* lege *c*.

document ['dɔkjumənt] dokument *n;* dokumentere; ~ **ary** [-'mentəri] dokumentarisk; dokumentarfilm.

dodge [dɔdʒ] unngå, unndra seg; krumspring *n*.

dog [dɔg] hund *c;* go to the ~ **s**, gå i hundene; ~ **-biscuit**, hundekjeks *c;* ~ **-cart**, jaktvogn *c;* ~ **-days**, hundedager; ~ **ged**, stri, seig, trassig;

~ **'s-ear**, eseløre *n*, brett *c* (på blad i bok); ~ **- tired**, dødstrett.

doing ['du:iŋ] gjerning *c*.

dole [doul] arbeidsløshetstrygd *c*, forsorg *c*.

doll [dɔl] dokke *c*,

dolphin ['dɔlfin] delfin *c*.

dome [doum] dom *c*, kuppel *c*.

domestic [də'mestik] hus-, huslig; innenriks-; tjener *c;* hushjelp *c;* ~ **ate**, temme.

domicile ['dɔmisail] bopel *c;* hjemsted *n;* ~ **d**, bosatt.

domination [dɔmi'neiʃn] herredømme *n*.

dominion [də'minjən] herredømme *n;* the **Dominions**, de britiske selvstyrende besittelser.

donation [dou'neiʃn] gave *c* (til legat, fond o.l.).

done [dʌn] *perf pts* av **do**, gjort, utført; ferdig; I **have** ~, jeg er ferdig; I **have** ~ **Italy**, jeg har reist gjennom hele Italia.

donkey ['dɔŋki] esel *n*.

donor ['dounə] giver *c*, donator *c*.

don't [dount] fork. f. *do not*.

doom [du:m] dom(medag) *c (c);* undergang *c;* (for)dømme; ~**sday**, dommedag *c.*

door [dɔ:] dør *c;* ~**-handle**, dørklinke *c;* ~**keeper**, dørvokter *c,* portner *c;* ~**-plate**, dørskilt *n;* ~**way**, døråpning *c.*

dope [doup] narkotikum *n,* stimulerende middel *n;* bedøve, narkotisere.

dormant [ˈdɔ:mənt] slumrende, hvilende; ~ **partner**, passiv kompanjong *c.*

dormitory [ˈdɔmit(ə)ri] sovesal *c; amr* studenthjem *n.*

dose [dous] dosis *c;* gi en dosis, dosere.

dot [dɔt] prikk *c,* punkt *n;* prikke; overså.

double [ˈdʌbl] dobbelt; (for)doble(s); legge dobbelt, dublere; det dobbelte; gjenpart *c;* dublett *c;* dobbeltspill *n* (i tennis); ~**-breasted**, dobbeltknappet (om jakke); ~**cross**, narre, svindle, bedra; ~**-dealing**, falskhet *c;* ~ **entry**, dobbelt bokholderi *n;* ~**-faced**, tosidig; ~**-minded**, tvisynt, vaklende.

doubt [daut] tvil *c* (-e) (of på); ~**ful**, tvirådig; tvilsom.

dough [dou] deig *c.*

dove [dʌv] due *c.*

dowager [ˈdauədʒə] (fornem) enke *c;* **queen** ~, enkedronning *c.*

down [daun] dun *n;* dyne *c;* sandbanke *c;* ned; nede; utfor; nedenunder, nede; ~ **the river**, nedover elven; **go** ~, gå under; synke; **lie** ~, legge seg (ned); **sit** ~, sette seg (ned); ~**fall**, *fig* fall *n;* ~**hearted**, motfallen; ~**hill**, utforbakke *c;* ~**pour**, øsregn *n;* ~**right**, likefrem; fullstendig; ~**stairs**, nedenunder; ~**town**, især *amr* ned til *el* nede i byens sentrum; ~**ward(s)**, nedover.

dowry [ˈdauəri] medgift *c.*

doze [douz] døse, slumre.

dozen [ˈdʌzn] dusin *n.*

Dr. = doctor, debtor.

drab [dræb] gulbrun farge; trist; monoton; tøs *c.*

draft [dra:ft] veksel *c,* tratte *c;* utkast *n;* plan *c,* tegning *c;* gjøre utkast til; sette opp (dokument) *(n).*

drag [dræg] dra, trekke.

drain [drein] lede bort noe flytende; tørre ut; drenere; kloakkledning *c;* avløpsrør *n;* tapping *c;* ~ **age**, drenering *c.*

dramatist ['dræmətist] dramatisk forfatter *c.*

draper ['dreipə] manufakturhandler *c*, kleshandler *c.*

draught [dra:ft] trekking *c*, tapping *c;* trekk *c;* slurk *c;* ~ **beer** [biə] fatøl *n;* ~**s**, damspill *n;* ~**sman**, tegner *c;* ~**y**, trekkfull.

draw [drɔ:] dra, trekke; tegne; avfatte, sette opp skriftlig; heve (penger); strekke; tappe; trekning *c;* drag *n;* attraksjon *c; teat* kassestykke *n;* ~ **up**, sette opp; avfatte; ~ **back**, hindring *c;* ulempe *c;* ~ **bridge**, vindebru *c;* ~ **ee**, trassat *c;* ~ **er**, tegner *c;* trassent *c;* skuff *c;* **chest of** ~ **ers**, kommode *c;* ~ **ers**, *pl* underbukse *c;* ~ **ing**, trekning *c;* tegning *c;* ~ **ing-board**, tegnebrett *n;* ~ **ing-room**, (daglig)-stue *c;* salong *c.*

dread [dred] skrekk *c*,

frykt *c;* frykte; ~ **ful**, fryktelig.

dream [dri:m] drømme; drøm *c;* ~**y**, drømmende.

dreary ['driəri] trist.

dredge [dredʒ] bunnskrape; muddermaskin *c.*

dregs [drægz] *pl* bunnfall *n*, berme *c.*

drench [drentʃ] gjøre dyvåt.

dress, kledning *c*, drakt *c;* damekjole *c;* kle på (seg), kle seg om; ordne, pynte; forbinde; ~ **circle**, balkong *c* (i teatret); ~ **ing**, forbinding *c;* tilberedning *c;* tilbehør *n* (til en rett, f.eks. saus til salat); påkledning *c;* appretur *c;* ~ **ing case**, toalettskrin *n*, toalettveske *c;* ~ **ing-gown**, slåbrok *c;* ~**y**, pyntesyk, smart; ~ **maker**, dameskredder(ske) *c (c);* ~ **-rehearsal**, generalprøve *c;* ~ **-shirt**, mansjettskjorte.

drift, drift *c;* retning *c;* snødrive *c.*

drill, drille, bore; innøve; bor *c, n*, drill *c;* eksersis *c.*

drink [driŋk] drikk *c;* drikke; ~ **able**, drikke-

lig; ~**ables,** drikkeva-
rer; ~**ing-glass,** drikke-
glass *n;* ~**er,** en som
drikker; dranker *c.*
drip, dryppe; drypp *n;*
~**ping,** stekefett *n.*
drive [draiv] kjøre, drive;
jage; tvinge; slå i; ~ **at**
sikte til; ~ **on,** kjøre av
sted, videre; kjøring *c;*
kjøretur *c;* kampanje *c;*
fremdrift *c;* ~**r,** kjører
c, sjåfør *c,* kusk *c;* ~**ing,**
kjøring; ~~ *(el* **dri-
ver's) licence,** førerkort
n.
drizzle ['drizl] duskregn *n*
(-e).
droll [droul] pussig.
droop [dru:p] henge ned.
drop [drɔp] dråpe *c;* øre-
dobb *c;* drops *n;* teppe
n; (for scenen); fall *n;*
dryppe; falle; slippe
(seg) ned; miste; sløyfe;
~ **in,** komme uventet,
se innom en; ~ **a line,**
skrive noen linjer.
drought [draut] tørke(tid)
c (c).
drown [draun] *vt,* **be
drowned** *vi* drukne.
drowse [drauz] døs(e) *c;*
~**y,** søvnig, døsig.
drudge [drʌdʒ] slite og

streve; ~**ry,** slit og
strev.
drug [drʌg] droge *c;* be-
døvingsmiddel *n;* ~**s,**
apotekervarer; narkoti-
ka *n;* bedøve; ~**gist,**
apoteker, farmasøyt *c;*
~**store,** *amr* (slags) apo-
tek *n.*
drum [drʌm] tromme(l) *c.*
drunk [drʌŋk] drukken,
full; full mann; ~**ard,**
drukkebolt *c;* ~**en,**
drukken, full; ~**enness,**
drikkfeldighet *c.*
dry [drai] tørr; tørre; tør-
ke; ~**-cleaning,** kjemisk
rensing *c;* ~**ness,** tørr-
het *c.*
dual ['dju:əl] dobbelt;
dual carriageway, vei
med to atskilte kjøreba-
ner.
dubious ['dju:bjəs] tvil-
som, tvilende.
duchess ['dʌtʃis] hertugin-
ne *c;* ~**y,** hertugdømme
n.
duck [dʌk] and *c;* seilduk
c; lerretsbukser; dukke;
bukke med hodet.
duckling ['dʌkliŋ] andunge
c.
due [dju:] skyldig; pas-
sende; forfallen (til be-

taling); skyldighet *c;* rett; **be ~ to,** skyldes; **become (fall) ~,** forfalle (til betaling); **in ~ time,** i rette tid; **the ship is ~ to-day,** skipet skal komme i dag; **~ s,** avgifter *c,* kontingent *c.*

duel ['dju:əl] duell *c* (-ere).

duke [dju:k] hertug *c.*

dull [dʌl] matt, dump; stump; dum; treg, kjedsommelig; trist; sløve(s); **~ ness,** sløvhet *c;* kjedsommelighet *c.*

dumb [dʌm] stum; *amr* dum.

dum(b)found [dʌm'faund] forbløffe.

dummy ['dʌmi] stum person *c;* statist *c;* utstillingsfigur *c;* attrapp *c;* blindemann *c* (i kortspill); stråmann *c.*

dump [dʌmp] søppelhaug *c;* velte, tømme ut; dumpe, kaste på markedet til en lav pris.

dumpling ['dʌmpliŋ] innbakt frukt, eplekake *c.*

dun [dʌn] mørkebrun; kreve, rykke.

dupe [dju:p] narre, lure.

duplicate ['dju:plikeit] fordoble; ta gjenpart av; ['-kit] dobbelt; dublett *c;* gjenpart *c.*

durability [dju:rə'biliti] varighet *c;* holdbarhet *c;* **~ le,** varig; holdbar.

duration [dju:'reiʃn] varighet *c.*

during ['dju:riŋ] i løpet av, under, i.

dusk [dʌsk] dunkel; skumring *c,* tusmørke *n.*

dust [dʌst] støv *n;* støve av, rense for støv; **~ -man,** søppelkjører *c;* **~ -pan,** feiebrett *n;* **~ er,** støveklut *c;* støvekost *c;* **~ y,** støvet.

Dutch [dʌtʃ] nederlandsk; **the ~,** nederlenderne.

dutiable ['dju:tiəbl] tollpliktig.

dutiful ['dju:tiful] lydig, pliktoppfyllende.

duty ['dju:ti] plikt *c,* skyldighet *c;* toll *c;* **be on ~,** være på vakt, gjøre tjeneste; **~ -free,** tollfri.

dwarf [dwɔ:f] dverg *c.*

dwell, dvele; oppholde seg; bo.

dwelling ['dweliŋ] bolig *c;* **~ -house,** våningshus *n.*

dwindle ['dwindl] svinne.

dye [dai] farge; fargestoff *n;* **~ r,** farger *c;* **~ -works,** fargeri *n.*

dying ['daiŋ] døende.
dynamic [dai'næmik] dy-
namisk; **~s,** dynamikk
c.

dynamite ['dainəmait] dy-
namitt c.
dysentery ['disəntri] dy-
senteri c.

E

E. = East(ern); English.
each [i:tʃ] (en)hver; **~
other,** hverandre.
eager ['i:gə] ivrig; begjær-
lig **(for** etter); **~ness,**
iver c; begjærlighet c.
eagle ['i:gl] ørn c.
ear [iə] øre n; gehør n;
hank c; aks n; **~-ache,**
øreverk c; **~-drum,**
trommehinne c.
earl [ə:l] jarl c (engelsk
adelstittel).
early ['ə:li] tidlig.
earn [ə:n] (for)tjene;
innbringe.
earnest ['ə:nist] alvor n
(-lig).
earnings ['ə:niŋz] pl inn-
tekt c; fortjeneste c.
earth [ə:þ] jord c; verden
c; jord(bunn, -art,
-smonn) c (c, c, n),
grunn c; dekke med
jord; jorde; **~en,** jord-,
leir-; **~enware,** leirva-
rer, steintøy n; **~ly,** jor-
disk; **~quake,** jord-

skjelv n.
ease [i:z] ro c; velvære n;
makelighet c; utvunget-
het c; letthet c; lindre,
lette; løsne, slakke; **at
~,** bekvemt, i ro (og
mak); **~el,** staffeli n;
~iness, letthet c, ro c;
utvungethet c.
east [i:st] øst c (-lig); **the
East,** Orienten; **~erly,
~ern,** østlig.
Easter ['i:stə] påske c.
eastward(s) ['i:stwəd(z)]
østover.
easy ['i:zi] lett(vint), rolig,
behagelig; makelig;
medgjørlig; trygg, sorg-
fri; utvungen; **take it
~!,** ta det rolig!;
~-chair, lenestol c;
-going, lettvint; sorgløs.
eat [i:t] spise; fortære;
~able, spiselig; **~ables,**
matvarer; **~ing-house,**
spisested n; restaurant c.
eaves ['i:vz] takskjegg n;
~drop, (smug)lytte.

ebb, ebbe c, fjære c; nedgang c; minke.

ebony ['ebəni] ibenholt c.

ecclesiastic(al) [ikli:zi'æstik(l)] kirkelig, geistlig.

echo ['ekou] ekko n, gi gjenlyd c.

eclipse [i'klips] formørkelse c (også figurlig).

economic [ikə'nɔmik] (sosial-)økonomisk; ~ical, økonomisk (dvs. besparende, sparsommelig); ~ics, (sosial)økonomi c; ~ist [i'kɔnəmist] (sosial)-økonom c; ~y, økonomi c; sparsomhet c; political ~, sosialøkonomi c.

ecstasy ['ekstəsi] ekstase c.

eddy ['edi] virvel c, malstrøm c; bakevje c.

edge [edʒ] egg c, odd c; skarphet c; rand c; kant c (-e); snitt n (på en bok); sette egg el kant på; skjerpe; få inn (~ in a word); on ~, på (høy)kant; oppskaket; irritabel; ~ways, sidelangs; på kant.

edible ['edibl] spiselig.

edifice ['edifis] bygning c.

edit ['edit] utgi; redigere; ~ion, utgave c; opplag n; ~or, utgiver c, redaktør c; ~orial, lederartikkel c.

educate ['edjukeit] oppdra; utdanne; ~ion, oppdragelse c, utdannelse c, undervisning c; skolevesen n; utdannelses-, pedagogisk.

eel [i:l] ål c.

effect [i'fekt] virkning c; inntrykk n; bevirke; virkeliggjøre, utføre; ~s, effekter, eiendeler; take ~, gjøre virkning; tre i kraft; of no ~, virkningsløs; in ~, i virkeligheten; ~ive, virksom; effektiv; become ~ive, tre i kraft; ~uate, iverksette, utføre.

effeminate [i'feminit] kvinneaktig, feminin.

efficiency [i'fiʃənsi] effektivitet c, virkeevne c; dyktighet c; ~t, virkningsfull, effektiv; dyktig.

effort ['efət] anstrengelse c.

effuse [e'fju:z] utgyte, sende ut, spre.

effusion [e'fju:ʒn] utgytelse c; ~ive, overstrømmende.

e.g. = exempli gratia, f.eks.

egg, egg *n;* **poached ~**, forlorent egg; **scrambled eggs**, eggerøre *c;* **fried ~**, speilegg *n;* **~-shell**, eggeskall *n.*

egoism ['egouizm] egoisme *c;* **~ist**, egoist *c;* **~istic(al)**, egoistisk.

Egypt ['i:dʒipt] Egypt; **~ian** ['i'dʒipʃn] egypter *c;* egyptisk.

eider ['aidə] ærfugl *c.*

eight [eit] åtte; **~een**, atten; **~eenth**, attende; **~fold**, åttefold; **eighth**, åttende; **~y**, åtti.

either ['aidə, *amr* 'i:ðə] en (av to); hvilken som helst (av to); heller (etter nektelse); begge; **~ - or**, enten - eller.

eject [i'dʒekt] støte ut; fordrive.

eke [i:k] **out**, drøye, (for)-øke.

elaborate [i'læbərit] utarbeidet, forseggjort; [-reit] utarbeide; utdype; **~ion**, utarbeidelse *c;* utdyping *c.*

elapse [i'læps] gå (om tiden).

elastic [i'læstik] elastisk, tøyelig; strikk *c;* **~ity**, elastisitet *c;* spennkraft *c.*

elbow ['elbou] albue *c;* krok *c,* vinkel *c;* puffe, skubbe; **at one's ~**, like for hånden; **~-room**, alburom *n.*

elder ['eldə] eldre; eldst (av to); hyll *c;* **~ly**, aldrende.

eldest ['eldist] eldst.

elect [i'lekt] velge; utvalgt; **~ion**, valg *n;* **~ioneering**, valgagitasjon *c;* **~ive**, valg-; **~or**, velger *c;* valgmann *c.*

electric(al) [i'lektrik(l)] elektrisk; **~cal engineer**, elektroingeniør *c;* **~cian** [ilek'triʃn] elektriker *c;* **~city** [ilek'trisiti] elektrisitet *c;* **~fy**, elektrifisere.

elegance ['eligəns] eleganse *c;* **~t**, elegant; smakfull; fin.

element ['elimənt] element *n,* grunnstoff *n;* **~ary** [eli'mentəri] elementær; enkel; **~ary school**, grunnskole *c.*

elephant ['elifənt] elefant *c.*

elevate ['eliveit] heve, løfte; **~ion**, løfting *c,* forhøyelse *c;* høyde *c;* haug *c;* ~ **or,** løfteredskap *n;* kornsilo *c; amr* heis *c.*

eleven [i'levn] elleve; ~ **th,** ellevte.

eligibility [elidʒi'biliti] valgbarhet *c;* ~ **le,** valgbar; passende.

elk, elg *c.*

elm, alm *c.*

elope [i'loup] rømme (særlig med en person av det annet kjønn); ~ **ment,** rømning *c.*

eloquence ['eləkwəns] veltalenhet *c;* ~ **t,** veltalende.

else [els] ellers; **anyone** ~ , noen annen; **what** ~ **?,** hva ellers?; ~ **where,** annetsteds.

elucidate [i'lu:sideit] klargjøre.

elude [i'lu:d] unnvike, unngå; omgå; ~ **sive,** unnvikende; slu.

emaciated [i'meiʃieitid] skinnmager.

emanate ['eməneit] strømme ut, utgå **(from fra).**

emancipate [i'mænsipeit] frigjøre.

embank [em'bæŋk] demme opp; ~ **ment,** oppdemming *c;* demning *c;* kai *c.*

embark [im'ba:k] gå ombord; innlate seg **((up)on** på); ~ **ation,** innskipning *c.*

embarrass [im'bærəs] forvirre; gjøre forlegen; bringe i vanskeligheter; ~ **ment,** forvirring *c;* (penge)forlegenhet *c.*

embassy ['embəsi] ambassade *c.*

embezzle [im'bezl] gjøre underslag; ~ **ment,** underslag *n.*

embitter [im'bitə] gjøre bitter, forbitre.

embodiment [im'bɔdimənt] legemliggjørelse *c;* ~ **y,** legemliggjøre.

embrace [im'breis] omfavne(lse *c);* omfatte.

embroider [im'brɔidə] brodere; ~ **y,** broderi *n.*

embroil [im'brɔil] forvikle; ~ **ment,** forvikling *c;* strid *c.*

emerald ['emərəld] smaragd *c.*

emerge [i'mə:dʒ] dukke opp, komme fram; ~ **ncy,** kritisk situasjon, nødstilfelle *n.*

emigrant ['emigrənt] utvandrer *c;* ~ **te,** utvandre; ~ **tion,** utvandring *c.*

eminence ['eminəns] høyhet *c;* høy rang *c;* ære *c,* berømmelse *c;* ~t, fremragende; høytstående.

emit [i'mit] sende ut; utstede, emittere.

emotion [i'mouʃn] sinnsbevegelse *c;* følelse *c;* ~al, følelsesmessig.

emperor ['empərə] keiser *c.*

emphasis ['emfəsis] ettertrykk *n;* ~size, legge ettertrykk på, fremheve; ~tic [im'fætik] ettertrykkelig.

empire ['empaiə] keiserrike *n;* verdensrike *n.*

employ [im'plɔi] beskjeftige, sysselsette; ansette; bruke, nytte; beskjeftigelse *c;* tjeneste *c;* **in the** ~ **of,** ansatt hos; ~ee [emplɔi'i] arbeidstaker *c,* funksjonær *c;* ~er, arbeidsgiver *c;* ~ment, beskjeftigelse *c,* arbeid *n;* anvendelse *c.*

empress ['empris] keiserinne.

emptiness ['emptinis] tomhet *c;* ~y, tom (**of** for); *fig* innholdsløs; tømme.

emulate ['emjuleit] kappes med; etterligne.

enable [i'neibl] sette i stand til.

enact [i'nækt] forordne; vedta i lovs form; spille (en rolle).

enamel [i'næməl] emalje *c;* glasur *c;* emaljere.

enamoured [i'næməd] **of,** forelsket i.

enchant [in'tʃɑ:nt] fortrylle; ~ment, fortryllelse *c.*

enclose [in'klouz] innhegne; inneslutte; vedlegge; ~ure, innhegning *c;* vedlegg *n* (i et brev).

encore [ɔŋ'kɔə] (rope) dakapo *n.*

encounter [in'kauntə] møte *n;* sammenstøt *n;* møte, støte på.

encourage [in'kʌridʒ] oppmuntre; støtte, hjelpe fram; ~ment, oppmuntring *c.*

encumber [in'kʌmbə] belemre, bry; behefte; ~rance, byrde *c,* hindring *c;* pant *n,* heftelse *c.*

encyclop(a)edia [ensaiklou'pi:djə] konversasjonsleksikon *c.*

end, ende *c,* opphør *n;* slutt *c;* hensikt *c,* mål *n;* ende, slutte; opphøre.

endanger [in'deindʒə] bringe i fare.

endear [in'diə] **oneself,**

gjøre seg godt likt *(el.* elsket); ~ **ing,** vinnende, elskverdig; ~ **ment,** kjærtegn *n.*

endeavour [in'devə] bestrebelse *c,* strev *n;* bestrebe seg.

ending ['endiŋ] slutt *c,* ende(lse) *c (c);* ~ **less,** endeløs, uendelig.

endorse [in'dɔːs] endossere, påtegne; gi sin tilslutning.

endow [in'dau] utstyre; gi gave til, donere; ~ **ment,** (gave)fond *n;* donasjon *c;* begavelse *c.*

endurable [in'djuːrəbl] utholdelig; ~ **ance,** utholdenhet *c;* ~ **e** holde ut, tåle; vare.

enema ['enimə] klyster *n.*

enemy ['enimi] fiende *c.*

energetic [enə'dʒetik] energisk; ~ **y** ['enədʒi] kraft *c,* energi *c.*

enforce [in'fɔːs] fremtvinge; sette igjennom; håndheve; innskjerpe; ~ **ment,** håndhevelse *c,* streng gjennomføring *c;* bestyrkelse *c.*

engage [in'geidʒ] engasjere, ansette; beskjeftige; påta seg; ~ **oneself,** forplikte seg, forlove seg;

~ **d,** opptatt, beskjeftiget **(in** med); forlovet; ~ **ment,** beskjeftigelse *c;* forpliktelse *c;* forlovelse *c.*

engender [en'dʒendə] avle.

engine ['endʒin] (damp-, kraft-)maskin *c;* motor *c;* lokomotiv *n;* redskap *n.*

engineer [endʒi'niə] ingeniør *c;* tekniker *c;* maskinist *c; amr* lokomotivfører *c;* ordne, få i stand; ~ **ing,** ingeniørarbeid *n.*

English ['iŋgliʃ] engelsk; **the** ~, engelskmennene; ~ **man,** engelskmann *c,* englender *c;* ~ **woman,** englenderinne *c.*

engrave [in'greiv] gravere.

enhance [in'haːns] forhøye; (for)øke; ~ **ment,** forhøyelse *c,* forøkelse *c.*

enigma [i'nigmə] gåte *c;* ~ **tic,** gåtefull.

enjoin [in'dʒɔin] påby, pålegge.

enjoy [in'dʒɔi] nyte, glede seg ved; synes godt om; more seg over; ~ **oneself,** more seg, ha det hyggelig; ~ **able,** morsom, hyggelig; ~ **ment,** nytelse *c;* glede *c.*

enlarge [in'la:dʒ] utvide(s); forstørre(s); ~ **ment,** forstørrelse *c,* utvidelse *c.*

enlighten [in'laitn] opplyse; ~ **ment,** opplysning *c.*

enlist [in'list] (la seg) verve.

enmity ['enmiti] fiendskap *n,* uvennskap *n.*

enorm|ity [i'nɔ:miti] uhyre størrelse *c;* forbrytelse *c;* ~ **ous,** enorm, uhyre stor.

enough [i'nʌf] nok.

enquire, enquiry, se *inquire, inquiry.*

enrage [in'reidʒ] gjøre rasende.

enrapture [in'ræptʃə] henrykke.

enrich [in'ritʃ] berike; pryde.

enrol(l) [in'roul] innrullere, melde (seg) inn.

ensign ['ensain] tegn *n,* fane *c,* merke *n;* fenrik *c.*

enslave [in'sleiv] gjøre til slave; ~ **ment,** slaveri *c,* undertrykkelse *c.*

ensue [in'sju:] følge **(from, on** av).

ensure [in'ʃuə] garantere, sikre, trygge **(against, from** mot).

entail [in'teil] medføre.

entangle [in'tæŋgl] filtre (sammen); ~ **ment,** sammenfiltring *c,* floke *c,* vanskelighet *c.*

enter ['entə] gå, komme, tre inn (i); føre, skrive inn, bokføre; ~ **prise,** foretagende *n;* foretaksomhet *c;* ~ **prising,** foretaksom.

entertain [entə'tein] underholde; beverte; nære (håp, tvil); ~ **ment,** underholdning *c;* bevertning *c.*

enthusias|m [in'θju:ziæzm] begeistring *c;* ~ **t,** entusiast *c;* svermer *c;* ~ **tic** [-'æstik] begeistret, entusiastisk.

entice [in'tais] lokke, forlede.

entire [in'taiə] hel; fullstendig; ~ **ly,** helt; fullstendig.

entitle [in'taitl] benevne; berettige **(to** til).

entrails ['entreilz] innvoller.

entrance ['entrəns] inngang *c;* inntreden *c,* adgang *c.*

entreat [in'tri:t] bønnfalle.

entrust [in'trʌst] betro.
entry ['entri] inntreden c;
inngang c; innføring c;
overtagelse c (av eien-
dom); regnskapspost c;
tollangivelse c; ~ **per-
mit**, innreisetillatelse c.
enumerate [i'nju:məreit]
regne, telle opp.
envelop [in'veləp] innhyl-
le, svøpe inn; ~**e** ['en-
viloup] konvolutt c; hyl-
ster n.
enviable ['enviəbl] misun-
nelsesverdig; ~**ious**,
misunnelig; ~**y**, misun-
ne(lse) c.
environment [in'vaiə-
rənmənt] omgivelse(r) c,
miljø n; ~**s**, omgivelser,
c.
epidemic ['epi'demik] epi-
demisk; farsott c, epide-
mi c.
episcopal [i'piskəpl] bis-
koppelig; ~**te**, bispeem-
bete n.
equal ['i:kwəl] lik(e);
jevnbyrdig; rolig; ens-
(artet); være lik med; ~
to a task, være en opp-
gave voksen; **not to be
~ led**, ikke ha noe side-
stykke; ~**ity** [i'kwɔliti]
likhet c; likestilling c;

~**ize** ['i:kwəlaiz] utjevne,
stille på like fot.
equanimity [i:kwə'nimiti]
sinnslikevekt c.
equation [i'kweiʃn] lig-
ning c; ~**or**, ekvator c.
equestrian [i'kwestriən]
rytter-.
equilibrium [i:kwi'libriəm]
likevekt c.
equinox ['i:kwinɔks] jevn-
døgn n.
equip [i'kwip] utruste; ut-
styre; ~**ment**, utstyr n;
utrustning c; tilbehør n.
equivalent [i'kwivələnt] av
samme verdi; tilsvaren-
de.
equivocal [i'kwivəkl] tvety-
dig.
era ['iərə] æra c, tidsalder
c.
eradicate [i'rædikeit] ut-
rydde.
erase [i'reiz] radere bort;
stryke ut; ~**r**, raderkniv
c; viskelær n.
erect [i'rekt] oppreist; rei-
se; opprette; oppføre;
~**ion**, oppførelse c;
opprettelse c.
ermine ['ə:min] hermelin
c; røyskatt c.
erode [i'roud] tære bort.
err [ə:] feile, ta feil.

errand ['erənd] ærend n; ~ **boy**, visergutt c.

erroneous [i'rounjəs] feilaktig, gal.

error ['erə] feil(tagelse) c (c).

erudite ['erudait] lærd.

erupt [i'rʌpt] bryte fram; være i utbrudd; ~ **ion**, utbrudd n; ~ **ive**, eruptiv.

escalator ['eskəleitə] rulletrapp c.

escapade [eskə'peid] eskapade c; sidesprang n; ~ **e**, unnslippe; unngå; rømning c; unnvikelse c; flukt c; **he had a narrow** ~, det var så vidt han slapp fra det.

escort ['eskɔːt] eskorte c; [is'-] ledsage.

especial [is'peʃl] særlig, spesiell; ~ **ly**, særlig, spesielt, især.

espionage [espiə'naːʒ] spionasje c.

esquire [is'kwaiə] fork. **Esq**, herr (på brev); godseier c.

essay ['esei] prøve c, forsøk n; essay c, avhandling c; [e'sei] forsøke.

essential [i'senʃl] vesentlig, absolutt nødvendig.

establish [is'tæbliʃ] fastsette; opprette, etablere;

~ **ment**, opprettelse c, stiftelse c; etablissement n.

estate [is'teit] eiendom c, gods n, formue c; bo n; **real** ~, fast eiendom c; ~ **agent**, eiendomsmekler c.

esteem [is'tiːm] aktelse c, anseelse c; (høy)akte.

estimate ['estimit] vurdering c; overslag n; skjønn n; [-meit] vurdere, beregne; taksere (at til); ~ **ion**, vurdering c; skjønn n; aktelse c.

estuary ['estjuəri] elvemunning c.

eternal [i'təːnl] evig; endeløs; ~ **alize**, forevige; ~ **ity**, evighet c.

ethics ['epiks] moral c, etikk c.

ethnic ['epnik] folke-, etnisk.

eulogy ['juːlədʒi] lovtale c.

Europe ['juːrəp] Europa; ~ **an** [-'piːən] européisk; europeer c.

evacuate [i'vækjueit] evakuere; tømme; rømme; ~ **ion**, evakuering c.

evade [i'veid] unngå; lure seg unna.

evaluate [i'væljueit] vurdere, verdsette; ~ **ion**,

vurdering *c*, verdsettelse *c*.

evasive [i'veisiv] unnvikende.

eve [i:v] (hellig)aften *c; Christmas ~*, julaften *c*.

even ['i:vən] glatt, jevn; like (om tall); endog, selv; nettopp; jevne; ~ **if** *el* ~ **though**, selv om; **not ~**, ikke en gang.

evening ['i:vnin] aften *c*; ~ **-dress**, selskapskjole *c*; selskapsantrekk *n*.

event [i'vent] begivenhet *c*; tilfelle *n*; **at all ~s** *el* **in any ~**, i alle tilfelle; ~ **ful**, begivenhetsrik; ~ **ual**, endelig; ~ **uality** [-ju'æliti] mulighet *c*, eventualitet *c*.

ever ['evə] noensinne, stadig, alltid; ~ **since**, helt siden, helt fra; **for ~**, for alltid; ~ **lasting**, evig(varende); ~ **more**, for evig.

every ['evri] (en)hver; ~ **one**, ~ **body**, enhver, alle; ~ **day**, hverdags-; hverdagslig; ~ **thing**, alt; ~ **where**, overalt.

evidence ['evidəns] bevis-(materiale) *n;* vitneprov *n;* bevise; vitne; ~ **t**, innlysende, tydelig.

evil ['i:vil] onde *n;* ond, slett.

evoke [i'vouk] fremmane, fremkalle.

ex [eks] fra; som har vært; ~ **-minister**, forhenværende minister *c*.

exact [ig'zækt] nøyaktig, punktlig; fordre, kreve; ~ **itude**, ~ **ness**, punktlighet *c*, nøyaktighet *c*.

exaggerate [ig'zædʒəreit] overdrive; ~ **ion**, overdrivelse *c*.

exalt [ig'zɔ:lt] opphøye; lovprise; ~ **ation**, opphøyelse *c*, oppløftelse *c;* fryd *c*.

exam [ig'zæm] fork. for **examination**.

examination [igzæmi'neiʃn] eksamen(sprøve) *c;* undersøkelse *c;* eksaminasjon *c;* ~ **e**, undersøke; eksaminere; ~ **er**, eksaminator *c*.

example [ig'za:mpl] eksempel *n;* forbilde *n;* **for ~**, for eksempel.

exasperate [igza:spəreit] irritere, ergre.

excavate ['ekskəveit] grave ut; ~ **ion**, utgravning *c*.

exceed [ik'si:d] overskride; overgå; ~ **ingly**, umåtelig.

excel [ik'sel] overgå; utmerke seg **(in, at** i å); ~ **lence,** fortreffelighet *c;* ~ **lent,** utmerket; fortreffelig.

except [ik'sept] unntatt; uten; unnta; ~ **ion,** unntagelse *c;* innsigelse *c;* ~ **ional,** usedvanlig.

excerpt ['eksə:pt] utdrag *n.*

excess [ik'ses] overmål *n;* overskridelse *c;* overskudd *n;* ~ **es** *pl* utskeielser; ~ **ive,** overdreven; altfor stor.

exchange [iks't∫eindʒ] utveksle; tuske; bytte; veksle; utveksling *c;* (om)bytte *n;* (vekslings)-kurs *c;* valuta *c;* børs *c;* (telefon)sentral *c;* ~ **able,** som kan byttes **(for** mot).

exchequer [iks't∫ekə] finanshovedkasse *c.*

excise ['eksaiz] (forbruker-)avgift *c.*

excitable [ik'saitəbl] pirrelig, nervøs; ~ **e,** opphisse, egge; ~ **ement,** opphisselse *c;* spenning *c;* sinnsbevegelse *c.*

exclaim [iks'kleim] utbryte.

exclamation [eksklə-'mei∫n] utrop *n.*

exclude [iks'klu:d] utelukke; ~ **sion,** utelukkelse *c;* ~ **sive,** utelukkende; eksklusiv.

excursion [iks'kə:∫n] utflukt *c,* tur *c;* avstikker *c;* ~ **ist,** en som drar på utflukt *c.*

excusable [iks'kju:zəbl] unnskyldelig; ~ **e** [-z] unnskylde; frita; [-s] unnskyldning *c.*

execute ['eksikju:t] utføre; fullbyrde; iverksette; henrette; foredra (musikk); ~ **ion,** utførelse *c;* utpanting *c;* henrettelse *c;* ~ **ioner,** bøddel *c;* ~ **ive** [ig'zekjutiv] utøvende, utførende; utøvende makt *c;* overordnet administrator *c,* leder *c.*

exemplary [ig'zempləri] mønstergyldig; ~ **ify,** belyse ved eksempler.

exempt [ig'zempt] frita(tt); **(from** for); ~ **ion,** fritagelse *c.*

exercise ['eksəsaiz] (ut-)-øvelse *c;* bruk *c;* trening *c,* mosjon *c;* stil *c;* (opp)øve; trene, mosjonere.

exert [ig'zə:t] anstrenge; (ut)øve, bruke.

exertion [igˈzə:ʃn] anstrengelse *c,* bruk *c.*

exhaust [igˈzɔ:st] (ut)tømme; utmatte; utpine (jord); ekshaust; ~**-pipe,** ekshaustrør *n;* ~**ion,** utmattelse *c;* uttømming *c;* ~**ive,** uttømmende.

exhibit [igˈzibit] utstille, (frem)vise; utstillingsgjenstand *c;* ~**ion** [eksiˈbiʃn] utstilling *c,* fremvisning *c;* stipendium *n.*

exhilarate [igˈziləreit] live opp.

exhort [igˈzɔ:t] formane.

exigence, ~**cy** [ˈeksidʒəns, -si] kritisk stilling *c;* krav *n;* ~**t,** kritisk; fordringsfull.

exile [ˈeksail] landsforvisning *c;* landflyktig(het) *(c).*

exist [igˈzist] eksistere, være til, leve; ~**ence,** eksistens *c,* liv *n;* ~**ent,** eksisterende.

exit [ˈeksit] utgang *c;* sorti *c;* død *c.*

exorbitance [igˈzɔ:bitəns] urimelighet *c;* ~**t,** overdreven, urimelig, ublu.

expand [iksˈpænd] utvide (seg), utbre (seg); ~**sion,** utvidelse *c;* ut-

bredelse *c;* ~**sive,** vidstrakt; meddelsom.

expect [iksˈpekt] vente (seg); anta, formode; ~**ant,** ventende; ~**ation,** forventning *c.*

expediency [iksˈpi:diənsi] hensiktsmessighet *c;* ~**ent,** hensiktsmessig, tjenlig; middel *n,* utvei *c;* ~**te,** påskynde; ~**tion,** raskhet *c;* ferd *c,* ekspedisjon *c.*

expel [iksˈpel] fordrive, utvise.

expend [iksˈpend] bruke (opp); ~**diture,** utgift(er) *c;* forbruk *n;* ~**se,** utgift(er); ~**sive,** dyr, kostbar.

experience [iksˈpiəriəns] erfaring *c;* opplevelse *c;* erfare, oppleve; ~**d,** erfaren.

experiment [iksˈperimənt] eksperiment(ere) *n.*

expert [ˈekspə:t] erfaren, kyndig; fagmann *c;* ekspert *c.*

expiration [ekspiˈreiʃn] utånding *c;* opphør *n;* utløp *n;* ~**e** [iksˈpaiə] utånde; utløpe.

explain [iksˈplein] forklare; gjøre greie for; ~**anation** [eksplə-] forklaring *c.*

explicit [iks'plisit] tydelig, uttrykkelig.

explode [iks'ploud] eksplodere.

exploit ['eksplɔit] bedrift c; [iks'plɔit] utnytte.

exploration [eksplɔ'reiʃn] utforskning c; ~ **e**, utforske; ~ **er**, oppdagelsesreisende c.

explosion [iks'plouʒn] eksplosjon c; utbrudd n; ~ **ve**, eksplosiv; sprengstoff n.

exponent [eks'pounənt] eksponent c, talsmann c.

export [eks'pɔ:t] eksportere; ['eks-] utførsel c; eksport c; ~ **s**, utførselsvarer c; ~ **ation**, utførsel c; ~ **er**, eksportør c.

expose [iks'pouz] stille ut; utsette, blottstille; *fotogr* belyse; ~ **ure**, utsetting c, utstilling c, avsløring c; *fotogr* eksponering c.

express [iks'pres] ekspress c, ilbud n; uttrykke(lig); ~ **ion**, uttrykk n; ~ **ive**, uttrykksfull.

expulsion [iks'pʌlʃn] fordrivelse c, utvisning c.

exquisite ['ekskwizit] utsøkt.

exsiccate ['eksikeit] uttørre.

extend [iks'tend] strekke ut; utvide; forlenge; strekke seg **(to** til); ~ **sible**, strekkbar; ~ **sion**, utstrekning c; utvidelse c; forlengelse c; ~ **sive**, utstrakt, omfattende.

extent [iks'tent] utstrekning c, omfang n; **to a certain** ~, i *(el* til) en viss grad.

extenuate [eks'tenjueit] avsvekke, mildne; ~ **ing circumstances**, formildende omstendigheter.

exterior [eks'tiəriə] ytre n, utside c; utvendig.

exterminate [eks'tə:mineit] utrydde; ~ **tion**, utryddelse c.

external [eks'tə:nl] ytre; utvendig; utenriks-.

extinct [iks'tiŋkt] sloknet; utdødd; ~ **ion**, slokking c; utslettelse c.

extinguish [iks'tiŋgwiʃ] slokke; utrydde; ~ **er**, slokkingsapparat n.

extort [iks'tɔ:t] avpresse; fremtvinge; ~ **ion**, utpresning c; utsugning c; fremtvinging c; ~ **ion-ate**, ublu.

extra ['ekstrə] ekstra; til-

leggs-; ekstranummer *n*,
ekstraforestilling *c* o.l.
extract [iks'trækt] trekke
ut; ['ekstrækt] utdrag *n*;
ekstrakt *c*; ~**ion**, uttrek-
ning *c*; avstamning *c*.
extradite ['ekstrədait] utle-
vere (forbryter til et an-
net land).
extraneous [eks'treinjəs]
fremmed; uvedkom-
mende.
extraordinary [iks'trɔ:dnri]
usedvanlig; merkelig.
extravagance [iks'træ-
vigəns] urimelighet *c*;
ekstravaganse *c*; ødsel-
het *c*; ~**t**, ekstravagant;
ødsel.
extreme [iks'tri:m] ytter-
st(e); meget stor; ytter-
lighet; ekstrem; ~**ly**, yt-
terst, høyst.

extremity [iks'tremiti] yt-
terpunkt *n*; høyeste nød
c; ~**ies**, ekstremiteter *c*;
hender og føtter.
exuberance [igˈzju:bərəns]
frodighet *c*; overflod *c*;
eksaltasjon *c*; ~**t** fro-
dig; overstrømmende.
exult [igˈzʌlt] juble, trium-
fere; ~**ation**, jubel *c*,
triumf *c*.
eye [ai] øye *n*; blikk *n*;
løkke *c*; nåløye *n*; se på,
betrakte; mønstre;
~**ball**, øyeeple *n*;
~**brow**, øyenbryn *n*;
~**-glass**, monokkel *c*;
~**lash**, øyenvippe *c*;
~**lid**, øyelokk *n*;
~**-opener**, overraskende
kjensgjerning *c*; ~**sight**,
syn(sevne) *n* (*c*); ~**wit-
ness**, øyenvitne *n*.

F

f. = farthing; fathom;
following; foot.
fable ['feibl] fabel *c*, sagn
n; (opp)dikte, fable.
fabric ['fæbrik] (vevd)
stoff *n*; vevning *c*, struk-
tur *c*; ~**ate**, dikte opp;
~**ation**, oppdiktning *c*,
falskneri *n*.

fabulous ['fæbjuləs] sagn-
aktig, fabelaktig.
face [feis] ansikt *n*; over-
flate *c*, forside *c*; mine
c; tallskive *c*; vende an-
siktet mot; vende ut
mot; trosse; stå overfor.
facetious [fəˈsi:ʃəs] mor-
som (især anstrengt).

facial ['feiʃl] ansikts-.
facile ['fæsail] lett(kjøpt);
føyelig; ~**itate** [fə'sili-
teit] lette; ~**ity**, letthet
c; ~**ities**, hjelpemidler
n, adgang c (for til).
fact [fækt] kjensgjerning
c; faktum n; **matter of**
~, kjensgjerning c;
nøktern, prosaisk; **in** ~,
faktisk.
faction ['fækʃən] gruppe
c, klikk(vesen) c (n).
factor ['fæktə] faktor c;
~**y**, fabrikk c.
faculty ['fækəlti] evne c,
fakultet n.
fad [fæd] innfall n;
kjepphest c.
fade [feid] falme; svinne.
fag [fæg] trelle; slite; slit
n; slang sigarettstump c.
faggot ['fægət] knippe n.
fail [feil] svikte; slå feil;
komme til kort; dumpe;
gå konkurs; la i stikken;
forsømme; **without** ~,
ganske sikkert; ~**ure**,
svikt c, mangel c; unn-
latelse c; fiasko c; fallitt
c.
faint [feint] svak, matt;
besvime(lse) c.
fair [fɛə] lys, blond; pen;
rimelig, rettferdig; ær-
lig, redelig; marked n;

messe c; ~ **copy**, ren-
skrift n; ~ **play**, ærlig
spill n; ~**ly**, nokså;
~**ness**, redelighet c; ri-
melighet c; ~**way**, skips-
led c.
fairy ['fɛəri] fe c; hulder c;
~**-tale**, eventyr n, skrø-
ne c.
faith [feiþ] tro(skap) c (c);
tillit c; ~**ful**, trofast;
~**less**, troløs.
fake [feik] ettergjøre; for-
falske; forfalskning c;
~**r**, forfalsker c, svindl-
er c.
falcon ['fɔ:(l)kən] falk c.
fall [fɔ:l] falle, synke; ~
due, forfalle, ~ **off**, fal-
le fra, tape seg; ~ **out**,
bli uenig; ~ **short**,
komme til kort; fall n,
nedgang c; helling c; li
c; vassfall n; amr høst c.
false [fɔ:ls] falsk, usann;
uekte; troløs; ~**hood**,
usannhet c.
falsification [fɔ:lsifi'keiʃn]
forfalskning c; ~**fy**
[-fai] forfalske.
falter ['fɔ:ltə] bli usikker;
stamme.
fame [feim] berømmelse
c, ry n; ~**d**, berømt.
familiar [fə'miljə] kjent,
fortrolig; utvungen; vel-

kjent; ~ ity, fortrolighet c; utvungenhet c; ~ ize, gjøre fortrolig.

family ['fæmili] familie c.

famine ['fæmin] hungersnød c.

famish ['fæmiʃ] (ut)sulte.

famous ['feiməs] berømt.

fan [fæn] vifte c; kornrenser c; ventilator c; entusiast c; vifte; rense; egge, oppflamme, puste til.

fanatic [fə'nætik] fanatisk; fanatiker c; ~ ism, fanatisme c.

fanciful ['fænsiful] fantasifull, lunefull.

fancy ['fænsi] fantasi c; innbilning(skraft) c; lune n; forkjærlighet c; innbille seg; synes om, like.

fantastic [fæn'tæstik] ~ al·ly, fantastisk.

far [fa:] fjern, langt (borte); borteste, bortre; meget; **by ~ the best,** langt den beste.

fare [fɛə] takst c; billettpris c; passasjer c; kost c, mat c; klare seg; ~ well farvel, avskjed c.

far-fetched ['fa:'fetʃt] søkt; unaturlig.

farm [fa:m] (bonde)gård

c; drive gårdsbruk; (bort-)forpakte; ~ er, gårdbruker c, bonde c; forpakter c; ~ ing, jordbruk n.

far-off ['fa:'rɔf] fjern.

far-sighted ['fa:'saitid] langsynt; vidtskuende.

farther ['fa:ðə] fjernere, lengre; ~ est, fjernest, lengst.

farthing ['fa:ðiŋ] kvartpenny c; fig døyt, grann.

fascinate ['fæsineit] fortrylle.

fashion ['fæʃn] måte c, manér c; mote c, snitt n; danne, forme; avpasse; ~ able, fin, moderne, elegant.

fast [fa:st] fast, sterk; holdbar; hurtig; lettsindig; dyp (om søvn); for fort (om ur); vaskeekte (om farge); s & v faste.

fasten ['fa:sn] feste, gjøre fast; lukke; ~ ing, feste n, holder c, festemiddel n.

fastidious [fə'stidjəs] kresen.

fastness ['fa:stnis] fasthet c, støhet c; hurtighet c.

fat [fæt] fet, tykk; fett n.

fatal ['feitl] skjebnesvanger; dødbringende;

~ity [fə'tæliti], skjebne-
bestemthet c; fatalitet c,
ulykke c.
fate [feit] skjebne c;
~**full**, skjebnesvanger.
father ['fɑːðə] far c;
~**-in-law**, svigerfar c;
~**hood**, farskap n;
~**less**, farløs; ~**ly**, fa-
derlig.
fathom ['fæðəm] favn c;
lodde; utgrunne.
fatigue [fə'tiːg] utmatte(l-
se) c.
fatness ['fætnis] fedme c;
~**ten**, fete, gjø; ~**ty**,
feit; tykksak c.
faucet ['fɔːsit] især amr
(tappe)kran c.
fault [fɔːlt] feil c; skyld c;
find ~ **with**, ha noe å
utsette på, kritisere;
~**-finding**, kritikksyk c;
~**less**, feilfri; ~**y**, man-
gelfull.
favour ['feivə] gunst c, vel-
vilje c, tjeneste c; begun-
stige; beære; ~**able**,
gunstig; ~**ite**, favoritt,
yndling c.
fear [fiə] frykt(e) c; være
redd for; ~**ful**, engste-
lig; fryktelig; ~**less**,
fryktløs.
feasibility [fizə'biliti] gjør-
lighet c; mulighet c;
~**le**, gjørlig; mulig.

feast [fiːst] fest(måltid) c
(n); høytid c; holde fest;
beverte.
feat [fiːt] dåd c; kunst-
stykke n; prestasjon c
(av rang).
feather ['feðə] fjær c; sette
fjær i; ~**ing**, fjærdrakt
c.
feature ['fiːtʃə] (ansikts)-
trekk n, drag n; hoved-
del c; ~**(film)**, hoved-
film c; særmerke; frem-
heve.
February ['februəri] febr-
uar.
fecund ['fiːkənd] fruktbar.
federal ['fedərəl] føderal-,
forbunds-; ~**lize**, ~**te**,
gå sammen i forbund;
~**tion**, (stats)forbund n;
(fag-)forbund n.
fee [fiː] godtgjørelse c;
gebyr n; salær n; hono-
rar n.
feeble ['fiːbl] svak, vek;
~**-minded**, evneveik.
feed [fiːd] fôre, nære;
mate (også maskiner);
fôr n; næring c; måltid
c; ~**er**, som mater;
bielv c.
feel [fiːl] føle; kjenne;
føle seg, kjennes; følelse
c; ~ **like** føles, ha lyst
på (el til); ~**er**, følehorn

n; prøveballong *c;*
~ **ing,** følelse *c* (-sfull).
feet [fi:t] *pl* av **foot,** føt-
ter.
feign [fein] late som.
felicitate [fe'lisiteit] lykk-
ønske; ~ **ion,** lykk-
ønskning *c.*
felicity [fe'lisiti] lykke *c;*
lykksalighet *c.*
fellow ['felou] fyr *c,* kar *c;*
kamerat *c,* felle *c;* make
c, sidestykke *n;* medlem
n av et lærd selskap;
stipendiat *c;* ~ **ship,** ka-
meratskap *n;* fellesskap
n; stipendium *n.*
felon ['felən] forbryter;
~ **y,** forbrytelse.
felt, filt *c* (-e).
female ['fi:meil] kvinnelig,
kvinne *c;* hunn *c* (om
dyr).
fence [fens] gjerde *n;* he-
ler *c;* innhegne, gjerde
inn; fekte; ~ **er,** fekter
c; ~ **ing,** fekting *c.*
fend: ~ **off,** avverge; pa-
rere; ~ **er,** fender *c,*
støtfanger *c; amr* (bil)-
skjerm *c.*
ferment [fə'mənt] gjæring
c; esing *c;* ~ **ation,** gjæ-
ring *c.*
fern [fə:n] bregne *c.*
ferocious [fə'rouʃəs] vill,
sint.

ferret ['ferit] fritte *c,* ilder
c; etterspore; oppspore.
ferry ['feri] ferje(sted) *c*
(n); ~ **-boat,** ferjebåt *c.*
fertile ['fə:tail] fruktbar;
~ **ity,** fruktbarhet *c;*
~ **ize,** gjøre fruktbar;
gjødsle; **(artificial)**
~ **izer,** kunstgjødsel *c.*
fervent ['fə:vənt], ~ **id,** iv-
rig, brennende; ~ **our,**
varme *c,* inderlighet *c.*
festival ['festivl] fest(spill)
c (n); høytid *c;* ~ **e,** fest-
lig; ~ **ity,** festlighet *c.*
fetch [fetʃ] hente; inn-
bringe.
fetter ['fetə] (fot)lenke *c,*
lenke.
feud [fju:d] feide *c;* strid
c; len *n;* ~ **al,** føydal.
fever ['fi:və] feber *c;* ~ **ed,**
~ **ish,** febril(sk).
few [fju:] få; **a** ~, noen
få.
fiancé [fiãn'sei] (om kvin-
ne **fiancée),** forlovede *c.*
fibre ['faibə] fiber *c,* trevl
c.
fickle ['fikl] vaklende,
ustadig; ~ **ness,** ustadig-
het *c.*
fiction ['fikʃn] (opp)dikt-
ning *c;* skjønnlitteratur
c; ~ **-itious,** oppdiktet.
fiddle ['fidl] (spille) fele *c.*

fidelity [fi'deliti] troskap c.

fidget ['fidʒit] være urolig.

field [fi:ld] mark c, jorde n, åker c; (virke)felt n; område n; ~-**glasses** pl, (felt)kikkert c.

fiend [fi:nd] djevel c.

fierce [fiəs] vill, barsk.

fiery ['faiəri] flammende, heftig, fyrig.

fifteen [fif'ti:n] femten; ~**teenth**, femtende; ~**th**, femte, femtedel c; ~**thly**, for det femte; ~**tieth**, femtiende; ~**ty**, femti.

fig, fiken(tre) c (n).

fight [fait] kamp c, strid c; slagsmål n; kjempe; slåss.

figure ['figə] tall n, siffer n; skikkelse c; fremstille; tenke seg; figurere, opptre; regne; ~ **out**, regne ut; ~-**head**, gallionsfigur c; toppfigur c; ~-**skating**, kunstløp n på skøyter.

file [fail] brev-, dokumentordner c; arkiv n, kartotek n; en saks akter; fil c; rekke c; rode c; arkivere; inngi; file.

filial ['filjəl] sønnlig, datterlig.

filigree ['filigri:] filigran n.

fill [fil] fylle(s); plombere; bekle (stilling, embete); ~ **in**, fylle ut (skjema o.l.).

filling ['filiŋ] fylling c; plombe c; ~ **station**, bensinstasjon c.

filly ['fili] hoppeføll n.

film, (fin) hinne c; film c; filme.

filter ['filtə] filter n; filtrere; sive.

filth [filþ] smuss n, skitt c; ~**y**, skitten.

fin, finne c; styrefinne c.

final ['fainl] sist, endelig; finale c; avgangseksamen c; ~**ly**, endelig, til slutt.

finance [f(a)i'næns] finans- (vesen, -vitenskap) c (n-c); ~**s**, finanser; finansiere; ~**ial** [f(a)i'nænʃl] finansiell, økonomisk.

find [faind] finne; støte på; skaffe; avsi (en kjennelse); ~**ing**, funn n; kjennelse c, resultat n.

fine [fain] fin, vakker; pen, kjekk, prektig; ren, ublandet; spiss, tynn; forfine, rense; avklare,

fortynne; bot c, mulkt c;
mulktere.
finger ['fiŋgə] finger c;
fingre med, føle på;
~-**post**, veiviser c;
~-**print**, fingeravtrykk
n; ~-**stall**, smokk c.
finish ['finiʃ] ende, slutte,
fullføre; opphøre med;
etterbehandle; slutt c;
innspurt c; siste hånd på
verket; fullendelse c, fin
utførelse c (~ **ing touch**).
Finland ['finlənd] Finland.
Finn finne c.
Finnish ['finiʃ] finsk.
fir [fə:] furu c; dt gran c.
fire [faiə] ild, c, varme c,
fyr c; brann c; bål n;
lidenskap c; tenne; sette
ild på; fyre av; dt gi
sparken; **on** ~, i brann;
~-**brigade**, brannvesen
n; ~-**department**, amr
brannvesen n; ~ **engine**,
brannbil, -sprøyte c;
~ **escape**, brannstige c;
nødutgang c; ~-**irons**,
ildtang c; ~ **man**, brann-
mann c; fyrbøter c;
~ **place**, ildsted n, peis
c, kamin c; ~ **plug**, hyd-
rant c; ~ **proof**, ildfast;
~ **side**, peis c, arne c;
~-**station**, brannstasjon
c; ~ **works**, fyrverkeri n.

firing ['faiəriŋ] skyting c,
(av)fyring c; (opp)ten-
ning c.
firm [fə:m] fast; stand-
haftig; firma n; ~ **ness**,
fasthet c.
first [fə:st] først; beste
karakter; **at** ~, først, til
å begynne med; ~ **of
all**, aller først; ~ **ly**, for
det første; ~ **aid**, første-
hjelp c; ~ **name**, for-
navn c; ~-**night**, pre-
mière c; ~-**rate**, første-
klasses.
firth [fə:þ] fjord c.
fish [fiʃ] fisk c; fiske.
fisherman ['fiʃəmən] fis-
ker c; ~ **y**, fiske n.
fishing ['fiʃiŋ] fiske n;
~-**rod**, fiskestang c;
~-**tackle**, fiskeredskap,
fiskeutstyr n.
fishmonger ['fiʃmʌŋgə] fiske-
kehandler c.
fist, neve c.
fit, skikket; passende;
dyktig; i god form; (til)-
passe; utstyre; anfall n;
pass(form) c; ~ **out**, ut-
ruste; ~ **on**, sette på,
prøve; ~ **up**, innrette;
~ **ness**, dugelighet c;
~ **ter**, montør c, installa-
tør c; ~ **ting**, passende;
montering c; ~ **tings**, til-

behør *n;* utstyr *n;* armatur *c.*

five [faiv] fem; ~**fold,** femfold.

fix [fiks] feste; hefte; avtale; fastsette, bestemme; ordne; *dt* knipe *c,* vanskelig situasjon *c.*

fizz [fiz] bruse, skumme.

flabbergast ['flæbəga:st] forbløffe.

flabby ['flæbi], **flaccid** ['flæksid] slapp; pløset.

flag [flæg] flagg *n;* helle *c;* sverdlilje *c;* henge slapp; dabbe av, avta.

flagrant ['fleigrənt] åpenbar.

flair [flɛə] teft *c,* fin nese *c.*

flak [flæk] antiluftskyts *n.*

flake [fleik] flak *n;* fnugg *n;* snøfille *c;* ~ **off,** skalle av.

flame [fleim] *s & v* flamme *c.*

flank [flæŋk] flanke(re) *c.*

flannel ['flænl] flanell *c.*

flap [flæp] klaff *c;* klask *n,* slag *n;* dask(e); klaske.

flare [flɛə] flakke; bluss(e) *n.*

flash [flæʃ] glimt(e) *n,* blink(e) *n;* ~ **-light,** lom-

melykt *c;* blinklys *n; fotogr* blitz(lys) *c (n);* lommelykt *c;* ~**y,** gloret; prangende, vulgær.

flask [fla:sk] (kurv-)flaske *c;* lommelerke *c;* kolbe *c.*

flat [flæt] flat; ensformig; flau, matt; direkte; flate *c;* slette *c;* grunne *c;* leilighet *c; dt* punktering *c;* ~**-footed,** som har plattfot; ~**-iron,** strykejern *n;* ~**ten,** gjøre flat.

flatter ['flætə] smigre; ~**er,** smigrer; ~**y,** smiger *c.*

flavour ['fleivə] velsmak *c;* aroma *c;* krydre; sette smak på.

flaw [flɔ:] revne *c;* mangel *c,* lyte *c;* ~ **less,** feilfri.

flax [flæks] lin *c;* ~**en,** av lin.

flay [flei] flå.

flea [fli:] loppe *c.*

flee [fli:] flykte; sky.

fleece [fli:s] saueskinn *n;* ullpels *c;* klippe (sau); flå, plyndre (**of** for); ~**y,** ullen, ull-.

fleet [fli:t] flåte *c;* vognpark *c.*

flesh [fleʃ] kjøtt *n.*

flexibility [fleksi'biliti]

bøyelighet ~**ible** ['fleksibl] bøyelig.

flicker ['flikə] blafre, flakke.

flier, flyer ['flaiə] flyger c.

flight [flait] flukt c; flyging c, flytur c; ~ **of stairs** trapp c.

flimsy ['flimzi] tynn, svak.

flinch [flintʃ] vike tilbake.

fling [fliŋ] slynge; kast(e) n.

flint, flint c.

flip, knips(e) n; slå.

flippant ['flipənt] rappmunnet, nesevis.

flirt [flə:t] vifte med; kokettere, flirt(e) c; ~**ation**, flørt c.

flit, flagre, pile.

flitter ['flitə] flagre.

float [flout] flåte c; flottør c; flyter c; dupp c; flyte, drive; sveve; bringe flott; fløte; merk sette i gang.

flock [flɔk] flokk c, bøling c; ulldott c; flokkes.

floe [flou] isflak n.

flog [flɔg] piske; ~**ging**, pisking c; pryl c.

flood [flʌd] flo c; flom c, oversvømme(lse) c. ~**-gate**, sluseport c; ~**-light**, flomlys n; ~**-tide**, høyvann.

floor [flɔ:] golv n; etasje c; legge golv; slå i golvet; **first** ~, annen etasje; **ground** ~, første etasje; **take the** ~, ta ordet; ~ **walker**, inspektør (i varehus).

flop [flɔp] slå, bakse (med vingene); deise ned; bli fiasko; fiasko c; ~**py**, slapp.

florid ['flɔrid] rødmusset; fig blomstrende.

florin ['flɔrin] florin c, gylden c.

florist ['flɔrist] blomsterhandler c.

flossy ['flɔsi] dunet.

flounder ['flaundə] flynare c; kave, mase.

flour ['flauə] mjøl n.

flourish ['flʌriʃ] florere; trives, blomstre; vifte med; snirkel c, sving c; fanfare c.

flow [flou] flom c; strøm c; flo c; rinne, strømme.

flower ['flauə] blomst-(ring) c (c); blomstre.

flu [flu:] = **influenza**.

fluctuate ['flʌktjueit] bølge, svinge, variere.

fluency ['flu:ənsi] taleferdighet c; ~**t**, (lett-)flytende.

fluff [flʌf] bløte hår, dun *n; ~y*, dunaktig, bløt.

fluid [ˈfluːid] flytende; fluidum *n*, væske *c*.

flurry [ˈflʌri] vindstøt *n;* beſippelse *c;* kave; forfjamse.

flush [flʌʃ] rødme, strømme sterkt (om blød); spyle; full; rikelig; jevn, plan; rødme *c;* strøm *c*.

fluster [ˈflʌstə] gjøre forfjamset; forfjamselse *c*.

flute [fluːt] fløyte *c*.

flutter [ˈflʌtə] flagre, vimse; flagring *c;* røren; veddemål *n*.

fly [flai] flue *c;* svinghjul *n;* buksesmekk *c;* fly; flykte; (la) vaie (flagg); **~ing fish**, flyvefisk *c; ~ing squad*, utryknings-patrulje *c*.

foal [foul] føll *n;* føde føll.

foam [foum] skum *n;* skumme; *~y*, skummende.

f.o.b. = **free on board**, fob.

focus [ˈfoukəs] brennpunkt *n*, fokus *n;* fokusere.

fodder [ˈfɔdə] fôr(-e) *n*.

fog [fɔg] tåke *c; ~gy*, tåket.

foil [fɔil] folie *c;* bakgrunn *c;* **be a ~ to**, tjene til å fremheve; forpurre, hindre.

fold [fould] fold *c;* sauekve *c;* folde, brette; **~ up**, legge sammen; stanse, opphøre; **~er**, false-maskin *c;* folder *c; ~ing chair*, feltstol *c; ~ing seat*, klappsete *n*.

foliage [ˈfouliidʒ] løv-(verk) *n*.

folk [fouk] folk, mennesker, også *~s;* **my ~s**, mine slektninger; *~sy*, folkelig.

follow [ˈfɔlou] følge (etter); fatte, forstå; **~ up**, forfølge, arbeide videre med; **~er**, tilhenger; *~ing*, følgende; tilslutning *c*, tilhengere.

folly [ˈfɔli] dårskap *c*.

fond [fɔnd] kjærlig, **be ~ of**, være glad i; **~le**, kjærtegne.

food [fuːd] føde *c*, mat *c*.

fool [fuːl] tosk *c;* narre, bedra; tøyse; **~ish**, tåpelig.

foot [fut] *pl* **feet**, fot *c* (som mål = 30,48 cm); fotfolk *n;* den nederste del av noe; **on ~**, til fots; i gang; **~ball**, fot-

ball *c;* ~ **board,** stigbrett
n; ~ **-fall,** fottrinn *n;*
~ **-gear** fottøy *n;* ~ **hold,**
fotfeste *n;* ~ **ing,** fotfeste
n; ~ **-lights,** *teatr* ram-
pelys *n;* ~ **man,** lakei *c;*
~ **path,** sti *c;* ~ **print,**
fotspor *n;* ~ **step,** fot-
trinn *n;* fotspor *n.*
for [fɔ:] for; til; som; ~
two hours, i to timer; **as**
~, hva angår; ~ **ex-
ample** *el* ~ **instance,** for
eksempel.
forbear [fɔ:ˈbɛə] unnlate;
~ **ance,** overbærenhet *c.*
forbid [fəˈbid] forby;
~ **ding,** frastøtende,
ubehagelig.
force [fɔ:s] kraft *c,* makt
c; (militær) styrke *c;* gyl-
dighet *c;* tvinge; forsere;
sprenge; ~ **open,** bryte
opp; ~ **d landing,** nød-
landing *c;* ~ **d sale,**
tvangsauksjon *c;* ~ **dly,**
tvungent.
forcible [ˈfɔ:sibl] kraftig;
tvangs-.
ford [fɔ:d] vade(sted) *n.*
fore [fɔ:] foran, forrest;
for-; ~ **bode** [fɔ:ˈboud]
varsle, ane; ~ **cast** [ˈfå:-
kast] forutsigelse *c;* vær-
varsel *n;* ~ **castle**
[ˈfouksl] ruff *c;* ~ **finger,**

pekefinger *c;* ~ **front,**
forreste linje *c;* ~ **go, gå**
forut for; gi avkall på;
~ **ground,** forgrunn *c;*
~ **head** [ˈfɔrid] panne *c.*
foreign [ˈfɔrin] uten-
landsk; utenriks-; frem-
med; **the Foreign Office,**
det britiske utenriksde-
partement *n;* ~ **er,** ut-
lending *c.*
foreland [ˈfɔ:lənd] nes *n,*
odde *c,* forberg *n;* ~ **leg,**
forben *n;* ~ **lock,** panne-
lugg *c;* ~ **most,** forrest;
~ **noon,** formiddag *c;*
~ **runner,** forløper *c;*
~ **sail,** fokk *c;* ~ **see,**
forutse; ~ **shadow,** for-
utantyde, bebude;
~ **sight,** forutseenhet *c.*
forest [ˈfɔ:rist] skog *c;*
~ **er,** forstmann *c.*
forfeit [ˈfɔ:fit] forbrutt;
forbryte, forspille; bot *c,*
mulkt *c.*
forge [fɔ:dʒ] smie *c,* smi *c,*
lage; ettergjøre, forfals-
ke; ~ **r,** falskner *c;* ~ **ry,**
forfalskning *c.*
forget [fəˈget] glemme;
~ **ful,** glemsom; ~ **ful-
ness,** glemsomhet *c;*
~ **-me-not,** forglemmeg-
ei *c.*

forgive [fə'giv] tilgi, forlate; ~**ness**, tilgivelse c.

fork [fɔ:k] gaffel c, greip n; grein c; veiskille n; forgreine seg.

form [fɔ:m] form c; skikkelse c; måte c; system n; formel c; opptreden c, manerer c; blankett c; skoleklasse c; forme, danne; **be in** ~, være i form; ~**al**, formell; amr selskapsantrekk; ~**ality**, formalitet c.

former ['fɔ:mə] tidligere, forhenværende; **the** ~, førstnevnte; ~**ly**, tidligere, før i tiden.

formidable ['fɔ:midəbl] fryktelig, imponerende.

formula ['fɔ:mjulə] formel c; oppskrift c; ~**ate**, formulere.

forsake [fɔ'seik] svikte, forlate.

forth [fɔ:þ] fram; **and so** ~, osv.; ~**coming**, forestående; forekommende; ~ **with**, straks.

fortieth ['fɔ:tiiþ] førtiende.

fortify ['fɔ:tifai] forsterke, befeste; ~**tude**, sjelsstyrke c.

fortnight ['fɔ:tnait] fjorten dager.

fortress ['fɔ:tris] festning c.

fortuitous [fə'tjuitəs] tilfeldig.

fortunate ['fɔ:tʃnit], heldig; ~**ately**, heldigvis; ~**e**, skjebne c; lykke c; formue c; ~ ~ **teller**, spåmann c.

forty ['fɔ:ti] førti.

forward ['fɔ:wəd] forrest; frem(ad); videre; tidlig moden; fremmelig, for seg; sende videre, ekspedere; befordre; fremme; løper (i fotball).

foster ['fɔ:stə] fostre; pleie; oppmuntre.

foul [faul] skitten; stygg; motbydelig; floket; uærlig; skitne til, besudle; floke seg.

found [faund] grunnlegge, stifte; støpe; ~**ation**, grunnleggelse c; grunnvoll c, fundament n; stiftelse c, legat n.

foundry ['faundri] støperi n.

fountain ['fauntin] kilde c; fontene c; utspring n; ~**-pen** fyllepenn c.

four [fɔ:] fire(tall); ~**fold**, firedobbelt; ~**teen(th)**, fjorten(de);

~ **th** fjerde(del); ~ **thly,** for det fjerde.

fowl [faul] høns.

fox [fɔks] rev c.

fraction ['frækʃn] brøk-(del) c (c); stykke n, stump c.

fragile ['frædʒail] skjør, skrøpelig.

fragment ['frægmənt] bruddstykke n.

fragrance ['freigrəns] duft c; vellukt c; ~ t, duftende, velluktende.

frail [freil] svak, skrøpelig.

frame [freim] ramme c; struktur c; skjelett n; danne, bygge; gjøre utkast til; legge (plan); innramme; ta form, utvikle seg; ~ **work,** indre bygning c, skjelett n.

France [fra:ns] Frankrike.

franchise ['fræntʃaiz] stemmerett c; rettighet c; amr offentlig bevilling c.

frank [fræŋk] oppriktig, åpen(hjertig); frankere; ~ **ness,** oppriktighet; c åpenhet c.

frantic ['fræntik] avsindig; vill.

fraternal [frəˈtə:nl] broderlig, bror-; ~ **ity,** brorskap n, amr sam-

menslutning c av (mannlige) studenter.

fraud [frɔ:d] svik n, bedrageri n; ~ **ulent,** svikefull, falsk.

freak [fri:k] grille c, lune n; raring c.

freckle ['frekl] fregne c.

free [fri:] fri, uavhengig; ledig; rundhåndet; gratis; utvungen; befri, frigjøre; ~ **booter,** fribytter c; ~ **dom,** frihet c; utvungenhet c; ~ **handed,** gavmild; ~ **-kick,** frispark n (fotball); ~ **-lance,** uavhengig journalist c, skuespiller c o.l.; ~ **mason,** frimurer c.

freeze [fri:z] (la) fryse; stivne (til is).

freight [freit] frakt(e) c; last c; fraktpenger; ~ **er,** lastebåt c.

French [fren(t)ʃ] fransk; the ~, franskmennene; ~ **man,** franskmann c; ~ **-woman,** fransk kvinne c.

frenzy ['frenzi] vanvidd n, raseri n.

frequency ['fri:kwənsi] hyppighet c; frekvens c; ~ t, hyppig; [friˈkwent] besøke hyppig.

fresh [freʃ] frisk, fersk; ny, uerfaren; *amr* freidig, nærgående; ~**en**, friske på; ~**et** [-it] flom *c;* ~**ness**, friskhet *c;* ~**-water**, ferskvann *c.*

fret, gnage; slite på; tære; irritere; ergre (seg).

friar ['fraiə] munk *c.*

friction ['frikʃn] gnidning *c,* friksjon *c.*

Friday ['fraidi] fredag *c;* **Good** ~, langfredag.

fridge [fridʒ] *dt* kjøleskap *n.*

friend [frend] venn(inne) *c;* ~**ly**, vennlig, vennskapelig; ~**ship**, vennskap *n.*

fright [frait] skrekk *c;* ~**en**, skremme; ~**ful**, skrekkelig.

fringe [frindʒ] *v & s* frynse *c,* ~ **benefits** *pl* tilleggsgoder *c.*

frisk [frisk] hoppe og sprette; kroppsvisitere.

frivolity [fri'vɔliti] lettferdighet *c;* fjas *n,* tøys *n;* ~**ous** ['frivələs] lettferdig, frivol; tøyset.

fro [frou]: **to and** ~, fram og tilbake.

frock [frɔk] bluse *c,* kittel *c;* (barne- og dame)kjole *c;* ~**-coat** diplomatfrakk *c.*

frog [frɔg] frosk *c;* ~**man**, froskemann *c.*

from [frɔm] fra, ut fra; mot; (på grunn) av; etter; ~ **above**, ovenfra.

front [frʌnt] forside *c;* fasade *c;* front *c;* forrest; front-; stå like overfor, vende mot; **in** ~ **of**, foran; ~**-door**, gatedør *c;* ~**ier**, grense *c.*

frost [frɔst] frost *c;* rim *n;* ~**-bitten**, frostskadet; ~**y**, frossen, frost-; iskald.

frown [fraun] rynke pannen; mørk mine *c;* ~ **upon**, misbillige.

frozen ['frouzn] (inne)-frosset; ~ **up** *el* **over**, tilfrosset.

frugal ['fru:gl] sparsommelig; nøysom.

fruit [fru:t] frukt *c,* grøde *c;* ~**ful**, fruktbar; fruktbringende; ~**less**, fruktesløs.

frustrate ['frʌstreit] forpurre (planer); skuffe; narre; ~**-ion**, forpurring *c;* skuffelse *c.*

fry [frai] yngel *c;* steke, ~ **ing pan**, stekepanne *c.*

ft. = **foot, feet.**

fuel ['fjuəl] brensel *n.*

fugitive ['fju:dʒitiv] flyktende, flyktig, uvarig; flyktning *c.*

fulfil, oppfylle, fullbyrde; ~**ment,** oppfyllelse *c.*

full [ful] full, hel, fullstendig; utførlig; ~**dress,** galla-; ~**-fledged,** fullt utviklet.

fumble ['fʌmbl] famle, rote **(for** etter).

fume [fju:m] røyk *c,* damp *c;* ryke; dunste; rase.

fun [fʌn] moro *c,* fornøyelse *c.*

function ['fʌŋkʃn] funksjon *c;* oppgave *c;* offentlig festlighet *c;* fungere; ~**ary,** offentlig funksjonær *c.*

fund [fʌnd] fond *n,* kapital *c;* ~**amental,** fundamental.

funeral ['fju:nərəl] begravelse *c.*

fungus ['fʌŋgəs] sopp *c.*

funnel ['fʌnl] trakt *c,* skorstein *c.*

funny ['fʌni] morsom; pussig.

fur [fə:] pels *c;* tungebelegg *n;* ~**s,** pelsverk *n;*

~ **coat,** pelskåpe *c;* ~**rier,** buntmaker *c.*

furious ['fju:riəs] rasende.

furnace ['fə:nis] smelteovn *c.*

furnish ['fə:niʃ] forsyne; utstyre; levere; møblere.

furniture ['fə:nitʃə] utstyr *n;* møbler *c;* inventar *n,* utstyr *n.*

furrow ['fʌrou] (plog)fure *c.*

further ['fə:ðə] fjernere, lenger (borte); videre; ytterligere; mer; fremme; ~**more,** dessuten.

furtive ['fə:tiv] hemmelig(hetsfull).

fury ['fju:ri] raseri *n;* furie *c.*

fuse [fju:z] (sammen)-smelte; elektrisk sikring *c;* lunte *c;* ~**ion,** sammensmelting *c.*

fuss [fʌs] oppstyr *n;* ståhei *c;* mase, gjøre oppstyr; ~**y,** oppskjørtet, geskjeftig, maset.

futile ['fju:tail] unyttig, fåfengt; intetsigende.

future ['fju:tʃə] fremtid(ig) *c;* futurum *c.*

fuzzy floket, tufset.

G

gab [gæb] snakk(e) *c.*
gable ['geibl] gavl *c.*
gad [gæd]: ~ **about,** farte omkring, rangle; ~ **fly,** brems *c,* klegg *c.*
gadget ['gædʒit] innretning *c,* greie *c.*
gag [gæg] knebel *c;* (improvisert) vits *c;* kneble; *teatr* improvisere.
gage ['geidʒ] pant *n.*
gaiety ['geiəti] lystighet *c.*
gain [gein] gevinst *c;* vinning *c;* vinne; tjene; oppnå.
gait [geit] gangart *c;* ~ **er,** gamasje *c.*
gale [geil] kuling *c;* storm *c.*
gall [gɔ:l] galle *c;* bitterhet *c;* galleple *n;* gnagsår *n;* ergre(lse) *(c).*
gallant ['gælənt] kjekk; tapper; ridderlig.
gallery ['gæləri] galleri *n; teatr* balkong *c;* stoll *c.*
galley ['gæli] bysse *c.*
gallon ['gælən] gallon (= 4,546 l, i Amerika 3,785 l).
gallop ['gæləp] galopp(ere) *c.*

gallows ['gælouz] galge *c.*
galore [gə'lɔ:] i massevis.
galosh [gə'lɔʃ] kalosje *c.*
gamble ['gæmbl] (hasard)-spill *n;* spille; ~ **er,** spiller *c.*
game [geim] spill *n;* lek *c;* kamp *c;* vilt *n;* kjekk, modig; villig; ~ **-keeper,** skogvokter *c;* **play the** ~, følge reglene.
gander ['gændə] gasse *c.*
gang [gæŋ] bande *c;* gjeng *c;* skift *n;* ~ **up on,** rotte seg sammen mot.
gangway ['gæŋwei] landgang *c;* fallrep *n.*
gaol [dʒeil] = **jail,** fengsel *n.*
gap [gæp] åpning *c;* kløft *c;* hull *n;* underskudd *n.*
gape [geip] gjespe; gape; måpe.
garage ['gæra:ʒ, især *amr* gə'ra:ʒ] garasje *c.*
garbage ['ga:bidʒ] avfall *n;* søppel *n.*
garden ['ga:dn] hage *c;* ~ **er,** gartner *c.*
gargle ['ga:gl] gurgle; gurglevann *n.*

garland ['ga:lənd] krans(e) c.

garlic ['ga:lik] hvitløk c.

garment ['ga:mənt] plagg n.

garnish ['ga:niʃ] smykke; garnere; garnityr c.

garret ['gærət] kvistværelse n.

garrison ['gærisn] garnison c.

garrulous ['gærələs] snakkesalig.

garter ['ga:tə] strømpebånd n; amr sokkeholder c.

gas [gæs] gass c; amr bensin c; gassforgifte.

gash [gæʃ] gapende sår n; flenge c.

gas-lighter [gæslaitə] gasstenner c; ~-oline amr bensin c; ~-meter, gassmåler c.

gasp, gisp(e) n.

gate [geit] port c; grind c; ~-money, billettinntekt c; ~way, port(hvelving) c (c).

gather ['gæðə] samle(s); plukke; øke; forstå (from av); ~ing, (for)-samling c; byll c.

gaudy ['gɔ:di] grell; gloret.

gauge [geidʒ] mål n; (spor-)vidde c; måle(r) c; måleinstrument n.

gaunt [gɔ:nt] mager, skrinn.

gauntlet ['gɔ:ntlit] kjørehanske c, stridshanske c.

gauze [gɔ:z] gas(bind) c (n).

gay [gei] munter; lystig.

gaze [geiz] (at) stirre (på).

gazette [gə'zet] lysingsblad n.

gear [giə] utrustning c; tilbehør n; utstyr n; redskap n; tannhjul(sutveksling)n (c); gir(e) n; tilpasse; ~-box, ~-case, girkasse c; ~-lever, amr ~-shift, girstang c.

gem [dʒem] edelstein c.

gender ['dʒendə] gram kjønn n.

general ['dʒenərəl] alminnelig; general-, hoved-, general; ~ly, vanligvis.

generate ['dʒenəreit] avle, frembringe; ~ion, frembringelse c; utvikling c; slektledd n.

generosity [dʒenə'rɔsiti] høysinnethet c; gavmildhet c; ~rous ['dʒenərəs] høysinnet; rundhåndet.

genial ['dʒi:njəl] vennlig; mild.

genitals ['dʒenitlz] kjønnsorganer.

genius ['dʒi:njəs] geni n,
(skyts)ånd c.

gent [dʒent] dt fork for
gentleman; pl herretoa-
lett.

genteel [dʒen'ti:l] (terte)-
fin.

gentle ['dʒentl] mild; blid;
lett; **~man,** dannet
mann c, herre c; **~man-
like,** dannet, fin; **~wo-
man,** dannet dame c.

gentry ['dʒentri] lavadelen
c; fornemme folk.

genuine ['dʒenjuin] auten-
tisk; uforstilt.

geograph|er [dʒi'ɔgrəfə],
~y, geograf(i) c.

geolog|ist [dʒi'ɔlədʒist],
~y, geolog(i) c.

germ [dʒə:m] kim c; spire
c; bakterie c.

German ['dʒə:mən] tys-
k(er); **~y,** Tyskland.

gesture ['dʒestʃə] gestus c;
gestikulere.

get, få, skaffe (seg), på-
dra (seg); få tak i, for-
stå; besørge, bringe; få
i stand, stelle til; foran-
ledige; komme (til); nå;
komme i, begi seg; bli;
you have got to obey, De
er nødt til å adlyde; **~
ahead,** komme seg fram;
~ along, komme av

sted; klare seg; **~ in,**
stige inn, komme inn,
bli valgt; **~ off,** gå av
(buss o.l.); slippe fra
det; **~ on,** ha det; kom-
me godt ut av det med;
ta på (klær); **~ out,**
fordufte; stige, komme
ut; få ut; **~ over,** over-
vinne, overstå; **~
through to,** få forbindel-
se med (i telefonen); **~
up,** stå opp; forberede;
utstyre (bøker).

ghastly ['ga:stli] likbleik;
uhyggelig, grufull.

ghost [goust] spøkelse n;
ånd c; **the Holy Ghost,**
den Hellige Ånd.

giant ['dʒaiənt] kjempe-
(messig) c; rise c.

gibberish ['gibəriʃ] kråke-
mål n; uforståelig tale c,
sprøyt n.

gibe [dʒaib] spott(e) c.

giddy ['gidi] svimmel, ør.

gift, gave c; begavelse c;
~ed, begavet.

gigantic [dʒai'gæntik]
kjempemessig, gigan-
tisk.

giggle ['gigl] fnise; fnising
c.

gild, forgylle.

gill [gil] gjelle c; [dʒil]
hulmål = ca. 14 cl.;

~yflower ['dʒili-] gyllenlakk c.

gilt [gilt] forgylling c; forgylt.

gimmick ['gimik] knep n; reklamepåfunn n; greie c.

ginger ['dʒindʒə] ingefær c; futt c, to n; rødblond; **~-ale**, **~-beer**, ingefærøl n; **~ bread**, honningkake c.

gipsy ['dʒipsi] sigøyner c.

gird [gə:d] omgjorde; omslutte, spenne fast; **~ le**, belte n.

girl [gə:l] pike c; **~ guide**, speiderpike c; **~hood**, pikeår; **~ish**, jenteaktig.

gist [dʒist] hovedinnhold n; kjerne c.

give [giv] gi; skjenke; tildele; innrømme; bøye seg, gi etter; **~ away**, skjenke, gi bort; røpe, forråde; **~ back**, gi igjen; **~ in**, gi etter, gi opp; **~ on (to)**, vende ut mot; **~ out**, utdele; kunngjøre; **~ over**, overgi; oppgi; **~ up**, avlevere, gi opp.

glacial ['gleiʃl] is-, **~er**, isbre c.

glad [glæd] glad; **~ly**,

gjerne, med glede; **~ness**, glede c.

glade [gleid] lysning i skog c.

glamour ['glæmə] (stråle)-glans c, trylleglans c.

glance [gla:ns] glimt n; øyekast n; blikk n; glimte; kaste et blikk; berøre et emne, hentyde.

gland [glænd] kjertel c.

glare [glɛə] skinne, blende; glo, skule **(at på)**; blendende lys n; skarpt blikk n; **~ing**, grell; blendende.

glass [gla:s] glass n; glassgjenstand c, drikkeglass n; speil n; kikkert c; barometer n; **~es**, briller.

glaze [gleiz] glasur c; glasere; sette rute *(el* glass) i; **~ier**, glassmester c.

gleam [gli:m] glimt n, lysstråle c, streif n; glimte.

glee [gli:] lystighet c, glede c; **~ club**, sangforening c.

glen, skar n, fjelldal c.

glib, tungerapp.

glide [glaid] glidning c, glideflukt c; gli; **~er**, seilfly n.

glimmer ['glimə] glimte, flimre; glimt n; skimt n.

glimpse ['glimps] flyktig blikk *n;* glimt *n;* skimte.

glisten ['glisn] funkle, glitre.

glitter ['glitə] stråle, glitre; glitring *c,* glans *c.*

globe [gloub] kule *c,* klode *c;* globus *c;* kuppel *c;* ~-**trotter,** jordomreiser *c.*

gloom [glu:m] mørke *n;* tungsinn *n;* ~**y,** dyster, trist.

glorification [glɔrifi'keiʃn] forherligelse *c;* ~**fy,** forherlige; ~**ous,** strålende; ærefull, storartet.

glory ['glɔ:ri] heder *c,* ære *c,* glans *c,* herlighet *c;* glorie *c;* ~ **in,** være stolt av.

gloss [glɔ:s] glose *c,* ordforklaring *c;* glans *c;* gi glans; ~ **over,** bortforklare.

glove [glʌv] hanske *c.*

glow [glou] glød(e) *c;* ~**worm,** sankthansorm *c.*

glue [glu:] lim(e) *n.*

glum [glʌm] dyster, trist.

glut [glʌt] overfylle; overmette; overflod *c;* overmettelse *c;* ~**ton,** fråtser *c,* jerv *c;* ~**tonous,** grådig.

gnat [næt] mygg *c.*

gnaw [nɔ:] gnage; fortære; nage; ~**er,** gnager *c.*

gnome [noum] dverg *c,* nisse *c.*

go [gou] gå; reise, dra; kjøre; gå i stykker; være i gang, i omløp; nå; rekke (to til); selges; bli; befinne seg; futt, fremferd; **on the** ~, på farten; ~ **bad,** forderves; ~ **mad,** bli gal, forrykt; ~ **wrong,** gå galt; skeie ut; ~ **along with,** holde med; ~ **by,** gå forbi; gå (om tid); rette seg etter; ~ **on,** gå videre; fortsette; ~ **through,** gjennomgå; undersøke; ~ **up,** stige.

goad [goud] egge, drive; piggstav *c.*

goal [goul] mål *n* (i fotball og fig.); ~-**keeper,** målvakt *c.*

goat [gout] geit *c;* ~**ee,** bukkeskjegg *n,* hakeskjegg *n.*

goblet ['gɔblit] beger *n,* pokal *c.*

god [gɔd] gud *c;* ~**child,** gudbarn *c;* ~**dess,** gudinne *c;* ~**father,** gudfar *c;* ~**like,** gudlignende, guddommelig; ~**ly,**

from; ~ **send**, uventet lykke c.

goggle ['gɔgl] rulle (med øynene); glo; **(a pair of)** ~ **s**, beskyttelsesbriller.

going ['gouiŋ], be ~ **to**, være i begrep med; skulle til å.

gold [gould] gull n, rikdom c; ~ **en**, gull-; gyllen.

golf [gɔlf] golfspill n; ~ **er**, golfspiller c; ~ **links**, golfbane c.

gong [gɔŋ] gongong c.

good [gud] god, snill; brukbar **(for** til); dyktig; flink **(at** i); frisk, sunn, ufordervet; *merk* solid, sikker; gyldig; noe godt, det gode; lykke c, velferd c; ~ **s**, varer; **for** ~, for godt, for bestandig.

good|-bye [gud'bai] farvel; ~ **ly**, pen, anselig; ~ **looking**, pen, vakker; ~ **-morning**, god morgen; ~ **-natured**, godmodig; ~ **ness**, godhet c.

goods|-station, ~ **train**, godsstasjon c, -tog n.

goodwill ['gudwil] velvilje c; kundekrets c; firmaverdi c.

goose, *pl* **geese** [gu:s gi:s]

gås c; ~ **berry**, stikkelsbær n.

gorge [gɔ:dʒ] strupe c; svelge, fråtse; fjellkløft c.

gorgeous ['gɔ:dʒəs] prektig.

gory ['gɔ:ri] blodig.

gospel ['gɔspəl] evangelium n.

gossip ['gɔsip] sladder(kjerring) c (c); prat c, skvalder n; sladre, skvaldre, prate; ~ **y**, sladderaktig.

gout [gaut] gikt c; ~ **y**, giktisk.

govern ['gʌvən] regjere; styre, lede; beherske; ~ **ess**, guvernante c; ~ **ment**, regjering c; ~ **or**, styrer c; guvernør c; *dt* bas c, sjef c.

gown [gaun] (dame)kjole c; geistlig, akademisk kappe c.

grab [græb] gripe, snappe.

grace [greis] ynde c, gratie c; gunst c; nåde c; bordbønn, pryde, smykke; hedre; ~ **ful**, gratiøs, yndig, fin.

gracious ['greiʃəs] nådig, vennlig; **good** ~, gode Gud!

grade [greid] trinn *n*, grad *c; amr* (skole)klasse *c;* karakter *c* (på skolen); gradere.

gradual ['grædjuəl] gradvis; ~**te**, inndele i grader; ta (akademisk) eksamen; kandidat *c*.

grain [grein] (frø)korn *n;* tekstur *c;* korne (seg).

grammar ['græmə] grammatikk *c;* ~**-school**, videregående skole *c*.

grammophone ['græməfoun] grammofon *c;* ~ **disk**, ~ **record**, grammofonplate *c*.

grand [grænd] storartet; fin, fornem; ~**child**, barnebarn *n;* ~**daughter**, sønnedatter *c;* datterdatter *c;* ~ **eur** ['grændʒə] storhet *c*, storslagenhet *c;* ~ **father**, bestefar *c;* ~ **mother**, bestemor *c;* ~ **son**, sønnesønn *c;* dattersønn *c*.

grange [greindʒ] bondegård *c*.

grant [gra:nt] bevilgning *c;* gave(brev) *c (n);* bevilge; skjenke; tilstå, innrømme.

grape [greip] (vin)drue *c;* ~ **fruit**, grapefrukt *c*.

graph [græf] diagram *n*.

grapple ['græpl] gripe; gi seg i kast (**with** med).

grasp [gra:sp] grep *n;* gripe, forstå.

grass [gra:s] gress *n;* ~**hopper**, gresshoppe *c;* ~ **-widow(er)**, gressenke(mann) *c*.

grate [greit] gitter *n*, rist *c*, kaminrist *c;* knirke, skurre.

grateful ['greitful] takknemlig.

gratification [grætifi'keiʃn] tilfredsstillelse *c;* glede *c*, fornøyelse *c;* ~ **fy**, tilfredsstille, glede; ~ **tude** [-tju:d] takknemlighet *c*.

gratuitous [grə'tju:itəs] gratis; ~ **y**, drikkepenger; gratiale *c*.

grave [greiv] alvorlig, høytidelig; betydningsfull; grav *c;* gravere.

gravel ['grævəl] grus *c*.

graveyard ['greivja:d] kirkegård *c*.

groom [gru:m] stallkar *c;* også = **bridegroom** brudgom *c;* pleie, stelle.

groove [gru:v] grop *c*, renne *c*, fure *c;* fals *c*.

grope [group] famle, føle seg fram.

gross [grous] tykk; grov;

plump; brutto; gross *n*
(12 dusin).

ground [graund] jord *c*,
grunn *c;* terreng *n*, leng-
de *n;* plass *c*, tomt *c;*
grunn *c*, årsak *c;* (be)-
grunne; bygge, basere;
støte på grunn; ~s, ha-
ge *c*, parkanlegg *n;* grut
c; motiver; ~**-floor**,
første etasje; ~**less**,
grunnløs, uten grunn.

group [gru:p] gruppe(re)
c.

grouse [graus] rype *c.*

grove [grouv] lund *c*, holt
n.

grovel ['grɔvl] krype (for).

grow [grou] vokse, gro;
bli; la vokse, dyrke; ~
old, bli gammel, eldes;
~**er**, dyrker *c*, produ-
sent *c.*

growl [graul] knurre,
brumme; knurr *n.*

grown-up ['grounʌp] vok-
sen.

growth [grouþ] vekst *c;*
utvikling *c;* dyrking *c;*
avling *c.*

grub [grʌb] larve *c;* mat
n; fôr *n;* slit *n;* grave,
rote; slite, trelle.

grudge [grʌdʒ] uvilje *c*,
nag *n;* misunne.

gruel ['gru:əl] havresuppe
c.

gruesome ['gru:səm] gyse-
lig.

gruff barsk, morsk.

grumble ['grʌmbl] mukke,
beklage seg.

grumpy ['grʌmpi] gretten,
sur.

grunt [grʌnt] grynt(e) *n.*

guarantee [gærən'ti:] ga-
ranti *c;* kausjon(ist) *c;*
garantere.

guard [ga:d] vakt *c;* be-
voktning *c;* garde; vakt-
post *c;* vaktmann *c;* akt-
pågivenhet *c;* beskytter
c; gitter *n;* rekkverk *n;*
skjerm *c* (på sykkel);
konduktør *c;* vokte; be-
skytte; passe; forsvare;
gardere seg (**against**
for); ~**ian**, beskytter *c;*
formynder *c.*

guess [ges] gjette; *amr* an-
ta, formode; gjetning *c;*
formodning *c;* ~**-work,**
gjetning *c.*

guest [gest] gjest *c.*

guidance ['gaidəns] ledelse
c; rettesnor *c;* **for your**
~ : til Deres orientering.

guide [gaid] (vei)leder *c;*
omviser *n;* (reise)hånd-
bok *c;* veiledning *c;*
(rett)lede; ~**-post**, veivi-
ser *c.*

guild [gild] gilde *n;* laug
n.

guilt [gilt] skyld c; ~y, skyldig.

guise [gaiz] forkledning c; utseende n; dekke.

guitar [gi'ta:] gitar c.

gulf [gʌlf] golf c, havbukt c; avgrunn c, gap n.

gull [gʌl] måke c, dumrian c.

gullet ['gʌlit] spiserør n.

gully ['gʌli] kløft c, renne c.

gulp [gʌlp] slurk c; jafs c; svelging c; svelge, sluke, tylle i seg.

gum [gʌm] gomme c, tannkjøtt n; gummi c; **chewing** ~, tyggegummi c; gummiere.

gun [gʌn] kanon c, gevær n, børse c; amr revolver c; skyte med børse; ~**man**, revolverbanditt c; ~**ner**, kanonér c; ~**powder**, krutt n; ~**stock**, geværkolbe c.

gunwale ['gʌnəl] reling c.

gurgle ['gə:gl] klukke.

gush [gʌʃ] strømme, fosse; utgyte seg; strøm c.

gust [gʌst] vindstøt n.

gusto ['gʌstou] glede c, velbehag c.

gut [gʌt] tarm c; gut c (fortom av silke); streng c; ~**s**, innvoller, tarmer; mot; ta innvollene ut; sløye; tømme grundig; plyndre; ~**ted**, utbrent.

gutter ['gʌtə] renne c; takrenne c; rennestein c.

guy [gai] fugleskremsel n; amr fyr c, kar c.

gymnasium [dʒim'neizjəm] gymnastikksal c; ~**t** ['dʒimnæst] gymnast c, turner c; ~**tics** [-'næstiks] gymnastikk c.

gypsum ['dʒipsəm] gips c.

gypsy = **gipsy.**

gyrate ['dʒaireit] rotere.

gyre ['dʒaiə] omdreining c.

H

haberdashery ['hæbədæʃri] garn- og trådhandel c; amr herreekviperingsforretning c.

habit ['hæbit] vane c;

drakt c; ~**ation**, bolig c; ~**ual** [hə'bitjuəl] (sed)vanlig; vanemessig; ~**uate**, venne.

hack [hæk] hakke; øyk n;

sliter *c;* hakk(e) *n (c)*
~ **neyed** forslitt, banal.
haddock ['hædək] kolje *c,*
hyse *c.*
hag [hæg] hurpe *c,* heks
c.
haggard ['hægəd] vill; mager, uttært.
haggle ['hægl] prute.
Hague [heig] **the** ~,
Haag.
hail [heil] hagl *n;* hagle;
hilse; praie.
hair [hɛə] hår *n;* ~ **cut,**
klipp(ing) *c;* ~ **dresser,**
frisør *c,* friserdame *c;*
~ **pin,** hårnål *c;* ~ **splitting,** ordkløveri *c;* ~ **y,**
håret, lodden.
half [ha:f] halv; halvt,
halvveis; halvdel *c;* semester *n,* halvår *n;* **three
hours and a** ~, 3½ time; **at** ~ **past 6,** klokka
halv sju; ~ **-breed,**
halvblods *c;* ~ **-hearted,**
halvhjertet, lunken;
~ **-moon,** halvmåne *c;*
~ **penny** ['heipni] ~ **way,**
halvveis; ~ **-year,** halvår
n; semester *n;* ~ **yearly,**
halvårlig.
halibut ['hælibət] hellefisk
c, kveite *c.*
hall [hɔ:l] hall *c,* sal *c;*
forstue *c;* herresete *n.*

hallow ['hælou] hellige,
innvie.
halt [hɔ:lt] stans(e) *c;* holdeplass *c;* halte.
ham [hæm] skinke *c.*
hamlet ['hæmlit] liten
landsby *c.*
hammer ['hæmə] hammer
c.
hammock ['hæmək] hengekøye *c.*
hamper ['hæmpə] stor
kurv *c;* hindre, hemme.
hand [hænd] hånd *c;*
mann *c,* arbeider *c;*
håndskrift *c;* håndkort
n; urviser *c;* levere; rekke; **at** ~, for hånden,
nær; **in** ~, i arbeid;
under kontroll; **money
in** ~, rede penger; **on**
~, forhånden; på lager;
til rådighet; **on (the) one**
~, på den ene side; **on
the other** ~, på den
annen side; derimot,
men; **change** ~ **s,** skifte
eier; **come to** ~, innløpe, komme i hende; ~
over, overlevere, utlevere; **shake** ~ **s,** ta hverandre i hånden; ~ **bag,**
håndveske *c;* ~ **cuffs,**
håndjern *n;* ~ **ful,** håndfull.

handicap ['hændikæp] handikap(pe) n; hemme.
handicraft ['hændikra:ft] håndarbeid n; håndverk n; ~ **ness,** behendighet c; fingernemhet c.
handkerchief ['hæŋkətʃif] tørkle n, lommetørkle n.
handle ['hændl] fingre på; håndtere; behandle; håndtak n; hank c.
handsome ['hænsəm] pen; kjekk; ~**writing,** håndskrift c; ~y, fingernem; bekvem, praktisk; for hånden.
hang [hæŋ] henge; henge opp; henge (i galgen).
hanging ['hæŋiŋ] hengning c; gardin c, draperi n.
hangman ['hæŋmən] bøddel c (ved hengning).
hangover ['hæŋouvə] bakrus c.
hanker ['hæŋkə] hige, lengte.
haphazard ['hæp'æzəd] tilfeldig; **at ~,** på måfå.
happen ['hæp(ə)n] hende; skje; ~**ing,** hending c.
happily ['hæpili] adv lykkelig; heldig; ~**iness,** lykke c; ~y, lykkelig; glad; treffende; heldig; ~~**go-lucky,** sorgløs, likeglad.

harass ['hærəs] trette; plage.
harbour ['ha:bə] havn c; huse; nære (planer o.l.).
hard [ha:d] hard; stri; streng; vanskelig; tung; ~ **cash** (el **money),** rede penger, kontanter; ~ **of hearing,** tunghørt; **the ~ facts,** de nakne fakta; ~ **up,** opprådd, i pengeknipe; **work ~,** arbeide flittig; ~**en,** gjøre (el bli) hard; herde; ~**ly,** neppe; snaut; nesten ikke; ~**ness,** hardhet c; ~**ship,** motgang c; ~**s,** strabaser; ~**ware,** isenkram c; ~y, dristig, djerv.
hare [hɛə] hare c; ~**brained,** tankeløs; ~**lip,** hareskår n.
hark [ha:k] lytte (til).
harlot ['ha:lət] skjøge c, hore c.
harm [ha:m] s & v skade c; gjøre fortred; ~**ful,** skadelig; ~**less,** uskadelig, harmløs.
harmonious [ha:'mounjəs] harmonisk.
harness ['ha:nis] seletøy n; spenne for.
harp [ha:p] harpe c.
harrow ['hærou] harv(e) c.

harsh [ha:ʃ] grov, ru; hard, skurrende; barsk.

harvest ['ha:vist] høst(e) c; avl(e) c; ~ **er (combine -er)**, skurtresker c.

hash [hæʃ] hakke; skjære i stykker; hakkemat c; rot n.

haste [heist] hast c, fart c; **make** ~, skynde seg; **be in** ~, ha det travelt; ~ **en**, haste, skynde seg; skynde på; ~ **y**, hastig, brå; hissig.

hat [hæt] hatt c.

hatch [hætʃ] luke c; ruge ut, klekke ut; yngle; kull n.

hate [heit] hat(e) n; ~ **ful**, avskyelig; **hatred**, hat n.

hatter ['hætə] hattemaker c.

haughtiness ['hɔ:tinis] hovmod n; stolthet c; ~ **y**, hovmodig.

haul [hɔ:l] hale, dra; frakte; kast n; fangst c.

haunch [hɔ:ntʃ] hofte c; ~ **es**, ende c, bakdel c.

haunt [hɔ:nt] tilholdssted n; plage; spøke i.

have [hæv] ha; få; ~ **to do**, måtte gjøre; ~ **it out with**, snakke ut med.

havoc ['hævək] ødeleggelse c.

hawk [hɔ:k] hauk c; høkre, rope ut; ~ **er**, gateselger c.

hay [hei] høy n.

hazard ['hæzəd] tilfelle n, treff n; fare c; hasard c, vågespill n; våge; sette på spill; løpe en risiko; ~ **ous**, vågelig; risikabel.

haze [heiz] tåke c; dis c.

hazel-nut ['heizlnʌt] hasselnøtt c.

hazy ['heizi] disig; tåket.

he [hi:] han; den, det; **he who**, den som.

head [hed] hode n, forstand c, overhode n, sjef c, leder c; stykke kveg; øverste del, øverste ende, topp c; forreste del; spiss c, nes c; overskrift c; først; forrest, hoved-; lede, føre; komme forut for, gå i forveien; stå i spissen; sette kursen (for mot); **come to a** ~, tilspisse seg; **make** ~ **against**, holde stand mot; ~ **ache**, hodepine c; ~ **dress**, hodepynt c; ~ **er**, stup n; hodekulls fall n el sprang n; ~ **gear**, hodeplagg n; ~ **light**, frontlys n; ~ **line**, overskrift c; ~ **long**, hodekulls; ~ **master**, rektor *c;* ~**piece,** hjelm *c; dt* intelligens *c;* ~**phone,** høretelefon *c;* ~**quarters,** hovedkvarter *n;* ~**stone,** gravstein *c;* ~**strong,** stri, sta; ~**waiter,** hovmester *c;* ~**way,** fremskritt *n;* fart *c;* ~**wind,** motvind *c;* ~**y,** egensindig; selvrådig; berusende.

heal [hi:l] lege, helbrede; gro (**up** igjen).

health [help] helse *c,* sunnhet *c;* ~ **-resort,** kursted *n;* ~**y,** sunn.

heap [hi:p] hop *c,* haug *c,* dynge *c;* dynge sammen.

hear [hiə] høre; erfare; få vite; ~**ing,** hørsel *c;* hørevidde *c;* rettsmøte *n.*

hearse [hə:s] likvogn *c.*

heart [ha:t] hjerte *n;* mot *n;* det innerste; kjernen *c;* **by** ~, utenat; **out of** ~, motløs; ~**beat,** hjerteslag *n;* ~**burn,** halsbrann *c;* kardialgi *c;* ~**en,** oppmuntre.

hearth [ha:þ] arne *c;* peis *c.*

heart|ily ['ha:tili] *adv* hjertelig, varmt; ivrig; kraftig; ~**iness,** hjertelighet *c;* ~**less,** hjerteløs; ~**y,** hjertelig; ivrig; sunn; kraftig; sterk.

heat [hi:t] varme *c;* (opp)hete.

heath [hi:þ] mo *c,* hei *c;* lyng *c;* ~**en** ['hi:ðən] hedning *c;* hedensk.

heather ['heðə] lyng *c.*

heating ['hi:tiŋ] oppvarming *c;* **central** ~, *c.*

heave [hi:v] heve, løfte; stige og synke; svulme; ~ **to,** legge bi; ~ **up anchor,** lette anker.

heaven ['hevn] himmel(en) *c;* ~**ly,** himmelsk.

heaviness ['hevinis] tunghet *c;* tyngde *c,* vekt *c.*

heavy ['hevi] tung, svær; solid; tungvint; kraftig; trettende; ~ **expenses,** store utgifter; ~ **with sleep,** søvndrukken; ~**weight,** tungvektsbokser *c.*

Hebrew ['hi:bru:] hebreer *c;* hebraisk.

heckle ['hekl] avbryte stadig vekk; hekle.

hectic ['hektik] hektisk.

hedge [hedʒ] hekk *c;* inn-hegne; ~**hog,** pinnsvin *n;* ~**row,** hekk *c.*

heed [hi:d] ense, gi akt på; oppmerksomhet *c.*

heel [hi:l] hæl *c;* sette hæl på; krenge; legge seg over.

hefty ['hefti] svær, kraftig.
height [hait] høyde c; høydepunkt n; ~ **en**, forhøye, heve; forstørre.
heir [ɛə] arving c; ~ **ess**, kvinnelig arving; godt parti; ~ **loom**, arvestykke n.
hell [hel] helvete n.
helm, rorpinne c; ror n; ~ **et**, hjelm c; ~ **sman**, rormann c.
help, hjelp c, bistand c; amr tjener c, pike c; hjelper(ske) c, botemiddel n; hjelpe; støtte; ~ **oneself**, forsyne seg; **I cannot ~ laughing**, jeg kan ikke la være å le; ~ **ful**, hjelpsom; nyttig; ~ **ing**, porsjon c; ~ **less**, hjelpeløs; ~ **meet**, ~ **mate**, hjelper(ske) c.
hem, søm c; fald(e) c; kremt(e) n.
hemisphere ['hemisfiə] halvkule c.
hemp, hamp c.
hen, høne c; hunn c (av fugl).
hence [hens] herfra; fra nå av; derfor, følgelig; ~ **forth**, fra nå av.
her [hə:] henne; seg; hennes; sin, sitt, sine.
herb [hə:b] urt c, plante

c; ~ **age**, planter; beite n.
herd [hə:d] buskap c; gjete; ~ **sman**, gjeter c.
here [hiə] her, hit; ~ **about(s)**, her omkring, på disse kanter; ~ **by** [-bai] herved.
hereditary [hi'reditəri] arvelig, arve-; ~ **ty**, arvelighet c.
hereupon [hiərə'pɔn] herpå, derpå; ~ **with**, hermed.
heritage ['heritidʒ] arv c.
hermit ['hə:mit] eremitt c.
hero ['hiərou] pl -es, helt c; ~ **ic**, heroisk; ~ **ine** ['heroin] heltinne c; ~ **ism**, heltemot n.
herring ['heriŋ] sild c.
hers [hə:z] hennes; sin, sitt, sine.
herself [hə:'self] hun selv, henne selv, seg.
hesitate ['heziteit] nøle; ~ **tion**, nøling c; usikkerhet c; ubesluttsomhet c.
hew [hju:] hogge.
hiccough, hiccup ['hikʌp] hikke v & s.
hide [haid] hud c, skinn n; skjule, gjemme (seg).
hideous ['hidiəs] fryktelig, skrekkelig.

hiding ['haidiŋ] pryl *c,* bank *c;* ~ *-place,* skjulested *n.*

high [hai] høy, fornem; sterk, stor; høytliggende, dyr; høyt; ~ **brow,** intellektuell *c;* åndssnobb *c;* ~ **faluting,** høyttravende; ~ **life,** livet i de høyere kretser; ~ **light,** høydepunkt *n;* ~ **ly,** høyt; i høy grad, ytterst; ~ **minded,** høysinnet; ~ **ness,** høyde *c;* høyhet *c;* ~ **road,** landevei *c;* ~ **sea,** sterk sjøgang *c;* the ~ **seas,** det åpne havet; **be in** ~ **spirits,** være i godt humør; **be** ~**-strung,** overspent; nervøs; ~ **tea,** aftensmåltid *n* (med te); ~ **way(-man)** hovedvei *c,* landevei(srøver) *c (c).*

hijack ['haidʒæk] kapre (fly etc.); ~ **er,** (fly)kaprer *c.*

hike [haik] (gå) fottur *c.*

hill [hil] haug *c,* bakke *c,* ås *c;* ~ **ock,** liten haug; ~ **side,** skrent *c,* skråning *c.*

hilt sverdfeste *n,* hjalt *n.*

him, ham; den, det; seg.

himself [him'self] han

selv, selv; seg selv, seg; by ~, alene.

hind [haind] hind, bak-; ~ **er** ['hində], hindre; forhindre **(from** i å); hemme; ~ **rance,** hindring *c.*

hinge [hindʒ] hengsel *n;* hovedpunkt *n;* ~ **upon,** avhenge av.

hint, vink *n,* antydning *c;* antyde, ymte.

hip, hofte *c;* ~ **flask,** lommelerke *c;* ~ **-pocket,** baklomme *c.*

hire [haiə] hyre, leie, feste; **on** ~ **purchase,** på avbetaling *c.*

his [hiz] hans; sir, sitt, sine.

hiss [his] visle, pipe ut.

histor|ian [his'tɔ:riən] historiker *c;* ~ **ic(al),** historisk; ~ **y** ['histəri] historie *c.*

hit, treffe, ramme, slå; slag *n,* (full)treffer *c;* suksess *c;* treffende bemerkning *c.*

hitch [hitʃ] rykke; hekte fast; feste; rykk *n,* vanskelighet *c;* hindring; ~ **hike** [-haik] haike.

hitherto ['hiðə'tu:] hittil.

H.M.S. fork. for **His** *(el* **Her) Majesty's ship.**

hive [haiv], (bi)kube *c.*
hoar(frost) ['hɔ:frɔst] rimfrost *c.*
hoard [hɔ:d] forråd *n;* samle sammen; dynge opp; hamstre; ~**ing,** hamstring *c;* oppsamling *c,* opphopning *c.*
hoarse [hɔ:s] hes.
hoary ['hɔ:ri] gråhåret; eldgammel.
hobble ['hɔbl] kumpe, halte.
hoax [houks] lureri *n;* juks(e) *n.*
hoe [hou] *s & v* hakke *c.*
hog [hɔg] svin *n,* gris *c;* ~**shead,** oksehode *n,* fat *n* (ca. 238 liter); ~**skin,** svinelær *n;* ~**wash,** skyller, grisemat *c.*
hoist [hɔist] heise.
hold [hould] hold *n,* tak *n,* grep *n,* lasterom *n;* **catch** *(el* **lay** *el* **seize** *el* **take)** ~ **of,** ta fatt i; holde, fastholde, romme, holde for, anse for, mene, hevde, ikke gå i stykker, stå stille, gjøre holdt, vare ved; bestå; ~ **the line** (i telefonen:) vent et øyeblikk!; ~ **water,** være vanntett, *fig* gjelde, duge; ~ **good** *(el* **true),** vise seg å være

riktig; ~ **an office,** ha et embete *n;* ~ **on,** holde fast; vedbli; ~ **on to,** holde fast i; ~ **out,** holde ut; ~ **up,** løfte; støtte; stanse; stoppe (for å røve); hindre (f.eks. i trafikken); klare seg godt (gjennom motgang); ~**er,** forpakter *c,* innehaver *c;* ~**ing,** avholdelse *c;* landeiendom *c.*
hole [houl] hull *n,* hule *c,* forlegenhet *c,* knipe *c,* lage huller i.
holiday ['hɔlədei] helligdag *c,* fridag *c,* ferie *c;* ~**s,** ferie *c.*
holiness ['houlinis] hellighet *c;* fromhet *c.*
hollow ['hɔlou] hulning *c;* hule *c;* hul; dump; falsk; hule ut.
holly ['hɔli] kristtorn *c.*
holy ['houli] hellig.
homage ['hɔmidʒ] hyllest *c;* **do** *(el* **pay)** ~, hylle.
home [houm] hjem *n;* hjemme; hus-; innenlandsk; til målet, ved målet; bo, ha et hjem; finne hjem (om brevduer); **at** ~, hjemme; **be at** ~ **in a subject,** være inne i en sak;

make oneself at ~, late som om man er hjemme; **from ~**, hjemmefra, bortreist; **~ trade**, innenrikshandel c; **bring ~ to**, gjøre noe klart for; overbevist om; **drive ~**, slå i (om spiker); **see ~**, følge hjem; **~ly**, jevn, enkel; stygg; **~-made**, hjemmelaget, innenlandsk; **~ sick**, som lengter hjem; **~ sickness**, hjemlengsel c; **~ spun**, hjemmevevd, hjemmegjort; **~ ward(s)**, hjemover; **~ work** *(el lessons)*, hjemmeoppgaver c.

homicide ['hɔmisaid] mord(er) n (c).

Hon. fork. for **honorary, honourable.**

hone [houn] s & v bryne n.

honest ['ɔnist] ærlig, rettskaffen; **~y**, ærlighet c, redelighet c.

honey ['hʌni] honning c; **~ moon**, hvetebrødsdager; bryllupsreise c; **~ suckle**, kaprifolium c.

honorary ['ɔnərəri] æres-, heders-.

honour ['ɔnə] ære c, heder c; verdighet c; æresfølel-

se c, æresbevisning c, honnør c; ære, hedre, prise, honorere (veksel o.l.); **~ able**, ærlig, hederlig, ærefull; som tittel: ærede.

hood [hud] hette c, lue c, kyse c; kalesje c; *amr* (bil)panser c; **~ wink**, narre, føre bak lyset.

hoof [hu:f] hov c.

hook [huk] hake c, krok c; få på kroken; hekte; stjele; **~ ed**, kroket, krum.

hooligan ['hu:ligən] bølle c, ramp c.

hoop [hu:p] tønnebånd n, bøyle c.

hooping-cough ['hu:piŋkɔf] kikhoste c.

hoot [hu:t] tute, ule, tuting c, uling c; **~ er**, sirene c, (bil)horn n.

hop [hɔp] hoppe, bykse, danse; hopp n, dans c; humle c *(bot)*.

hope [houp] håp n; håpe; **~ ful**, forhåpningsfull.

horizon [hə'raizn] horisont c.

horn [hɔ:n] horn n.

hornet ['hɔ:nit] geitehams c (stor veps).

horny ['hɔ:ni] hornaktig.

horrible ['hɔrəbl] skrekke-

lig, forferdelig; avskye-
lig; ~**d**, redselsfull; av-
skyelig; ~**fy**, forferde,
skremme.
horror ['hɔrə] forferdelse
c; redsel c; avsky c.
horse [hɔ:s] hest c; kava-
leri n; stativ n; **on
~back**, til hest; ~**man-
ship**, ridekunst c; ~**pow-
er**, hestekraft c; heste-
krefter (60 horsepower);
~-**race**, hesteveddeløp
n; ~-**radish**, pepperrot
c; ~**shoe**, hestesko c;
~**whip**, ridepisk c.
hose [houz] strømper; ha-
geslange c; oversprøyte.
hosier ['houzə] trikotasje-
handler c; ~**y**, trikota-
sje c; strømpevarer.
hospitable ['hɔspitəbl]
gjestfri.
hospital ['hɔspitl] hospital
n, sykehus n; ~**ity**,
gjestfrihet c; ~**ize**
['hɔspitəlaiz] amr sende
til sykehus.
host [houst] vert c; (hær)-
skare c; hostie c; ~**age**
['hɔstidʒ] gissel n; ~**el**,
gjestgiveri n, student-
hjem n; **youth** ~**el**, ung-
domsherberge n; ~**ess**,
vertinne c; ~**ile** ['hɔstail]
fiendtlig(sinnet); ~**ility**,

fiendskap c; fiendtlighet
c.
hot [hɔt] het, varm, his-
sig, heftig, sterk (om
smak); lidenskapelig; ~
dog, amr varm pølse
med brød (el lompe).
hotel [houtel] hotell n.
hot-head, brushode n,
sinnatagg c; ~**house**,
drivhus n; ~-**water:** ~
~ **bottle**, ~ ~ **heating**,
~ ~ **supply**, varmt-
vannsflaske c, varmt-
vannsforsyning c.
hound [haund] jakthund
c; hisse, pusse (**on** på).
hour ['auə] time c, tid c,
klokkeslett n; ~**s**, kon-
tortid c, åpningstid; **by
the** ~, pr. time; i times-
vis; ~**ly**, hver time.
house [haus] pl **houses**
['hauziz] hus n; kongehus
n, hus n, kammer n, ting
n; teat hus n, publikum
n; firma n; [hauz] huse,
beskytte; holde til;
~**hold**, husholdning c;
~**keeper**, husmor c,
husholder(ske) c; ~**wife**,
husmor c.
hovel ['hɔvəl] skur n.
hover ['hɔvə] sveve;
~**craft**, luftputefartøy n.
how [hau] hvordan; hvor;

i hvilken grad; ~ **are you?**, hvordan har De det?; ~ **do you do?**, god dag! det gleder meg (ved presentasjon); ~ **old**, ~ **often**, hvor gammel, hvor ofte; ~ **ever**, hvordan enn; likevel, dog, imidlertid.

howl [haul] hyle, ule, tute; hyl *n*, uling *c*.

h.p. fork. for **horse-power**.

H.R.H. fork. for **His** (el. **Her**) **Royal Highness**.

huckster ['hʌkstə] høker *c*.

huddle ['hʌdl] stuve (seg) sammen, dynge sammen; klynge *c*, dynge *c*.

hue [hju:] farge *c*; anstrøk *n*.

huff [hʌf] bli sint; bruke seg på; bli fornærmet; fornærmelse *c*; ~**y**, hårsår, lett støtt.

hug [hʌg] omfavne(lse) *c*, klem(me) *c*.

huge [hju:dʒ] stor, veldig.

hull [hʌl] (skips)skrog *n*; hylster *n*; belg *c*, skalle, renske.

hum [hʌm] nynne, summe.

human ['hju:mən] menneskelig, menneske-; ~ **being**, menneske *n*; ~**e** [hju'mein] human(istisk);

~**ity** [hju'mæniti] menneskelighet *c*; menneskeheten *c*.

humble ['hʌmbl] ydmyk, beskjeden; ydmyke.

humbug ['hʌmbʌg] svindel *c*, humbug(maker) *c*; sludder *n*; narre, lure.

humdrum ['hʌmdrʌm] ensformig, kjedelig.

humid ['hju:mid] fuktig; ~**ity** [-'mid-] fuktighet *c*.

humiliate [hju'milieit] ydmyke; ~**ion**, ydmykelse *c*; **humility**, ydmykhet *c*.

humorous ['hju:mərəs] humoristisk.

humour ['hju:mə] humor *c*, humør *n*, lune *n*; føye, rette seg etter.

hump [hʌmp] pukkel *c*.

hunch [hʌntʃ] pukkel *c*; *dt* (forut)anelse *c*; pukkelrygg *c* (-et person).

hundred ['hʌndrəd] hundre; ~**fold**, hundredobbelt; ~**th**, hundrede (ordenstall), hundredel *c*; ~**weight** (cwt.) = 50.8 kg.

Hungarian [hʌn'gɛəriən] ungarsk; ungarer *c*; ~**y**, Ungarn.

hunger ['hʌŋgə] sult *c*, hunger *c*; hungre **(for, after** etter); ~**ry**, sulten.

hunt [hʌnt] jage (etter);

jakt *c;* ~ **er,** jeger *c;*
~ **ing, go hunting,** gå på
jakt.

hurdle [ˈhəːdl] hinder *n*
(ved veddeløp); *fig* for-
hindring *c;* ~ **r,** hekke-
løper *c;* ~ **s,** hekkeløp *n,*
hinderløp.

hurl [həːl] kaste, slynge.

hurricane [ˈhʌrikən] orkan
c.

hurried [ˈhʌrid] hastig,
oppjaget.

hurry [ˈhʌri] hast *c,* hast-
verk *n;* haste, skynde
på, skynde seg; **be in a**
~, ha det travelt.

hurt [həːt] skade, såre,
krenke; fortred *c,* skade
c, sår *n;* krenkelse *c;*
~ **ful,** skadelig.

husband [ˈhʌsbənd] ekte-
mann *c;* spare på; ~ **ry,**
jordbruk *c;* husholdning
c.

hush [hʌʃ] stille!; stillhet
c; stille, døyve, berolige.

husk [hʌsk] belg *c,* skall
n; skrelle, pille.

husky [ˈhʌski] kraftig,
sterk; hes, rusten.

hustle [ˈhʌsl] støte, skub-
be; skynde seg.

hut [hʌt] hytte *c,* brakke
c.

hutch [hʌtʃ] bur *n* (f.eks.
til kaniner).

hydro- [ˈhaidrou-] i sam-
.mensetninger: vann-.

hydrogen [ˈhaidrədʒən]
vannstoff *n.*

hyena [haiˈiːnə] hyene *c.*

hygiene [ˈhaidʒiːn] hygie-
ne *c;* ~ **ic,** hygienisk.

hymn [him] hymne *c;* sal-
me *c;* lovsynge;
~ **-book,** salmebok *c;*
~ **al,** salme-; salmebok
c.

hyphen [ˈhaifən] binde-
strek *c.*

hypnosis [hipˈnousis] hyp-
nose *c;* ~ **tist** [ˈhipnətist]
hypnotisør *c;* ~ **tize,**
hypnotisere.

hypocrisy [hiˈpɔkrisi] hyk-
leri *n;* skinnhellighet *c;*
~ **te** [ˈhipəkrit] hykler *c.*

hypothesis [haiˈpɔþisis]
hypotese *c.*

hysteria [hisˈtiəriə] hysteri
n; ~ **c(al),** hysterisk.

I

I [ai] jeg.
ice [ais] is c; islegge, dekke med is; ise; glasere; **~berg**, isfjell n; **~-cream**, iskrem c.
Iceland ['aislənd] Island.
icicle ['aisikl] istapp c.
icy ['aisi] iskald; is-.
idea [ai'diə] idé c; forestilling c; tanke c, hensikt c; **~l**, ideal n, forbilde n; uvirkelig; ideell; **~lism**, idealisme c; **~lize**, idealisere.
identical [ai'dentikl] identisk; **~fy**, identifisere; **~ty**, identitet c.
idiom ['idiəm] idiom n; språkeiendommelighet c.
idiot ['idiət] idiot c; åndssvak person c.
idle ['aidl] ledig; uvirksom; doven; unyttig, forgjeves; drive dank; *tekn* **run ~**, løpe tom; **~ness**, lediggang c; lathet c; **~r**, lediggjenger c, dovenfant c.
idol ['aidl] avgud c; **~ize**, forgude.

idyll ['idil, *amr* 'aidil] idyll; hyrdedikt.
i. e. [ai i:] = **id est** (= **that is**) det er, det vil si, dvs.
if, hvis, om.
ignition [ig'niʃn] tenning c.
ignoble [ig'noubl] gemen, ussel.
ignominious [ignə'miniəs] skammelig, vanærende.
ignorance ['ignərəns] uvitenhet c; **~ant**, uvitenten; **~ness**, sykdom c; de; **~e**, ignorere, overse.
ill, ond; dårlig; syk; onde n; **~-advised**, ubesindig; **~-bred**, uoppdragen.
illegal [i'li:gəl] ulovlig.
illegible [i'ledʒəbl] uleselig.
illegitimate [ili'dʒitimət] født utenfor ekteskap; urettmessig; ulovlig.
ill-fated ['il'feitid] ulykkelig; ugunstig; **~iterate** [i'litərət] analfabet c; **~icit**, ulovlig; **~-natured**, ondskapsfull; gret-

ten; ~**ness**, sykdom *c;*
~**-tempered**, gretten, sur;
~**-timed**, ubeleilig.
illuminate [i'lju:mineit]
be-, opplyse; ~**ion**, be-,
oppiysning *c.*
illusion [i'lu:ʒn] illusjon *c;*
blendverk *n;* ~**ive** [-siv]
~**ory**, illusorisk.
illustrate ['iləstreit] illu-
strere; belyse; forsyne
med bilder; ~**ion**, illus-
trasjon *c;* belysning *c;*
forklaring *c.*
image ['imidʒ] bilde *n;* av-
bilde, gjenspeile.
imaginable [i'mædʒinəbl]
tenkelig; ~**ation**, innbil-
nings(kraft); fantasi *c;*
~**e**, innbille seg; tenke
seg.
imitate ['imiteit] etterlig-
ne; imitere; ~**ion**, etter-
ligning *c;* ~**or**, etterlig-
ner *c.*
immaterial [imə'tiəriəl]
uvesentlig; immateriell.
immature [imə'tju:ə] umo-
den.
immediate [i'mi:djət]
umiddelbar; øyeblikke-
lig; ~**ly**, straks.
immemorial [imi'mɔ:riəl]
uminnelig; eldgammel.
immense [i'mens] umåte-
lig.

immerse [i'mə:s] dyppe.
immigrant ['imigrənt] inn-
vandrer *c;* ~**te**, inn-
vandre; ~**tion**, inn-
vandring *c.*
imminent ['iminənt] fore-
stående; overhengende.
immoderate [i'mɔdərit]
overdreven; umåtelig.
immoral [i'mɔrəl] umo-
ralsk; ~**ity**, umoral(sk-
het) *c (c).*
immortal [i'mɔ:tl] udøde-
lig; ~**ity**, udødelighet *c.*
immovable [i'mu:vəbl]
ubevegelig urokkelig.
immune [i'mju:n] fri; u-
imottagelig; immun.
imp [imp] djevelunge *c,*
skøyer *c.*
impact ['impækt] støt *n;*
(inn)virkning *c.*
impair [im'pɛə] forringe,
svekke.
impart [im'pa:t] gi videre,
meddele.
impartial [im'pa:ʃl] upar-
tisk; ~**passable**, ufrem-
kommelig.
impasse [im'pa:s] blindga-
te *c.*
impatience [im'peiʃns]
utålmodighet *c;* ~**t**,
utålmodig.
impeach [im'pi:tʃ] dra i
tvil, anklage, stille for

riksrett; ~ **ment**, (riks-
retts)anklage c.
impede [im'pi:d] hindre,
hemme; ~ **iment** [im'pe-
di-] (for)hindring c.
impel [im'pel] drive fram,
anspore.
impend [im'pend] være
overhengende el nær;
true.
impenetrable [im'pe-
nitrəbl] ugjennomtren-
gelig.
imperceptible [impə'sep-
tibl] umerkelig.
imperfect [im'pə:fikt]
ufullkommen; mangel-
full; *gram* imperfektum;
~ **ion**, ufullkommenhet
c.
imperial [im'piəriəl] kei-
serlig; riks-; imperie-.
imperishable [im'periʃəbl]
uforgjengelig.
impersonal [im'pə:snl]
upersonlig; ~ **te**, perso-
nifisere; fremstille (på
teater); ~ **tion**, personi-
fisering c.
impertinence [im'pə:-
tinəns] nesevishet c; ~ **t**,
nesevis, uforskammet.
imperturbable [impə-
'tə:bəbl] uforstyrrelig.
impervious [im'pə:viəs]

uigjennomtrengelig;
utilgjengelig **(to** for).
impetuous [im'petjuəs]
heftig, voldsom.
impetus ['impitəs] stimu-
lans c, (driv)kraft c.
impious ['impiəs] ugude-
lig.
implement ['implimənt]
redskap c (n), verktøy n.
implicate ['implikeit] inn-
vikle, implisere; ~ **ion**,
innblanding c, innvik-
ling c; stilltiende for-
ståelse c.
implicit [im'plisit] still-
tiende; underforstått.
implore [im'plɔ:] bønnfal-
le.
imply [im'plai] antyde;
implisere, innebære.
impolite [impə'lait] uhøf-
lig.
import ['impɔ:t] innførsel
c; betydning c; mening
c; [im'pɔ:t] innføre, im-
portere; innebære;
~ **ance**, viktighet c;
~ **ant**, viktig.
impose [im'pouz] pålegge;
påtvinge; ~ **upon**, nar-
re, bedra; ~ **ing**, impo-
nerende; ~ **ition**, pålegg
n; påbud n; skatt c;
straffelekse c på skole;
bedrag n, lureri n.

impossibility [imɔsi'biliti]
umulighet *c;* ~ **le**, umu-
lig.
impostor [im'pɔstə] bedra-
ger *c;* ~ **ure**, bedrageri
n.
impotent ['impətənt] kraft-
løs.
impoverish [im'pɔvəriʃ]
gjøre fattig.
impracticable [im'præk-
tikəbl] ugjennomførlig.
impregnable [im'pregnəbl]
uinntagelig; ~ **te** ['-neit]
impregnere, gjennom-
trenge; [im'pregnit] im-
pregnert.
impress ['impres] preg *n,*
avtrykk *n;* [im'pres]
(på-)trykke; prege, gjøre
inntrykk på, imponere;
~ **ion**, inntrykk *n;* av-
trykk *n;* opplag *n;* **be
under the** ~ **ion that,** ha
det inntrykk at; ~ **ive,**
imponerende.
imprint ['imprint] avtrykk
n; preg *n;* [im'print] mer-
ke, prege; innprente.
imprison [im'prizn] fengs-
le; ~ **ment,** fengsling *c,*
fangenskap *n.*
improbability [imprɔbə'bi-
liti] usannsynlighet *c;*
~ **le** ['-prɔb-] usannsyn-
lig.

improper [im'prɔpə] upas-
sende.
improvable [im'pru:vəbl]
som kan forbedres; ~ **e,**
forbedre(s), gjøre frem-
skritt; ~ ~ **on,** forbed-
re; ~ **ement,** forbedring
c; utvikling *c;* fremgang
c.
imprudence [im'pru:dns]
uforsiktighet, ubetenk-
somhet *c; c;* ~ **t,** uklok,
uforsiktig.
impudence ['impjudns]
uforskammethet *c;* ~ **t,**
uforskammet.
impulse ['impʌls] impuls
c; tilskyndelse *c;* innfall
n.
impure [im'pju:ə] uren.
in, i; på; ved; til; inn;
inne; innen; om; inn i;
ned i; med hensyn til; i
og med at; ved å; **be** ~,
være inne, hjemme; væ-
re på mote; ha makten.
inability [inə'biliti] udyk-
tighet *c;* ~ **accessible,**
utilgjengelig; ~ **accura-
cy,** unøyaktighet ~ **accu-
rate,** unøyaktig.
inaction [in'ækʃn] uvirk-
somhet *c;* ~ **ve,** uvirk-
som.
inadequate [in'ædikwit]
utilstrekkelig; ~ **admis-**

sible, utilstedelig; ~ **advertently**, av vanvare; ~ **alienable**, uavhendelig; umistelig; ~ **ane**, tom; tåpelig; ~ **animate**, ubesjelet, livløs; ~ **applicable**, uanvendelig; ~ **approachable**, utilnærmelig; ~ **appropriate**, upassende; malplassert.

inasmuch [inəzˈmʌtʃ] **as**, for så vidt som, ettersom.

inattention [inəˈtenʃn] uoppmerksomhet c; ~ **ve**, uoppmerksom.

inaugural [inˈɔːgjurəl] innvielses-; ~ **ate** [-eit] høytidelig innsette; innvie; ~ **ation**, innsettelse c; innvielse c.

inborn [ˈinˈbɔːn] medfødt.

incantation [inkænˈteiʃn] besvergelse c.

incapability [inkeipəˈbiliti] udyktighet c; ~ **ble**, udyktig; uskikket (**of** til); ~ **city**, udugelighet c.

incarnate [inˈkaːneit] legemliggjøre; [-it] legemliggjort; skinnbarlig; ~ **cautious**, uforsiktig.

incense [ˈinsens] røkelse c.

incentive [inˈsentiv] spore c, ansporende.

incessant [inˈsesnt] uopphørlig.

inch [intʃ] tomme c (2,54 cm).

incident [ˈinsidnt] (tilfeldig) hendelse c; tildragelse c; episode c; ~ **al**, tilfeldig.

incinerate [inˈsinəreit] (for)brenne; brenne opp; ~ **or**, (søppel)forbrenner c.

incise [inˈsaiz] skjære inn; ~ **ion** [inˈsiʒən] innsnitt c; ~ **ive** [inˈsaisiv] skjærende, skarp.

incite [inˈsait] anspore, egge; ~ **ment**, tilskyndelse c, ansporing c; spore c.

inclination [inkliˈneiʃn] helling c; bøyning c; tilbøyelighet c; ~ **e** [inˈklain] skråne, helle; bøye; være (el gjøre) tilbøyelig (**to** til å); skråning c, bakkehell n; ~ **ed**, skrå; tilbøyelig (**to** til å).

include [inˈkluːd] omfatte, ta med, inkludere; ~ **sive**, inklusive, innbefattet.

incoherent [inkouˈhiərent] usammenhengende.

income [ˈinkəm] inntekt c; ~ **tax**, inntektsskatt c;

~ **ing,** ankommende, inngående.

incomparable [in'komparabl] som ikke kan sammenlignes; ~ **compatible,** uforenlig; ~ **competent,** uskikket; udyktig; ~ **complete,** ufullstendig; ~ **comprehensible,** uforståelig; ~ **conceivable,** ufattelig; ~ **congruity,** uoverensstemmelse c; ~ **congruous,** uoverstemmende; urimelig; ~ **considerable,** ubetydelig; ~ **considerate,** hensynsløs.

inconsistent [inkən'sistənt] selvmotsigende, inkonsekvent; ~ **consolable,** utrøstelig; ~ **convenience,** uleilighet c; bry(deri) c, ulempe c; bry, uleilige; ~ **convenient,** ubekvem, ubeleilig, brysom.

incorporate [in'ko:pəreit] oppta, innlemme; ~ **d,** innlemmet; **Inc.** i forb. med amer. firmanavn = aksjeselskap c.

incorrect [inkə'rekt] uriktig; ~ **corrigible,** uforbederlig.

increase [in'kri:s] øke; vokse, tilta; forhøye; ['inkri:s] vekst c; økning

c; tilvekst c; forhøyelse c.

incredible [in'kredəbl] utrolig; ~ **ulous,** tvilende; vantro.

increment ['inkriment] økning c; (lønns-)tillegg n.

inculcate ['inkʌlkeit] innprente, innskjerpe.

incur [in'kə:] pådra seg; inngå (forpliktelser).

incurable [in'kjuərəbl] uhelbredelig.

indebted [in'detid] som skylder, står i gjeld **(to** til); forgjeldet.

indecency [in'di:snsi] uanstendighet c; ~ **t,** usømmelig, uanstendig.

indecesion [indi'siʒn] ubesluttsomhet c.

indeed [in'di:d] virkelig, sannelig, riktignok; i svar: ja visst!

indefatigable [indi'fætigəbl] utrettelig.

indefensible [indi'fensəbl] uholdbar; uforsvarlig.

indefinite [in'definit] ubestemt, ubegrenset.

indelible [in'delibl] uutslettelig.

indelicacy [in'delikəsi] taktløshet c.

indemnify [in'demnifai] erstatte, holde skades-

løs; ~ **ty,** skadeserstat-
ning *c.*

indent [in'dent] skjære
hakk i; gjøre takket;
bulke; ['indent] hakk *n,*
skår *n;* (eksport)ordre *c;*
~ **ation,** hakk *n;* inn-
skjæring *c,* innrykking
c.

independence [indi'pen-
dəns] uavhengighet *c;*
~ **t,** uavhengig.

indescribable [indi'skrai-
bəbl] ubeskrivelig;
~ **destructible,** som ikke
kan ødelegges; ufor-
gjengelig.

index ['indeks] viser *c;* pe-
kefinger *c;* indeks *c,* re-
gister *n,* innholdsforteg-
nelse *c;* registrere.

india-rubber ['indjə'rʌbə]
viskelær *n.*

Indian ['indjən] indisk; in-
diansk; inder *c;* india-
ner *c;* ~ **summer,** varm
ettersommer *c.*

indicate ['indikeit] angi,
(an)vise; tilkjennegi; ty-
de på; indikere; ~ **ion,**
tilkjennegivelse *c;* an-
tydning *c;* angivelse *c.*

indict [in'dait] anklage;
sette under tiltale;
~ **ment,** anklage *c,* tilta-
le *c.*

indifference [in'difrəns] li-
kegyldighet *c* **(to** over-
for); ~ **t,** likegyldig;
middelmådig.

indigenous [in'didʒənəs]
innfødt.

indigestible [indi'dʒestəbl]
ufordøyelig; ~ **ion,** dår-
lig fordøyelse *c.*

indignant [in'dignənt]
vred; indignert; ~ **ation,**
harme *c.*

indiscreet [indis'kri:t] ube-
tenksom; indiskret.

indiscretion [indis'kreʃn]
taktløshet *c;* tankeløshet
c; indiskresjon *c.*

indiscriminate [indis'kri-
minit] kritikkløs(t); til-
feldig.

indispensable [indis'pen-
səbl] uunnværlig; abso-
lutt nødvendig.

indisposed [indis'pouzd]
utilpass, indisponert;
utilbøyelig; ~ **ition,** util-
passhet *c;* uvilje *c.*

indisputable [indis'pju:-
təbl] ubestridelig.

indistinct [indis'tiŋkt] uty-
delig.

indistinguishable [indis-
'tiŋwiʃəbl] som ikke
kan skjelnes fra hver-
andre.

individual [indi'vidjuəl]

personlig; individuell; særmerket; særskilt; individ *n;* enkeltperson *c.*

indivisible [indi'vizəbl] udelelig.

indolence ['indələns] treghet *c;* lathet *c;* ~ t, treg, lat.

indomitable [in'dɔmitəbl] utemmelig, ukuelig.

indoor ['indɔ:] inne-, innendørs; ~ s, innendørs.

indubitable [in'dju:bitəbl] utvilsom.

induce [in'dju:s] bevirke; overtale; bevege; ~ ment, tilskyndelse *c.*

indulge [in'dʌldʒ] føye; gi etter for; tilfredsstille; hengi seg (in til); ~ nt, overbærende, (altfor) ettergivende.

industrial [in'dʌstriəl] industriell; industri-; ~ ialist, industridrivende; ~ ialize, industrialisere; ~ ious, arbeidsom; flittig; ~ y ['indəstri] industri *c;* næringsvei *c;* flid *c,* strevsomhet *c.*

inebriate [i'ni:brieit] beruset; alkoholiker *c.*

ineffective [ini'fektiv], **inefficient** [ini'fiʃənt]

virkningsløs, ineffektiv; udugelig.

inept [i'nept] malplassert, tåpelig.

inequality [ini'kwɔ:liti] ulikhet.

ineradicable [ini'rædikəbl] uutryddelig.

inert [i'nə:t] treg.

inestimable [in'estiməbl] uvurderlig.

inevitable [in'evitəbl] uunngåelig.

inexcusable [iniks'kju:zəbl] utilgivelig; ~ expedient, uhensiktsmessig; ~ expensive, billig; ~ experienced, uerfaren; ~ explicable, uforklarlig.

inexpressible [iniks'presəbl] ubeskrivelig, u(ut)sigelig; ~ ive, uttrykksløs.

inextricable [in'ekstrikəbl] uløselig (sammenfiltret).

infallible [in'fæləbl] ufeilbarlig.

infamous ['infəməs] beryktet; æreløs; nederdrektig.

infancy ['infənsi] barndom *c;* ~ t, spebarn *n,* lite barn *n;* ~ tile [-tail] barne-; infantil; ~ try, infanteri *n;* ~ ~-**man,** infanterist *c.*

infatuate [in'fætjueit] be- dåre; ~**d with,** blindt forelsket i.

infect [in'fekt] infisere, smitte; ~**ion,** smitte *c,* infeksjon *c;* ~**ious,** smittende; smittsom.

infer [in'fə:] utlede, slutte (**from,** av, fra); ~**ence** ['infərəns] (følge)slutning *c.*

inferior [in'fiəriə] lavere; underlegen; dårlig(ere); underordnet (person).

infest [in'fest] hjemsøke, plage; ~**ed with,** be- fengt med.

infidel ['infidl] vantro; ~**ity** [-'del-] vantro *c;* utroskap *c.*

infiltrate ['infiltreit] sive inn i; infiltrere.

infinite ['infinit] uendelig; ~**y** [in'-] uendelighet *c.*

infirm [in'fə:m] svak(elig); ~**ary,** sykestue *c,* pleie- hjem *n,* sykehus *n;* ~**ity,** svak(elig)het *c;* skrøpelighet *c.*

inflame [in'fleim] opp- flamme, opphisse.

inflammable [in'flæməbl] (lett) antennelig; brenn- bar; ~**tion** [inflə'meiʃn]

antennelse *c;* betennelse *c;* opphisselse *c.*

inflate [in'fleit] blåse opp; lage inflasjon; ~**ion,** oppblåsing *c;* inflasjon *c.*

inflexibility [infleksə'bili- ti] ubøyelighet *c;* ~**le,** ubøyelig.

inflict [in'flikt] tilføye; til- dele, gi; pålegge (straff); ~**ion,** tildeling *c;* plage *c,* straff *c.*

influence ['influəns] inn- flytelse *c;* påvirke, in- fluere; ~**tial,** innflytel- sesrik.

influx ['inflʌks] tilstrøm- ning *c.*

inform [in'fɔ:m] underret- te; meddele; ~**al,** ufor- mell; ~**ality,** uformell- het *c,* enkelhet *c;* ~**ation,** opplysninger, melding *c;* ~**er,** angiver *c.*

infraction [in'frækʃn] brudd *n;* krenkelse *c.*

infringe [in'frindʒ] *jur* overtre; ~**ment,** over- tredelse *c.*

infuriate [in'fju:rieit] gjøre rasende.

infuse [in'fju:z] inngyte; la trekke (f.eks. te); ~**ion,** tilsetning *c,* iblan- ding *c.*

ingenious [in'dʒi:njəs] oppfinnsom; sinnrik; skarpsindig; ~uity, skarpsinn n; kløkt n; ~uous, troskyldig, opppriktig.

ingratitude [in'grætitju:d] utakknemlighet c.

ingredient [in'gri:diənt] bestanddel c; ingrediens c.

inhabit [in'hæbit] bebo; ~ant, beboer c; innbygger c.

inhale [in'heil] innånde.

inharmonious [inha:-'mounjəs] disharmonisk.

inherit [in'herit] arve; ~ance, arv c.

inhibit [in'hibit] hindre, stanse; forby; ~ion, hemning c; hindring c; forbud n.

inhospitable [in'hɔspitəbl] ugjestfri.

inhuman [in'hju:mən] umenneskelig.

inimical [in'imikl] fiendtlig.

initial [i'niʃl] begynnelses-; forbokstav c; ~te [-ʃiit] innviet (person); [-ʃiet] begynne, innlede, innvie; ~tion, begynnelse c, innledning c; innvielse c.

inject [in'dʒekt] sprøyte inn.

injure ['indʒə] skade, beskadige; krenke; ~ious [in'dʒuəriəs] skadelig; krenkende; ~y ['indʒəri] skade c; krenkelse c.

injustice [in'dʒʌstis] urettferdighet c.

ink [iŋk] blekk n; ~-pot, blekkhus n; ~-stand, skriveoppsats c; ~y, blekket; blekksvart.

inland ['inlənd] innlands-; innenlands(k); innenriks; [in'lænd] inne i landet.

inlet ['inlet] innløp n; bukt c.

inmate ['inmeit] beboer c.

inmost ['inmoust] innerst.

inn, vertshus n, kro c.

innate ['i'neit] medfødt.

inner ['inə] indre.

innocence ['inəsens] uskyld, uskyldighet c; ~t, uskyldig.

innovation [ino'veiʃn] fornyelse c; nyskapning c.

innumerable [i'nju:mərəbl] utallig, talløs.

inoculate [in'ɔkjuleit] vaksinere; innpode.

inoffensive [inə'fensiv] harmløs.

inoperative [in'ɔpərətiv] virkningsløs.

inordinate [in'ɔ:dinit] overdreven.

inquest ['inkwest] undersøkelse *c*, rettslig likskue *c*.

inquire [in'kwaiə] **(for)** spørre etter; forespørre **(about,** om); ~ **into,** undersøke; ~ **y,** undersøkelse *c*; forespørsel *c*.

inquisitive [in'kwizitiv] vitebegjærlig, nysgjerrig.

insane [in'sein] sinnssyk; ~ **ity** [-'sæniti] sinnssykdom *c*; vanvidd *n*.

inscribe [in'skraib] skrive inn; ~ **ption** [in'skrip∫n] innskrift *c*; påskrift *c*.

insect ['insekt] insekt *n*.

insecure [insi'kjuə] usikker.

insensibility [insensə'biliti] følelsesløshet *c*; ufølsomhet *c*; sløvhet *c*; ~ **ible,** følelsesløs; ufølsom.

inseparable [in'sepərəbl] uatskillelig.

insert [in'sə:t] sette *(el* rykke, skyte) inn.

inside [in'said] innerside *c*; indre *n*; inne i; **from the** ~, innenfra; ['insaid] innvendig.

insight ['insait] innsikt *c*.

insignificant [insig'nifikənt] ubetydelig.

insincere [insin'siə] uoppriktig, uekte.

insipid [in'sipid] flau, smakløs.

insist [in'sist] **(up)on,** insistere på; fastholde.

insistent [in'sistənt] vedholdende; stadig.

insolent ['insələnt] uforskammet.

insomnia [in'sɔmniə] søvnløshet *c*.

inspect [in'spekt] inspisere, mønstre; ~ **ion,** inspeksjon *c*; oppsyn *n*; ~ **or,** inspektør *c*.

inspiration [inspə'rei∫n] innånding *c*; inspirasjon *c*; ~ **e** [-'spaiə] innånde; inspirere.

inst. = **instant** ['instənt] denne måned, d.m.

instability [instə'biliti] ustabilitet *c*; ~ **le** [in'steibl] ustabil.

install [in'stɔ:l] innsette (i et embete o.a.); installere.

instalment [in'stɔ:lmənt] avdrag *n*; porsjon *c*, del, *c*.

instance ['instəns] tilfelle *n*; eksempel *n*; *jur* instans *c*; **at his** ~, på hans foranledning; **for ~**, for eksempel.

instant ['instənt] øyeblikkelig; øyeblikk *n; on the 15th ~*, på den 15. i denne måned; **~ly**, straks.

instead [in'sted] isteden; **~ of**, istedenfor.

instep ['instep) vrist *c*.

instigate ['instigeit] tilskynde, egge.

instinct ['instiŋkt] instinkt *n; ~ive* [in'st-] instinktmessig.

institute ['institju:t] institutt *n;* fastsette; opprette; iverksette; **~ion**, fastsettelse *c;* institusjon *c;* anstalt *c*.

instruct [in'strʌkt] undervise; veilede; instruere; **~ion**, instruksjon *c;* undervisning *c;* veiledning *c;* **~ions**, instruks *c,* ordre *c;* **~ive**, lærerik.

instrument ['instrumənt] instrument *c;* verktøy *n;* dokument *n;* **~al** [-'mentl] medvirkende; *mus* instrumental.

insufferable [in'sʌfərəbl] utålelig.

insufficient [insə'fiʃnt] utilstrekkelig.

insular ['insjulə] øy-; **~te**, isolere; **~tor**, isolator *c*.

insult ['insʌlt] hån *c,* fornærmelse *c;* [in'sʌlt] fornærme, håne.

insupportable [insə'pɔ:təbl] utålelig; uutholdelig.

insurance [in'ʃu:rəns] forsikring *c;* assuranse *c;* **~e**, forsikre.

insurmountable [insə'mauntəbl] uoverstigelig.

insurrection [insə'rekʃn] oppstand *c*.

intact [in'tækt] intakt.

integral ['intigrəl] hel; integrerende; vesentlig; integral-; **~ity** [in'te-] helhet *c;* ubeskårethet *c;* rettskaffenhet *c;* ærlighet *c*.

intellect ['intilekt] forstand *c;* **~ual** [-'lektjuəl] intellektuell *c;* forstands-, ånds-.

intelligence [in'telidʒəns] forstand *c;* intelligens *c;* meddelelse *c;* **~ent**, klok, intelligent; **~ible**, forståelig.

intemperance [in'tempərəns] mangel på måtehold *n* (særlig drukkenskap); **~te**, umåteholden; især: drikkfeldig.

intend [in'tend] akte; ha til hensikt; ~ **ed for,** bestemt til; ~ **ed,** tilkommende (ektefelle).

intense [in'tens] intens; voldsom; ~ **ification,** forsterkning; ~ **ify,** forsterke; intensivere; ~ **ity,** intensitet c; (lyd-, strøm-)styrke c; ~ **ive,** intensiv.

intent [in'tent] anspent; opptatt **(on** med); hensikt c; ~ **ion,** hensikt c; formål n; ~ **ional,** tilsiktet.

intercede [intə'si:d] gå i forbønn.

intercept [intə'sept] snappe opp; avskjære; avverge.

interchange [intə'tʃeindʒ] utveksle; skifte ut; ['intə-] utveksling c; skiftning c.

intercom fork. for **intercommunication system** [intəkə'mjuni'keiʃn 'sistim] internt (høyttaler) telefonanlegg n.

intercourse ['intə:kɔ:s] samkvem n; (handels)-forbindelse c.

interdict [intə'dikt] forby.

interest ['intrist] interesse c; rente c; andel c; interessere; **take (an)** ~ **in,** interessere seg for; ~ **ing,** interessant.

interfere [intə'fiə] gripe inn; blande seg opp i; ~ **with,** hindre, komme i veien for; ~ **nce,** innblanding c; radio forstyrrelse c.

interior [in'tiəriə] indre; innenlands-; interiør n; innvendig.

interloper ['intə'loupə] påtrengende person c; ubuden gjest c.

intermediary [intə'mi:diəri] formidlende; mellommann c; formidler c; ~ **te,** mellomliggende; mellom-.

interment [in'tə:mənt] begravelse c.

interminable [in'tə:minəbl] endeløs, uendelig.

intermission [intə'miʃn] avbrytelse c; amr teatr pause c.

intermit [intə'mit] avbryte; utsette; ~ **tent,** periodisk.

intern [in'tə:n] internere; ~ **al** [in'tə:nl] indre, innvendig.

international [intə'næʃnl] internasjonal.

interpolate [in'tə:poleit] innskyte, interpolere.

interpose [intəˈpouz] innskyte; sette *el* komme mellom; gripe inn i.

interpret [inˈtə:prit] tolke, tyde, forklare; ~ **ation** [intə:priˈteiʃn] (for)tolkning *c;* ~ **er** [inˈtəpritə] tolk *c.*

interrogate [inˈteregeit] (ut-)spørre, forhøre; ~ **ion**, forhør *n;* note *el* **mark** *el* **point of** ~ **ion**, spørsmålstegn *n;* ~ **ive** [-ˈrɔgətiv] spørrende.

interrupt [intəˈrʌpt] avbryte; ~ **ion**, avbrytelse *c.*

interval [ˈintəvəl] mellomrom *n;* intervall *n;* pause *c.*

intervene [intə:ˈvi:n] komme mellom; gripe inn; intervenere; ~ **tion**, intervensjon *c,* innblanding *c;* mellomkomst *c.*

interview [ˈintəvju:] møte *n;* samtale *c;* intervju *n;* intervjue.

intestine [inˈtestin] tarm *c.*

intimacy [ˈintiməsi] fortrolighet *c;* intimitet *c;* ~ **te** [ˈ-mit] fortrolig, intim; [ˈ-meit] antyde; tilkjennegi.

intimidate [inˈtimideit] skremme; ~ **ion**, skremming *c.*

into [ˈintu] inn i; til.

intolerable [inˈtɔlərəbl] uutholdelig; utålelig; ~ **nt**, intolerant **(of** overfor).

intonation [intouˈneiʃn] intonasjon *c;* tonefall *n.*

intoxicant [inˈtɔksikənt] rusdrikk *c;* ~ **te**, beruse; forgifte; ~ **tion**, beruselse *c;* forgiftning *c.*

intrepid [inˈtrepid] fryktløs, uforferdet.

intricate [ˈintrikit] innviklet; floket; komplisert.

intrinsic [inˈtrinsik] indre.

introduce [intrəˈdju:s] innføre; gjøre kjent; presentere **(to** for); introdusere; ~ **tion** [-ˈdʌkʃn] innførelse *c;* presentasjon *c;* **letter of** ~ **tion**, anbefalingsbrev *n;* ~ **tory**, innlednings-, innledende.

intrude [inˈtru:d] trenge (seg) inn; forstyrre; ~ **r**, inntrenger *c,* påtrengende person *c.*

intrusion [inˈtru:ʒn] inntrengning *c,* påtrengenhet *c;* ~ **ive**, påtrengende.

intuition [intjuˈiʃn] intuisjon *c;* ~ **ve**, intuitiv.

inundate [ˈinʌndeit] over-

svømme; ~ion, over-
svømmelse c.
invade [in'veid] trenge inn
i, gjøre innfall i; ~r,
angriper c, overfalls-
mann c.
invalid [in'vælid] ugyldig;
['invəlid] invalid c; [invə-
li:d] gjøre (el bli) inva-
lid; ~ate [in'vælideit]
gjøre ugyldig; oppheve.
invaluable [in'væljuəbl]
uvurderlig.
invariable [in'vɛəriəbl]
uforanderlig.
invasion [in'veiʒn] inva-
sjon c; inngrep n (of i).
invent [in'vent] oppfinne;
~ion, oppfinnelse c;
~or, oppfinner c.
inventory ['inventri] inven-
tarliste c, fortegnelse c.
inverse [in'və:s] omvendt;
~sion, ombytting c;
omvendt ordstilling c;
~t, vende opp ned på,
snu om på, invertere;
~ted, omvendt.
invest [in'vest] investere;
utstyre.
investigate [in'vestigeit]
(ut-, etter-)forske, grans-
ke; ~ion, undersøkelse
c, gransking c.
investment [in'vestmənt]

investering c, (penge-)
anbringelse c.
inveterate [in'vetərit] inn-
grodd; rotfestet.
invigorate [in'vigəreit]
styrke; oppmuntre.
invincible [in'vinsəbl]
uovervinnelig.
inviolable [in'vaiələbl]
ukrenkelig.
invisible [in'vizəbl] usyn-
lig.
invitation [invi'teiʃn] inn-
bydelse c, invitasjon c;
~e [in'vait] innby; opp-
fordre; be om.
invoice ['invɔis] faktura c;
fakturere.
invoke [in'vouk] påkalle;
anrope; besverge.
involve [in'vɔlv] innvikle;
innblande; involvere;
medføre; innebære.
invulnerable [in'vʌlnərəbl]
usårbar.
inward ['inwəd] indre;
innvendig; innad; ~s,
innvoller; innad; ~ly,
innvendig; i ens stille
sinn.
iodine ['aiədi:n] jod c.
IOU (I owe you) ['aiəu'ju]
gjeldsbrev n.
Ireland ['aiələnd] Irland.
Irish ['airiʃ] irsk; **the ~**,
irlenderne.

irksome ['ə:ksəm] trettende.

iron ['aiən] jern *n;* strykejern *c;* av jern; jernhard; glatte, stryke; ~**s**, lenker *c;* ~**-foundry**, jernstøperi *n.*

ironic(al) [ai'rɔnik(l)] ironisk.

ironing ['aiəniŋ] stryking *c;* ~**monger**, jernvarehandler *c;* ~**-mould**, rustflekk *c;* ~**ware**, jernvarer; isenkram *c;* ~**works**, jernverk *n.*

irony ['airəni] ironi *c.*

irrational [i'ræʃnl] irrasjonell; ufornuftig.

irreconcilable ['irəkn'sailəbl] uforsonlig, uforenlig.

irrecoverable [iri'kʌvərəbl] uopprettelig, uerstattelig; ~**refutable**, ugjendrivelig; ~**regular**, uregelmessig; ~**regularity**, uregelmessighet *c.*

irrelevance [i'relivəns] noe som ikke har med saken å gjøre; ~**t**, (saken) uvedkommende, utenforliggende.

irreligious [iri'lidʒəs] gudløs; irreligiøs.

irremediable [iri'mi:diəbl] uopprettelig.

irremovable [iri'mu:vəbl] urokkelig, uavsettelig.

irreparable [i'repərəbl] ubotelig; uerstattelig.

irreproachable [iri'proutʃəbl] ulastelig.

irresistible [iri'zistəbl] uimotståelig.

irresolute [i'rezəlu:t] ubesluttsom; ~**respective of**, uten hensyn til.

irresponsibility ['irisɔnsə'biliti] uansvarlighet *c;* ~**le**, uansvarlig.

irretrievable [iri'tri:vəbl] uopprettelig; uerstattelig.

irrevocable [i'revəkəbl] ugjenkallelig.

irrigate ['irigeit] overrisle; ~**ion**, overrisling *c,* vanning *c.*

irritability [iritə'biliti] irritabilitet *c;* ømfintlighet *c;* ~**ble** ['iritəbl] irritabel; ~**te**, irritere; ~**ting**, irriterende; ~**tion**, irritasjon *c;* ergrelse *c.*

is [iz] er; **that ~ to say,** det vil si.

island ['ailənd] øy *c;* ~**er**, øyboer *c.*

isn't ['iznt] = **is not.**

isolate ['aisəleit] avsondre; isolere.

issue ['isju: *el* 'iʃu:] utgang *c;* avløp *n;* avkom *n;* etterkommere; resultat *n;* utfall *n;* utgave *c;* opplag *n;* nummer *n* (av tidsskrift); spørsmål *n;* stridspunkt *n;* komme ut; strømme ut; utgå **(from** fra); resultere **(in** i); utstede; utlevere; utgi.

it, den, det.

Italian [i'tæljən] italiensk (språk); italiener(inne) *c (c).*

Italy ['itəli] Italia.

itch [itʃ] klø(e) *(c).*

item ['aitəm] likeledes; punkt *n,* post *c* (i regnskap o.l.); avisnotis *c.*

iterate ['itəreit] gjenta; ~ **ion,** gjentagelse *c.*

itinerant [i'tinərənt *el* ai'-] omreisende; vandrende; vandre-; ~ **ary,** reiserute *c,* -beskrivelse *c.*

its, dens, dets.

itself [it'self] den selv, det selv, seg; **by** ~, for seg, særskilt.

ivory ['aivəri] elfenben *n.*

ivy ['aivi] eføy *c.*

J

jail [dʒeil] fengsel *n;* fengsle; ~ **er,** fengselsbetjent *c.*

jam [dʒæm] syltetøy *n;* trengsel *c;* stimmel *c;* knipe *c;* presse; klemme; være i knipe; *radio* forstyrre.

janitor ['dʒænitə] dørvokter *c; amr* vaktmester *c.*

January ['dʒænjuəri] januar.

Japan [dʒə'pæn] Japan; ~ **ese** [dʒæpə'ni:z] japansk; japaner(inne) *c (c).*

jar [dʒa:] krukke *c;* støt *n;* skurring *c;* ryste; skurre, knirke, ~ **upon,** støte; irritere.

jaundice ['dʒɔ:ndis] gulsott *c.*

javelin ['dʒævlin] (kaste)spyd *n.*

jaw [dʒɔ:] kjeve *c;* prate.

jay [dʒei] nøtteskrike *c.*

jealous ['dʒeləs] sjalu; misunnelig; ~ **y,** sjalusi *c.*

jeer [dʒiə] håne, spotte.

jelly ['dʒeli] gelé *c;* ~ **fish,** manet *c.*

jeopard|ize ['dʒepədaiz] bringe i fare, sette på spill; ~y, fare c; risiko c.

jerk [dʒə:k] rykk(e) n.

jersey ['dʒə:zi] jersey (stoff) c (n).

jest [dʒest] spøk(e) c; ~er, spøkefugl c; hoffnarr c.

jet [dʒet] stråle c; sprut c; jetfly n; sprute (out fram); ~-plane, jetfly n.

jetty ['dʒeti] molo c, kai c.

Jew [dʒu:] jøde c.

jewel ['dʒu:əl] juvel c; ~ler, juvelér c; gullsmed c; ~(le)ry, koll juveler.

Jewess ['dʒu:is] jødinne c; ~ish, jødisk.

jilt [dʒilt] svikte (i kjærlighet).

jingle ['dʒiŋgl] ringle, klirre; ringling c, klirring c.

job [dʒɔb] arbeid n; jobb c; affære c; leie ut; arbeide på akkord; jobbe; spekulere; ~ber, akkordarbeider c; børsspekulant c.

jockey ['dʒɔki] jockey c; lure, svindle.

jog [dʒɔg] puffe, dytte; lunte avsted, jogge.

John [dʒɔn] Johannes, Johan, John, Hans.

join [dʒɔin] forbinde; slutte seg sammen (med); slutte seg til; tre inn i; ~t, sammenføyning c; fuge c; skjøt c; ledd n; steik c; føye sammen; felles-; forent.

joke [dʒouk] spøk(e) c.

jolly ['dʒɔli] lystig; livlig; morsom; svært, veldig.

jolt ['dʒoult] støte; ryste; støt n; rysting c.

jostle ['dʒɔsl] puffe, skubbe.

jot [dʒɔt] tøddel c, døyt c; ~ down, rable ned.

journal ['dʒə:nl] dagbok c; tidsskrift n; avis c; ~ism, journalistikk c; ~ist, journalist c.

journey ['dʒə:ni] reise c (til lands); ~man, håndverkersvenn c.

Jove [dʒouv] Jupiter; by ~, (så) sannelig!

jovial ['dʒouvjəl] munter; gemyttlig.

jowl [dʒaul] (under)kjeve c, kjake c.

joy [dʒɔi] fryd c, glede c; ~ful, -ous, glad, gledelig.

jubilee ['dʒu:bili:] jubileum n; jubelår n.

judge [dʒʌdʒ] dommer c; kjenner c; dømme; anse for, bedømme.

judg(e)ment [ˈdʒʌdʒmənt] dom *c;* mening *c;* skjønn *n;* ~**-day,** dommedag *c.*

judicial [dʒuˈdiʃl] rettslig, retts-; juridisk; ~**ious** [-ˈdiʃəs] forstandig, klok.

jug [dʒʌg] mugge *c.*

juggle [ˈdʒʌgl] gjøre (trylle-)kunstner; narre; ~**r,** tryllekunstner *c;* ~**ry,** tryllekunst *c;* taskenspilleri *n;* bedrageri *n.*

juice [dʒuːs] saft *c;* ~**y,** saftig.

July [dʒuˈlai] juli.

jump [dʒʌmp] hopp(e) *n;* hoppe over; fare sammen; ~ **at,** kaste seg over; gripe med begge hender; ~**er,** hopper *c;* jumper *c,* genser *c;* ~**y,** nervøs, urolig.

junction [ˈdʒʌŋkʃn] forening *c;* forbindelse *c;* (jernbane)knutepunkt *n.*

June [dʒuːn] juni.

jungle [ˈdʒʌŋgl] jungel *c.*

junior [ˈdʒuːnjə] yngre; junior *c.*

juniper [ˈdʒuːnipə] einer *c.*

junk [dʒʌnk] skrap, *n,* skrot *n;* ~**dealer,** skraphandler *c.*

jurisdiction [dʒuːrisˈdikʃn] jurisdiksjon *c,* domsmyndighet *c;* ~**prudence,** rettsvitenskap *c.*

jury [ˈdʒuːri] jury *c.*

just [dʒʌst] rimelig; rettferdig; riktig; nøyaktig; nettopp; bare; ~**ice,** rettferdighet *c;* berettigelse *c;* dommer *c.*

justification [dʒʌstifiˈkeiʃn] rettferdiggjørelse *c;* ~**y,** rettferdiggjøre; forsvare.

jut [dʒʌt] stikke fram.

juvenile [ˈdʒuːvinail] ungdommelig, ungdoms-.

juxtaposition [dʒʌkstəpəˈziʃn] sidestilling *c.*

K

kangaroo [kæŋgəˈruː] kenguru *c.*

keel [kiːl] kjøl *c.*

keen [kiːn] skarp; bitende; ivrig.

keep [kiːp] underhold *n;* holde, beholde; besitte; underholde; overholde; holde ved like; opprettholde; føre oppsikt med; vokte; passe; føre (bøker); ha; oppholde; holde seg; bli ved med; ~ **company**, holde med selskap; ~ **silent**, være *el* tie stille; ~ **away**, holde seg borte; ~ **on**, beholde på; ~ **on (doing something)**, fortsette med å gjøre noe; ~ **out**, holde ute; utelukke; ~ **up with**, holde tritt med; ~ **somebody waiting**, la noen vente; ~ **down** *el* **under**, undertrykke; ~ **in touch with**, holde seg i kontakt med; ~ **to**, holde seg til; ~ **house**, stelle hus; ~ **in stock**, ha på lager; ~**er**, oppsynsmann *c;* vokter *c;* røkter *c;* ~**ing**, forvaring *c;* ~**sake**, souvenir *c;* erindring *c.*

keg, kagge *c;* lite fat *n.*

kennel ['kenl] hundehus *n;* hundekobbel *n;* kennel *c.*

kerb [kə:b] fortauskant *c.*

kerosene ['kerəsi:n] *især amr* parafin *c.*

kettle ['ketl] kjele *c,* gryte *c.*

key [ki:] nøkkel *c;* tangent *c* (på klavér, skrivemaskin); toneart *c;*

~**board**, tastatur *n;* klaviatur *n,* ~**hole**, nøkkelhull *n;* ~**note**, grunntone *c* (også *fig); ~***stone**, sluttstein *c.*

kick, spark(e) *n;* spenn(e) *n;* futt *c;* spenning *c.*

kid, geitekilling *c; dt* unge *c,* smårolling *c;* erte; narre.

kidney ['kidni] nyre *c.*

kill, drepe, slå i hjel; gjøre det av med; slakte; ~**er**, morder *c;* slakter *c.*

kilo|cycle ['kilosaikl] kiloperiode *c, ty:* Kilohertz; ~**gram(me)**, kilogram *n;* ~**metre**, kilometer *c.*

kin, slekt *c;* slektninger *c.*

kind [kaind] snill, god, vennlig **(to** mot); slag(s) *n,* sort *c.*

kindergarten ['kindəga:tn] barnehage *c.*

kindle ['kindl] tenne på; ta fyr.

kind|hearted ['kaind'ha:tid] godhjertet; ~**ness**, godhet *c;* vennlighet *c.*

kindred ['kindrid] slektskap *c;* slekt *c;* beslektet.

king [kiŋ] konge *c;* ~**dom**, kongerike *n.*

kinsman ['kinzmən] slektning *c.*

kiss [kis] kyss(e) *n.*

kit, utstyr *n;* utrustning *c;* oppakning *c;* ~ **bag,** reiseveske *c.*

kitchen ['kitʃin] kjøkken *n;* ~ **-range,** komfyr *c.*

kite [kait] papirdrage *c;* glente *c;* prøveballong *c.*

kitten ['kitn] kattunge *c.*

knack [næk] knip *n;* ferdighet *c;* evne *c;* håndlag *n.*

knag [næg] knort *c,* knast *c;* ~ **gy,** knortet, knastet.

knapsack ['næpsæk] ryggsekk *c;* ransel *c.*

knave [neiv] skurk *c;* kjeltring *c;* knekt (i kort) *c;* ~ **ery,** kjeltringstrek *c.*

knead [ni:d] kna, elte.

knee [ni:] kne *n;* ~ **-breeches,** knebukser; ~ **-cap,** kneskjell *n.*

kneel [ni:l] knele (**to** for).

knicker|bockers ['nikə-bɔkəz] knebukser, nikkers.

knife, *pl* **knives** [naif, naivz] kniv *c;* stikke med kniv.

knight [nait] ridder *c;*

springer *c* (i sjakk); utnevne til ridder.

knit [nit] knytte; strikke.

knob [nɔb] knott *c;* knute *c;* ~ **by,** knottet; bulet; knortet.

knock [nɔk] slag *n;* banking slå; støte; banke; ~ **down,** slå ned, slå overende; ~ **about,** farte, slentre omkring; ~ **at the door,** banke på døra; ~ **out,** slå ut (også *fig); fig* knusende slag *n;* ~ **er,** dørhammer *c.*

knoll [noul] haug *c;* knaus *c.*

knot [nɔt] knute *c;* sløyfe *c;* klynge *c;* gruppe *c; mar* knop *c;* knyte, binde; ~ **ted,** knutet, knortet.

know [nou] vite; kjenne; kunne; kjenne til; få vite om; forstå seg på; **make** ~ **n,** gjøre kjent; ~ **ing,** erfaren, kyndig; ~ **ledge** ['nɔlidʒ] kunnskap *c;* kjennskap *c.*

knuckle ['nʌkl] knoke *c.*

L

label ['leibl] merkelapp *c;* etikett *c;* sette merkelapp på.

laboratory [lə'bɔ:rətri] *el amr* ['læbrətəri] laboratorium *n.*

laborious [lə'bɔ:riəs] strevsom.

labour ['leibə] (grovt) arbeid *n;* slit *n,* strev *n,* møye *c;* fødselsveer; arbeidskraft *c;* arbeiderklassen; **the Labour Party,** Arbeiderpartiet; streve, slite, stri med; tynget av; **(heavy** *el* **manual)** ~ **er,** tungarbeider *c;* ~ **market,** arbeidsmarked *n.*

lace [leis] snor *c,* lisse *c,* tresse *c;* kniplinger; snøre, sette tresser *el* kniplinger på.

lack [læk] mangel *c,* mangle.

lackey ['læki] lakei *c.*

lacquer ['lækə] lakk(ferniss) *c (c);* lakkere.

lad [læd] gutt *c,* kar *c.*

ladder ['lædə] stige *c,* leider *c;* raknet stripe (i strømpe); ~ **-proof,** raknefri.

lade [leid] laste, belesse; ~ **ing,** ladning *c,* last *c.*

ladle ['leidl] øse *c;* sleiv *c;* øse.

lady ['leidi] dame *c;* frue *c;* Lady (tittel); ~ **like,** fin; damemessig.

lag [læg] forsinkelse *c;* isolasjon(smateriell) *c (n); dt* straffange; somle.

lager (beer) ['la:gəbiə] pils(nerøl) *c (n).*

lagoon [lə'gu:n] lagune *c.*

lake [leik] innsjø *c;* lakkfarge *c.*

lamb [læm] lam *n.*

lame [leim] halt; vanfør; skrøpelig; gjøre halt, vanfør.

lament [lə'ment] klage *c;* klagesang *c;* jamre; beklage (seg); ~ **able,** beklagelig.

lamp [læmp] lampe *c;* ~ **-post,** lyktestolpe *c.*

lampoon [læm'pu:n] smedeskrift *n.*

lance [la:ns] lanse *c.*

land [lænd] land(jord) *n (c),* land *n;* jord *c;* jordstykke *n;* grunneiendom *c;* bringe i land; landsette; losse; lande; havne; ~ **ed,** landeiendoms-; ~ **holder,** godseier *c;* grunneier *c;* ~ **ing,** landing '*c;* trappeavsats *c;* ~ **ing-ground,** landingsplass *c;* stoppested *n;* ~ **ing place,** landingsplass *c;* kai *c;* ~ **ing stage,** landgangsbrygge *c;* flytebrygge *c;* ~ **lady,** vertinne *c* (i hotell, vertshus o.l.); ~ **locked,** beliggende midt inne i landet; ~ **lord,** (hus)vert *c;* hotellvert *c,* gjestgiver *c;* godseier *c;* ~ **mark,** grensemerke *n,* landmerke *n;* milepel *c;* ~ **scape,** landskap *n;* ~ **slide,** skred *n.*

lane [lein] smal vei *c,* smal gate *c;* kjørefelt *n.*

language [ˈlæŋgwidʒ] språk *n.*

languid [ˈlæŋgwid] matt, slapp, treg; ~ **ish,** bli slapp, matt; hensykne; lenges.

lank(y) [ˈlæŋk(i)] radmager, skranglet.

lantern [ˈlæntən] lanterne *c,* lykt *c.*

lap [læp] skjød *n,* fang *n;*

idr runde *c;* lepje, slurpe i seg; innhylle; svøpe; folde; ~ **-dog,** skjødehund *c.*

lapel [ləˈpel] slag (på jakke o.l.) *n.*

lapse [læps] feil *c,* lapsus *c;* glidning *c;* forløp *n,* tidsrom *n,* feile; bortfalle; gli ut; henfalle **(into** til).

lard [la:d] spekk *n,* smult *c;* spekke; ~ **er,** spiskammer *n.*

large [la:dʒ] stor; vid; bred; rommelig; utstrakt; storsinnet; **at** ~, på frifot; **people at** ~, folk i sin alminnelighet; ~ **ly,** i stor utstrekning, overveiende; ~ **-minded,** storsinnet; ~ **-size(d),** i stort format *n.*

lark [la:k] lerke *c;* moro *c;* holde leven, tulle.

lash [læʃ] piskeslag *n,* snert *c;* øyenvippe *c;* piske; hudflette (også *fig).*

lass [læs] pike *c.*

last [la:st] lest *c;* sist, forrige, siste; ytterst; høyest; størst; siste gang; vare, holde seg; ~ **but one,** nest sist; **at**

~, til sist; ~ing, varig; ~ly, til sist, endelig.

latch [lætʃ] klinke c; smekklås c; ~-key, (gatedørs)nøkkel c.

late [leit] sein; for sein; forsinket; forhenværende, tidligere; (nylig avdød; nylig (hendt); ny; **be** ~, komme for seint; ~-comer, etternøler c; ~ly, nylig; i det siste; **at the** ~est, seinest; **of** ~ nylig, i det siste.

lateral [ˈlæt(ə)rəl] side-.

lath [la:þ] lekte c; kle med lekter.

lather [ˈla:ðə el ˈlæðə] (såpe)skum n; såpe inn; skumme.

Latin [ˈlætin] latin(sk) c.

latitude [ˈlætitjuːd] bredde(grad c); spillerom n.

latter [ˈlætə] (den, det) sistnevnte (av to); siste (annen); ~ly, i det siste.

lattice [ˈlætis] gitter(verk) n; sprinkler.

laudable [ˈlɔːdəbl] rosverdig.

laugh [la:f] latter c; le; ~ **at**, le av; ~**able**, latterlig; ~**ter**, latter c.

launch [lɔːn(t)ʃ el laːn(t)ʃ] stabelavløping c; bar-

kasse c; sende ut; sette på vannet.

laundress [ˈlɔːndris] vaskekone c; ~**ry**, vaskeri n, vask(etøy) c (n).

laurel [ˈlɔrəl] laurbær n.

lavatory fork **lav** [ˈlævət(ə)ri] vaskerom n; toalettrom n, W.C.

lavish [ˈlaviʃ] ødsle; ødsel.

law [lɔː] lov c; (lov og) rett c; jus c; ~-**court**, domstol c, rett(slokale); ~**ful**, lovlig; rettmessig; ~**less**, lovløs.

lawn [lɔːn] gressplen c; ~-**mower**, gressklipper c.

lawsuit [ˈlɔːs(j)uːt] rettssak c.

lawyer [ˈlɔːjə] jurist c; advokat c.

lax [læks] slapp, løs; ~**ative**, avføringsmiddel n; ~**ity**, slapphet c.

lay [lei] retning c, stilling c; dt beskjeftigelse c, jobb c, yrke n; kvad n, sang c; lekmanns-; ~-**by**, legge til side; spare; ~ **down**, nedlegge; oppgi; ofre; ~ **on**, smøre på, stryke på; ~ **open**, blottlegge; ~ **out**, legge fram; legge ut; anlegge (hage o.l.).

layer ['leiə] lag *n*, sjikt *n*.

layman ['leimən] lekmann *c*.

laziness ['leizinis] dovenskap *c*; ~**y**, doven, lat.

lead [led] bly *n; mar* lodd *n*.

lead [li:d] ledelse *c*, føring *c*; vink *n*; invitt *c*; *teat* hovedrolle *c*; føre, lede; føre (to til), trekke med seg; spille ut (et kort).

leaden ['ledn] bly-, av bly.

leader ['li:də] fører *c*, leder *c*; ~**ship**, ledelse *c*, førerskap *n*.

leading ['li:diŋ] ledende.

leaf [li:f] *pl* **leaves**, blad *n; pl* løv *n*; blad *n* (i en bok); dørfløy *c*; klaff *c*, bordlem *c*; ~**let**, lite blad; brosjyre *c*, flygeblad *n*.

league [li:g] forbund *n*; liga *c*.

leak [li:k] lekkasje *c*; lekk(e), være lekk; ~**age**, lekkasje *c*; ~**y**, lekk, utett.

lean [li:n] tynn, mager; lene, støtte (seg); helle; ~ **on**, støtte seg til; ~**ing**, tendens *c*, tilbøyelighet *c*; ~**ness**, magerhet *c*.

leap [li:p] hopp *n*, sprang *n;* hoppe; ~**-year**, skuddår *n*.

learn [lə:n] lære; få vite; erfare; ~ **from**, lære av; ~**ed** ['lə:nid] lærd; ~**er**, elev *c*, lærling *c*, begynner *c*; ~**ing**, lærdom *c*.

lease [li:s] forpaktning *c*, leie *c*, bygsel *c*; (leie-) kontrakt *c*; bygsle bort; forpakte.

leash [li:ʃ] (hunde)reim *c*; koppel *n*.

least [li:st] minst; **at** ~ £10, minst 10 pund.

leather ['leðə] lær *n*; kle med lær; av lær; ~**y**, læraktig.

leave [li:v] lov *c*, tillatelse *c*; **sick** ~, sykepermisjon *c*; **take** ~ **of,** si farvel til; forlate, etterlate; reise bort fra; la (bli *el* være); overlate; ~ **alone**, la være i fred.

lecture ['lektʃə] foredrag *n;* forelesning *c*; straffepreken *c*; holde forelesning *c el* foredrag *n;* ~**r**, foreleser *c*, foredragsholder *c*; universitetslektor *c*.

ledge [ledʒ] hylle *c*; list *c*.

ledger ['ledʒə] *merk* hovedbok *c*.

lee [li:] *mar* le (side).

leech [li:tʃ] igle *c*.

leek [li:k] purre *c (bot).*

leer [liə] lumsk sideblikk *n;* skotte.

leeward ['li:wəd] *mar* le.

left, venstre; ~**-handed**, keivhendt.

left-luggage office [left lʌgidʒ ˈɔfis] (reisegods)-oppbevaring *c*.

leg, ben *n;* etappe *c*.

legacy ['legəsi] testamentarisk gave *c;* arv *c*.

legal ['li:gl] lovlig, legal, rettslig; ~**ization**, legalisering *c;* ~**ize**, legalisere, gjøre lovlig; stadfeste.

legation [li'geiʃn] legasjon *c*.

legend ['ledʒənd] legende *c*, sagn *n;* tegnforklaring (på kart) *c*.

leggings ['legiŋz] *pl* gamasjer.

legible ['ledʒəbl] leselig.

legislate ['ledʒisleit] gi lover; ~**ive**, lovgivende; ~**or**, lovgiver *c;* ~**ure**, lovgivende forsamling *c*.

legitimacy [li'dʒitiməsi] lovlighet *c*, rettmessighet *c*, legitimitet *c;* ekte fødsel *c;* ~**te** [-mit] lovmessig, rettmessig; ektefødt; [-meit] legitimere.

leisure ['leʒə] fritid *c;* ro *c;* ~**ly**, makelig, rolig.

lemon ['lemən] sitron *c;* ~**ade** [leməˈneid] (sitron)brus *c;* limonade *c*.

lend, låne (ut); yte (hjelp); egne seg for; ~**er**, utlåner *c*.

length [leŋþ] lengde *c;* stykke *n*, lengde (som mål); **at** ~, omsider, endelig; **five feet in** ~, fem fot i lengde; ~**en**, forlenge.

lenient ['li:niənt] mild, skånsom.

lens [lenz] (glass)linse *c*.

Lent, faste(tiden) *c*.

leper ['lepə] spedalsk *c;* ~**rosy**, spedalskhet *c;* ~**rous**, spedalsk.

lesion ['li:ʒn] skade *c*, kvestelse *c*.

less, mindre, ringere; minus; ~**en**, minke, avta; forminske; ~**er**, mindre; minst (av to).

lesson ['lesn] lekse *c;* undervisningstime *c;* lærepenge *c*.

lest, for at (ikke).

let, la, tillate; leie **(out** ut); senke, heise ned; ~ **alone**, la være i fred; ~ **down**, senke, heise ned; svikte, bedra; ~ **go**, slippe (taket) **(of** på); ~ **in**, slippe inn; ~ **on**, late som om; røpe; innrømme.

lethal ['li:pəl] dødelig.

letter ['letə] bokstav c; brev n; ~s, litteratur c; **by** ~, pr. brev; ~**-box**, postkasse c; ~**-carrier**, amr postbud n.

lettuce ['letis] (blad)salat c.

level ['levl] vannrett linje c; nivå n; plan n; jevnhøyde c; vaterpass n; jevn, flat; vannrett; jevnhøy; planere; (ut)jevne; gjøre vannrett; nivellere; sikte **(at** på), rette mot; ~ **crossing** jernb overgang c; **on a** ~ **with**, på samme høyde som; ~ **of the sea**, havflaten c; ~**-headed**, stø, sindig.

lever ['li:və] vektstang c; også fig brekkstang c; fig tak n, innflytelse c.

levity ['leviti] lettsinn n.

levy ['levi] utskrivning c; oppkreving c; skrive ut (skatt o.l.).

lewd [l(j)u:d] utuktig.

liability [laiə'biliti] forpliktelse c; ansvar n; ~**ilities**, passiva; ~**le**,

ansvarlig; forpliktet **(to** til); tilbøyelig **(to** til).

liaison [li'eizən] mil forbindelse c, samband n; kjærlighetsaffære c.

liar ['laiə] løgner c.

libel ['laibl] smedeskrift n; injurie c; injuriere (i skrift).

liberal ['lib(ə)rəl] frisinnet; liberal; rundhåndet; rikelig; flott; ~**ity** [-'ræl-] gavmildhet c, rundhåndethet c; frisinnethet c, liberalitet c.

liberate ['libəreit] frigi; befri **(from** fra).

liberty ['libəti] frihet c; særrett c; **at** ~, på frifot; fri, ledig.

librarian [lai'brɛəriən] bibliotekar c; ~**y**, bibliotek n.

licence ['laisns] bevilling c, tillatelse c, lisens; tøylesløshet c; **(driving)** ~, førerkort n; ~**se**, gi bevilling til; ~**see** [-'si:] innehaver av lisens c; ~**tious**, utsvevende; tøylesløs.

lick [lik] slikk(ing) c; dt slag n; slikke; slå, jule opp; fare av sted.

lid, lokk n; deksel n; øyelokk n.

lie [lai] løgn *c;* lyve; stilling *c,* beliggenhet *c;* ligge; gå, føre (om vei); ~ **down,** legge seg (ned); ~ **low,** ligge i støvet; holde seg i bakgrunnen.

lieu {lju:], **in** ~ **of,** i stedet for.

lieutenant [leftenənt] løytnant *c.*

life, *pl* **lives** [laif, laivz] liv *n;* levetid *c;* livsførsel *c;* levnetsbeskrivelse *c;* ~ **-annuity,** livrente *c;* ~ **-belt,** ~ **-boat,** livbelte *n,* -båt *c;* ~ **-buoy,** livbøye *c;* ~ **-insurance,** livsforsikring *c;* ~ **-jacket,** redningsvest *c;* ~ **less,** livløs; ~ **like,** realistisk; ~ **long,** livsvarig; ~ **time,** levetid *c.*

lift, heis *c;* løft(ing) *n (c);* **give him a** ~, la ham få sitte på; løfte (seg), heve (seg), oppheve; lette, stjele.

light [lait] lys *n,* dagslys *n;* fyr(tårn, -stikk); opplysning *c;* lyse, tenne; slå seg ned; lys, blond; lett (om vekt); fri; sorgløs; laber; **come to** ~, komme for dagen; ~ **on,** støte på; ~ **en,** lyne; lysne; opplyse; lette;

oppmuntre; ~ **er,** tenner *c;* fyrtøy *n;* lekter *c,* lastepram *c;* ~ **-headed,** svimmel; tankeløs; ~ **-hearted,** sorgløs, glad; ~ **-house,** fyrtårn *n;* ~ **-minded,** lettsindig; tankeløs.

lightning ['laitniŋ] lyn *n;* ~ **-conductor,** lynavleder *c.*

lik(e)able sympatisk, likendes.

like [laik] lik(e), lignende; liksom; like, synes om; ville helst; ~ **that,** slik; **feel** ~, ha lyst på; føle seg som; **what is he** ~? hvordan er han?; hvordan ser han ut?; ~ **lihood,** sannsynlighet *c;* ~ **ly,** sannsynlig(vis); ~ **ness,** likhet *c;* bilde *n;* ~ **wise,** likeledes.

liking ['laikiŋ] forkjærlighet *c,* smak *c.*

lilac ['lailək] syrin *c.*

lilt, munter sang *c,* trall *c;* tralle.

lily ['lili] lilje *c.*

limb [lim] lem *n;* stor grein *c.*

lime [laim] kalk(e) *c;* lind *c;* sur sitron *c.*

limit ['limit] grense *c;* begrense; ~ **ation,** be-

grensning c; preskrip-
sjon c; ~ed company
(fork. Ltd.) aksjeselskap
n.
limp, halte, hinke; slapp;
~id, klar, gjennomsik-
tig.
line [lain] linje c; snor c;
ledning c; snøre n; line
c; strek c; råd c; kø c;
fremgangsmåte c; ret-
ning c; grunnsetning c;
bransje c; varesort c;
jernbanespor n; linjere
(opp); stille på linje; fô-
re, kle; that's not (in) my
~, det ligger ikke for
meg; ~s, retningslinjer;
drop me a ~, send meg
et par ord; hold the ~,
(i telefonen) vent et øye-
blikk!; ~ out, skissere;
~ up, stille (seg) opp på
linje, særlig amr stille
seg i kø.
lineage ['liniidʒ] avstam-
ning c, slekt c, ætt(elin-
je) c (c); ~ment ['li-
niəmənt] (ansikts)trekk
n.
linen ['linin] lin(tøy) n (n);
lerret n; vask(etøy) c (n);
~-draper, hvitevare-
handler c.
liner ['lainə] ruteskip n;
rutefly n.

linger ['liŋgə] nøle, somle,
drøye; holde seg; ~ing,
nølende; langvarig.
lingo ['liŋgou] kråkemål
n, kaudervelsk; ~ual,
tunge-, språk; ~uist,
språkforsker c; språk-
mann c.
liniment ['linimənt] salve
c.
lining ['lainiŋ] fôr n.
link [liŋk] ledd n; binde-
ledd n; forbinde(s); len-
ke (sammen); ~s, golf-
bane c.
lion ['laiən] løve c.
lip, leppe c; kant c;
~stick, leppestift c.
liquefy ['likwifai] smelte;
bli, gjøre flytende; ~id,
flytende; klar; lett om-
settelig; væske c; ~idate
['-ideit] likvidere.
liqueur [li'kjuə] likør c.
liquor ['likə] væske c;
brennevin n; in ~, full;
~ice ['likəris] lakris c.
lisp, lesping c; lespe.
list, liste c, fortegnelse c;
mar slagside; (tre)list c;
bånd n; stripe c; katalo-
gisere; listeføre; kante.
listen ['lisn] lytte; høre et-
ter; ~er, lytter c.
literacy ['litrəsi] lese- og
skrivekyndighet c; ~l,

ordrett, bokstavelig;
~**ture** ['lit(ə)rətʃə] litteratur c.
litter ['litə] avfall n, søppel n; rot n; kull (av unger) n; båre c; rote, strø utover; få unger.
little ['litl] liten; lite; kort (om tid); smålig; **a** ~, litt; ~ **by** ~, litt etter litt.
live [liv] leve; bo; ~ **on**, leve av el på; leve videre; ~ **out**, overleve; bo utenfor arbeidsstedet; [laiv] levende; ~**lihood** ['laivlihud] levebrød n, utkomme n; ~**ly** ['laivli] livlig.
liver ['livə] lever c.
livestock ['laivstɔk] husdyrbestand c.
livid ['livid] gusten, bleik.
living ['liviŋ] levende; livsførsel c, levnet n, vandel c; levebrød n; prestekall n; ~**room**, dagligstue c.
lizard ['lizəd] firfisle c.
load [loud] byrde c, last c, ladning c; lesse (på); laste; lade (våpen); ~**ing**, lasting c.
loaf [louf] pl **loaves** [louvz] brød n; drive dank; ~**er**, dagdriver c.

loam [loum] leire c.
loan [loun] (ut)lån n; amr låne (ut).
loath [louþ] uvillig; ~**e** [louð] avsky, vemmes ved; ~**ing**, vemmelse c; avsky c; ~**some**, motbydelig.
lob [lɔb] lobbe, slå (ballen) høyt (i tennis); ~**by**, forværelse n; (parlaments-)korridor c; vestibyle c; teat foajé c.
lobe [loub] lapp c, flikk c; (**ear**) ~, øreflipp c.
lobster ['lɔbstə] hummer c.
local ['loukl] lokal, stedlig; kommunal; kroen c på stedet; lokaltog n; ~**ity**, beliggenhet c, sted n; ~**ize**, lokalisere; stedfeste.
locate [lou'keit el 'loukeit] lokalisere, stedfeste; ~**ion**, plassering c; sted n; opptakssted for film (utenfor studio).
lock [lɔk] lås c; sluse-(kammer) c (n); (hår-)lokk (n) c; låse(s); sperre; stenge; ~**er**, (låsbart) skap n; oppbevaringsboks c; ~**et**, medaljong c; ~**smith**, låsesmed c.
locomotion [loukə'mouʃn]

bevegelse *c;* befordring *c;* ~**ve** [ˈloukə-] lokomotiv *n.*

lodge [lɔdʒ] hytte *c,* stue *c;* portnerbolig *c;* (frimurer) losje *c;* anbringe; deponere; (inn)losjere; sitte fast; ~**ing,** losji *n,* husrom *n;* **board and ~~,** kost og losji.

lofty [ˈlɔfti] høy, opphøyet.

log [lɔg] tømmerstokk *c;* logg *c;* ~**book,** skipsjournal *c;* loggbok *c.*

logic [ˈlɔdʒik] logikk *c;* ~**al,** logisk.

loin [lɔin] lend *n;* nyrestykke *n.*

loiter [ˈlɔitə] slentre.

lonely [ˈlounli]; ~**some,** ensom.

long [lɔŋ] lang; langvarig; langsiktig; lenge; **before ~,** om kort tid; **in the ~ run,** i det lange løp; ~ **for,** lengte etter; ~**-distance (call),** rikstelefon(samtale) *c;* ~**ing,** lengsel *c;* lengselsfull; ~**-sighted,** langsynt; skarpsindig; ~**-winded,** langtekkelig.

look [luk] blikk *n;* mine *c;* ~**s** (pent) utseende *n;* se, se ut til; synes; ~ **at,** se på; ~ **after,** holde øye med; ~ **about,** se seg om; ~ **down on,** se ned på; ~ **back (up)on,** se tilbake på; ~ **for** se *(el* lete) etter; regne med; ~ **forward to,** se fram til, glede seg til; ~ **in,** se innom; ~ **into,** undersøke; ~ **on,** se på, være tilskuer; ~ **out,** se seg for; ~ **over,** se over, gjennomse; ~ **to,** passe på, lite på; stole på; se hen til; ~ **up,** se opp; bedre seg; stige (i pris); slå opp (i ordbok); **he does not ~ his age,** han ser ikke ut til å være så gammel som han er; ~**er-on,** tilskuer *c;* ~**ing-glass,** speil *n;* ~**-out,** utkik(k) *c;* utkik(k)smann *c,* -tårn *n.*

loom [luːm] vevstol *c;* rage opp.

loop [luːp] løkke *c;* sløyfe *c;* lage *(el* slå) løkke(r); ~**hole,** (smutt)hull *n.*

loose [luːs] løs; vid; løsaktig; løsne, slappe; **be at a ~ end,** ikke ha noe å foreta seg; ~**n,** løsne, løse på.

loot [luːt] plyndre; bytte *n,* rov *n.*

loquacious [lou'kweiʃəs] snakkesalig.

lord [lɔ:d] herre *c;* lord *c,* adelsmann *c;* medlem *n* av Overhuset; **the Lord,** Herren, Gud; **the Lord's Prayer,** Fader vår; **the Lord's Supper,** nattverden; ~**ly,** fornem; ~**ship,** herredømme *n;* (som tittel) **his Lordship,** hans nåde.

lorry ['lɔri] lastebil *c.*

lose [lu:z] miste, tape; forspille; saktne (om ur); ~**er,** taper *c.*

loss [lɔs] tap *n;* **at a** ~, i forlegenhet; med tap.

lot [lɔt] loddtrekning *c;* skjebne *c;* (vare)parti *n; dt* **a** ~ **of people,** en masse mennesker.

lottery ['lɔtəri] lotteri *n.*

loud [laud] høy (om lyd); skrikende (om farge); ~**-speaker,** høyttaler *c.*

lounge [laundʒ] salong *c;* vestibyle *c;* sofa *c;* dovne seg; slentre.

louse [laus] *pl* **lice** [lais] lus *c;* ~**y,** luset; elendig; *dt* smekkfull (**with** av).

lovable ['lʌvəbl] elskelig.

love [lʌv] kjærlighet *c;* elskede *c,* kjæreste *c;* elske; være glad i; **fall**

in ~ **with,** bli forelsket i; **make** ~ **to,** kurtisere; ~**ly,** yndig; deilig; vakker; storartet; ~**r,** elsker *c;* ~**rs,** elskende (par).

loving ['lʌviŋ] kjærlig; øm.

low [lou] lav; ussel; simpel; tarvelig; *fig* nedslått; ~**er,** senke, fire; gjøre lavere; nedsette (priser); se bister ut; lavere, nedre, under-; ~**-spirited,** nedslått.

loyal ['lɔiəl] lojal; trofast; ~**ty,** lojalitet *c.*

Ltd. = limited (A/S).

lubricate ['lu:brikeit] smøre; olje.

lucid ['lu:sid] lys, klar.

luck [lʌk] hell *n;* (lykke)treff *n;* **bad** ~, uhell *n;* **good** ~! lykke til! ~**ily,** heldigvis; ~**y,** heldig.

lucrative ['lu:krətiv] innbringende, lønnsom.

ludicrous ['lu:dikrəs] latterlig.

lug [lʌg] hale, slepe; ~**gage,** bagasje *c;* reisegods *n.*

lukewarm ['l(j)u:kwɔ:m] lunken.

lull [lʌl] lulle, bysse; berolige; stans *c,* opphold *n;* vindstille *c;* ~**aby,** vuggesang *c.*

lumber [ˈlʌmbə] tømmer
n; skrap n; fylle (med
skrap o.l.); ~**-room**,
pulterkammer n.
luminous [ˈluːminəs]
(selv)lysende, klar.
lump [lʌmp] klump c;
masse c; stykke n; klum-
pe (seg) sammen; ta un-
der ett; **a ~ sum**, en
rund sum.
luna|cy [ˈluːnəsi] sinnssyke
c; ~**tic**, sinnssyk; ~**tic
asylum**, sinnssykehus n.
lunch [lʌntʃ] lunsj c;
~**eon** (forretnings- el of-
fisiell) lunsj c.
lung [lʌŋ] lunge c.
lurch [ləːtʃ] overhaling,
krenging c; sjangle;
leave in the ~, la i
stikken.

lure [l(j)uːə] lokke(mat) c
lurid [ˈl(j)uːrid] uhyggelig;
flammende.
lurk [ləːk] ligge på lur.
luscious [ˈlʌʃəs] søt(laten);
frodig.
lush [lʌʃ] frodig, yppig;
am dt fyllik c.
lust [lʌst] (vel)lyst c; be-
gjær n; ~**y**, kraftig,
svær.
lustre [ˈlʌstə] glans c;
prisme-lysekrone c;
~**less**, glansløs.
luxurious [lʌgˈzjuəriəs]
luksuriøs; overdådig.
luxury [ˈlʌkʃəri] luksus(ar-
tikkel) c.
lynx [liŋks] gaupe c.
lyric [ˈlirik] lyrisk (dikt);
~**s**, sangtekster; lyriske
vers.

M

M.A. = Master of Arts.
macaroon [mækəˈruːn]
makron c.
mace [meis] septer n.
machine [məˈʃiːn] maskin
c; ~**ry**, maskineri n.
machinist [məˈʃiːnist] ma-
skinist c; maskinbygger
c; maskinarbeider c.
mackerel [ˈmækrəl] mak-
rell c.

mackintosh [ˈmækintɔʃ]
vanntett tøy n; regn-
frakk c av slikt tøy.
mad [mæd] gal, forrykt;
især *amr* rasende.
madam [ˈmædəm] frue c,
frøken c (i tiltale).
mad|den [ˈmædn] gjøre
gal, rasende; ~**house**,
galehus n; sinnssykeasyl
n; ~**man**, sinnssyk

mann c; ~ ness, galskap c.

magazine [mægə'zi:n] magasin n, lagerbygning c; tidsskrift n.

maggot ['mægət] larve c.

magic ['mædʒik] magi(sk) c; ~ al, magisk; trylle-; ~ ian [mə'dʒiʃn] trollmann c; magiker c.

magnanimous [mæg'næniməs] storsinnet; ~ animity [-'nim-] storsinnethet c.

magnificence [mæg'nifisəns] prakt c, storhet c; ~ t, storartet; prektig.

magnify ['mægnifai] forstørre; ~ tude, størrelse c; viktighet c.

magpie ['mægpai] skjære c.

mahogany [mə'hɔgəni] mahogni c.

maid [meid] jomfru c; (tjeneste)pike c; hushjelp c; ~ en, jomfru c; pike c; jomfruelig; ugift; uberørt; ren; ~ en name, pikenavn n; ~ en speech, jomfrutale c.

mail [meil] panser n; (brev-)post c; sende med posten; ~ bag, postsekk c; ~ boat, postbåt c; ~ box, amr postkasse c;

~ carrier, ~ man, amr postbud n.

maim [meim] lemleste.

main [mein] hovedsak c; hovedledning c; hoved-; ~ ly, hovedsakelig; ~ land, fastland n; ~ spring, drivfjær c; -kraft c; ~ stay, hovedstøtte c; ~ tain, opprettholde; hevde, holde ved like; forsørge; ~ tenance, opprettholdelse c; vedlikehold n; underhold n.

maize [meiz] mais c.

majestic [mæ'dʒestik] adv ~ ically, majestetisk; ~ y ['mædʒisti] majestet c.

major ['meidʒə] større; viktig(st); myndig; major c; mus dur c.

majority [mə'dʒɔriti] flertall c.

make [meik] gjøre; foreta; lage; få til å; skape; danne; foranstalte; frembringe; re opp (seng); bevirke; tilberede; fabrikasjon c; fabrikat n; form c; (legems-) bygning c; ~ sure of, forvisse seg om; ~ good, oppfylle (et løfte); gjøre godt igjen; ~ out,

se, skjelne; forklare; ty-
de; tolke; finne ut; ~
over, overdra; ~ **up,** la-
ge til; utgjøre; dikte
opp; bilegge, ordne (en
trette); erstatte; sminke
(seg); ~ **up one's mind,**
bestemme seg; ~ **up
for,** ta igjen; gi vederlag
for; ~**r,** produsent *c;*
~**shift,** nødhjelp *c;*
~**-up,** utstyr *n;* ytre *n;*
sminke *c.*

maladjustment ['mælə-
ˈdʒʌstmənt] dårlig tilpas-
ning *c.*

malady ['mælədi] sykdom
c.

male [meil] hann *c;*
mannlig.

malediction [mæliˈdikʃn]
forbannelse *c;* ~**ice**
['mælis] ondskap(sfull-
het) *c;* ~**icious** [məˈliʃəs]
ondskapsfull.

malign [məˈlain] ond-
(skapsfull); skadelig;
snakke ondt om; bakta-
le; ~**ant** [-ˈlig-] ondsin-
net; ondskapsfull; *med*
ondartet.

mallet ['mælit] klubbe *c.*

malnutrition ['mæln(j)u:-
ˈtriʃn] underernæring *c.*

malt [mɔːlt] malt *c* (-e).

mammal ['mæməl] patte-
dyr *n.*

man [mæn], *pl* **men,** mann
c; menneske(slekten) *n*
bemanne.

manacles ['mænəklz] *pl*
håndjern *n.*

manage ['mænidʒ] håndte-
re; lede; styre; behand-
le; klare; greie; mestre;
~**able,** medgjørlig;
overkommelig; ~**ment,**
håndtering *c;* forvalt-
ning *c;* styre *n;* ledelse
c; administrasjon *c;* ~**r,**
leder *c;* bestyrer *c;* di-
rektør *c;* impresario *c;*
~**rial** [-dʒiə-] styre-.

mandate ['mændeit] man-
dat *c;* fullmakt *c;* ~**ory,**
bydende; påbudt.

mane [mein] man(ke) *c.*

manger ['meindʒə] krybbe
c.

mangle ['mæŋgl] rulle
(tøy); lemleste; sønder-
rive.

manhood ['mænhud]
manndom(salder) *c (c);*
mandighet *c.*

mania ['meinjə] vanvidd
n; mani *c.*

manifest ['mænifest] åpen-
bar; tydelig; legge for
dagen; vise; ~**ation**
[-ˈstei-] tilkjennegivelse *c;*

manifestasjon *c;* ~**o** [mæni'festou] manifest *n.*

manifold ['mænifould] mangfoldig; mangfoldiggjøre.

manipulate [mə'nipjuleit] behandle; manipulere.

mankind [mæn'kaind] menneskeheten *c;* ~**ly,** mandig.

manner ['mænə] måte *c;* vis *n;* manér *c;* ~**s,** oppførsel, fremtreden *c;* ~**ism,** affekterthet *c.*

manoeuvre [mə'nu:və] manøver *c;* manøvrere.

man-of-war ['mænəv'wɔ:ə] krigsskip *n.*

manor ['mænə] gods *n;* herregård *c;* ~**-house,** herresete *n,* -gård *c.*

manpower ['mæn'pauə] arbeidskraft *c;* menneskemateriell *n.*

mansion ['mænʃn] herskapsbolig *c.*

manslaughter ['mænslɔ:tə] (uaktsomt) drap *n.*

mantelpiece ['mæntlpi:s] kaminhylle *c.*

mantle ['mæntl] kappe *c; s & v* dekke *n.*

manual ['mænjuəl] hånd-; håndbok *c;* lærebok *c.*

manufactory [mænju-'fækt(ə)ri] fabrikk *c;*

~**ture,** fabrikasjon *c;* tilvirkning *c;* fabrikkere; fremstille; ~**turer,** fabrikant *c.*

manure [mən'ju:ə] gjødsel *c;* gjødsle.

many ['meni] mange; ~ **a,** mang(t) en (et).

map [mæp] (land)kart *n;* kartlegge; ~ **out,** planlegge.

maple ['meipl] *bot* lønn *c.*

marble ['ma:bl] marmor *n;* klinkekule *c;* ~**s,** marmorskulpturer.

march [ma:tʃ] marsj(ere); gå.

March [ma:tʃ] mars *c.*

mare [mɛə] hoppe *c.*

margin ['ma:dʒin] kant *c;* marg(in) *c;* spillerom *n.*

marine [mə'ri:n] marine-(soldat) *c;* sjø-; marine-; ~**r** ['mærinə] sjømann *c;* matros *c.*

maritime ['mæritaim] maritim; sjø-; kyst-; skipsfarts-.

mark [ma:k] merke *n,* tegn *n;* kjennemerke *n;* fabrikkmerke *n;* karakter *c* (på skolen); blink *c,* mål *n;* merke; markere; kjennemerke; merke seg; gi karakter; ~**ed,**

tydelig; utpreget; mar-
kert.

market ['ma:kit] marked
n; torg n; torgføre; mar-
kedsføre; ~**ing**, mar-
kedsføring; ~**place**,
torg n.

marksman ['ma:ksmən]
(skarp)skytter c.

marmalade ['ma:m(ə)leid]
(appelsin)marmelade c.

maroon [mə'ru:n] rød-
brun.

marquee [ma:'ki:] stort
telt (til fester o.l.).

marquess, ~**is** ['ma:kwis]
marki c.

marriage ['mærid3] ekte-
skap n; vielse c, bryllup
n; ~**able**, gifteferdig;
~-**certificate**, vielsesat-
test c.

married ['mærid] gift.

marrow ['mærou] marg c.

marry ['mæri] gifte seg
(med); vie; gifte bort.

marsh [ma:ʃ] myr c, sump
c; ~**y**, myrlendt; sum-
pet.

marshal ['ma:ʃl] marskalk
c; amr politimester c;
ordne.

marten ['ma:tin] mår c.

martial ['ma:ʃl] krigs-;
court ~, krigsrett c.

martin ['ma:tin] (tak)svale
c.

martyr ['ma:tə] martyr c;
~**dom**, martyrium n.

marvel ['ma:v(ə)l] (vid)un-
der n; undre seg (**at**
over); ~**lous**, vidunder-
lig, storartet.

mascot ['mæskət] maskot
c.

masculine ['mæskjulin]
mandig, mannlig, ma-
skulin; hankjønns-.

mash [mæʃ] mos c; v & s
stappe c; knuse, mose.

mask [ma:sk] maske(re) c.

mason ['meisn] murer c;
~**ry**, mur(ing) c; mur-
verk n.

masquerade [mæskə'reid]
maskerade(ball) c (n);
forstille seg; figurere
som.

mass [mæs] messe c; mas-
se c; samle i masse, dyn-
ge (seg) opp.

massacre ['mæsəkə] mas-
sakre(re) c.

massage ['mæsa:3] mas-
sasje c; massere.

massive ['mæsiv] massiv.

mast [ma:st] mast c.

master ['ma:stə] mester c;
herre c; leder c; lærer c;
skipsfører c; håndverks-
mester c; **Master of
Arts**, magister (artium)
c; mestre, beherske;

~ful, myndig; ~ly, mesterlig; ~piece, mesterstykke n; ~ship, overlegenhet c; ~-stroke, mesterstykke n; ~y, herredømme n; beherskelse c.

mat [mæt] matte c; filtre (seg); matt.

match [mætʃ] fyrstikk c; motstykke n; like(mann) c; ekteskap n, parti n; (idretts)kamp c; stå (el passe) til hverandre; avpasse; komme opp mot; skaffe maken til; pare, gifte; ~box, fyrstikkeske c; ~less, uforlignelig, makeløs.

mate [meit] kamerat c; ektefelle c; styrmann c; (sjakk)matt; pare (seg).

material [məˈtiːriəl] stofflig; materiell; vesentlig; emne n; materiale n, stoff n (til klær); ~ize, bli virkeliggjort.

maternal [məˈtəːnl] mors-.

maternity [məˈtəːniti] moderskap n; moderlighet c.

mathematics [mæθiˈmætiks] matematikk c.

matriculate [məˈtrikjuleit] innskrive; immatrikulere.

matrimony [ˈmætrim(ə)ni] ekteskap(et) n, ektestand c.

matron [ˈmeitrən] matrone c; forstanderinne c; oversøster c.

matter [ˈmætə] stoff n; emne n; sak c; ting c; med verk c, materie c; sats c; ha betydning; printed ~, trykksaker; a ~ of course, selvfølgelighet c; in the ~ of, med hensyn til; what is the ~ (with you)?, hva er i veien (med Dem)?; no ~, det gjør ingenting; no ~ what, who, uansett hva, hvem; ~ of fact, faktum n; it doesn't ~, det spiller ingen rolle.

mattress [ˈmætris] madrass c.

mature [məˈtjuə] moden, modne(s); forfalle til betaling; ~ity, modenhet c; forfall(stid) n (c).

maudlin [ˈmɔːdlin] sentimental, tåredryppende.

Maundy [ˈmɔːndi] Thursday, skjærtorsdag.

mauve [mouv] lilla(target).

maxim [ˈmæksim] grunnsetning c; (leve)regel c.

maximum ['mæksiməm] maksimum *n*.

may [mei] kan; kan få lov til; tør; kan kanskje; må, måtte (om ønske); skal (om hensikt); ~ **I?** tillater De? ~ **be,** kanskje.

May [mei] mai; ~ **Day,** 1. mai.

mayor [mɛə] borgermester *c*, ordfører *c* (i by).

maze [meiz] labyrint *c*.

me [mi:] meg.

meadow ['medou] eng *c*.

meagre ['mi:gə] tynn; mager.

meal [mi:l] måltid *n*; (grovmalt) mjøl *n*; ~ -**time,** spisetid *c*; ~ **y,** melet.

mean [mi:n] simpel, lav; ussel; gjerrig; bety; mene; ville si; ha i sinne; mellom-; middels-; mellomting; ~ **s,** middel *n*; (penge)midler; **by all** ~ **s,** for all del, naturligvis; **by** ~ **s of,** ved hjelp av.

meaning ['mi:niŋ] hensikt *c*; betydning *c*; mening *c*; megetsigende; ~ **ness,** tarvelighet *c*; **in the** ~ **time,** ~ **while,** i mellomtiden.

measles ['mi:zlz] meslinger; **German** ~, røde hunder.

measurable ['meʒ(ə)rəbl] målbar, som kan måles.

measure ['meʒə] mål *n*; utstrekning *c*; forholdsregel *c*; måtehold *n*; *mus* takt *c*; måle, ta mål av; bedømme; ~ **d,** avmålt; ~ **ment,** mål(ing) *n (c)*.

meat [mi:t] kjøtt

mechanic [mi'kænik] mekaniker *c*; mekanisk; ~ **cal,** mekanisk; ~ **cs,** mekanikk *c*; ~ **sm** ['mekənizm] mekanisme *c*; ~ **ze,** mekanisere.

medal ['medl] medalje *c*; ~ **ist,** medaljør *c*; medaljevinner *c*.

meddle ['medl] **in** *(el* **with),** blande seg opp *(el* inn) i.

medi(a)eval [medi'i:vl] middelaldersk.

mediate ['mi:dieit] mekle; formidle.

medical ['medikl] medisinsk; lege-; ~ **ment** [mə'di-] legemiddel *n*.

medicine ['medsin] medisin *c*; legemiddel *n*.

medieval [medi'i:vl] middelaldersk.

mediocre [mi:di'oukə]

middelmådig; ~**ity** [-'ɔkriti] middelmådighet c.

meditate ['mediteit] tenke over; meditere; gruble; ~**ive**, ettertenksom.

Mediterranean [medita-'reinjən] **the** ~, Middelhavet.

medium ['mi:diəm] pl **media**, middel n; mellomting c; gjennomsnitts-, middels-.

medley ['medli] (broket) blanding c, potpurri c.

meek [mi:k] saktmodig; ydmyk; ~**ness**, saktmodighet c.

meet [mi:t] møte(s); støte på; treffe; oppfylle (forpliktelse); etterkomme, imøtekomme (oppfordring o.l.); ~ **with**, møte, støte på; ~**ing**, møte n; sammenkomst c; forsamling c; stevne n.

melancholy ['melənkɔli] tungsinn n; tungsindig.

mellow ['melou] bløt, myk; (full)moden; mild; gjøre bløt; modne(s).

melodious [mi'loudjəs] velklingende, melodisk; ~**y** ['melədi] melodi c.

melon ['melən] melon c.

melt, smelte; tø opp; tine.

member ['membə] medlem n; del c; ~**ship**, medlemskap n.

memorable ['memərəbl] minneverdig; ~**ial** [mi-'mɔ:riəl] minne(smerke) n; minne-; ~**ials**, opptegnelser; ~**ize**, lære utenat; ~**y**, hukommelse c; minne n; **from** ~ ~, etter hukommelsen.

menace ['menəs] trusel; true.

mend, reparere; bedre (seg).

mental ['mentl] sinns-, ånds-; åndelig; ~ **home**, psykiatrisk klinikk c; ~**ity**, mentalitet c.

mention ['menʃn] omtale c; nevne, omtale; **don't mention it**, ingen årsak.

menu ['menju:] meny c, spisekart n.

mercantile ['mə:kəntail] merkantil, handels-.

mercenary ['mə:sinri] leid; beregnende; leiesoldat c.

mercer ['mə:sə] manufakturhandler c; ~**y**, manufakturvarer.

merchandise ['mə:tʃəndaiz] varer; ~**t**, grossist c; storkjøpmann c.

merciful ['mə:siful] barm-
hjertig; ~ **iless**, ubarm-
hjertig; ~ **y**, barmhjer-
tighet *c;* nåde *c.*
mercury ['mə:kjuri] kvikk-
sølv *n.*
mere [miə] ren; bare;
~ **ly**, bare, utelukkende.
merge [mə:dʒ] smelte,
forene(s), fusjonere;
~ **r**, sammensmelting *c,*
fusjon *c.*
merit ['merit] fortjeneste
c; god side *c;* fortrinn *n;*
fortjene.
mermaid ['mə:meid] hav-
frue *c.*
merry ['meri] lystig, glad,
munter; ~ **-go-round**,
karusell *c.*
mesh [meʃ] maske (i garn
o.l.) *c;* ~ **es**, nett *n.*
mess, rot *n,* forvirring *c;*
messe *c (mar* og *mil);*
rote.
message ['mesidʒ] beskjed
c; budskap *n;* ~ **enger**,
bud(bærer) *n (c);* ~ **y**,
rotet.
metal ['metl] metall *n;*
~ **lic** [-'tæ-] metallisk.
meteorological [mi:tjə-
rə'lɔdʒikl] meteorolo-
gisk; ~ **ist** [-'rɔlədʒist]
meteorolog *c;* ~ **y**, me-
teorologi *c.*

method ['mepəd] metode
c; fremgangsmåte *c;*
~ **ical** [mə'pɔ-] metodisk.
meticulous [mi'tikjuləs]
(altfor) nøyaktig; pinlig
nøye.
metre ['mi:tə] versemål *n;*
meter *c.*
metropolis [mi'trɔpəlis]
hovedstad *c;* verdensby
c.
mettle ['metl] fyrighet *c,*
livfullhet *c.*
microphone ['maikrəfoun]
mikrofon *c;* ~ **scope**,
mikroskop *n.*
mid, i sammensetn.
midt-, midtre; ~ **day**,
middag *c;* kl. 12; ~ **dle**,
mellom-; middel-;
midt-; midte(n) *c;* **the
Middle Ages**, middelal-
deren *c;* ~ **dlefinger**,
langfinger *c;* ~ **dle-aged**,
middelaldrende; ~ **dle-
sized**, halvstor; ~ **dling**,
middels; middelmådig.
midget ['midʒit] dverg *c.*
midnight ['midnait] mid-
natt; ~ **riff**, mellomgolv
n; ~ **shipman**, sjøkadett
c; ~ **ships**, midtskips;
~ **st, in the ~ of**, midt
i; ~ **summer**, midtsom-
mer *c,* høysommer *c;*
~ **way**, midtveis, halv-

veis; ~**wife,** jordmor *c;*
~**wifery** [-'wifəri] fød-
selshjelp *c.*

might [mait] makt *c,* kraft
c; ~**y,** mektig, sterk; *dt
adv* veldig.

mild [maild] mild, bløt;
blid, saktmodig; lemfel-
dig.

mildew ['mildju:] mugg *c;*
jordslag *n.*

mildness ['maildnis] mild-
het *c;* varsomhet *c.*

mile [mail] (engelsk) mil
c (= 1609,3 m); ~**age,**
miletall *n;* avstand *c* i
mil; bilgodtgjørelse pr.
mile.

military ['militəri] militær;
krigs-; militærmakt *c.*

milk, melk(e) *c;* ~**er,**
melker; melkeku *c;*
~**maid,** budeie *c.*

mill, mølle *c;* fabrikk *c;*
bruk *n;* male, knuse;
valse; frese; piske; ~**er,**
møller *c.*

milliard ['milja:d] milliard
c.

milliner ['milinə] modist
c; ~**y,** motehandel *c;*
motepynt *c.*

milt, milt *c;* melke (hos
fisk) *c.*

mimic ['mimik] mimisk,
etterape(nde); herme;

imitator *c;* ~**ry,** etter-
aping *c;* beskyttelseslik-
het *c.*

mince [mins] (fin)hakke;
skape seg; ~**-meat,** fin-
hakket kjøtt; rosinfyll *n,*
vanl. servert i ~**-pie.**

mind [maind] sinn(elag *n;*
hug *c;* gemytt *n;* sjel *c;*
ånd *c;* forstand *c;* me-
ning *c;* tanke *c;* hensikt
c; lyst *c;* tilbøyelighet *c;*
ense; legge merke til;
bekymre seg om; ha noe
imot; ta seg nær av;
passe på; **bear in ~,**
huske på; **make up one's
~,** bestemme seg; **have
a good (half a) ~ to,** ha
god lyst til; **never ~!,**
bry Dem ikke om det!;
I don't ~, jeg har ikke
noe imot det; **would you
~ taking off your hat?,**
vil De være så snill å ta
av hatten?; ~ **your own
business!,** pass dine eg-
ne saker!; ~**ed,** til
sinns; ~**ful,** påpasselig.

mine [main] min, mitt,
mine (brukt substanti-
visk); gruve *c,* bergverk
n; (sjø-, land-)mine *c;*
drive bergverksdrift; ut-
vinne; (under)minere;
grave; ~**r,** gruvearbei-
der *c.*

mingle ['miŋgl] blande (seg).

miniature ['minjətʃə] miniatyr(maleri) n.

minimum ['miniməm] det minste; minstemål n.

mining ['mainiŋ] gruvedrift c.

minister ['ministə] minister c; statsråd c; sendemann c; (dissenter)prest c; tjene; bidra til, hjelpe.

ministry ['ministri] ministerium n; prestetjeneste c.

minor ['mainə] mindre (betydelig); mindreårig; *mus* moll.

minority [mai'nɔriti] mindretall n; mindreårighet c.

minstrel ['minstrəl] (vise)-sanger c; trubadur c; musikant c.

mint, myntverksted n; *bot* mynte c, (ut)mynte; lage; ~ **age**, (ut)mynting; preging c.

minute [mai'nju:t] ørliten; nøyaktig, minutiøs; ['minit] minutt n; øyeblikk n; ~ **s**, protokoll c; referat n; ~ **-hand**, minuttviser c; langviser c.

minx [miŋks] nesevis jentunge c.

miracle ['mirəkl] under n; ~ **ulous** [mi'rækjuləs] mirakuløs.

mire ['maiə] mudder n, dynn n; søle c.

mirror ['mirə] speil(e) n.

mirth [mə:þ] munterhet c; ~ **ful**, lystig, munter.

misadventure [misəd-'ventʃə] uhell n.

misapprehension ['misæpri'henʃn] misoppfatning c; ~ **behave**, vise dårlig oppførsel; ~ **behaviour**, dårlig oppførsel c; ~ **calculate**, beregne galt; ~ **carriage**, uheldig utfall n; ulykke c; (brevs) bortkomst c; abort c; ~ **carry**, slå feil; komme bort; abortere.

miscellaneous [misi-'leinjəs] blandet.

mischief ['mistʃif] fortred c, ugagn c; skade c; ~ **vous**, skadelig; ondskapsfull; skøyeraktig.

misconduct [mis'kɔndəkt] upassende oppførsel; ['-kən'dʌkt] forvalte dårlig.

misdeed ['mis'di:d] ugjerning.

misdoing ['mis'du:iŋ] forseelse c; misgjerning c.

miser ['maizə] gnier c.

miserable ['mizərəbl] elendig; ulykkelig; ~y, elendighet c; ulykke c.

misfire ['misˈfaiə] klikke; (om motor) feiltenne, ikke starte; ~ **fit**, noe som ikke passer; mislykket individ n; ~ **fortune**, ulykke c; uhell n; ~ **giving**, uro c; tvil c; pl bange anelser; ~ **hap**, uhell n; ~ **interpret**, mistyde, feiltolke; ~ **judge**, bedømme galt; ~ **lay**, forlegge; ~ **lead**, villede; ~ **print**, trykkfeil c; ~ **represent**, fordreie; ~ **rule**, uorden c; vanstyre n; styre dårlig.

miss, frøken c; feilskudd n, bom c; savne; gå glipp av; bomme; forsømme; unngå.

missing ['misiŋ] manglende; **be** ~, mangle, savnes.

mission ['miʃn] ærend n; oppdrag n; kall n; misjon c; ~ **ary**, misjonær c.

mist, dis c; tåke c.

mistake [misˈteik] feil(tagelse) c (c); ta feil av; misforstå; forveksle (**for** med).

mister ['mistə] = **Mr.**, herr.

mistletoe ['misltou] misteltein c.

mistress ['mistris] herskerinne c; husfrue c; frue c (fork. til **Mrs.** ['misiz] foran navnet); lærerinne c; elskerinne c.

mistrust ['mistrʌst] s & v mistro.

misunderstand ['misʌndəˈstænd] misforstå; ~ **ing**, misforståelse c.

misuse ['misˈjuːz] misbruk(e) n.

mitigate ['mitigeit] formilde; lindre.

mitten ['mitn] (lo)vott c; halvhanske c.

mix [miks] blande (seg); omgås; ~ **up**, blande sammen, forveksle; ~ **ture**, blanding c.

moan [moun] stønn(e) n; klage c.

moat [mout] vollgrav c.

mob [mɔb] mobb c, pøbel c; overfalle i flokk.

mobility [mouˈbiliti] bevegelighet c; ~ **ize**, mobilisere.

mock [mɔk] spotte (**at** over); herme; ~ **er**, spotter c; ~ **ery**, spott c, forhånelse c; herming c.

mode [moud] måte c; mo-
te c.
model ['mɔdl] modell(ere)
c; mønster(gyldig) n.
moderate ['mɔdərit] måte-
holden; moderat; ['-reit]
moderere (seg); ~ **ion**,
måtehold(enhet) n (c).
modern ['mɔdən] moder-
ne.
modest ['mɔdist] be-
skjeden; blyg; ~**y**, be-
skjedenhet c.
modification [mɔdifi-
'keiʃn] endring c; til-
lempning c; ~ **fy**, modi-
fisere; endre.
moist [mɔist] fuktig; ~ **en**
['mɔisn] fukte; ~ **ure**
['-ʃə] fuktighet c.
molar ['moulə] jeksel c.
mole [moul] muldvarp c;
føflekk c; molo c, hav-
nedemning c.
moment ['moumənt] øye-
blikk n; viktighet c;
~ **ary**, som varer et øye-
blikk n; forbigående;
~ **ous** [-'mentəs] (svært)
betydningsfull.
monarch ['mɔnək] monark
c; ~ **y**, monarki n.
monastery ['mɔnəstri]
kloster n.
Monday ['mʌndi] mandag.
money ['mʌni] penger;

~ **-order**, postanvisning
c.
mongrel ['mʌŋgrəl] kjøter
c.
monitor ['mɔnitə] ordens-
mann c (på skole); (bil-
led)monitor c.
monk [mʌŋk] munk c.
monkey ['mʌŋki] ape c.
monogram ['mɔnəgræm]
monogram n; ~ **logue**,
enetale c; ~ **poly** [mə-
'nɔpəli] monopol n (of
på); ~ **tonous** [mə'nɔtə-
nəs] ensformig; mono-
ton.
monster ['mɔnstə] uhyre
n; ~ **rosity** [-'strɔsiti]
uhyrlighet c; misfoster
n; ~ **rous** ['mɔnstrəs]
kjempestor; vanskapt.
month [mʌnþ] måned c;
~ **ly**, månedlig; måneds-
skrift n.
mood [mu:d] (sinns)stem-
ning c; toneart c; ~ **y**,
humørsyk; nedtrykt.
moon [mu:n] måne c;
~ **light**, måneskinn n;
~ **shine**, sludder n;
hjemmebrent (el smug-
ler-)sprit c.
moor [muə] hei c, mo c,
vidde c; **Moor**, maurer
c; fortøye; ~ **ings**, for-
tøyning(splass) c.

moot [mu:t] bringe på bane; omstridt.

mop [mɔp] mopp c; svaber c; tørke (opp).

moral ['mɔrəl] moralsk; moral c; ~ s, seder, moral; ~ ity, moral c, etikk c.

morbid ['mɔ:bid] sykelig.

more [mɔ:] mer; flere; **once** ~, en gang til; **no** ~, ikke mer; ~ **over** [-'ouvə] dessuten; enn videre.

morgue [mɔ:g] likhus n.

morning ['mɔ:niŋ] morgen c; formiddag c; **tomorrow** ~, i morgen tidlig; **in the** ~, om morgenen; **this** ~, i morges.

morose [mə'rous] sur, gretten.

morphia ['mɔfjə], **morphine** ['mɔ:fi:n] morfin c.

morsel ['mɔ:səl] (mat)bit c.

mortal ['mɔ:tl] dødelig; ~ **ity** [-'tæ-] dødelighet c.

mortar ['mɔ:tə] morter c; mørtel c; mure.

mortgage ['mɔ:gidʒ] pant n; heftelse c; prioritet ~ c; pantsette; ~ **ee**, panthaver c.

mortification [mɔ:tifi-'keiʃn] krenkelse c, yd-

mykelse c; med koldbrann c; ~ **y**, krenke.

mosque [mɔsk] moské c.

mosquito [məs'ki:tou] mygg c, moskito c.

moss [mɔs] mose c; ~ **y**, mosegrodd.

most [moust] mest; flest; høyst; det meste; de fleste; **at (the)** ~, i høyden; ~ **ly**, for det meste.

moth [mɔþ] møll c; ~ **eaten**, møllspist.

mother ['mʌðə] mor c; være (som en) mor for; ~ **hood**, mo(de)rskap n; ~ **-in-law**, svigermor c; ~ **ly**, moderlig; ~ **tongue**, morsmål n.

motion ['mouʃn] bevegelse c; gang c; forslag n; med avføring c; ~ **less**, ubevegelig.

motive ['moutiv] motiv n, beveggrunn c; driv-, aktiv.

motley ['mɔtli] broket, spraglet.

motor ['moutə] motor c; dt bil c; ~ **-(bi)cycle**, ~ **bike**, motorsykkel c; ~ **-boat**, motorbåt c, ~ **-car**, bil c; ~ **ing**, bilkjøring c; ~ **ist**, bilist c.

mould [mould] mugg c; (støpe)form c; mugne;

støpe; forme; ~**er**, former *c;* smuldre; ~**y**, muggen; gammeldags.

mound [maund] (jord)-haug *c.*

mount [maunt] stige opp (på); (be)stige; montere, oppstille; berg *n.*

mountain ['mauntin] fjell *n,* berg *n;* ~**eer** [-'niə] fjellbu *c;* tindebestiger *c;* ~**ous**, fjellrik.

mourn [mɔ:n] sørge (over); ~**er**, deltaker i likfølge *c,* ~**ful**, trist, sorgfull, ~**ing**, sorg *c;* sørgedrakt *c.*

mouse, *pl* **mice** [maus, mais] mus *c;* drive musejakt.

mouth [mauþ] munn *c;* mule *c;* (elve)munning *c;* ta i munnen; deklamere; geipe; ~**ful**, munnfull *c;* ~**-organ**, munnspill *n;* ~**piece**, munnstykke *n;* talerør *n;* (telefon)rør *n;* ~**wash**, munnvann *n.*

movable ['mu:vəbl] bevegelig; ~**s**, løsøre.

move [mu:v] flytte; bevege (seg); drive; påvirke, overtale; fremsette forslag (om); bevegelse;

trekk *n* (i sjakk osv.); flytning *c;* **on the** ~, på farten; ~ **in**, flytte inn; ~ **on**, gå videre; ~**ment**, bevegelse *c;* flytning *c.*

movie ['mu:vi] film *c;* **the** ~**s**, filmen *c,* filmindustrien *c;* **go to the movies**, gå på kino.

moving ['mu:viŋ] som beveger seg; rørende.

mow [mou] meie; slå; høystakk *c.*

M.P. = **Member of Parliament** *el* **Military Police.**

Mr(.), Mrs(.), = **Mister, Mistress.**

much [mʌtʃ] mye; meget; **make** ~ **of**, gjøre mye ut av; gjøre stas på; **so** ~ **the better**, så meget desto bedre.

muck [mʌk] møkk *c,* gjødsel *c;* skitne til; ~**rake**, (møkk)greip *n.*

mud [mʌd] mudder *n,* gjørme *c;* ~**dle**, forvirre, bringe i uorden; forvirring *c;* rot *n;* ~**dy**, sølet; gjørmet.

muffin ['mʌfin] (slags) tekake *c.*

muffle ['mʌfl] pakke (*el*

tulle) inn; dempe (lyd);
~**r**, halstørkle *n*, skjerf
n; lyddemper *c*.
mug [mʌg] seidel *c;* krus
n; slang fjes *n; dt* pugge;
~**gy**, fuktig, lummer.
mulatto [mju'lætou] mu-
latt *c*.
mulberry ['mʌlbəri] mor-
bær *n;* morbærtre *n*.
mulct mulkt(ere) *c*.
mulle [mju:l] muldyr *n;*
stribukk *c;* ~**ish**, sta.
multifarious [mʌlti'fɛəriəs]
mangfoldig, mangeartet.
multiple ['mʌltipl] mang-
foldig; multiplum; ~**li-
cation**, forøkelse *c;* mul-
tiplikasjon *c;* ~**ly**, for-
mere (seg); multiplisere.
multitude ['mʌltitju:d]
mengde *c;* **the** ~, de
brede lag.
mumble ['mʌmbl] mumle;
mumling *c*.
mumps [mʌmps] kusma *c*.
munch [mʌntʃ] gomle,
knaske.
mundane ['mʌndein]
verdslig.
municipal [mju:'nisipl]
by-; kommunal; ~**ity**,
bykommune *c*.
munificent [mju:'nifisnt]
gavmild.

munitions *pl* [mju:'niʃnz]
krigsmateriell *n*.
mural ['mju:rəl] vegg-;
mur-; veggmaleri *n*.
murder ['mə:də] mord *n;*
myrde; ~**er**, morder *c;*
~**ous**, mordersk.
murmur ['mə:mə] mum-
ling *c;* surr *n;* murring *c;*
mumle; suse; mukke
(**against, at** over).
muscle ['mʌsl] muskel *c;*
~**ular** ['-kjulə] muskuløs.
muse [mju:z] muse *c;*
gruble.
museum [mju:'ziəm] mu-
seum *n*.
mushroom ['mʌʃru:m] spi-
selig sopp *c;* vokse raskt
fram.
music ['mju:zik] musikk *c;*
noter; ~**al**, musikalsk;
velklingende; (moderne)
operette *c;* ~ **hall**, va-
rieté *c;* ~**ian** [mju:'ziʃn]
musiker *c;* ~**-stand**, no-
testativ *n;* ~**-stool**, pia-
nokrakk *c*.
mussel ['mʌsl] blåskjell *n;*
musling *c*.
must [mʌst] most *c;* fersk
druesaft *c;* mugg *c;* ube-
tinget nødvendighet *c;*
må, måtte.
mustard ['mʌstəd] sennep
c.

muster ['mʌstə] mønstring c; mønstre.

musty ['mʌsti] muggen; mosegrodd, avlegs.

mutability [mju:tə'biliti] foranderlighet c; ustadighet c; ~ **ble**, foranderlig; skiftende.

mute [mju:t] stum (person); dempe.

mutilate ['mju:tileit] lemleste, skamfere; forvanske.

mutineer [mju:ti'niə] deltaker c i mytteri n, opprører c; ~ **ous**, opprørsk; ~ **y**, mytteri n; gjøre mytteri, opprør n.

mutter ['mʌtə] mumling c; mumle, murre.

mutton ['mʌtn] fårekjøtt

n; ~ **chop**, lammekotelett c.

mutual ['mju:tʃuəl] gjensidig; felles.

muzzle ['mʌzl] mule c, snute c; munning (på skytevåpen) c; munnkurv c.

my [mai] min, mitt, mine.

myrtle ['mə:tl] myrt c.

myself [mai'self] jeg selv, meg selv; meg.

mysterious [mi'stiəriəs] mystikk; hemmelighetsfull; ~ **y**, hemmelighet c; mysterium n; gåte c.

mystification [mistifi-'keiʃn] mystifikasjon c; narreri n; ~ **fy**, mystifisere.

myth [miþ] myte c; sagn n.

N

N. = North.

nag [næg] liten hest c; småskjenne.

nail [neil] negl c; klo c; spiker c; spikre fast; feste.

naive [na'i:v] naiv, godtroende.

naked ['neikid] naken; bar; ~ **ness**, nakenhet c.

name [neim] navn c; ry n;

kalle, (be)nevne; omtale; ~ **less**, navnløs; ~ **ly**, nemlig (= viz.); ~ **plate**, navneskilt n; ~ **sake**, navnebror c.

nanny ['næni] barnepike c.

nap [næp] lur c; lo c (på tøy).

nape [neip] **of the neck**, nakke c.

napkin ['næpkin] serviett c.

narcissus [na:'sisəs] pinse-
lilje *c.*
narco|sis [na:'kousis] be-
døvelse *c,* narkose *c;*
~**tic,** narkotisk (middel)
n.
narra|te [næ'reit] berette;
fortelle; ~**ive** ['nærətiv]
fortellende; fortelling *c;*
~**or** [næ'reitə] forteller *c.*
narrow ['nærou] snever,
smal, trang; snau, kne-
pen; sneversynt; smålig;
innsnevre(s); redusere;
~**s,** trangt sund *c;* ~**ly,**
så vidt; nøye; ~-**min-
ded,** sneversynt; smålig.
nasal ['neizl] nese-.
nasty ['na:sti] ekkel, vem-
melig; ubehagelig.
nation ['neiʃn] nasjon *c;*
folk *n;* ~**al** ['næʃnl] na-
sjonal, folke-; stats-;
~**als,** statsborgere;
~**ality** [-'æliti] nasjonali-
tet *c;* statsborgerskap *n.*
native ['neitiv] føde-;
hjem-; innfødt; sted-
egen; medfødt; ~
country, fødeland *n,*
hjemland *n;* ~ **lan-
guage,** morsmål *n.*
natural ['nætʃərəl] natur-
lig; ~ **science,** naturvi-
tenskap *c;* ~**ize,** natura-
lisere.

nature ['neitʃə] natur *c;*
beskaffenhet *c.*
naught [nɔ:t] null; ~**y,**
uskikkelig; slem.
nausea ['nɔ:siə] kvalme *c;*
~**ous,** kvalmende; ek-
kel.
nautical ['nɔ:tikl] sjø-,
nautisk; ~ **mile,** sjømil
c.
naval ['neivl] sjø-; flåte-;
marine-.
navel ['neivl] navle *c.*
navigable ['nævigəbl] seil-
bar; ~**ate,** seile; navige-
re; styre; seile på;
~**ation,** navigasjon *c;*
seilas *c;* sjøfart *c;*
~**ator,** navigatør *c;* sjø-
farer *c.*
navvy ['nævi] anleggsar-
beider *c.*
navy ['neivi] marine *c;*
krigsflåte *c.*
near [niə] nær, nærliggen-
de; gjerrig; nærme seg;
~ **at hand,** like for hån-
den; ~**ly,** nesten;
~**ness,** nærhet *c;* små-
lighet *c;* ~**sighted,** nær-
synt.
neat [ni:t] nett, fin, pen;
rein; ublandet (alkohol).
necessary ['nesis(ə)ri] nød-
vendig; nødvendighet-
(sartikkel) *c;* ~**aries of**

life, livsfornødenheter;
~**itate** [-'ses-] nødven-
diggjøre; ~**ity,** nød-
(vendighet) c (c); behov
n; trang c.
neck [nek] hals c; ~**lace**
['neklis] halsbånd n;
~**tie,** slips n.
need [ni:d] behov n; trang
c, nød(vendighet) c; be-
høve; trenge; ~**ful,**
nødvendig.
needle ['ni:dl] c; sy.
need|less ['ni:dlis] unødven-
dig; unødig; ~**y,**
trengende.
negation [ni'geiʃn] nektel-
se c; ~**ive** ['negətiv] nek-
tende, negativ; nektelse
c; avslå; forkaste.
neglect [ni'glekt] forsøm-
melse c; likegyldighet c;
forsømme; ~**ful,** for-
sømmelig; likegyldig.
negligence ['neglidʒəns]
forsømmelighet c; skjø-
desløshet c.
negligible ['neglidʒəbl]
ubetydelig; uvesentlig.
negotiate [ni'gouʃieit] for-
handle (om), få i stand;
avslutte; omsette (vek-
sel); ~**tion,** forhandling
c; omsetning c.
negress ['nigris] neger-
kvinne c; ~**o,** pl ~**oes**
[-ou(z)] neger c.

neigh [nei] vrinsk(e) n.
neighbour ['neibə] nabo c;
~**hood,** naboskap n;
~**ing,** nabo-.
neither ['naiðə især amr
'ni:ðə] ingen (av to); ~
... **nor,** verken .... eller.
nephew ['nevju el amr 'nef-
ju] nevø c.
nerve [nə:v] nerve c; kraft
c, mot n; dt frekkhet c;
stålsette **(for** til);
~**e-racking,** enerveren-
de; ~**ous,** nerve-; ner-
vøs; ~**ousness,** nervøsi-
tet c.
nest reir n; bygge reir.
nestle ['nesl] ligge lunt og
trygt; putte seg ned.
net, nett n, garn n; fange
(i garn); ren; netto;
innbringe netto.
nether ['neðə] nedre, un-
derste.
Netherlands ['neðələndz]
pl, the ~, Nederland.
netting, nett(ing) n; (c);
ståltrådnett n.
nettle ['netl] nesle c; erg-
re; ~**-rash,** elveblest c.
network ['netwə:k] nett-
(verk) n (n) (også fig).
neuter ['nju:tə] gram in-
tetkjønn n; ~**ral,** nøy-
tral; ~**rality,** nøytralitet
c; ~**ralize,** nøytralisere;
motvirke.

never ['nevə] aldri; ~ **more**, aldri mer; ~ **theless**, ikke desto mindre.

new [nju:] ny; frisk, fersk; moderne; ~ **-fangled**, nymotens; ~ **ly**, nylig, nettopp; ny-.

news [nju:z] nyhet(er) c; etterretning(er) c; ~ **-agency**, telegrambyrå n; ~ **boy**, avisgutt c; avisselger c; ~ **paper**, avis c; ~ **print**, avispapir n (før trykkingen); ~ **-reel**, lydfilmavis c; ~ **-stall**, ~ **-stand**, aviskiosk c.

New Year ['nju:'ji:ə] nyttår n; ~ **'s Eve**, nyttårsaften c.

next [nekst] neste; nærmest; følgende; førstkommende; dernest; **what** ~ **?**, hva så?

nib, pennesplitt c.

nice [nais] pen; hyggelig, sympatisk; (hår)fin; kresen; ~ **ty**, nøyaktighet c; finesse c.

nick hakk n, snitt n; skjære hakk i.

nickel ['nikl] nikkel c; amr femcent(-stykke) c (n).

nickname ['nikneim] (gi) klengenavn n.

niece [ni:s] niese c.

niggard ['nigəd] gjerrigknark c; ~ **ly**, gjerrig, knuslet.

night [nait] natt c, aften c; **by** ~, **in the** ~, **at** ~, om natten; om aftenen, kvelden; ~ **out**, frikveld c; **last** ~, i går kveld; ~ **-dress** (el ~ **-gown**), nattdrakt c, nattkjole c; ~ **fall**, mørkets frembrudd; ~ **ingale**, nattergal c; ~ **ly**, nattlig; hver natt; ~ **mare**, mareritt n.

nil [nil] null, ingenting.

nimble ['nimbl] rask, vever; rask i oppfatningen.

nine [nain] ni; ~ **fold**, nidobbelt; ~ **pins**, kjegler; ~ **teen**, nitten; ~ **teenth**, nittende; ~ **tieth**, nittiende; ~ **ty**, nitti.

ninth [nainþ] niende(del).

nip, knip(e) n, klyp(e) n; bit(e) c; dram c.

nipple ['nipl] brystvorte c; nippel c.

nitre ['naitə] salpeter c; ~ **ogen** ['-trədʒən] kvelstoff n; ~ **ous**, salpeterholdig.

no [nou] nei; (foran komparativ) ikke; ingen, intet, noe; **in** ~ **time**, på ett øyeblikk; ~ **one**, ingen.

nobility [nou'biliti] adel c; edelhet c.

noble ['noubl] adelig; edel; fornem; ~ **man**, adelsmann c.

nobody ['noubədi] ingen.

nocturnal [nɔk'tə:nl] natt-.

nod [nɔd] nikk(e) n; blund(e) c.

noise [nɔiz] larm c, støy c, spetakkel n; ~**eless**, lydløs; ~**y**, støyende, larmende.

nominal ['nɔminl] nominell.

nominate ['nɔmineit] nominere, innstille; utnevne; ~**ion**, nominasjon c.

non [nɔn] ikke-.

non|**alcoholic**, alkoholfri; ~-**commissioned officer**, underoffiser c; ~-**committal**, ikke bindende; diplomatisk; ~-**conformist** [-'fɔ:-] dissenter c; ~**descript**, ubestemmelig.

none [nʌn] ingen(ting); intet; ~ **too (clever)** ikke særlig (klok); ~ **the less**, ikke desto mindre.

non|**partisan** [nɔn'pa:tizn] partiløs; ~**plus**, forbløffe, gjøre opprådd; ~**sense**, sludder, nonsens; ~**sensical** [-'sen-

sikl] tøyset; tåpelig; ~-**stop**, uten stans.

nook [nuk] krok c.

noon [nu:n] kl. 12 middag; ~**day**, middags; ~**tide**, middagstid c.

noose [nu:s, nu:z] løkke c; rennesnare c.

nor [nɔ:] heller ikke, (etter **neither**) eller.

Nordic ['nɔ:dik] nordisk.

norm [nɔ:m] regel c, norm c; ~**al**, normal; alminnelig.

Norse [nɔ:s] nordisk; norrøn.

north [nɔ:þ] nord; nord-; nordlig; **the North**, Norden; *amr* Nordstatene; ~-**east**, nordost; nordøstlig; ~**erly**, nordlig; ~**ern**, nordlig, nord-; ~**ward(s)**, nordlig; nordover; ~-**west**, nordvest(lig).

Norway ['nɔ:wei] Norge.

Norwegian [nɔ:'wi:dʒən] norsk; nordmann c.

nose [nouz] nese c; luktesans c; snute c; spiss c; forende c (av båt, fly o.a.); lukte, snuse.

nostalgia [nɔ'stældʒiə] hjemlengsel c; vemodig lengsel tilbake til gamle dager; nostalgi c; ~**c**, nostalgisk.

nostril ['nɔstril] nesebor *n.*

not [nɔt] ikke.

notable ['noutəbl] bemerkelsesverdig; betydelig.

notation [nou'teiʃn] betegnelse *c;* notering *c.*

notch [nɔtʃ] hakk(e) *n;* skår *n.*

note [nout] tegn *n,* merke *n;* notis *c;* lite brev *n;* (penge)seddel *c;* nota *c;* note *c, fig* tone *c;* notere (seg); legge merke til; ~ **down,** notere; ~**d,** berømt; ~**worthy,** bemerkelsesverdig.

nothing ['nʌθiŋ] ingenting, ikke noe; ubetydelighet *c,* småtteri *n;* slett ikke; **for** ~, forgjeves; gratis; **good for** ~, udugelig.

notice ['noutis] underretning *c,* varsel *n;* oppslag *n,* melding *c,* bekjentgjørelse *c;* oppsigelse *c;* notis *c* (i avis o.l.); oppmerksomhet *c;* legge merke til, ense; nevne; si opp; **give** ~, si opp; ~**able,** merkbar; bemerkelsesverdig; ~**-board,** oppslagstavle *c.*

notification, kunngjøring *c,* melding *c,* varsel *n;* ~**fy,** bekjentgjøre; underrette.

notion ['nouʃn] begrep *n,* forestilling *c;* idé *c.*

notorious [nou'tɔːriəs] alminnelig kjent; notorisk; beryktet.

notwithstanding ['nɔtwiθ-'stændiŋ] til tross for; ikke desto mindre.

nought [nɔːt] null *n.*

noun [naun] substantiv *n.*

nourish ['nʌriʃ] (er)nære; ~**ing,** nærende; ~**ment,** næring *c.*

novel ['nɔvəl] roman *c;* (helt) ny; ~**ist,** romanforfatter *c;* ~**ty,** nyhet *c.*

November [no(u)'vembə] november.

novice ['nɔvis] nybegynner *c;* novise *c.*

now [nau] nå; ~**adays,** nåtildags.

nowhere ['nouwɛə] ingensteds.

nuclear ['njuːkliə] kjerne-; atom-; ~ **power station,** atomkraftverk *n.*

nude [njuːd] naken; akt *c.*

nuisance ['njuːsns] plage *c,* ulempe *c,* besværlighet *c.*

null [nʌl] ugyldig, virkningsløs; ~**ify,** ugyldiggjøre, annullere, oppheve.

numb [nʌm] nommen, valen.

number ['nʌmbə] tall *n;* nummer *n;* antall *n,* mengde *c;* nummer *n,* hefte *n;* telle; nummerere.

numeral ['nju:mrəl] talltegn *n,* tallord *n;* tall-; ~ **ic(al),** tallmessig; ~ **ous,** tallrik.

nun [nʌn] nonne *c.*

nurse [nə:s] sykepleierske *c;* barnepleierske *c;* amme *c;* gi bryst; amme, pleie; passe; nære; ~ **ry,** barneværelse *n;* planteskole *c.*

nut [nʌt] nøtt *c;* mutter *c;* problem *n;* **he is** ~ **s,** han er sprø; ~ **cracker,** nøtteknekker *c.*

nutriment ['nju:trimənt] næring *c;* ~ **tious** [-'tri-] nærende.

nutshell ['nʌtʃəl] nøtteskall *n;* **in a** ~, i korthet *c.*

nymph [nimf] nymfe *c.*

O

oak [ouk] eik *c;* ~ **um,** drev *n.*

oar [ɔ:] åre *c;* ~ **sman,** roer.

oasis, *pl* **-es** [ou'eisis, -i:z] oase *c.*

oath [ouþ] ed *c;* banning *c.*

oatmeal ['outmi:l] havremjøl *n; dt* d.s.s. ~ **porridge,** havregrøt *c;* ~ **s,** havre *c.*

obduracy ['ɔbdjurəsi] forstokkethet *c;* hardhet *c;* ~ **te** [-rit] forherdet, forstokket.

obedience [ɔ'bi:djəns] lydighet *c* **(to** mot); ~ **t,** lydig.

obey [ɔ'bei] adlyde.

obituary [ə'bitjuəri] nekrolog *c.*

object ['ɔbdʒekt] gjenstand *c;* (for)mål *n;* objekt *n;* [əb'dʒekt] innvende **(to** mot); ~ **ion,** innvending *c.*

objective [əb'dʒektiv] mål *n; s & adj* objektiv *n.*

obligation [ɔbli'geiʃn] forpliktelse *c;* takknemlighetsgjeld *c;* ~ **ory** [-'li-] bindende, obligatorisk.

oblige [ə'blaidʒ] tvinge;

forplikte; gjøre en tjeneste; **I am much ~ed to you,** jeg er Dem stor takk skyldig; **be ~ed to,** være nødt til; **~ing,** forekommende; tjenstvillig.

oblique [əb'li:k] skrå, skjev; indirekte; forblommet.

obliterate [ə'blitəreit] utslette; tilintetgjøre.

oblivion [ə'bliviən] glemsel c.

oblong ['ɔblɔŋ] avlang.

obscene [əb'si:n] obskøn; uanstendig.

obscure [əb'skju:ə] mørk; dunkel; ukjent; formørke; fordunkle; skjule.

observable [əb'zə:vəbl] som kan (må) overholdes; merkbar; **~ance,** iakttagelse c; overholdelse c; **~ant,** oppmerksom; aktpågivende; **~ation,** iakttagelse c; bemerkning c; **~atory,** observatorium n.

observe [əb'zə:v] iaktta; observere; legge merke til; bemerke **(to** til); (høytidelig)holde; **~r,** iakttaker c; observatør c.

obsess [əb'ses] besette;

plage; **~ion,** besettelse c; fiks idé c.

obsolete ['ɔbsəli:t] foreldet.

obstacle ['ɔbstəkl] hindring c.

obstinacy ['ɔbstinəsi] hårdnakkethet c; stahet c; **~te,** sta; stivsinnet; hårdnakket (om sykdom).

obstruct [əb'strʌkt] sperre; hemme; hindre; **~ion,** sperring c; hindring c; **~ive,** hindrende; hemmende.

obtain [əb'tein] få; oppnå; skaffe (seg); **~able,** oppnåelig.

obviate ['ɔbvieit] forebygge.

obvious ['ɔbviəs] åpenbar, klar, innlysende.

occasion [ə'keiʒn] anledning c; begivenhet c; grunn c; forårsake, foranledige; bevirke; **on the ~ of,** i anledning av; **~al,** leilighetsvis; tilfeldig.

occidental [ɔksi'dentl] vesterlandsk.

occupant, okkupant c; beboer c; innehaver c; **~ation,** okkupasjon c; beskjeftigelse c, yrke n;

~y, besette, innta, okkupere; besitte, inneha (stilling); bebo; beskjeftige; **be** ~ **ied with** *(el in)*, være opptatt, beskjeftiget med.

occur [ɔ'kə:] hende, forekomme; ~ **to**, falle en inn; ~ **rence**, hendelse *c*.

ocean ['ouʃn] (verdens)-hav *n*.

o'clock [ə'klɔk]: **five** ~, klokken fem.

October [ɔk'toubə] oktober.

octopus ['ɔktəpəs] blekksprut *c*.

ocular ['ɔkjulə] øye-, syns-; ~ **ist**, øyenlege *c*.

odd [ɔd] ulike; umake, overskytende; enkelt; sær, underlig, rar; **fifty** ~ **years**, noen og femti år; ~ **jobs**, tilfeldige jobber; ~ **ity**, merkverdighet *c*; ~**s**, ulikhet *c*; sjanser *c*.

odour ['oudə] lukt *c*; duft *c*.

of [ɔv, əv] av; fra; for; etter, til; om; angående; **the works** ~ **Shakespeare**, Shakespeares verker.

off [ɔ:f] bort; av sted; borte, vekk; fri (fra arbeidet); forbi, til ende; fra, av; utenfor; *mar* på høyden av; avsides, borte; **I must be** ~, jeg må avsted; **well** ~, velstående.

offence [ə'fens] fornærmelse *c*, krenkelse *c*; forseelse *c*; **give** ~, vekke anstøt; ~ **d**, fornærme, krenke, støte; forarge; forse seg **(against** mot); ~ **sive**, fornærmelig; anstøtelig; motbydelig; offensiv *c*.

offer ['ɔfə] tilbud *n*; bud *n*; tilby; by; frembøy; utby; (til)by seg; ofre; ~ **ing**, offer(gave) *n (c)*.

off-hand ['ɔ:f'hænd] på stående fot; improvisert.

office ['ɔfis] kontor *n*; gjerning *c*, funksjon *c*; verv *n*; embete *n*; tjeneste *c*; departement *n*; ritual *n*, gudstjeneste *c*; ~ **r**, offiser *c*; tjenestemann *c*; embetsmann *c*; politimann *c*.

official [ə'fiʃl] embets-; offisiell; tjeneste(mann) *c*; embetsmann *c*.

officious [ə'fiʃəs] geskjeftig, påtrengende; halvoffisiell.

offing ['ɔ:fiŋ] rum sjø *c*; in

the ~, under oppsei-
ling.
offshore [ˈɔfˈʃɔ] fralands-;
et stykke fra land.
offspring [ˈɔːfspriŋ] av-
kom *n*.
often [ˈɔːfn] ofte; hyppig.
ogre [ˈougə] uhyre *n*, troll
n.
oil [ɔil] olje *c*; olje, smø-
re; ~-**cloth**, voksduk *c*;
~-**field**, oljefelt *n*;
~**skin**, oljelerret *n*; *i pl*
oljeklær, oljehyre *n*;
~-**well**, oljekilde *c*; ~**y**,
oljet; oljeglatt; slesk.
O.K. [ouˈkei] = **okay**, alt
i orden.
old [ould] gammel;
~-**fashioned**, gammel-
dags.
olive [ˈɔliv] oliven(tre) *c*
(n).
Olympian [ouˈlimpiən]
olympisk; ~**c games**,
olympiske leker.
omelet(te) [ˈɔmlit] omelett
c.
omen [ˈoumən] tegn *n*,
(for)varsel *n*.
ominous [ˈɔminəs] illevars-
lende.
omission [əˈmiʃn] utelatel-
se *c*, unnlatelse *c*.
omit [əˈmit] utelate; la væ-
re.

omnibus [ˈɔmnibəs] buss *c;*
som tjener mange slags
formål.
omnipotent [əmˈnipətənt]
allmektig; ~**scient**, all-
vitende; ~**vorous**, alt-
etende.
on [ɔn] på; om; over;
ved; etter, ifølge; vide-
re, framover; **be** ~, væ-
re i gang; være på sce-
nen; være på (lys,
vann).
once [wʌns] en gang; **at**
~, straks; ~ **more**, en
gang til.
one [wʌn] en, ett; eneste;
den *el* det ene; man, en;
~ **another**, hverandre;
~**self**, refl. seg; en selv;
~**way street**, enveiskjø-
ring *c*.
onion [ˈʌnjən] løk *c*.
onlooker [ˈɔnlukə] tilskuer
c.
only [ˈounli] eneste; kun,
bare; alene; først, ikke
før.
onset [ˈɔnset] angrep *n;*
~**ward(s)**, fram, fram-
over.
ooze [uːz] mudder *n*, slam
n; ~ **out**, sive ut.
open [ˈoupn] åpen; fri;
åpenhjertig; åpne (seg);
in the ~ **(air)**, i friluft,

under åpen himmel;
~**ing**, åpnings-, åpning
c; mulighet c; ~**-mind-
ed**, fordomsfri.
opera ['ɔpərə] opera c;
~**glasses** pl teaterkik-
kert c; ~**-house**, opera-
(bygning) c.
operate ['ɔpəreit] virke;
drive, betjene (maskin);
bevirke; med operere;
~**ion**, virksomhet c,
drift, c; operasjon c;
~**tive**, operativ; virk-
som; i kraft; (fabrikk)-
arbeider c; ~**or**, opera-
tør c, kirurg c; telefo-
nist(inne) c; telegrafist c.
opinion [ə'pinjən] mening
c; oppfatning c; skjønn
c; ~**ated**, sta, påståelig.
opponent [ə'pounənt] mot-
stander c; opponent c.
opportune ['ɔpətju:n] be-
leilig; gunstig; oppor-
tun; ~**ity** [-'tju-] (gun-
stig) anledning c; sjanse
c.
oppose [ə'pouz] bekjempe,
motsette seg.
opposite ['ɔpəzit] motsatt;
overfor; motsetning c;
~**ion** [ɔpə'ziʃn] motstand
c; opposisjon c.
oppress [ə'pres] tynge,
trykke på; undertrykke;

~**ion**, undertrykkelse c;
nedtrykthet c; ~**ive**,
trykkende; tyrannisk.
optician [əp'tiʃn] optiker
c; ~**s** ['ɔptiks] optikk c.
option ['ɔpʃn] valg c; for-
kjøpsrett c; opsjon c;
~**al**, valgfri.
opulence ['ɔpjuləns] over-
flod c; rikdom c; ~**t**,
(søkk)rik.
or [ɔ:] eller; **either** — ~,
enten – eller; ~ **else**,
ellers.
oral ['ɔrəl] muntlig.
orange ['ɔrindʒ] appelsin
c; appelsinfarget, oran-
sje.
orator ['ɔrətə] taler c; ~**y**,
bedehus n; talekunst c,
veltalenhet c.
orb [ɔ:b] klode c, kule c;
~**it**, ast bane c; kretse
i bane.
orchard ['ɔ:tʃəd] frukthage
c.
orchestra ['ɔ:kistrə] orkes-
ter n.
orchid ['ɔ:kid] orkidé c.
ordain [ɔ:'dein] (for)ord-
ne, fastsette; ordinere.
ordeal [ɔ:'di:l] (ild)prøve
c.
order ['ɔ:də] orden c; klas-
se c, gruppe c; rang c;
ordre c; oppdrag n; be-

stilling *c;* anvisning *c;* orden(stegn) *c (n);* ordne; bestemme; befale; bestille; **in ~ to,** for å; **out of ~,** i uorden; **~ly,** (vel)ordnet, ` ordentlig; ordonans *c.*
ordinal ['ɔ:dinl] ordenstall *n.*
ordinance ['ɔ:dinəns] (for)ordning *c,* bestemmelse *c;* ordinans *c.*
ordinary ['ɔ:dnry] ordinær; alminnelig; vanlig.
ore [ɔ:] erts *c,* malm *c.*
organ ['ɔ:gən] organ *n;* orgel *n;* **~ic** [ɔ:'gænik] organisk; **~ism,** organisme *c;* **~ist,** organist *c,* orgelspiller *c;* **~ize,** organisere; **~izer,** organisator *c.* **~ization** [-eɪ'zeɪʃn] organisasjon *c.*
origin ['ɔridʒin] opprinnelse *c;* opphav *n;* herkomst *c;* **~al** [ə'ridʒinəl] opprinnelig, original; **~ate,** skape; grunnlegge; oppstå; **~ator,** opphavsmann *c,* skaper *c.*
ornament ['ɔ:nəmənt] utsmykning *c;* pryd(gjenstand) *c;* pryde, smykke; **~al** [-'men-] pryd-; dekorativ.
orphan ['ɔ:fən] foreldre-

løst barn *n;* **~age,** vaisenhus *n.*
orthodox ['ɔ:pədɔks] ortodoks; rettroende.
orthography [ɔ'pɔgrəfi] rettskrivning *c.*
oscillate ['ɔsileit] svinge; variere.
ostentation [ɔstən'teiʃn] brautende opptreden *c;* brask og bram; **~tatious,** brautende; skrytende.
ostrich ['ɔstritʃ] struts *c.*
other ['ʌðə] annen, annet, andre; **the ~ day,** forleden dag; **each ~,** hverandre; **~wise,** annerledes; ellers.
ought [ɔ:t] bør; burde; I **~ to do it,** jeg bør gjøre det.
ounce [auns] unse *c* (28,35 g).
our [auə] *adjektivisk:* vår, vårt, våre; **~ house is** quite new, vårt hus er ganske nytt; **~s,** *substantivisk:* vår, vårt, våre; **the new house is ~s,** det nye huset er vårt; **~selves,** vi (oss) selv.
out [aut] ut; ute; utenfor; **~ of,** ut av; (ut) fra; (på grunn) av; ute av; **voyage ~,** utreise *c;* **way**

~, utgang *c;* utvei *c;*
~ **bid,** overby; ~ **break,**
~ **burst,** utbrudd *n;*
~ **cast,** utstøtt, forstøtt;
hjemløs person *c;*
~ **come,** resultat *n;*
~ **cry,** rop *n,* skrik *n,*
nødskrik *n;* ~ **distance,**
distansere, gå forbi;
~ **do,** overgå; ~ **doors,**
ute i det fri; ~ **er,** ytre,
ytter-; ~ **ermost,** ytterst;
~ **fit,** utrustning *c;* ut-
styr *n;* ~ **grow,** vokse
~ **ing,** utflukt *c;* ~ **lay,**
(penge)utlegg *n;* ~ **let,**
utløp *n,* avløp *n;* mar-
ked *n;* ~ **line,** omriss *n;*
utkast *n;* angi hoved-
trekkene av; ~ **live,**
overleve; ~ **look,** utsikt
c; syn på tingene;
~ **number,** være overle-
gen i antall; ~ **put,** pro-
duksjon(sytelse) *c.*
outrage ['autreidʒ] vold(s-
handling) *c (c);* grov for-
urettelse *c;* fornærme
grovt; ~ **ous** [aut'reidʒəs]
skjendig.
outright ['autrait] rent ut;
likefrem; helt og hol-
dent; ~ **run,** løpe fra;
~ **set,** begynnelse *c;*
~ **side,** ytterside *c,* utsi-
de *c;* yttergrense *c;* ut-

vendig; ytterst; utenpå;
uten-; ~ **sider,** utenfor-
stående *c;* outsider *c;*
~ **size,** av stor størrelse
c; ~ **skirts,** utkant *c;*
~ **standing,** fremragen-
de; utestående (beløp)
(n); ~ **stay,** bli lenger
enn; bli over tiden;
~ **strip,** løpe fra; over-
gå; ~ **ward,** ytre; utven-
dig; utvortes; utgående,
ut-; ytre; ~ **wear,** slite
ut; vare lenger enn;
~ **weigh,** veie mer enn;
oppveie; ~ **wit,** overlis-
te; ~ **worn,** utslitt.
oven ['ʌvn] (steke)ovn *c.*
over ['ouvə] over; utover;
forbi; omme; til overs;
tilbake; over ende; om
igjen; **all** ~ **the world,**
verden over; **all** ~, helt
og holdent; over det he-
le; ~ **there,** der bort(e);
~ **here,** herover;
~ **night,** natten over;
kvelden før; **read** ~,
lese igjennom; ~ **all,**
samlet, generell; ~ **alls,**
kjeledress *c;* ~ **awe,** knu-
ge; skremme; ~ **bearing,**
myndig; hovmodig;
~ **board,** over bord;
~ **burden,** overlesse;
~ **cast,** overskye(t);

~**coat,** ytterfrakk *c;*
~**come,** overvelde;
overvinne, beseire;
~**crowd,** overfylle;
~**do,** overdrive; steke
el. koke for meget;
~**due,** forsinket; forfallen; ~**eat,** forspise seg;
~**flow,** gå over sine
bredder, oversømme;
oversvømmelse *c;*
~**grown,** for stor for alderen, oppløpen; tilgrodd; ~**hang,** henge,
rage ut over; ~**haul,** etterse, overhale;
~**head(s),** løpende omkostninger; ~**hear,**
komme til å høre, lytte
til; ~**land,** landverts;
~**lap,** gripe over, delvis
dekke; ~**load,** overlesse; ~**look,** overskue; ha
utsikt over; se over;
overse; ~**power,** overmanne; ~**rate,** overvurdere; ~**reach,** ta seg
vann over hodet; overliste, lure; ~**ride,** ri
over; sette seg ut over;
tilsidesette; ~**rule,** forkaste; oppheve; ~**run,**
bre seg over; overskride; ~**sea(s),** oversjøisk;
~**seer,** oppsynsmann *c;*
~**sight,** tilsyn *n;* for-

glemmelse *c;* ~**sleep,**
forsove seg; ~**step,**
overskride; ~**stock,**
overfylle; ha for stort
lager *n,* besetning *c* osv.;
~**strain,** overanstrenge(lse) *(c).*
overt ['ouvə:t] åpen(lys).
over|take [ouvə'teik] innhente; ~**throw,** kullkaste; felle; styrte; ~**time,**
overtid *c;* ~**tired,** overtrett.
over|turn [ouvə'tə:n] velte;
~**value,** overvurdere;
~**weight,** overvekt(ig) *c;*
~**whelm,** overflomme;
overvelde; ~**work,** arbeide for hardt, overanstrenge; overtidsarbeid *n;* ~**wrought,** overarbeidet.
owe [ou] skylde.
owing ['ouiŋ] skyldig; utestående; ubetalt; ~ **to,**
på grunn av.
owl [aul] ugle *c.*
own [oun] egen; eget, egne; **a house of my ~,** et
eget hus; eie, besitte;
innrømme.
owner ['ounə] eier *c;*
~**ship,** eiendomsrett *c;*
eie *c.*
ox, *pl* **oxen** [ɔks, 'ɔksn]
okse *c;* kveg *n.*

oxygen ['ɔksidʒən] surstoff *n.*

oyster ['ɔistə] østers *c.*
oz. = **ounce** (vekt).

P

pace [peis] skritt *n;* gang-(art) *c;* fart *c;* skritte, marsjere; *idr* bestemme farten for (løper, syklist osv.).

pacific [pə'sifik] fredelig, rolig; ~**y** ['pæsifai] berolige; stifte fred *c;* forsone.

pack [pæk] bylt *c;* oppakning *c;* kortstokk *c;* gjeng *c;* kobbel *n; amr* pakke; pakke (sammen); stue; legge ned hermetisk; ~ **up**, pakke (sammen); ~**age**, pakke *c;* pakning *c;* emballasje *c;* kolli *n;* ~**er**, pakker *c;* ~**et**, pakke *c;* bunt *c;* pakettbåt *c,* postbåt *c;* ~**ing**, pakking *c;* emballasje *c;* ~~**-case**, pakkasse *c.*

pact [pækt] pakt *c;* avtale *c.*

pad [pæd] pute *c;* (bløtt) underlag *n;* vattere, polstre; fylle; ~**ding**, vatt(ering) *c,* stopp *c;* fyllekalk *c.*

paddle ['pædl] padle; plaske; padleåre *c;* skovl *c.*

paddock ['pædək] eng *c;* hestehage *c.*

padlock ['pædlɔk] hengelås *c.*

pagan ['peigən] hedensk; hedning *c.*

page [peidʒ] pasje *c;* pikkolo *c;* (bok-)side *c.*

pageant ['pædʒənt] (historisk) opptog *n;* ~**ry**, pomp og prakt; stas *c.*

pail [peil] spann *n.*

pain [pein] smerte *c;* lidelse *c;* bry *n;* gjøre vondt; smerte; **be in** ~, ha smerter; ~**ful**, smertefull; smertelig; pinefull; pinlig.

paint [peint] maling *c;* sminke; male; sminke (seg); skildre; beskrive; ~**er**, maler(inne) *c;* kunstmaler *c;* bygningsmaler *c* (ogs. **house** ~); ~**ing**, maleri *n;* malerkunst *c.*

pair [pɛə] par *n;* ektepar

n; parhester; tospann *n;* pare(s); **a ~ of scissors,** en saks *c.*

pal [pæl] *slang:* kamerat *c.*

palace ['pælis] palass *n;* slott *n.*

palatable ['pælətəbl] velsmakende; tiltalende; **~e,** gane *c.*

pale [peil] blek; blekne; pæl *c;* stake *c;* inngjerdet område *n.*

paling ['peiliŋ] plankegjerde *n.*

pall [pɔ:l] likklede (til kiste) *n;* tape seg.

pallet ['pælit] halmmadrass *c.*

palm [pa:m] palme *c;* håndflate *c; ~* **it off on him,** prakke det på ham; **~ist,** en som spår i hånden *c.*

palpable ['pælpəbl] følbar; påtagelig, håndgripelig.

palsy ['pɔ:lzi] lamme(lse) *c.*

paltry ['pɔ:ltri] ussel.

pamphlet ['pæmflit] brosjyre *c;* flygeskrift *n.*

pan [pæn] panne *c;* gryte *c; dt* kritisere; **~cake,** pannekake *c.*

pane [pein] (vindus)rute *c.*

panel ['pænl] felt *n;* fag *n;* fylling *c* (i vegg, dør); panel *n;* liste *c* (over trygdekassepasienter o.a.).

pang [pæŋ] plutselig, heftig smerte; kval *c;* stikk i hjertet.

panic ['pænik] panisk; panikk *c;* få *(el* gi) panikk.

panorama [pænə'ra:mə] rundskue *n;* panorama *n.*

pansy ['pænzi] stemorsblomst *c.*

pant [pænt] stønn(e) *n,* gisp(e) *n.*

panther ['pænθə] panter *c.*

panties ['pæntiz] *dt* truser.

pantry ['pæntri] spiskammer *n;* anretning *c.*

pants [pænts] bukser, benklær; (manns)underbukser.

pap [pæp] barnegrøt *c el* -velling *c.*

papal ['peipl] pavelig.

paper ['peipə] papir *n;* (**news~**) avis *c;* (**wall~**) tapet *c;* dokument *n;* verdipapir *n;* (skole)stil *c; ***~s,** (legitimasjon-, anbefalings-)papirer; **~-hanger,** tapetserer *c; ~* **mill,** papirfabrikk *c.*

par [pa:] pari; **at ~,** til pari (kurs) *c;* **be on a ~**

with, være på høyde
med.
parachute ['pærəʃu:t] fall-
skjerm *c.*
parade [pə'reid] parade *c;*
mønstring *c;* stille til
skue; (la) paradere.
paradise ['pærədais] para-
dis *n.*
paradox ['pærədɔks] para-
doks *n;* ~ **ical,** paradok-
sal.
paragraph ['pærəgra:f] av-
snitt *c;* (kort) artikkel *c;*
paragraftegn *n.*
parallel ['pærələl] paral-
lell.
paralyse ['pærəlaiz] lam-
me; ~ **sis** [pə'rælisis]
lammelse *c;* ~ **tic** [-'li-]
lam.
paramount ['pærəmaunt]
høyest; størst; meget
viktig.
paraphrase ['pærəfreiz]
omskrivning *c;* omskri-
ve.
parasite ['pærəsait] para-
sitt *c.*
parasol [pærə'sɔl] parasoll
c.
parcel ['pa:sl] pakke *c;*
(vare-)parti *n;* ~ **post,**
pakkepost *c.*
parch [pa:tʃ] svi; tørke
bort; ~ **ment,** pergament
n.

pardon ['pa:dn] benåd-
ning *c;* tilgivelse *c,* for-
latelse *c;* tilgi; benåde;
(I beg your) ~, om for-
latelse; hva behager.
parent ['pɛərənt] far *c;*
mor *c;* ~ **age,** herkomst
c, opphav *n;* foreldre-
forhold *n;* ~ **al,** foreld-
re-; ~ **s,** foreldre.
parings *pl* ['pɛəriŋz] skrell
n; spån *n.*
parish ['pæriʃ] (kirke)sogn
n; landkommune *c;* her-
red *n;* ~ **ioner** [-'ri-] sog-
nebarn *n.*
park [pa:k] park *c;* par-
kere.
parliament ['pa:ləmənt]
parlament *n;* ~ **arian** [-
'tɛə-] parlamentariker *c;*
~ **ary,** parlamentarisk.
parlour ['pa:lə] dagligstue
c; **beauty** ~, skjønnhets-
salong *c;* ~ **-maid,** stue-
pike *c.*
parochial [pə'roukjəl] sog-
ne-, herreds-; trangsynt.
parody ['pærədi] parodi *c;*
parodiere.
parole [pə'roul] æresord
n; løslate på æresord;
jur muntlig.
parrot ['pærət] papegøye
c; etterplapre.
parsimonious [pa:si'mou-

njəs] knipen; knuslet; påholden.

parsley ['pa:sli] persille c.

parsnip ['pa:snip] pastinakk c.

parson ['pa:sn] prest c; ~ **age**, prestegård c.

part [pa:t] (an)del c; part c; stykke n; parti n, side c; *teat* og *fig* rolle c; *mus* stemme c, parti n; egn c, kant c (av landet); **in ~**, delvis; **take ~ in**, delta i; dele; atskille(s); skille; skille seg **(with**, av med); oppgi; forlate.

partake [pa:'teik] of *(el* **in)** delta i, være med på; ta til seg; nyte.

partial ['pa:ʃl] delvis; partisk; ~ **ity** [-æl-] partiskhet c, forkjærlighet c.

participate [pa:'tisipeit] delta **(in** i).

particular [pə'tikjulə] særlig, spesiell; særegen; særskilt; kresen; **in ~,** særlig; ~ **s,** detaljer; ~ **ize,** spesifisere, ~ **ly,** særlig.

parting ['pa:tiŋ] avskjed c; skill (i håret) c; avskjeds-.

partisan [pa:ti'zæn] (parti)-tilhenger *(n)* c; partisan c.

partition [pa:'tiʃn] deling c; skillevegg c; dele.

partly ['pa:tli] delvis.

partner ['pa:tnə] deltaker c; kompanjong c; **sleeping** *(amr* **silent)** ~, passiv kompanjong c; ~ **ship,** fellesskap n; kompaniskap n.

partridge ['pa:tridʒ] rapphøne c.

part-time ['pa:t'aim] deltids-.

party ['pa:ti] (politisk) parti n; selskap n; *jur* part c.

pass [pa:s] passasje c, vei c; pass n, snevring c; passerseddel c; fribillett c; passere; gå forbi; gå over; gjennomgå; forsvinne; bestå (eksamen); sende rundt, videre; tilbringe (tid); vedta (lov); avsi (dom); ~ **as,** gå for å være; ~ **away,** gå bort; dø; ~ **able,** farbar; antagelig; ~ **ably,** nokså bra.

passage ['pæsidʒ] passasje c, gang c; gjennomgang c; overreise c, overfart c; skipsleilighet c; sted n, avsnitt n (i bok).

passenger ['pæsindʒə] passasjer c.

passion ['pæʃn] lidenskap
c; pasjon *c;* sinne *n;*
~**ate,** lidenskapelig.
passive ['pæsiv] passiv.
pass|key ['pa:ski:] hoved-
nøkkel *c;* ~ **port,** pass *n.*
past [pa:st] forgangen;
forløpen; svunnen; tid-
ligere; fortids-; forbi;
fig utenfor (rekkevidden
av); fortid *c;* **half** ~
two, halv tre.
paste [peist] klister *n;*
pasta *c;* deig *c;* klistre
(**up** opp); ~ **board,** papp
c, kartong *c.*
pastime ['pa:staim] tids-
fordriv *n.*
pastoral ['pa:st(ə)rəl] hyr-
de-; pastoral-.
pastry ['peistri] finere
bakverk *n;* terter o.l.;
(kake)deig *c.*
pasture ['pa:stʃə] *s & v*
beite *n.*
pasty ['peisti] deiget, deig-
aktig; ['pæsti] kjøttpostei
c.
pat [pæt] klapp(e) *n;* fiks
og ferdig.
patch [pætʃ] lapp *c,* bot *c;*
flikke, bøte; ~ **work,**
lappverk *n.*
patent ['peitənt] åpen-
(bar); tydelig; patent *c;*
patentere; ~ **ee,** patent-
innehaver *c.*

paternal [pə'tə:nl] fader-
lig; ~ **ity,** farskap *n.*
path(way) [pa:θwei] sti *c;*
bane *c.*
patience ['peiʃns] tålmo-
dighet *c;* kabal *c;* ~ **t,**
tålmodig; pasient *c.*
patriot ['peitriət] patriot
~ **ic,** [pætri'ɔtik] patrio-
tisk; ~ **ism,** patriotisme
c.
patrol [pə'troul] patrulje-
(re) *c.*
patron ['peitrən] beskytter
c; (fast) kunde *c;* beskyt-
te; behandle nedlaten-
de; være kunde hos.
pattern ['pætən] mønster
n; modell *c;* prøve *c;* ta
til mønster.
paunch [pɔ:ntʃ] (tykk)
mage *c.*
pause [pɔ:z] stans *c;* pau-
se *c;* stanse; gjøre pause.
pave [peiv] brulegge; jev-
ne; ~ **ment,** brulegning
c; fortau *n.*
paw [pɔ:] pote *c,* labb *c;*
stampe, skrape (om
hest); plukke på.
pawn [pɔ:n] pant *n;* bon-
de *c* (i sjakk); pantsette;
~ **broker,** pantelåner *c.*
pay [pei] betaling *c;* lønn
c; betale; lønne seg; ~
for, betale (det som er

kjøpt); ~ **off**, betale ut, gjøre opp; ~ **a visit**, avlegge et besøk *n;* ~**able**, betalbar; ~**ing**, lønnsom, rentabel; ~**ment**, betaling *c;* lønn *c.*

pea [pi:] ert *c.*

peace [pi:s] fred *c;* ro *c;* ~**able**, fredelig; fredsommelig; ~**ful**, fredelig.

peach [pi:tʃ] fersken *c.*

peacock ['pi:kɔk] påfugl *c.*

peak [pi:k] spiss *c;* topp *c;* tind *c;* avmagres; skrante.

peal [pi:l] skrall *n;* drønn *n;* (klokke)klang *c;* (orgel)brus *n;* klokkespill *n;* klinge; tone; brake.

peanut ['pi:nʌt] jordnøtt *c.*

pear [pɛə] pære *c.*

pearl [pə:l] perle *c.*

peas [pi:z] erter.

peasant ['pez(ə)nt] bonde *c;* ~**ry**, bondestand *c;* bønder.

peat [pi:t] torv *c.*

pebble ['pebl] småstein *c.*

peck [pek] mål: 9,087 l; pikke, hakke (**at** på).

peculiar [pi'kju:ljə] eiendommelig; særlig; ~**ity**, eiendommelighet *c.*

pecuniary [pi'kju:njəri] penge-.

pedal ['pedl] pedal *c;* bruke pedal; trå (sykkel).

peddle ['pedl] drive handel (på gaten) *c;* ~**r**, kramkar *c.*

pedestrian [pi'destriən] fotgjenger *c;* ~ **crossing** fotgjengerovergang *c.*

pedigree ['pedigri:] stamtavle *c.*

pedlar ['pedlə] kramkar *c.*

peel [pi:l] skall *n;* skrelle.

peep [pi:p] kike, titte; pipe; glimt *n,* gløtt *n;* pip(p) *n.*

peer [piə] stirre; titte fram; likemann, like; adelsmann *c* med rett til å sitte i Overhuset; ~**age**, adel(skap) *c.*

peeved [pi:vd] irritert; ~**ish**, sær, gretten.

peg, pinne *c;* stift *c;* knagg *c;* feste med pinne, plugge.

pellet ['pelit] liten kule *c.*

pell-mell ['pel'mel] hulter til bulter.

pelt, kaste på, la det hagle over; hølje ned (om regn); fell *c,* pels *c.*

pelvis ['pelvis] *anat* bekken *n.*

pen, kve *n;* penn *c;* skrive.

penal ['pi:nl] straffbar;

straffe-; ~**ize**, straffe;
~**ty**, ['penlti] straff c;
bot c.
pencil ['pensl] blyant c;
~**-case**, pennal n.
pendant ['pendənt] (øre)-
dobbe c; vimpel c; pen-
dant c; ~**ing**, uavgjort,
verserende; under; i på-
vente av, inntil; ~**ulum**,
pendel c.
penetrate ['penitreit] tren-
ge inn i; gjennomtren-
ge; gjennombore; ~**ing**,
skarpsindig.
penguin ['peŋgwin] ping-
vin c.
peninsula [pi'ninsjulə]
halvøy c.
penitent ['penitənt] anger-
full.
pennant ['penənt] vimpel
c.
penniless ['peniles] penge-
løs.
penny ['peni] pl pence (en-
kelte: **pennies**), penny
(eng. koppermynt =
¹/₁₀₀ pund); ~**worth**,
pennys verdi; så mye
som fås for en penny.
pension ['penʃn] pensjon
c; pensjonat n; pensjo-
nere; ~**ary**, pensjonist
c; pensjons-.
pentagon ['pentəgən] fem-

kant c; **the Pentagon**,
forsvarsdepartementet i
USA.
penthouse ['penthaus] sval
c, bislag n; amr lite hus
bygd på et (skyskraper)-
tak n.
people ['pi:pl] folk n; fol-
keslag n; koll folk, men-
nesker; befolke (**with**
med).
pep slang: futt c, fart c,
kraft c; ~**per** ['pepə]
pepper n; ~**mint**, pep-
permynte c.
per [pə:] per, pr; ~ **an-
num** ['ænəm] om året.
perambulator ['præmbju-
leitə] (**pram**) barnevogn
c.
perceive [pə'si:v] merke;
oppfatte; føle; skjønne.
percentage [pə'sentidʒ]
prosentsats c; provisjon
c.
perception [pə(:)'sepʃn]
oppfatning(sevne) c (c).
perch [pə:tʃ] stang c; vag-
le c; åbor c; høyt stade
n; sette seg (el sitte) på
vagle.
percolator ['pə:kəleitə]
kaffetrakter c.
percussion [pə'kʌʃn] (sam-
men)støt n.
perfect ['pə:fikt] fullkom-

men; fullstendig; [pə-
'fekt] fullkommengjøre;
perfeksjonere (seg);
~ **ion**, fullkommenhet c;
perfeksjonering c.

perforate ['pə:fəreit]
gjennomhulle; ~ **or**,
hullmaskin c.

perform [pə'fɔ:m] utføre;
oppfylle (plikt, løfte);
prestere; *teat* oppføre;
opptre; ~ **ance**, utførel-
se c; prestasjon c; opp-
fylling c; oppførelse c,
forestilling c; ~ **er**, opp-
tredende skuespiller c,
kunstner c.

perfume ['pə:fju:m] duft c;
vellukt c; parfyme c.

perhaps [pə'hæps] kan-
skje.

peril ['peril] fare c; ~ **ous**,
farlig.

period ['piəriəd] periode c;
(undervisnings)time c;
punktum c; ~ **ic(al)**, pe-
riodisk; ~ **ical**, tidsskrift
n.

perish ['periʃ] omkomme,
gå til grunne; ~ **able**,
lett bedervelig.

perjure ['pə:dʒə] sverge
falsk; ~ **y**, mened c.

permanence ['pə:mənəns]
varighet c; ~ **t**, varig;
blivende; fast; ~ **t**

(wave), permanent(krøll)
c; ~ **t way**, banelegeme
n.

permeate ['pə:mieit]
gjennomtrenge.

permission [pə'miʃn] tilla-
telse c; ~ **t**, [-'mit] tillate;
['pə:mit] (skriftlig) c.

pernicious [pə:'niʃəs] ska-
delig, ondartet.

perpetual [pə'petjuəl]
evig; uopphørlig; fast;
~ **te** [-eit] gjøre evigva-
rende.

perplex [pə'pleks] forvir-
re; ~ **ity**, forvirring c.

persecute ['pə:sikju:t] for-
følge; plage; ~ **ion**
[-'kju-] forfølgelse c;
~ **or**, forfølger c.

perseverance [pə.si-
'viərəns] utholdenhet c;
~ **e**, holde ut; vedbli,
fortsette (in med); ~ **ing,**
utholdende; iherdig.

persist [pə'sist] vedbli,
fortsette (in med); holde
fast ved; ~ **ent**, iherdig;
hårdnakket; vedvaren-
de.

person ['pə:sn] person c;
ytre n; in ~, personlig,
selv; ~ **age**, personlighet
c; ~ **al**, personlig; ~ **ate**,
fremstille; etterligne;

~ify [pə'sɔnifai] personifisere.

personnel [pə:sə'nel] personale *n*.

perspective [pə'spektiv] perspektiv *n*.

perspiration [pə:spə'reiʃn] svette *c*; ~ e, svette.

persuade [pə'sweid] overtale; overbevise; ~ sion, overbevisning *c*; tro *c*; overtalelse *c*; ~ sive overtalende, overbevisende.

pert [pə:t] nesevis; kjepphøy.

pertain [pə'tein] to: høre (med) til; angå.

pertinent ['pə:tinənt] relevant, som angår saken.

perturb [pə'tə:b] uroe, forstyrre.

peruke [pə'ru:k] parykk *c*.

perusal [pə'ru:zl] gjennomlesing *c*; ~ e, lese grundig igjennom.

pervade [pə'veid] gå, trenge igjennom.

perverse [pə'və:s] fordervet; pervers; vrang; ~ t, forvrenge; forderve.

pessimism ['pesimizm] pessimisme *c*; svartsyn *n*; ~ t, pessimist *c*.

pest, plage(ånd) *c*; skadedyr *n*.

pester ['pestə] bry, plage.

pet, kjæledegge *c*; selskapsdyr *n*; anfall *n* av dårlig humør; kjæle med; kjærtegne.

petition [pə'tiʃn] (skriftlig) anmodning *c*; petisjon *c*; be; søke (om); søker *c*.

petrify ['petrifai] forstene.

petrol ['petrəl] bensin *c*.

petticoat ['petikout] underskjørt *n*.

pettiness ['petinis] ubetydelighet *c*; smålighet *c*; ~ ish, lunet; furten; gretten; ~ y, liten; ubetydelig; smålig.

pew [pju:] kirkestol *c*.

pewter ['pju:tə] tinn(saker) *n*.

phantom ['fæntəm] spøkelse *n*; fantasifoster *n*; fantom *n*.

pharmacy ['fa:məsi] farmasi *n*; apotek *n*.

pheasant ['feznt] fasan *c*.

phenomenon [fi'nɔminən] *pl* ~ a, fenomen *n*.

phial ['faiəl] (medisin)flaske *c*.

philanthropist [fi'lænθrəpist] menneskevenn *c*; filantrop *c*.

philatelist [fi'lætəlist] frimerkesamler *c*; ~ y filateli *c*.

philological [filə'lɔdʒikl] filologisk; ~y [fi'lɔ-] filologi c.

philosopher [fi'lɔsəfə] filosof c; ~y, filosofi c.

phlegm [flem] slim n; flegma n, sinnsro c; ~atic [fleg'mætik] flegmatisk; flegmatiker.

phone [foun] dt telefon c; telefonere; ~tic, fonetisk; ~tics, fonetikk c; lydlære c; ~tist, fonetiker c.

phoney [founi] humbug c; juks n; forloren.

photo(graph) ['foutou, 'foutəgra:f] fotografi n.

photograph, fotografere; ~er [fə'tɔgrəfə] fotograf c; ~y, fotografi n.

phrase [freiz] frase c; talemåte c; uttrykk(e) n.

physics ['fiziks] fysikk c; ~al, fysisk; legemlig; ~ian [fi'ziʃn] lege; ~ist ['fizisist] fysiker c.

physique [fi'zi:k] legemsbygning c.

piano ['pjænou] piano n; **grand** ~, flygel n.

pick, hakke; velge; pirke i; plukke; ~, s hakke c; (ut)valg n; ~ **and choose,** velge og vrake; ~ **up,** ta opp; ta med; skaffe seg; tilegne seg; ~**axe,** s & v hakke; ~**ed,** utvalgt.

picket ['pikit] stang c; vaktpost c; streikevakt c.

pickpocket, ['pikpɔkit] lommetyv c; ~ **up** ['pikʌp] noe oppsamlet; fremgang c; (= **pick-me-up**) hjertestyrker c; liten varebil c; pickup c (på platespiller).

picnic ['piknik] landtur c; piknik c; dra på landtur.

pictorial [pik'tɔ:riəl] maler-, malerisk; illustrert (blad) n.

picture ['piktʃə] bilde n; maleri n; film c; **go to the** ~**s,** gå på kino; male; skildre; forestille seg.

picturesque [piktʃə'resk] malerisk.

pie [pai] postei c; pai c; skjære c.

piece [pi:s] stykke n; lappe; sette sammen; **a** ~ **up,** sette sammen; **a** ~ **of advice,** råd n; **in** ~**s,** i stykker; ~**meal,** stykkevis; ~**work,** akkordarbeid n.

pier [piə] molo c, pir c.

pierce [piəs] gjennombore; trenge inn i; ~**ing,**

gjennomborende; gjennomtrengende; skarp, grell.

piety ['paiəti] fromhet c.

pig, gris c, svin n.

pigeon ['pidʒən] due c; ~ **hole**, hull n (i dueslag); rom n i hylle, fag; oppbevare; legge på hyllen.

pigheaded ['pighedid] stivsinnet; ~ **iron**, råjern n.

pike [paik] spiss c; veibom c; gjedde c.

pile [pail] pæl c; haug c, stabel c; batteri n; stor bygning c; **atomic** ~, atomreaktor c; dt formue c; lo c; ~ **s**, hemorroider; ~ **up**, opphope, dynge opp; belesse.

pilfer ['pilfə] naske; ~ **age**, nasking c.

pilgrim ['pilgrim] pilegrim c; ~ **age**, pilegrimsferd c.

pill, pille c.

pillage ['pilidʒ] plyndring c; plyndre.

pillar ['pilə] pilar c; søyle c; ~ -**box**, søyleformet postkasse c.

pillion ['piljən] baksete (på motorsykkel) n.

pillory ['piləri] gapestokk c.

pillow ['pilou] (hode)pute c.

pilot ['pailət] los c; flyger c, pilot c; lose, føre (fly).

pimp [pimp] hallik c.

pimple ['pimpl] filipens c.

pin (knappe)nål c; stift c; bolt c; feste med nål(er), stift(er) c; holde fast.

pincers ['pinsəz] knipetang c.

pinch [pintʃ] knip(ing) n; klyp(e) n; **at a** ~, i et knipetak; stjele; huke.

pine [pain] furu c; vansmekte; ~ **apple**, ananas c.

pink, nellik c; rosa (farge).

pinnacle ['pinəkl] tind c.

pint [paint] hulmål: 0,57 l.

pioneer [paiə'niə] foregangsmann c; pionér c.

pious ['paiəs] from.

pipe [paip] pipe c; fløyte c; rør n; pipe, blåse; ~ **line**, rørledning c.

pirate ['pairit] sjørøver c; pirat c; plagiere.

pistol ['pistl] pistol c.

piston ['pistən] stempel (i motor) n.

pit, hull n, grav c, grop c; gruve c, sjakt c; teat parterre; stille opp imot.

pitch [pitʃ] bek *n;* (tone)- høyde *c,* (skrues) stigning *c;* helling *c;* fast plass *c;* beke; feste (i jorden); slå opp (telt); kaste, kyle; falle, skråne; stampe, duve; ~**er,** krukke *c;* mugge *c;* ~**fork,** høygaffel *c.*

pitfall ['pitfɔ:l] fallgruve *c.*

pith [piþ] marg *c.*

pitiful ['pitiful] ynkelig; ~**iless,** ubarmhjertig; ~**y,** medlidenhet *c;* medynk *c;* **it is a** ~, det er synd.

pivot ['pivət] (dreie)tapp *c;* akse *c;* midtpunkt *n;* dreie seg (**on** om).

placard ['plæka:d] plakat *c,* oppslag *n;* slå opp plakat(er).

place [pleis] plass *c,* sted *n,* rom *n;* stilling *c,* post *c;* **take** ~, finne sted; plassere, anbringe.

placid ['plæsid] rolig; mild; ~**ity,** ro *c;* mildhet *c.*

plague [pleig] (bylle)pest *c;* (lande)plage *c.*

plaice [pleis] rødspette *c.*

plaid [plæd] pledd *n.*

plain [plein] tydelig, klar; grei; enkel; ordinær; li-te pen; ærlig, likefrem; ensfarget; flate *c,* slette *c;* ~**ness,** enkelhet *c;* ~**-spoken,** likefrem; oppriktig.

plaint [pleint] klage-(skrift) *c (n);* ~**iff** *jur* saksøker *c;* ~**ive,** klagende.

plait [pleit] (hår)flette *c;* flette.

plan [plæn] plan *c;* utkast *n;* planlegge.

plane [plein] plan *n,* flate *c;* fly *n;* høvel *c;* platan *c;* plan, flat; jevn; høvle.

plank [plæŋk] planke *c.*

plant [pla:nt] plante *c;* anlegg *n,* fabrikk *c;* (be)-plante.

plaster ['pla:stə] murpuss *c;* kalk *c;* gips *c;* plaster *n;* pusse, gipse; plastre.

plastic ['plæstik] plast *c;* plastisk, bøyelig.

plate [pleit] tallerken *c;* metallplate *c;* sølvtøy *n;* plett(saker) *c.*

platform ['plætfɔ:m] plattform *c;* perrong *c;* talerstol *c;* politisk program *n.*

platinum ['plætinəm] platina *n.*

plausible ['plɔ:zəbl] plausibel.

play [plei] lek(e) c; spill(e) n; skuespill n; spillerom n; ~ **(up)on words,** lage ordspill; **fair** ~, ærlig spill n; ~ **-bill,** teaterplakat c; ~ **ground,** lekeplass c; ~ **ing card,** spillkort n; ~ **mate,** lekekamerat c; ~ **wright,** skuespillforfatter(-inne) c (c).

plea [pli:] jur anklagedes påstand c; partsinnlegg n; påskudd n; anmodning c; ~ **d,** tale i retten; ~ ~ **guilty,** erkjenne seg skyldig; ~ **der,** talsmann c.

pleasant ['pleznt] behagelig; hyggelig; ~ **ry,** spøk c.

please [pli:z] behage; tiltale; tilfredsstille; gjøre til lags; ønske; ~! vær så snill! ~ **come in!,** vær så god å komme inn!; **Yes** ~! ja takk! ~ **ed,** tilfreds; ~ **ing,** tiltalende; behagelig; ~ **ure** ['pleʒə] fornøyelse c; glede c; behag n; ønske c.

pleat [pli:t] plisse(re) c; fold(e) c.

pledge [pledʒ] pant n; (høytidelig) løfte n; pantsette; forplikte (seg); skåle.

plentiful ['plentifl] rikelig; ~ **y,** overflod c; rikdom c; ~ **of,** massevis av.

pliable ['plaiəbl] bøyelig.

pliers ['plaiəz] (nebb)tang c.

plight [plait] (sørgelig) forfatning c.

plod [plɔd] traske; streve.

plot [plɔt] jordstykke n; plan c; intrige c, sammensvergelse c; handling c; planlegge; intrigere.

plough [plau] plog c; pløye.

pluck [plʌk] rive; rykke; plukke; ribbe; rykk n, napp n; mot n; energi c; ~ **y,** kjekk, modig.

plug [plʌg] plugg c, propp c, tapp c; spuns n; støpsel n; plombe c; tilstoppe; sette propp i; plombere; streve.

plum [plʌm] plomme c; rosin c.

plumage ['plu:midʒ] fjærdrakt c.

plumb [plʌm] (bly)lodd n; loddrett; lodde; ~ **er,** rørlegger c.

plump [plʌmp] trinn, lub-
ben; fete; plump!,
plumpe; falle.
plunder ['plʌndə] rov *n;*
plyndre.
plunge [plʌndʒ] dukke;
styrte; kaste seg; stupe;
dukk(ing) *c;* styrting *c;*
stup *n.*
plural ['pluərəl] flertall *n;*
~ **ity,** majoritet *c.*
plus-fours *pl* nikkers *c.*
plush [plʌʃ] plysj *c.*
ply [plai] tråd *c;* bruke
flittig; gå i fast rute;
forsyne; ~ **wood,** finér *c,*
plywood *c.*
p.m. = **post meridiem,**
etter middag; **at 4 p.m.,**
kl. 16.
pneumonia [njuːˈmounjə]
lungebetennelse *c.*
poach [poutʃ] drive ulov-
lig jakt *el* fiske; pochere
(egg); ~ **er,** krypskytter
c.
pocket ['pɔkit] lomme *c;*
stikke i lomma.
pod [pɔd] belg *c,* skolm *c.*
poem ['pouim] dikt *n.*
poet ['pouit] dikter *c;*
~ **ic(al),** poetisk, dikte-
risk; ~ **ry,** poesi *c;* dikt-
ning *c.*
poignant ['pɔinənt] skarp,
bitende; intens.

point [pɔint] spiss *c,* odd
c; odde *c;* punkt *n,*
prikk *c;* poeng *n;* side *c,*
egenskap *c;* mål *n,* ho-
vedsak *c;* springende
punkt *n;* skilletegn *n;*
punktum *n;* tidspunkt *n,*
øyeblikk *n;* spisse; hen-
vise, (ut)peke; betegne;
peke på, fremheve; rette
(at mot); **off the** ~, som
ikke angår saken; **be on
the** ~ **of,** stå i begrep
med, være på nippet til;
to the ~, som angår
saken; ~ **out,** peke på;
~ **blank,** likefrem, bent
ut; ~ **ed,** spiss; poeng-
tert; ~ **er,** viser *c;* peke-
stokk *c;* vink *n;* pointer
c.
poise [pɔiz] likevekt *c;* fri,
sikker (kropps)holdning
c; holde i likevekt; ba-
lansere.
poison ['pɔizn] gift *c;* for-
gifte; ~ **ous,** giftig.
poke [pouk] stikke; rote;
snuse; dytt(e) *n,* puff(e)
n; ~ **r,** ildraker *c;* poker
c.
Poland ['poulənd] Polen.
polar ['poulə] pol-, polar-;
~ **bear,** isbjørn *c.*
pole [poul] stang *c,* stake
c; stolpe *c;* pol *c;* **Pole,**
polakk *c.*

police [pə'li:s] politi *n;* ~ **officer,** politibetjent *c.*

policy ['pɔlisi] politikk *c;* fremgangsmåte *c;* polise *c.*

polio(myelitis) ['pouliou-(maiə'laitis)] poliomyelitt *c.*

polish ['pɔliʃ] polering *c;* politur *c;* polerings- *el* pussemiddel *n;* polere.

polite [pə'lait] høflig; ~ **ness,** høflighet *c.*

political [pə'litikl] politisk; ~ **ian** [pɔli'tiʃn] politiker *c;* ~ **s** ['pɔl-] politikk *c.*

poll [poul] avstemning *c;* valg *n;* stemmegivning *c;* **Gallup** ~, gallupundersøkelse *c.*

pollute [pə'l(j)u:t] forurense; ~ **ion,** forurensning *c.*

pomp [pɔmp] pomp *c,* prakt *c;* ~ **ous,** pompøs; praktfull; prangende; høyttravende.

pond [pɔnd] dam *c.*

ponder ['pɔndə] tenke, fundere (**on, over** over); ~ **ous,** vektig; tung.

pony ['pouni] ponni *c.*

poodle ['pu:dl] puddel *c.*

pool [pu:l] dam *c;* pytt *c;* ring *c,* pool *c;* pulje *c;* (football) ~ **s,** tipping *c;* slutte seg sammen.

poop [pu:p] *mar* hytte-(dekk) *c (n);* akterdekk *n.*

poor [puə] fattig; stakkars; tarvelig, dårlig; ~ **ly,** dårlig, uvel.

pop [pɔp] knall(e) *n;* fork for popular; ~ **in,** stikke innom; ~ **up,** dukke opp.

pope [poup] pave *c.*

poplar ['pɔplə] poppel *c.*

poppy ['pɔpi] valmue *c.*

populace ['pɔpjuləs] **the** ~, (de brede lag av) befolkningen *c.*

popular ['pɔpjələ] folke-; folkelig; populær; ~ **ity** [-'læ-] popularitet *c;* ~ **ize,** gjøre populær; popularisere.

populate ['pɔpjuleit] befolke; ~ **ion,** befolkning *c.*

porcelain ['pɔ:slin] porselen *n.*

porch [pɔ:tʃ] bislag *n; amr* veranda *c.*

porcupine ['pɔ:kjupain] pinnsvin *n.*

pork [pɔ:k] svinekjøtt *n.*

porous ['pɔ:rəs] porøs.

porridge ['pɔridʒ] (havre)-grøt *c.*

port [po:t] havn(eby) c; babord; portvin c.

portable ['po:təbl] transportabel; ~ **typewriter**, reiseskrivemaskin c.

portal ['po:tl] portal c, port c.

portend [po:'tend] varsle.

portent ['po:tent] (ondt) varsel c; ~**ous** [-'ten-] illevarslende.

porter ['po:tə] portner c; dørvokter c; portier c; bærer c.

portfolio [po:t'fouliou] (dokument)mappe c; portefølje c.

portion ['po:ʃn] (an)del c; arvelodd n; medgift c; matporsjon c; dele ut.

portliness ['po:tlinis] verdighet c; korpulens c; ~**ly**, verdig; korpulent.

portmanteau [po:t'mæntou] håndkoffert c.

portrait ['po:trit] portrett n; ~**ure**, portrettmaling c.

portray [po:'trei] avbilde.

Portuguese ['po:tʃu'gi:z] portugiser c; portugisisk.

pose [pouz] stilling c; positur c; posere; sitte modell; skape seg; fremsette.

posh [poʃ] elegant, flott.

position [pə'ziʃn] stilling c; posisjon c.

positive ['pozətiv] positiv; virkelig; uttrykkelig; bestemt; sikker, viss.

possess [pə'zes] eie; besitte; ~ **oneself of**, bemektige seg; ~**ed**, besatt (**with av**); ~**ion**, besittelse c; eie n; eiendel c; ~**ive**, eie-, besittelses-; besettende; ~**or**, eier c.

possibility [posə'biliti] mulighet c; ~**le**, mulig; ~**ly**, muligens, kanskje.

post [poust] pæl c; påle c; stolpe c; post c; stilling c; embete n; postvesen n; poste; postere; slå opp plakat; ~**age**, porto c; ~**age stamp**, frimerke n; ~**al**, post-; ~**card**, brevkort n; ~**er**, plakat c.

posterior [pos'tiəriə] senere; bakre; bak(ende) c; ~**ty** [po'ste-] etterslekt c.

posthumous ['postjuməs] posthum; etterlatt.

postman ['poustmən] postbud n; ~**mark**, poststempel n; ~**-office**, postkontor n; ~**box**, postkasse c; ~ **paid**, franko, portofri(tt).

postpone [poust'poun] ut-

sette; ~ **ment**, utsettelse
c.

posture ['pɔstʃə] stilling c,
holdning c; positur c;
stille, sette; stille seg i
positur.

pot [pɔt] potte c; kar n;
gryte c; kanne c; sylte;
salte ned.

potato [pə'teitou] potet c.

poten|cy ['poutnsi] kraft c,
styrke c; potens c; ~ t,
kraftig, sterk; mektig;
potent; ~ **tial** [pə'tenʃəl]
potensiell, mulig.

potter ['pɔtə] pottemaker
c; keramiker c; pusle,
stulle; ~ **y**, keramikk c;
pottemakerverksted n.

pouch [pautʃ] skinnpose
c; taske c; pung c; **tobac-
co** ~, tobakkspung c.

poultry ['poultri] fjærfe n,
høns.

pounce [pauns] slå ned
(**(up)on** på); nedslag n;
klo c.

pound [paund] pund n
(vekt, mynt); innheg-
ning c, kve n; banke;
støte; hamre.

pour [pɔ:] helle; skjenke;
flomme, hølje (om
regn); ~ **out**, øse ut;
skjenke.

pout [paut] surmule; gei-
p(e) c.

poverty ['pɔvəti] fattigdom
c.

powder ['paudə] pulver n;
pudder n; krutt n; pul-
verisere; pudre (seg);
~ -**puff**, pudderkvast c.

power ['pauə] makt c; ev-
ne c; kraft c; mat potens
c; ~ **ful**, mektig; kraftig,
sterk; ~ **station**, kraft-
stasjon c.

practica|ble ['præktikəbl]
som kan gjennomføres;
brukbar; ~ **l**, praktisk.

practice ['præktis] praksis
c; skikk c; øvelse c; tre-
ning c.

practise ['præktis] prakti-
sere; (ut)øve; øve seg i.

practitioner [præk'tiʃnə]
praktiserende lege (el
advokat) c.

praise [preiz] ros(e) c.

pram [præm] = **perambu-
lator**, barnevogn c.

prance [pra:ns] spankule-
re; steile.

prawn [prɔ:n] (stor) reke
c.

pray [prei] be; bønnfalle;
~ **er** ['præə] bønn c;
~ **ers**, andakt c.

preach [pri:tʃ] rel preke;
~ **er**, predikant c.

precarious [pri'kɛəriəs] usikker; prekær; risikabel.

precaution [pri'kɔ:ʃn] forsiktighet(sregel) c.

precede [pri'si:d] gå forut for; innlede; ~ **nce**, forrang c; ~ **nt** [pri'sidənt] foregående; ['presidənt] presedens c.

precept ['pri:sept] forskrift c.

precious ['preʃəs] kostbar; dyrebar, kostelig; affektert.

precipice ['presipis] stup n; bratt skrent c; ~ **tate**, [pri'sipiteit] stupe, styrte (hodekulls); ~ **tation**, styrt n; hastverk n; nedbør c; ~ **tous**, stupbratt.

précis ['preisi] sammendrag n.

precise [pri'sais] nøyaktig; ~ **ely**, akkurat, helt riktig; ~ **ion**, [pri'siʒn] nøyaktighet c; presisjon c.

preclude [pri'klu:d] utelukke.

precocious [pri'kouʃəs] tidlig utviklet; veslevoksen.

precursor [pri'kə:sə] forløper c; ~ **datory** ['predət(ə)ri] røver-; ~ **decessor** ['pri:disesə] forgjen-

ger c; ~ **destine** [pri:-'destin] forutbestemme.

predicament [pri'dikəmənt] forlegenhet c; knipe c.

predict [pri'dikt] spå; ~ **ion**, forutsigelse c.

predominant [pri'dominənt] fremherskende; ~ **-eminent**, fremragende.

prefab ['pri:fæb] dt ferdigbygd; ferdighus n; ~ **ricate** [-'fæb-] prefabrikkere.

preface ['prefis] forord n; innlede.

prefer [pri'fə:] foretrekke; forfremme; ~ **able** ['prefərəbl] som er å foretrekke; ~ **ence** ['pre-] forkjærlighet c; forrang c; preferanse c; ~ **ment** [-'fə:-] forfremmelse c.

pregnant ['pregnənt] gravid.

prejudice ['predʒudis] fordom c; skade c; gjøre forutinntatt, skade; ~ **ial** [-'di-] skadelig.

preliminaries [pri'liminəriz] innledende skritt n; ~ **y**, foreløpig, innledende.

premature [premə'tjuə] (alt)for tidlig; forhastet.

premediated [pri'meditei-tid] overlagt; forsettlig.

premier ['premjə] først; førsteminister c; statsminister c.

premise ['premis] premiss(e) c (n); forutsetning c; ~s, eiendom c; (forretnings)lokale n; **on the** ~s, på stedet.

premium ['pri:mjəm] premie c; belønning c; bonus c.

preoccupied [pri:'ɔkju-paid] åndsfraværende; opptatt.

preparation [prepə'reiʃn] forberedelse c; ~atory [-'pær-] forberedende; ~e [pri'pɛə] forberede; tilberede.

prepay ['pri:'pei] betale i forveien; frankere.

preponderant [pri'pɔn-dərənt] fremherskende; overveiende.

prepossess [pri:pə'zes] forut-innta; gjøre gunstig stemt for; ~ing, tiltalende.

preposterous [pri'pɔstrəs] meningsløs; absurd.

prescribe [pri'skraib] foreskrive, ordinere; ~ption, resept c.

presence ['prezns] nærvær

n; ~t, nærværende; tilstede(værende); nåværende; foreliggende; nåtid c; gave c; presang c; [pri'zent] forestille; presentere; - fremsette; fremstille; overlevere, gi; ~tation, presentasjon c; overlevering c; ~timent, forutanelse c; ~tly, snart (etter).

preservation [prəzə'veiʃn] bevaring c; vedlikehold n; hermetisering c; ~e, bevare; frede; nedlegge (hermetisk), sylte; ~es, syltetøy n; hermetisk mat.

preside [pri'zaid] innta forsetet, presidere.

president ['prezidənt] president c; formann (i forening o.l.) c; amr direktør c.

press, presse c; trengsel c, trykk n, jag n, press n; (linnet)skap n; presse, trykke; trenge på; nøde; ~ing, presserende; ~ure, trykk n; press n.

prestige [presti:ʒ] prestisje c.

presume [pri'zju:m] anta; formode; våge.

presumption [pri'sʌmpʃn] antagelse c, formodning

c; anmasselse *c;* dristighet *c.*

pretence ['pri'tens] foregivende *n*, påskudd *n; ~* **d to,** foregi; late som om; gjøre krav på; *~* **sion,** foregivende *n;* krav *n,* fordring *c* **(to** på).

pretext ['pri:tekst] påskudd *n.*

pretty ['priti] pen; temmelig.

prevail [pri'veil] få overhånd, seire; herske, råde; *~* **on,** overtale til.

prevalent ['prevələnt] (frem)herskende; rådende.

prevent [pri'vent] hindre; forebygge; *~* **ion,** (for)-hindring *c;* forebygging *c; ~* **ive,** forebyggende.

previous ['pri:vjəs] foregående; tidligere; *~* **to,** før; *~* **ly,** før, tidligere.

pre-war ['pri:'wɔ:] førkrigs-.

prey [prey] bytte *n,* rov *n;* **bird of** *~,* rovfugl *c; ~* **(up)on,** jage; plyndre; gnage, tære.

price [prais] pris *c;* verdi *c;* prise.

prick, stikk *n;* brodd *c,* spiss *c;* prikke; stikke (hull i); *~* **ly,** pigget, tornet.

pride [praid] stolthet *c; ~* **oneself on,** rose seg av.

priest [pri:st] geistlig; (katolsk) prest *c.*

prig, innbilsk narr *c;* pedant *c; ~* **gish,** pedantisk; narraktig.

prim, prippen, snerpet.

primacy ['praiməsi] forrang *c;* ledende stilling *c; ~* **ary,** primær, grunn-; hoved-; *~ ~* **school,** grunnskole *c.*

prime [praim] først; opprinnelig; hoved-; blomstring *c;* ungdomskraft *c; ~* **r,** abc-bok *c.*

primitive ['primitiv] primitiv; ur-; enkel.

prince [prins] prins *c;* fyrste *c; ~* **ly,** fyrstelig; *~* **ss,** prinsesse *c;* fyrstinne *c.*

principal ['prinsəpl] hoved-; viktigst; hovedperson *c;* rektor *c;* sjef *c;* kapital *c,* hovedsum *c; ~* **ity** [-'pæliti] fyrstedømme *n.*

principle ['prinsəpl] grunnsetning *c,* prinsipp *n.*

print, trykk; preg *n;* prent *c;* trykt skrift *n; fotogr* kopi *c;* avtrykk *n;* trykke; kopiere; utgi; *~* **er,** boktrykker *c.*

printing ['printiŋ] trykking *c;* boktrykk *n;* ~ **office**, ~ **plant**, (bok)trykkeri *n;* ~-**press**, trykkpresse *c.*

prior ['praiə] tidligere **(to** enn); prior; ~**ity**, [prai'ɔriti] fortrinn *n,* prioritet *c;* forkjørsrett *c.*

prison ['prizn] fengsel *n;* ~**er**, fange *c.*

privacy ['privəsi, 'praivəsi] avsondring *c;* ensomhet *c,* ro *c;* **in** ~, i enrom, under fire øyne; ~**te** ['praivit] privat; personlig; alene; fortrolig; *mil* menig *c;* **in** ~, i fortrolighet; ~**tion** [prai'veiʃn] savn *c;* mangel *c.*

privilege ['privilidʒ] privilegium *n;* privilegere.

prize [praiz] premie *c;* pris *c;* prise, vurdere, skatte; ~ **up** *(el* open), bryte opp.

pro [prou] for-; ~**s and cons,** argumenter for og imot; *dt* profesjonell *c.*

probability [prɔbə'biliti] sannsynlighet *c;* ~ **le,** sannsynlig.

probation [prə'beiʃn] prøve *c;* prøvetid *c.*

probe [proub] sonde(ring) *c;* sondere; undersøke.

problem ['prɔbləm] problem *n;* (regne)oppgave *c.*

procedure [prə'si:dʒə] prosedyre *c;* fremgangsmåte *c.*

proceed [prə'si:d] gå fremover; dra videre; fortsette; gå til verks; skrive seg **(from** fra); anlegge sak **(against** mot); ~**ing,** fremgangsmåte *c;* ~**ings,** rettergang *c;* ~**s** ['prousi:dz] vinning *c;* utbytte *n.*

process ['prouses] prosess *c;* metode *c;* bearbeide; ~**ion** [prə'seʃn] prosesjon *c;*

proclaim [prə'kleim] bekjentgjøre; proklamere; ~**mation,** bekjentgjørelse *c.*

procuration [prɔkju'reiʃn] fullmakt *c;* prokura *c;* ~**e,** skaffe, få tak i; ~**ement,** fremskaffing *c.*

prod [prɔd] stikke; anspore; stikk *n;* piggstav *c.*

prodigal ['prɔdigl] ødsel; ødeland *c.*

prodigious [prə'didʒəs] forbausende; veldig, uhyre; ~**y** ['prɔdidʒi] vidunder *n;* uhyre *n.*

produce [prə'dju:s] frem-

bringe; produsere; ta *(el
legge)* fram; (la) oppfø-
re, iscenesette; ['prɔ-]
produkter; avling *c;* ~ **r,**
produsent *c;* regissør *c.*
product ['prɔdəkt] produkt
n; ~ **ion** [prə'dʌkʃn] pro-
duksjon *c;* forevisning *c;*
~ **ive,** produktiv; frukt-
bar.
profane [prə'fein] profan;
verdslig; uinnvidd; be-
spottelig; profanere;
~ **ity,** bespottelse *c;* ban-
ning *c.*
profess [prə'fes] erklære;
påstå; bekjenne seg til;
utøve (yrke); ~ **ion,** yrke
n; profesjon *c;* bekjen-
nelse *c;* ~ **ional,** yrkes-
messig; profesjonell *c.*
proffer ['prɔfə] tilby; til-
bud *c.*
proficiency [prə'fiʃnsi]
dyktighet *c;* ferdighet *c;*
~ **t,** dyktig; sakkyndig.
profit ['prɔfit] fordel *c;*
nytte *c;* fortjeneste *c;*
gagne; nytte; ~ **able,**
nyttig; lønnsom; inn-
bringende; ~ **eer,** profi-
tør *c;* drive som profi-
tør.
profligate ['prɔfligit] ryg-
gesløs; lastefull.
profound [prə'faund]
dyp(sindig).

profuse [prə'fju:s] rikelig;
ødsel; overstrømmende;
~ **ion,** overdådighet *c.*
progress ['prougres] frem-
gang *c;* fremrykking *c;*
fremskritt *n;* utvikling *c;*
vekst *c;* [prə'-] avansere;
gjøre fremskritt; ~ **ion,**
det å gå fremover; prog-
resjon *c;* ~ **ive,** progres-
siv; tiltagende; frem-
skrittsvennlig.
prohibit [prə'hibit] forby;
hindre; ~ **ion** [proui-
'biʃn] (innførsels-, alko-
hol-)forbud *n;* ~ **ive,**
prohibitiv; urimelig
(pris).
project ['prɔdʒekt] plan *c;*
prosjekt *n;* [prə-] frem-
kaste; planlegge; tenke
på; rage, stikke fram;
~ **ion,** fremspring *n;*
planlegging *c.*
prolific [prə'lifik] frukt-
bar.
prologue ['proulɔg] prolog
c.
prolong [prə'lɔŋ] forlenge.
promenade [prɔmi'na:d]
spasertur *c;* spasere;
promenere.
prominent ['prɔminənt]
fremstående.
promise ['prɔmis] love;
løfte *n;* ~ **ing,** lovende.

promote [prə'mout] frem-
me; forfremme; ~ **ion**,
(frem)hjelp c, støtte c;
forfremmelse c; **sales** ~,
salgsfremmende tiltak.
prompt [prɔmpt] hurtig;
villig, prompt; tilskyn-
de.
prone [proun] utstrakt (på
magen); ~ **to**, tilbøyelig
til.
pronoun ['prounaun] pro-
nomen n.
pronounce [prə'nauns] ut-
tale; erklære; uttale seg.
pronunciation [prənʌn-
si'eiʃn] uttale c.
proof [pru:f] prøve c; be-
vis n; prøvebilde n; kor-
rektur c; -fast, -trygg,
-sikker (i sammensetnin-
ger).
prop [prɔp] støtte(bjelke)
c; ~ **(up)**, støtte opp,
avstive.
propagate ['prɔpəgeit] for-
plante (seg); utbre, spre;
~ **ion**, forplantning c;
utbredelse c, spredning
c.
propel [prə'pel] drive
fram; ~ **ler**, propell c.
propensity [prə'pensiti]
hang; tilbøyelighet c.
proper ['prɔpə] rett, riktig;
(sær)egen; eiendomme-

lig; egentlig; passende;
~ **ty**, eiendom c; gods n;
formue c; egenskap c.
prophecy ['prɔfisi] spådom
c; profeti n; ~ **sy** ['-sai]
spå, profetere; ~ **t(ess)**,
profet(inne) c; ~ **tic(al)**,
[prə'fetikl], profetisk.
proportion [prə'pɔ:ʃn] for-
hold n; proporsjon c;
(an)del c; ~ **al**, ~ **ate**,
forholdsmessig.
proposal [prə'pouzl] for-
slag n; frieri n; ~ **e**, fo-
reslå; ha i sinne, ha til
hensikt; fri **(to** til);
~ **ition**, forslag n; erklæ-
ring c; dt sak c.
proprietor [prə'praiətə]
eier c; ~ **ty**, riktighet c;
anstendighet c.
propulsion [prə'pʌlʃn]
fremdrift c.
prose [prouz] prosa c.
prosecute ['prɔsikju:t] føl-
ge opp; anklage, sette
under tiltale; ~ **ion**
[-'kju-] (straffe)forfølgel-
se c; søksmål n.
prospect ['prɔspekt] utsikt
c; (fremtids)mulighet c;
~ **ive** [-'spek-] fremtidig;
eventuell.
prosper ['prɔspə] trives;
ha hell med seg; ~ **ity**
[prɔs'periti] hell n, frem-

gang *c;* velstand *c;*
~ **ous** ['prɔs-] heldig; vel-
stående.
prostitute ['prɔstitjuːt]
prostituert; prostituere.
prostrate ['prɔstreit] ut-
strakt (på magen); ned-
brutt; [prɔ'streit] kaste
over ende; ødelegge.
protect [prə'tekt] beskytte;
~ **ion**, beskyttelse *c;*
~ **or**, beskytter *c.*
protest ['proutest] protest
c; innvending *c;* [prə'-]
hevde; fremholde; pro-
testere; ~ **ant** ['prɔtistənt]
protestant *c* (isk).
proud [praud] stolt, kry.
provable ['pruːvəbl] bevis-
lig; ~ **e**, bevise; påvise;
prøve; vise seg å være.
proverb ['prɔvə(ː)b] ord-
språk *n;* ~ **ial** [-'və:-]
ordspråklig.
provide [prə'vaid] sørge
for; besørge; skaffe, for-
syne **(with** med); fore-
skrive; ~ **d (that),** forut-
satt at.
providence ['prɔvidəns]
forsyn *n;* forutseenhet *c;*
~ **t**, omtenksom; forut-
seende.
province ['prɔvins] provins
c; (virke)felt *n.*
provision [prə'viʒn] an-

skaffelse *c;* forholdsre-
gel *c;* forsyning *c;* un-
derhold *n; jur* bestem-
melse *c;* ~ **s,** proviant *c;*
~ **al,** foreløpig.
provocation [prɔvə'keiʃn]
utfordring *c;* provoka-
sjon *c;* ergrelse; ~ **ive**
[-'vɔk-] utfordrende.
provoke [prə'vouk] provo-
sere; utfordre; irritere.
prow [prau] baug *c,* for-
stavn *c*
prowl [praul] luske om-
kring.
proxy ['prɔksi] fullmakt *c;*
fullmektig *c;* stedfortre-
der *c.*
prude [pruːd] snerpe *c.*
prudence ['pruːdns] klok-
skap *c;* forsiktighet *c;*
~ **t**, klok; forsiktig.
prudery ['pruːdəri] sner-
pethet *c;* ~ **ish,** snerpet.
prune [pruːn] sviske *c;*
beskjære (tær o.l.).
pry [prai] speide; ~ **into,**
snuse i.
P.S. = postscript, etter-
skrift *c.*
psalm [saːm] salme *c,*
(især en av Davids sal-
mer).
psychiatrist [sai'kaiətrist]
psykiater *c;* ~ **y**, psy-
kiatri *c.*

psychological [saikə'lɔ-dʒikl] psykologisk; ~**ist,** psykolog *c;* ~**y,** psykologi *c.*

ptarmigan ['ta:migən] fjellrype *c.*

pub [pʌb] = **public house,** kro *c,* vertshus *n.*

puberty ['pju:bəti] pubertet *c.*

public ['pʌblik] offentlig; felles; allmenn; offentlighet *c;* publikum *n;* ~ **house,** kro *c,* vertshus *n;* ~ **school,** eng. privat universitetsforberedende internatskole *c; amr* offentlig skole; ~**ation,** offentliggjørelse *c;* utgivelse *c;* skrift *n;* ~**ity** [-'lisiti] offentlighet *c;* publisitet *c;* reklame *c.*

publish ['pʌbliʃ] bekjentgjøre; utgi, forlegge; ~**er,** forlegger *c;* ~**ing house,** (bok)forlag *n.*

pudding ['pudiŋ] pudding *c.*

puff [pʌf] blaff *n;* vindpust *n;* gufs *n;* drag *n;* pudderkvast *c;* ublu reklame *c;* puste, blåse, blaffe; pese; blåse opp; oppreklamere.

pug [pʌg] mops *c.*

pull [pul] trekking *c,* ha-

ling *c;* drag *n;* rykk *n;* trekke, dra, hale; rive; rykke; ruske; ro; ~ **down,** rive ned; ~ **off,** få i stand, klare; ~ **oneself together,** ta seg sammen; ~ **through,** greie seg gjennom (sykdom); ~ **up,** bremse, stanse.

pulley ['puli] rulle *c,* trinse *c.*

pulp [pʌlp] bløt masse *c;* fruktkjøtt *n;* papirmasse *c;* forvandle *el* bli til bløt masse.

pulpit ['pulpit] prekestol *c.*

pulpy ['pʌlpi] kjøttfull; bløt.

pulsate ['pʌlseit] pulsere; ~**e,** puls(slag) *c (n);* banke, slå.

pump [pʌmp] pumpe; lense; pumpe *c;* dansesko *c;* ~**kin,** gresskar *n.*

pun [pʌn] (lage) ordspill *n.*

punch [pʌntʃ] lage hull i; slå; dor *c;* neveslag *n;* punsj *c.*

punctual ['pʌŋktjuəl] punktlig.

punctuate ['pʌŋktjueit] sette skilletegn *c;* ~**ion** [-'ei] tegnsetning *c.*

puncture ['pʌŋktʃə] punktering c; punktere.

pungent ['pʌndʒənt] skarp, gjennomtrengende (om smak, lukt).

punish ['pʌniʃ] straffe; ~**able**, straffbar; ~**ment**, straff c.

pupil ['pju:pl] elev c; pupill c.

puppet ['pʌpit] dukke c; marionett c.

puppy ['pʌpi] valp c; laps c, jypling c.

purchase ['pə:tʃəs] (inn)-kjøp n; anskaffelse c; kjøpe; erverve; ~**er**, kjøper c.

pure [pjuə] rein, pur.

purely ['pjuəli] rent, utelukkende.

purgative ['pə:gətiv] avføringsmiddel n.

purge [pə:dʒ] rense; fjerne; ta avføringsmiddel; utrensing c (ogs. pol).

purify ['pjuərifai] rense; ~**ity**, renhet c.

purple ['pə:pl] purpur n.

purpose ['pə:pəs] hensikt c; forsett n; formål n; ha til hensikt; akte; **on** ~, med hensikt; **to the** ~, saken vedkommende; ~**ful**, målbevisst;

~**less**, formålsløs; ~**ly**, med hensikt.

purr [pə:] male (om katt).

purse [pə:s] (penge)pung c; (hånd)veske c; penger, midler.

pursuance [pə'sju:əns], **in** ~ **of**, ifølge; ~**e**, forfølge; strebe etter; drive med; fortsette; ~**it**, [pə'sju:t] forfølgelse c; streben c (**of** etter); beskjeftigelse c.

purvey [pə:'vei] skaffe; levere; ~**or**, leverandør c.

push [puʃ] støt(e) n, skubb(e) n, puff(e) n (til); pågåenhet c; drive fram; oppreklamere; ~-**button**, elektr trykk(knapp) c; ~**ful**, ~**ing**, foretaksom; påtrengende.

put [put] sette; stille; legge; putte; stikke; uttrykke; fremsette (spørsmål); **to** ~ **it mildly**, mildest talt; ~ **aside**, legge til side; ~ **away**, legge til side; spare; ~ **back**, legge tilbake; stille tilbake (klokke); ~ **by**, legge til side; ~ **down**, legge fra seg; skrive ned, notere; undertrykke, kue; døyve; ~ **forth**, fremsette; sende ut; utgi; ~ **forward**, fremsette; stille fram (ur); ~ **in**, legge inn; skyte inn; komme fram med; ~ **off**, skyve til side; legge vekk (klær); kaste; oppsette, utsette; støte bort; ~ **on**, ta på (seg); sette på; ~ **out**, legge ut; sette ut; sette fram; slokke; ~ **through**, sette igjennom; sette i telefonforbindelse med; ~ **up**, slå opp; legge vekk; gi husly; ~ **up at**, ta inn på (hotell); ~ **up with**, finne seg i.

putrefaction [pju:tri-'fækʃn] forråtnelse c; ~**efy** ['-fai] (for)råtne; ~**id** ['-id] råtten.
putty ['pʌti] kitt n; kitte.
puzzle ['pʌzl] gåte c; puslespill n; problem n; rådløshet c; forvirre; volde hodebry; spekulere; ~**d**, uforstående; rådvill.
pyjamas [pə'dʒa:məz] pyjamas c; nattdrakt c.
pylon ['pailən] ledningsmast c.
Pyrenees [piri'ni:z], **the** ~, Pyrenéene.

Q

quack [kwæk] kvekke; kvekking c; kvaksalver c.
quadrangle ['kwɔdræŋgl] firkant c; firkantet gårdsplass c el skolegård c.
quail [kweil] vaktel c; bli redd.
quaint [kweint] eiendommelig; pussig; underlig.
quake [kweik] riste, skjelve **(with, for** av); skjelving c; rystelse c; ~**r**, kveker c.

qualification [kwɔlifi-'keiʃn] kvalifikasjon c; forutsetning c; innskrenkning c; ~**fy**, gjøre skikket, kvalifisere (seg); modifisere, avdempe; ~**ty**, egenskap c; kvalitet c.
quantity ['kwɔntiti] mengde c.
quarrel ['kwɔrəl] strid c, trette c; kjekle; ~**some**, trettekjær.
quarry ['kwɔri] steinbrudd

n; bytte *n,* rov *n;* bryte (stein).

quart [kwɔ:t] 1,136 liter.

quarter ['kwɔ:tə] fjerdedel *c;* kvarter *n;* kvartal *n;* egn *c,* strøk *n;* bydel *c;* fjerding *c* (fjerdepart av slaktet dyr); nåde *c; mål:* 2,9 hl *c,* ¹/₄ eng. favn *c;* ¹/₄ yard *c;* 12,7 kg *n;* dele i fire; partere; innkvartere; ~**s,** kvarter *n;* losji *n;* ~**ly,** fjerdedels-; kvartals-; ~**master,** kvartermester *c.*

quaver ['kweivə] skjelve; vibrere.

quay [ki:] kai *c;* brygge *c.*

queen [kwi:n] dronning *c.*

queer [kwiə] merkelig; rar; spolere.

quell [kwel] dempe; undertrykke.

quench [kwenʃ] slokke; undertrykke.

query ['kwiəri] spørsmål *n.*

question ['kwestʃən] spørsmål *n;* problem *n;* sak *c;* tvil *c;* (ut)spørre; tvile på; **ask a person a** ~**, put a** ~ **to a person,** stille noen et spørsmål; **the person in** ~**,** vedkommende; ~**able,** tvil-

som; ~**naire,** spørreskjema *n.*

queue [kju:] kø *c;* hårpisk *c;* ~ **(up),** stille seg kø.

quibble ['kwibl] ordspill *n;* spissfindighet *c.*

quick [kwik] hurtig; snar; gløgg; fin; fremskynde; skarp; levende kjøtt *n;* ømt punkt *n;* ~**en,** kvikne til; ~**ness,** livlighet *c;* raskhet *c;* skarphet *c;* ~**sand,** kvikksand *c;* ~**silver,** kvikksølv *n.*

quid [kwid] *dt* pund (sterling) *n.*

quiet ['kwaiət] rolig; stille; ro *c;* berolige; ~**ness,** ~**ude,** ro; stillhet *c.*

quilt [kwilt] vatteppe *n;* vattere; stoppe.

quinine [kwi'ni:n] kinin.

quirk [kwə:k] særhet *c;* innfall *n.*

quit [kwit] forlate; oppgi; fri **(of** fra), kvitt.

quite [kwait] ganske; fullstendig; ~ **(so)!,** helt riktig!

quiver ['kwivə] sitring *c;* kogger *n;* sitre; beve.

quiz [kwiz] spørre ut; spørrekonkurranse *c.*

quota ['kwoutə] kvote *c;* andel *c.*

quotation [kwou'teiʃn] si-
tat *n;* prisnotering *c;* ~
marks, anførselstegn *n.*

quote [kwout] anføre, si-
tere; notere **(at** til).

R

rabbi ['ræbai] rabbiner *c.*
rabbit ['ræbit] kanin *c.*
rabble ['ræbl] pøbel(hop)
c.
rabid ['ræbid] rasende;
gal.
race [reis] rase *c,* slekt *c;*
veddeløp *n;* kappseilas,
-roing *c;* sterk strøm *c;*
(kapp)løpe; ile, jage;
~**-course,** veddeløpsba-
ne *c;* ~**-horse,** vedde-
løpshest *c;* ~**r,** vedde-
løpshest *c;* racer(-bil,
-båt); renndeltaker *c.*
racial ['reiʃl] rase-.
racing ['reisiŋ] vedde-
løp(s-).
rack [ræk] pinebenk *c;*
hylle *c;* stativ *n;* baga-
sjenett *n* **(luggage** ~**);**
høyhekk *c;* strekke; an-
spenne; pine.
racket ['rækit] tennisrac-
ket *c;* larm *c,* uro *c;*
svindelforetagende *n;*
pengeutpressing *c;*
~**eer,** svindler *c;* pen-
geutpresser *c.*

radar ['reida:] (set), radar
c (utstyr).
radiant ['reidiənt] strålen-
de; ~**te,** utstråle;
~**tion,** utstråling *c;*
~**tor,** radiator *c* (til
oppvarming); kjøler *c* (i
bil).
radical ['rædikl] rot-; ra-
dikal.
radio ['reidiou] radio(ap-
parat) *c (n);* radiotele-
grafere; ~**active,** radio-
aktiv; ~**gram,** radiotele-
gram *n;* røntgenbilde *n;*
~**graph,** røntgenbilde *n;*
~**scopy,** gjennomlys-
ning *c* med røntgenstrå-
ler.
radish ['rædiʃ] reddik *c.*
raffle ['ræfl] tombola *c.*
raft [ra:ft] (tømmer)flåte
c; fløte.
ræg [ræg] fille *c;* klut *c;*
lapp *c.*
rage [reidʒ] raseri *n;* li-
denskap *c* **(for** for); ra-
se.

ragged [ˈrægid] fillet; ujevn.

raid [reid] overfall *n;* streiftog *n;* overfalle; plyndre.

rail [reil] *jernb* skinne; rekkverk *n;* gjerdestav *c;* sette opp gjerde; ~**ing**, gelender *n;* stakitt *n;* ~**way**, *amr* ~**road**, jernbane *c.*

rain [rein] regn(e) *n;* ~**bow**, regnbue; ~**coat**, regnfrakk *c,* -kappe *c;* ~**y**, regnfull, regn-.

raise [reiz] heve; løfte; reise; sette opp; forhøye; vekke; oppvigle; ta opp (lån); oppfostre; dyrke; *is amr* (lønns)-forhøyelse *c.*

raisin [ˈreizn] rosin *c.*

rake [reik] rive *c,* rake *c;* libertiner *c;* rake; ransake.

rally [ˈræli] samle (seg); komme til krefter; småerte; samling *c;* stevne *c.*

ram [ræm] vær *c;* saubukk *c;* rambukk *c;* drive, støte, ramme (**into** inn i).

ramble [ˈræmbl] streife om; fantasere; spasertur *c.*

ramify [ˈræmifai] forgreine seg.

ramp [ræmp] rampe *c;* skråning *c;* storme.

rampant [ˈræmpənt] frodig; tøylesløs.

ranch [raːn(t)ʃ] *amr* [ræːn(t)ʃ] *amr* kvegfarm *c.*

rancid [ˈrænsid] harsk, ram.

random [ˈrændəm] tilfeldig; **at** ~, på måfå.

range [reindʒ] rekke *c;* (fjell)kjede *c;* område *n,* sfære *c,* spillerom *n;* skuddvidde *c;* komfyr *c;* ordne; stille opp; streife om; rekke; variere, veksle.

rank [ræŋk] rekke *c;* geledd *n;* rang *c,* grad *c;* rangere; yppig, frodig; illeluktende.

rankle [ˈræŋkl] nage.

ransack [ˈrænsæk] ransake.

ransom [ˈrænsəm] løsepenger; løskjøping *c;* løskjøpe.

rant [rænt] bruke floskler; buldre og bråke; fraser.

rap [ræp] rapp *n;* smekk *n;* banking *c;* banke, slå.

rape [reip] voldtekt *c;* voldta.

rapid ['ræpid] hurtig; rivende; stri; ~ **s**, elvestryk *n;* ~ **ity** [-'pid-] hurtighet *c.*

rapt [ræpt] henrykt; ~ **ure**, henrykkelse *c.*

rare [rɛə] sjelden; tynn; *amr* rå, lite stekt; ~ **ify**, fortynne(s); forfine; ~ **eness**, ~ **ity**, sjeldenhet *c.*

rascal ['ra:skl] skurk *c,* slyngel *c.*

rash [ræʃ] utslett *n;* overilt.

rasher ['ræʃə] (tynn) baconskive *c.*

rasp [ra:sp] rasp *c* (e).

raspberry ['ra:zbəri] bringebær *n.*

rat [ræt] rotte *c.*

rate [reit] forhold *n;* (rente)sats *c;* takst *c,* pris *c;* rate *c;* kommuneskatt *c;* hastighet *c;* ~ **of exchange**, valutakurs *c;* **at any** ~, i hvert fall; verdsette, taksere **(at** til); skjelle ut.

rather ['ra:ðə] heller, snarere; nokså; temmelig.

ration ['ræʃn] rasjon *c* - (-ere).

rational ['ræʃnəl] fornuftig.

rattle ['rætl] klapre; rasle; ~ **snake**, klapperslange *c.*

raucous ['rɔ:kəs] hes.

ravage ['rævidʒ] herje; ødelegge; hærverk *n.*

rave [reiv] tale i ørske; rase.

raven ['reivn] ravn *c;* ['rævn] plyndre; ~ **ous** ['rævinəs] skrubbsulten.

ravine [rə'vi:n] kløft *c,* juv *n.*

ravish ['ræviʃ] rane; henrykke; voldta; ~ **ing**, henrivende.

raw [rɔ:] rå; grov; umoden; uerfaren; hudløs, sår.

ray [rei] (lys)stråle *c.*

rayon ['reiɔn] kunstsilke *c.*

raze ['reiz] rasere; ~ **or**, barberhøvel, -maskin, -kniv *c.*

re angående.

reach [ri:tʃ] rekke; strekke; nå; rekkevidde *c;* strekning *c.*

react [ri'ækt] reagere; ~ **ion**, reaksjon *c;* tilbakevirkning *c;* ~ **ionary**, reaksjonær.

read [ri:d] lese; tyde; studere; lyde; ~ **er**, leser *c;* foreleser *c;* korrekturleser *c;* lesebok *c.*

readily ['redili] beredvillig; gjerne; ~ **ness**, beredthet c.

reading ['ri:diŋ] lektyre c; (opp)lesning c; oppfatning c; ~ **-room**, lesesal c, -værelse n.

readjust ['ri:ə'dʒʌst] revidere; endre.

ready ['redi] ferdig; parat; beredt; beredvillig; for hånden; kvikk.

real ['riəl] virkelig; faktisk; ekte; ~ **property** el ~ **estate**, fast eiendom c; ~ **ity** [ri'æliti], virkelighet c.

realization [riəlai'zeiʃn] virkeliggjørelse c; realisasjon c, salg n; ~ **e** ['riəlaiz] virkeliggjøre; realisere; bli klar over; innse; selge; tjene.

really ['riəli] virkelig.

realm [relm] (konge)rike n.

reap [ri:p] skjære; høste; ~ **er**, skurkar c; slåmaskin c.

reappear ['ri:əpiə] komme til syne igjen; utkomme på nytt.

rear [riə] reise; oppføre; oppfostre; steile; bakerste del c; bakside c; baktropp c; bak-.

rearrange ['ri:ə'reindʒ] ordne på ny; omarbeide.

reason ['ri:zn] grunn c; årsak c; fornuft c; forstand c; resonnere; tenke; **by ~ of**, på grunn av; ~ **able**, fornuftig; rimelig, moderat.

reassemble ['ri:ə'sembl] samle (seg) igjen; ~ **ure**, berolige; gjenforsikre.

rebate ['ri:beit] rabatt c; avslag n.

rebel ['rebl] opprører c; [ri'bel] gjøre opprør **(against** mot); ~ **lion**, opprør n; ~ **lious**, opprørsk.

rebuild ['ri:'bild] gjenoppbygge; ombygge.

rebuke [ri'bju:k] irettesette(lse c).

recall [ri'kɔ:l] tilbakekalle(lse c); fremkalle(lse c); minnes; huske.

recede [ri'si:d] vike; gå tilbake.

receipt [ri'si:t] mottagelse c; kvittering c; matoppskrift c; kvittere; ~ **s**, inntekter.

receive [ri'si:v] motta; få; oppta; ~ **er**, mottaker-(apparat) c (n); (bl.a. i radio); mikrofon c; (høre)rør n (på telefon).

recent ['ri:snt] ny; fersk;
~**ly**, nylig; i det siste.
reception [ri'sepʃn] motta-
gelse c; opptak c.
receptive [ri'septiv] motta-
kelig.
recess [ri'ses] fordypning
c; nisje c, krok c; pause
c; ~ion, tilbaketrekning
c; lavkonjunktur c.
recipe ['resipi] oppskrift c.
recipient [ri'sipiənt] mot-
taker c.
reciprocal [ri'siprəkl]
gjensidig; ~**te**, gjøre
gjengjeld.
recital [ri'saitl] opplesning
c; foredrag n; konsert c;
beretning c; ~**e**, si
fram; foredra; deklame-
re; berette.
reckless ['reklis] uvøren;
skjødesløs; hensynsløs.
reckon ['rekn] (be)regne;
talle; anse for; anta; ~
up, regne sammen;
~**ing**, (be)regning c.
reclaim [ri'kleim] vinne
tilbake; forbedre; tørr-
legge.
reclamation [reklə'meiʃn]
gjenvinning c; tørrleg-
ging c.
recognition [rekəg'niʃn]
(an)erkjennelse c; gjen-
kjennelse c; ~**ze** ['rekəg-

naiz] (an)erkjenne; gjen-
kjenne.
recoil [ri'kɔil] rekyl c; til-
bakeslag n; vike (el
springe) tilbake.
recollect [rekə'lekt] huske;
minnes; ~**ion**, erindring
c.
recommend [rekə'mend]
anbefale; ~**ation**, anbe-
faling c.
recompense ['rekəmpens]
erstatning c; belønning
c; belønne; erstatte.
reconcile ['rekənsail] for-
sone; bilegge; ~**iation**
[-sili'eiʃn] forsoning c.
reconstruct ['ri:kən'strʌkt]
gjenoppbygge; bygge
om.
record ['rekɔ:d] rekord c;
opptegnelse, dokument
c; grammofonplate c;
protokoll c; [ri-] skrive
ned; protokollere; ta
opp (på plate el bånd).
recover [ri'kʌvə] få tilba-
ke; gjenvinne; komme
seg; ~**y**, gjenervervelse
c; bedring c.
recreate ['rekrieit] kvikke
opp; atsprede; ~**ion**, at-
spredelse c; rekreasjon
c; friminutt n.
recruit [ri'kru:t] rekrutt(e-
re) c; verve.

rectify ['rektifai] beriktige.

rector ['rektə] sogneprest c; rektor c (ved visse skoler); ~y, prestegård c.

recuperate [ri'kju:pəreit] komme til krefter; gjenvinne helsen.

recur [ri'kə:] komme igjen; skje igjen; ~rence, tilbakevending c; gjentagelse c; ~rent, tilbakevendende.

red rød (farge); radikal; kommunist; ~ currant, rips c; ~den, bli rød; rødme; ~dish, rødlig; ~ tape, byråkrati n; papirmølle c.

redeem [ri'di:m] kjøpe tilbake; innløse; innfri; løskjøpe; ~able, som kan kjøpes tilbake, innløses.

redemption [ri'dempʃn] innløsning c; gjenkjøp c.

redirect ['ri:di'rekt] omadressere, -dirigere.

redress [ri'dres] oppreisning c; hjelp c; gi oppreisning.

reduce [ri'dju:s] redusere; sette ned; innskrenke; ~tion [ri'dʌkʃn] nedsettelse c; reduksjon c; innskrenkning c.

redundant [ri'dʌndənt] (altfor) rikelig; overflødig.

reed [ri:d] bot rør n; siv n.

reef [ri:f] (klippe)rev n; reve (seil).

reel [ri:l] spole c; garnvinde c; (trådsnelle); (film)rull c; spole; hespe; sjangle; tumle; vakle.

reelect ['ri:i'lekt] gjenvelge; ~enter, komme inn igjen; ~establish, gjenopprette.

refer [ri'fə:] to (hen)vise til; henholde seg til; angå; ~ee, oppmann c; (fotball-, bokse)dommer c.

reference ['refrəns] henvisning c; referanse c; oversendelse c; forbindelse c; with ~ to, angående; ~ book, oppslagsbok c.

refill ['ri:fil] påfyll n; [ri-'fil] fylle på igjen.

refine [ri'fain] rense; forfine; raffinere; ~ment, forfinelse c; foredling c; raffinering c; raffinement n.

refit [ri:'fit] reparere; ['ri-fit] reparasjon c.

reflect [ri'flekt] kaste tilbake; gi gjenskinn; reflektere; ~ **on**, tenke på *(el* over); kaste skygge på; ~ **ion**, refleks(jon) *c;* gjenskinn *n;* overveielse *c;* kritisk bemerkning *c;* ~ **ive**, tenksom.

reform [ri'fɔ:m] forbedring *c;* reform(ere) *c;* forbedre; ['ri:fɔ:m] danne på nytt; ~ **ation** [refə'meiʃn] reformering *c;* forbedring *c;* ~ **er**, reformator *c.*

refrain [ri'frein] avholde seg **(from** fra); refreng *n.*

refresh [ri'freʃ] forfriske; ~ **ment**, forfriskning *c.*

refrigerate [ri'fridʒəreit] (av)kjøle; ~ **tor**, kjøleapparat *n,* -skap *n.*

refuel ['ri:fjuəl] fylle bensin.

refuge ['refju:dʒ] tilflukt *c* (ssted *n); ~* **e** ['refju'dʒi:] flyktning *c.*

refund ['ri:'fʌnd] tilbakebetale.

refusal [ri'fju:zl] avslag *n;* vegring *c;* forkjøpsrett *c;* ~ **e**, [-z] avslå; avvise; nekte; unnslå seg; vegre seg; ['refju:s] avfall *n.*

refutation [refju'teiʃn]

gjendrivelse *c;* ~ **e**, gjendrive.

regain [ri'gein] gjenvinne.

regard [ri'ga:d] aktelse *c;* blikk *n;* hensyntagen *c;* **with** *(el* **in)** ~ **to**, med hensyn til; **with kind -s**, de beste hilsener; se på; legge merke til; betrakte; akte, ense; angå; **as** ~ **s**, hva – angår; ~ **ing**, angående; ~ **less of**, uten (å ta) hensyn til.

regenerate [ri'dʒenəreit] gjenføde(s); fornye(s).

regimen ['redʒimen] diett *c.*

region ['ri:dʒən] egn *c;* strøk *n.*

register ['redʒistə] protokoll *c;* liste *c;* register *n;* fortegnelse *c;* spjeld *n;* bokføre; protokollere; tinglese; skrive inn (reisegods); rekommandere (brev); ~ **office**, folkeregister *n;* ~ **ed**, innskrevet; rekommandert.

regret [ri'gret] beklage(lse *c);* angre; anger *c;* savn(e) *n;* ~ **table**, beklagelig.

regular ['regjulə] regelmessig; fast; regulær; ordentlig; ~ **ity** [-'lær-] regelmessighet *c.*

regulate ['regjuleit] regulere; ordne; styre; ~**ion**, regulering *c;* ordning *c;* regel *c;* ~**ions**, reglement *n,* forskrifter *c;* vedtekter *c.*

rehearsal [ri'hə:sl] teaterprøve *c;* ~**e**, fremsi; *teat* prøve; innstudere.

reign [rein] regjering(stid) *c (c);* regjere.

reimburse ['ri:im'bə:s] tilbakebetale; dekke (utlegg); ~**ment**, tilbakebetaling *c.*

rein [rein] tøyle *(c);* tømme *c;* ~**deer**, rein *c,* reinsdyr *n.*

reinforce ['ri:in'fɔ:s] forsterke; ~**ment**, forsterkning *c.*

reiterate [ri:'itəreit] ta opp igjen (og opp igjen).

reject [ri'dʒekt] forkaste; vrake; avslå; avvise; ~**ion**, forkastelse *c;* vraking *c;* avslag *n.*

rejoice [ri'dʒɔis] glede (seg); fryde (seg) **(at, in** over); ~**ing**, fryd *c;* glede *c.*

rejuvenate [ri'dʒu:vineit] forynge(s).

relapse [ri'læps] tilbakefall *n;* falle tilbake; få tilbakefall.

relate [ri'leit] berette; ~ **to**, angå; sette *el* stå i forbindelse med; ~**d**, beslektet **(to** med).

relation [ri'leiʃn] fortelling *c;* slektning *c;* forbindelse *c,* forhold *n;* ~**ship**, slektskap *n;* forhold *n.*

relative ['relətiv] slektning *c;* relativ; forholdsvis; ~ **to**, angående.

relax [ri'læks] slappe (av); koble av; løsne; ~**ation**, (av)slapping *c;* avkobling *c.*

release [ri'li:s] slippe fri; løslate; ettergi (gjeld), frafalle (rett); *film* sende ut (på markedet); utløse; frigivelse *c;* løslatelse *c;* utsendelse *c;* utløser *c.*

relent [ri'lent] formildes; gi etter; ~**less** ubøyelig.

reliability [rilaiə'biliti] pålitelighet *c;* ~**ble**, pålitelig; ~**nce**, tillit *c;* tiltro *c.*

relic ['relik] levning *c;* relikvie *c.*

relief [ri'li:f] lindring *c;* lettelse *c;* hjelp *c;* sosialhjelp *c;* avløsning *c;* unnsetning *c;* relieff *n.*

relieve [ri'li:v] lette; understøtte; hjelpe; unnsette.

religion [ri'lidʒən] religion c; ~ous, religiøs; samvittighetsfull.

relinquish [ri'linkwiʃ] slippe; oppgi; frafalle.

reluctant [ri'lʌktənt] motvillig; uvillig.

rely [ri'lai] **on**, stole på.

remain [ri'mein] (for)bli; være igjen; vedbli å være; ~ **der**, rest c.

remark [ri'ma:k] bemerkning c; bemerke; ~ **able**, bemerkelsesverdig; merkelig.

remedy ['remidi] (hjelpe)middel n; legemiddel n; avhjelpe, råde bot på.

remember [ri'membə] huske; erindre; ~ **rance**, minne n; erindring c.

remind [ri'maind] minne (**of** om, på); ~ **er**, påminnelse c; kravbrev n.

remit [ri'mit] sende tilbake; (over)sende; remittere; minske(s); ettergi; ~ **tance**, remisse c.

remnant ['remnənt] levning c; (tøy)rest c.

remorse [ri'mɔ:s] samvittighetsnag n; ~ **ful**, angrende.

remote [ri'mout] fjern; avsides.

removal [ri'mu:vəl] fjernelse c; flytning c; avskjedigelse c; ~ **e**, fjerne; rydde bort; avskjedige; flytte.

remunerate [ri'mju:nəreit] (be)lønne; godtgjørelse c.

render ['rendə] gjengjelde; gi tilbake; gjengi, oversette; yte, gi; gjøre.

renew [ri'nju:] fornye.

renounce [ri'nauns] oppgi; gi avkall på; fornekte; (i kort:) renons c.

renovate ['renoveit] restaurere.

renown [ri'naun] berømmelse c; ~ **ed**, berømt.

rent, (hus)leie c; revne c, sprekk c; rift c; leie; forpakte; ~ **al**, leieavgift c; leieinntekt c; ~ **-free**, avgiftsfri.

renunciation [rinʌnsi'eiʃn] forsagelse c; avkall c.

reorganization ['ri:ɔ:gənai'zeiʃn] omdannelse c; reorganisasjon c; ~ **e**, omdanne; reorganisere.

repair [ri'pɛə] reparasjon c; istandsettelse c; reparere.

reparation [repə'reiʃn] oppreisning c; erstatning c.

repatriate [ri:'pætrieit] sende tilbake til fedrelandet.

repay [ri'pei] betale tilbake; ~ **ment,** tilbakebetaling c.

repeal [ri'pi:l] opphevе(lse c).

repeat [ri'pi:t] gjenta; ~ **edly,** gjentatte ganger; ~ **er,** repeterur n, -gevær n; gjensitter c.

repel [ri'pel] drive tilbake; avvise; frastøte.

repent [ri'pent] angre; ~ **ance,** anger c; ~ **ant,** angrende.

repercussion [ripə'kʌʃn] tilbakeslag n; ettervirkning c.

repetition [repi'tiʃn] gjentagelse c; repetisjon c.

replace [ri'pleis] sette tilbake; erstatte; ~ **ment,** tilbakesettelse c; erstatning c.

replenish [ri'pleniʃ] supplere, komplettere.

reply [ri'plai] svar(e) n.

report [ri'pɔ:t] melding c; rapport c; beretning c; rykte n; referat n; smell n, knall n; berette; melde (seg); rapportere; ~ **er,** referent c, reporter c.

repose [ri'pouz] hvile (c).

represent [repri'zent] fremstille; forestille; representere; oppføre; ~ **ation** [-'tei-] fremstilling c; oppførelse c; forestilling c; representasjon c; ~ **ative** ['zen-] som forestiller; representant c; representativ.

repress [ri'pres] undertrykke; ~ **ion,** undertrykkelse c.

reprieve [ri'pri:v] frist c; utsettel(se) c; benådning c.

reprimand ['reprima:nd] (gi) reprimande (c).

reprint ['ri:print] trykke opp igjen; opptrykk n, ny utgave c.

reproach [ri'proutʃ] bebreide; bebreidelse c; ~ **ful,** bebreidende.

reproduce [ri:prə'dju:s] fremstille igjen; frembringe på ny; reprodusere; ~ **tion** [-'dʌk-] ny frembringelse c; forplantning c; reproduksjon c.

reproof [ri'pru:f] bebreidelse c; ~ **ve** [-v] bebreide.

reptile [reptail] krypdyr n.

republic [ri'pʌblik] republikk *c;* ~ **an,** republikansk; republikaner *c.*

repudiate [ri'pju:dieit] forkaste; avvise; fornekte.

repugnance [ri'pʌgnəns] motvilje *c;* avsky *c;* ~ **t,** frastøtende; motvillig.

repulse [ri'pʌls] drive tilbake; avvise; tilbakevisning *c;* ~ **ive,** frastøtende; motbydelig.

reputable ['repjutəbl] aktet, vel ansett; hederlig; ~ **ation** [-'tei-] rykte *n;* anseelse *c;* ~ **e** [ri'pju:t] anseelse; rykte; holde, anse for.

request [ri'kwest] anmodning *c;* ønske *n;* etterspørsel *c;* anmode om, be om; **by** ~ **,** etter anmodning.

require [ri'kwaiə] forlange; kreve; trenge; behøve; ~ **ment,** fordring *c,* krav *n;* behov *n.*

requisite ['rekwizit] nødvendig, påkrevd; nødvendighet(sartikkel) *c;* fornødenhet *c;* ~ **ion** [-'ziʃn] bestille; rekvirere; rekvisisjon *c;* krav *n.*

rescue befri(else *c);* redning *c;* redde.

research [ri'sə:tʃ] forskning *c.*

resemblance [ri'zembləns] likhet *c;* ~ **e,** ligne.

resent [ri'zent] ta ille opp; føle seg fornærmet over; ~ **ful,** fortørnet; ~ **ment,** fortørnelse *c;* harme *c.*

reserve [ri'zə:v] reserve *c;* forbehold *n;* reservere; forbeholde; ~ **d,** forbeholden.

reside [ri'zaid] bo; være bosatt; ~ **nce** ['rezidəns] opphold *n;* bosted *n;* residens *c;* ~ **nce permit,** oppholdstillatelse *c;* ~ **nt,** bosatt; fastboende.

residue ['rezidju:] levning *c;* rest *c.*

resign [ri'zain] oppgi; frasi seg; ta avskjed; ~ **ation** [rezig'neiʃn] fratredelse *c;* avskjedssøknning *c;* resignasjon *c;* ~ **ed,** resignert.

resin ['rezin] harpiks *c,* kvae *c.*

resist [ri'zist] motstå; ~ **ance,** motstand *c.*

resolute ['rezəlu:t] besluttsom; ~ **eness,** besluttsomhet *c;* ~ **ion** [-'lu:ʃn] beslutning *c;* besluttsomhet *c;* oppløsning *c.*

resolve [ri'zɔlv] (opp)løse; beslutte; beslutning *c.*

resort [ri'zɔ:t] tilholdssted n; instans c; utvei c; **health** ~, kursted n.

resound [ri'zaund] gjenlyde.

resource [ri'sɔ:s] hjelpekilde c; ~s, resurser; pengemidler; krefter; ~ful, oppfinnsom; rådsnar.

respect [ris'pekt] aktelse c, respekt c; hensyn n; henseende c el n; akte, respektere; ta hensyn til; angå; **in this** ~, i denne henseende; ~able, aktverdig; skikkelig; ~ful, ærbødig; ~ing, angående; ~ive, hver sin, respektive; ~ively, henholdsvis.

respiration [respə'reiʃn] åndedrett n.

respite ['respit] frist c.

respond [ris'pɔnd] svare ~ **to**, svare på, reagere på; ~**se**, svar n; reaksjon c.

responsibility [rispɔnsə'biliti] ansvar(lighet) n (c); ~**ble**, ansvarlig; ~**ve**, mottagelig (**to** for).

rest, hvile c; støtte c; pause c; rest c; **the** ~, de øvrige, de andre; hvile (ut); støtte (seg); ~ **(up)on**, bygge på; be-

ro på; ~**ful**, rolig; ~**ive**, stri, sta; rastløs.

restaurant ['restərɔŋ, -ra:ŋ, -rənt] restaurant c.

restless ['restlis] rastløs; urolig; ~**ness**, uro c.

restoration [restə'reiʃn] istandsetting c, restaurering c; ~**e** [ris'tɔ:] restaurere; gi tilbake; gjenopprette; helbrede.

restrain [ris'trein] holde tilbake, beherske; ~**t**, tvang c; (selv)beherskelse c.

restrict [ris'trikt] begrense; innskrenke; ~**ion**, innskrenkning c; begrensning c; hemning c.

result [ri'zʌlt] resultat n; resultere.

resume [ri'zju:m] ta tilbake; gjenoppta; sammenfatte.

resurrection [rezə'rekʃn] gjenopplivelse c; oppstandelse c.

retail ['ri:teil] detalj(handel) c; [ri'teil] selge i detalj; ~**er**, detaljist c.

retain [ri'tein] holde tilbake; beholde.

retaliate [ri'tælieit] gjengjelde.

retard [ri'ta:d] forsinke.

reticent ['retisənt] forbeholden.

retire [ri'taiə] trekke (seg) tilbake; gå av; ~ **ment,** avgang *c;* fratredelse *c;* tilbaketrukkenhet *c.*

retort [ri'tɔ:t] skarpt svar *n;* svare (skarpt).

retract [ri'trækt] trekke tilbake; ~ **able,** som kan trekkes inn *(el* tilbake).

retreat [ri'tri:t] retrett *c;* tilbaketog *n;* trekke seg tilbake.

retrench [ri'trenʃ] innskrenke, skjære ned.

retrieve [ri'tri:v] gjenvinne; få igjen; gjenopprette.

retroactive [retrou'æktiv] tilbakevirkende; ~ **spect** ['retro-], ~ **spective view** [-'spek-] tilbakeblikk *n.*

return [ri'tə:n] tilbaketur *c;* hjemkomst *c;* tilbakelevering *c;* tilbakebetaling *c;* avkastning *c;* rapport *c;* komme *(el* reise, gi, betale) tilbake; besvare; **by** ~ **(of post** *el* **mail),** omgående; ~ **ticket,** returbillett *c;* **many happy** ~**s (of the day),** til lykke med fødselsdagen.

reunion ['ri:'ju:njən] gjenforening *c;* møte *n,* sammenkomst *c.*

Rev. = Reverend.

reveal [ri'vi:l] røpe, avsløre, åpenbare.

revel ['revl] fest *c,* kalas *n;* feste, ture.

revenge [ri'vendʒ] hevn *c;* hevne; ~ **ful,** hevngjerrig.

revenue ['revinju:] (stats)-inntekter.

revere [ri'viə] hedre; ære; ~ **nce** ['revərəns] ærefrykt *c;* ærbødighet *c;* ha ærbødighet for; ~ **nd,** ærverdig; **the Rev. Amos Barton,** pastor Amos Barton.

reverie ['revəri] dagdrøm(mer) *c.*

reverse [ri'və:s] motsetning *c;* motsatt side *c;* omslag *n;* uhell *n;* motgang *c;* bakside *c;* revers *c;* omvendt; vende om; ~ **sible,** som kan vendes, omstilles; ~ **t,** vende tilbake **(to** til).

review [ri'vju:] tilbakeblikk *n;* anmeldelse *c;* tidsskrift *n; mil* revy; ta et tilbakeblikk over; se igjennom; anmelde; ~ **er,** anmelder *c.*

revise [ri'vaiz] lese igjennom; revidere; ~ **ion** [ri-

ˈviʒn] gjennomsyn *n;* re-
visjon *c;* rettelse *c.*
revival [riˈvaivl] gjenopp-
vekkelse *c;* fornyelse *c;*
~ **e**, livne til igjen; gjen-
opplive.
revoke [riˈvouk] tilbake-
kalle.
revolt [riˈvoult] (gjøre)
opprør *n;* opprøre.
revolution [revəˈluːʃn] om-
veltning *c;* revolusjon *c;*
omdreining *c;* ~ **ary**, re-
volusjonær; ~ **ize** [-aiz]
revolusjonere.
revolve [riˈvɔlv] rotere;
dreie (seg); overveie.
reward [riˈwɔːd] belønning
c; belønne; gjengjelde.
rheumatic [ruːˈmætik] rev-
matisk; ~ **ism** [ˈruː-] rev-
matisme *c.*
rhinoceros [raiˈnɔsərəs]
neshorn *n.*
rhubarb [ˈruːbaːb] rabarb-
ra *c.*
rhyme [raim] rim(e) *n.*
rhythm [ˈriðm] rytme *c;*
takt *c;* ~ **ic(al)**, rytmisk.
rib, ribben *n;* ribbe *c;*
spile *c.*
ribbon [ˈribən] bånd *n;*
fargebånd *n;* remse *c;*
sløyfe *c.*
rice [rais] ris *c.*
rich [ritʃ] rik **(in** på);

fruktbar; kraftig (om
mat); ~ **es**, rikdom *c.*
rickety [ˈrikiti] skrøpelig.
rid, befri; frigjøre; fri;
get ~ **of**, bli kvitt.
riddle [ˈridl] gåte *c;* grovt
sold *n;* gjette, løse; sik-
te.
ride [raid] ritt *n;* kjøretur
c; ride; kjøre; ~ **r**, rytter
c.
ridge [ridʒ] rygg *c;* åsrygg
c.
ridicule [ˈridikjuːl] spot-
t(e) *c;* latterliggjøre(lse
c); ~ **ous** [riˈdikjuləs] lat-
terlig.
riff-raff [ˈrifræf] pøbel *c.*
rifle [ˈraifl] rifle *c,* gevær
n; rane, røve.
rift, revne *c,* rift *c;* rev-
ne(t).
rig, rigg(e) *c;* ~ **ging**, tak-
kelasje *c;* rigg *c.*
right [rait] rett; riktig;
høyre; rett(ighet) *c;* **be**
~, ha rett; ~ **eous** [-ʃəs]
rettferdig.
rigid [ˈridʒid] stiv; streng.
rigorous [ˈrigərəs] streng.
rim, kant *c;* felg *c.*
rind [raind] bark *c;* skor-
pe *c;* svor *c.*
ring, ring *c;* sirkel *c;* are-
na *c;* manesje *c;* krets *c,*
klikk *c;* ringing *c;* ringe;

lyde; klinge; ~ **leader,**
anfører c; hovedmann c.
rink [riŋk] kunstig skøyte-
bane c.
rinse [rins] skylle; skyl-
ling c.
riot ['raiət] bråk n; spetak-
kel n; tumult c; ~ **s,**
opptøyer; lage bråk;
brake; ~ **ous,** opprørsk;
vill, ubehersket.
rip, rive; rakne; ~ **up,**
rippe opp i; rive opp.
ripe [raip] moden; ~ **n,**
modne(s).
ripple ['ripl] kruse; skvul-
pe; krusning c.
rise [raiz] reise seg; stige;
stå opp; gå opp; heve
seg; komme fram, avan-
sere; det å tilta; stigning
c; vekst c; oppgang c.
rising ['raiziŋ] reisning c.
risk, risiko c; risikere;
~ **y,** risikabel, vågelig.
rival ['raivəl] rival(inne) c;
konkurrent c; rivalisere;
~ **ry,** rivalisering c.
river ['rivə] elv c; flod c.
rivet ['rivit] nagle c; klin-
ke.
road [roud] (lande)vei c;
gate c; ~ **s,** red c; ~ **way,**
kjørebane c.
roam [roum] streife,
vandre om.

roar [rɔ:] brøl(e) (n), bru-
s(e) n.
roast [roust] steike; bren-
ne (kaffe); steik c.
rob [rɔb] (be)røve; ~ **ber,**
røver c; ~ **bery,** røveri n.
robe [roub] fotsid kappe
c; embetsdrakt c.
robin ['rɔbin] rødstrupe c.
rock [rɔk] klippe c; isbit
c; gynge, vugge.
rocket ['rɔkit] rakett c.
rocking chair, gyngestol
c.
rocky ['rɔki] berglendt;
ustø.
rod [rɔd] kjepp c; stav c.
roe [rou] (fiske)rogn c;
rådyr n.
rogue [roug] kjeltring c;
skøyer c.
role, rôle [roul] rolle c.
roll [roul] rulling c; rull
c; valse c; rundstykke n;
rulle, liste c; rulle; trille;
valse; kjevle; slingre; ~
up, rulle (seg) sammen;
~ **call,** navneopprop n;
~ **er,** valse c; ~ **er skate,**
rulleskøyte.
Roman ['roumən] ro-
mersk; romer(inne) c
(c).
romantic [ro'mæntik] ro-
mantisk.

roof [ru:f] tak *n;* legge tak på; ~ **of the mouth,** den harde gane *c.*

rook [ruk] tårn (i sjakk) *n;* svindler *c.*

room [ru:m] rom *n;* værelse *n;* plass *c; amr* bo; ~**s,** bolig.

roost [ru:st] vagle; hønsehus *n;* sitte på vagle; sove; ~**er,** *amr* hane *c.*

root [ru:t] rot *c;* knoll *c;* slå rot; rote i (jorda); ~ **out,** utrydde.

rope [roup] tau *n;* rep *n;* binde med et tau.

rose [rouz] rose *c;* ~**y,** rosenrød; rosa.

rot [rɔt] råte *c;* forråtnelse *c;* tøv *n;* tøve.

rotate [rou'teit], *amr* ['rou-] rotere; veksle.

rotten ['rɔtn] råtten; bedervet; elendig.

rough [rʌf] ujevn; ru; knudret; grov; rå; lurvet; barsk; tarvelig; primitiv; bølle *c;* utkast *n;* ~ **it,** tåle strabaser; ~**en,** gjøre *(el* bli) ujevn, ru; ~**-neck,** bølle, *c;* oljeriggarbeider *c;* ~**ness,** råhet *c;* grovhet *c.*

round [raund] rund; hel; likefrem; tydelig; rundt (om); omkring; gjøre rund; (av)runde; dreie rundt; omgi; ring *c;* runding *c;* runde *c;* omgang *c;* sprosse *c;* ~ **trip,** rundreise *c; amr* reise *(c)* tur–retur.

roundabout ['raundəbaut] rundkjøring *c;* omsvøp *n.*

rouse [rauz] vekke.

rout [raut] vill flukt *c;* jage på flukt; beseire.

route [ru:t] (reise)rute *c.*

routine [ru:'ti:n] rutine *c.*

rove [rouv] streife omkring; vandre; ~**r,** vandrer *c.*

row [rou] rad *c;* rekke *c;* ro.

row [rau] spetakkel *n;* bråk *n.*

rower ['rouə] roer *c;* ~**ing boat,** robåt *c.*

royal ['rɔiəl] kongelig; ~**ty,** kongelighet *c;* kongeverdighet *c;* kongelige personer; avgift *c;* honorar *n.*

rub [rʌb] gni; stryke; skrubbe; gniing *c.*

rubber ['rʌbə] gummi *c;* viskelær *n;* (i kort) robber *c;* ~**s,** kalosjer.

rubbish ['rʌbiʃ] avfall *n;* skrot *n;* sludder *n.*

ruby ['ru:bi] rubin *c.*

rucksack ['rʌksæk] ryggsekk *c;* rypesekk *c.*

rudder ['rʌdə] ror *n; styre n.*

ruddy ['rʌdi] rødmusset; frisk.

rude [ru:d] grov; rå; udannet; uhøflig **(to** mot); ~**ness**, grovhet *c;* uhøflighet *c.*

ruffian ['rʌfjən] råtamp *c.*

ruffle ['rʌfl] rysj *c;* kruset strimmel *c;* kruse.

rug [rʌg] lite teppe *n;* sengeforlegger *c;* reisepledd *n.*

ruin ['ru:in] ruin(ere) *c;* ødelegge(lse *c);* ~**ous,** ødeleggende; ruinerende.

rule [ru:l] regel *c;* forskrift *c;* styre *n;* regjering *c;* linjal *c;* lede; herske; regjere; linjere; **as a** ~, som regel; ~**r,** hersker *c;* linjal *c.*

rum [rʌm] rom *c;* pussig.

rumble ['rʌmbl] rumle; ramle; rumling *c.*

ruminate ['ru:mineit] tygge drøv; gruble over.

rumour ['ru:mə] rykte *n.*

rummage ['rʌmidʒ] gjennomrote; ransake; ransaking *c.*

rump [rʌmp] bakdel *c;* lårsteik *c;* rumpe *c.*

run [rʌn] løpe; springe; renne; flyte; strømme; *teat* oppføres, spilles; være i gang; la løpe; ferdes; trafikkere; kjøre; lyde (tekst, melodi); drive (fabrikk, maskin, forretning); løp *n;* renn *n;* gang *c;* ferd *c;* ~ **down,** forfølge; jakte på; utmatte; kjøre ned (f.eks. med bil); ~ **into,** støte på; beløpe seg til; ~ **into debt,** stifte gjeld; ~ **out (of),** ~ **short (of),** slippe opp (for); ~ **up to,** beløpe seg til; **run-about,** liten, åpen bil **(***el.* motorbåt) *c;* ~ **away,** flyktning *c; bot* utløper *c;* ~ **ning-board,** stigbrett *n,* stigtrinn *n;* ~ **way,** rullebane *c.*

rupture ['rʌptʃə] brudd *n.*

rural ['ru:rəl] landlig; land-.

rush [rʌʃ] fare av sted; styrte, storme; suse; jage på, sette fart i; fremskynde; jag *n;* fremstyrting *c;* tilstrømning *c;* sus *n; bot* siv *n.*

Russia ['rʌʃə] Russland; ~ **n,** russisk, russer *c.*

rust [rʌst] rust(e) *c.*

rustic ['rʌstik] landlig; bondsk; enkel.
rustle ['rʌsl] rasle; rasling c.
rusty ['rʌsti] rusten.

rut [rʌt] hjulspor n; brunst c.
ruthless ['ru:pləs] ubarmhjertig; hard.
rye [rai] rug c.

S

S. = Saint; South; **s.** = second(s); shilling(s); steamer.
S.A. = South Africa el America; Salvation Army.
sable ['seibl] sobel c; sort.
sabre ['seibə] sabel c.
sack [sæk] sekk c; pose c; løs kjole el jakke c; plyndring c; plyndre; (gi) avskjed c.
sacred ['seikrid] hellig.
sacrifice ['sækrifais] offer n; ofring c; (opp)ofre; ~**lege** [-lidʒ] vanhelligelse c.
sad [sæd] bedrøvet; trist; bedrøvelig; ~**den**, bedrøve; bli bedrøvet.
saddle ['sædl] (ride)sal c; sale.
sadness ['sædnis] tristhet c.
safe [seif] trygg; sikker; uskadd, i god behold; pålitelig; pengeskap n;

~**guard**, beskytte(lse c), vern(e) n; ~**ty**, sikkerhet c; ~**ty pin**, sikkerhetsnål c; ~**ty razor**, barberhøvel c.
sag [sæg] sig(e) n; synke.
sagacious [sə'geiʃəs] klok; skarpsindig; ~**ity** [sə'gæsiti] skarpsindighet c; klokskap c.
sage [seidʒ] klok, vis-(mann c).
sail [seil] seil(as) n (c); seilskute c; seile; ~**or**, sjømann c; matros c.
saint [seint] helgen c.
sake [seik] **for ~, for the ~ of**, for – skyld; **for my ~**, for min skyld.
salacious [sə'leiʃəs] slibrig; vellystig.
salad ['sæləd] salat c.
salaried ['sælərid] lønnet; ~**y**, gasje c.
sale [seil] salg n; avsetning c; **(public) ~;** auksjon c; ~**able**, salgbar;

~**sman,** salgsrepresentant *c;* butikkekspeditør *c;* ~ **swoman,** ekspeditrise *c.*

salient ['seiljənt] fremspringende; tydelig.

saliva [sə'laivə] spytt *n.*

sallow ['sælou] selje *c;* gusten (hud).

sally ['sæli] utfall *n;* vittighet *c.*

salmon ['sæmən] laks *c.*

saloon [sə'lu:n] salong *c; amr* bar *c;* kneipe *c.*

salt [sɔ:lt] salt(e) *n;* ~ **cellar,** saltkar *n;* ~ **petre,** salpeter *c;* ~ **works,** saltverk *n;* ~ **y,** salt(aktig).

salubrious [sə'lu:briəs] sunn.

salutation [sælju'teiʃn] hilsen *c.*

salute [sə'lu:t] hilse; saluttere; hilsen *c;* honnør *c,* salutt *c.*

salvage ['sælvidʒ] berging *c;* redning *c;* berget skip *n (el* ladning); berge, redde.

salvation [sæl'veiʃn] *relg* frelse; **the Salvation Army,** Frelsesarméen.

same [seim]: **the ~,** den, det, de samme; **all the ~,** likevel.

sample ['sa:mpl] (vare)-prøve *c;* smaksprøve; (ta) prøve (av).

sanctify ['sæŋktifai] helliggjøre; innvie; ~ **imonious,** skinnhellig; ~ **ion,** stadfestelse *c;* godkjennelse *c;* sanksjon *c;* godkjenne; bifalle; ~ **uary,** helligdom *c;* fristed *n,* asyl *n.*

sand [sænd] sand *c;* ~ **s,** sandstrand *c;* sandstrekning(er); ~ **blast,** sandblåse; ~ **glass,** timeglass *n;* ~ **wich,** smørbrød *n;* ~ **wichman,** plakatbærer *c;* ~ **y,** sandet; (rød)-blond.

sane [sein] forstandig; normal.

sanitary ['sænitəri] sanitær; hygienisk.

sanitation [sæni'teiʃn] sunnhetsvesen *n;* sunnhetspleie *c;* hygiene *c;* ~ **y,** åndelig sunnhet *c;* sunn fornuft *c.*

sap [sæp] saft *c;* sevje *c;* tappe saften (*el* kraften) av; underminere; pugge.

sapphire ['sæfaiə] safir *c.*

sarcasm ['sa:kæzm] spydighet *c;* sarkasme *c;* ~ **tic** [sa:'kæstik] spydig; sarkastisk.

sardine [sa:'di:n, 'sa:di:n] sardin *c*.

satchel ['sætʃəl] (skole)-veske *c;* ransel *c*.

satellite ['sætəlait] drabant *c;* lydig følgesvenn *c;* satellitt *c*.

satiate ['seiʃieit] (over)-mette; ~**ation**, (over)-metthet *c;* ~**ety** [sə'taiəti] (over)metthet *c*.

satisfaction [sætis'fækʃn] tilfredshet *c;* tilfredsstillelse *c;* oppreisning *c;* ~**factory**, tilfredsstillende; ~**fied**, tilfreds; ~**fy**, tilfredsstille; forvisse; overbevise.

saturate ['sætʃəreit] *kjem* mette; gjennombløte.

Saturday ['sætədi] lørdag *c*.

sauce [sɔ:s] saus *c;* sause; krydre *(fig);* ~**pan**, kasserolle *c;* ~**r**, skål *c* (til kopp).

saucy ['sɔ:si] nesevis; smart.

sausage ['sɔsidʒ] pølse *c*.

savage ['sævidʒ] vill; grusom; villmann *c;* barbar *c;* ~**ry**, villskap *c*.

save [seiv] redde; bevare **(from** fra); trygge; spare (opp); unntagen.

saving ['seiviŋ] sparsommelig; besparelse *c;* ~**s**, sparepenger.

saviour ['seivjə] frelser *c*.

savour ['seivə] smak *c;* aroma *c;* smake, dufte **(of** av); ~**y**, velsmakende; velluktende; delikat; pikant.

saw [sɔ:] sag(e) *c;* ~**dust**, sagmugg *c;* ~-**mill**, sagbruk *n*.

Saxon ['sæksn] (angel)-sakser *c;* (angel)saksisk.

say [sei] si; **have one's ~**, si sin mening; **that is to ~**, det vil si; **I ~!**, det må jeg si!; si meg; hør her!; ~**ing**, ordtak *n;* ytring *c*.

scab [skæb] skorpe *c;* skabb *c;* streikebryter *c*.

scaffold ['skæfəld] stillas *n;* skafott *n;* ~**ing**, stillas *n*.

scald [skɔ:ld] skålde.

scale [skeil] vekt(skål) *c;* skjell *n;* (tone)skala *c;* målestokk *c;* måle; veie; skalle av; bestige.

scalp [skælp] skalp(ere) *c*.

scan [skæn] granske; skandere.

scandal ['skændl] skandale *c;* sladder *c;·* ~**ize** [-aiz] forarge; ~**ous**, skandaløs.

Scandinavia [skændi-'neivjə] Skandinavia; ~ **n,** skandinavisk; skandinav c.

scantiness ['skæntinis] knapphet c; ~ **y,** knapp, snau.

scapegoat ['skeipgout] syndebukk c.

scar [ska:] arr n; skramme c; flerre; sette arr.

scarce [skɛəs] knapp; sjelden; ~ **ely,** neppe; knapt; ~ **ity,** mangel c (of på).

scare [skɛə] skremme; skrekk c; ~ **crow,** fugleskremsel n.

scarf [ska:f] skjerf n; sjal n; slips n; lask c.

scarlet ['ska:lit] skarlagen(rød); ~ **fever,** skarlagensfeber c.

scatter ['skætə] spre (utover); strø; spre seg.

scene [si:n] scene c; skueplass c; opptrinn n; hendelse c; ~ **s,** scenedekorasjoner, kulisser; ~ **ry,** sceneri n; kulisser; natur(omgivelser).

scent [sent] (vel)lukt c; duft c; ha ferten av, være, lukte.

sceptic ['skeptik] skeptiker c; ~ **al,** skeptisk; tvilende.

schedule ['ʃedju:l, *amr* 'skedʒl] fortegnelse c; (tog)tabell c; (time)plan c; fastsette tidspunkt for.

scheme [ski:m] plan c; prosjekt n; utkast n; skjema n; planlegge.

scholar ['skɔlə] lærd c; (humanistisk) vitenskapsmann c; stipendiat c; ~ **ly,** lærd; vitenskapelig; ~ **ship,** lærdom c; vitenskap c; stipendium n.

school [sku:l] skole c; (fiske)stim c; lære; utdanne; skolere; **at** ~, på skolen; ~ **ing,** undervisning c; skolering c.

science ['saiəns] (natur)vitenskap c; ~ **tific** [saiən'tifik] (natur)vitenskapelig; ~ **tist,** (natur)vitenskapsmann c.

scissors ['sizəz]: **(a pair of)** ~, saks c.

scold [skould] skjenne på; skjelle; ~ **ing,** skjennn(epreken) n (c).

scope [skoup] spillerom n; *fig* område n.

scorch [skɔ:tʃ] svi; brenne; fare av sted.

score [skɔ:] skår n; hakk n; innsnitt n; regnskap

n; poengsum *c;* partitur *n;* snes *n;* merke; notere; nedtegne; føre regnskap; vinne; score.

scorn [skɔ:n] forakt(e) *c;* ~**ful,** foraktelig.

Scot [skɔt] skotte *c.*

Scotch [skɔtʃ] skotsk; skotsk whisky; skotsk (dialekt); **the** ~, skottene; ~**man,** skotte *c.*

Scotland [ˈskɔtlənd] Skottland.

scoundrel [ˈskaundrəl] kjeltring *c;* skurk *c;* usling *c.*

scour [ˈskauə] skure; skuring *c.*

scourge [skə:dʒ] svepe *c;* svøpe *c;* piske; plage.

scout [skaut] speider *c;* speide; **boy** ~, speidergutt *c.*

scrabble [ˈskræbl] rable.

scramble [ˈskræmbl] krabbe; klatre; krafse; streve **(for** etter); ~**d eggs,** eggerøre *c.*

scrap [skræp] lite stykke *n;* levning *c;* lapp *c;* utklipp *n;* avfall *n;* kassere; ~**-iron,** skrapjern *n.*

scrape [skreip] skrape; skure; ~**r,** skraper *c.*

scratch [skrætʃ] risp *n;*

kloring *c;* klore; rispe; skrape.

scrawl [skrɔ:l] rable (ned); rabbel *n.*

scream [skri:m] skrik(e) *n.*

screen [skri:n] skjerm(e) *c;* skjermbrett *n;* filmlerret *c;* film-; verne; sortere; filme.

screw [skru:] skrue *c;* propell *c;* gnier *c;* skru; vri; presse; ~**driver,** skrujern *n.*

scribble [ˈskribl] rabbel *n;* rable, smøre sammen.

script [skript] (hånd)skrift *c;* skriveskrift *c; film* dreiebok *c;* **the (Holy)** ~**ure(s),** Bibelen, Den hellige skrift.

scrub [skrʌb] kratt(skog) *c (c);* skrubbe; skure.

scruple [ˈskru:pl] skruppel *c.*

scrupulous [ˈskru:pjuləs] meget samvittighetsfull; skrupuløs.

scrutinize [ˈskru:tinaiz] granske; ~**y,** gransking *c.*

scullery [ˈskʌləri] oppvaskrom *n.*

sculptor [ˈskʌlptə] billedhugger *c;* ~**ure** [-ʃə] skulptur *c.*

scum [skʌm] (av)skum *n.*

scurf [skə:f] flass *n;* skurv *c;* skjell *n.*

scuttle ['skʌtl] kullboks *c;* fare av sted.

scythe [saið] (slå med) ljå *c.*

sea [si:] hav *n;* sjø *c;* ~**s,** at sea, til sjøs, på sjøen; ~**board,** kyst(linje) *c;* ~**faring,** sjøfarende, sjø-; ~**gull** [gʌl] måke *c;* ~**level** hav(over)flate *c.*

seal [si:l] segl *n;* signet *n;* sel *c;* forsegle; besegle; plombere.

sealing ['si:liŋ] selfangst *c;* forsegling *c;* ~**-wax,** lakk *c.*

seam [si:m] søm *c (n);* fuge *c; geol* gang *c,* lag *n;* fure *c,* rynke *c;* ~**ed,** furet.

seaman ['si:mən] matros *c.*

seamstress ['semstris] sy-dame *c.*

sear [siə] brenne; svi.

search [sə:tʃ] (under)søke; gjennomsøke; lete **(for** etter); visitere; son-dere; granske; søking *c;* leting *c;* gransking *c;* **in** ~ **of,** på leting etter; ~**light,** lyskaster *c;* sø-kelys *n.*

seasick ['si:sik] sjøsyk.

seaside ['si:'said] kyst *c;* ~ **resort,** kystbadested *n.*

season ['si:zn] årstid *c;* se-song *c;* rett tid *c* (for noe); modne; krydre; ~**able,** beleilig; ~**ing,** krydder *n;* ~ **ticket,** se-songbillett *c.*

seat [si:t] sete *n;* benk *c;* sitteplass *c;* bosted *n;* sette; anvise plass.

seaweed ['si:wi:d] *bot* tang *c.*

seaworthy ['si:wə:ði] sjø-dyktig.

seclude [si'klu:d] stenge ute; avsondre.

second ['sekənd] annen, andre; nummer to; se-kundant *c;* hjelper *c;* se-kund *n;* støtte, sekunde-re; ~**ary,** underordnet; ~**hand,** annenhånds; brukt; antikvarisk; ~**-rate,** annenrangs.

secrecy ['si:krisi] hem-melighet *c;* hemmelig-holdelse *c;* ~**t,** hemme-lig; hemmelighet *c;* ~**tary** ['sekrətri] sekretær *c;* ~ **of State,** minister *c; amr* utenriksminister *c.*

secrete [si'kri:t] skjule, gjemme bort; utsondre.

sect [sekt] sekt *c.*

section ['sekʃn] snitt *n;* avdeling *c;* avsnitt *n;* seksjon *c.*

secular ['sekjulə] verdslig.

secure [si'kjuə] sikker, trygg; sikre, feste; sikre *(el* skaffe) seg.

security [si'kjuəriti] sikkerhet *c;* trygghet *c;* kausjon *c;* ~ **ies,** verdipapirer.

sedative ['sedətiv] beroligende (middel).

sedition [si'diʃn] oppvigleri *c.*

seduce [si'dju:s] forføre; ~ **r,** forfører *c.*

see [si:] se; innse; forstå; besøke, treffe; omgås; påse, passe på; se etter; følge; **I** ~, jeg skjønner; **wish to** ~ **a person,** ønske å tale med noen; ~ **a thing done,** sørge for at noe blir gjort; ~ **a person off,** følge (til stasjonen); ~ **out,** følge ut; ~ **(to it) that,** sørge for at.

seed [si:d] frø *n;* sæd *c;* ~ **ling,** frøplante *c;* ~ **y,** frørik; medtatt; loslitt.

seeing ['si:iŋ]: **worth** ~, verd å se; ~ **(that),** ettersom.

seek [si:k] søke; forsøke.

seem [si:m] synes; se ut; ~ **ing,** tilsynelatende; ~ **ly,** sømmelig; passende.

seethe [si:ð] syde; koke.

segregate ['segrigeit] skille ut; avsondre; isolere; ~ **ion** [-'gei-] utskillelse *c;* (rase)skille *n.*

seize [si:z] gripe; forstå; konfiskere; ~ **ure,** pågripelse *c;* beslagleggelse *c.*

seldom ['seldəm] sjelden (adv).

select [si'lekt] velge *(el* plukke) ut; utvalgt; utsøkt, fin; ~ **ion,** (ut)valg *n.*

self *pl,* **selves,** selv; (eget) jeg; ~ **-centered,** egosentrisk; ~ **-command,** selvbeherskelse *c;* ~ **-confidence,** selvtillit *c;* ~ **-conscious,** forlegen; sjenert; ~ **-control,** selvbeherskelse *c;* ~ **-denial,** selvfornektelse *c;* ~ **-defence,** selvforsvar *n;* ~ **-government,** selvstyre *n;* ~ **-interest,** egennytte *c;* ~ **-ish,** egoistisk; ~ **less,** uselvisk; ~ **-possessed,** behersket; ~ **-seeking,** egoistisk; ~ **-sufficient,** selvhjulpen; ~ **-willed,** egenrådig.

sell selge(s), ~ **er**, selger *c;* (god) salgsvare *c;* ~ **ing price**, salgspris *c*

seltzer ['seltsə] **(water)**, selters

semblance ['sembləns] utseende *n;* likhet *c; fig* skinn *n.*

semester [si'mestə] *amr* semester *n.*

semi- halv-.

semolina [semə'li:nə] semule(gryn) *n.*

senate ['senit] senat *n.*

send, sende; ~ **for**, sende bud etter.

senile ['si:nail] senil.

senior ['si:njə] eldre; eldst(e); overordnet *c;* senior *c.*

sensation [sen'sei∫n] følelse *c;* fornemmelse *c;* sensasjon *c.*

sense [sens] sans *c;* sansning *c;* følelse *c;* forstand *c;* betydning *c;* ~ **less**, bevisstløs; sanseløs; meningsløst.

sensibility [sensi'biliti] følsomhet *c;* ~ **ble**, følelig; merkbar; fornuftig; ~ **tive**, sensibel; følsom.

sensual ['sen∫uəl] sanselig.

sentence ['sentəns] *jur* dom *c;* setning *c;* dømme **(to** til).

sentiment ['sentimənt] følelse *c;* mening *c;* ~ **al**, [-'men-] sentimental.

sentinel ['sentinl] **sentry** ['sentri] skiltvakt *c;* post *c.*

separate ['seprit] særskilt; (at)skilt; separere; skilles, gå fra hverandre; ~ **ion**, atskillelse *c.*

September [sep'tembə] september.

sequel ['si:kwəl] fortsettelse *c;* følge *c;* ~ **nce**, rekkefølge *c;* rekke *c;* sekvens *c.*

serene [si'ri:n] klar; ren; rolig.

sergeant ['sa:dʒənt] sersjant *c;* overbetjent *c.*

serial ['siəriəl] rekke-; føljetong *c;* (film)serie *c;* ~ **es**, rekke *c;* serie *c.*

serious ['siəriəs] alvorlig.

sermon ['sə:mən] preken *c.*

serpent ['sə:pənt] slange *c;* ~ **ine** [-'tain] buktet.

servant ['sə:vənt] tjener *c;* hushjelp *c;* **civil** ~, statstjenestemann *c.*

serve [sə:v] tjene; betjene; servere; gjøre tjeneste; *tennis* serve.

service ['sə:vis] tjeneste *c;* nytte *c;* tjenestgjøring *c;*

servering c; betjening c;
statstjeneste c. (embets)-
verk n; gudstjeneste c;
krigstjeneste c; servise c;
~ **able**, nyttig; brukbar.
session ['seʃn] sesjon c;
samling c; møte n.
set, sette; innfatte; fast-
sette (tid for); bestem-
me; anslå; ordne; stille
(et ur etter, **a clock by**);
gå ned (om himmellege-
mer); bli stiv, størkne;
fast, stivnet; stø; be-
stemt; synking c; sett n,
samling c; (radio- **el**
TV-)apparat n; spisestell
n; lag n; (omgangs)krets
c; snitt n, fasong c; ten-
nis sett n; ~ **about to**, ta
fatt på; ~ **forth**, sette
fram; ~ **free**, befri; ~
off, starte; fremheve; ~
out, dra av sted; fremfø-
re; ~ **to**, ta fatt (på); ~
up, oppføre; sette opp;
fremsette; ~ **back**, til-
bakeslag n; ~ **ting**, ned-
gang c; innfatning c;
ramme c; omgivelser.
settle ['setl] sette; bosette;
etablere; ordne; avgjø-
re; betale, gjøre opp;
gjøre det av med; festne
seg; komme til ro; syn-
ke; bunnfelles; ~ **down**,

slå seg ned; bosette seg;
slå seg til ro; ~ **d**, fast,
bestemt; ~ **ment**, an-
bringelse c; bosetning c;
ordning c; overenskomst
c; oppgjør n; nybygger-
koloni c; ~ **r**, kolonist c.
seven, sju; ~ **fold**, sju-
fold; sjudobbelt;
~ **teen(th)**, sytten(de);
~ **th**, sjuende; sjuende-
del c; ~ **tieth**, syttiende;
~ **ty**, sytti.
sever ['sevə] skille(s); bry-
te(s).
several ['sevrəl] atskillige;
flere; forskjellige; re-
spektive.
severe [si'viə] streng;
hard; skarp; voldsom.
sew [sou] sy; hefte (bok);
~ **er**, syer(ske) c; ['sjuə]
kloakk c.
sex [seks] kjønn n.
sexton ['sekstən] kirketje-
ner c.
sexual ['seksʃuəl] kjønns-,
kjønnslig.
shabby ['ʃæbi] loslitt.
shackle ['ʃækl] lenke c.
shade [ʃeid] skygge c; ny-
anse c, avskygning c;
skjerm c; kaste skygge
på; skygge (for); skjer-
me; sjattere.
shadow ['ʃædou] skygge c;

skyggebilde *n;* skygge (for).

shady ['ʃeidi] skyggefull.

shaft [ʃɑ:ft] skaft *n; poet* pil *c,* spyd *n; tekn* aksel *c;* sjakt *c;* ~**s,** skjæker.

shaggy ['ʃægi] ragget.

shake [ʃeik] ryste; ruske; riste; svekke; skjelve; rysting *c;* skaking *c;* håndtrykk *n;* ~**y,** ustø; vaklende; sjaber.

shall [ʃæl] skal; vil.

shallow ['ʃælou] grunn; overfladisk; grunne *c.*

sham [ʃæm] falsk; uekte; humbug *c;* foregi; hykle.

shamble ['ʃæmbl] subbe.

shame [ʃeim] skam(følelse) *c;* skjensel *c;* beskjemme; ~**faced,** skamfull; ~**ful,** skjendig; ~**less,** skamløs.

shampoo [ʃæm'pu:] hårvask *c;* sjampo *c;* sjamponere.

shanty ['ʃænti] *mar* oppsang *c;* hytte *c;* koie *c.*

shape [ʃeip] skikkelse *c;* form *c;* snitt *n;* figur *c;* danne; forme; **in bad** ~, i dårlig stand *c;* ~**ly,** velformet; velskapt.

share [ʃɛə] (an)del *c;* part *c;* aksje *c;* (for)dele; ha

sammen **(with** med); ~**holder,** aksjonær *c.*

shark [ʃɑ:k] hai *c.*

sharp [ʃɑ:p] skarp; spiss; gløgg; lur; **at ten** ~, presis kl. 10; **look** ~! kvikt nå! ~**en,** skjerpe; kvesse; spisse; ~**er,** bedrager *c;* ~**ener,** (blyant)spisser *c;* ~**ness,** skarphet *c;* skarpsindighet *c;* ~**-sighted,** skarpsindig.

shatter ['ʃætə] splintre(s).

shave [ʃeiv] skave; barbere; streife; barbering *c;* ~**ing,** barbering *c;* ~**ings,** høvelspon *n;* ~**ing-brush,** barberkost *c.*

shawl [ʃɔ:l] sjal *n.*

she [ʃi:] hun; hunn- (om dyr); det (om skip).

sheaf [ʃi:f] bunt *c;* nek *n.*

shear [ʃiə] klippe (især sau); ~**s,** saue- *el* hagesaks *c.*

sheath [ʃi:θ] skjede *c;* slire *c.*

shed [ʃed] utgyte; spre; felle (tårer, tenner etc.); skur *n.*

sheep [ʃi:p] sau *c.*

sheer [ʃiə] skjær; ren.

sheet [ʃi:t] ark *n;* flak *n;* flate *c;* plate *c;* laken *n;*

mar skjøt *n;* ~**-glass,** vindusglass *n;* ~**-iron,** jernblikk *n.*

shelf, *pl* **shelves** [ʃelf, -vz] hylle *c;* avsats *c;* grunne *c;* sandbanke *c.*

shell [ʃel] skall *n;* skjell *n;* musling *c;* (patron)hylse *c;* patron *c;* granat *c;* skalle; bombardere; ~**fish,** skalldyr *n;* ~**-proof,** bombesikker.

shelter [ˈʃeltə] ly *n;* vern *n;* beskytte; huse; gi ly.

shelve [ʃelv] legge på hylle; skrinlegge.

shepherd [ˈʃephəd] (saue)gjeter *c;* gjete; vokte.

sheriff [ˈʃerif] sheriff *c;* foged *c; amr* omtr. lensmann *c.*

shield [ʃiːld] skjold *n;* vern *n;* forsvar *n;* beskytte, verge.

shift [ʃift] skifte; omlegge; flytte på; forskyve seg; greie seg; finne utvei; skifte *n;* ombytting *c;* arbeidsskift *n;* utvei *c;* klesskift *n;* ~**y,** upålitelig.

shilling [ˈʃiliŋ] shilling *c* (¹/₂₀ pund).

shimmer [ˈʃimə] flimre; flimring *c.*

shine [ʃain] skinn *c;* glans *c;* skinne; stråle; pusse.

shingle [ˈʃiŋgl] takspon *n;* grus *n (c)* singel *c;* spontekke.

shiny [ˈʃaini] skinnende; blank.

ship [ʃip] skip *n;* (inn)skipe; mønstre på; ~**-broker,** skipsmekler *c;* ~**ment,** skiping *c.* parti *n;* sending *c;* ~**owner,** skipsreder *c;* ~**ping,** skipsfart *c;* tonnasje *c;* ~**wreck,** skibbrudd *n;* forlise; ~**yard,** skipsverft *n.*

shire [ˈʃaiə] eng. grevskap *n;* fylke *n.*

shirk [ʃəːk] skulke.

shirt [ʃəːt] skjorte *c;* skjortebluse *c;* ~**ing,** skjortestoff *n; c.*

shiver [ˈʃivə] splint(re) *c;* skjelve; (kulde)gysing *c;* ~**y,** skjelvende; kulsen.

shoal [ʃoul] stim(e) *c;* grunne *c.*

shock [ʃok] støt *n;* sjokk *n;* ryste; sjokkere; ~**ing,** anstøtelig; sjokkerende.

shoe [ʃuː] sko *c;* sko; beslå; ~**black,** skopusser *c;* ~**horn,** skohorn *n;* ~**maker,** skomaker *c;*

~ **lace**, ~ **-string**, skolisse *c.*

shoot [ʃuːt] skyte; gå på jakt; styrte; lesse av; tømme; spire fram; ta opp (film); skudd *n;* jakt *c;* stryk *n* (i elv).

shooting ['ʃuːtiŋ] skyting *c;* (film)opptak *n;* jakt(rett) *c;* sting *n;* **go ~**, gå på jakt; ~ **star**, stjerneskudd *n.*

shop [ʃɔp] butikk *c;* verksted *n;* handle, gå i butikker; ~ **assistant**, ekspeditør *c;* ekspeditrise *c;* ~ **keeper**, detaljhandler *c;* kjøpmann *c;* ~ **lifter**, butikktyv *c;* ~ **window**, utstillingsvindu *n.*

shore [ʃɔː] kyst *c;* strand *c.*

short [ʃɔːt] kort; liten (av vekst); kortvarig; kortfattet; snau; knapp; ~ **wave**, kortbølge *c;* **in ~**, kort sagt; ~ **s**, shorts *c;* ~ **age**, mangel *c;* knapphet; ~ **circuit**, kortslutning *c;* mangel *c;* ~ **cut**, snarvei *c;* ~ **en**, forkorte; ~ **hand**, stenografi *c;* ~ **-lived**, kortvarig; ~ **ly**, snart; ~ **ness**, korthet *c;*

~ **-sighted**, kortsynt; nærsynt.

shot [ʃɔt] skudd *n;* hagl *n;* prosjektil(er) *n;* skuddvidde *c;* skytter *c; fotogr* og *film* (øyeblikks)opptak *n.*

shoulder ['ʃouldə] skulder *c;* ta på seg; ta på skuldrene.

shout [ʃaut] rop(e) *n;* brøl(e) *n.*

shove [ʃʌv] skubb(e) *n;* skyve.

shovel ['ʃʌvl] skuffe *c;* skyfle.

show [ʃou] vise (seg); fremvise; forevise; stille ut; ~ **off**, vise seg; briljere; utstilling *c;* fremvisning *c;* forestilling *c;* ytre skinn *n;* forstillelse *c;* ~ **-case**, montre *c.*

shower ['ʃauə] byge *c;* skur *c;* (~ **-bath**), dusj(bad) *n;* dusje; ~ **y**, byget.

show-room, utstillingslokale *n;* ~ **y**, prangende.

shred [ʃred] remse *c;* strimmel *c;* trevl *c.*

shrewd [ʃruːd] skarp(sindig).

shriek [ʃriːk] hyl(e) *n;* skrik(e) *n.*

shrill [ʃril] skingrende.

shrimp [ʃrimp] reke *c;* pusling *c.*

shrine [ʃrain] helgenskrin *n.*

shrink [ʃriŋk] skrumpe inn; krympe; vike tilbake for.

shrivel [ˈʃrivl] skrumpe inn.

shrub [ʃrʌb] busk *c.*

shrug [ʃrʌg] trekke på skuldrene; skuldertrekning *c.*

shudder [ˈʃʌdə] gyse; gysing *c.*

shuffle [ˈʃʌfl] skyve, slepe; stokke (kort); blande.

shun [ʃʌn] unngå; sky.

shut [ʃʌt] lukke(s); lukke seg; lukket; ~ **down**, lukke; stanse arbeidet; ~ **down**, stansing av arbeidet (i en fabrikk); ~ **in**, innelukke; ~ **up**, stenge (inne); holde munn; ~ **ter**, skodde *c; vinduslem c; fotogr* lukker *c.*

shuttle [ˈʃʌtl] skyttel(fart) *c;* pendle; ~ **cock**, fjærball *c.*

shy [ʃai] sky; genert; skvetten; bli sky; kaste; ~ **ness**, skyhet *c.*

sick [sik] syk **(of** av); sjø-

syk; kvalm; matt; lei og kei **(of** av); ~ **-bed**, sykeseng *c;* ~ **en**, bli syk.

sickle [ˈsikl] sigd *c.*

sick-leave, sykepermisjon *c;* ~ **ly**, sykelig; skrøpelig; usunn; kvalmende; ~ **ness**, sykdom *c;* kvalme *c.*

side [said] side *c;* kant *c;* parti *n;* side-; ta parti **(with** for); ~ **board**, anretningsbord *n;* ~ **-car**, sidevogn *c;* ~ **light**, sidelys *n;* streiflys *n;* ~ **long**, sidelengs; ~ **slip**, (om bil) gli til siden; ~ **walk**, *amr* fortau *n;* ~ **ways**, ~ **wise**, sidelengs. ·

sieve [siv] sil(e) *c;* sikte.

sift, sikte; sile; prøve; strø.

sigh [sai] sukk(e) *n.*

sight [sait] syn(sevne) *n (c);* observasjon *c;* severdighet *c;* sikte *n* (på skytevåpen); få øye på; få i sikte; sikte inn *el* på; rette (skytevåpen); **catch** ~ **of**, få øye på; ~ **-seeing**, beskuelse *c* av severdigheter.

sign [sain] tegn *n;* vink *n;* skilt *n;* gjøre tegn; merke; undertegne.

signal ['signəl] signal(isere) n; eklatant; utmerket.

signature ['signətʃə] underskrift c.

significance [sig'nifik(ə)ns] betydning c; viktighet c; ~t, betydningsfull; betegnende.

signify ['signifai] betegne; bety.

signpost ['sainpoust] veiskilt n; veiviser c.

silence ['sailəns] stillhet c; taushet c; få til å tie; ~t, stille; taus.

silk, silke c; ~en, silke-; av silke; ~y, silkeaktig.

sill, vinduskarm c; dørterskel c.

silliness ['silinis] dumhet c; ~y, dum; enfoldig; tosket.

silver ['silvə] sølv n.

similar ['similə] lignende; lik; maken; ~ity, likhet c.

simmer ['simə] småkoke; putre.

simple ['simpl] enkel; lett.

simplicity [sim'plisiti] enkelhet c; letthet c; troskyldighet c; ~fy, forenkle.

simply ['simpli] simpelthen.

simultaneous [siməl'teinjəs] samtidig; simultan-.

sin, synd(e) c.

since [sins] siden; ettersom.

sincere [sin'siə] oppriktig; ~ity [sin'seriti] oppriktighet c.

sinew ['sinju:] sene c; kraft c.

sing [siŋ] synge; ~er, sanger c.

singe [sindʒ] svi.

single ['siŋgl] enkelt; eneste; enslig; ugift; utvelge, plukke ut; tennis enkeltspill n; single; ~-breasted, enkeltspent, enkeltknappet; ~ file, gåsegang; ~-handed, uten hjelp.

singular ['siŋgjulə] entall n; enestående; usedvanlig; underlig.

sinister ['sinistə] illevarslende; skummel.

sink [siŋk] synke; senke; grave, bore; vask c; oppvaskkum c; kloakk c.

sinner ['sinə] synder c.

sinuous ['sinjuəs] buktet, slynget.

sip, nippe (at til); tår c.

sir [sə:] (i tiltale) min

herre; **Sir**, tittel foran knight's *el* baronet's fornavn (og etternavn).

sirloin ['sə:lɔin] mørbradsteik *c*.

sister ['sistə] søster *c*; ~ **-in-law**, svigerinne *c*.

sit, sitte; holde møte(r); (om høne) ruge **(on på)**; passe (om klær); ~ **down**, sette seg; ~ **up**, sette seg opp; sitte oppe (utover natten).

site [sait] beliggenhet *c*; plass *c*; (bygge)tomt *c*.

sitting ['sitiŋ] det å sitte; møte *n*; sesjon *c*; ~ **-room**, dagligstue *c*.

situated ['sitjueitid] beliggende; ~ **ion** [sitju'eiʃn] *c*; beliggenhet *c*; stilling *c*; post *c*.

six [siks] seks; ~ **fold**, seksdobbelt; ~ **teen**, seksten; ~ **teenth**, sekstende(del); ~ **th**, sjette(del); ~ **thly**, for det sjette; ~ **ty**, seksti.

size [saiz] størrelse *c*; dimensjon *c*; (sko- osv.) nummer *n*; sortere; beregne.

skate [skeit] skøyte *c*; gå på skøyter; ~ **ing-rink**, (kunstig) skøytebane *c*; rulleskøytebane *c*.

skeleton ['skelitn] skjelett *c*.

sketch [sketʃ] skisse(re) *c*.

ski [ski:] ski *c*; gå på ski.

skid, skrense; støtteplanke *c*.

skier ['ski:ə] skiløper *c*; ~ **ing**, skiløping *c*.

skilful ['skilful] dyktig.

skill, dyktighet *c*; ferdighet *c*; ~ **ed**, faglært; dyktig.

skim (off), skumme (av); ~ **-milk**, skummet melk *c*.

skin, hud *c*; skinn *n*; skall *n* (på frukt); hinne *c*; snerk *c*; flå, skrelle; gro til; heles; ~ **ny**, radmager.

skip, hopp *n*; byks *n*; sprett *n*; hoppe; springe; hoppe tau; hoppe over; puffe; ~ **per**, skipper *c*; kaptein *c*; lagleder *c*.

skirmish ['skə:miʃ] skjærmyssel *c*; småslåss.

skirt [skə:t] skjørt *n*; flik *c*; frakkeskjøt *c*; ~ **s**, (ofte) utkant *c*; gå (*el* ligge) langsmed; streife.

skull [skʌl] hodeskalle *c*.

sky [skai] himmel *c*; **in the ~**, på himmelen; ~ **light**, takvindu *n*;

overlys *n;* ~**scraper,** skyskraper *c.*

slab [slæb] plate *c;* steinhelle *c;* skive *c* (av brød, kjøtt o.l.).

slack [slæk] slapp; slakk; sløy; ~**en,** slappe (av); slakke; minske (seil); ~**er,** slappfisk *c.*

slag [slæg] slagg *n.*

slam [slæm] smell *n;* slem *c* (i bridge); smelle igjen (døra).

slander ['sla:ndə] baktale; bakvaske(lse *c);* ~**er,** baktaler *c;* ~**ous,** baktalende.

slang [slæŋ] slang *c.*

slant [sla:nt] skrå retning *c;* synspunkt *n;* skråne; helle; ~**ing,** skrå.

slap [slæp] dask(e) *c;* slag *n;* slå; klapse.

slash [slæʃ] flenge (i); hogge.

slate [sleit] skifer(tavle) *c;* **a clean** ~, rent rulleblad *n.*

slaughter ['slɔ:tə] slaktning *c;* nedsabling *c,* blodbad *n;* slakte; ~**house,** slakteri *n.*

slave [sleiv] slave *c;* ~**ry,** slaveri *n.*

slay [slei] slå ihjel.

sled(ge) [sledʒ] slede *c;*

kjelke *c;* kjøre med slede; ake.

sledge(hammer) ['sledʒhæmə] slegge *c.*

sleek [sli:k] glatt(e).

sleep [sli:p] søvn *c;* sove; ~**er,** sovende; sovevogn *c;* jernbanesville *c;* ~**iness,** søvnighet *c.*

sleeping-bag ['sli:piŋbæg] sovepose *c;* ~-**car,** sovevogn *c;* ~-**sickness,** sovesyke *c.*

sleepless ['sli:plis] søvnløs; ~**lessness,** søvnløshet *c;* ~**walker,** søvngjenger *c;* ~**y,** søvnig.

sleet [sli:t] sludd *n.*

sleeve [sli:v] erme *n.*

sleigh [slei] slede *c;* kjøre med slede.

slender ['slendə] slank; smekker; tynn; skrøpelig; ~**ness,** slankhet *c.*

slice [slais] skive *c;* del *c,* stykke *n;* sleiv *c,* spade *c;* spatel *c;* skjære i skiver; skjære opp.

slick [slik] glatt(e); elegant.

slide [slaid] gli; skli; sklie *c;* ras *n;* skred *n;* rutsjebane *c;* ~-**rule,** regnestav *c.*

slight [slait] sped; ubetydelig; forbigå(else) *(c).*

slim, slank; slanke seg.

slime [slaim] slam *n;* slim *n.*

sling [sliŋ] slynge *c;* fatle *c;* kaste; slynge.

slip, gli; smutte; liste seg; slippe bort (fra); glidning *c;* feil *c;* strimmel *c;* underkjole *c;* putevar *n;* ~ **on (off),** ta på (av) (kjole osv.); ~ **of paper,** seddel *c;* ~ **per,** tøffel *c;* ~ **pery,** glatt.

slit, spalte *c;* rift *c;* revne *c;* skjære, sprette, klippe opp.

slogan ['slougǝn] slagord *n.*

slop [slɔp] skyllevann *n;* pytt *c;* søle; skvalpe; ~ **py,** sølet; slurvet.

slope [sloup] skråning *c;* helling skråne.

slosh [slɔʃ] skvalpe; skvalping *c.*

slot [slɔt] sprekk *c;* spalte *c;* ~ **machine,** (salgs- *el* spille)automat *c.*

slouch [slautʃ] henge slapt; ~ **along,** slentre avsted.

slovenly ['slʌvnli] sjusket.

slow [slou] langsom; sen; tungnem; kjedelig, langtekkelig; **my watch is ten minutes** ~, klokken min går ti minutter for sakte.

sludge [slʌdʒ] snøslaps *n;* sørpe *c;* mudder *n.*

sluice [sluːs] sluse *c;* skylle.

slumber ['slʌmbǝ] slumre; slummer *c;* ~ **ous,** søvndyssende; søvnig.

slump [slʌmp] plutselig prisfall *n;* falle brått (om priser o.l.).

slur [slǝː] snakke (*el* skrive) utydelig.

slush [slʌʃ] slaps; søle *c.*

sly [slai] slu; listig; lur.

smack [smæk] klask *n;* smatting *c;* smellkyss *n;* smak *c;* smake (**of** av); smatte; smaske.

small [smɔːl] liten; ubetydelig; smålig; ~ **pox,** kopper; ~ **talk,** lett konversasjon *c.*

smart [smaːt] skarp; våken; gløgg; flott; fiks; velkledd; smart; svi; gjøre vondt.

smash [smæʃ] smadre(s); slå; slenge; slag *n;* ~ **ing,** knusende; flott.

smattering ['smætǝriŋ] overfladisk kjennskap *c.*

smear [smiǝ] fettflekk *c;* smøre (til); bakvaske.

smell [smel] lukt(esans) *c;* lukte.

smelt, smelte (malm).

smile [smail] smil(e) *n.*

smite [smait] slå; ramme.

smith [smiþ] smed *c.*

smithy ['smiði] smie *c.*

smock [smɔk] arbeidskittel *c.*

smog [smɔg] (smoke og fog) røyktåke *c.*

smoke [smouk] ryke; røyk(e) *c; dt* sigar *c;* sigarett *c;* ~ **r**, røyker *c;* røykekupé *c.*

smoking ['smoukiŋ]: **no** ~ **!**, røyking forbudt!; ~ **-compartment**, røykekupé *c.*

smoky ['smouki] røykfylt.

smooth [smu:ð] glatt; jevn; rolig; glatte, berolige.

smoulder ['smouldə] ulme.

smug [smʌg] selvtilfreds.

smuggle ['smʌgl] smugle; ~ **r**, smugler *c.*

smut [smʌt] (sot)flekk *c;* smuss *n;* skitt *n;* sote; smusse; ~ **ty**, sotet; skitten; uanstendig.

snack [snæk] matbit *n;* lett måltid *n.*

snag [snæg] ulempe *c.*

snail [sneil] snegl *c* (med hus).

snake [sneik] slange *c.*

snap [snæp] snappe; glefse; knipse; glefs *n;* smekk *c;* ~ **shot**, øyeblikksfotografi *n.*

snare [snɛə] (fange i) snare *c.*

snarl [sna:l] snerre; knurre.

snatch [snætʃ] snappe; gripe (**at** etter); kjapt grep *n;* napp *n.*

sneak [sni:k] snike (seg); luske; sladre(hank *c*).

sneer [sniə] smile hånlig.

sneeze [sni:z] nys(e) *n.*

sniff [snif] snuse; snufse; rynke på nesen (**at** av).

sniper ['snaipə] snikskytter *c.*

snob [snɔb] snobb *c;* ~ **bery**, snobbethet *c;* ~ **bish**, snobbet.

snore [snɔ:] snork(e) *n;* ~ **t**, snøfte; fnyse.

snout [snaut] snute *c;* tryne *n.*

snow [snou] snø *c;* ~ **storm**, snøstorm *c;* ~ **y**, snøhvit; snødekket.

snub [snʌb] irettesette; avbryte.

snuff [snʌf] snus(e) *c;* utbrent veke *c;* snyte (et lys).

snug [snʌg] lun; koselig;

legge seg (godt) ned; krype sammen.

so [sou] så(ledes); altså; **and ~ on,** og så videre; **~-and-so,** den og den.

soak [souk] gjennombløte; trekke til seg.

soap [soup] såpe *c;* såpe inn; **~ suds,** såpeskum *n.*

soar [sɔːr] fly høyt; sveve; stige sterkt (om pris o.l.).

sob [sɔb] hulke; hulking *c.*

sober ['soubə] nøktern; edru; edruelig; sindig.

sobriety [sou'braiəti] nøkternhet *c;* edruelighet *c.*

so-called, såkalt.

soccer ['sɔkə] (vanlig) football *c.*

sociable ['souʃəbl] selskapelig; omgjengelig.

social ['souʃl] sosial; samfunns-; selskapelig.

society [sə'saiəti] samfunn(et); sosieteten; forening *c;* selskap *n.*

sock [sɔk] sokk *c;* slag *n.*

socket ['sɔkit] holder *c;* øyenhule *c;* hofteskål *c; elektr* stikkontakt *c.*

sod [sɔd] grastorv *c.*

soda ['soudə] soda *c;* natron *c;* **(~-water),** sodavann *n.*

sofa ['soufə] sofa *c.*

soft [sɔft] bløt; myk; svak; dempet; blid; **~ en** ['sɔfn], bløtgjøre; mildne; **~ ness,** bløthet *c;* mildhet *c.*

soil [sɔil] jord(smonn) *c (n);* jordbunn *c;* skitt *c;* søle, skitne til.

sojourn ['sɔdʒəːn] opphold(e seg) *n.*

soldier ['souldʒə] soldat *c;* **~ y,** soldater.

sole [soul] såle *c;* sjøtunge *c;* eneste; ene-; utelukkende.

solemn ['sɔləm] høytidelig; **~ ity** [sə'lemniti] høytidelighet *c.*

solicit [sə'lisit] be innstendig om; anmode om; **~ or,** (rådgivende) advokat *c.*

solid ['sɔlid] fast; massiv; solid; pålitelig; **~ ify** [sə'lidifai] (få til å) størkne; **~ ity** [sə'liditi] fasthet *c;* soliditet *c.*

solitary ['sɔlitəri] ensom; enslig; **~ ude,** ensomhet *c.*

solution [sə'luːʃn] (opp)-løsning *c.*

solve [sɔlv] løse (problem o.l.).

solvency ['sɔlvənsi] betalingsevne *c;* **~ t,** solvent.

some [sʌm] noen, noe; en eller annen, et eller annet; visse, somme; omtrent; ~**body,** noen, en eller annen; ~**how,** på en eller annen måte; ~**one,** noen; ~**thing,** noe, et eller annet; ~**time,** en gang, en dag; ~**times,** undertiden; av og til; ~**what,** noe; litt; temmelig; ~**where,** et eller annet sted.

somersault ['sʌməsɔ:lt] (slå) saltmortale.

son [sʌn] sønn c; ~-**in-law,** svigersønn c.

song [sɔŋ] sang c, vise c.

soon [su:n] snart; tidlig; gjerne; ~**er,** snarere; heller.

soot [sut] sot c.

soothe [su:ð] berolige.

sooty ['suti] sotet; svart.

sop [sɔp] oppbløtt brødbit c; godbit c; pyse c; bløte opp.

sophisticated [so'fistikei-tid] tilgjort; verdenserfaren; forfinet.

sorcery ['sɔ:səri] trolldom c.

sordid ['sɔ:did] skitten; elendig; smålig.

sore [sɔ:] sår n; byll c; ømt sted; sår; øm(tålig); ~**ness,** sårhet c; ømhet c.

sorrow ['sɔrou] sorg c; bedrøvelse c; sørge; ~**y,** bedrøvet; sørgmodig; lei; **(I am) so ~~!** unnskyld! **I am ~~ for him,** jeg har vondt av ham.

sort [sɔ:t] sort c; slag(s) n; sortere; ordne.

soul [soul] sjel c.

sound [saund] lyd c; klang c; sonde c; sund n; sunn, frisk; sterk; u-skadd; hel; dyp, fast (om søvn); velbegrunnet; sondere; lodde; prøve, få til å røpe; lyde; klinge; gi signal; **safe and ~,** i god behold.

soup [su:p] suppe c.

sour ['sauə] sur; gretten; surne; gjøre sur; forbitre.

source [sɔ:s] kilde c; opprinnelse c.

south [sauþ] sør; syden; sørover; i sør; ~-**east,** sørøst(lig); ~**erly** ['sʌ-ðəli] sørlig, sønnen-; ~**ern,** sørlig, sør-; sydlandsk; ~**erner,** sydlending c; amr sørstatsmann *c;* ~**ward** ['sauþ-wəd] sørover.

south-west ['sauþwest] sør-vest; ~**er,** sørvestvind *c;* sydvest *c* (plagg).

sovereign ['sɔvrin] høyest; suveren; hersker *c;* mo-nark *c;* ~**ty,** suverenitet *c.*

sow [sau] purke *c;* [sou] så (til).

spa [spa:] kursted *n.*

space [speis] rom *n;* plass *c;* areal *n;* tidsrom *n;* spalteplass *c;* ~**ious,** rommelig.

spade [speid] spade *c;* ~**s,** spar.

Spain [spein] Spania.

span [spæn] spenn *c;* spann *n* (hester); spenn-vidde *c;* spenne (over); omspenne.

Spaniard ['spænjəd] spa-nier *c;* ~**sh,** spansk (og-så språket).

spank [spæŋk] klaske; daske.

spanner ['spænə] skrunøk-kel *c;* skiftenøkkel *c.*

spare [spɛə] unnvære; av-se; la være; skåne, spa-re; knapp; sparsom; le-dig; reserve-; ~ (**bed**)-**room** gjesteværelse *n;* ~

parts, reservedeler; ~ **time,** fritid *c.*

sparing ['spɛriŋ] sparsom.

spark [spa:k] gnist(re) *c;* tenne (om motor); ~**(ing)plug,** tennplugg *c;* ~ **le,** gnist(re) *c;* funk-le; boble.

sparrow ['spærou] spurv *c.*

spasm ['spæzm] krampe *c.*

spatial ['speiʃəl] romlig, rom-.

spawn [spɔ:n] (legge) rogn *c;* gyte; avle.

speak [spi:k] tale; snak-ke; ~ **out,** snakke ut (*el* høyt); ~**er,** taler *c;* ord-styrer *c;* president i Un-derhuset.

spear [spiə] spyd *n;* lanse *c;* spidde.

special ['speʃəl] spesiell; særlig; spesial-; ekstra-(nummer, -tog); ~**ist,** fagmann *c;* ~**ity** [spe-ʃi'æliti] spesialitet *c;* ~**ize** ['speʃəlaiz] spesiali-sere (seg).

specific [spi'sifik] sær-egen; spesiell; spesifikk; ~**ication,** spesifisering *c;* ~**y** ['spesifai] spesifi-sere.

specimen ['spesimin] prø-ve *c;* eksemplar *n.*

speck [spek] flekk *c.*

spectacle ['spektəkl] syn *n;* opptog *n;* **a pair of ~s,** et par briller.

spectacular [spek'tækjulə] iøynefallende; prangende.

spectator [spek'teitə] tilskuer *c.*

speculate ['spekjuleit] gruble **(on** over); spekulere.

speech [spi:tʃ] tale *c;* **~ less,** målløs, stum.

speed [spi:d] hast(e) *c;* hurtighet *c;* fart *c;* fare; ile; **~ up,** sette opp farten; **~-limit,** fartsgrense *c;* **~y,** hurtig; rask; snarlig.

spell (kort) periode *c;* tørn *c;* trylleformular *c;* fortrylle(lse *c);* stave; avløse; **~ bound,** fortryllet, fjetret.

spelling ['speliŋ] rettskrivning *c;* stavemåte *c.*

spend [spend] (for)bruke; tilbringe; **~ thrift,** ødeland *c.*

spew [spju:] spy (ut).

sphere [sfiə] sfære *c;* klode *c.*

spice [spais] krydder(i) *n;* krydre.

spider ['spaidə] edderkopp *c.*

spike [spaik] spiss *c;* pigg *c;* nagle *c;* aks *n;* nagle fast.

spill, spille; søle; kaste av.

spin, spinne; virvle; snurre rundt; om fly: gå i spinn.

spinach ['spinidʒ] spinat *c.*

spine [spain] ryggrad *c;* bokrygg *c;* torn *c.*

spinning-mill, spinneri *n;* **~-wheel,** rokk *c.*

spinster ['spinstə] ugift kvinne *c.*

spire [spaiə] spir *n.*

spirit ['spirit] ånd *c;* spøkelse *n;* sinn(elag) *n;* humør *n;* lyst *c;* mot *n;* livlighet *c;* sprit *c;* oppmuntre; **~s,** brennevin *n;* **in high ~s,** opprømt; i godt humør; **in low ~s,** nedslått; **~ed,** livlig; energisk; kraftig; **~ual,** åndelig; geistlig.

spit, spidd *n;* odde *n;* spytt(e) *n;* frese (om katt); sprute; **~fire** ['spitfaiə] hissigpropp *c.*

spite [spait] ondskap-(sfullhet) *c;* **in ~ of,** til tross for; **~ful,** ondskapsfull.

spittle ['spitl] spytt *n.*

splash [splæʃ] skvett(e) *c;*

plask(e) *n;* søle til; **make a ~,** vekke sensasjon *c.*

spleen [spli:n] milt *c;* livstretthet *c;* dårlig humør *n.*

splendid ['splendid] strålende; glimrende; storartet; **~dour,** glans *c;* prakt *c.*

splice [splais] spleise; skjøte.

splint, *med* skinne; **~er,** splint *c;* flis *c;* spon *n.*

split, sprekk *c;* spalting *c;* splitte(lse *c);* spalte; kløyve; dele seg.

splutter ['splʌtə] sprute; spruting *c;* oppstyr *n.*

spoil [spɔil] bytte *n;* rov *n;* ødelegge; skjemme bort; spolere; **~-sport,** gledesdreper *c.*

spoke [spouk] eike *c;* trinn *n;* **~sman,** talsmann *c.*

sponge [spʌndʒ] svamp *c;* vaske (*el* pusse ut) med svamp; **~-cake,** sukkerbrød *n;* **~r,** snyltegjest *c.*

sponsor ['spɔnsə] fadder *c;* garantist *c;* en som betaler radio- *el* TV-program; støtte; garantere.

spontaneous [spɔn'teinjəs] spontan; umiddelbar.

spook [spu:k] spøkelse *n.*

spool [spu:l] spole *c;* filmrull *c;* (fiske)snelle *c;* spole.

spoon [spu:n] skje *c.*

sport [spɔ:t] atspredelse *c;* lek *c;* moro *c;* idrett *c;* leke; drive sport; **~sman,** sportsmann *c;* jeger *c;* **~s-wear,** sportsklær.

spot [spɔt] flekk *c;* sted *n;* bit *c,* smule *c;* flekke; oppdage; **~less,** uten flekker; lytefri; **~light,** prosjektør *c;* søkelys *n.*

sprain [sprein] forstuing *c;* forstue.

sprawl [sprɔ:l] ligge henslengt; bre seg.

spray [sprei] kvist *c;* sprøyt *c;* sprøytevæske *c;* (over)sprøyte.

spread [spred] spre (utover); bre (utover); dekke (bordet); spre seg; utstrekning *c;* omfang *n;* utbredelse *c.*

spree [spri:] rangel *c;* moro *c.*

sprig, kvist *c;* kvast *c.*

spring [spriŋ] vår *c;* kilde *c;* hopp *n;* (driv)fjær *c;* spennkraft *c;* springe; sprette; bryte fram; oppstå **(from** av);

~-**board**, springbrett *n;*
~ **mattress**, springmadrass *c;* ~-**tide**, springflo
c; ~-**y** ['spriŋi] spenstig.
sprinkle ['spriŋkl] stenke;
skvette; ~-**r**, sprøytevogn *c;* sprinkleranlegg
n.
sprout [spraut] spire *c;*
skudd *n;* spire; **Brussels**
~-**s**, rosenkål *c.*
spruce [spru:s] gran *c;*
fjong, fin.
spry [sprai] kvikk; livlig.
spur [spə:] spore *c;* (an)-
spore.
sputter ['spʌtə] sprute;
snakke fort og usammenhengende; frese.
spy [spai] spion(ere) *c;*
~-**glass**, liten kikkert *c.*
squabble ['skwɔbl] kjekl *n;*
kjekle.
squad [skwɔd] lag *n;* patrulje *c;* ~ **ron**, skvadron
c; eskadron *c.*
squalid ['skwɔlid] skitten;
ussel.
squall [skwɔ:l] skrike;
vræle; skrål *n;* vindstøt
n, byge *c.*
squander ['skwɔndə] ødsle
bort; spre(s).
square [skwɛə] firkantet;
kvadratisk; rettvinklet;
undersetsig, firskåren;

ærlig; real; kvitt, skuls;
oppgjort (om mellomværende); ~ **with**, ikke
skylde noe; firkant *c;*
kvadrat *n;* åpen plass *c;*
gjøre opp, ordne; bestikke; ~-**built**, firskåren; ~ **mile**, kvadratmil
c.
squash [skwɔʃ] kryste;
presse; fruktsaft *c;*
gresskar *n.*
squat [skwɔt] sitte på
huk; ta opphold uten
tillatelse; liten; undersetsig.
squeak [skwi:k] pip(e) *n.*
squeal [skwi:l] hvin(e) *n.*
squeeze [skwi:z] klem(me)
c; trykk(e) *n;* press(e) *n.*
squint [skwint] skjele.
squire ['skwaiə] godseier
c.
squirm [skwə:m] vri seg.
squirrel ['skwirəl] ekorn *n.*
squirt [skwə:t] sprøyt(e)
n.
S.S. = **steamship.**
St. = **Saint; Street.**
stab [stæb] stikke; dolke.
stability [stə'biliti] fasthet
c; stabilitet *c;* ~ **zation**
[steibilai'zeiʃn] stabilisering *c;* ~ **ze**, stabilisere.
stable ['steibl] stabil; fast;
varig; trygg; stall *c.*

stack [stæk] stabel *c;* (korn-, høy-)stakk *c;* stable; stakke (høy).

stadium ['steidjəm] stadion *n.*

staff [sta:f] stab *c;* personale *n;* **on the ~**, (fast) ansatt.

staff [sta:f] *pl* **staves** [steivz] stav *c;* stang *c;* stokk *c.*

stag [stæg] (kron)hjort *c;* **~ party**, herreselskap *n.*

stage [steidʒ] plattform *c;* stillas *n;* skueplass *c;* scene *c;* teater *n;* stadium *n;* sette i scene; **~-craft**, regikunst *c;* **~-manager**, regissør *c.*

stagger ['stægə] rave; forbløffe; raving *c.*

stagnant ['stægnənt] stillestående; **~nate**, stagnere.

stain [stein] farge; flekke; vanære; flekk *c;* skam *c;* **~less**, plettfri; rustfri (stålvarer).

stair [stɛə] trapp(etrinn) *c (n);* **~case**, trapp *c;* trappegang *c.*

stake [steik] stake *c;* påle *c;* innsats *c;* våge, sette på spill; **at ~**, på spill.

stale [steil] bedervet; flau; doven (om øl);

gammelt (brød); forterskel; **~mate**, matt (i sjakk); stopp, dødt punkt *n.*

stalk [stɔ:k] stengel *c;* stilk *c;* liste seg fram; spankulere.

stall [stɔ:l] bås *c;* spiltau *n;* markedsbu *c; teat* orkesterplass *c.*

stallion ['stæljən] hingst *c.*

stamina ['stæminə] utholdenhet *c.*

stammer ['stæmə] stamme.

stamp [stæmp] stempel *n;* preg *n;* avtrykk *n;* frimerke *n;* karakter *c;* stamping *c;* stemple; frankere; stampe; **~ede** [stæm'pi:d] panikk *c.*

stand [stænd] stå; ligge (om bygning); bestå; være; tåle; stans *c;* bod *c;* (utstillings)stand *c;* standpunkt *n;* tribune *c;* **make a ~**, ogs.: gjøre motstand; **~ by**, stå ved; holde seg parat; **~ off**, holde seg på avstand; **~ one's ground**, holde stand; **~ up for**, gå i bresjen for.

standard ['stændəd] fane *c;* flagg *n;* norm *c;* standard *c;* målestokk *c;* myntfot *c;* normal-; **~**

of living, levestandard *c;* ~**ize,** standardisere.

standing ['stændiŋ] stående; fast; stilling *c;* rang *c.*

standpoint ['stændpoint] standpunkt *n;* synspunkt *n.*

standstill ['stæn(d)stil] stans *c;* stillstand *c.*

stanza ['stænzə] vers *n;* strofe *c.*

staple ['steipl] stapel- (vare) *c;* stapling machine, stiftemaskin *c.*

star [sta:] stjerne *c;* opptre i hovedrollen.

starboard ['sta:bəd] styrbord.

starch [sta:tʃ] stive(lse *c*).

stare [stɛə] stirre; stirring *c.*

starfish ['sta:fiʃ] sjøstjerne *c.*

stark [sta:k] stiv; ren(t); fullstendig.

starling ['sta:liŋ] stær *c.*

start [sta:t] fare opp; dra av gårde; starte; begynne; sette i gang; sett *n;* rykk *n;* begynnelse *c;* start *c;* ~**er,** starter *c;* ~**ing-point,** utgangspunkt *n.*

startle ['sta:tl] forskrekke.

starvation [sta:'veiʃn] sult *c;* hungersnød *c;* ~**e,** sulte.

state [steit] tilstand *c;* stilling *c;* stand *c;* rang *c;* stat *c;* stas *c;* ytre; erklære; fremsette; ~**liness,** statelighet *c;* ~**ly,** statelig; prektig; ~**ment,** beretning *c;* erklæring *c;* fremstilling *c;* ~ ~ **of account(s),** kontoutskrift *c;* ~**room,** lugar *c; amr* kupé; ~**sman,** statsmann *c.*

station ['steiʃn] stasjon *c;* (samfunns)stilling *c;* anbringe; stasjonere; ~**ary,** stasjonær; fast; ~**er,** papirhandler *c;* ~**ery,** skrivesaker.

statistical [stə'tistikl] statistisk; ~**s,** statistikk *c.*

statue ['stætju:] statue *c.*

stature ['stætʃə] legemshøyde *c;* (åndelig) vekst *c.*

status ['steitəs] status *c;* posisjon *c.*

stave [steiv] (tønne)stav *c;* strofe *c.*

stay [stei] opphold *n;* stag *n;* bardun *c;* **(a pair of)** ~**s,** korsett *n;* oppholde seg; stanse; (for)bli; bo; ~ **away,** holde seg borte; ~ **out,** bli ute.

stead [sted] sted; **in his ~**, i hans sted; **instead of**, istedenfor; **~fast**, fast; standhaftig; **~iness**, støhet c; stø, fast; regelmessig; rolig; (at)stadig; vedholdende.

steak [steik] biff c.

steal [sti:l] stjele; liste seg.

steam [sti:m] damp(e) c; **~-boiler**, dampkjele c; **~-engine**, dampmaskin c; **~er**, **~ship**, dampskip n.

steel [sti:l] stål n; herde (til stål); stålsette.

steep [sti:p] steil; bratt; stiv (pris); skrent c; stup n; dyppe; legge i bløt.

steeple ['sti:pl] spisst (kirke-)tårn n; **~chase**, hinderløp n.

steer [stiə] (ung) okse c; styre; **~age**, styring c; dekksplass c; **~ing-wheel**, ratt n.

stem, (tre)stamme c; stilk c; stett c; forstavn c; demme opp; stamme **(from** fra).

stench [stentʃ] stank c.

stenographer [ste'nɔgrəfə] stenograf; **~y**, stenografi c.

step skritt n; (fot)trinn n; trappetrinn n; tre; skritte; trå; **(on** på); **~father**, stefar c.

sterling ['stə:liŋ] ekte; gedigen; **a pound ~**, et pund sterling.

stern [stə:n] hard; streng; akterstevn n; **~ness**, strenghet c.

stevedore ['sti:vdɔ:] stuer c.

stew [stju:] stuing c; lapskaus c; småkoke.

steward ['stju:əd] forvalter c; intendant c; stuert c.

stick [stik] stokk c; kjepp c; stang c; stykke n; stikke; støte; feste; sitte fast; klebe; **~ around**, holde seg i nærheten; **~ to**, holde fast ved; **~ing-plaster**, heftplaster n; **~y**, klebrig; seig; vanskelig; lummer.

stiff, stiv; stri; vrien; sterk (drikk); **~en**, stivne; gjøre stiv.

stifle ['staifl] kvele; undertrykke.

still, ennå; enda; likevel; stille; rolig; berolige; stagge; **~ness**, stillhet c.

stilt, stylte.

stimulant ['stimjulənt] stimulerende; oppstiver c,

stimulans *c;* ~**ate,** stimulere; ~**ation,** stimulering *c.*

sting [stiŋ] brodd *c;* nag *n;* stikk(e) *n;* svi, smerte; ~**y** ['stindʒi] gjerrig.

stink [stiŋk] stank *c;* stinke **(of** av).

stir [stə:] røre *n;* bevegelse *c;* liv *n;* røre (på); bevege (seg); rote opp i; ~ **up,** opphisse; vekke.

stirrup ['stirəp] stigbøyle *c.*

stitch [stitʃ] sting *n;* maske *c;* sy; hefte sammen.

stock [stɔk] stokk *c;* stamme *c;* ætt *c;* lager *n;* beholdning *c;* bestand *c;* besetning *c;* skjefte *n;* bedding *c;* kapital *c;* statsobligasjon(er) *c;* aksje(r) *c;* **in** ~, på lager; ha på lager; føre; ~**broker,** fondsmekler *c;* ~ **company** *amr* aksjeselskap *n;* ~ **exchange,** (fonds)børs *c;* ~**holder,** aksjonær *c.*

stocking ['stɔkiŋ] strømpe *c.*

stoke [stouk] fyre (i), passe fyren; ~**r,** fyrbøter *c.*

stolid ['stɔlid] tung; sløv.

stomach ['stʌmək] mage-

(sekk) *c;* appetitt *c;* finne seg i.

stone [stoun] stein *c; vekt* = 14 eng. pund; steine; ta steinene ut av.

stony ['stouni] steinhard; steinet.

stool [stu:l] krakk *c;* taburett *c;* stolgang *c;* avføring *c.*

stoop [stu:p] bøye seg; lute.

stop [stɔp] stanse; (til)-stoppe; hindre; fylle; plombere; sperre; innstille (sine betalinger); slå seg til ro; oppholde seg; opphør(e) *n;* stans *c;* avbrytelse *c;* hindring *c;* skilletegn *n;* **(full ~,** punktum *n); mus* klaff *c;* register *n;* ~**-gap,** nødhjelp *c;* ~**page,** stans *c;* tilstopping *c;* hindring *c;* ~**ping,** fylling *c;* plombe *c.*

storage ['stɔ:ridʒ] lagring *c;* lagerrom *n;* lageravgift *c.*

store [stɔ:] forråd *n;* lager *n; amr* butikk *c;* ~**s** *pl,* **department** ~, varemagasin; oppbevare; lagre; ~ **house,** lagerbygning *c;* ~**-keeper,** lagerformann *c; amr* butikkeier *c.*

storey, story ['stɔ:ri] etasje *c.*

stork [stɔ:k] stork *c.*

storm [stɔ:m] (sterk) storm *c;* uvær *n;* storme; ~**y,** stormfull.

story ['stɔ:ri] historie *c;* fortelling *c;* skrøne *c;* etasje *c;* **short** ~, novelle *c.*

stout [staut] kraftig; traust; tapper; kjekk; korpulent; sterkt øl; ~**ness,** styrke *c;* kjekkhet *c;* korpulens *c.*

stove [stouv] ovn *c.*

stow [stou] stue; ~**age,** stuing *c;* pakking *c;* ~**away,** blindpassasjer *c.*

straddle ['strædl] skreve; sitte over skrevs.

straggler ['stræglə] etternøler *c;* omstreifer *c.*

straight [streit] rett; strak; like; grei; rettskaffen; ~ **on,** rett fram; **put** ~, ordne; ~ **forward,** likefrem; redelig.

strain [strein] spenning *c;* påkjenning *c;* rase *c;* (an)spenne; (over)anstrenge; forstue; ~**ed,** tvungen, anstrengt; ~**er,** sil *c.*

strait [streit] sund *n,* stre-

de *n;* forlegenhet *c;* ~**en,** innsnevre.

strand [strænd] strand(e) *c.*

strange [streindʒ] fremmed; merkelig; ~**r,** fremmed *c.*

strangle ['strængl] kvele.

strap [stræp] stropp *c;* rem *c;* spenne fast; slå (med rem).

straw [strɔ:] strå *n;* halm *c;* ~**berry,** jordbær *n.*

stray [strei] forville seg; flakke omkring; omstreifende.

streak [stri:k] strek *c;* stripe *c;* trekk *n;* snev *c;* fare av sted; ~**y,** stripet.

stream [stri:m] strøm *c;* elv *c;* bekk *c;* strømme; flagre; ~**er,** vimpel *c.*

street [stri:t] gate *c.*

strength [strenþ] styrke *c;* ~**en,** styrke.

strenuous ['strenjuəs] iherdig; energisk; anstrengende.

stress, (etter)trykk *n;* spenning *c;* betoning *c;* betone.

stretch [stretʃ] strekke (seg); tøye; strekning *c;* strekk *n;* anstrengelse *c;* periode *c;* ~**er,** strekker *c;* sykebåre *c.*

strew [stru:] (be)strø;
spre.

strict [strikt] streng; nøye.

stride [straid] (frem)skritt
n; langt skritt; skride.

strident ['straidnt] sking-
rende.

strife [straif] strid c.

strike [straik] slå; treffe;
støte mot; støte på; slå
(om klokke c); stryke
(flagg n, seil n); gjøre
inntrykk; avslutte (han-
del); ta fyr, tenne på
(fyrstikk); slå ned (lyn);
streik(e); ~ out, slette
ut; ~ up, spille opp; be
(go) on ~, streike.

striking ['straikiŋ] påfal-
lende; slående; treffen-
de.

string [striŋ] snor c; hys-
sing c; streng c; bånd n;
forsyne med strenger;
mus stemme; stramme;
the ~s, strengeinstru-
mentene; ~y, trevlet.

stringent ['strindʒənt]
streng; stringent.

strip, strimmel c; trekke
av; kle av (seg); berøve
(of); *tekn* ta fra hver-
andre.

stripe [straip] stripe c.

strive [straiv] streve;
kjempe (against mot).

stroke [strouk] slag n; tak
n; støt n; (pensel)strøk
n; (stempel)slag n; takt-
(åre) c; hell n; stryke.

stroll [stroul] spasere; tur
c.

strong [strɔŋ] sterk; kraf-
tig; ~hold, (høy)borg c.

structure ['strʌktʃə] struk-
tur c; oppbygning c;
byggverk n.

struggle ['strʌgl] kjempe;
stri; kamp c; strev n.

strum [strʌm] klimpre;
klimpring c.

strut [strʌt] spankulere.

stub [stʌb] stump c; ta-
long c; ~ble, gress- *el*
skjeggstubb c.

stubborn ['stʌbən] stri;
hårdnakket; stivsinnet;
sta.

stud [stʌd] stift c; krage-
el skjorteknapp c; stutte-
ri n.

student ['stju:dənt] student
c.

studied ['stʌdid] lærd;
overlagt; uttenkt; tilsik-
tet.

studio ['stju:diou] atelier
n; studio n.

studious ['stju:djəs] flittig;
ivrig; omhyggelig.

study ['stʌdi] studium n;
arbeidsværelse n; stude-
re.

stuff [stʌf] (rå)stoff *n;* emne *n;* skrap *n;* juks *n;* stoppe (ut); fylle; proppe; stappe; ~**ing,** farse *c,* fyll *c;* stopp *c;* polstring *c;* ~**y,** innelukket; trykkende; prippen.

stumble ['stʌmbl] snuble.

stump [stʌmp] stump *c;* stubbe *c;* humpe; forvirre; ~**y,** firskåren; stubbet.

stun [stʌn] bedøve; overvelde.

stunt [stʌnt] forkrøple; gjøre kunststykker; trick *c.*

stupefaction [stju:piˈfækʃn] forbløffelse *c;* ~**fy** ['stju:pifai] forbløffe; bedøve.

stupendous [stju:ˈpendəs] veldig; overveldende.

stupid ['stju:pid] dum; sløv; ~**ity** [stjuˈpiditi] dumhet *c.*

sturdy ['stə:di] robust; kraftig; traust.

stutter ['stʌtə] stamme.

sty [stai] svinesti *c; med* sti *c.*

style [stail] stil *c;* type *c;* mote *c;* griffel *c;* titulere; benevne; ~**ish,** stilig; flott.

suave [swa:v] beleven; urban.

subconscious ['sʌbˈkɔnʃəs] underbevisst.

subdivide [sʌbdiˈvaid] underinndele; ~**sion** ['sʌbˈdiviʒən] underavdeling *c.*

subdue [səbˈdju:] undertrykke; dempe.

subheading ['sʌbˈhediŋ] undertittel *c.*

subject ['sʌbdʒikt] statsborger *c;* undersått *c;* gjenstand *c;* emne *n;* sak *c;* (studie)fag *n;* ~ **to,** under forbehold av; underkastet, -lagt; [səbˈdʒekt] underkaste; undertvinge; utsette; ~**ion,** underkastelse *c.*

subjunctive [səbˈdʒʌŋktiv] konjunktiv *c.*

sublet ['sʌbˈlet] fremleie.

sublime [səˈblaim] opphøyet.

submarine ['sʌbməri:n] undersjøisk; undervanns(båt *c).*

submerge [səbˈmə:dʒ] dukke (ned); senke under vannet.

submit [səbˈmit] underkaste (seg); forelegge **(to** for).

subordinate [səˈbɔ:dinit] underordnet; [-eit] underordne.

subscribe [səbˈskraib] skrive under; subskribere; abonnere (**to** på); tegne (et bidrag); ~**r**, abonnent *c;* bidragsyter *c.*

subscription [səbˈskripʃn] undertegning *c* (**to** av); abonnement *n;* (tegning av) bidrag *n.*

subsequent [ˈsʌbsikwənt] (på)følgende; ~**ly**, siden; dernest.

subside [səbˈsaid] synke; legge seg; avta; ~**iary** [səbˈsidjəri] hjelpe-; side-; ~~ (**company**), datterselskap *n;* ~**ize** [ˈsʌbsidaiz] subsidiere; ~**y**, statsstøtte *c;* subsidier.

subsist [səbˈsist] ernære seg; klare seg; ~**ence**, utkomme *n;* eksistens *c;* tilværelse *c.*

substance [ˈsʌbstəns] substans *c;* stoff *n;* hovedinnhold *n;* kjerne *c.*

substantial [səbˈstænʃəl] betydelig; solid.

substitute [ˈsʌbstitjuːt] stedfortreder *c;* vikar *c;* erstatning *c;* sette istedenfor; vikariere (**for** for).

subtle [ˈsʌtl] fin; subtil; skarp(sindig); ~**ty**, finesse *c.*

subtract [səbˈtrækt] trekke fra.

suburb [ˈsʌbəːb] forstad *c;* ~**an** [səˈbəːbn] forstads-.

subway [ˈsʌbwei] fotgjengerundergang; *amr* undergrunnsbane *c.*

succeed [səkˈsiːd] følge etter; etterfølge; lykkes, ha hell med seg; ~ **to**, arve.

success [səkˈses] gunstig resultat *n;* hell *n;* suksess *c;* ~**ful**, heldig; vellykket; ~**ion**, arvefølge *n;* tronfølge *n;* rekke-(følge) *c;* ~**or**, etterfølger *c.*

succinct [səkˈsiŋkt] kort; fyndig.

succulent [ˈsʌkjulənt] saftig.

succumb [səˈkʌm] bukke under; ligge under (**to** for).

such [sʌtʃ] sådan; slik; ~ **a man**, en slik mann; ~ **and** ~, den og den; en viss; ~ **is life**, slik er livet.

suck [sʌk] suge; die; ~**er**, noe som suger; *amr slang* grønnskolling *c;* ~**le**, die; gi bryst.

sudden ['sʌdn] plutselig; **all of a ~**, plutselig.

suds [sʌdz] såpeskum *n*.

sue [sju:] anklage; saksøke **(for** for); be, bønnfalle.

suet ['sjuit] talg *c*.

suffer ['sʌfə] lide **(from** av); tåle; tillate; **~ er**, lidende; **~ ing**, lidelse *c*.

suffice [sə'fais] strekke til; være nok.

sufficiency [sə'fiʃənsi] tilstrekkelig mengde *c*; **~ t**, tilstrekkelig.

suffocate ['sʌfəkeit] kvele(s).

sugar ['ʃugə] sukker *n*; sukre.

suggest [sə'dʒest] foreslå; antyde; **~ ed price**, veiledende pris; **~ ion**, antydning *c*; forslag *n*; suggestion *c*; **~ ive**, tankevekkende; suggestiv.

suicide ['s(j)u:isaid] selvmord(er) *n (c)*.

suit [s(j)u:t] drakt *c*; dress *c*; farge *c* (i kort); søksmål *n*; rettssak *c*; begjæring *c*; passe; kle; tilfredsstille; **~ ed**, (vel)egnet; **~ able**, passende **(to, for** for); **~ -case**, liten håndkoffert *c*; **~ e** [swi:t] følge *n*; sett *n*;

suite *c*; **~ or**, frier *c*; saksøker *c*.

sulky ['sʌlki] furten; tverr.

sullen ['sʌlən] trist; tverr.

sultriness ['sʌltrinis] lummerhet *c*; **~ ry**, lummer; trykkende.

sum [sʌm] (penge)sum *c*; telle sammen.

summarize ['sʌməraiz] sammenfatte; resymere; **~ y**, resymé *n*; utdrag *n*; kortfattet.

summer ['sʌmə] sommer *c*.

summit ['sʌmit] topp *c*.

summon ['sʌmən] stevne; innkalle; **~ s**, stevning *c*.

sun [sʌn] sol *c*; sole (seg); **~ beam** solstråle *c*; **~ burn**, solbrenthet *c*; **~ burnt**, solbrent; **Sunday** ['-di] søndag *c*; **~ dial**, solur *n*; **~ down**, solnedgang *c*.

sundries ['sʌndriz] diverse (utgifter); **~ y**, diverse.

sunglasses ['sʌngla:siz] solbriller; **~ -helmet**, tropehjelm *c*.

sunrise ['sʌnraiz] soloppgang *c*; **~ set**, solnedgang *c*; **~ shade**, parasoll *c*; **~ shine**, solskinn *n*; **~ stroke**, solstikk *n*.

superb [s(j)u:ˈpə:b] prek-
tig; storartet.

supercilious [s(j)u:pəˈsi-
liəs] overlegen; ~**ficial**,
overfladisk; ~**fluous**
[s(j)uˈpə:fluəs] overflø-
dig; ~**human**, overmen-
neskelig; ~**intend**, lede;
overvåke; ~**ent**, in-
spektør *c;* leder *c.*

superior [s(j)u:ˈpiəriə]
over-, høyere; overle-
gen; utmerket; overord-
net; foresatt; ~**ity** [-ˈbri-
ti] overlegenhet *c.*

superlative [s(j)u:ˈpə:lətiv]
superlativ *c;* høyest; av
høyeste grad *c;* fremra-
gende.

superman [ˈs(j)u:pəmæn]
overmenneske *n;* ~**na-
tural**, overnaturlig;
~**numerary**, overtallig;
~**scription**, over-, på-
skrift *c;* ~**sede**, fortren-
ge; avløse; ~**sonic**
[-ˈsɔnik] overlyds-; ~**sti-
tion**, overtro *c;* ~**sti-
tious** [-ˈstiʃəs] overtroisk;
~**structure**, overbyg-
ning *c;* ~**vise**, føre opp-
syn med; ~**vision**, tilsyn
n; kontroll *c;* ~**visor**,
inspektør *c.*

supper [ˈsʌpə] aftensmat *c;*
supé *c.*

supple [ˈsʌpl] myk; smi-
dig.

supplement [ˈsʌpliment]
tillegg *n;* (avis) bilag *n;*
supplement *n;* supplere;
~**ary** [-ˈmen-] suppleren-
de; tilleggs-.

supplier [səˈplaiə] leveran-
dør *c;* ~**y**, tilførsel *c;*
levering *c;* forsyning *c;*
forråd *n;* tilbud *n;* leve-
re; forsyne.

support [səˈpɔ:t] støtte *c;*
understøttelse *c;* støtte;
bære; underholde; for-
sørge; tåle; ~**er**, tilhen-
ger *c;* en som støtter *c.*

suppose [səˈpouz] anta;
formode; ~**ition** [sʌpə-
ˈziʃn] antagelse *c.*

suppress [səˈpres] under-
trykke; avskaffe; ~**ion**,
undertrykkelse *c.*

supremacy [s(j)uˈpremə si]
overhøyhet *c;* overlegen-
het *c;* ~**e**, høyest;
øverst.

sure [ʃuə] sikker; trygg;
viss; tilforlatelig; **make
~ (that)** forvisse seg
(om at); ~**ly**, sikkert;
~**ty**, sikkerhet *c;* kau-
sjon(ist) *c (c).*

surf [sə:f] brenning *c.*

surface [ˈsə:fis] overflate
c.

surge [sə:dʒ] brottsjø c; stor bølge c.
surgeon ['sə:dʒən] kirurg c; ~ry, kirurgi c; operasjonssal c.
surmise ['sə:maiz] antagelse c; [sə'maiz] anta.
surname ['sə:neim] tilnavn n; etternavn n.
surpass [sə:'pa:s] overtreffe; overgå.
surplus ['sə:pləs] overskudd n.
surprise [sə'praiz] overraske(lse c).
surrender [sə'rendə] overgivelse c; overgi (seg); utlevere.
surround [sə'raund] omgi; omringe; ~ings, omgivelser.
survey ['sə:vei] overblikk n; [sə:vei] se over; besiktige; måle opp; ~or, takstmann c; landmåler c.
survive [sə'vaiv] overleve; ~al, det å overleve; (fortids)levning c; ~or, overlevende.
susceptible [sə'septəbl] mottagelig; følsom.
suspect [səs'pekt] mistenke; ane; ['sʌs-] mistenkt; mistenkelig.
suspend [səs'pend] henge

(opp); la avbryte; stanse; suspendere; ~ers, sokke- el strømpeholder c; amr bukseseler.
suspense [səs'pens] uvisshet c; spenning c.
suspension [səs'penʃn] opphenging c; utsettelse c; suspensjon c; ~bridge, hengebru c.
suspicion [səs'pi:ʃn] mistanke c; ~ious, mistenksom; mistenkelig.
sustain [səs'tein] støtte; utholde; lide (tap); ~tenance ['sʌstinəns] underhold n; livsopphold n.
swagger ['swægə] skryte; spankulere; swagger c.
swallow ['swɔlou] svale c; svelging c; svelge.
swamp [swɔmp] myr c; sump c; oversvømme.
swan [swɔn] svane c.
swarm [swɔ:m] sverm(e) c; yre; kry.
sway [swei] svinging c; helling c; makt c, innflytelse c (over over); svaie; beherske.
swear [swɛə] sverge; banne.
sweat [swet] s & v svette c; ~er, ullgenser c.
Sweden ['swi:dn] Sverige; ~e, svenske; ~ish, svensk.

sweep [swi:p] feie; sope; fare henover; **(chimney) ~,** skorteinsfeier *c;* **~er,** gatefeier *c;* **~ing,** også omfattende; gjennomgripende.

sweet [swi:t] søt; yndig; blid; **~s,** sukkertøy *n;* **~en,** gjøre søt; sukre; **~heart,** kjæreste *c;* **~ish,** søtlig; **~ness,** søthet *c;* ynde *c.*

swell [swel] svulme (opp); stige; vokse; svulming *c;* dønning *c;* flott, elegant; prima; snobb *c;* fin fyr *c;* **~ing,** hevelse *c;* svulst *c.*

swelter ['sweltə] gispe av varme.

swerve [swə:v] dreie av.

swift, hurtig; rask.

swim, svømme; **~ming,** svømning *c;* **~mingpool,** svømmebasseng *n.*

swindle ['swindl] bedra, svindle; svindel *c;* **~r,** svindler *c;* bedrager

swine [swain] svin *n.*

swing, svinge; huske; dingle; sving(ing *c);* rytme *c;* spillerom *n;* swing *c* (dans).

swirl [swə:l] virvel *c;* virvle.

Swiss [swis] sveitsisk; sveitser *c;* **the ~,** sveitserne.

switch [swit] kjepp *c;* pisk *c;* elektrisk strømbryter *c;* skifte; pens(e) *c;* **~ on,** slå på (lys); **~-board,** sentralbord *n.*

Switzerland ['switsələnd] Sveits.

swoon [swu:n] besvime(lse *c).*

swoop [swu:p] slå ned (på **on);** nedslag *n.*

sword [sɔ:d] sverd *n;* kårde *c;* sabel *c;* **~sman,** fekter *c.*

syllable ['siləbl] stavelse *c.*

syllabus ['siləbəs] pensum *n;* leseplan *c.*

symbol ['simbəl] symbol *n;* **~ic(al)** [-bəl-] symbolsk.

sympathetic [simpə'petik] sympatisk; deltakende, medfølende; **~ize** ['simpəpaiz] sympatisere, ha medfølelse (med **with);** **~y,** sympati *c.*

symphony ['simfəni] symfoni *c.*

synchronize ['siŋkrənaiz] synkronisere; samordne.

synopsis [si'nɔpsis] oversikt *c;* utdrag *n.*

synthesis ['sinþisis] synte-
se c; ~**ize,** *tekn* fremstil-
le kunstig.
syringe ['sirindʒ] *med*
sprøyte c; sprøyte (inn).

syrup ['sirəp] sukkerholdig
(frukt)saft; sirup c.
system ['sistim] system n;
~**atic,** systematisk;
~**atize,** systematisere.

T

tab [tæb] merkelapp c;
hempe c.
table ['teibl] bord n; tavle
c, plate c; tabell ~-
cloth, bordduk c;
~-**spoon,** spiseskje c.
tacit ['tæsit] stilltiende;
taus; ~**urn** ['tæsitə:n] få-
mælt.
tack [tæk] stift c; *mar* slag
n, baut c; feste; hefte
med stifter; *mar* baute.
tackle ['tækl] takkel n; tal-
je c; redskap greier; ta
fatt på; *fotball* takle.
tact [tækt] takt c; finfølel-
se c; ~**ful,** taktfull;
~**ical,** taktisk; ~**ics,**
taktikk c.
tag [tæg] merkelapp c;
omkved n; sisten (lek);
feste.
tail [teil] hale c; bakende
c; ~**s,** *dt* snippkjole c.
tailor ['teilə] skredder c;
sy, være skredder;

~-**made** (costume),
skreddersydd (drakt).
taint [teint] plett(e) (c);
flekk(e) (c).
take [teik] ta; gripe; fan-
ge; arrestere; fakke; ta
bort, med, imot; foreta;
gjøre; utføre; kreve;
oppfatte; forstå; fenge
(om ild); anse (**for** for);
~ **place,** finne sted; ~
in, ta inn; ta imot; mot-
ta; oppfatte; lure; abon-
nere (på avis); ~ **off,** ta
av seg (klær); slå av;
forminske; kopiere;
starte, gå opp (om fly);
~ **out,** ta ut; trekke ut;
fjerne (flekk); utta, løse;
~ **to,** like; ha sympati
for; ~ **up,** ta opp; anta;
slå seg på; **be** ~**n ill,** bli
syk; ~-**off,** start c; pa-
rodi c.
tale [teil] fortelling (fai-
ry)~ eventyr n.

talk [tɔ:k] snakk *n;* samtale *c;* kåseri *n;* snakke; samtale; ~**ative,** pratsom.

tall [tɔ:l] høy; stor; utrolig; ~**boy,** høy kommode *c.*

tallow ['tælou] talg *c.*

tally ['tæli] karvestokk *c;* regnskap *n;* føre regnskap; stemme (med **with**).

tame [teim] tam; temme; kue; ~**ness,** tamhet *c.*

tamper ['tæmpə] **with:** klusse med.

tan [tæn] garvebark *c;* solbrenthet *c;* garve; gjøre, bli solbrent.

tangible ['tændʒəbl] håndgripelig.

tangle ['tæŋgl] *s & v* floke *c.*

tank [tæŋk] beholder *c;* tank *c;* tanke; ~**ard,** ølkrus *n;* ~**er,** tankskip *n.*

tanner ['tænə] garver *c.*

tantalize ['tæntəlaiz] pine, erte.

tap [tæp] kran *c;* tønnetapp *c;* (tappet) drikkevare *c;* lett slag *n;* banke lett; tappe.

tape [teip] måle (*el* klebe-, lyd)bånd *n;* feste med bånd; **red~,** *fig* papirmølle *c;* ~**recorder,** båndopptaker *c.*

taper ['teipə] (tynt voks)-lys *n;* smale av; minke, avta.

tapestry ['tæpistri] billedvev *c;* billedteppe *n.*

tap-room ['tæpru:m] skjenkestue *c;* bar *c.*

tar [ta:] tjære *c;* tjærebre.

tardy ['ta:di] sen; treg.

target ['ta:git] (skyte)skive *c,* mål *n.*

tariff ['tærif] tariff *c;* takst *c.*

tarnish ['ta:niʃ] ta glansen av; anløpe(s); matthet *c.*

tart [ta:t] terte *c;* tøs *c;* besk.

tartan ['ta:tən] tartan *c,* rutet skotsk tøy *n.*

task [ta:sk] oppgave *c;* plikt *c;* verv *n;* lekse *c;* gi en oppgave; overanstrenge.

tassel ['tæsl] kvast *c,* dusk *c.*

taste [teist] smak *c;* smake (på); ~**ful,** smakfull; ~**less,** smakløs.

tatters ['tætəz] filler; ~**ed,** fillet.

taunt [tɔ:nt] hån(e) *c.*

taut [tɔ:t] tott, stram.

tavern ['tævən] vertshus *n.*

tawdry ['tɔ:dri] prangende; forloren.

tax [tæks] skatt *c;* beskatte; bebyrde; beskylde; klandre; **~ation,** beskatning *c.*

taxi(cab) ['tæksi(kæb)] drosje(bil) *c.*

taxpayer ['tækspeiə] skattebetaler *c.*

tea [ti:] te *c.*

teach [ti:tʃ] lære (fra seg); undervise; **~er,** lærer-(inne) *c.*

teaching ['ti:tʃiŋ] lære *c,* undervisning *c.*

team [ti:m] spann *n;* kobbel *n;* lag *n;* **~-spirit,** lagånd *c.*

teapot ['ti:pɔt] tekanne *c.*

tear [tɛə] rive (i stykker); få rift i; slite i; rift *c;* [tiə] tåre; **~s,** gråt *c.*

tease [ti:z] erte; plage.

technical ['teknikl] teknisk.

technicolor ['teknikʌlə] fargefilm *c.*

technique [tek'ni:k] teknikk *c.*

tedious ['ti:diəs] trettende; langtekkelig; kjedelig.

teem [ti:m] vrimle, myldre.

teen-ager ['ti:neidʒə] tenåring *c.*

teetotaller [ti:'toutlə] avholdsmann *c.*

telegram ['teligræm] telegram *n.*

telegraph ['teligra:f] telegraf *c;* telegrafere; **~ist** [ti'legrəfist] telegrafist *c.*

telephone ['telifoun] telefon *c;* telefonere.

tele|printer ['teli'printə] fjernskriver *c;* **~scope,** kikkert *c;* **~vision,** fjernsyn *n.*

tell, fortelle; si (til); be; sladre; skjelne; gjøre virkning **(on** på); ta på; leite på; **~ a person to do something,** gi noen beskjed om å gjøre en ting.

temper ['tempə] modifisere (ved tilsetning); blande (i riktig forhold); mildne; dempe; lynne *n;* humør *n;* lune *n;* **lose one's ~,** miste selvbeherskelsen; bli sint; **~ance,** måtehold *n;* **~ature** [-pritʃə] temperatur *c.*

tempest ['tempist] storm *c.*

temple ['templ] tempel *n;* tinning *c.*

temporal ['tempərəl] tids-; timelig; verdslig; **·~ary,** midlertidig; **~ize,** nøle;

se tiden an; forsøke å vinne tid.

tempt, friste; forlede; **~ation,** fristelse *c.*

tenant ['tenənt] leieboer *c;* forpakte(r *c);* leie.

tend, tendere; vise (*el* ha) tilbøyelighet *c* **(to, towards** til); passe; vokte.

tendency ['tendənsi] retning *c;* tendens *c;* **~tious** [-'denʃəs] tendensiøs.

tender ['tendə] tilbud *n;* anbud *n;* vokter *c;* tender *c;* tilby; sart; følsom; øm; mør; **~ness,** sarthet *c;* ømhet *c.*

tenet ['tenit] tros-, læresetning *c.*

tenfold ['tenfould] tidobbelt.

tennis-court ['teniskɔ:t] tennisbane *c.*

tenor ['tenə] (hoved)innhold *n; mus* tenor *c.*

tense [tens] spent; stram; *gram* tid(sform *c);* **~ion,** spenning *c;* stramming *c.*

tent, telt *n.*

tenth [tenþ] tiende(del) *(c).*

tepid ['tepid] lunken.

term [tə:m] termin *c;* (tids)grense *c;* periode *c;*

semester *n;* uttrykk *n;* **~s,** betingelser; benevne, kalle; **be on good (bad) ~s with,** stå på god (dårlig) fot med.

terminal ['tə:minl] ende-; ytter-; endestasjon *c;* **~ate,** begrense; (av)slutte; **~ation** [-'neiʃn] ende(lse) *c;* (av)slutning *c;* **~us,** endestasjon *c.*

terrace ['terəs] terrasse *c.*

terrible ['terəbl] skrekkelig; **~fic** [tə'rifik] fryktelig; veldig; **~fy,** skremme; forferde.

territory ['terit(ə)ri] (land)område *n;* territorium *n.*

terror ['terə] skrekk *c;* redsel *c;* **~ize,** terrorisere.

terse [tə:s] klar, konsis (stil).

test, *s & v* prøve *c;* undersøke(lse *c).*

testify ['testifai] (be)vitne.

testimonial [testi'mounjəl] vitnemål *n;* attest *c;* **~y** ['testiməni] vitnemål *n;* vitneprov *n.*

testy ['testi] gretten; amper.

tether ['teðə] tjor(e) *n.*

text [tekst] tekst *c;* skriftsted *n;* **~-book,** lærebok *c.*

textile ['tekstail] vevet; tekstil-; ~ s, tekstilvarer.

texture ['tekstʃə] vev c; tekstur c; fig struktur c.

than [ðæn] enn.

thank [pæŋk] takke; ~ you very much!, mange takk!; no, ~ you!, nei takk!; ~ s, takk; ~ s to, takket være; ~ ful, takknemlig; ~ less, utakknemlig; ~ sgiving, takksigelse c; **Thanksgiving Day**, amr takkefest, i alm. siste torsdag i november.

that [ðæt] den, det, den (el det) der, i pl **those**, de der; som; at, så at, for at.

thatch [pætʃ] halmtak n; takhalm c; tekke.

thaw [pɔ:] tøvær n; smelte; tø.

the [foran konsonant ðə, med sterk betoning ði: foran vokallyd ði] den, det, de; ~ ... ~, jo ... desto.

theatre ['piətə] teater n; auditorium n; skueplass c.

theft [peft] tyveri n.

their [ðɛə] deres; sin; ~ s, deres; sin.

them [ðem, ubetont ð(ə)m] dem; (etter prep. ogs.) seg; ~ selves, seg; seg selv.

theme [pi:m] tema n; stil c.

then [ðen] da; den gang; deretter; så; derfor; daværende.

theology [pi'blədʒi] teologi c.

theory ['piəri] teori c; ~ ist, teoretiker c.

there [ðɛə] der, dit; ~ is, ~ are, det er, det finnes; ~ you are! der har du det! vær så god! **thereabout(s)** ['ðɛərəbauts] deromkring; ~ after, deretter; ~ by, derved; ~ fore, derfor; følgelig; ~ upon, derpå; som følge derav; like etterpå.

thermometer [pə'mɔmitə] termometer n; ~ s **flask**, ~ s **bottle** ['pə:məs] termosflaske c.

these [ði:z] (pl av **this**), disse.

they [ðei] de; folk; man.

thick [pik] tykk; tett; uklar; grumset; ~ en, bli tykk; gjøre tykk; ~ et, tykning c; kratt n; ~ ness, tykkelse c.

thief [pi:f], pl **thieves** [pi:vz] tyv c.

thieve [þi:v] stjele; ~ **ish,** tyvaktig.

thigh [þai] lår *n.*

thimble ['þimbl] fingerbøll *n.*

thin [þin] tynn; mager; tynne(s) ut.

thing [þiŋ] ting *n;* vesen *n;* ~ **s,** saker; forhold; klær.

think [þiŋk] tenke (**of, about** på; **about, over** over); mene; tro; synes; ~ **ing,** tenkning *c.*

third [þə:d] tredje(del); ~ **ly,** for det tredje.

thirst [þə:st] tørst *c;* tørste (**for, after** etter); ~ **y,** tørst.

thirteen ['þə:ti:n] tretten; ~ **teenth,** trettende; ~ **tieth,** trettiende; ~ **ty,** tretti.

this [ðis] *pl* **these,** denne, dette, disse; ~ **morning,** i morges, i formiddag.

thorn [þɔ:n] torn *c;* ~ **y,** tornet.

thorough ['þʌrə] grundig; fullstendig; inngående; ~ **fare** (hoved)trafikkåre *c.*

those [ðouz] de (der); dem *(pl* av **that).**

though [ðou] skjønt; selv om; (sist i setningen)

likevel; **as** ~, som om; **even** ~, selv om.

thought [þɔ:t] tanke *c;* tankegang *c;* tenkning *c;* ~ **ful,** tankefull; hensynsfull (**of** mot); ~ **less,** tankeløs; ubekymret.

thousand ['þauzənd] tusen; ~ **th,** tusende.

thrash [þræʃ] treske; jule, denge.

thread [þred] tråd *c;* garn *n;* træ i nål, på snor; ~ **bare,** loslitt.

threat [þret] trusel *c;* ~ **en,** true (**med**).

three [þri:] tre; ~ **fold,** trefold; tredobbel.

thresh [preʃ] treske (korn).

threshold ['þreʃhould] terskel *c.*

thrice [þrais] tre ganger.

thrift [þrift] sparsommelighet *c;* ~ **less,** ødsel; ~ **y,** sparsommelig.

thrill [þril] sitring *c;* skjelving *c;* gysing *c;* spenning *c;* sitre; grøsse; begeistre.

thrive [þraiv] trives.

throat [þrout] svelg *n;* strupe *c;* hals *c;* **have a sore** ~, ha vondt i halsen.

throb [þrɔb] banking *c;*

slag *n;* banke, hamre, pulsere.

throne [proun] trone *c.*

throng [prɔŋ] trengsel *c;* mengde *c;* stimle sammen.

through [pru:] (i)gjennom; ved; ferdig; gjennomgangs-; ~**out**, over hele; gjennom hele.

throw [prou] kaste; ~**away**, kaste bort; sløse (med); ~ **out**, kaste ut; avvise.

thrush [prʌʃ] trost *c.*

thrust [prʌst] støt(e) *n;* stikk(e) *n.*

thumb [pʌm] tommelfinger *c;* fingre med; bla i.

thunder ['pʌndə] torden *c;* tordne; ~**bolt**, lynstråle *c;* ~**storm**, tordenvær *n.*

Thursday ['pə:zdi] torsdag *c.*

thus [ðʌs] så(ledes), på denne måte; derfor.

thwart [pwɔ:t] på tvers; tofte *c;* motarbeide; hindre.

thyme [taim] timian *c.*

tick [tik] putevar *n;* tikking *c;* tikke, merke av.

ticket ['tikit] billett *c;* adgangskort *n;* (lodd)seddel *c;* ~**-collector**, billettør *c.*

tickle ['tikl] kile; ~**ish**, kilen; ømtålig.

tide [taid] tidevann *n;* strøm *c;* retning *c.*

tidings ['taidiŋz] tidender; etterretninger; nytt.

tidy ['taidi] nett; pen; ryde.

tie [tai] bånd *n;* slips *n;* binde; knytte; forbinde.

tiger ['taigə] tiger *c.*

tight [tait] tett; fast; stram; trang; gniten; pussa; ~**en**, stramme(s); spenne (belte).

tigress ['taigris] hunntiger *c.*

tile [tail] tegl(stein) *n (c);* takstein *c;* (golv)flis *c.*

till, (inn)til; ~ **now**, hittil; **not** ~, ikke før; først; pengeskuff *c;* dyrke; pløye opp; ~**er**, rorkult *c;* dyrker *c.*

tilt, helling *c;* turnering *c;* vippe.

timber ['timbə] tømmer *n.*

time [taim] tid *c;* klokkeslett *n;* *mus* takt *c;* gang *c;* avpasse; ta tiden; beregne; **at** ~**s**, undertiden; **at the same** ~, samtidig; **by that** ~, innen den tid; **in** ~, i rett tid; i tide; **for the** ~ **being**, foreløpig; inntil videre; **have a good ~**, ha det hyggelig (morsomt); **~ly**, som kommer i rett tid; **~-table**, timeplan *c;* togtabell *c.*

timid ['timid] engstelig; sky.

tin, tinn *n;* blikkboks *c;* (hvit)blikk *n;* fortinne; legge ned hermetisk.

tincture ['tiŋktʃə] skjær *n;* anstrøk *n.*

tinge [tindʒ] fargeskjær *n;* anstrøk *n;* snev *c.*

tingle ['tiŋgl] krible; suse.

tinkle ['tiŋkl] klirre; single.

tinman ['tinmən] blikkenslager *c;* **~-opener**, bokseåpner *c.*

tint, (farge)tone *c;* sjattering *c;* farge; gi et anstrøk.

tiny ['taini] ørliten.

tip, spiss *c;* tipp *c;* tupp *c;* lett slag; avfallsplass *c;* drikkepenger; vink *n;* beslå (på spissen); slå lett på; vippe; tippe; gi drikkepenger *el* vink; **~-off**, vink *n;* **~sy**, pussa; beruset.

tire ['taiə] *amr* sykkel- *el* bildekk *n;* gjøre *el* bli trett; **~d**, trett; **~some**, kjedelig.

tissue ['tisju:] vev *c;* **~ (paper)**, silkepapir *n.*

tit(mouse) ['tit(maus)] meis *c.*

titillate ['titileit] kile.

title ['taitl] tittel *c; jur* rett *c;* skjøte *n;* titulere; **~d**, adelig.

titter ['titə] fnis(e) *c el n.*

titular ['titjulə] titulær.

to [tu, tə] til; for; (for) å.

toad [toud] padde *c;* **~stool**, fluesopp *c;* **~y**, spyttslikker *c;* krype; smiske.

toast [toust] ristet brød *n;* skål(tale) *c) c;* riste; skåle.

tobacco [tə'bækou] tobakk *c;* **~nist**, tobakkshandler *c.*

toboggan [tə'bɔgən] kjelke *c.*

today [tə'dei] i dag.

toe [tou] tå *c;* spiss *c;* røre med tåa.

toffee ['tɔfi] fløtekaramell *c.*

together [tə'geðə] sammen.

toil [tɔil] slit *n;* slite; streve.

toilet ['tɔilit] toalett *n;* antrekk *n;* påkledning *c.*

token ['toukn] tegn *n;* merke *n;* erindring *c.*

tolerable ['tɔlərəbl] tåle-
lig; utholdelig; ~**nce**,
toleranse c; ~**nt**, tole-
rant; ~**te**, tåle; finne
seg i; tolerere; ~**tion**,
toleranse c.

toll [toul] vei-, bropen-
ger; ringe; klemte;
~**call**, rikstelefonsamta-
le c.

tomato [tə'ma:tou], pl
~**es**, tomat c.

tomb [tu:m] grav(mæle) c
(n); ~**stone**, gravstein c.

tomboy ['tɔmbɔi] galne-
heie c; vilter jente c.

tomcat ['tɔmkæt] hannkatt
c.

tome [toum] bind (av
bok).

tomorrow [tə'mɔrou] i
morgen.

ton [tɔn] tonn n.

tone [toun] tone c; klang
c; tone(fall n).

tongs [tɔŋz] pl (**a pair of**)
~, (en) tang c.

tongue [tʌŋ] tunge c;
språk n; bruke munn
på.

tonic ['tɔnik] styrkende
(middel).

tonight [tə'nait] i aften; i
natt.

tonnage ['tʌnidʒ] tonnasje
c.

tonsil ['tɔnsl] anat mandel
c.

too [tu:] også; (alt)for.

tool [tu:l] verktøy n; red-
skap n; ~-**kit**, verktøy-
kasse c.

tooth [tu:þ], pl teeth, tann
c; ~**ache**, tannpine c;
~-**brush**, tannbørste c.

top [tɔp] topp c; øverste
del; overside c; spiss c;
mers n; snurrebass c;
øverst; prima; rage opp;
være fremherskende;
overgå; toppe; ~-**hat**,
flosshatt c; ~**most**,
høyest; øverst.

topic ['tɔpik] emne n; te-
ma n; ~**al**, aktuell.

torch [tɔ:tʃ] fakkel c;
(**electric**) ~, lommelykt
c.

torment ['tɔ:mənt] kval c;
pinsel c; [tɔ:'-] pine; pla-
ge.

torpid ['tɔ:pid] sløv; treg.

torrent ['tɔrənt] strøm c;
striregn n.

torrid ['tɔrid] brennende
het.

tortoise ['tɔ:təs] skilpadde
c.

tortuous ['tɔ:tjuəs] kroket;
buktet.

torture ['tɔ:tʃə] tortur(ere)
c.

toss [tɔs] kast(e) *n.*

total ['toutl] hel; total; samlet sum *c;* ~ **up to,** beløpe seg til; ~**ity** [tou'tæliti] helhet *c.*

totter ['tɔtə] vakle; stavre.

touch [tʌtʃ] (be)røre; ta på; føle på; ~ **up,** friske opp; berøring *c;* anstrøk *n;* **get in(to)** ~ **with,** komme i forbindelse med; ~**ing,** rørende; angående; ~**y,** pirrelig; nærtagende.

tough [tʌf] seig; vanskelig; vrien; barsk; ~**ness,** seighet *c.*

tour [tuə] (rund)reise *c;* tur *c;* turné *c;* reise (omkring).

tourist ['tuərist] turist *c;* ~ **agency,** ~ **office,** *amr* ~ **bureau,** reisebyrå *n.*

tow [tou] buksering *c;* stry *n;* slepe; buksere.

toward(s) [tə'wɔ:d(z)] mot; i retning av; (hen)imot.

towel ['tauəl] håndkle *n.*

tower ['tauə] tårn *n;* heve seg; kneise; ~**ing,** tårnhøy.

town [taun] by *c;* ~ **council,** bystyre *n;* ~ **hall,** rådhus *n;* ~**ship,** kommune *c;* ~**sman,** bysbarn.

toy [tɔi] leketøy *n.*

trace [treis] spor *n;* merke *n;* (etter)spore; oppspore; streke opp; ~**able,** påviselig.

track [træk] spor *n;* far *n;* fotspor *n;* vei *c;* sti *c;* jernbanelinje *c; sport* bane *c;* (etter)spore.

traction ['trækʃn] trekking *c;* trekk *n;* ~**tor,** traktor *c.*

trade [treid] handel *c;* bransje *c;* næring *c;* håndverk *n;* (frakt)fart *c;* handle; ~-**mark,** varemerke *n;* fabrikkmerke *n;* ~**r,** næringsdrivende *c;* handelsskip *n;* ~**(s) union,** fagforening *c.*

tradition [trə'diʃn] overlevering *c;* tradisjon *c.*

traffic ['træfik] trafikk *c;* ferdsel *c;* handel *c;* trafikkere; handle; ~ **jam,** trafikkaos *n.*

tragedy ['trædʒidi] tragedie *c;* ~**ic(al),** tragisk:

trail [treil] slep *n;* hale *c;* løype *c;* vei *c;* spor *n;* slepe; (opp)spore; ~**er,** (bil)tilhenger *c.*

train [trein] tog *n;* slep *n;* rekke *c;* rad *c;* følge *n;* opptog *n;* utdanne (seg);

trene; ~ **ee** [trei'ni:] lære-
gutt c.
trait [treit] (karakter- el
ansikts)trekk n; ~ **or**,
forræder c; ~ **orous**, for-
rædersk.
tram(-car) [træm(ka:)]
sporvogn c; trikk c.
tramp [træmp] fottur c;
trampbåt c; landstryker
c; ludder n; trampe;
vandre; traske; ~ **le**,
tråkke.
tramway ['træmwei] spor-
vei c; trikk c.
tranquil ['træŋkwil] rolig.
transact [træn'zækt] utfø-
re; ~ **ion**, forretning c.
transcend [træn'send]
overgå; overskride;
~ **cribe**, skrive om;
transskribere; ~ **cript**
['trænskript] gjenpart c;
kopi c.
transfer ['trænsfə:] overfø-
ring c; forflytting c;
[-'fə:] overføre; forflytte;
~ **able**, som kan overfø-
res; ~ **ence** ['træns-]
overføring c.
transform [træns'fɔ:m]
omdanne; omforme;
forvandle; ~ **ation**, om-
forming c; forvandling
c.
transfuse [træns'fju:z]

inngyte; overføre
(blod); ~ **gress(ion)**,
overtre(delse c).
transit ['trænzit] transitt c;
gjennomgang c, -reise c;
~ **ion** [-'ziʃn] overgang c.
translate [træns'leit] over-
sette; ~ **ion**, oversettelse
c; ~ **or**, oversetter c.
transmission [trænz'miʃn]
tekn, fys, rad overføring
c; ~ **t**, oversende; over-
føre.
transparent [træns-
'pɛərənt] gjennomsiktig;
~ **pire**, svette; sive ut;
~ **port** ['trænspɔ:t] be-
fordring c; transport c;
fig henrykkelse c;
[-'pɔ:t] befordre; trans-
portere.
trap [træp] felle c; ~ **s**,
greier; fange i felle; be-
snære; ~ **door**, (fall)-
lem c; luke c.
trapper ['træpə] pelsjeger
c.
trash [træʃ] skrap n; slud-
der n; ~ **y**, verdiløs;
unyttig.
travail ['træveil] slit ñ;
fødselsveer.
travel ['trævl] reise (i);
være på reise; reise c;
~ **ler**, reisende c; passa-
sjer c.

trawl [trɔ:l] tral(e) *c.*

tray [trei] brett *n;* bakke *c.*

treacherous ['tretʃərəs] forrædersk; ~y, forræderi *n.*

tread [tred] tre; tråkke; trinn *n;* gange *c;* ~le pedal *c.*

treason ['tri:zn] (høy)forræderi *n.*

treasure ['treʒə] skatt *c;* klenodie *n;* gjemme (på); verdsette; ~er, kasserer *c;* skattmester *c;* ~y, skattkammer *n;* (hoved)kasse *c;* statskassen *c.*

treat [tri:t] behandle; traktere; spandere; traktement *n;* nytelse *c;* ~ with, underhandle med; ~ise ['tri:tiz] avhandling *c;* ~ment, behandling *c;* ~y, traktat *c.*

treble ['trebl] tredobbelt; diskant.

tree [tri:] tre *n.*

tremble ['trembl] skjelve.

tremendous [tri'mendəs] veldig; skrekkelig.

trench [trentʃ] grøft *c;* skyttergrav *c;* grave; grøfte; ~ant, skarp; bitende; ~-coat, vanntett ytterfrakk *c.*

trend, retning *c;* tendens *c;* strekke seg.

trespass ['trespəs] gå *el* trenge seg inn på annenmanns eiendom; ~er, uvedkommende.

tress, lokk *c;* flette *c.*

trial ['traiəl] prøve(lse) *c;* forsøk *n;* rettergang *c;* sak *c;* **on** ~, på prøve; for retten.

triangle ['traiæŋgl] trekant *c.*

tribe [traib] stamme *c;* slekt *c;* flokk *c,* skare *c.*

trick [trik] knep *n;* kunststykke *n;* lure; ~ **out,** spjåke til.

trickle ['trikl] risle; piple.

trick(s)y ['trik(s)i] lur; kinkig.

trifle ['traifl] bagatell *c;* tøve; ~ing, ubetydelig; tøvet.

trigger ['trigə] avtrekker *c* (på skytevåpen).

trill, trille; slå triller.

trim, nett; fiks; velordnet; trimme; bringe i orden; klippe; stusse; orden *c;* stand *c;* pynt *c;* ~mings, besetning *c;* pynt *c.*

trinity ['triniti] treenighet *c.*

trinket ['triŋkit] smykke *n.*

trip, utflykt *c;* tur *c;* kortere reise; trippe; snuble.

tripe [traip] innmat *c;* vrøvl *n;* ~ **s,** innvoller.

triple ['tripl] tredobbelt.

trite [trait] forslitt; banal.

triumph ['traiəmf] triumf *c;* triumfere (**over** over); ~ **ant** ['ʌmf-] triumferende.

trivial ['triviəl] hverdagslig; triviell; ubetydelig.

trolley ['trɔli] tralle *c;* ~ **(bus)** trolleybuss *c.*

troop [tru:p] tropp *c;* flokk *c; pl* tropper; samle seg; marsjere.

trophy ['troufi] trofé *n;* seierstegn *n.*

tropical ['trɔpikl] tropisk; **the** ~ **s,** tropene.

trot [trɔt] trav(e) *n;* ~ **ter,** travhest *c.*

trouble ['trʌbl] vanskelighet *c;* ubehagelighet *c;* ugreie *c;* besvær *n;* plage *c;* bry *n;* uleilighet *c;* røre i (vann); forstyrre; forurolige; bry; plage; besvære; ~ **some,** besværlig; brysom; plagsom.

trough [trɔf] trau *n.*

trousers ['trauzəz] bukser.

trousseau ['tru:sou] brudeutstyr *n.*

trout [traut] aure *c.*

truant ['tru:ənt] skulker *c.*

truce [tru:s] våpenstillstand *c.*

truck [trʌk] tralle *c;* transportvogn *c;* godsvogn *c; amr* lastebil *c;* tuskhandel *c;* frakte med godsvogn *el* lastebil.

trudge [trʌdʒ] traske.

true [tru:] sann; tro(fast); riktig; ekte; **come** ~, gå i oppfyllelse; **be** ~ **of,** være tilfelle med.

truffle ['trʌfl] trøffel *c.*

truly ['tru:li] i sannhet; oppriktig; **yours** ~, ærbødigst (foran underskriften i et brev).

trump [trʌmp] trumf(e) *c;* ~ **up,** dikte opp.

trumpet ['trʌmpit] trompet *c;* støte i trompet; utbasunere.

trunk [trʌŋk] (tre)stamme *c;* kropp *c;* hoveddel *c;* snabel *c;* (stor) koffert *c;* ~ **s,** turn- badebukser; ~ **line,** hovedlinje *c;* ~ **call,** rikstelefonsamtale *c;* ~ **dialling,** fjernvalg *n.*

trust [trʌst] tillit *c* (**in** til); betrodde midler; **on** ~, på kreditt; **in** ~, til forvaring; *merk* trust; stole på; ~ **ee**; tillitsmann *c,* verge *c;* ~ **ful,** ~ **ing,** tillitsfull.

trustworth|iness ['trʌstwə:ðinis] pålitelighet *c;* ~ **y,** pålitelig.

truth [tru:þ] sannhet *c;* ~ **ful,** sannferdig.

try [trai] forsøke; undersøke; prøve; sette på prøve; anstrenge; røyne på; ~ **on,** prøve på (seg klær); ~ **ing,** anstrengende; vanskelig; ubehagelig.

tub [tʌb] balje *c;* kar *n;* **(bath)** ~ badekar *n.*

tube [tju:b] rør *n;* munnstykke *n; amr* (radio)rør *n;* tube *c;* undergrunnsbanen (i London).

TUC (The Trades Union Congress) Landsorganisasjonen (i England).

tuck [tʌk] legg *n* (på klær); sy i legg; stikke, folde **(in** inn); ~ **up,** brette opp.

Tuesday ['tju:zdi] tirsdag *c.*

tug [tʌg] slepebåt *c* (ogs. ~ **boat);** slepe, taue; hale.

tuition [tju(:)'iʃn] under-

visning *c;* betaling for undervisning.

tulip ['tju:lip] tulipan *c.*

tumble ['tʌmbl] tumle; rulle; ramle ned; ~ **r,** øl- *el* vannglass *n;* akrobat *c.*

tumour ['tju:mə] svulst *c.*

tumult ['tju:mʌlt] tumult *c;* forvirring *c;* tummel *c;* ~ **uous** ['mʌl-] stormende; urolig.

tuna ['tju:nə] tunfisk *c.*

tune [tju:n] melodi *c; mus* harmoni *c;* stemme; **out of** ~, ustemt; ~ **in (to)** *rad* stille inn (på).

turbot ['tə:bət] piggvar *c.*

turbulent ['tə:bjulənt] urolig; opprørt; stormende.

tureen [tju'ri:n] terrin *c.*

turf [tə:f] grastorv *c;* veddeløpsbane *c.*

Turkey ['tə:ki] Tyrkia; **turkey,** kalkun *c.*

Turkish ['tə:kiʃ] tyrkisk.

turmoil ['tə:mɔil] bråke; uro *c.*

turn [tə:n] dreie (rundt); vende; snu; svinge; omvende; forandre (seg) **(into** til); vende noen bort **(from** fra); bøye av; bli; surne, skilles; ~ **a corner,** dreie om hjørnet; ~ **down,** *dt* avslå; ~ **off, on,** skru av, på (vannkran osv.); ~ **out,** kaste, vise ut; vise seg å være; frembringe; produsere (varer); ~ **to,** ta fatt på; ~ **up,** vende opp; skru opp; vise seg uventet; omdreining *c;* krumning *c;* vending *c;* omslag *n;* omskifting *c;* forandring *c;* tur *c,* slag *n;* tur *c,* omgang *c* **(by** ~ **s,** skiftevis); **do somebody a good** ~, gjøre noen en tjeneste; **it is my** ~, det er min tur; ~ **ing-point,** vendepunkt *n.*

turnip ['tə:nip] turnips *c.*

turnout ['tə:n'aut] utstyr *n;* kjøregreier; streik *c;* fremmøte *n;* (netto) produksjon *c;* ~ **over,** omsetning *c;* ~ **pike** veibom *c;* ~ ~ **(road),** *amr* avgiftsbelagt motorvei *c;* ~ **-up,** oppbrett *n.*

turtle ['tə:tl] skilpadde *c;* turteldue *c.*

tusk [tʌsk] støttann *c.*

tutor ['tju:tə] (hus)lærer *c;* studieleder *c.*

tuxedo [tʌk'si:dou] *amr* smoking *c.*

tweezers ['twi:zəz] pinsett *c.*

twelfth [twelfþ] tolvte.

twelve [twelv] tolv; ~ **fold,** tolvdobbelt.

twentieth ['twentiiþ] tyvende.

twenty ['twenti] tyve; ~ **fold,** tyvedobbelt.

twice [twais] to ganger.

twig [twig] kvist *c;* ~ **gy,** grenet; mager.

twilight ['twailait] tusmørke *n;* grålysning *c;* skumring *c.*

twin, tvilling *c;* dobbelt-.

twine [twain] snoing *c;* hyssing *c;* sno; tvinne.

twinkle ['twiŋkl] blinke; glitre; funkle.

twirl [twə:l] virvle; snurre.

twist, vridning *c;* omdreining *c;* tvist *c;* vri; sno; tvinne.

twitch [twitʃ] napp(e) *n;* rykk(e) *n.*

twitter ['twitə] kvitter *n;* kvitre.

two [tu:] to; ~ **fold,** dobbelt; ~ **pence** ['tʌpəns] to pence.

type [taip] type *c;* forbilde *n;* mønster *n;* preg *n;* sats *c;* skrive på maskin; ~ **writer,** skrivemaskin *c.*

typhoon [tai'fu:n] tyfon *c.*

typist ['taipist] maskin-
skriver(ske) c.

typical ['tipikl] typisk (**of**
for).

tyrannize ['tirənaiz] tyran-

nisere; ~ **ny**, tyranni n;
~ **t** ['tairənt] tyrann c.

tyre [taiə] bil- el sykkel-
dekk n.

U

udder ['ʌdə] jur n.

ugliness ['ʌglinis] stygghet
c; ~ **y**, stygg, heslig.

U. K. = **United King-
dom.**

ulcer ['ʌlsə] sår n; (**gastric**)
~, magesår n.

ultimate ['ʌltimit] sist; en-
delig.

umbrella [ʌm'brelə] pa-
raply c.

umpire ['ʌmpaiə] opp-
mann c; dommer c
(**sport**).

unable ['ʌn'eibl] ute av
stand (**to** til); ~ **abridg-
ed**, uforkortet; ~ **accept-
able**, uantagelig.

unaccustomed ['ʌnə'kʌs-
təmd] uvant; ~ **to**, ikke
vant til.

unacquainted ['ʌnə'kwein-
tid] ukjent; ~ **affected**,
uberørt; enkel; naturlig;
~ **alterable**, uforander-
lig; ~ **amiable**, uelskver-
dig.

unanimity [ju:nə'nimiti]
enstemmighet c; ~ **ous**
[ju'næniməs] enstemmig.

unanswerable [ʌn'a:nsər-
əbl] som ikke kan besva-
res; ugjendrivelig;
~ **armed**, ubevæpnet;
~ **assuming**, beskjeden;
~ **attainable**, uoppnåe-
lig; ~ **attended**, forlatt;
~ **available**, utilgjenge-
lig; ikke for hånden;
~ **avoidable**, uunngåelig.

unaware ['ʌnə'wɛə] uviten-
de (**of** om); ~ **s**, uforva-
rende.

unbalanced ['ʌn'bælənst]
ubalansert; ulikevektig;
~ **bar**, åpne; ~ **bearable**,
uutholdelig; ~ **becom-
ing**, ukledelig; ~ **believ-
ing**, vantro; ~ **bend**,
slappe av; tø opp;
~ **bias(s)ed**, fordomsfri;
~ **bidden**, ubuden;
~ **bind**, løse; ~ **bolt**, åp-
ne; ~ **bound**, ubundet.

unbroken [ˈʌnˈbroukn]
ubrutt; ~ **burden,** lesse
av; lette **(of for);** ~ **button,** knappe opp; ~ **ceasing,** uopphørlig; ~ **certain,** usikker; ~ **checked,** uhindret.
uncle [ˈʌŋkl] onkel *c.*
uncomfortable
[ʌnˈkʌmfətəbl] ubehagelig; ubekvem; ~ **common,** usedvanlig; ~ **concerned,** ubekymret; uinteressert; ~ **conditional,** ubetinget; ~ **conscious,** bevisstløs; ubevisst.
uncontested [ˈʌnkɔnˈtestid]
ubestridt; ~ **convinced,** ikke overbevist; ~ **couple,** kople fra; ~ **cover,** avdekke; ~ **damaged,** ubeskadiget; ~ **decided,** uavgjort; ubestemt; ~ **defined,** ubestemt; ~ **deniable,** unektelig.
under [ˈʌndə] under; nede; nedenfor; underordnet; under-; ~ **bid,** underby; ~ **clothing,** undertøy *n;* ~ **cut,** underselge; trykke prisnivået; rykke grunnen bort under; ~ **developed,** underutviklet; ~ **done,** halvrå; ~ **estimate,** undervurdere; ~ **expose,** *fotogr* un-

dereksponere; ~ **fed,** underernært; ~ **go,** gjennomgå; ~ **graduate,** student *c;* ~ **ground (railway),** undergrunnsbane *c;* ~ **line,** understreke; ~ **mine,** underminere; ~ **neath,** under; ~ **sign,** undertegne; ~ **sized,** under gjennomsnittsstørrelse; ~ **stand,** forstå; oppfatte; erfare; høre; ~ **statement,** for svakt uttrykk *n;* ~ **take,** foreta; ~ **taking,** foretakende *n;* påta seg; ~ **value,** undervurdere; ~ **wear,** undertøy *n.*
undeserved [ˈʌndiˈzə:vd]
ufortjent; ~ **desirable,** uønsket; brysom; plagsom; ~ **developed,** uutviklet; ~ **digested,** ufordøyet; ~ **disturbed,** uforstyrret; ~ **do,** knytte opp; pakke opp; ~ **doubted(ly),** utvilsom(t); ~ **dress,** kle av (seg); ~ **due,** utilbørlig; ~ **dying,** uforgjengelig; ~ **earthly,** overnaturlig; overjordisk; ~ **easy,** urolig; engstelig; ~ **eatable,** uspiselig; ~ **educated,** uutdannet; ~ **employed,** arbeidsløs.

unequal [ˈʌnˈiːkwəl] ulik; ~ **essential**, uvesentlig; ~ **even**, ujevn; ~ **expected** uventet; ~ **explored**, ikke utforsket; ~ **fading**, ekte (farge); ~ **failing**, ufeilbar; ~ **fair**, urimelig; urettferdig; ~ **fashionable**, umoderne; ~ **fasten**, løse; åpne; ~ **favourable**, ugunstig; ~ **feeling**, ufølsom; ~ **finished**, uferdig; ~ **fit**, uskikket; ~ **fold**, utfolde (seg); ~ **foreseen**, ikke forutsett; ~ **fortunate**, beklagelig; uheldig; ~ ~ **ly**, dessverre; ~ **furnished**, umøblert; ~ **gainly**, klosset; ~ **grateful**, utakknemlig; ~ **happy**, ulykkelig; ~ **healthy**, usunn; ~ **hook**, ta av kroken; hekte opp; ~ **hurt**, uskadd.

uniform [ˈjuːnifɔːm] ensartet; uniformere; uniform c.

unimaginative [ˈʌniˈmædʒinətiv] fantasiløs; ~ **impaired**, usvekket; ~ **influenced**, ikke påvirket; ~ **injured**, uskadd; ~ **insured**, ikke assurert; ~ **intelligent**, uintelli-

gent; ~ **intelligible**, uforståelig; ~ **intentional**, utilsiktet.

union [ˈjuːnjən] forening c; lag n; enighet c; union c; ekteskap(elig forbindelse) n; **(trade) ~**, fagforening c; rørkobling c.

unique [juˈniːk] enestående.

unit [ˈjuːnit] enhet c; ~ **e**, [juˈnait] forene (seg); **the United Kingdom**, kongeriket Storbritannia og (Nord-)Irland; **the United States (of America)**, De forente stater; ~ **y** [ˈjuːniti] enhet c; enighet c.

universal [juːniˈvəːsəl] universell; altomfattende; verdens-; alminnelig; ~ **ality** [-ˈsæl-] altomfattende karakter c; ~ **e**, univers n; verden c; ~ **ity**, universitet n.

unjust [ˈʌndʒʌst] urettferdig; ~ **kind**, uvennlig; ~ **known**, ukjent; ~ **lawful**, ulovlig.

unless [ənˈles, ʌnˈ-] med mindre; hvis ikke.

unlike [ˈʌnˈlaik] ulik; motsatt; ~ **limited**, ubegrenset; ~ **load**, losse; lesse

av; ~ **lock**, låse opp;
~ **matched**, uovertruffet;
~ **mentionable**, unevne-
lig; ~ **merciful**, nådeløs;
~ **mindful**, glemsom;
uten tanke (of på);
~ **mistakable**, umiskjen-
nelig; ~ **mitigated**, abso-
lutt; ren(dyrket).

unmoved [ˈʌnˈmuːvd] ube-
rørt; uanfektet.

unnatural [ʌnˈnætʃrəl]
unaturlig; ~ **necessary**,
unødvendig; ~ **noticed**,
ubemerket; ~ **obtrusive**,
beskjeden.

unpack [ˈʌnˈpæk] pakke
ut; ~ **palatable**, usmake-
lig; ~ **paralleled**, uten
sidestykke n; ~ **pleasant**,
ubehagelig; ~ **populari-
ty**, upopularitet c;
~ **precedented**, uhørt;
enestående; ~ **preju-
diced**, fordomsfri;
~ **prepared**, uforberedt;
~ **pretentious**, be-
skjeden; ~ **principled**,
prinsippløs; ~ **profit-
able**, ulønnsom;
~ **promising**, lite loven-
de; ~ **qualified**, uskik-
ket; absolutt; ubetinget;
~ **questionable**, ubestri-
delig; utvilsom; ~ **ravel**,
løse (opp); greie ut;

~ **reasonable**, urimelig;
ufornuftig; ~ **refined**,
uraffinert; udannet;
~ **reliable**, upålitelig;
~ **remitting**, uopphørlig;
~ **rewarded**, ubelønnet;
~ **rivalled**, uten like;
uforlignelig; ~ **safe**,
utrygg; upålitelig; ~ **sa-
tisfactory**, utilfredsstil-
lende; ~ **savoury**, usma-
kelig; ~ **screw**, skru løs;
~ **scrupulous**, hensyns-
løs; samvittighetsløs;
~ **seen**, usett; ~ **selfish**,
uselvisk.

unsettle [ˈʌnˈsetl] rokke
ved; bringe ut av fat-
ning; ~ **d**, ustadig, usik-
ker; ubetalt; ikke be-
bodd.

unshrinkable [ˈʌnˈʃriŋkəbl]
krympefri; ~ **ing**, ufor-
sagt.

unsightly [ʌnˈsaitli] stygg;
heslig; ~ **skilled**, ikke
faglært; ~ **sociable**, usel-
skapelig; ~ **sophisticat-
ed**, enkel, naturlig;
~ **sound**, usunn; sykelig;
bedervet; skadd;
~ **sparing**, gavmild;
~ **speakable**, usigelig;
~ **spent**, ubrukt; ~ **stab-
le**, usikker; ustø; ~ **stea-
dy**, ustø; usikker;

~ **suitable,** upassende; ~ **surpassed,** uovertruffen; ~ **thinkable,** utenkelig; ~ **tidy,** uordentlig; ~ **tie,** knytte opp.
until [ʌnˈtil] (inn)til.
un|timely [ˈʌnˈtaimli] ubeleilig; for tidlig; brått; ~ **tiring,** utrettelig; ~ **touched,** uberørt; ~ **travelled,** ikke bereist; ~ **tried,** uforsøkt; ~ **true,** usann; utro; ~ **usual,** usedvanlig; ~ **utterable,** usigelig; ~ **varied,** uforanderlig; ~ **veil,** avsløre; ~ **warranted,** uberettiget; ~ **well,** uvel; ~ **wieldy,** besværlig; ~ **willing,** uvillig; ~ **wise,** uklok; ~ **wittingly,** uforvarende; ~ **worthy,** uverdig; ~ **wrap,** pakke ut; ~ **written,** uskrevet.
up [ʌp] oppe; opp; oppover; opp i; oppe på; **the sun is** ~, solen har stått opp; **time is** ~, tiden er utløpt, omme; **be hard** ~, ha det vanskelig (økonomisk); ~ **to,** inntil; **it's** ~ **to me to do,** det er min sak å gjøre; **what's** ~? hva er på ferde?; **it's all** ~

with him, det er ute med ham.
up|braid [upˈbreid] bebreide; ~ **bringing,** oppdragelse c; ~ **heaval,** omveltning c; ~ **hill,** oppover bakke; ~ **hold,** vedlikeholde; støtte.
upholster [ʌpˈhoulstə] stoppe; polstre; trekke; ~ **er,** salmaker c.
upkeep [ˈʌpkiːp] vedlikehold n.
upon [əˈpɔn] (op)på.
upper [ˈʌpə] øvre; høyere; ~ **s,** overlær n; **toygamasjer;** ~ **most,** øverst.
upright [ˈʌprait] opprettstående; rettskaffen.
uproar [ˈʌprɔ:] oppstyr n.
upset [ʌpˈset] velte; kantre; bringe ut av fatning c.
upshot [ˈʌpʃɔt] resultat n.
upside [ˈʌpsaid]: ~ **down,** opp ned; endevendt.
upstairs [ˈʌpˈstɛəz] ovenpå.
up-to-date [ˈʌptəˈdeit] à jour; moderne.
upward [ˈʌpwəd] oppover.
urchin [ˈɔ:tʃin] sjøpinnsvin c; (gate)gutt c.
urge [ə:dʒ] drive; tilskynde; anbefale; be inntrengende; betone sterkt; ~ **ncy** press n; tvingende nødvendighet

c; ~ **nt**, påtrengende nødvendig; presserende; som haster.

urn [ə:n] urne c.

us [ʌs] oss.

U.S.(A.) = United States (of America).

usage [ju:zidʒ] skikk og bruk; sedvane c; språkbruk c; behandling c.

use [ju:s] bruk c; anvendelse c; skikk c; øvelse c; vane c; nytte c; [ju:z] bruke; benytte; behandle; **he ~ d to do**, han pleide å gjøre; ~ **d to**, vant til; ~ **ful**, nyttig; brukbar; ~ **less**, unyttig; ubrukbar.

usher [ʌʃə] dørvakt c; rettstjener c; føre inn; ~ **in**, innlede; innvarsle.

usual [ju:ʒuəl] vanlig.

usurer [ju:ʒərə] ågerkar; ~ **y** [ju:ʒuri], åger c.

utensil [ju:tensil] redskap n; (kjøkken)utstyr n.

utility [ju:tiliti] nytte c; ~ **ze**, [ju:tilaiz] bruke; nyttiggjøre (seg); utnytte.

utmost [ʌtmoust] ytterst.

utter [ʌtə] fullstendig, absolutt; ytre; uttale; ~ **ance**, ytring c; uttalelse c; språklig ytringsmåte c; ~ **most**, ytterst.

V

vacancy [veikənsi] tomrom n; ledig plass c, ledig post c; ~ **t**, tom; ledig; ubesatt.

vacation [vəkeiʃn] ferie c.

vaccinate [væksineit] vaksinere.

vacillate [væsileit] vakle; ~ **ion**, slingring c; vakling c.

vacuum [vækjuəm] **cleaner**, støvsuger c.

vague [veig] vag; ubestemt.

vain [vein] tom; forgjeves; forfengelig; stolt (of av); **in ~**, forgjeves.

valet [vælit] kammertjener c.

valiant [væliənt] tapper.

valid [vælid] gyldig; ~ **ity** [vəliditi], gyldighet c.

valise [vəli:z] reiseveske c.

valley [væli] dal c.

valour [vælə] tapperhet c.

valuable [væljuəbl] verdi-

full; ~ables verdisaker;
~e ['-ju] verdi c; valør c;
valuta c; vurdere; verd-
sette.
valve [vælv] ventil c; klaff
c; rad rør n.
van [væn] flyttevogn c;
varevogn c; jernb gods-
vogn c.
vanilla [və'nilə] vanilje c.
vanish ['væniʃ] forsvinne.
vanity ['væniti] forfenge-
lighet c; tomhet c; ~-
bag, ~-case, selskaps-
veske c.
variable ['vɛəriəbl] foran-
derlig; ~nce, forskjell c;
uoverensstemmelse c;
~tion, forandring c;
forskjell c; variasjon c.
variety [və'raiəti] avveks-
ling c; forandring c;
mangfoldighet c; avart
c; ~ show, varietéfore-
stilling c.
various ['vɛəriəs] forskjel-
lig(e); diverse; forander-
lig.
varnish ['va:niʃ] ferniss(e-
re) c.
vary ['vɛəri] forandre
(seg); variere; veksle; ~
from, avvike fra.
vase [va:z] vase c.
vast [va:st] uhyre; veldig;
umåtelig.

vault [vɔ:lt] hvelv(ing) n
(c); sprang n, hopp n;
pole ~, stavsprang n;
hvelve (seg); hoppe.
veal [vi:l] kalvekjøtt n;
roast ~, kalvestek c.
vegetable ['vedʒitəbl]
plante-, vegetabilsk;
kjøkkenvekst c; ~bles,
grønnsaker; ~rian [-'tæ-
riən] vegetarianer c;
~tion, vegetasjon c.
vehemence ['vi:iməns] hef-
tighet c; voldsomhet c;
~t, heftig; voldsom.
vehicle ['vi:ikl] kjøretøy n;
redskap n; (uttrykks)-
middel n.
veil [veil] slør n; (til)slø-
re; tilhylle.
vein [vein] vene c; (blod)-
åre c; åre c (i tre); stem-
ning c.
velocity [vi'lɔsiti] hastighet
c.
velvet ['velvit] fløyel c;
~een, bomullsfløyel c.
venal ['vi:nl] bestikkelig.
vending machine salgsau-
tomat s.
vendor ['vendɔ:] selger c.
venerable ['venərəbl] ær-
verdig.
venerate ['venəreit] høyak-
te; holde i ære; ~ion,
ærbødighet c; ærefrykt
c.

Venetian [vi'ni:ʃn] venetiansk; venetianer *c*; ~ **blind,** persienne *c*.

vengeance ['vendʒəns] hevn *c*.

Venice ['venis] Venezia.

venison ['ven(i)zn] vilt *n*; dyrekjøtt *n*.

venom ['venəm] gift(ighet) *c*.

vent, lufthull *n*; trekkhull *n*; fritt løp *n*; **give ~ to,** gi luft, gi avløp *n*.

ventilate ['ventileit] ventilere; drøfte; ~ **ion,** ventilasjon *c*; ~ **or,** ventilator *c*.

ventriloquist [ven'triləkwist] buktaler *c*.

venture ['ventʃə] vågestykke *n*; spekulasjon *c*; risiko *c*; våge; løpe en risiko; ~ **some,** dristig.

veracious [və'reiʃəs] sannferdig; ~ **ty** [və'ræsiti] sannferdighet *c*.

verb [və:b] verb(um) *n*; ~ **al,** muntlig; ord-; ordrett; verbal-.

verdict ['və:dikt] *jur* kjennelse *c*.

verge [və:dʒ] rand *c*; kant *c*.

verify ['verifai] bevise; bekrefte; etterprøve.

veritable ['veritəbl] sann; virkelig.

vermin ['və:min] skadedyr *n*.

verse [və:s] vers *n*; verselinje *c*; poesi *c*; ~ **ed,** bevandret; kyndig; erfaren **(in** i); ~ **ion** [-ʃn] oversettelse *c*; versjon *c*, gjengivelse *c*.

verve [və:v] liv *n*; kraft *c*.

very ['veri] meget; **the ~ best,** det aller beste; **the ~ same,** selvsamme; **in the ~ act,** på fersk gjerning *c*.

vessel ['vesl] kar *n*; skip *n*.

vest, undertrøye *c*; vest *c*; forlene; overdra.

vestibule ['vestibju:l] (for)hall *c*; entré *c*; vestibyle *c*.

vestige ['vestidʒ] spor *n*.

vestry ['vestri] sakristi *n*.

vet [vet] dyrlege *c*; (lege)-undersøke.

veterinary ['vetrin(ə)ri] **(surgeon),** dyrlege *c*; veterinær *c*.

vex [veks] ergre; plage; irritere; ~ **ation,** ergrelse *c*; plaging ~ **atious,** ergerlig; fortredelig; brysom.

vial ['vaiəl] medisinglass *n*.

vibrate [vai'breit] vibrere; ~ **ion,** vibrasjon *c*; svingning *c*; dirring *c*.

vicar ['vikə] sogneprest c.

vice [vais] last c; feil c; mangel c; skruestikke c; vise-.

vice versa ['vaisi 'və:sə] omvendt.

vicinity [vi'siniti] nærhet c; naboskap n.

vicious ['viʃəs] lastefull; slett; ondskapsfull.

victim ['viktim] offer n; ~ize, bedra; narre.

victor ['viktə] seierherre c; ~ious, seierrik; ~y, seier c.

Vienna [vi'enə] Wien.

view [vju:] syn n; blikk n; synsvidde c; utsikt c; mening c; bese; se på; betrakte; in ~ of, i betraktning av; point of ~, synspunkt n; in my ~, i mine øyne; with a ~ to, i den hensikt å; ~er, fjernsynsseer; ~-finder, søker c (på fotografiapparat); ~ point, synspunkt n.

vigorous ['vigərəs] kraftig; sprek; sterk.

vigour ['vigə] kraft c.

vile [vail] sjofel; ussel.

village ['vilidʒ] landsby c; ~r, landsbyboer c.

villain ['vilən] kjeltring c; skurk c; ~y, skurkestrek c.

vine [vain] vinranke c; vinstokk c.

vinegar ['vinigə] eddik c; ~tage, vinhøst c; årgang c.

violate ['vaiəleit] krenke; overtre; bryte; ~ence, vold(somhet) c; ~ent, voldsom.

violet ['vaiəlit] fiol c.

violin [vaiə'lin] fiolin c.

viper ['vaipə] hoggorm c.

virgin ['və:dʒin] jomfru c.

virtue ['və:tʃu] dyd c; ærbarhet c; by ~ of, i kraft av.

virtuous ['və:tʃuəs] dydig.

viscount ['vaikaunt] vicomte c.

visé ['vizei] visum n; visere.

visibility [vizi'biliti] synlighet c; siktbarhet c; ~le, synlig.

vision ['viʒən] syn n; synsevne c; visjon c.

visit ['vizit] besøk(e) n.

visitor ['vizitə] besøkende c; ~s' book, fremmedbok c.

visual ['viʒuəl] syns-; synlig.

vital ['vaitl] livs-; livsviktig; ~ity, livskraft c.

vivid ['vivid] livlig; levende.

vocabulary [vo'kæbjuləri]

ordsamling *c;* ordliste *c;* ordforråd *n.*

vocal ['voukl] stemme-; vokal-; sang-; ~ **chord,** stemmebånd *n;* ~**ist,** sanger(inne) *c.*

vocation [vo'keiʃn] kall *n;* yrke *n;* ~**al school,** yrkesskole *c.*

vogue [voug] mote *c.*

voice [vɔis] stemme *c;* uttrykk.

void [vɔid] tom; *jur* ugyldig; tomrom *n;* lakune *c;* ~ **of,** fri for; blottet for.

volatile ['vɔlətail] flyktig.

volcano [vɔl'keinou] *pl* **-es,** vulkan *c.*

volition [vou'liʃn] vilje *c.*

volley ['vɔli] salve *c; tennis* fluktslag *n;* fyre av.

voluble ['vɔljubl] flytende; munnrapp.

volume ['vɔljum] bind *n;* bok *c;* volum *n;* innhold *n;* omfang *n;* ~**inous** [və'lju:-] omfangsrik.

voluntary ['vɔləntəri] frivillig; ~**eer** [vɔlən'tiə] frivillig; påta seg frivillig.

vomit ['vɔmit] brekke seg.

votary ['voutəri] tilhenger *c;* ~**e,** (valg)stemme *c;* avstemning *c;* avlegge stemme; votere, vedta; ~**er,** velger *c.*

vouch [vautʃ]: ~ **for,** borge for; innestå for; ~**er,** bilag *n;* kvittering *c.*

vow [vau] (høytidelig) løfte *n;* love (høytidelig).

vowel ['vauəl] vokal *c.*

voyage ['vɔidʒ] (lengre) reise (til sjøs *el* pr. fly).

vulgar ['vʌlgə] alminnelig; simpel; tarvelig; rå; vulgær; ~**ity** [-'gær-] plumphet *c;* simpelhet *c;* ~**ize,** forsimple.

vulnerable ['vʌlnərəbl] sårbar; i faresonen (kortspill).

vulture ['vʌltʃə] gribb *c.*

W

wad [wɔd] dott *c;* propp *c;* ~**ding,** vattering *c;* vatt *c.*

wade [weid] vade; vasse;

~**rs,** vadestøvler; sjøstøvler.

wafer ['weifə] (tynn) kjeks *c.*

waffle ['wɔfl] vaffel *c;*
~ **-iron**, vaffeljern *n.*
wag [wæg] svinge; dingle;
logre med; skøyer *c.*
wages ['weidʒiz] lønn *c.*
waggon ['wægən] laste-
vogn *c;* ~ **er**, kjørekar *c.*
waif [weif] hittebarn *n;*
herreløst dyr *n.*
wail [weil] klage; jamre
seg; jammer *c;* klage *c.*
waist [weist] liv *n;* midje
c; ~ **coat** ['weiskout] vest
c.
wait [weit] vente; varte
opp; ~ **for**, vente på;
keep ~ **ing**, la vente;
~ **er**, kelner *c;* ~ **ing-
room**, venteværelse *n;*
~ **ress**, serveringsdame
c.
waive [weiv] oppgi; gi av-
kall på.
wake [weik] kjølvann *n;*
vekke; våkne; ~ **up**,
våkne; vekke; ~ **n**, våk-
ne; vekke.
walk [wɔ:k] gå; spasere;
vandre; spasertur *c;*
gange *c;* ~ **er**, fotgjenger
c; spaserende.
walking ['wɔ:kiŋ]: ~ **tour**,
spasertur *c;* ~ **ing-stick**,
spaserstokk *c.*
wall [wɔ:l] mur *c;* vegg *c;*
omgi med mur *c;* befes-

te; ~ **up**, mure til; ~ **et**,
veske *c;* lommebok *c.*
wallow ['wɔlou] velte seg.
wallpaper ['wɔ:l'peipə] ta-
pet *c.*
walnut ['wɔ:lnʌt] valnøtt
c.
walrus ['wɔ:lrəs] hvalross
c.
waltz [wɔ:ls] (danse) vals
c.
wander ['wɔndə] vandre;
gå seg bort; tale over
seg; ~ **er**, vandrings-
mann *c.*
wane [wein] avta; blekne;
svinne.
wangle ['wæŋgl] fikse;
bruke knep.
want [wɔnt] mangel *c* **(of
på)**; trang *c;* nød *c;*
mangle; ønske; trenge;
ville ha.
wanton ['wɔntən] flokse *c;*
vilter.
war [wɔ:] krig *c.*
warble [wɔ:bl] trille; syn-
ge.
ward [wɔ:d] vakthold *n;*
formynderskap *n;* vern
n; myndling *c;* avdeling
c, sal *c* (i hospital);
~ **en**, vokter *c;* oppsyns-
mann *c.*
wardrobe ['wɔ:droub] gar-
derobe *c;* klesskap *n.*

ware vare(sort *c*)*;* varer;
china ~, porselenssa-
ker; **~ house**, lagerbyg-
ning *c;* lagre.

warm [wɔ:m] varm; var-
me (seg); **~ th**, varme *c.*

warn [wɔ:n] advare
(against mot); varsle;
formane; **~ ing**, (ad)var-
sel *c;* oppsigelse *c.*

warp [wɔ:p] forvri; gjøre
kroket; (om trevirke) slå
seg.

warrant [ˈwɔrənt] bemyn-
digelse *c;* garanti *c;* sik-
kerhet *c;* hjemmel *c;* be-
myndige; garantere.

warrior [ˈwɔriə] kriger *c.*

wart [wɔ:t] vorte *c.*

wary [ˈwɛəri] forsiktig.

was [wɔz] var; ble.

wash [wɔʃ] vaske (seg);
skylle over; **~ up**, vaske
opp; **~ ed out**, utvasket;
utslitt; vask *c;* skylling
c; (bølge)slag *n;* plask *n;*
skvulp *c;* **~ er**, vaskema-
skin *c;* **~ erwoman**, vas-
kekone *c;* **~ ing**, vask *c;*
vasketøy *n.*

wasp [wɔsp] veps *c;* **~ ish**,
vepse-; irritabel.

waste [weist] øde; udyr-
ket; ubrukt; unyttig; av-
falls-; ødeleggelse *c;* ød-
selhet *c;* sløsing *c;* tap *n;*
ødelegge; sløse; (gå til)
spille; **~ paper basket**,
papirkurv *c.*

watch [wɔtʃ] vakt(hold) *c*
(n); armbånds-, lom-
meur *n;* våke; se på;
iaktta; passe på; **~ ful**,
påpasselig; **~ maker**, ur-
maker *c;* **~ man**, vakt-
mann *c.*

water [ˈwɔ:tə] vann *n;* **~ s**,
farvann *n;* vanne; ta inn
vann; spe opp; løpe i
vann; **high ~**, flo *c;* **low
~**, ebbe *c;* **~ -colour**,
vannfarge *c;* **~ course**,
vassdrag *n;* **~ ing-place**,
badested *n;* vannings-
sted *n;* **~ proof**, vann-
tett; regnfrakk *c;*
~ shed, vannskille *n;*
~ tight, vanntett; **~ way**,
vannvei *c,* kanal *c;*
~ works, vannverk *n;*
~ y, våt; vassen.

wave [weiv] bølge *c;* vifte;
vinke; vaie; bølge (hår).

waver [weivə] være usik-
ker; vakle.

wax [wæks] voks *c;* vok-
se; tilta (måne).

way [wei] vei(stykke) *c*
(n); retning *c;* kurs *c;*
måte *c; mar* fart *c;* **by
the ~**, forresten; **by ~
of**, gjennom; via; **out of**

the ~, uvanlig; **have one's** ~, få sin vilje; ~ **lay,** ligge på lur etter; ~ **side,** veikant c; ~ **ward,** egensindig.

we [wi(:)] vi.

weak [wi:k] svak; ~ **en,** svekke(s); ~ **ly,** svakelig; svakt; ~ **ness,** svakhet. c.

wealth [welþ] velstand c; rikdom c; ~ **y,** velstående.

weapon ['wepən] våpen n.

wear [wɛə] bære; ha på (seg); slite(s); være holdbar; bruk c; slit(asje) n (c); holdbarhet c; ~ **away,** slite(s); ~ **and tear,** slitasje c.

weariness ['wiərinis] tretthet c.

weary ['wiəri] trett; trette(s).

weather ['weðə] vær n; mar lo; klare seg gjennom; ~ **beaten,** værbitt; ~ **forecast,** værvarsel n.

weave [wi:v] veve; flette; danne; vev(n)ing c.

web, vev c; spindelvev n el c; ~ **foot,** svømmefot c.

wed, ekte; gifte seg med; ektevie; forbinde.

wedding ['wediŋ] bryllup

n; ~ **dress,** brudekjole c; ~ **ring,** giftering c.

wedge [wedʒ] kile c; kile fast.

wedlock ['wedlɔk] ekteskap n.

Wednesday ['wenzdi] onsdag c.

weed [wi:d] ugress n; ukrutt n; luke; renske.

week [wi:k] uke. c; ~ **day,** hverdag c.

weep [wi:p] gråte.

weigh [wei] veie; ~ **(up)on,** tynge på; ~ **t,** vekt c; byrde c; ~ **ty,** vektig; tung.

welcome ['welkəm] (ønske) velkommen; velkomst-(hilsen) c.

weld, sveise (sammen).

welfare ['welfɛə] velferd c.

well, brønn c; kilde c; sjakt c; godt; vel; riktig; frisk; **as** ~ **as,** så vel som; så godt som; ~ **off,** ~ **to-do,** velstående; **I am not** ~, jeg er ikke frisk; ~ **advised,** klok; veloverveid; ~ **bred,** veloppdragen; ~ **intentioned,** velmenende; ~ **known,** velkjent.

Welsh [welʃ] walisisk; ~ **man,** valiser c.

welter ['weltə] rulle; velte seg; rot *n;* virvar *n.*

west, vest *c;* vestlig; vest-; vestre; ~ **ern,** vestlig; ~ **erner,** vesterlending *c;* ~ **ward(s),** vestover; mot vest.

wet, våt; fuktig; regnfull; rå; ~ **through,** gjennomvåt; væte *c;* fuktighet *c;* væte; fukte.

whack [wæk] klask *n;* del *c.*

whale [(h)weil] hval *c;* ~ **oil,** hvalolje *c;* ~ **r,** hvalfanger *c;* fangstskip *n.*

whaling ['(h)weiliŋ] hvalfangst *c.*

wharf [(h)wɔ:f] brygge *c;* kai *c.*

what [(h)wɔt] hva; hva for en; hvilken; det som; ~ **about ...?,** hva med ...?; ~ **ever,** hva ... enn; hva i all verden.

wheat [(h)wi:t] hvete *c.*

wheel [(h)wi:l] hjul *n;* rokk *c;* ratt *n;* kjøre; trille; rulle; ~ **barrow,** trillebår.

wheeze [(h)wi:z] hvese.

when [(h)wen] når; da; mens dog; ~ **ce,** hvorfra; ~ **(so)ever,** når ... enn; når som helst som.

where [(h)wɛə] hvor; hvorhen; ~ **abouts,** hvor omtrent; oppholdssted *n;* ~ **as,** mens derimot; ~ **upon,** hvoretter; ~ **ver,** hvor som helst; hvor enn; hvor i all verden.

whet [(h)wet] hvesse; slipe.

whether ['(h)wɛðə] (hva) enten **(or eller);** om.

which [(h)witʃ] hvilken; hvem; som; (hva) som.

while [(h)wail] tid *c,* stund *c;* mens; så lenge som.

whim [(h)wim] lune *n;* nykke *c;* innfall *n.*

whimper ['(h)wimpə] klynke.

whimsical ['(h)wimzikl] lunefull; snurrig; underlig.

whine ['(h)wain] klynke; sutre; klage; klynk *n.*

whip [(h)wip] pisk(e) *c;* slå; svepe *c; pol* innpisker *c.*

whirl [(h)wə:l] virvle; snurre; virvel *c;* snurring *c.*

whisk [(h)wisk] visk *c;* støvkost *c;* feie; sope; daske; piske (egg, fløte); ~ **ers,** kinnskjegg *n.*

whisper ['(h)wispə] hviske; hvisking *c.*

whistle ['(h)wisl] plystre;
pipe; plystring c; fløyte
c.
white [(h)wait] hvit; ren;
bleik; hvitte; hvitt; hvite
c; ~ **lie**, nødløgn c;
~**-hot**, hvitglødende;
~**n**, gjøre hvit; blei-
ke(s); ~**ness**, hvithet c;
~**wash**, renvasking c;
hvitte; renvaske.
Whitsun(tide) ['(h)witsun-
(taid)] pinse c.
whittle ['(h)witl] spikke.
whizz [(h)wiz] suse; visle.
who [hu:] hvem; hvem
som; som; den som;
~**ever**, hvem enn; en-
hver som; hvem i all
verden.
whole [houl] hel; helhet c;
on the ~, i det hele tatt;
stort sett; ~**hearted**,
helhjertet; ~**some**,
sunn; gagnlig.
whoop [hu:p] hyle; huie;
gispe; hung c; ~**ing-
cough**, kikhoste c.
whore [hɔ:] hore c.
whose [hu:z] hvis.
whosoever [hu:sou'evə]
hvem som enn; enhver
som.
why [(h)wai] hvorfor;
hva! åh!
wick, veke c.

wicked ['wikid] ond; slem;
~**ness**, ondskap c.
wicker ['wikə]: ~ **basket**,
vidjekurv c; ~ **chair**,
kurvstol c.
wide [waid] vid; vid-
strakt; stor; bred; ~**n**,
utvide (seg).
widow ['widou] enke c;
~**er**, enkemann c.
width [widþ] vidde c;
bredde c.
wife [waif] pl **wives** [waivz]
hustru c; kone c.
wig, parykk c.
wild [waild] vill; vilter;
ustyrlig; forrykt; vill-
mark c; ~**erness** ['wildə-
nis] villmark c; villnis n.
wilful ['wilful] egensindig.
will, vilje c; **(last)** testa-
mente n; vil.
willing ['wiliŋ] villig.
willow ['wilou] pil(etre) c
(n).
win, vinne; seire.
wince [wins] krympe seg.
wind [wind] vind c; pust
c; lufte; la puste ut; få
teften av; **throw to the**
~**s**, gi en god dag i;
~**bag**, snakkesalig per-
son; ~**fall**, nedfalls-
frukt c; uventet fordel c;
[waind] tvinne; sno; vik-
le; bøyning c, slyng c;

~ **up,** vinde opp; avslutte; avvikle (forretning); trekke opp (et ur).

winding ['waindiŋ] omdreining c; sving c; bøyning c; ~ **-up,** avvikling c; likvidasjon c.

windlass ['windləs] vinsj c.

window ['windou] vindu n; ~ **dresser,** vindusdekoratør c; ~ **ledge,** ~ **sill,** vinduskarm c; ~ **shutter,** vinduslem c.

windpipe ['windpaip] luftrør n; ~ **-screen,** amr ~ **-shield,** frontglass n; ~ **y,** blåsende.

wine [wain] vin c.

wing [wiŋ] vinge c; fløy c.

wink, blinke; plire; blunk n.

winner ['winə] vinner c.

winning ['winiŋ] vinnende.

winter ['wintə] vinter c; overvintre.

wintry ['wintri] vinterlig.

wipe [waip] tørke, stryke av; ~ **off,** tørke bort (el av); ~ **out,** stryke ut; utslette.

wire ['waiə] (metall)tråd c; (lednings)tråd c; streng c; dt telegram n; telegrafere; ~ **less,** trådløs (telegraf); radio(telegram) c (n); ~ **less operator,** radiotelegrafist c; ~ **less set,** radioapparat n.

wiry ['wairi] ståltråd-; seig.

wisdom ['wizdəm] visdom c.

wise [waiz] vis; klok; måte c; ~ **crack,** morsomhet c.

wish [wiʃ] ønske v & s (n).

wisp, dott c; visk c.

wit, vidd n; vett n; forstand c; klokskap c; åndrikhet c.

witch [witʃ] heks c; forhekse.

with [wið] med; sammen med; hos; foruten; av; **live** ~, bo hos; **angry** ~, sint på; ~ **draw,** trekke (seg) tilbake **(from** fra); ta tilbake; ta ut (av banken); ~ **drawal,** tilbakekalling c; uttak n (av en bank).

wither ['wiðə] visne.

withhold [wið'hould] holde tilbake; nekte (samtykke); ~ **in,** innenfor; innvendig; innen; ~ **out,** utenfor; uten; ~ **stand,** motstå.

witness ['witnis] vitne(sbyrd) n (n); bevitne(lse c); være vitne til; se;

oppleve; ~**-box**, vitneboks *c*.

witty ['witi] åndrik; vittig.

wizard ['wizəd] trollmann *c*.

wobble ['wɔbl] slingre; være ustø; rave.

woe [wou] smerte *c*; sorg *c*; ~**ful**, sørgelig.

wolf, *pl* **wolves** [wulf, -vz] ulv *c*.

woman ['wumən], *pl* **women** ['wimin] kvinne *c*; kone *c*; ~**hood**, kvinnelighet *c*; voksen (kvinnes) alder *c*; kvinner; ~**ly**, kvinnelig.

womb [wu:m] livmor *c*; skjød *c*.

wonder ['wʌndə] (for)undring *c*; (vid)under *n*; undre seg; ~**ful**, vidunderlig.

woo [wu:] beile til.

wood [wud] skog *c*; tre *n*; tømmer *n*; ved *c*; trevirke *n*; ~**ed**, skogvokst; ~**en**, tre-; av tre; klosset; stiv; ~**work**, treverk *n*; trearbeid *n*.

wool [wul] ull *c*; garn *n*; ~**len**, ull-; av ull.

word [wɔ:d] ord *n*; beskjed *c*; uttrykke; formulere; **by** ~ **of mouth,**

muntlig; ~**ing**, ordlyd *c*.

work [wə:k] arbeid *n*; verk *n*; gjerning *c*; ~**s**, verk *n*; fabrikk *c*; arbeide; (om maskin) gå; virke; drive; betjene (maskin); ~ **out,** utarbeide; løse (problem); vise seg (brukbar, effektiv); ~ **up,** opparbeide; bearbeide; **at** ~, i arbeid; ~**able,** brukbar; ~**day,** hverdag *c*; ~**er,** arbeider *c*.

working: in ~ **order,** i brukbar stand.

workman ['wə:kmən] arbeider *c*; ~**like,** fagmessig; ~**ship,** fakkyndighet *c*; (fagmessig) utførelse *c*.

workshop ['wə:kʃɔp] verksted *n*.

world [wə:ld] verden *c*; ~**ly,** verdslig; jordisk; ~**-wide,** verdensomfattende.

worm [wə:m] orm *c*; mark *c*; lirke; sno seg (som en orm); ~**-eaten,** markspist.

worn-out ['wɔ:n'aut] utslitt.

worry ['wʌri] plage; engste (seg); bry; engstelse *c*; bekymring *c*; plage *c*.

worse [wə:s] verre; dårligere.

worship ['wə:ʃip] (guds)-dyrkelse c; tilbedelse c; tilbe; dyrke; holde gudstjeneste c.

worst [wə:st] verst; dårligst; beseire.

worsted ['wustid] kamgarn n.

worth [wə:þ] verd; verdi c; **it is ~ while,** det er umaken verd; ~**y** ['wə:ði] verdig; aktverdig.

would [wud] ville; ble; ville gjerne; pleide; ~-**be,** som vil være; som utgir seg for å være).

wound [wu:nd] sår(e) n.

wrangle ['ræŋgl] kjekle; kjekling c; ~**r,** kranglefant c; amr cowboy c.

wrap [ræp] vikle; svøpe; ~ **(up),** pakke inn; sjal n, pledd n; ~**per,** omslag n; emballasje c; overtrekk n; morgenkjole c; ~ **ping paper,** innpakningspapir n.

wrath [rɔþ] vrede c.

wreath [ri:þ] krans c;

vinding c; ~**e** [ri:ð] (be)kranse.

wreck [rek] ødeleggelse c; skibbrudd n; vrak n; tilintetgjøre; strande; forlise.

wren [ren] gjerdesmutt c.

wrench [ren(t)ʃ] vri; rykke.

wrestle ['resl] bryte (med); kjempe; stri; ~**r,** bryter c.

wretched ['retʃid] elendig.

wriggle ['rigl] vrikke; vri seg; sno seg.

wring [riŋ] vri (seg).

wrinkle ['riŋkl] rynke c.

wrist [rist] håndledd n; ~-**watch,** armbåndsur n.

write [rait] skrive; ~**r,** skribent c; forfatter c.

writing ['raitiŋ] skrivning c; (hånd)skrift c; innskrift c.

wrong [rɔŋ] urett; feil; forkjært; vrang; gal; forurette(lse c); urett; **be** ~, ta feil; ~**doer,** en som gjør urett; forbryter c; ~**doing,** urett c; forsyndelse c; forbrytelse c.

wry [rai] skjev; vri (seg).

X

X, Xt = Christ.
Xmas = Christmas.

X-ray ['eks'rei] røntgen-stråle *c;* røntgenfotogra-fere.

Y

yacht [jɔt] yacht *c;* lystbåt *c;* ~**ing,** seilsport *c.*
Yankee ['jæŋki] i USA: innbygger av New England; i verden for øvrig: innbygger i USA.
yap [jæp] bjeff(e) *n.*
yard [ja:d] yard *c* (eng. lengdemål: 0,914 m); *mar* rå *c;* gård(splass) *c.*
yarn [ja:n] garn *n;* historie *c.*
yawn [jɔ:n] gjesp(e) *c.*
year [jiə] år *n;* ~**ly,** årlig.
yeast [ji:st] gjær *c.*
yell [jel] hyl(e) *n.*
yellow ['jelou] gul; gulfarge *c;* gulne; ~**ish,** gulaktig.
yelp [jelp] bjeff(e) *n.*
yes [jes] ja.
yesterday ['jestədi] i går.
yet [jet] enda; ennå; dog; likevel; **as** ~, ennå.
yield [ji:ld] gi; innbringe;

kaste av seg; yte; gi etter; utbytte *n;* ytelse *c.*
yoke [jouk] åk *n;* (for-)spann *n;* forene; spenne i åk.
yolk [jouk] eggeplomme *c.*
you [ju:] du, deg; De, Dem; dere; man.
young [jʌŋ] ung; liten; **the** ~, ungdommen; ~**ster,** ung gutt *c.*
your [jɔ:ə] din; ditt; dine; deres; Deres, ~**s,** (substantivisk) din; Deres; ~**self,** *pl* ~**selves,** du (*el* deg, De, Dem) selv; refleksivt: deg (*el* Dem); seg; deg (*el* Dem, seg) selv.
youth [ju:þ] ungdom *c;* ung mann *c;* ~**hostel,** ungdomsherberge *n.*
Yugoslavia ['ju:gousla:viə] Jugoslavia.

Z

zeal [zi:l] iver *c;* ~**ous**
['zeləs] ivrig; nidkjær;
~**ot**, svermer *c;* fanati-
ker *c.*

zebra ['zi:brə] sebra *c;* ~
crossing, fotgjengerover-
gang *c* (med striper).

zero ['ziərou] null(punkt)
n.

zest, lyst *c;* glede *c* **(for**
ved); behag *n.*

zip fastener ['zip 'fa:snə] *el*
zipper ['zipə] glidelås *c.*

zone [zoun] sone *c.*

zoo [zu:] *dt* zoologisk ha-
ge *c;* ~**logist** [zou'blə-
dʒist] zoolog *c;* ~**logy**
[zou'blədʒi] zoologi *c.*

Norwegian–English

Dictionary

A

abbed, abbot; ~**isse**, abbess.

abc-bok, primer, ABC-book.

abdikasjon, abdication; ~**sere**, abdicate.

abnorm, abnormal; ~**itet**, abnormity.

abonnement, subscription; ~**nt**, subscriber; ~**re**, subscribe (**på**: to).

abort, abortion, miscarriage; ~**ere**, abort, miscarry.

absolutt, absolute.

absorbere, absorb.

abstrakt, abstract.

absurd, absurd; ~**itet**, absurdity.

ad-, se også **at-**.

addere, add (up); ~**isjon**, addition.

adel, nobility; ~**ig**, noble, titled; ~**smann**, nobleman.

adgang, admittance, admission; (**vei til**) approach, access; ~ **forbudt**, no admittance.

adjektiv, adjective.

adjø, good-bye.

adle, ennoble, knight.

adlyde, obey.

administrasjon, administration, management; ~**ativ**, administrative; ~**ere**, manage, administer.

admiral, admiral.

adopsjon, adoption; ~**tere**, adopt; ~**tivbarn**, adopted (el adoptive) child.

adresse, ~**re**, address.

advare, warn (**mot**: against; **om**: of); ~**sel**, warning.

adverb, adverb.

advokat, lawyer; (**høyesteretts~**) barrister; (jur rådgiver) solicitor; amr attorney.

affekt, excitement; emotion, passion; **komme i**

~, become excited; ~ **ert,** affected.

affære, affair.

aften, evening, night; **høytids-,** eve; ~ **smat,** supper.

Afrika, Africa.

afrikaner, ~ **sk,** African.

agent, agent; ~ **ur,** agency.

agere, act, play, sham.

agitasjon, agitation; ~ **ere,** agitate.

agn, bait; (på korn) chaff, husk; ~ **e,** bait.

agronom, agronomist.

agurk, cucumber.

à jour, up to date.

akademi, academy; ~ **ker,** university man; ~ **sk,** academic(al).

ake, sledge, slide (on a sledge).

akevitt, aquavit.

akklamasjon, acclamation; ~ **imatisere,** acclimatize.

akkompagnere, accompany; ~ **atør,** accompanist.

akkord, *mus* chord; *arb* contract, piece-work; *merk* composition, arrangement.

akkurat, *adj* exact, accurate; precise; *adv* (nettopp) exactly, just.

à konto, on account.

akrobat, acrobat.

aks, ear, spike; ~ **e,** axis; ~ **el,** (på hjul) axle; *mask* shaft; (skulder) shoulder.

aksent, accent; ~ **uere,** accent, accentuate.

aksept, *merk* acceptance; ~ **abel,** acceptable; ~ **ere,** accept; *merk* accept, honour.

aksje, share; *amr* stock; ~ **kapital,** share capital; ~ **selskap,** limited liability company (A/S = Ltd.); *amr* corporation, stock company.

aksjon, action; **gå til** ~, take action; ~ **ær,** shareholder.

akt, act; ~ **e,** intend; respect; ~ **else,** respect, regard, esteem.

akter, aft; astern; ~ **dekk,** after-deck; ~ **ende,** stern.

aktiv, active; ~ **a,** *pl* assets (~ **og passiva,** assets and liabilities); ~ **itet,** activity.

aktor, counsel for the prosecution, prosecutor; ~ **at,** prosecution.

aktpågivende, mindful, attentive; ~ **pågivenhet**, attention; ~ **som**, heedful, careful; ~ **stykke**, document; ~ **ualitet**, current interest; ~ **uell**, topical, current; ~ **verdig**, respectable.

akustikk, acoustics *pl;* ~ **sk**, acoustic.

akutt, acute.

akvarell, water-colour.

akvarium, aquarium.

alarm, alarm; ~ **ere**, alarm.

albatross, albatross.

albue, elbow.

album, album.

aldeles, quite, entirely; ~ **ikke**, not at all.

alder, age; ~ **dom**, old age; ~ **sforskjell**, difference in age; ~ **strygd**, old-age pension.

aldri, never.

alene, alone, by oneself.

alfabet, alphabet; ~ **isk**, alphabetical.

alge, alga *(pl* algae), seaweed.

alkohol, alcohol; ~ **iker**, alcoholic.

alkove, alcove.

all, all; ~ **e**, everyone, everybody, all.

allé, avenue.

allehelgensaften, All Saints' Eve, *amr* Halloween; ~ **dag**, All Saint's Day.

aller best, best of all, the very best; ~ **først**, first of all; ~ **mest**, most of all.

allerede already; as early as; ~ **sammen**, all of us (you, them), everybody; ~ **slags**, all kinds of; ~ **stedsnærværende**, omnipresent.

allfarvei, public highway.

allianse, alliance; ~ **ere**; ~ **ert**, ally; **de allierte**, the Allies.

alligator, alligator.

allikevel, still, yet, all the same.

allmakt, omnipotence; ~ **mektig**, almighty.

allmenn, general; ~ **befinnende**, state of health in general; ~ **heten**, the public; ~ **ing**, common.

allsidig, versatile; allround; ~ **slags**, all kinds of; ~ **tid**, always; ~ **ting**, everything; ~ **vitende**, omniscient, allknowing.

alm, elm.

almanakk, almanac.

alminnelig, common, ge-

neral, ordinary; ~ **isse,**
alms, charity; ~ **ue,** the
common people.
alminnelighet, i ~, in ge-
neral, generally.
alpelue, beret.
alt, everything, all; se **al-**
lerede; *mus* (contr)alto.
altan, balcony.
alter, altar; ~ **gang,**
communion.
alterert, excited, agita-
ted; ~ **nativ,** alternative.
altetende, omnivorous.
altfor, too, much too, far
too; ~ **så,** therefore,
consequently, so.
aluminium, aluminium;
~ **n,** alum.
alv, elf, fairy.
alvor, seriousness, ear-
nestness; gravity; **for**
~, in earnest; ~ **lig,** se-
rious, earnest; grave.
amalgam, amalgam;
~ **sone,** amazon; ~ **tør,**
amateur.
ambassade, embassy;
~ **ør,** ambassador.
ambisjon, ambition.
ambolt, anvil.
ambulanse, ambulance.
Amerika, America.
amerikaner; ~ **sk,** Ameri-
can; ~ **sk olje,** castor
oil.

amme, *s & v* nurse.
ammoniakk, ammonia.
ammunisjon, ammuni-
tion.
amnesti, amnesty.
amortisere, amortize;
~ **ing,** amortization.
amper, fretful, peevish.
amputasjon, amputation;
~ **ere,** amputate.
amulett amulet, charm.
analfabet, illiterate.
analyse, analysis *(pl* ana-
lyses); ~ **re,** analyse.
ananas, pineapple.
anarki, anarchy; ~ **st,**
anarchist.
anatomi, anatomy.
anbefale, recommend;
~ **ing,** recommendation.
anbringe, put, place.
anbud, tender **(på:** for).
and, duck.
andakt, (andektighet) de-
votion; (kort gudstjenes-
te) prayers; ~ **ektig,** de-
vout.
andel, share; quota.
andpusten, out of breath.
andragende, application.
andre, others, other
people.
andrik, drake; ~ **unge,**
duckling.
ane, suspect, guess; **(jeg**
~ **r ikke)** I have no idea.

anekdote, anecdote.

anelse, suspicion.

aner, *pl* ancestors.

anerkjenne, acknowledge, recognize; ~**lse**, acknowledg(e)ment; recognition.

anfall, assault; attack; *med* fit; ~**e**, attack, assault.

anføre, command, lead; *merk* enter, book; (sitere) cite, quote; ~**sel**, command; quotation; ~**selstegn**, quotation marks.

angel, hook; ~**sakser**, ~**saksisk**, Anglo-Saxon.

angi, inform against; (vise) indicate; (nevne) state; ~**velig**, alleged, ostensible; ~**ver**, informer.

angre, regret; repent (**på**: of).

angrep, attack, assault, charge; ~**ipe**, attack, assault; (tære) corrode; ~**iper**, aggressor, attacker.

angst, fear, dread; anxiety.

angå, concern, regard, bear on; ~**ende**, concerning, regarding.

anholde, apprehend, arrest; ~**lse**, apprehension, arrest.

animere, animate.

anis, anise.

anke, *s* & *v* appeal.

ankel, ankle.

anker, anchor; ~**kjetting**, cable; ~**spill**, windlass.

anklage, *v* accuse (**for**: of), charge (**for**: with); *s* accusation; charge; ~**r**, *jur* prosecutor.

ankomme, arrive (**til**: at, in); ~**st**, arrival.

ankre, anchor.

anledning (gang, festlig ~) occasion, (gunstig ~, sjanse), opportunity.

anlegg, (oppføring) construction; (fabrikk) works, plant; *elektr* installation; (evner) talent, turn; ~**e**, construct, lay out; (sak) bring an action against.

anliggende, affair; business.

anløpe, *mar* touch at, call at.

anmelde, (til politiet) report, denounce; (bok) review; ~**lse**, report, denunciation; (bok) review; ~**r**, reviewer.

anmerke, note, put

down; ~ning, comment, note, remark.
anmode om, request; ~ning, request.
anneks, annex.
annektere, annex; ~ing, annexation.
annen, other; *num* second; ~ klasse(s), second-class; ~rangs, second-rate; ~steds, elsewhere; somewhere else.
annerledes, different; otherwise.
annonse, advertisement; ~re, advertise.
annullere, cancel, annul; ~ing, cancellation.
anonym, anonymous; ~itet, anonymity.
anretning, serving; (sted) pantry; ~te, arrange, prepare; (forårsake) cause.
ansamling, crowd (of people).
ansatt, employed (in an office).
anse for, regard as, consider; ~else, reputation; ~lig, considerable; ~tt, respected; ~tee, employ, engage, appoint; ~ttelse, employment, engagement, appointment.

ansiennitet, seniority.
ansikt, face; ~sfarge, complexion; ~strekk, feature.
ansjos, anchovy.
anskaffe, procure, get; (kjøpe) purchase; ~lse, procurement; purchase.
anskuelig, plain, intelligible; ~iggjøre, elucidate, illustrate; ~se, view.
anslag, *mus* touch; (vurdering) estimate; ~å, *mus* strike; estimate (til: at).
anspenne, strain; ~spent, (in)tense; ~spore, stimulate, urge.
anstalt, institution.
anstandsdame, chaperon.
anstendig, decent, proper; ~het, decency.
anstrenge seg (for å) endeavour (to), exert oneself (to); ~lse, effort, exertion; ~nde, tiring, strenuous.
anstøt, offence, scandal; ~elig, offensive, indecent; ~sten, stumbling block.
ansvar, responsibility; ~lig, responsible, (for: for; overfor: to); ~sløs, irresponsible.

anta, suppose; (en lære etc.) embrace, adopt; (form etc.) assume; ~**gelig,** acceptable; (sannsynligvis) probably; ~**gelse,** acceptance; adoption; supposition.
antall, number.
antarktisk, antarctic.
antenne, s aerial, antenna (pl -ae); c light, set fire to; ~**lig,** inflammable.
antikk, antique; ~**ken,** antiquity; second-hand bookseller; ~**vert,** antiquated.
antiluftskyts, anti-aircraft guns; ~**pati,** antipathy; ~**septisk** antiseptic.
antrekk, dress, attire.
antyde, indicate; (la forstå) suggest, hint; ~**ning,** indication; (forslag) suggestion; (spor) trace.
anvende, use, employ (til: for); (tid) spend; (teori) apply (på: to); ~**lig,** applicable, practicable; ~**lse,** employment, use, application.
anvise, (vise) show; (tildele) assign; merk pass for payment; (på bank) draw on a bank; ~**ning,**

instructions, merk order, cheque.
aparte, odd, queer.
apati, apathy; ~**sk,** apathetic.
ape, monkey, ape; c mimic, ape.
apopleksi, apoplexy; ~**tisk,** apoplectic.
apostel, apostle.
apotek, chemist's shop, pharmacy; amr drugstore; ~**er,** chemist, druggist; ~**ervarer,** drugs.
apparat, apparatus, (fjernsyn, radio) set.
appell, appeal; ~**ere,** appeal.
appelsin, orange.
appetitt, appetite; ~**elig,** appetizing, delicate.
applaudere, applaud; ~**s,** applause.
aprikos, apricot.
april, April; ~**snar,** April fool.
apropos, by the way.
araber, Arab; ~**isk,** Arabian (språket) Arabic.
Arabia, Arabia.
arbeid, work, labour; (beskjeftigelse) employment; (et ~) a job; ~**e,** work, labour; ~**er,** worker, workman; (grov~)

labourer; ~ **erklasse,** working class; ~ **erparti,** Labour Party; ~ **sdag,** working day, workday; ~ **sdyktig,** able to work; ~ **sgiver,** employer; ~ **slønn,** wages; ~ **sløs,** unemployed; ~ **sløshet,** unemployment; ~ **som,** industrious; ~ **staker,** employee; ~ **stid,** working hours; ~ **stillatelse,** work (*el* labour) permit; ~ **sværelse,** study.

areal, area.

arena, arena.

arg, (sint) angry, indignant.

argument, argument; ~ **asjon,** argumentation; ~ **ere,** argue.

arie, aria.

aristokrat, aristocrat; ~ **i,** aristocracy; ~ **isk,** aristocratic.

aritmetikk, arithmetic.

ark, *bibl* ark; (papir) sheet.

arkeolog, archaeologist.

arkitekt, architect; ~ **ur,** architecture.

arkiv, archives *pl; merk* file, record; ~ **ar,** archivist, keeper of the records; ~ **ere,** file; ~ **skap,** filing cabinet.

arktisk, arctic.

arm, arm; ~ **bånd,** bracelet; ~ **båndsur,** wristwatch; ~ **é,** army; ~ **hule,** armpit.

aroma, aroma; ~ **tisk,** aromatic.

arr, scar; *bot* stigma.

arrangere, arrange, organize.

arrangør, organizer.

arrest, arrest, custody; *mar* embargo; (fengsel) prison; ~ **ant,** prisoner; ~ **ere,** arrest.

arroganse, arrogance; ~ **t,** arrogant, haughty.

arsenal, arsenal.

arsenikk, arsenic.

art, (vesen) nature; (slags) sort, kind; *sci* species.

arterie, artery.

artikkel, article; ~ **ulere,** articulate.

artilleri, artillery.

artist, artiste; ~ **isk,** artistic.

artium, *(omtr tilsv.)* General Certificate of Education (Advanced Level) (GCEA).

arv, inheritance; ~ **e,** inherit; ~ **efølge,** order of succession; ~ **egods,** inheritance; ~ **elig,** heri-

table; hereditary;
~ **eløs**, disinherited;
~ **ing**, heir; (kvinnelig)
heiress.
asbest, asbestos.
asfalt; ~ **ere**, asphalt.
Asia, Asia; ~ **tisk**, Asian,
Asiatic.
asjett, small plate.
ask, *bot* ash; ~ **e**, ashes
pl; ~ **ebeger**, ash-tray.
askese, asceticism; ~ **t**,
ascetic; ~ **tisk**, ascetic.
asparges, asparagus.
aspirant, aspirant, candi-
date; ~ **ere til**, aspire to.
assimilasjon, assimila-
tion; ~ **ere**, assimilate
(**med**: to).
assistanse, assistance;
~ **ent**, assistant; ~ **ere**,
assist.
assortere, assort.
assuranse, insurance;
~ **ere**, insure.
astma, asthma.
astrolog, astrologer;
~ **nom**, astronomer.
asurblå, azure.
asyl, asylum; refuge.
at, that.
ateisme, atheism; ~ **t**,
atheist.
atelier, studio.
Aten, Athens.

atferd, conduct, beha-
viour.
atkomst, access.
Atlanterhavet, the Atlan-
tic (Ocean).
atlet, athlete; ~ **isk**, ath-
letic.
atmosfære, atmosphere;
~ **isk**, atmospheric;
~ **iske forstyrrelser**, at-
mospherics.
atom, atom; ~ **bombe**,
atom(ic) bomb; ~ **dre-
vet**, nuclear- *el* atomic-
powered; ~ **kraftverk**,
atomic power plant.
atskille, part, separate,
segregate; ~ **lse**, separa-
tion.
atskillig, *adv* considera-
bly, a good deal; ~ **e**,
several, quite a few.
atspredelse, diversion;
amusement; ~ **t**, *fig* ab-
sent-minded.
attentat, attempt(ed mur-
der).
atter, again, once more.
attest, certificate, testi-
monial; ~ **ere**, certify.
attføring, rehabilitation.
attrå, *v* desire, covet; *s*
desire (**etter**: of); cra-
ving, longing (**etter**: for;
etter å: to); ~ **verdig**,
desirable.

audiens, audience; ~**torium**, lecture room.

august, August.

auksjon, auction, public sale; ~**arius**, auctioneer.

aure, trout.

Australia, Australia; ~**ier**, ~**sk**, Australian.

autentisk, authentic.

autodidakt, self-taught person; ~**graf**, autograph; ~**mat**, slot (*el* vending) machine; ~**matisk**, automatic; ~**risasjon**, authorization; ~**risere**, authorize; ~**risert**, authorized, licensed; ~**ritet**, authority.

av, *prp* of; by; from; *adv* off.

avanse, *merk* profit; ~**ment**, promotion; ~**re**, (rykke fram) advance; (forfremmes) be promoted, rise.

avantgarde, vanguard, van.

avart, variety.

avbestille, cancel; ~**ing**, cancellation.

avbetale, pay off; ~**ing**, paying off; *konkr* part payment, instalment;

(på ~) on hire purchase.

avbilde, portray, depict.

avbleket, discoloured, faded.

avbryte, interrupt; (for godt) break off; ~**lse**, interruption; break.

avbud, sende ~, send an excuse.

avdanket, discarded; ~**dekke**, uncover; (statue) unveil.

avdeling, *merk* department; section; *mil* detachment; ~**skontor**, branch office; ~**ssjef**, department manager, head of department.

avdrag, part payment, instalment; ~**svis**, by instalments.

avdrift, deviation; *mar* drift.

avdød, deceased; late.

avertere, advertise (etter: for).

avfall, refuse, waste; (søppel) rubbish; ~**sdynge**, refuse (*el* rubbish) heap.

avfarge, decolour.

avfeldig, decrepit, infirm; ~**het**, decay, infirmity.

avfolke, depopulate; ~**ing**, depopulation.

avfyre, fire, discharge.

avføring, motion, evacuation, stools; ~smiddel, laxative, aperient.

avgang, departure; ~seksamen, leaving (el final) examination; ~stid, time of departure.

avgift, (skatt) tax; (toll) duty; (gebyr) fee; ~spliktig, liable to duty.

avgjøre, (ordne) settle; (bestemme) decide, determine; ~lse, settlement; decision; ~nde, decisive; (endelig) final.

avgrense, bound, limit.

avgrunn, abyss, gulf.

avgud, idol; ~sbilde, idol; ~sdyrkelse, idolatry.

avgå, depart, leave, sail (til: for).

avhandling, treatise, paper; thesis, dissertation.

avhende, dispose of.

avhenge av, depend on; ~ig, dependent (av: on); ~ighet, dependence.

avhjelpe, (et onde) remedy; (mangel) relieve.

avhold(enhet), abstinence; ~e (hindre) pre-

vent; (møter) hold; ~ ~ seg fra, abstain from; ~smann, teetotaller, total abstainer; ~t, popular.

avis, (news)paper; ~kiosk, newsstand, (større) bookstall.

avkall, renunciation; gi ~ på, give up, relinquish.

avkastning, yield, profit.

avkjøle, cool; refrigerate; ~ing, cooling; refrigeration.

avklare, clarify.

avkle, undress, strip; ~dning, undressing, stripping.

avkobling, relaxation.

avkom, offspring; jur issue.

avkrefte, weaken, enfeeble; ~lse, weakening, enfeeblement; ~t, weakened.

avkrok, out-of-the-way place.

avl, (grøde) crop, produce; (kveg) breeding; ~e (av jorda) raise, grow; (frambringe) beget; (om dyr) breed.

avlang, oblong.

avlaste, relieve (for: of).

avlat, indulgence;

~skremmer, pardoner.
avlede, (utlede av) derive from; (tanker) divert.
avlegge, (besøk) pay; (regnskap) render; (eksamen) pass; ~**ger,** cutting; ~**s,** antiquated, out of date, obsolete.
avleire, deposit; ~**ing,** stratification.
avlesse, unload, discharge.
avlevere, deliver; ~**ing,** delivery.
avling, crop.
avlive, put to death, kill.
avlyse, cancel, call off.
avløp, outlet; ~**sgrøft,** drain.
avløse, (vakt) relieve; (følge etter) succeed; ~**ning,** relief.
avmagre, emaciate; ~**ingskur,** reducing treatment (el cure).
avmakt, impotence; ~**mektig,** impotent; ~**målt,** measured; formal.
avpasse, adapt (etter: to).
avregning, (~soppgave) (statement of) account; (oppgjør) settlement; ~**reise,** v leave, depart (til: for); s departure; ~**runde,** round (off).

avsats, (i fjell) ledge; (trappe-) landing.
avse, spare.
avsendelse, dispatch, shipment; ~**r,** sender; (av varer også) consignor, shipper.
avsetning, sale; ~**te** (fra embete) remove, dismiss; (konge) dethrone; (selge) sell; ~**telse,** removal, dismissal; dethronement.
avsi (dom), give (judgment).
avsides, remote, out of the way.
avsindig, insane, mad; (rasende) frantic; ~**n,** madness.
avskaffe, abolish; ~**lse,** abolition.
avskjed, leave; (avskjedigelse) dismissal; (frivillig) retirement; **få ~,** be dismissed, dt be sacked el fired; ~**ige,** dismiss; mil discharge; dt sack, fire; ~**sbesøk,** farewell visit; ~**ssøknad,** resignation.
avskrekke, frighten, deter.
avskrift, copy; ~**ve,** merk write off; ~**vning,** copying; (-sbeløp) write-off.

avsky, v detest, abhor; s disgust, aversion; ~**elig,** detestable, abominable.

avslag, refusal; *merk* reduction, allowance.

avslutte, finish, close, conclude; ~**ning,** close, conclusion.

avsløre (røpe) reveal; (avduke) unveil.

avsmak, distaste, dislike.

avsnitt, paragraph; (utdrag) passage, section.

avsondre, separate; ~**et,** isolated; ~**ing,** separation.

avspenning, détente.

avsperre, bar, cut off; ~**spore,** derail; ~**stamning,** descent; ~**stand,** distance; ~ **sted,** away, off; ~**stemning,** voting, vote; ~**stigning** alighting; ~**stive,** shore (up), support.

avstraffe, punish; ~**lse,** punishment.

avstøpning, cast.

avstå, (overlate) give up; ~ **fra,** desist from;

(land) cede; ~**else,** (land) cession.

avta, fall off, decrease, decline.

avtale, v arrange; agree on; ~s (overenskomst), agreement; (~ om møte) appointment.

avtrekker, trigger.

avtrykk, (opptrykk) impression, print, copy.

avvei, wrong way; **på -er,** astray; ~**e,** balance, weigh.

avvekslende, varying; ~ **ing,** change, variation.

avvente, await, wait for.

avverge, ward off, avert.

avvike, differ (**fra:** from).

avvikle, get through, finish; *merk* (forretning) wind up.

avvise (en), turn *(el* send) away; (forslag) refuse, reject; (beskyldning) repudiate; ~**ning,** dismissal, refusal, rejection, repudiation.

avvæpne, disarm; ~**ing,** disarmament.

B

babord, port.
bad, bath; bathroom;
(ute) bathe, swim; ~e,
take (*el* have) a bath;
(ute) go bathing, go for
a swim, bathe; ~ebuk-
se, swimming trunks;
~edrakt, bathing suit *el*
costume; ~ehette, ba-
thing cap; ~ehotell,
sea-side hotel; ~ekar
(bath)tub; ~eværelse,
bathroom.
badstue, sauna, steam
bath.
bagasje, luggage, især
amr baggage.
bagatell, trifle.
bajonett, bayonet.
bak, *prp, adv* og *s* be-
hind; ~aksel, rear axle;
~bein, hind leg; ~dør,
back door.
bake, bake; ~pulver,
baking powder; ~r,
baker; ~ri, bakery.
bakerst, *adj* hindmost;
adv at the back; ~etter
prp behind; *adv* after-
wards; ~evje, backwa-
ter; ~fra, from behind;
~grunn, background;

~hold, ambush; ~hånd
fig reserve.
bakke, *s* hill; *v* reverse,
back; ~ ut, back out;
~kam, hill crest.
bakkropp, hind part (of
the body); (insekt) ab-
domen; ~lengs, back-
wards; ~lykt, rear (*el*
tail) light; ~rus, hang-
over; ~side, back.
bakstrev, reaction; ~ta-
le, slander; ~tanke,
secret thought, ulterior
motive.
bakterie, bacterium (*pl*
-ia) ~olog, bacteriolo-
gist.
baktropp, rear; ~vendt,
the wrong way.
balanse, balance; ~re,
poise; også *merk* bal-
ance.
baldakin, canopy.
bale, toil, struggle.
balje, tub.
balkong, balcony; *teat -*
dress circle.
ball, ball.
ballade, (dikt) ballad;
(ståhei) row.
ballast, ballast.

balle, (vare-) bale; (tå-)-
ball.

ballet, ballet.

ballong, balloon; (flaske)
demijohn; (syre-) car-
boy.

balsam, balsam, balm;
~ **ere**, embalm.

baltisk, Baltic.

bambus, bamboo.

banal, commonplace, tri-
vial.

banan, banana.

bandasje, ~ **re**, bandage.

bande, band, gang; ~ **itt**,
bandit, gangster, bri-
gand.

bandolær, bandolier.

bane, *idr* course, track,
ground; *ast* orbit; *v* ~
vei, clear the way;
~ **brytende** (arbeid) pio-
neer(ing); ~ **sår**, mortal
wound.

bank, bank; (pryl) a
thrashing; ~ **bok**, pass-
book, bank-book; ~ **e**, *s*
bank; *v* beat, thrash;
~ **ekjøtt**, stewed beef;
~ **erott**, *s* bankruptcy,
failure; (gå ~) go bank-
rupt; ~ **ett**, banquet;
~ **eånd**, rapping spirit;
~ **ier**, bankier; ~ **obliga-
sjon**, bank bond;
~ **obrev**, registered let-

ter, *amr* money letter;
~ **sjef**, bank manager.

bann, ban, excommuni-
cation; ~ **e**, curse,
swear; ~ **er**, banner;
~ **lyse** (lyse i bann) ex-
communicate, ban; (for-
vise) banish.

bar, *s* bar; *adj* bare.

barakke, barracks; (ar-
beids ~) hut, shed.

barbar, barbarian; ~ **i**,
barbarism; barbarity;
~ **isk**, (grusom) barba-
rous.

barber, barber; ~ **blad**,
razorblade; ~ **e (seg)**
shave; ~ **høvel**, safety
razor; ~ **maskin**, (elect-
ric) shaver *el* razor.

bare, *adv* only, just, but;
adj mere.

bark, bark; ~ **e**, (garve)
tan; (avbarke) bark;
~ **et**, tanned; hardened.

barlind, yew-tree;
~ **skog**, conifer forest;
~ **tre**, conifer.

barm, bosom, . bust;
~ **hjertig**, merciful;
~ **hjertighet**, mercy,
compassion.

barn, child *(pl* children);
~ **aktig**, childish;
~ **dom**, childhood;
~ **ebarn**, grandchild;

~**ebidrag**, family allowance; ~**ehage**, nursery school, kindergarten; ~**ehjem**, children's home; ~**eoppdragelse**, children's education; ~**epike**, ~**epleierske**, nurse; ~**evogn**, perambulator, pram; *især amr* baby carriage; ~**slig**, childish.

barokk, grotesque; baroque.

barometer, barometer.

baron, baron; ~**esse**, baroness.

barre, bar, ingot.

barriere, barrier; ~**kade**, ~**kadere**, barricade.

barsel, lying in, confinement; ~**seng**, childbed.

barsk, harsh, stern, rough; (klima) severe.

bart, moustache.

baryton, barytone.

bas, ganger, foreman.

basar, baza(a)r.

base, base; ~**ere**, base, found; ~**is**, basis.

basill, bacillus *(pl* -i), germ.

basketak, fight, struggle.

bass, bass; ~**eng**, reservoir; (havne-) basin; (svømme-) swimming-pool.

bast, bast, bass.

bastard, bastard; hybrid, mongrel.

basun, trombone; *bibl* trumpet.

batalje, fight, battle; ~**on**, battalion.

batteri, battery.

baug, bow.

baute, go about, tack.

bavian, baboon.

be, ask (om: for); (innstendig) beg; (til Gud) pray.

bearbeide (materiale) work (up); (bok) revise; *teat* adapt.

bebo, (sted) inhabit; (hus) occupy; ~**elig**, habitable; ~**else**, habitation; ~**elseshus**, dwelling house; ~**er**, (sted) inhabitant, resident; (hus) occupant.

bebreide, ~**lse**, reproach.

bebude, announce, proclaim.

bebygge, cover with buildings; (kolonisere) settle, colonize; ~**lse**, buildings; settlement.

bedding, slip.

bededag, prayer-day; ~**hus**, chapel.

bedekke, cover; ~**ning**, cover(ing); *agr* cover, leap.

bedervelig, perishable; ~ t, spoilt.

bedra, deceive; (for penger) cheat, defraud, swindle; ~ ger, deceiver; swindler; ~ geri, deceit; fraud, swindle; ~ gersk, deceitful.

bedre, adj better; v better, improve.

bedrift, (dåd) achievement, exploit; merk business, concern; factory, works.

bedrøve, grieve, distress; ~ t, sorry; grieved (over: at); ~ lig, sorrowful, sad, dismal.

bedømme, judge; ~ lse, judg(e)ment.

bedøve, (ved slag og fig) stun, stupefy; med anaesthetize, narcotize; (forgifte) drug; ~ lsesmiddel, anaesthetic, narcotic.

bedåre, charm, ~ nde, charming, bewitching.

befal, officers; ~ e, command, order; ~ ing, command, order(s); ~ ingsmann, officer.

befatte seg med, have to do with, concern oneself with.

beferdet, busy, crowded.

befeste, (styrke) strengthen; fig confirm; mil fortify; ~ ning, fortification.

befinne seg, be; find oneself; ~ nde, (state of) health.

befolke, populate, people; ~ ning, population.

befordre (sende), forward; (transportere) carry, convey; ~ ingsmiddel, (means of) conveyance.

befrakte, freight, charter; ~ er, charterer.

befri, (set) free, release, liberate; ~ else, release, liberation; fig relief.

befrukte, fructify, make fruitful, fertilize.

beføle, feel, finger, paw.

begavelse, gifts, talents, intelligence; ~ t, gifted, talented.

begeistret, adj enthusiastic (for: about); ~ ing, enthusiasm.

beger, cup, beaker.

begge, both, either.

begivenhet, event, incident, occurrence.

begjær, desire, lust; ~ e, desire, covet; ~ ing, request; demand; ~ lig adj, desirous (etter: of), greedy **(etter:** of, for); ~ **lighet,** greed.

begrave, bury; ~ **lse,** funeral, burial; ~ **lsesbyrå,** firm of undertakers.

begrense, limit, restrict; ~ **ning,** limitation, restriction.

begrep, notion, idea **(om:** of).

begripe, understand, comprehend, grasp.

begrunne, state the reasons for; ~ **lse,** ground.

begunstige, ~ **lse,** favour.

begynne, begin, start, commence; ~ **lse,** beginning, start, outset, commencement; ~ **r,** beginner, novice.

begå, commit, make.

behag, pleasure, satisfaction; ~ **e,** please; ~ **elig,** agreeable, pleasant.

behandle, treat, handle; ~ **ing,** treatment, handling.

behefte, burden, encumber; **sterkt** ~ **t,** heavily mortgaged.

behendig, handy, deft, adroit.

beherske, master, control.

behold, i ~, safe, intact; **ha i** ~, have left; ~ **e,** keep, retain; ~ **er,** container; ~ **ning,** stock, supply; **(kasse)** cash balance.

behov, need, requirement; ~ **hørig,** due, proper; ~ **høve,** need, want, require.

beige, beige.

bein, *adj* straight; *s* (knokkel) bone; (lem) leg; ~ **brudd,** fracture.

beis, ~ **e,** stain.

beisk, se besk.

beite, *s* pasture; *v* graze.

bek, pitch.

bekjempe, combat, fight.

bekjenne, confess, ~ **nelse,** confession; ~ **t,** *s* acquaintance; ~ **tgjøre,** announce; ~ **tskap,** acquaintance.

bekk, brook.

bekkasin, snipe.

bekken, (for syke) bedpan; *mus* cymbal; *med* pelvis.

beklage, regret, be sorry, deplore; (~ **seg over)** complain of *el* about; ~ **lig,** regrettable, deplorable; ~ **lse,** regret.

bekoste, pay the expenses of; ~ **ning; på min** ~, at my expense.

bekranse, wreathe.

bekrefte, confirm; (bevitne) attest, certify; ~ lse, confirmation; ~ nde, affirmative.

bekvem, convenient; (makelig) comfortable; ~ me seg til, bring oneself to; ~ melighet, comfort, convenience.

bekymre, worry, trouble; ~ seg for, be concerned *(el* worried) about; ~ seg om, care about; ~ et, worried, concerned, anxious; ~ ing, worry, care, concern, anxiety.

belaste, load; *merk* charge, debit; ~ ning, load.

belegg, coat(ing); (på tunga) fur; ~ e, cover, coat.

beleilig, convenient.

beleire, besiege; ~ ing, siege.

belg, *bot* shell, pod; (blåse-) bellows.

Belgia, Belgium.

belgier, belgisk, Belgian.

beliggende, lying, situated; ~ het, situation, site; (geografisk) position.

belte, belt, girdle.

belyse, light (up), illuminate; *fig* elucidate;

~ ning, lightning, illumination.

belære, instruct, teach; ~ nde, instructive.

belønne; ~ ing, reward.

beløp, amount; ~ e seg til, amount to.

bemanne, man.

bemektige seg, seize, take possession of.

bemerke, (si) remark, observe. ~ elsesverdig, remarkable; ~ ning, remark; comment.

bemyndige, authorize; ~ lse, authority, authorization.

ben, se *bein*.

bendelbånd, tape; ~ orm, tapeworm.

benekte, deny; ~ nde, *adj* negative; *adv* in the negative.

benk, bench; seat.

benklær, trousers.

bensin, petrol; *amr* gas(oline); ~ stasjon, petrol *(el* service) station.

benytte, use, make use of, employ; ~ lse, use, using.

benåde, ~ ning, pardon.

beordre, order, direct.

beplante, plant.

berede, prepare; ~ skap, preparedness.

beregne, calculate; ~ **seg**, charge; ~ **ende**, calculating, scheming; ~ **ing**, calculation.

beretning, account, report; ~ **te**, relate, report; ~ **tige**, entitle; ~ **tigelse**, right; ~ **tiget**, legitimate; (~ **til**) entitled to.

berg, mountain, hill; ~ **art**, species of stone, mineral; ~ **e**, save, rescue; ~ **elønn**, salvage money; ~ **ing**, saving, salvage; ~ **ingskompani**, salvage company; ~ **kløft**, ravine; ~ **lendt**, mountainous; ~ **prekenen**, the Sermon on the Mount; ~ **verk**, mine; ~ **verksdrift**, mining.

berike, enrich.

beriktige, correct, rectify; ~ **lse**, correction, rectification.

berme, dregs *pl*, lees *pl*.

berolige, soothe, calm down; ~ **nde**, reassuring, comforting; ~ **nde middel**, sedative.

beruse, intoxicate; inebriate; ~ **lse**, intoxication; ~ **t**, intoxicated, inebriate(d); drunk; tipsy.

beryktet, disreputable, of bad repute, notorious.

berømme, praise, commend; ~ **melse**, fame, celebrity, renown; (ros) praise, commendation; ~ **t**, famous, celebrated.

berøre, touch; *fig* touch on; (ramme) affect; ~ **ingspunkt**, point of contact.

berøve, deprive of.

besatt, possessed, obsessed.

bese, view, inspect, look over.

besegle, seal.

beseire, defeat, conquer.

besetning, (fe) livestock; (på klær) trimming; *mil* garrison; *mar* crew; ~ **te**, (land) occupy; (post) fill.

besindig, cool, sober; ~ **ne seg**, change one's mind.

besitte, possess; ~ **lse**, possession; ~ **lser**, (land)dominions, dependencies.

besjele, animate.

besk, bitter, acrid.

beskaffenhet, nature; (tilstand) condition.

beskatning, taxation; ~ **te**, tax.

beskjed, (svar) answer; (bud) message; ~**en,** modest; ~**enhet,** modesty.

beskjeftige, employ; ~**lse,** occupation, employment.

beskjære, (tre) prune, trim; *fig* curtail, reduce.

beskrive, describe; ~**nde,** descriptive; ~**lse,** description, account.

beskylde for, accuse of, charge with; ~**ning,** accusation.

beskytte, protect, (safe)-guard; ~**lse,** protection, safeguard; ~**r,** protector.

beslag, (av metall) fittings; ~**legge,** confiscate, seize; ~**leggelse,** confiscation, seizure.

beslektet, related (**med:** to).

beslutte, decide, resolve, make up one's mind; ~**ning,** resolution, decision.

besnære, ensnare, fascinate; ~**nde,** fascinating.

besparelse, saving, economy; ~**nde,** economical.

best, *s* beast, brute; *adv* best.

bestand, stock; ~**del,** component, ingredient; ~**ig,** constantly, always.

besteborger, bourgeois; ~**far,** grandfather, ~**mor,** grandmother.

bestemme, decide, resolve; (fastsette) fix; ~**melse,** decision; (påbud) regulation; ~**melsessted,** destination; ~**t,** (fastsatt) appointed, fixed; (nøyaktig) definite; (om karakter) determined; (av skjebnen) destined; *adv* definitely.

bestige, (hest) mount; (trone) ascend; (fjell) climb.

bestikk (spise-) knife, fork and spoon.

bestikke, bribe; ~**lig,** corrupt(ible); ~**lse,** bribery.

bestille, (varer) order; (billett, rom) book; *amr* reserve; ~**ling,** (ordre) order; (billett, rom) booking, *is amr* reservation.

bestrebe seg, endeavour; ~**lse,** endeavour, effort.

bestyre, manage, be in charge of; ~**r,** manager, director; (skole) headmaster.

bestyrke, confirm.
bestyrtelse, consternation; ~ **t**, dismayed.
bestå, exist; (vare) continue, endure; (eksamen) pass; ~ **av**, consist of; ~ **ende**, existing.
besvare, answer, reply to; ~ **lse** (av oppgave) paper.
besvime, ~ **lse**, faint, swoon.
besvær, trouble, inconvenience; ~ **e**, (give) trouble; ~ **lig**, troublesome; difficult.
besynderlig, strange, curious.
besøk, visit, call; ~ **e**, visit, call on (a person), call at (a place); come and (el to) see (a person); ~ **ende**, visitor.
besørge, see to, attend to.
betakke seg, decline with thanks.
betale, pay; ~ **ing**, payment.
betegne, (bety) signify, denote, mark; ~ **lse**, designation, term; ~ **nde**, significant; characteristic.
betenke seg, hesitate; ~ **elighet**, scruple; ~ **ning**, hesitation.

betennelse, inflammation.
betingelse, condition; terms *pl;* ~ **t**, conditional.
betjene, (ekspedere) serve; (maskin) operate; ~ **ing**, service; (personale) staff.
betone, stress, emphasize; ~ **ing**, stress, emphasis.
betong, concrete.
betrakte, look at, regard; ~ **elig**, considerable; ~ **ning**, consideration.
betro, confide; ~ **dd**, trusted.
betvile, doubt, question.
bety, mean; signify; ~ **delig**, *adj* considerable; *adv* considerably; ~ **dning**, meaning, sense; (viktighet) significance, importance; ~ **dningsfull**, important; ~ **dningsløs**, insignificant.
beundre, admire; ~ **ing**, admiration; ~ **ingsverdig**, admirable.
bevare, keep, preserve.
bevege (seg), move, stir; ~ **elig**, movable; ~ **else**, movement; ~ **grunn**, motive.
bever, beaver.

beverte, serve; entertain.
bevilge, ~**ning**, grant.
bevilling, licence.
bevirke, bring about, cause.
bevis, proof; (~ materiale) evidence (**på, for:** of); ~**e**, prove; ~**elig**, provable.
bevisst, conscious; ~**het**, consciousness; ~**løs**, unconscious, senseless.
bevitne, testify to, certify; ~**lse**, certificate, attestation.
bevokte, guard, watch.
bevæpne, arm.
beære, honour.
biapparat extension telephone.
bibel, Bible; ~**sk**, biblical.
bibliotek, library; ~**ar**, librarian.
bidra, contribute; ~**g**, contribution; (understøttelse) allowance.
bie, bee.
bielv, tributary, affluent; ~**fag**, subsidiary subject.
bifall, applause; (samtykke) approval; ~**e**, approve (of); consent to.
biff, (beef)steak.
bigami, bigamy.

bifortjeneste extra income; ~**hulebetennelse**, sinusitis.
bikube, beehive.
bil, (motor-)car; *amr* auto(mobile); ~**dekk**, tyre; *amr* tire; ~**e**, *v* go by car, motor; ~**ist**, motorist; ~**utleie**, car hire service, car rental; ~**verksted**, garage, motor repair shop.
bilag, (regnskap) voucher; (til brev) enclosure; ~**legge**, settle; ~**leggelse**, settlement.
bilde, picture.
biljard, billiards.
billedbok, picturebook; ~**hogger**, sculptor; ~**lig**, figurative.
billett, ticket; ~**kontor**, *teat* box-office; *jernb* booking-office; *amr* ticket office; ~**ør**, ticket collector, conductor.
billig, cheap, inexpensive; ~**bok**, paper-back, pocket-book; ~**e**, (bifalle) approve (of).
bind, (forbinding) bandage; (bok) volume; ~**e**, tie, bind, fasten; ~**ers**, (paper) clip *el* fastener; ~**estrek**, hyphen.

binge, bin; (grise-) (pig)-sty.
biografi, biography.
biologi, biology.
birolle, minor (el subordinate) part.
birøkt, bee-keeping.
bisak, side issue.
bisam, muskrat.
bisarr, bizarr, odd.
bisetning, subordinate clause.
bisettelse, funeral service.
biskop, bishop.
bislag, porch.
bisle, bridle.
bisonokse, bison.
bisp, bishop; ~**edømme,** bishopric, diocese; ~**evisitas,** episcopal visitation.
bissel, bit; bridle.
bistand, assistance, aid.
bister, grim, gruff, stern.
bistå, assist, aid, help.
bit, bit, morsel; ~**e,** bite; ~**ende,** biting; fig sarcastic.
bitte liten, tiny.
bitter, bitter; (besk) acrid.
bjeff, yelp, bark (til: at).
bjelle, little bell; ~**klang,** jingle; ~**ku,** bell-cow.
bjørk, birch.

bjørn, bear; ~**ebær,** blackberry.
bla, turn over the leaves; ~**d,** leaf (pl leaves); (kniv) blade.
blaffe, (lys) flicker; (seil) flap.
blakk, (hest) dun; (pengelens) broke.
blande, mix, mingle; (kvaliteter) blend; (kort) shuffle; ~**ing,** mixture; (av kvaliteter) blend; ~**ingsrase,** cross-breed.
blank, shining; bright; (ubeskrevet) blank; (glatt) glossy; ~**ett,** form; amr blank.
blant, among; ~ **andre,** among others; ~ **annet,** among other things.
blasert, blasé.
blasfemi, blasphemy; ~**sk,** blasphemous.
blei, wedge.
bleie, nappy, amr diaper.
bleike, bleach.
blek (el **bleik**), pale; ~**ne,** turn pale; fig fade.
blekk, ink; ~**hus,** inkstand; ~**klatt,** blot; ~**sprut,** squid; octopus.
blemme, blister.
blende, dazzle; (vindu) darken; ~**ende,** dazzling; ~**ing,** black-out.

bli, be; (forbli) stay, remain; (overgang) become; turn; grow, get.

blid, mild, gentle; smiling.

blikk, look, glance; (metall) sheet iron; ~ **boks,** ~ **eske,** tin; *amr* can; ~ **enslager,** tinman; ~ **stille,** dead calm.

blind, blind; ~ **e,** blind; ~ **ebukk,** blindman's buff; ~ **emann,** dummy; ~ **gate,** blind alley; ~ **het,** blindness; ~ **passasjer,** stowaway; ~ **tarm,** appendix; ~ **tarmbetennelse,** appendicitis.

blingse, squint.

blink, glimpse; (av lyn) flash; (med øynene) twinkle; (i skive) bull's eye; ~ **e,** twinkle; (trær) mark, blaze; ~ **skudd,** bull's eye.

blitz, *fotogr* flashlight, flash lamp.

blod, blood; ~ **bad,** massacre; ~ **fattig,** anaemic; ~ **ig,** gory; bloody; ~ **igle,** leech; ~ **overføring,** blood transfusion; ~ **propp,** blood-clot; ~ **pudding,** black pudding; ~ **skam,** incest;

~ **styrtning,** violent hemorrhage; ~ **sutgytelse,** bloodshed; ~ **trykk,** blood pressure.

blokade, blockade; ~ **k,** (bolig-, kloss) block; (skrive-) pad; ~ **kere,** (vei, konto) block; (havn) blockade; ~ **khus,** block-house.

blomkål, cauliflower.

blomst, flower; *(is på frukttrær)* blossom; (blomstring) bloom; ~ **erforretning,** florist's shop; ~ **erhandler,** florist; ~ **erpotte,** flowerpot; ~ **erstøv,** pollen; ~ **re,** flower, bloom; ~ **ring,** flowering.

blond, blond, fair; ~ **e,** lace; ~ **ine,** blonde.

blot, sacrifice.

blotte, (lay) bare; ~ **legge,** expose.

bluferdig, bashful, coy.

blund, nap; ~ **e,** nap, doze.

blunk, twinkle; ~ **e,** twinkle; wink, blink (til: at).

bluse, blouse.

bluss, blaze, flame; (gass) jet; ~ **e,** blaze, flame; ~ **e opp,** flare (up), blaze up.

bly, lead; ~**ant**, pencil; ~**lodd**, plummet.

blyg, bashful, shy; ~**het**, bashfulness; shyness.

blære, (vable) blister; (urin-) bladder.

blø, bleed.

bløt, soft; ~**aktig**, effeminate; ~**kokt**, soft boiled.

blå, blue; ~**bær**, bil-, blue-, *el* whortleberry; ~**papir**, carbon paper; ~**rev**, blue fox.

blåse, blow; ~**belg**, bellows.

blåskjell, sea mussel; ~**veis**, blue anemone.

bo, *v* live; (midlertidig) stay; *jur* estate; ~**besty-rer**, trustee.

boble *s* & *v* bubble.

bod (salgs-) stall, booth.

bohem, Bohemian.

boikott; ~**e**, boycott.

bok book; ~**anmeldelse**, (book) review; ~**bind**, (book-) cover; ~**binder**, bookbinder; ~**føre**, enter, book; ~**føring**, book-keeping; ~**handel**, book(seller's) shop; *amr* bookstore; ~**holder**, bookkeeper, accountant; ~**holderi**, bookkeeping, accountancy;

~**hylle**, bookshelf; ~**orm**, book-worm.

boks, (blikk-) tin; ~**e**, box; ~**ehanske**, boxing-glove; ~**-ekamp**, boxing-match.

bokstav, letter; ~**elig**, literal; ~**ere**, spell; ~**rim**, alliteration.

boktrykker, printer.

bolig, house, dwelling; residence; ~**nød**, housing famine.

bolle, (kar) bowl, basin; (hvete-) bun, muffin; (fiske-, kjøtt-) ball.

bolt, ~**e**, bolt.

bolverk, (vern) bulwark.

bom, bar; (på vei) turnpike; tollbar, tollgate; (gymnastikk) beam; (feilskudd) miss.

bombardement, bombardment; ~**ere**, bomb(ard), shell.

bombe, bomb.

bomme, miss; ~**rt**, blunder.

bom stille, stock-still.

bomull, cotton.

bonde, peasant, farmer; ~**gård**, farm.

bone, wax, polish.

bonus, bonus.

bopel, residence.

bor, bore; drill.

bord, table; (kant) border, trimming; *mar* board; (fjøl) board; ~ **bein**, table leg; ~ **bønn**, grace; ~ **dame**, partner at table; ~ **duk**, tablecloth; ~ **e**, board; ~ **ell**, brothel.

bore, bore; (i metall og stein) drill; ~ **plattform**, drilling platform; ~ **tårn**, derrick.

borg, castle; (kreditt) credit, trust.

borger, citizen; ~ **krig**, civil war; ~ **mester**, mayor; ~ **plikt**, civic duty; ~ **rettigheter**, civil (el civic) rights.

bornert, narrow-minded.

borsyre, boric acid.

bort, away, off; **reise** ~, go away; **ta** ~, remove, take away; **vise** ~, dismiss, turn away; ~ **e**, away; absent; gone; ~ **ekamp**, away match; ~ **enfor**, beyond; ~ **est**, farthest, furthest, furthermost; ~ **falle**, drop, lapse; ~ **forklare**, explain away; ~ **føre**, carry off, kidnap; ~ **førelse**, kidnapping; ~ **gang**, death, decease; ~ **gjemt**, hidden away; remote;

~ **imot**, towards; nearly; ~ **kommet**, lost; ~ **lede**, (vann) drain off; (tanker) divert; (mistanke) ward off; ~ **reist**, away (from home); ~ **sett fra** apart from; ~ **skjemt**, spoilt; ~ **visning**, dismissal, expulsion.

borvann, dilution of boric acid.

bosatt, resident, living.

bot, *jur* fine; (botshandling) penance.

botaniker, botanist; ~ **k**, botany.

botemiddel, remedy.

bra, *adj* good, *adv* well.

brake, *c* & *s* crash, peal.

brakk, (vann) brackish; (jord) fallow.

brakke, hut, barracks.

bramfri, unostentatious.

brann, fire, conflagration; ~ **alarm**, fire-alarm; ~ **bil**, fire-engine; ~ **farlig**, inflammable; ~ **forsikring**, fire insurance; ~ **mann**, fireman; ~ **mur**, fire-proof wall; ~ **slange**, fire-hose; ~ **slokkingsapparat**, (fire) extinguisher; ~ **stasjon**, fire-station.

bransje, trade, line (of business).

Brasil, Brazil.

bratsj, viola, tenor violin.

bratt, steep, precipitous.

bre, s glacier; v spread; **~d,** broad, wide; **~dd,** (elv) bank; (sjø) shore; **~dde,** breadth, width; geo latitude; **~ddfull,** brimful; **~dside,** broadside.

bregne, fern, bracken.

breke, bleat.

brekke, break, fracture; **~ seg,** vomit.

brem (på hatt) brim.

bremse, c & s brake.

brenn|bar, inflammable; **~e,** burn; **~emerke,** s brand, stigma; v brand, stigmatize; **~ende,** burning; (sviende) scorching; **~enesle,** nettle; **~evin,** spirits, liquor(s); **~glass,** burning-glass; **~ing,** surf, breakers; **~punkt,** focus.

brensel, fuel.

bresje, breach.

brett, board; (serverings-) tray; (fold) crease; **~e** fold double.

brev, letter; **~kort,** postcard; **~porto,** postage; **~veksle,** correspond.

brigade, brigade; **~general,** brigadier.

brigg, brig.

brikke, (underlag) mat; (i spill) man, piece.

briljant, brilliant.

brille|r, spectacles, glasses; **~slange,** cobra.

bringe, (til den talende) bring; take; **~ bort,** carry; **~bær,** raspberry.

bris, breeze.

brisling, sprat, brisling.

brist, (feil) flaw, defect; **~e,** burst, crack; **~epunkt,** breaking point.

brite Briton; **~isk,** British.

brodd zool og fig. sting.

broder|e, embroider; **~i,** embroidery.

broder|lig, brotherly, fraternal; **~mord,** fratricide.

broket, multi-coloured, variegated; chequered.

brokk, hernia.

bronse, bronze.

bror, brother; **~datter,** niece; **~part,** lion's share; **~skap,** brotherhood, fraternity; **~sønn,** nephew.

brosje, brooch.

brosjyre, brochure, booklet, pamphlet.

brott, surf, breakers; **~sjø,** breaker.

bru, bridge.
brud, bride; ~**ekjole**, wedding dress; ~**epar**, bridal couple; ~**gom**, bridegroom.
brudd, break, rupture; (bein-) fracture; (krenkelse) breach; ~**en**, broken; ~**stykke**, fragment.
bruk, use; (skikk) practice, custom; (gard) farm; (bedrift) factory, works; ~**bar**, usable, fit for use; ~**e**, use, employ; (tid, penger) spend; (pleie) be in the habit of; ~**sanvisning**, directions for use; ~**skunst**, applied (*el* decorative) art.
bru|legge, pave; ~**legning**, paving; pavement.
brumme, growl; *fig* grumble.
brun, brown.
brunst, (hunndyr) heat; (hanndyr) rut; ~**ig**, in heat; rutting.
brus, (lyd) rushing sound, roar; (drikk) (fizzy) lemonade; ~**e**, (lyd) roar; (skumme) fizz.
brusk, gristle.
Brussel, Brussels.
brusten, broken; (om øyne) glazed.

brutal, brutal.
brutto|beløp, gross amount; ~**inntekt**, gross earnings; ~**vekt**, gross weight.
bry, *s* & *v* trouble; bother; ~**dd**, embarrassed; ~**deri**, inconvenience, trouble.
brygg, brew; ~**e**, *v* brew; (kai) wharf, quay;' ~**erhus**, washhouse, laundry; ~**eri**, brewery; ~**esjauer**, docker; longshoreman.
bryllup, wedding; ~**sreise**, honeymoon.
bryn (eye)brow; ~**e**, *s* whetstone; *v* sharpen, whet; ~**je**, coat of mail.
brysom, troublesome.
brysk, brusque, blunt.
bryst, breast; (~**kasse**) chest; ~**bilde**, bust; ~**nål**, brooch; ~**vern**, parapet; ~**vorte**, nipple.
bryte, (brekke) break; (lys) refract; *mar* break; *idr* wrestle; ~**r**, *idr* wrestler; *elektr* switch.
brød, bread; (et ~) a loaf (of bread); ~**e**, guilt; ~**rister**, toaster; ~**skorpe**, crust of b.; ~**smule**, crumb (of b.).
brøk, fraction; ~**del**,

fraction; ~**regning**, fractions; ~**strek**, fraction line.

brøl; ~**e**, roar, bellow.

brønn, well.

brøyte, clear a road.

brå, abrupt, sudden; ~**hast**, hot hurry; ~**k** (mas) fuss; (larm) noise; ~**ke**, fuss; make a noise; ~**kende**, fussy; noisy; ~**vende**, turn short.

bu (salgs-) s booth, stall.

bud, (befaling) command; *bibl* commandment; (ærend) message; (sendebud) messenger; (tilbud) offer; (auksjon) bid; ~**eie**, dairymaid; ~**sjett**, budget; ~**skap**, message.

bue, bow; (hvelving) arch; (sirkel-) arc; ~**gang**, arcade; ~**skytter**, archer.

buffet, (møbel) sideboard, buffet; (i restaurant) buffet.

buk, belly; abdomen.

bukett, bouquet, nosegay, bunch.

bukk, (geit) he-goat; (tre) horse, trestle; (kuske-) box; **hoppe** ~, (play) leapfrog; (hilsen) bow;

~**e**, bow; ~ **under**, succumb (for: to).

bukser, trousers; *is amr* pants; (korte) breeches; shorts; ~**re**, tow, tug; ~**seler**, braces; *amr* suspenders.

bukspyttkjertel, pancreas.

bukt, (hav) gulf, bay.

buktaler, ventriloquist.

bukte seg, bend, wind, meander.

bulder, noise, din; rumble; ~**re**, roar, rumble.

bule (kul) bump, lump; bulge; (kneipe) dive.

bulevard, boulevard.

buljong, broth, clear soup, bouillon; (for syke) beef tea; ~**terning**, bouillon cube.

bulk, dent, dint; ~**et**, dented.

bulle, bull; ~**tin**, bulletin.

bunad, national costume.

bunke, heap, pile; ~**er**, *mar* bunker; ~**re**, bunker.

bunn, bottom; ~**fall**, sediment, deposit; (i flaske) dregs, lees.

bunt, bundle, bunch; ~**e**, bundle, bunch; ~**maker**, furrier.

bur, cage.

burde, ought to, should.
burlesk, burlesque.
burgunder, burgundy.
buse på, go in head foremost; ~ **ut med**, blurt out; ~ **mann**, bugbear, bogey.
busk, bush, shrub.
buskap, cattle, livestock.
buskas, thicket, brush.
buss, bus; (tur-)coach.
bust, bristle; ~ **et**, dishevelled, untidy.
butikk, shop, *amr* store; ~ **ekspeditør**, shop assistant; salesman; ~ **tyv**, shoplifter.
butt, blunt.
butterdeig, puff paste.
by, town; city; ~ **bud**, porter.
by, *v* (befale) command, order; (tilby) offer; (gjøre bud) bid.
bygd, country district, parish.
byge, shower; (vind-) squall; (torden-) thunderstorm.
bygg, (korn) barley; (bygning) building; ~ **e**, build, construct; ~ **herre**, builder's employer; ~ **mester**, (master) builder.
bygning, building.

bygsel, lease; ~ **le**, lease.
byll, boil, abscess.
bylt, bundle.
byrde, burden, load.
byregulering, town-planning; ~ **rett**, magistrate's court.
byrå, bureau, agency; ~ **krat**, bureaucrat; ~ **krati**, bureaucracy, red tape.
bysse, galley; *v* lull.
byste, bust; ~ **holder**, bra, brassiere.
bystyre, town council.
bytte, exchange; (krigs-) booty, spoils; (dyrs) prey; *v* (ex)change.
bær, berry.
bære, carry; *fig* bear; (holde oppe); support; (være iført) wear; ~ **seg**, (jamre) moan, wail; ~ **evne**, *mar* carrying capacity; ~ **pose**, carrier bag; ~ **r**, porter; ~ **stol**, sedan-chair.
bøddel, hangman, executioner.
bøffel, buffalo.
bøk, beech.
bølge, wave, billow; sea; ~ **blikk**, corrugated iron; ~ **bryter**, breakwater; ~ **topp**, wave-crest.
bøling, flock; herd.

bønn (til Gud), prayer; (bønnfallelse) entreaty; (anmodning) request; ~ **e**, bean; ~ **ebok**, prayerbook; ~ **eskrift**, petition; ~ **falle**, entreat, implore, beseech; ~ **høre**, grant, hear.

bør, (av **burde**) ought to, should; *s* burden, charge; (medvind) fair wind.

børs, exchange; bourse; ~ **mekler**, stockbroker.

børse, gun.

børste *s & v* brush.

bøsse, (salt-, pepper-) castor; (spare-) (money-)box.

bøte, (sette i stand) mend, patch; ~ **for**, pay for.

bøtte, bucket; pail.

bøye, (sjømerke) buoy; life-buoy; *v* bend, bow; *gram* inflect; ~ **lig**, flexible.

bøyle, hoop, ring.

både, ~ **og**, both – and.

bål, (bon)fire; (som straff) stake.

bånd, band; tape; tie; (pynt) ribbon; *fig* bond, tie; ~ **opptaker**, tape recorder.

båre, (lik-) bier; (syke-) stretcher.

båt, boat; ~ **byggeri**, boat builder's yard; ~ **naust**, boat house; ~ **shake**, boat-hook; ~ **sman**, boatswain.

C

ca., ab., abt. (about), approx. (approximately).

campingvogn, caravan; *amr* trailer.

celeber, celebrated.

celle, cell; ~ **formet**, cellular; ~ **vev**, cellular tissue.

cellist, (violin)cellist; ~ **o**, cello.

cellull, synthetic wool; ~ **oid**, celluloid; ~ **ose**, (papirmasse) woodpulp.

celsius, centigrade.

centigram, centigramme; ~ **liter**, centilitre; ~ **meter**, centimetre.

cerebral parese, cerebral palsy.

certeparti, charter-party.
champagne, champagne.
chartre, charter.

cif, *merk* c.i.f., C.I.F.
cisterne, cistern, tank.

D

da, *adv* then; *tidskonj* when; *årsakskonj* as.
daddel, *bot* date; (kritikk) blame, censure; ~**elverdig,** blameworthy, reprehensible.
dag, day; ~**blad,** daily; ~**bok,** diary; ~**driver,** idler; ~**es,** dawn; ~**gry,** dawn, daybreak; ~**lig,** daily; ~**ligstue,** parlour, sitting-room, living-room; ~**slys,** daylight; ~**sorden,** agenda.
dakapo, encore.
dal, valley; ~**e,** sink, go down.
dam, (spill) draughts; *amr* checkers; (vann) pond; pool; puddle; (demning) dam; ~**brett,** draught-board.
dame, lady; (kort) queen; ~**frisør,** ladies' hairdresser; ~**messig,** ladylike; ~**skredder,** ladies' tailor.
damp, (vann-) steam; vapour; ~**bad,** steam-

bath; ~**e,** steam; ~**er,** steamer; ~**maskin,** steam-engine; ~**skip,** steamship, steamer.
Danmark, Denmark.
danne, (forme) form, shape; ~**lse,** culture, education; (tilblivelse) formation; ~**t,** well-bred, cultured.
dans, dance; ~**e,** dance; ~**er,** ~**erinne,** dancer.
dansk, Danish; ~**e,** Dane.
data, data, facts; ~**abehandling,** data processing; ~**amaskin,** computer; ~**ere,** date; ~**o,** date.
datter, daughter; ~**datter,** granddaughter.
davit, *mar* davit.
daværende, at that time, then.
de, *pers pron* they; *demonst pron* those.
debatt, debate.
debet, debit; ~**itere,** debit; ~**itor,** debtor.

debut, debut, first appearance; ~**ere,** make one's debut.

dedikasjon, dedication; ~**sere,** dedicate.

defekt *adj* defective, *s* defect.

definere, define.

deg, you; yourself.

degradere, degrade.

deig, dough; (smør-) paste.

deilig, (vakker) beautiful, lovely; (om smak) delicious.

dekk, *mar* deck; (bil-) tyre; ~**e,** *v* cover; (utgifter) meet, cover; (bord) lay; *s* cover(ing); (lag) layer; ~**slast,** deck-cargo.

deklamasjon, declamation. recitation.

dekning *merk* payment, settlement, cover; (reportasje) coverage.

dekorasjon, decoration; *pl teat* scenery; ~**ativ,** ornamental; ~**atør,** decorator; (vindus-) window-dresser; ~**ere,** decorate; (vindu) dress.

dekret, decree.

deksel, cover, lid.

del, part, portion; (andel) share; ~**aktighet,** parti-

cipation; (i forbrytelse) complicity; ~**e,** divide; share; ~**elig,** divisible.

delegasjon, delegation; ~**ere,** ~**ert,** delegate.

delfin, dolphin.

delikat, (lekker) delicious, dainty; (fintfølende *el* kinkig) delicate; ~**esse,** delicacy.

deling, division, partition.

dels, in part, partly.

delta, *s* delta.

delta (i) take part (ın), participate (in); ~**gelse,** participation; (medfølelse) sympathy; ~**ker,** participant; *merk* partner.

delvis, *adv* in part, partly; *adj* partial.

dem, them; **Dem,** you.

demagog, demagogue.

dementere, deny, contradict; ~ **i,** denial, contradiction.

demme, dam; ~**ning,** dam, barrage.

demokrat, democrat; ~**i,** democracy; ~**isere,** democratize; ~**isk,** democratic.

demon, demon; ~**ısk,** demoniac.

demonstrant, demonstrator; ~**asjon**, demonstration; ~**ere**, demonstrate.

demoralisere, demoralize.

dempe, (lyd) deaden, muffle; (lys) subdue; *fig* damp down; *mus* mute; ~**r**, damper.

demre, dawn; ~**ing**, dawn, twilight.

den, it; that, the; ~**gang**, then, at that time.

denge, thrash, beat.

denne, this.

departement, ministry; *is amr* department.

deponere, deposit, lodge.

depositum, deposit.

depot, depot.

deprimert, depressed.

deputasjon, deputation; ~**ert**, deputy.

der, there; ~**e**, you; ~**etter** then, afterwards, subsequently; ~**es** their(s); your(s); ~**for**, therefore, so; ~**fra**, from there, thence; ~**iblant**, among them; ~**imot**, on the other hand; ~**på**, then, next; ~**som**, if, in case; ~**ved**, thereby; by that means; ~**værende**, local, there (present).

desember, December.

desertere, desert; ~**ør**, deserter.

desimal, decimal.

desinfeksjon, disinfection; ~**feksjonsmiddel**, disinfectant; ~**fisere**, disinfect.

desorientere, confuse.

desperasjon, desperation; ~**t**, desperate.

despot, despot; ~**i**, despotism.

dessert, sweet; *(is frukt)* dessert.

dessuten, besides, moreover.

dessverre, unfortunately.

destillasjon, distillation; ~**atør**, distiller; ~**ere**, distil.

desto, the; ~ **bedre**, all (*el* so much) the better.

det, it; that; the; there.

detalj, detail; *merk* retail; ~**ist**, retailer, retail dealer.

detektiv, detective.

dette, this.

devaluere, devalue; ~**ing**, devaluation.

diagnose, diagnosis; ~**kon**, (male) nurse; ~**lekt**, dialect; ~**log**, dialogue; ~**mant**, diamond; ~**mantsliper**, diamond-cutter; ~**me**-

ter, diameter; ~ré, diarrhoea.

diett (mat) diet; (-penger) daily allowance.

difteri, diphtheria.

diger, big, bulky, huge.

digresjon, digression.

dike, dike.

diksjon, diction.

dikt, poem; ~afon, dictaphone; ~at, dictation; ~ator, dictator; ~atur, dictatorship; ~e, (oppdikte) invent; (skrive poesi) write (el compose) poetry; ~er, poet; ~ere, dictate; ~ning, poetry.

dilemma, dilemma.

diligence, stage-coach.

dill (krydder) dill; (tull) nonsense.

dimensjon, dimension, size.

dimittere, dismiss.

diplom, diploma; ~at, diplomat(ist); ~ati, diplomacy; ~atisk, diplomatic.

direksjon, board of directors; ~te direct; ~torat, directorate; ~tør, manager; amr president; (for offentlig institusjon) director.

dirigent, (møte-) chair-

man; mus conductor; ~ere, (møte) be in the chair, preside; (trafikk) direct; mus conduct.

dirk, picklock.

dirre, quiver, vibrate.

dis, (tåke) haze; ~ig, hazy.

disiplin, discipline; (fag) branch of knowledge; ~pel, disciple.

disk, counter.

diskontere; ~o, discount.

diskos, discus.

diskotek, discotheque.

diskresjon, discretion; ~kret, discreet; ~kriminere, discriminate (against); ~kriminering, discrimination; ~kusjon, discussion; ~kutere, discuss; ~kvalifisere, disqualify.

dispasjør, average stater; ~pensasjon, exemption; ~ponent, manager; ~ponere over, have at one's disposal el available; ~ponibel, available; ~posisjon, disposition; (utkast) outline; (rådighet) disposal.

disse, these.

dissekere, dissect; ~sjon, dissection.

dissens, dissent; ~ter,

dissenter, nonconformist; ~**tere,** dissent.

dissonans, dissonance, discord.

distanse, distance.

distinksjon (merke), badge; ~**t,** distinct.

distrahere, distract, disturb; ~**ksjon,** absence of mind.

distré, absent-minded.

distrikt, district, area.

dit, there.

diva, diva. ~**n,** couch, divan.

diverse, sundry, various.

dividend; ~**dende,** dividend; ~**dere,** divide; ~**sjon,** division.

djerv, bold, brave.

djevel, devil, fiend; ~**sk,** demoniac, devilish, diabolical; ~**skap,** devilry.

do, loo, lavatory, privy.

dobbelt, double, twofold; ~**spill,** double-dealing; ~ **bokholderi,** book-keeping by double entry; ~**værelse,** double room; ~ **så mange,** twice as many.

dog, however, still, yet.

dogg, dew; ~**et,** dewy.

dogmatisk, dogmatic.

dokk, dock; **tørr** ~, drydock.

dokke, doll; (marionett) puppet.

doktor, doctor, (lege) physician; ~**grad,** doctor's degree.

dokument, ~**ere,** document; ~**mappe,** briefcase.

dolk, dagger.

dom, sentence; judgment; ~**felle,** convict; ~**inere,** dominate; ~**kirke,** cathedral; ~**mer,** judge, justice; (fotball) referee; ~**prost,** dean; ~**stol,** court of justice; lawcourt.

dongeri, dungaree, jean; ~**bukser,** dungarees, jeans.

dope, dope.

dorg, trailing line.

dorme, doze.

dorsk, indolent.

dosent, senior lecturer; *amr* associate professor; ~**is,** dose.

doven, lazy, idle; ~**enskap,** laziness; ~**ne seg,** idle, laze.

dra, (trekke) draw, pull; (bevege seg) go, move; ~**g,** pull, tug; (av sigarett) whiff, puff.

drabantby, satellite town, dormitory suburb.

dragon, dragoon.

drake, dragon; (leke) kite.

drakt, dress, costume.

dram, dram, nip.

drama, drama; ~**tiker,** dramatist, playwright; ~**tisk,** dramatic.

dranker, drunkard, drinker.

drap, manslaughter, murder, homicide.

drastisk, drastic.

dregg, grapnel, drag.

dreibar, revolving; ~**e,** turn; ~**ebenk,** lathe; ~**er,** turner; ~**ning,** turn; rotation.

drenere, drain.

dreng, farm servant.

drepe, kill.

dress, suit; ~**ere,** train; ~**ur,** training.

drift, instinct; (virksomhet) operation(s); (strøm) drift; ~**ig,** active, enterprising; ~**skapital,** working capital; ~**somkostninger,** working expenses; ~**sår,** working year.

drikk, drink; (det å drikke) drinking; ~**e,** drink; ~**epenger,** tip(s), gratuity; ~**evarer,** beverages, drinkables; ~**evi-**

se, drinking song; ~**feldig,** addicted to drink(ing).

drill, drill.

dristig, bold, daring; ~**het,** boldness, daring.

drive (jage) drive; (forretning o.l.) carry on, run; (maskin) drive, operate, work; (gå og drive) lounge, saunter; *mar* drift, be adrift; ~**fjær,** mainspring; ~**garn,** drift-net; ~**hjul,** driving-wheel; ~**hus,** hothouse, conservatory; ~**kraft,** motive power; ~**stoff,** fuel.

drone, drone.

dronning, queen.

drops, sweets, drops.

drosje, taxi, cab; ~**holdeplass,** taxi *(el* cab) rank *(el* stand).

drue, grape; ~**klase,** cluster of grapes; ~**sukker,** grapesugar, glucose.

drukken, intoxicated, drunk; ~**skap,** drunkenness.

drukne, *vt* drown; *vi* be drowned.

dryg, se *drøy.*

drypp; ~**e,** drop, drip.

drysse, *vt* sprinkle; *vi* fall.

drøfte, discuss, talk over; ~ **lse**, discussion, talk.
drøm; ~ **me**, dream.
drønn; ~ **e**, boom, bang.
drøpel, uvula.
drøv, cud; **tygge** ~, chew the cud, ruminate.
drøy, (rekker langt) goes a long way; ~ **e**, make st. go far.
dråpe, drop.
du, you. ~ **blett**, duplicate.
due, pigeon; (turtel-) dove.
duell, duel; ~ **ere**, (fight a) duel.
duett, duet.
duft, fragrance, odour, aroma; ~ **e**, smell (sweet).
duge, be good, be fit; ~ **lig**, fit, capable.
duk, (bord-) table-cloth.
dukke, *v* duck, dive, plunge; ~ **opp**, turn up; *s se dokke*.
dum, stupid, silly, foolish; ~ **dristig**, foolhardy; ~ **het**, stupidity; foolishness.
dump, *adj* dull; (lyd) muffled; *s* depression; (lyd) thud; ~ **e**, (falle) plump; (stryke) fail; *merk* dump.

dumrian, fool, blockhead.
dun, down; ~ **dyne**, eider-down; ~ **et**, downy.
dunder, banging, roar, thunder; ~ **re**, bang, roar.
dunk, *c* keg; tin; *n* thump, knock; ~ **e**, bump, knock; ~ **el**, dark, dim, obscure.
dunst, vapour, fume; ~ **e**, reek, fume; (~ **bort**) evaporate.
dur, *mus* major; (lyd) drone; (sterk) roar; ~ **e**, drone; roar.
dusin, dozen.
dusj, shower(-bath), douche.
dusk, tuft; tassel; ~ **regn**; ~ **regne**, drizzle.
dusør, reward.
dvale (om dyr) hibernation; (sløvhet) lethargy, torpor; **ligge i** ~, hibernate.
dvele, tarry, linger; *fig* ~ **ved**, dwell (up)on.
dverg, dwarf; ~ **aktig**, dwarfish.
dvs., i.e., that is (to say).
dybde, depth; *fig* profundity.
dyd, virtue; ~ **ig**, virtuous; ~ **smønster**, paragon of virtue.

dykke, dive; ~**r,** diver.
dyktig, capable, able, competent, efficient, clever.
dynamisk, dynamic; ~**itt,** dynamite; ~**o,** dynamo.
dynasti, dynasty.
dyne, (klitt) dune, down; (i seng) featherbed, eiderdown.
dynge, s & v heap, pile.
dynke, sprinkle.
dynn, mire, mud.
dyp, adj deep; (fig også) profound; s deep, depth; ~**fryse,** deepfreeze; ~**fryser,** deep freeze, freezer; ~**pe,** dip; ~**sindig,** profound.
dyr, adj dear, expensive; s animal; beast; ~**eart,** species of animals; ~**ebar,** dear, precious; ~**ehage,** zoological garden(s), zoo; ~**ekjøpt,** dearly bought; ~**esteik,** roast venison; ~**isk,** (brutal) brutish, bestial.
dyrkbar, arable; ~**e** (jorda) cultivate, till; korn o.l. grow; relg worship.
dyrlege, veterinary; dt vet; ~**tid,** time of high prices.

dysse, lull, hush; ~ **ned,** hush (el smother) up.
dyst, combat, fight; ~**er,** sombre, gloomy.
dytt; ~**e,** nudge, prod, push.
dyvåt, drenched.
dø, die.
død, s death, decease; adj dead; ~**elig,** mortal, deadly; ~**født,** stillborn; ~**sleie** death-bed; ~**sstraff,** capital punishment.
døende, dying.
døgn, day and night, 24 hours; ~**flue,** ephemera.
dømme, judge; jur sentence, convict.
dønning, swell, heave.
døpe, baptize, christen; ~**navn,** Christian name, forename; amr first (el given) name.
dør, door. **dørk,** deck, floor.
dørkarm, door-case; ~**slag,** colander; ~**terskel,** threshold; ~**åpning,** doorway.
døs; ~**e,** doze, drowse; ~**ig,** drowsy; ~**ighet,** drowsiness.
døv, deaf; ~ **het,** deaf-

ness; ~ **stum**, deaf-and-dumb.

dåd, deed, achievement, act.

dådyr, fallow, deer.

dåne, swoon, faint.

dåp, baptism, christening.

dårle, s fool; ~ **lig**, (slett) bad, poor; (syk) ill, unwell; ~ **ligere**, worse; poorer; ~ **ligst**, worst, poorest.

dåse, tin, box.

E

ebbe, s ebb(-tide), low tide; v (ut) ebb (away).

ed, oath; **falsk** ~, perjury; **avlegge** ~ (på), take an oath (on).

EDB, E.D.P. (electronic data processing).

edder, venom; ~ **kopp**, spider.

eddik, vinegar.

edel, noble; ~ **modig**, nobleminded, magnanimous, generous; ~ **stein**, precious stone, gem.

ederdun, eider (-down).

edfeste, swear (in).

edru, sober; ~ **elig**, sober; ~ **elighet**, sobriety.

EF, EC (European Community).

effekt, effect; ~ **er**, effects; ~ **full**, effective; ~ **iv**, effective; (dyktig); efficient; ~ **uere**, effect, execute.

eføy, ivy.

egen, own; (eiendomme-lig) peculiar (**for**: to); (særegen) particular; (underlig) odd, singular; ~ **artet**, peculiar; ~ **artethet**, peculiarity; ~ **mektig**, arbitrary; ~ **navn**, proper name; ~ **nytte**, self-interest; ~ **rådig**, wilful, arbitrary; ~ **skap**, quality; **i** ~ **skap av**, in the capacity of; ~ **tlig**, proper, real; adv properly (el strictly) speaking; ~ **verdi**, intrinsic value.

egg, egg; (på kniv) edge; ~ **e**, incite, goad; ~ **ende**, inciting; ~ **eglass**, egg-cup; ~ **ehvite**, white of an egg; ~ **eplomme**, yolk of an egg; ~ **erøre**, scrambled eggs; ~ **stokk**, ovary.

egle, pick a quarrel.

egn, region, parts, tract.

egne, seg (for, til), be suited (to *el* for), be suitable *(el* fit) (for); ~ **t,** fit(ted), proper, suitable.

egoisme, selfishness, egotism, egoism; ~ **t,** ego(t)ist; ~ **tisk,** ego(t)istic(al).

eid, isthmus, neck of land.

eie, *s* possession; *v* own, possess; ~ **form,** the genitive; ~ **ndeler,** belongings, property; ~ **ndom,** property, (jord) estate; ~ **ndommelig,** peculiar; ~ **ndommelighet,** peculiarity; ~ **ndomsmekler,** estate agent; ~ **r,** owner, proprietor.

eik, oak; ~ **e,** (i hjul) spoke; ~ **enøtt,** acorn.

eim, vapour; odour.

einer, juniper.

einstøing, lone wolf.

ekkel, disgusting, nasty.

ekko, echo.

ekorn, squirrel.

eksakt, exact.

eksamen, examination, *dt* exam; **ta** ~, pass an examination; ~ **svitnemål,** certificate, diploma.

eksaminere, examine; question.

ekseksjon, execution; ~ **utiv,** executive; ~ **vere,** execute.

eksellense, excellency.

eksem, eczema.

eksempel, example, instance; **for** ~, for example *el* instance, e.g. (exempli gratia); ~ **lar,** specimen; (bok o.l.) copy; ~ **larisk,** exemplary.

eksentrisk, eccentric.

eksepsjonell, exceptional.

eksersere, drill; ~ **erplass,** drillground; ~ **is,** drill.

ekshaust, exhaust.

eksil, exile.

eksistens, existence; ~ **re,** exist.

ekskludere, expel; ~ **siv,** exclusive; ~ **sive,** exclusive of, excluding, excluded; ~ **sjon,** expulsion.

ekskrementer, excrements.

ekskursjon, excursion.

eksos, exhaust; ~ **rør,** exhaust pipe.

eksotisk, exotic.

ekspedere, (sende) despatch, forward; (gjøre av med) despatch, dismapose of; (en kunde) attend to, serve; ~ **isjon,** forwarding; (kontor) office; (ferd) expedition; ~ **itrise,** shop assistant, saleswoman, shopgirl; ~ **itør,** shop assistant, salesman; *amr* clerk; (på kontor) forwarding clerk.

eksperiment, experiment; ~ **ere,** experiment.

ekspert, expert.

eksplodere, explode, blow up, burst; ~ **siv,** explosive; ~ **sjon,** explosion.

eksport, export(ation); *konkr* exports; ~ **ere,** export; ~ **ør,** exporter.

ekspress, express.

ekspropriasjon, expropriation, dispossession; ~ **ere,** expropriate.

ekstase, ecstasy.

ekstemporere (på skole) do unseens.

ekstra, extra; ~ **kt,** extract; ~ **nummer,** (avis) special issue; (dacapo) encore; ~ **ordinær,** extraordinary, exceptional; ~ **skatt,** supertax, surtax; ~ **tog,** special train; ~ **vaganse,** extravagance.

ekstrem, extreme.

ekte, genuine, real; (gull *o.l.*) pure; (ekte født) legitimate; *v* marry; ~ **felle,** spouse; ~ **par,** married couple; ~ **skap,** matrimony, marriage; ~ **skapsbrudd,** adultery.

ekthet, genuineness.

ekvator, the equator.

ekvipere, equip, fit out; ~ **ing,** equipment; ~ **ingsforretning,** gentlemen's outfitter.

elastisitet, elasticity; ~ **k,** elastic.

elde, (old) age; ~ **es,** grow old, age; ~ **gammel,** very old; (fra gammel tid) ~ **r,** older; elder.

elefant, elephant.

elegant, elegant, fashionable.

elegi, elegy; ~ **sk,** elegiac.

elektrifisere, electrify; ~ **ker,** electrician; ~ **sitet,** electricity; ~ **sk,** electric(al).

elektroingeniør, electrical engineer; ~ **n,** electron; ~ **teknikk,** electrotechnics.

element, element; ~ **ær,** elementary.

elendig, wretched, miserable; ~ **het,** wretchedness, misery.

elev, pupil; (voksen) student.

elfenbein, ivory.

elg, elk; *amr* moose.

eliminasjon, elimination; ~ **ere,** eliminate.

elite, élite; pick.

eller, or; ~ **s,** or else, otherwise; (vanligvis) usually, generally.

elleve, eleven; ~ **te,** eleventh.

elske, love; ~ **elig,** lovable; ~ **er,** lover; ~ **erinne,** mistress; ~ **verdig,** amiable, kind; ~ **verdighet,** kindness.

elv, river; ~ **ebredd,** bank; ~ **eleie,** river-bed; ~ **munning,** mouth of a river; estuary.

emalje; ~ **re,** enamel.

emballasje, packing (material).

embete, office; ~ **smann,** (Government) official, civil servant; ~ **seksamen,** university degree.

emblem, emblem, badge.

emigrant, emigrant; ~ **ere,** emigrate.

emne, *s* subject, topic; (materiale) material.

en, *art* a, an; *num pron* one.

enda (foran komparativ) still, even; se *ennå*.

ende, *s* end; *v* end, finish, conclude; ~ **fram,** straightforward; ~ **lig,** *adj* final, definite; *adv* at last, finally; ~ **lse,** ending, termination; ~ **stasjon,** terminus; ~ **vende,** turn upside down.

endog, even.

endre, alter, amend; ~ **ing,** alteration.

ene og alene, solely; ~ **boer,** hermit, recluse; ~ **bolig,** one-family house, self-contained house; ~ **forhandler,** sole distributor; ~ **rett,** monopoly, sole right.

energi, energy; ~ **sk,** energetic.

enerådig, absolute; ~ **s,** agree; ~ **ste,** only; ~ **stående,** unique; ~ **tale,** monologue; ~ **velde,** absolute power; ~ **voldsherre,** absolute ruler, autocrat.

enfold, simplicity; ~ **ig,** simple.

eng, meadow.

engang, once; ~sflaske, non-returnable bottle.

engasjement, engagement; ~re, engage; (til dans) ask for a dance.

engel, angel.

engelsk, English; ~mann, Englishman.

en gros, wholesale.

engstelig, uneasy; anxious.

enhet, unity; unit.

enhver, s everybody; adj every, any.

enig (være ~) agree, be agreed; ~het, agreement.

enke, widow; ~dronning, queen dowager; queen mother; ~mann, widower.

enkel, simple, plain; single; ~thet, detail; ~tknappet, single-breasted; ~tværelse, single room.

enn, than; but.

ennå, still, yet (ikke ~), not yet.

enorm, enormous, huge.

ens, identical, alike; ~artet, uniform; ~farget, plain; of one colour; ~formig, monotonous.

ensidig, (syn) one-sided, bias(s)ed.

enslig, solitary, single; ~om, lonely, solitary; ~omhet, loneliness, solitude.

enstemmig, unanimous; mus unison; ~het, unanimity.

entall, the singular.

enten – eller, either .. or.

entré, hall; (betaling) admission (fee).

entreprenør, contractor.

enveisgate, ~kjøring, one-way street, traffic.

epidemi, epidemic.

epilepsi, epilepsy; ~tiker, ~tisk, epileptic.

epilog, epilogue.

episk, epic.

episode, episode; ~isk, episodic.

epistel, epistle.

eple, apple; ~vin, cider.

epoke, epoch.

epos, epic, epos.

eremitt, hermit.

erfare, (få vite) learn; (oppleve) experience; ~en, experienced; ~ing, experience.

ergerlig, (kjedelig) annoying, vexatious; (~over) annoyed (el vexed at); ~re, annoy, vex;

~ relse, annoyance, vexation.

erindr|e, remember, recollect; ~ ing, remembrance.

erke-, arch.

erkjenne, acknowledge, admit, recognize; ~ lse, acknowledgment, recognition, admission.

erklær|e, declare, state; ~ ing, declaration, statement.

erme, sleeve.

ernær|e, (fø) nourish; ~ ing, nourishment, nutrition.

erobr|e, conquer; ~ er, conqueror; ~ ing, conquest.

eroti|kk, eroticism; ~ sk, erotic.

erstatning, compensation; (surrogat) substitute; ~ s-krav, claim for compensation; ~ splikt, liability.

erstatte, replace; (gi erstatning) compensate.

ert, pea.

erte, tease (med: about).

erts, ore.

erverv, trade, livelihood; ~ e (seg), acquire.

ese, (gjære) ferment; (heve seg) rise.

esel, donkey; ass.

esing, fermentation; mar gunnel, gunwale.

eskadre, eskadron, squadron.

eske, box.

eskimo, Eskimo.

eskorte, ~ re, escort.

espalier, trellis, espalier.

ess, (kort) ace; mus E flat.

esse, forge, furnace.

essens, essence.

esteti|ker, aesthete; ~ kk, (a)esthetics; ~ sk, (a)esthetic.

etabl|ere, establish; ~ ering; ~ issement, establishment.

etappe, stage.

etasje, stor(e)y, floor.

etat, service.

ete, eat.

eter, ether.

etikett, label; ~ e, etiquette.

eti|kk, ethics; ~ sk, ethical.

etse, corrode.

etter, prp after; (bak) behind; (ifølge) according to; adv after(wards); ~ betaling, back pay; ~ forske, inquire into, investigate; ~ forskning, investigation; ~ følge, follow; succeed; ~**føl-ger**, successor; ~**gi**, remit, pardon; ~**givelse**, remission; ~**hånden**, gradually; ~**komme**, comply with; ~**kommer**, descendant; ~**krav (mot)**, cash on delivery (C.O.D.); ~**krigs-**, post-war; ~**late**, leave (behind); ~**ligne**, imitate; ~**ligning**, imitation; ~**lyse**, advertise for; ~**lyst**, wanted; ~**middag**, afternoon; ~**navn**, surname, family name; ~**nøler**, straggler; latecomer; ~**på**, afterwards; ~**retning**, information, news; ~**retningsvesen**, intelligence service; ~**se**, inspect; overhaul; ~**skudd**, (på-), in arrear(s); ~**som**, as, since; ~**spill**, epilogue; ~**spørsel**, de-

mand; ~**syn**, inspection; overhaul; ~**tanke**, reflection; ~**trykk**, emphasis, stress; ~**trykk forbudt**, copyright; all rights reserved; ~**utdannelse**, in-service training; ~**virkning**, after-effect.

etui, case.

Europa, Europe; ~**arådet**, the Council of Europe (CE); ~**eer**; ~**eisk**, European.

evakuere, evacuate.

evangelisk, evangelic(al); ~**um**, gospel.

eventualitet, contingency; ~**ell**, possible; (if) any; ~**elt**, *adv* possibly, if necessary.

eventyr, (opplevelse) adventure; (fortelling) (fairy-)tale; ~**er**, adventurer; ~**lig**, fabulous, fantastic.

F

fabel, fable; ~**elaktig**, fabulous; ~**le**, fable.

fabrikant, manufacturer; ~**asjon**, manufacture; ~**at**, make, product; ~**k**, factory, mill;

~**karbeider**, factory worker; ~**kere**, manufacture, make; ~**kmerke**, trade mark.

fadder, godfather; godmother.

faderlig, fatherly, paternal.

fadervår, the Lord's Prayer.

fadese, blunder.

fag, (skole) subject; (område) line, profession; (håndverk) trade; ~ **arbeider,** skilled workman.

fagforening, trade(s) union; ~ **lært,** skilled; ~ **mann,** expert, specialist; ~ **utdannelse,** specialized (el professional) training.

fajanse, faience.

fakir, fakir.

fakke, catch.

fakkel, torch.

faktisk, adj actual, real, virtual; adv as a matter of fact, actually, virtually, in fact.

faktor, factor; ~ **um,** fact.

faktura, invoice (over, på: for).

fakultet, faculty.

falk, falcon, hawk.

fall, fall; i ~, in case; ~ **dør,** trapdoor; ~ **e,** fall, drop; ~ **eferdig,** tumbledown.

fallent, bankrupt; ~ **itt,** s bankruptcy, failure; adj bankrupt.

fallskjerm, parachute; ~ **hopper,** parachutist.

falme, fade.

falsk, false; (forfalsket) forged; ~ **het,** falseness; ~ **mynter,** counterfeiter, coiner; ~ **neri,** forgery.

familie, family; ~ **navn,** family name; surname.

familiær, familiar.

famle, grope, fumble (etter: for).

fanatiker; fanatisk, fanatic.

fanden, the Devil, the Fiend; Old Nick; ~ **ivoldsk,** devil-may-care.

fane, banner, standard.

fanfare, fanfare, flourish.

fang, lap; ~ **e,** v catch, capture; s prisoner, captive; ~ **eleir,** prison camp; ~ **enskap,** captivity; ~ **evokter,** warder, jailer; ~ **st,** (bytte) capture; (fisk) catch, draught.

fant, tramp; gipsy.

fantasere, rave; ~ **i,** (innbilningsevne) imagination; (innfall) fancy, fantasy; mus fantasia; ~ **ifull,** imaginative; ~ **t,** visionary; ~ **tisk,** fantastic.

far, father; (spor) track, trail; ~ **ao**, Pharaoh; ~ **bror**, (paternal) uncle.

fare, v (reise) go, travel; mar sail; (ile) rush; s danger, peril; ~ **truende**, perilous.

farfar, (paternal) grandfather.

farge, s, colour; (stoff) dye; paint; (kort) suit; v dye; colour; ~ **fjernsyn**, colour television; ~ **handel**, colour shop; ~ **legge**, colour.

farin, castor sugar.

fariseer, Pharisee.

farlig, dangerous, perilous.

farmasi, pharmacy; ~ **øyt**, (dispensing) chemist's assistant.

farmor, (paternal) grandmother.

farse, (mat) forcemeat; (komedie) farce.

farsott, epidemic.

fart, (hastighet) speed, rate; (handels-) trade; ~ **sgrense**, speed limit.

fartøy, vessel, craft, ship; ~ **vann**, waters.

farvel, good-bye.

fasade, front, façade.

fasan, pheasant.

fascisme, Fascism; ~ **t**; ~ **tisk**, Fascist.

fase, phase.

fasit, key; answer book.

fasong, shape, cut.

fast, firm; solid; (~**satt**) fixed.

faste, v & s fast; ~ **lavn**, Shrovetide; ~ **tid**, Lent.

fasthet, firmness; solidity; ~ **holde**, stock to, insist on, maintain; ~ **land**, continent; ~ **sette**, appoint, fix, stipulate.

fat, dish; (tønne) cask, barrel.

fatt (få ~ **i**) get (el catch) hold of.

fatle, sling.

fatning, composure.

fatte, (betripe) comprehend, understand; (beslutning) make, take (a decision); ~ **t**, composed, collected.

fattig, poor; ~ **dom**, poverty.

favn, (mål) fathom; ~ **e**, embrace; ~ **tak**, embrace, hug.

favorisere; **favør**, favour.

fe, fairy; (dyr) cattle.

feber, fever; ~ **aktig**, feverish.

febrilsk, feverish, fidgety.

februar, February.

fedme, fatness, obesity.

fedreland (native) country; ~ **ssang**, national anthem.

fedrift, cattle breeding.

feie, sweep; ~ **brett**, dustpan; ~ **er**, chimney-sweep.

feig, cowardly; ~ **ing**, coward; ~ **het**, cowardice.

feil, s mistake, error; (mangel) defect, fault; (skyld) fault; adj wrong, incorrect; adv amiss, wrong(ly); ~ **fri**, faultless; ~ **tagelse**, mistake.

feire, celebrate.

feit, fat.

fekte fence; ~ **ing**, fencing.

fele, fiddle; ~ **spiller**, fiddler.

felg, rim.

felle, s trap; v (trær) fell; (drepe) slay; (tårer) shed; ~ **s**, common, joint; ~ **smarkedet**, the Common Market; ~ **sskap**, community.

felt, (område) field; sphere; mil field; ~ **flaske**, canteen; ~ **seng**, campbed; ~ **tog**, campaign.

fem, five; ~ **te**, fifth; ~ **ten**, fifteen; ~ **ti**, fifty.

fenge, catch (el take) fire;

~ **hette**, (percussion) cap.

fengsel, prison, jail; ~ **sle**, imprison; fig captivate, fascinate.

fenomen, phenomenon; (pl -mena); ~ **al**, phenomenal.

ferd, expedition; (oppførsel) conduct; ~ **ig**, (rede) ready; (fullendt) finished, done; ~ **ighet**, skill; ~ **sel**, traffic; ~ **selsåre**, thoroughfare.

ferie, holiday(s); amr vacation; ~ **re**, (spend one's) holiday.

ferje, ferry(-boat).

ferniss; **fernissere**, varnish.

fersk, fresh; ~ **en**, peach.

fesjå, cattle-show.

fest, (privat) celebration, party; (offentlig) festival; (måltid) feast, banquet; ~ **forestilling**, gala performance; ~ **e**, s hold; handle; v fasten, fix; (holde ~) feast, celebrate; ~ **ning**, fort, fortress.

fet, fat; ~ **evarer**, delicatessen; ~ **t**, fat, grease.

fetter, (male) cousin.

fiasko, failure, fiasco; dt flop.

fiber, fibre.
fiende, enemy; ~**skap**, enmity; ~**tlig**, hostile; ~**lighet**, hostility.
figur, figure, shape; ~**lig**, figurative.
fiken, fig; ~**blad**, fig leaf.
fiks, smart; (idé) fixed; ~**e**, fix.
fil, file, file.
filet, fillet.
filial, branch.
filipens, pimple.
fille, rag, tatter; ~**rye**, patchwork rug.
film, film, picture; *amr* movie; ~**atelier**, studio; ~**byrå**, film agency; ~**e**, film; ~**stjerne**, film star.
filolog, philologist; ~**i**, philology; ~**isk**, philological.
filosof, philosopher; ~**i**, philosophy.
filt, felt; ~**er**, filter, strainer; ~**rere**, filter, strain.
fin, fine.
finale, *sport* final(s); *mus* finale.
finanser, finances; ~**siell**, financial; ~**siere**, finance.
finer, veneer.

finger, finger; ~**avtrykk**, fingerprint; ~**bøl**, thimble; ~**e**, feign; ~**ferdighet**, dexterity; *mus* execution; ~**nem**, handy.
Finland, Finland.
finne, (fisk) fin; (finlending) Finn; *v* find; ~**sted**, take place; ~**rlønn**, reward.
finsk, Finnish.
fintfølende, sensitive.
fiol; ~**ett**, violet; ~**in**, violin; ~**inist**, violinist.
fire, *num* four; *v* ease off, lower; *fig* yield; ~**fisle**, lizard; ~**kant**, square; ~**kløver**, four-leaved clover; ~**linger**, quadruplets.
firma, firm, company; ~**merke**, trade mark.
fisk, fish; ~**e**, *v* fish; *s* fishing; (fiskeri) fishery; ~**ehandler**, fishmonger; ~**er**, fisherman; ~**eredskap**, fishing tackle; ~**eri**, fishery; ~**erigrense**, limit of the fishing zone, fishing limits; ~**eriminister**, Minister of Fisheries; ~**estang**, fishing rod.
fjas, foolery, nonsense.
fjel, board.

fjell, mountain; rock; ~**kjede,** chain *(el* range) of mountains; ~**klatrer,** mountaineer, alpinist; ~**land,** mountainous country.

fjerde, fourth.

fjern, far(-off), distant, remote; ~**e,** remove; *vr* withdraw; ~**skriver,** teleprinter; ~**syn,** television, TV, *dt* telly; ~**synsapparat,** television set; ~**synsskjerm,** television screen; ~**valg,** dialled trunk call.

fjord, fjord; fiord; (Skottland) firth.

fjorten, fourteen; ~ **dager,** a fortnight.

fjær, feather; (stål-) spring; ~**e,** (ebbe) ebb; ~**fe,** poultry.

fjøs, cowhouse.

flagg, flag; colours; ~**e,** fly the flag; ~**ermus,** bat; ~**stang,** flaggstaff.

flagre, flutter, flicker.

flak, flake; (is-) floe.

flakke (vandre) roam, rove.

flakong, flacon.

flaks (ha ~) be in luck, be lucky; ~**e,** flap, flutter.

flamme, *v & s* flame, blaze.

flanell, flannel.

flanke, flank.

flaske, bottle; ~**hals,** bottleneck.

flass, dandruff.

flat, flat; ~**e,** flat; ~**einnhold,** area; ~**lus,** crab-louse.

flau, (skamfull) ashamed; flat, insipid; *merk* dull, flat; ~ **vind,** light wind.

flekk, stain, spot.

flenge, *v & s* slash, tear.

flere (enn) more (than); (atskillige) several; ~**koneri,** polygamy; ~**stavelsesord,** polysyllable; ~**tall,** *gram* the plural; (de fleste) the majority; ~**tydig,** ambiguous.

flesk, pork; bacon.

flest(e), most; (de fleste) most.

flette, *v & s* plait, braid.

flid, diligence, industry.

flikk, patch; ~**e,** patch; (sko) cobble.

flimre, glimmer.

flink, clever; good.

flint, flint.

flir, ~**e,** grin.

flis (tre-) chip, splinter; (golv) tile; ~**elagt**, tiled.

flittig, diligent, industrious.

flo, flood(-tide), high tide; ~**d**, river; ~**dhest**, hippopotamus, *dt* hippo.

floke, *v* & *s* ravel, tangle.

flokk, (mennesker) crowd, party; (fe) herd; (sau) flock; (ulv) pack; (fugl) flight, flock; ~**e seg**, flock, crowd.

flom, flood; ~**me** (over), overflow.

flor, (stoff) gauze; crape; (blomstring) bloom, flowering, blossom; ~**a**, flora; ~**ere**, flourish.

flosshatt, top hat, silk hat.

flott (flytende), afloat; (fin) smart, stylish; (rundhåndet) liberal; ~**e seg**, be lavish; ~**ør**, float.

flue, fly.

flukt, escape; (flyging) flight; ~ **stol**, deckchair.

fluor, fluorine.

fly *v* fly; *s* plane, aeroplane, aircraft, *amr* airplane; ~**billett**, flight ticket; ~**buss**, airport

bus; ~**geblad**, flysheet, pamphlet; ~**gefisk**, flying fish; ~**gel**, grand piano; ~**ger**, aviator, airman; (føreren av flyet) pilot; ~**ging**, aviation; ~**kaprer**, hijacker; ~**kapring**, hijacking; ~**plass**, airport; *mil* airfield; ~**vertinne**, air hostess, stewardess.

flykte, run away, fly, flee (unnslippe) escape; ~**ig**, inconstant, transitory; ~**ning**, fugitive, refugee.

flyndre, flounder.

flyte, flow, run; (på vannet) float; ~**dokk**, floating dock; ~**nde**, liquid; (tale) fluent.

flytting, removal; ~**e**, move; ~**ebil**, removal van.

flørt, flirtation; (om person) flirt; ~**e**, flirt.

fløte, *v* float; *s* cream.

fløy, wing.

fløyel, velvet.

fløyte, *s* whistle; *mus* flute; *v* whistle; ~**spiller**, flutist.

flå, flay, skin; *fig* flay, fleece; ~**kjeftet**, flippant.

flåte, fleet; marine; *mil* navy; (tømmer-) float, raft.

FN, UN (United Nations).

fnise; fnising, titter, giggle.

fnugg, (støv-) speck of dust; (snø-) flake.

fnyse, snort.

fold, fold; crease; *agr* fold; ~ **e**, fold.

folk, people; *dt is amr* folk(s); (arbeids-) men, hands; ~ **eavstemning**, plebiscite, referendum; ~ **eferd**, tribe, nation; ~ **elig**, popular; ~ **erik**, populous; ~ **esang**, folksong; ~ **etrygd**, national insurance; ~ **evise**, (ancient) ballad, folksong.

follekniv, clasp-knife; jack-knife.

fomle, fumble.

fond, fund.

fonn, drift of snow.

font, font; ~ **ene**, fountain.

for, *prp* for, to , at, of, etc; *adv* (altfor) too; (med infinitiv) (in order) to; *konj* for.

fôr, (i klær) lining; (til dyr) fodder; forage.

forakt, contempt, scorn,

disdain; ~ **e**, despise, disdain; ~ **elig**, contemptible, despicable; (som viser forakt) contemptuous.

foran, *prp & adv* before, in front of, ahead of; ~ **derlig**, changeable, variable; ~ **dre**, change, alter; ~ **dring**, change, alteration; ~ **ledige;** ~ **ledning**, occasion, cause; ~ **stående**, above; the foregoing.

forarge, scandalize; offend; ~ **lse**, scandal, offence.

for at (so) that, in order that.

forbanne; ~ **lse**, curse; ~ **t**, blasted, (ac)cursed, damned.

forbause, surprise, amaze, astonish; ~ **lse**, surprise, amazement, astonishment.

forbedre, better, improve; ~ **seg**, improve; ~ **ing**, improvement.

forbehold, reservation, reserve; ~ **holde seg**, reserve; ~ **rede**, prepare; ~ **redelse**, preparation; ~ **redende**, preparatory.

forbi, *prp & adv* by, past; ~ **gå**, pass over; ~ **gåel-**

se, neglect; ~**gående,** passing; ~**kjøring,** overtaking.

forbilde, model.

forbind|e, connect, link; (sår) dress, bandage; ~**else,** connection; relation(s); touch; (samferdsel) communication.

forbli, remain, stay.

forblø seg, bleed to death.

forbløffe, amaze, bewilder; ~**lse,** amazement, bewilderment.

forbokstav, initial (letter).

forbrenn|e, burn; ~**ing,** burning; *kjem* combustion.

forbruk, consumption; ~**e,** consume; ~**er,** consumer.

forbryte|lse, crime; ~**r,** criminal; offender.

forbud, prohibition.

forbund, association, league; ~**sfelle,** ally; ~**srepublikken,** the Federal Republic of Germany.

forby, forbid; (ved lov) prohibit , ban.

forbytte, mix up.

forbønn, (gå i ~ for) intercede for.

fordampe, evaporate.

fordel, advantage; ~**aktig,** advantageous; ~**e,** distribute, divide; ~**ing,** distribution.

forderve, *fig* deprave; ~**lse,** depravation.

fordi, because.

fordoble, double; *fig* redouble.

fordom, prejudice; ~**sfri,** unprejudiced, unbias(-s)ed.

fordra, stand, bear, endure.

fordr|e, claim, demand; ~**ing,** claim, demand; ~**ingsfull,** exacting, pretentious; ~**ingsløs,** unpretentious.

fordreie, distort, twist.

fordrive, drive away; (tiden) while away.

fordrukken (foran *s*) drunken; sottish.

fordufte (også *fig)* evaporate.

fordyre, make dearer.

fordømme, condemn; ~**lse,** condemnation.

fordøye, digest; ~**lig,** digestible; ~**lse,** digestion.

fôre, (klær) line; (dyr) feed.

forebygge, prevent.

foredle, refine; ~**ing**, refinement, improvement.
foredrag, lecture, talk; (språkbehandling) diction; *mus* execution; ~**dragsholder**, lecturer; ~**gangsmann**, pioneer; ~**gi**, pretend; ~**gripe**, anticipate; ~**gå**, take place; ~**gående**, preceding; ~**komme**, occur; (synes) seem, appear; ~**kommende**, obliging; ~**komst**, occurrence, existence.
foreldet, obsolete, out of date; (krav) (statute-)-barred.
foreldre, parents; ~**løs**, orphan.
forelegge, place (el put) before, submit; ~**lese**, lecture; ~**leser**, lecturer; ~**lesning**, lecture; ~**ligge**, be, exist.
forelske seg, fall in love; ~**lse**, love; ~**t**, in love (i: with).
foreløpig, provisional, temporary.
forene, unite, combine; ~**ing**, union, association, society, club; ~**kle**, simplify.
foresatt, superior; ~**skrevet**, prescribed;

~**slå**, propose, suggest; ~**speile**, hold out; ~**spørre**, inquire; ~**spørsel**, inquiry; ~**stille**, introduce (for: to); represent; *v* imagine; ~**stilling**, *teat* performance; (begrep) idea; ~**stå**, (lede) manage, be in charge of; (komme) be at hand, approach.
foreta, undertake, make; ~**tagende**, undertaking, enterprise; ~**taksom**, enterprising; ~**teelse**, phenomenon; ~**trede**, audience; ~**trekke**, prefer (for: to); ~**vise**, present; ~**visning**, presentation.
forfall, decay; *fig* decline; *jur* excuse; *merk* (ved ~) when due; **ha** ~, be prevented; ~**e**, decay; *merk* fall due; ~**sdag**, *merk* due date (el day).
forfalske, falsify; forge; ~**ning**, falsification, forgery.
forfatning, (tilstand) state, condition; (stats-) constitution.
forfatte, compose, write; ~**r**, author, writer.

forfedre, forefathers, ancestors; ~**fekte**, defend; ~**fengelig**, vain; ~**fengelighet**, vanity.

forferde, terrify, appal, dismay; ~**lig**, appalling, frightful, terrible, dreadful; ~**lse**, terror, dismay.

forfine, refine.

forfjamselse, confusion; ~**t**, confused.

forfjor, i ~, the year before last.

forflytte, ~**ning**, transfer.

forfra (fra forsiden) from the front; (om igjen) from the beginning.

forfremme, advance, promote; ~**lse**, promotion.

forfriske, refresh; ~**ning**, refreshment.

forfrossen, frozen, chilled; ~**fryse**, freeze; ~**frysning**, frost-bite.

forfølge, pursue; (for å skade) persecute; ~**lse**, pursuit; persecution; ~**r**, puruser; persecutor.

forføre, seduce; ~**lse**, seduction; ~**r**, seducer.

forgangen, bygone, gone by; ~**gasser**, carburettor; ~**gifte**, poison; ~**gjenger**, predecessor; ~**gjeves**, *adj* vain *adv* in vain; ~**glemmegei**, forget-me-not; ~**glemmelse**, oversight; ~**grene seg**, ramify, branch (off); ~**grunn**, foreground; *teat* front of the stage; ~**gude**, idolize; ~**gylle**, gild; ~**gå**, perish; ~**gårs, i ~**, the day before yesterday.

forhale, delay, retard; ~**handle**, negotiate, *merk* deal in, . sell; ~**handling**, negotiation; distribution, sale; ~**haste seg**, be in too great a hurry; ~**hastet**, hurried, hasty; ~**hekse**, bewitch; ~**heng**, curtain; ~**henværende**, former; ~**herde**, harden; ~**herlige**, glorify; ~**herligelse**, glorification; ~**hindre**, prevent; ~**hindring**, hindrance, obstacle; ~**hjul**, front wheel.

forhold (proporsjon) proportion; (forbindelse) relation(s), connection; (omstendighet) fact, circumstances; *mat* ratio; ~**e seg** (gå fram) proceed; **saken** ~**er seg slik**, the fact (of the matter) is this; ~**smessig**, proportional; ~**sre-**

gel, measure; ~ **svis,** comparatively.

forhør, examination; inquiry; ~ **e,** examine; ask; ~ **e seg,** inquire.

forhøye, heighten, raise; (lønn) increase; (pris) raise, increase; ~ **else,** rise, increase; ~ **ning,** rise; (i lokale) platform.

forhånd, (i kort) lead; **på ~,** in advance, beforehand.

forhåpentlig, it is to be hoped; ~ **ning,** hope, expectation; ~ **ningsfull,** hopeful.

fôring, (klær) lining; *mar* ceiling; (av dyr) feeding.

forkaste, reject; ~ **kastelig,** objectionable; ~ **kjemper,** champion, advocate; ~ **kjæle,** spoil; ~ **kjærlighet,** predilection, preference.

forkjøle seg, catch a cold; **jeg er ~ t,** I have a cold; ~ **lse,** cold.

forkjøpet (komme i ~) anticipate.

forkjørsrett, right of way, priority.

forklare, explain; ~ **ing,** explanation; ~ **lig,** explicable.

forkle, *s* apron; *v* disguise; ~ **dning,** disguise.

forkludre, bungle; ~ **korte,** shorten, abridge; (ord) abbreviate; ~ **kortelse,** shortening, abridgment, abbreviation; ~ **kynne,** announce; *jur* serve; *relg* preach; ~ **kynnelse,** announcement, preaching; ~ **lag,** publishing house; ~ **lange,** demand, ask (for), claim.

forlate, leave; (oppgi) abandon; ~ **else,** pardon; **(om ~)** (beg your) pardon, sorry.

forleden (dag), the other day.

forlegen, embarrassed; ~ **enhet,** embarrassment; ~ **ge,** mislay; (utgi) publish; ~ **er,** publisher.

forlenge, lengthen, prolong, extend; ~ **else,** lengthening, prolongation, extension.

forlik, agreement, compromise; ~ **e,** reconcile.

forlis, (ship)wreck; ~ **lise,** be lost *el* wrecked.

forlove seg, become engaged **(med:** to); ~ **de**

(**hans, hennes ~**), his fiancée, her fiancé.

forlystelse, entertainment, amusement.

forløp, (gang) course; **~e** (løpe av) pass off; **~er,** forerunner.

form, form, shape; (støpe-) mould; **~alitet,** formality.

formane, exhort, admonish; **~ing,** exhortation, admonition, warning.

formann (i styre) chairman, *amr* president; (i forening) president; arbeids-) foreman.

formasjon, formation; **~at,** size; **~e,** form, shape; **~el,** formula; **~elig,** *adv* actually, positively; **~ell,** formal; **~ere seg,** breed, multiply, propagate; **~ering,** breeding, multiplication, propagation.

formiddag, morning; **~milde,** (lindre) alleviate; (bløtgjøre) mollify; **~mildende omstendighet,** extenuating circumstance; **~minske,** reduce, decrease, diminish.

formlære, accidence;

~løs, formless, irregular.

formode, suppose, presume; **~entlig,** probably, presumably; **~ning,** supposition.

formsak, matter of form.

formue, fortune; (eiendom) property; **~nde,** wealthy, well off; **~skatt,** property tax:

formular, form; **~ere,** formulate; word; **~ering,** formulation.

formynder, guardian.

formørke, darken; eclipse; **~lse,** (sol, måne) eclipse.

formål, purpose, object.

fornavn, Christian *el* first name, forename.

fornem, distinguished; **~het,** distinction, gentility; **~me,** feel; **~melse,** feeling.

fornuft, reason; **sunn ~,** common sense; **~ig,** reasonable, sensible.

fornye, renew; **~lse,** renewal.

fornærme, offend, insult; **~lse,** insult.

fornøyd, satisfied, pleased, content(ed); **~elig,** amusing, delightful; **~else,** pleasure; (forlystelse) entertainment, amusement.

forord, preface, foreword; ~ **ordne**, ordain, order; *med* prescribe; ~ **ordning**, ordinance, decree; ~ **over**, forward, ahead.

forpakte, farm, rent; ~ **pakter**, tenant (farmer); ~ **peste**, infect; ~ **plante (seg)**, propagate; ~ **plantning**, propagation; ~ **pleining** (kost), board; ~ **plikte seg**, engage (oneself), bind oneself; ~ **pliktelse**, obligation, engagement; ~ **pliktende**, binding; ~ **pliktet**, obliged, bound; ~ **post**, outpost; ~ **purre**, frustrate, foil.

forrang, precedence; ~ **regne seg**, miscalculate; ~ **rente**, pay interest on.

forrest, foremost; ~ **en**, (apropos), by the way; (dessuten) besides.

forretning, business; (butikk) shop; ~ **sbrev**, business (*el* commercial) letter; ~ **sforbindelse**, business connection; ~ **slokale(r)**, business premises; ~ **smann**, bu-

siness man; ~ **smessig**, businesslike; ~ **sreise**, business trip.

forrett, (mat) entrée, first course.

forrige, last; previous.

forrykke, displace; *fig* disturb; ~ **rykt**, crazy; ~ **ræder**, traitor (**mot**: to); ~ **ræderi**, treachery; (lands-) treason; ~ **rædersk**, treacherous; ~ **råd**, supply, store; ~ **råde**, betray; ~ **råtne**, rot, putrefy; ~ **råtnelse**, putrefaction.

forsagt, timid, diffident.

forsalg (billetter) advance booking.

forsamling, assembly.

forseelse, offence; ~ **segle**, seal (up); ~ **sendelse**, forwarding; (vareparti) consignment; ~ **sere**, force; ~ **sete**, front seat; ~ **sett**, purpose; ~ **settlig**, intentional; ~ **side**, front; (mynt o.l.) face.

forsikre, assure; (assurere) insure; ~ **ing**, assurance; insurance; ~ **ingspolise**, insurance policy; ~ **ingspremie**, insurance premium; ~ **ingsselskap**, insurance company.

forsiktig, (varsom) careful; (ved fare) cautious; ~**het,** care; caution.

forsinke; ~**sinkelse,** delay; ~**skanse,** entrench, barricade; ~**skansning,** entrenchment, barricade.

forske, forskning, research; ~**r,** researcher, research worker.

forskjell, difference; distinction; ~**ig,** different; (atskillige) various.

forskrekke, frighten; ~**lse,** fright.

forskrudd, eccentric; ~**skudd,** advance; ~**skuddsvis,** in advance; ~**skyve,** displace, shift; ~**slag,** proposal, suggestion; motion; ~**slitt,** hackneyed.

forsmak, foretaste; ~**smedelig,** disgraceful; ~**små,** refuse; ~**snakke seg,** make a slip of the tongue; ~**snevring,** contraction; ~**sommer,** early summer; ~**sone,** reconcile, conciliate; ~**soning,** (re)conciliation; ~**sorg,** (understøttelse) poor relief; ~**sove seg,** oversleep (oneself); ~**sovelse,** oversleeping.

forspill, prelude; ~**e,** forfeit; throw away.

forspise seg, overeat (oneself); ~**sprang,** start, lead; ~**stad,** suburb.

forstand, (fornuft) reason, sense; ~**er,** principal, director; ~**ig,** sensible.

forstavelse, prefix; ~**stavn,** stem, prow; ~**steine,** petrify; ~**sterke,** strengthen, reinforce, fortify; ~**sterker,** *rad* amplifier; ~**sterkning,** strengthening; reinforcement.

forstmann, forester.

forstoppelse *med* constipation; ~**stue,** *v* strain, sprain; *v mar* shift; ~**stumme,** become silent.

forstyrre, disturb; (bry) trouble; ~**lse,** disturbance, trouble.

forstørre, magnify; *fotogr* enlarge; ~**lse,** magnification; enlargement; ~**lsesglass,** magnifying glass.

forstå, understand; see; ~**else,** understanding.

forsvar, defence; ~**e,** defend; ~**er** *jur* counsel

for the defence; ~**lig** (berettiget) justifiable; (sikker) secure; ~**sløs**, defenceless.

forsvinne, disappear, vanish; ~**syn**, providence; ~**syne**, supply, provide; (~ **seg**, ved bordet) help oneself (**med:** to); ~**syning**, supply; ~**søk**, attempt (**på:** at); (prøve) test, trial; ~**søke**, try, attempt; ~**sømme**; ~**sømmelse**, neglect; ~**sørge**, provide for, support; ~**sørger**, supporter.

fort, s fort; adv quickly, fast.

fortau, pavement; amr sidewalk; ~**skant**, kerb, curb.

fortegnelse, list, catalogue, record.

fortelle, tell; ~**telling**, story; ~**teppe**, curtain; ~**tid**, past; ~**tie**, conceal (**for:** from); ~**tinne**, tin.

fortjene, deserve; ~**este**, profit; ~**t**, worthy (**til:** of).

fortløpende, consecutive.

fortolke, interpret; ~**tolkning**, interpretation; ~**tolle**, pay duty

on, clear; declare; ~**treffelig**, excellent; ~**trenge**, supplant, supersede.

fortrinn, preference; (fordel) advantage; ~**svis**, preferably, by preference.

fortrolig, confidential; ~**het**, confidence.

fortropp, van(guard).

fortrylle, charm, fascinate; ~**lse**, charm, fascination.

fortsette, continue, go on, carry on; ~**lse**, continuation.

fortumlet, confused.

fortvile; ~**lse**, despair; ~**t**, desperate; in despair.

fortynne, dilute; ~**tære**, consume; ~**tørnet**, exasperated; ~**tøye**, moor, make fast; ~**tøyning**, mooring.

forulempe, molest; (plage) annoy; ~**lykke**, be lost, perish; be wrecked.

forunderlig, strange, odd; ~**re**, surprise; ~**ring**, surprise.

forurense, pollute; ~**ning**, pollution.

forut, in advance, ahead; mar forward; ~**anelse**,

presentiment; ~ **be-stemt**, predeterminate; ~ **bestille**, book in advance; ~ **en**, besides; ~ **inntatt**, predisposed, prejudiced; ~ **satt at**, provided (that); ~ **se**, foresee; ~ **setning**, condition, understanding; ~ **sette**, assume, (pre)suppose, take for granted; ~ **si**, foretell, predict.

forvalte, administer, manage; ~ **er**, steward, manager; ~ **ning**, administration, management.

forvandle, transform, change; ~ **ing**, transformation.

forvanske, distort, misrepresent; ~ **varing**, keeping, custody; charge; ~ **veien: i** ~, beforehand, in advance; ~ **veksle**, mistake (**med** for); ~ **veksling**, confusion, mistake; ~ **vent-ning**, expectation, anticipation; ~ **vikling**, complication; ~ **virre**, confuse; ~ **virring**, confusion; ~ **vise**, banish, exile; ~ **visning**, banishment; exile; ~ **visse seg om**, make sure of; ascer-

tain; ~ **vissning**, assurance; ~ **vitre**, disintegrate; ~ **vitring**, disintegration; ~ **vrenge**, distort, twist; ~ **vrengning**, distortion; ~ **vridd**, distorted; ~ **værelse** antechamber *el* -room.

forårsake, cause, occasion.

fosfor, phosphorus.

foss, waterfall, cataract; ~ **e**, gush.

fossil, fossil.

foster, fetus; embryo; ~ **fordrivelse**, feticide, criminal abortion; ~ **foreldre**, foster-parents.

fostre, rear; *fig* breed.

fot, foot; (bord) leg; (glass) stem; (mast) heel; **på stående** ~, offhand; **stå på en god** ~ **med**, be on good terms with; ~ **ball**, football; ~ **ballbane**, football ground; ~ **ballkamp**, football match; ~ **efar**, footprint; ~ **feste**, footing; ~ **gjenger**, pedestrian; ~ **gjengerovergang**, zebra *(el* pedestrian crossing; ~ **note**, footnote.

fotoapparat, camera;

~ **forretning,** camera shop; ~ **graf,** photographer; photograph; ~ **grafering,** photography; ~ **grafi,** photo(graph); ~ **kopi,** ~ **kopiere,** photocopy; ~ **stat,** photostat (copy).

fotspor, footprint; ~ **trinn,** footstep; ~ **tøy,** footwear.

fra, from; ~ **be seg,** deprecate, decline; ~ **drag,** deduction; ~ **fall,** drop-out; ~ **flytte,** leave.

frakk, (over)coat; ~ **eskjøt,** coattail.

fraksjon, section, wing.

frakt (avgift båt, fly) freight; *(jernb,* bil) carriage; (varer båt) cargo; ~ **brev,** *mar* bill of lading; *jernb* consignment note; *amr* freight bill; ~ **e,** carry, freight; ~ **gods,** goods.

fralegge seg (ansvar) disclaim, deny.

fram, forward, on (se også **frem-**); ~ **for,** before; in preference to; ~ **for alt,** above all; ~ **gang,** progress; ~ **gangsmåte,** procedure, course; ~ **komstmiddel,** con-

veyance; ~ **møte,** attendance; ~ **over,** forward, ahead; ~ **steg,** progress; ~ **støt,** drive, push; ~ **tid,** future; ~ **tidig,** future.

frankere, stamp.

Frankrike, France.

fransk, French, ~ **mann,** Frenchman.

fraråde, advise against, dissuade.

frase, empty phrase; ~ **r,** cant.

frasi seg, renounce, resign; ~ **skilt,** divorced.

frata, deprive of; ~ **tre,** retire from.

fravike, deviate from; ~ **vær,** absence; ~ **værende,** absent.

fredag, Friday.

fred, peace; ~ **e,** preserve, protect; ~ **elig,** peaceful; ~ **løs,** outlaw; ~ **ning,** protection; ~ **sommelig,** peaceable.

fregatt, frigate.

fregne, freckle.

frekk, impudent, cheeky; ~ **het,** impudence, face.

frekvens, frequency.

frelse, *s* rescue; *relg* salvation; *v* save, rescue; ~ **r,** saver, rescuer; *relg* Saviour; ~ **sarméen,** the Salvation Army.

frem|ad, forward, onward; ~ **bringe,** produce; ~ **by,** offer.

fremdeles, still.

fremgå, appear **(av:** from).

frem|herskende, predominant; ~ **heve,** stress, emphasize; ~ **holde,** point out.

fremkalle, *teat* call before the curtain; (forårsake) cause, bring about; *fotogr* develop.

fremlegge, present, produce.

fremleie, *s* subletting.

fremme, further, promote, advance; ~ **lig,** forward.

fremmed, *adj* strange; (utenlandsk) foreign; *s* stranger; foreigner; *jur* alien; ~ **arbeider,** foreign worker.

frem|ragende, prominent, eminent; ~ **sette,** put forward.

frem|skritt, progress; ~ **skynde,** hasten, expedite.

fremst, *adj* front; foremost; *adv* in front; **først og** ~, primarily, first of all.

frem|stille (lage) produce, make; (avbilde) represent; (rolle) personate; (skildre) describe; ~ **stilling** (fabrikasjon) production; (rolle) impersonation; (redegjørelse) account; ~ **stående,** prominent.

frem|toning, phenomenon, appearance; ~ **tredende,** prominent, outstanding.

frese, (sprake) crackle; (sprute) sputter; (visle) hiss.

fresko, fresco.

fri, *adj* free; **i det** ~, in the open (air); *v* (beile) propose; ~ **dag,** holiday, day off; ~ **er,** suitor; ~ **eri,** proposal; ~ **finne,** acquit **(for:** of); ~ **finnelse,** acquittal; ~ **gi,** ~ **gjøre** set free, release; ~ **gjørelse,** release, liberation; emancipation; ~ **handel,** free trade; ~ **havn,** free port; ~ **het,** freedom, liberty; ~ **idrett,** athletics; ~ **idrettsmann,** athlete.

frikjenne, acquit **(for:** of).

fri|kvarter, break, recess; ~ **land,** open ground.

fri|luftsliv, outdoor life; ~ **merke,** (postage)

stamp; ~**modig**, frank, open; ~**murer**, freemason.

friserdame, hairdresser.

frisk, fresh; (sunn) healthy, in good health, well; (fersk, ny) fresh; ~**e opp**, (kunnskaper) brush up; ~**ne til**, recover; (om vind) freshen.

frispark, free kick.

frist, respite; dead-line; ~**e**, (lide) experience; (føre i fristelse) tempt; ~**else**, temptation.

frisyre, style of dressing the hair; ~**ør**, hairdresser.

frita, exempt; ~**tenker**, freethinker; ~**tid**, leisure (time), spare time.

fritt, *adv* freely; (gratis) free (of charge).

frivakt, off-duty watch; **ha ~vakt**, be off duty; *adj* voluntary; *s* volunteer.

frodig, luxuriant; ~**het**, luxuriance.

frokost, breakfast.

from, pious; mild; ~**het**, piety.

front, front; ~**glass**, windscreen; ~**lys**, headlight.

frossen, frozen; ~**t**, frost.

frosk, frog; ~**emann**, frogman.

frottere, rub.

fru, Mrs.; ~**e**, (hustru) wife; (gift kvinne) married woman.

frukt, fruit; *fig* product; ~**avl**, fruit growing; ~**bar**, fertile; (fruktbringende) fruitful; ~**barhet**, fertility; ~**hage**, orchard; ~**handler**, fruiterer; ~**saft**, fruit juice; ~**sommelig**, pregnant, with child; ~**sommelighet**, pregnancy.

frustrert, frustrated.

fryd, joy, delight; ~**e**, gladden; rejoice; ~**efull**, joyful, joyous.

frykt, fear, dread.; ~**e**, fear, dread, be afraid of; ~**elig**, fearful, dreadful; ~**inngytende**, terrifying.

frynse, fringe.

fryse, freeze; (om person) be cold, freeze; ~**boks**, freezer; (dypfryser) deep-freeze; ~**punkt**, freezing point; ~**ri**, cold storage plant.

frø, seed.

frøken, unmarried woman; (tittel) Miss.

fråde, *s & v* froth, foam.

fråtse, gormandize; ~ **i,** *fig* revel in; ~**ri,** gluttony.

fugl, bird; ~**eskremsel,** scarecrow.

fukte, wet, moisten; ~**ig,** damp, moist; ~**ighet,** dampness, moisture.

full, full; (~**stendig**) complete; (beruset) drunk; **drikke seg** ~, get drunk; ~**t,** fully, quite; ~**blods,** thoroughbred; ~**ende,** complete; ~**endt,** perfect; ~**føre,** carry through, complete; ~**kommen,** perfect; ~**kommenhet,** perfection; ~**makt,** authority; ~**mektig,** confidential (*el* head) clerk; ~**måne,** full moon; ~**stendig,** complete.

fundament, foundation, basis; ~**al,** fundamental.

fundere, found; *merk* fund; (gruble) muse; ~**ing,** foundation; musing; reflection.

fungere, function; ~**nde,** acting.

funksjon, function; ~**ær,** employee; (offentlig) civil servant.

funn, find, discovery.

fure, *agr* furrow; (rynke) wrinkle; *v* furrow; line.

furte, sulk; ~**n,** sulky.

furu, pine; (materialet) deal.

fusjon *merk* merger, amalgamation.

fusk, cheating; ~**e,** cheat.

futteral, case, cover.

futurum, the future (tense).

fy! fie!

fyke (snø, sand), drift.

fylde, plenty, abundance; ~**estgjørende,** satisfactory; ~**ig,** plump; complete; (om vin) full-bodied.

fylke, county.

fyll, (i mat) stuffing; (drikking) drinking; ~**e,** fill; stuff; ~**ebøtte,** guzzler; boozer; ~**epenn,** fountain pen.

fyr, (om person) fellow, chap; (ild) fire; (lys) light; ~**bøter,** stoker; ~**e,** fire, heat; ~**ig,** fiery.

fyrste, prince; ~**edømme,** principality; ~**inne,** princess.

fyrstikk, match; ~**stikkeske**, match-box; ~**tårn**, lighthouse; ~**verkeri**, fireworks; ~**vokter**, lighthousekeeper.

fysiker, physicist; ~**k**, *sc* physics; (konstitusjon) physique.

fysisk, physical.

fæl, horrible, hideous, awful.

færre, fewer; ~**est**, fewest.

fø, feed; ~**de** *s* food; *v* bear; give birth to; ~**dt**, born; ~**deby**, native town; ~**dsel**, birth; ~**dselsdag**, birthday; ~**dselsår**, year of birth; ~**flekk**, mole, birthmark.

følbar, tangible; ~**e** (**seg**), feel; ~**ehorn**, feelers, antenna; ~**else**, feeling; (fornemmelse) sensation; (sinnsbevegelse) emotion; (sansen) touch; ~**elsesløs**, unfeeling, callous.

følge, *v* (~ **etter**) follow; (**etter** ~) succeed; (ledsage) accompany; *s* (**rekke** ~) succession; (resultat) result, consequence; (selskap) company; ~**lig**, consequent-ly, accordingly; ~**nde**, the following.

føling, touch.

føljetong, serial.

føll, foal; (hingst) colt; (hoppe) filly.

følsom, sensitive.

før, *prp* before, prior to; *adv* before, previously; *konj* before; ~**e**, *v* carry; (lede) lead, conduct; (en vare) stock, keep; *amr* carry; (bøker) keep; *s* (state of) the roads; ~**er**, leader; (veiviser) guide; *mar* master; (fly) pilot; ~**erkort**, driving *(el* driver's) licence; ~**historisk**, pre-historic; ~**krigs**, pre-war.

først, *adv* first; ~**e**, first; ~**ehjelp**, first aid; ~**eklasses**, first-class; ~**kommende**, next; ~**nevnte**, the first mentioned; (av to) the former.

førti, forty.

føye, (rette seg etter) humour, please; ~ **sammen**, join, unite; ~ **til**, add; ~**lig**, compliant.

få, *v* get, receive, obtain; have; *adj* few; ~**fengt**,

futile, vain; ~**mælt**, reticent.
fårehund, shepherd's dog; (skotsk) collie;

~**kjøtt**, mutton; ~**kotelett**, mutton chop.
fåtall, minority; ~**ig**, few in number.

G

gaffel, fork; *mar* crotch.
gagn, benefit, good; ~**e**, benefit, be of advantage to; ~**lig**, advantageous, useful.
gal, mad, crazy; (feil) wrong; **bli** ~, go mad.
galant, polite; (mot damer) gallant.
gale, crow.
galge, gallows.
galla(antrekk), full dress.
galle, gall, bile; ~**blære** gall-bladder; ~**stein**, gall-stone; ~**syk**, bilious.
galleri, gallery.
gallionsfigur, figure head.
gallupundersøkelse, Gallup poll, public opinion poll.
galopp; ~**ere**, gallop.
galskap, madness.
galvanisere, galvanize.
gamasjer, gaiters; leggings.
gamlehjem, old people's home.

gammel, old; **(fra ~ tid)**; ancient; ~**dags**, old-fashioned.
gane, *s* palate; *v* gut.
gang (om tid) time; (forløp) course; (gåing) walk; (korridor) corridor; ~**bar**, current.
ganske, quite, fairly, pretty; ~ **visst**, certainly.
gap, gap, opening; ~**e**, gape, yawn; ~**estokk**, pillory.
garantere, ~**i**, guarantee.
garasje, garage.
garde, guard(s); ~**robe**, *(teat* og restaurant) cloakroom; (klær) wardrobe; ~ ~**dame**, ~ ~**vakt**, cloakroom attendant.
gardin, curtain; ~**trapp**, step-ladder.
garn, yarn, thread, cotton; (fiske-) net.
garnison, garrison.
garnnøste, ball of yarn.

gartner, gardener; ~**i,** market garden.

garve, tan; ~**r,** tanner; ~**ri,** tannery.

gas (tøy), gauze.

gasje, salary; se *lønn.*

gass, gas; ~**bluss,** gas-jet; ~**maske,** gas mask; ~**verk,** gas-works.

gast, man, hand.

gate, street; ~**dør,** street-door; ~**pike,** pro-stitute; ~**stein,** paving stone.

gauk, cuckoo.

gaule, howl.

gave, gift; donation; pre-sent; (natur-) talent, gift.

gavmild, liberal, open-handed.

geberde, gesture.

gebiss (set of) false teeth, denture.

gebyr, fee, charge.

gehør, ear.

geip, grimace.

geistlig, clerical, eccle-siastical; ~**het,** clergy.

geit, goat; ~**ost,** goat's cheese.

gelé, jelly.

geledd, rank; (i dybden) file.

gelender, banister, rai-ling.

gemytt, temper, disposi-tion; ~**lig,** pleasant; ge-nial.

general, general; ~**direk-tør,** director-general; ~**forsamling,** general meeting; ~**isere,** gene-ralize; ~**isering,** genera-lization; ~**konsul,** con-sul-general; ~**sekretær,** secretary-general.

generasjon, generation.

generell, general.

Genève, Geneva.

geni, genius; ~**al,** of ge-nius; ingenious.

genitiv, the genitive (case).

genre, style, line, man-ner.

genser, sweater, pull-over.

geografi, geography; ~**logi,** geology; ~**met-ri,** geometry.

germansk, Germanic, Teutonic.

gesims, cornice.

geskjeftig, fussy, bust-ling.

gestikulere, gesticulate.

getto, ghetto.

gevinst, profit, gains; (i lotteri) prize; (i spill) winnings.

gevær (jakt ~), gun; (mi-litær ~), rifle; ~**kule,** bullet.

gi, give; (kort) deal.

gift, *adj* married (**med:** to**);** *s* poison; ~**e seg,** get married, marry; ~**ermål,** marriage; ~**ig,** poisonous.

gigant, giant; ~**isk,** gigantic.

gikt, rheumatism; gout.

gild, fine; (om farge) gaudy; ~**e,** feast, banquet.

gips, gypsum; (brent) plaster; ~**e,** plaster.

gir; ~**e,** gear; ~**stang,** gear lever.

girere (overføre) transfer; endorse; ~**o,** giro; ~**onummer,** giro number.

gisp; ~**e,** gasp.

gissel, hostage.

gitar, guitar.

gitter, railing; grating.

gjalle, resound.

gjedde, pike.

gjel, gully, ravine.

gjeld, debt; ~**e,** (angå) apply to, concern; (være gyldig) be valid, hold good, apply; (kastrere) geld, castrate; ~**ende,** *jur* in force; **gjøre** ~**ende,** maintain; advance; ~**sbevis;** ~**sbrev,** I.O.U.; (obligasjon) bond.

gjelle (fiske-), gill.

gjemme, *v* hide, conceal; ~**sted,** hidingplace.

gjemsel, (lek) hide-and-seek.

gjendrive, refute; ~**ferd,** apparition, ghost; ~**fortelle,** retell; ~**fortelling,** reproduction.

gjeng, gang; (klikk) set.

gjenge, (på skrue) thread, groove; (lås-) ward; (gang) course, progress.

gjengi, render; ~**velse** (redegjørelse) account; (oversettelse) rendering.

gjengjeld, return; ~**e,** return, repay.

gjengs, current; prevalent.

gjenkjenne, recognize; ~**kjennelse,** recognition; ~**klang,** echo; ~**levende,** surviving; survivor; ~**lyd;** ~**lyde,** echo.

gjennom, *prp* through; ~**bore,** pierce; ~**brudd,** breaking through; *fig* awakening; ~**fart,** passage; ~**føre,** carry through, accomplish; ~**gang,** passage, thoroughfare; ~**gangsbillett,** through ticket; ~**gripende,** thorough, radical; ~**gå,** go through, examine; (et kurs) take; ~**gående,** *adv* generally; ~**kjørsel forbudt,** no thoroughfare; ~**reise,** journey through; transit; **han var her på** ~**reise,** he was passing through here; ~**siktig,** transparent; ~**siktighet,** transparency; ~**skue,** see through; ~**slag** (kopi) (carbon) copy; ~**snitt,** average; ~**snittlig,** average; *adv* on an average; ~**stekt,** (well) done; ~**syn,** inspection; ~**trekk,** draught; ~**trenge,** penetrate; pierce; ~**trengende,** piercing; ~**våt,** wet through, drenched, soaked.

gjenopplbygge, rebuild; ~**bygging,** reconstruction; ~**live,** revive; ~**rette,** re-establish, restore; ~**rettelse,** re-establishment, restoration; ~**ta,** resume.

gjenpart, copy, duplicate.

gjenlsidig, mutual, reciprocal; ~**skinn,** reflection; ~**speile,** reflect, mirror; ~**stand,** object; thing; (emne) subject,

~**stridig;** refractory; obstinate, stubborn; ~**syn: på** ~, see you again tomorrow, next week! *etc;* so long!

gjenta, repeat; ~**gelse,** repetition; ~**tte ganger,** repeatedly.

gjenlvelge, re-elect; ~**vinne,** regain, recover.

gjerde, fence; ~ **inn,** fence in.

gjernle, willingly, gladly; **(jeg vil(le)** ~**)** I should like to; ~**ing,** deed, act, action.

gjerrig, stingy, mean.

gjesp; ~**e,** yawn.

gjest, guest; visitor; ~**e,** visit; ~**fri,** hospitable; ~**frihet,** hospitality.

gjete, herd, tend; ~**r,** herdsman; **(saue ~),** shepherd.

gjet|ning, guess(work); ~**te,** guess **(på:** at).

gjær, yeast; ~**e,** *v* ferment; *s* **i** ~**e,** brewing, in the wind; ~**ing,** fermentation.

gjø, bark, bay; ~**(de),** fatten.

gjødslel, manure; **(kunst ~)** fertilizer; ~**le,** manure; fertilize.

gjøgle, juggle; ~**r,** juggler.

gjøkalv, fatted calf.

gjøn, fun; **drive** ~, make fun (**med:** of).

gjøre, do; make; ~**mål,** business, duties.

gjørlig, practicable, feasible.

gjørme, mud, mire; ~**t,** muddy.

glad, glad, happy, pleased.

glane, stare, gape (**på:** at).

glans, splendour; lustre; (på tøy) gloss; (politur) polish; ~**bilde,** glossy picture.

glasere; glasur, glaze.

glass, glass; ~**maleri,** stained glass; ~**mester,** glazier; ~**rute,** pane of glass.

glatt, smooth; (som man glir på) slippery.

glede, s joy, delight, pleasure; v please, gladden; vr rejoice; (til) look forward to; ~**lig,** pleasant, gratifying; ~**lig jul,** a merry Christmas.

glemme, v forget; (~ **igjen**) leave; ~**sel,** oblivion; ~**som,** forgetful; ~**somhet,** forgetfulness.

gli, s: **få på** ~, set going; v slip; glide; slide; ~**de**-

flukt, volplane; ~**delås,** zip(per); ~**deskala,** sliding scale.

glimre, glitter, glisten; fig shine; ~**rende,** brilliant; splendid; ~**t,** gleam; (flyktig blikk) glimpse; (lyn) flash; ~**te,** gleam; flash.

glinse, glisten, shine.

glipp: gå ~ **av,** miss, lose; ~**e,** fail; (med øynene) blink, wink.

glis; ~**e,** grin.

glitre; ~**ing,** glitter.

glo, s live coal; pl embers; v stare, gape (**på:** at).

globus, globe.

gloende, red-hot; ~**rete;** gaudy.

glorie, glory, halo.

glose, word; ~**bok,** notebook; ~**forråd,** vocabulary.

glugge, hole, aperture.

glupsk, greedy, voracious.

glød, fig glow, ardour; ~**e,** glow; ~**ende,** red-hot; glowing; fig ardent.

gløgg, shrewd, bright, smart.

gløtt, peep, gleam; **på´** ~, ajar.

gnage, gnaw; (ved gnidning) fret, chafe; ~r, rodent.

gni, rub; ~**dning,** rubbing, friction; ~**er,** miser; ~**eraktig,** niggardly, stingy.

gnist, spark; ~**re,** sparkle.

gnål, (mas) nagging; ~**e,** nag, harp on one string.

god, good; (snill) kind; **vær så ~,** (if you) please; (tilbydende) there it is; help yourself; ~**artet,** mild; ~**bit,** titbit; ~**e,** s good, benefit; til ~**e,** due; ~**het,** goodness; kindness; ~**kjenne,** sanction, approve (of); ~**kjennelse,** approval; ~**modig,** good-natured.

gods, (varer) goods; (jord) estate, ~**eier,** land-owner, landed proprietor; ~**ekspedisjon,** goods office.

godskrive, credit; ~**slig,** good-natured; ~**snakke med,** coax.

godstog, goods train; amr freight train; ~**vogn,** (åpen) truck; (goods)wag(g)on; amr freight car; (lukket) van.

godt, adv well.

godta, accept.

godtgjøre, (erstatte), compensate, make good; ~**lse,** compensation.

godtroende, credulous; ~**troenhet,** credulity; ~**vilje,** good will.

gold, barren, sterile.

golf, gulf; (spill) golf; ~**bane,** golf links; ~**strømmen,** the Gulf Stream.

golv, floor; ~**teppe,** carpet.

gondol, gondola.

gongong, gong.

gorilla, gorilla.

gotisk, Gothic.

grad, degree; (rang) rank, grade; ~**sforskjell,** difference in degree; ~**vis,** gradual.

grafikk, prints, graphic art; ~**sk,** graphic(al).

gram, gram, gramme.

grammatikk, grammar; ~**isk,** grammatical.

grammofon, gramophone; ~**plate,** (gramophone)record.

gran, spruce.

granat, mil shell; **(hånd ~)** (hand)grenade; (edelstein) garnet.

granitt, granite.

granske, inquire into,

scrutinize; ~ **ing,** inquiry, scrutiny.
gras, grass; ~ **klipper,** lawn-mower; ~ **rota** the grassroots *pl.*
grasiøs, graceful.
gratiale, gratuity, bonus.
gratis, free (of charge), gratis.
gratulasjon, congratulation; ~ **ere,** congratulate **(med:** on).
grav, pit; (for døde) grave, tomb; (festnings-) moat; ~ **e,** dig; ~ **e ned,** bury; ~ **emaskin,** excavator; ~ **er,** sexton; ~ **ere,** engrave; ~ **erende,** grave; ~ **haug,** grave-mound; barrow.
gravid, pregnant.
gravitasjon, gravitation.
gravkapell, mortuary; ~ **legge,** entomb, bury; ~ **lund,** cemetery, graveyard; ~ **skrift,** epitaph; ~ **stein,** tombstone; ~ **ør,** engraver.
grei, (tydelig) clear, plain; (lett) easy; ~ **e,** (klare) manage, succeed in; (kjemme) comb; (ordne) arrange; put straight.
grein, branch; (større på tre) bough.

greip, (dung)fork.
Grekenland, Greece; ~ **er,** Greek.
grell, garish, gaudy.
gremme seg, grieve, ~ **lse,** grief, vexation.
grense, *s* frontier, border; *fig* limit; ~ **til,** *v* border on; ~ **land,** borderland, ~ **løs,** boundless.
grep, grasp, grip, hold.
gresk, Greek.
gress, grass; ~ **enke,** grass-widow; ~ **kar,** pumpkin.
gretten, cross, peevish.
greve, count; *eng* earl; ~ **inne,** countess.
grevling, badger.
gribb, vulture.
grill; grille, grill.
grimase, grimace.
grind, gate.
grine, (gråte) weep, cry; (være gretten) grumble, fret; ~ **biter,** grumbler.
gripe, catch, seize; grasp; *fig* grip; ~ **an,** go about; ~ **nde,** touching, impressive.
gris, pig; ~ **e til,** foul; ~ **ebinge,** pigsty; ~ **eri,** filth; ~ **et,** dirty; ~ **unge,** piglet.
grisk, greedy **(etter:** for, of); ~ **het,** greed(iness).

grissen, sparse, scattered.
gro, grow; ~ **bunn,** soil.
grop, cavity, hollow.
gros: en ~, wholesale;
~ **s,** gross; ~ **serer,**
~ **sist,** wholesaler, mer-
chant.
grotesk, grotesque.
grotte, grotto.
grov, coarse; rough;
gross; (uhøflig) rude; ~
feil, bad *(el* gross) mis-
take; ~ **het,** coarseness;
grossness; ~ **kornet,**
coarse-grained; ~ **smed,**
blacksmith.
gruble, muse, brood.
grue for, dread; ~ **e,** *s*
hearth, fire-place;
~ **elig,** horrible, shock-
ing.
grumset, muddy, thick.
grundig, thorough; ~ **het,**
thoroughness.
grunn, (fornuftsgrunn)
reason **(til:** for); (årsak)
cause **(til:** of); (bunn)
ground, bottom; **på ~**
av, owing to, because
of; *adj* shallow; ~ **e,** *s*
bank, shoal; *v* ground,
found; ~ **fjell,** bedrock;
~ **lag,** basis, founda-
tion; ~ **legge,** found,
establish; ~ **leggelse,**
foundation, establish-

ment; ~ **legger,** foun-
der; ~ **lov,** constitution;
~ **lønn,** basic salary;
~ **stein,** foundation
stone, ~ **stoff,** element;
~ **støte,** run aground,
ground; ~ **tone,** key-
note; ~ **vann,** ground
water; ~ **voll,** founda-
tion, basis.
gruppe; ~ **re seg,** group.
grus, gravel; ~ **tak,** gra-
vel-pit.
grusom, cruel; ~ **het,**
cruelty.
grut, grounds *pl.*
gruve, mine; ~ **arbeider,**
miner; ~ **drift,** mining.
gry, *c & s* dawn.
gryn, grain; (havre-)
groats *pl.*
grynt; ~ **e,** grunt.
gryte, pot.
grøde, crop.
grøft; ~ **e,** ditch.
Grønland, Greenland.
grønn, green; ~ **saker,**
vegetables; ~ **såpe,** soft
soap.
grøsse, shudder, thrill.
grøt, porridge.
grå, gray, grey.
grådig, greedy, vora-
cious; ~ **het,** greed(i-
ness).

gråne, turn gray; ~**sprengt,** grizzled.

gråt, weeping; ~**e,** cry, weep.

gud, God; ~**barn,** godchild; ~**dom,** deity, divinity; ~**dommelig,** divine; ~**ebilde,** idol; ~**far,** godfather; ~**fryktig,** godly, pious; ~**fryktighet,** godliness, piety; ~**sbespottelig,** blasphemous; ~**sbespottelse,** blasphemy; ~**stjeneste,** (divine) service.

gufs, gust.

gul, yellow; ~**rot,** carrot.

gull, gold; ~**alder,** golden age; ~**bryllup,** golden wedding; ~**gruve,** gold-mine; ~**medalje,** gold medal; ~**smed,** jeweller, gold-smith.

gulne, turn yellow.

gulsott, jaundice.

gulv, floor; ~**teppe,** carpet.

gummi, rubber; (lim) gum; ~**strikk,** rubber (el elastic) band.

gunst; ~**bevisning,** favour; ~**ig,** favourable.

gurgle, gargle.

gusten, sallow, wan.

gutt, boy, lad; ~**aktig,** boyish.

guvernante, governess.

guvernør, governor.

gyldig, valid; ~**het,** validity.

gyllen, golden.

gymnas, grammar school.

gymnastikk, gymnastics, physical exercises.

gynge, v swing, rock; s swing; ~**hest,** rocking horse.

gys; ~**e,** shudder; ~**elig,** horrible; ~**elighet,** horror.

gyte, (fisk) spawn.

gå, go; (spasere) walk; (avgå) leave; (om maskiner) work; det ~**r an,** it will do; ~ **etter,** (hente) go for; (rette seg etter) go by; ~ **fra,** leave; ~ **framover,** (make) progress; ~ **igjen,** reappear, haunt; ~ **ned,** ast set; ~ **opp,** ast, teat, merk rise; ~ **over,** cross, go over; ~ **på,** go ahead.

gågate, pedestrian street.

gård, (på landet) farm; (i byen) house; (gårdsplass) (court)yard; ~**bruker,** farmer.

gås, goose *(pl* geese); ~**egang,** single file; ~**eøyne,** quotation marks; ~**unge,** gosling.

gåte, riddle, puzzle; ~**full,** enigmatic; puzzling.

H

ha, have.

Haag, the Hague.

habil, competent, efficient.

hage, garden; (frukt-) orchard; ~**bruk,** gardening.

hagl, hail; (et) hailstone; (til skyting) shot; ~**børse,** fowling-piece, shotgun; ~**e,** hail.

hai, shark.

haike, hitch-hike.

hake, (krok) hook; *fig* drawback **(ved:** to); (del av ansikt) chin; ~**kors,** swastika.

hakk, notch, indention; ~**e,** *s* pick(axe), hoe; *v* pick, hack, hoe; (om fugler) peck **(på:** at); ~**espett,** woodpecker.

hale *s* tail; *v* haul, pull.

hall, hall; (hotell) lounge, lobby.

hallik, pimp, pander, ponce.

hallomann, announcer.

hallusinasjon, hallucination.

halm; ~**strå,** straw; ~**tak,** thatched roof.

hals, neck; (strupe) throat; ~**bånd,** necklace; (til hund) collar; ~**hogge,** behead, decapitate.

halt, lame; ~**e,** limp; *fig* halt.

halv, half; ~**annen,** one and a half; ~**dagspost,** half-time post; ~**del,** half *(pl* halves); ~**ere,** halve; ~**kule,** hemisphere; ~**mørke,** twilight; ~**pensjon,** half-board *(el* -pension); ~**sirkel,** semi-circle; ~**veis,** half-way; ~**øy,** peninsula.

ham *pron* him.

hammer, hammer.

hamp, hemp.

hamre, hammer.

hamstre, hoard.

han, he; ~**s,** his.

handel, trade, commerce; **(en enkelt ~)** bargain; **~savtale**, trade agreement; **~sbrev**, trading licence; **~sflåte**, mercantile marine; **~sforbindelse**, trade connection; **~sgymnas**, business college; **~shøyskole**, school of economics and business administration; **~skorrespondanse**, commercial correspondence; **~sreisende**, commercial traveller; **~sskole**, commercial school.

handle, act; (drive handel) trade, deal; (gjøre innkjøp) shop; **~kraftig**, energetic; **~måte**, procedure.

handling, action, act.

hane, cock; *amr* rooster.

hang, bent, inclination.

hangar, hangar.

hank, handle, ear.

hankjønn, male sex; *gram* the masculine (gender).

hann, male, he.

hanske, glove.

hard, hard; (streng) severe; **~før**, hardy; **~hendt**, rough; **~hjertet**, hardhearted; **~hudet**, callous; **~kokt**, hard-boiled; **~nakket**, obstinate, persistent.

hare, hare; **~skår**, harelip.

harem, harem.

harke, hawk.

harm, indignant **(på:** with); **~e**, indignation; **~løs**, harmless, inoffensive.

harmonere, harmonize; **~i**, harmony; **~isk**, harmonious.

harpe, harp; **~spiller**, harpist.

harpiks, resin.

harpun; **~ere**, harpoon.

harsk, rancid.

harv; **~e**, harrow.

hasardspill, gambling.

hasj(isj), hashish.

hasp(e), (vindus) catch.

hassel, hazel; **~nøtt**, hazel nut.

hast, hurry, haste; **~e**, hasten, hurry; (det haster) it is urgent; **~ig**, hurried, quick; (overilet) hasty; **~ighet**, speed, rate, velocity; **~verk**, hurry, haste.

hat, hatred, hate; **~e**, hate; **~eful**, spiteful; **~sk**, rancorous.

hatt, hat; (dame-) bonnet; **~emaker**, hatter.

haug (bakke) hill; (dynge) heap, pile.

hauk, hawk; ~ **e,** call, shout.

hav, sea; ocean; ~ **arere** (bli skadd) be damaged; (totalt) be wrecked; ~ **ari** (skade) damage; (skibbrudd) (ship)-wreck; *jur* average; ~ **blikk,** (dead) calm; ~ **frue,** mermaid.

havn, harbour; (by) port; ~ **earbeider,** docker; ~ **fogd,** harbour master; ~ **emyndigheter;** ~ **eve-senet,** the port authorities.

havre, oats *pl;* ~ **gryn,** groats; ~ **grøt,** porridge; ~ **mjøl,** oatmeal; ~ **vel-ling,** gruel.

havsnød, distress (at sea).

hebraisk, ~ **eer,** Hebrew.

hede, heath.

hedensk, heathen, pagan; ~ **ap,** heathenism, paganism.

heder, honour, glory; ~ **lig,** honourable; honest; ~ **lighet,** integrity; ~ **sbevisning,** mark of respect; ~ **sgjest,** guest of honour.

hedning, pagan, heathen.

hedre, honour.

hefte, *s* pamphlet, brochure, booklet; part; *v* (oppholde) delay, detain; (feste) fix, fasten; attach; (bok) stitch, sew; ~ **maskin,** stapling machine.

heftig, vehement, violent; (smerte) acute, intense; ~ **plaster,** adhesive plaster.

hegg, bird cherry.

hegre, *zool* heron.

hei, heath; moor; upland.

heis, lift; *amr* elevator; ~ **e,** hoist; ~ **ekran,** crane.

hekk, hedge; *idr* hurdle; ~ **e,** nest; (ruge ut) hatch; ~ **eløp,** hurdle-race.

hekle, *v* crochet.

heks, witch, hag; ~ **e,** practise witchcraft; ~ **eri,** witchery.

hekte, *s & v* hook.

hektisk, hectic.

hektogram, hectogram-(me); ~ **liter,** hectolitre.

hel, whole, all, entire; ~ **t** *adv* quite, totally, entirely, completely; ~ **automatisk,** fully automatic.

helbred, health; ~ **e,** cure; heal; ~elig, curable; ~else, cure, healing; ~stilstand, state of health.

heldagsstilling, full-time position.

heldig, fortunate; successful; (slumpe-) lucky; ~vis, fortunately; (til alt hell) luckily.

hele, s whole; v heal; (ta imot tyvegods) receive stolen goods; ~r, receiver (of stolen goods).

helg (helligdag) holiday; (høytid) (church) festival; ~en, saint.

helhet, whole, totality; entirety; ~sinntrykk, general impression.

helikopter, helicopter.

hell, (slumpe-) luck; fortune; success.

Hellas, Greece.

helle, s flag(stone); vi (skråne) slant, slope; (øse) pour; ~fisk, halibut; ~ristning, rock carving (el engraving).

heller, rather, sooner.

hellig, holy, sacred; ~brøde, sacrilege; ~dag, holiday; ~het, holiness; ~holde, observe; ~holdelse, observance.

helling, slope; fig inclination.

helse, health; ~attest, health certificate; ~vesen, public health service.

helst, preferably.

helt s hero; ~edåd, heroic deed; ~emodig, heroic; ~inne, heroine.

helvete, hell.

hemme, hamper, check.

hemmelig; ~het, secret; ~hetsfull, mysterious; (om person) secretive.

hemning med, inhibition.

hemorroider, piles, haemorrhoids.

hempe, loop.

henblikk: med ~ på, with a view to.

hende, happen, occur; ~lse, occurrence; (episode) incident; (begivenhet) event.

hendig, handy.

henfallen til, addicted to.

henført, in ecstasy, entranced.

henge, hang; ~bjørk, weeping birch; ~køye, hammock; ~lås, padlock; ~myr, quagmire.

hengiven, devoted, attached; ~venhet, affection, devotion.

hengsel, hinge; ~**let,** lanky.

henhold: i ~ til, with reference to; ~**holdsvis,** respectively; ~ **imot,** towards; ~**lede** (oppmerksomheten), draw, call; ~**legge,** shelve; *jur* drop.

henne, her; ~**s,** her(s).

henrette, execute; ~**rettelse,** execution; ~**rivende,** charming, fascinating; ~**rykkelse,** delight, rapture; ~**rykt,** delighted **(over:** at, with).

henseende, respect; ~**sikt,** intention, purpose; ~**siktsmessig,** suitable, adequate; ~**stand,** respite; ~**stille;** ~**stilling,** request; ~**syn,** regard, consideration; ~**synsfull,** considerate; ~**synsledd,** indirect object; ~**synsløs,** inconsiderate.

hente, fetch, go for, collect.

hentyde, allude **(til:** to), hint **(til:** at); ~**ning,** allusion, hint.

henvende, address, direct; ~ **seg til,** (tiltale) address oneself to; ~ **seg**

til (om) apply to (for); ~**vendelse,** application; ~**vise,** refer; ~**visning,** reference.

her, here; ~**barium,** herbarium; ~**berge,** hostel.

herde, harden; (stål) temper.

heretter, from now on; ~**fra,** from here.

herje, ravage, harry.

herkomst, extraction, descent.

herlig, glorious, magnificent; ~**het,** glory.

herme; ~ **etter,** mimic.

hermed, herewith, with this.

hermelin, ermine.

hermetikk, tinned *(el* canned) food(s); ~**ikkboks,** tin, can; ~**ikkfabrikk,** canning factory, cannery; ~**ikkåpner,** tin opener; ~**isere,** tin, can; (frukt) preserve; ~**isk,** hermetic; (hermetisert) tinned, canned; (frukt) preserved.

herold, herald.

herre, gentleman; (over-) lord; master.

herred, district; ~**styre,** rural district council.

herredømme, rule, dominion; ~**ekvipering,**

gentleman's outfitter;
~ **gård,** manor; ~ **kon-
feksjon,** men's (ready-
made) clothing.
herske, rule; reign; (være
rådende) prevail; ~ **r,**
sovereign; ruler; ~ **rin-
ne,** mistress; ~ **syk,** do-
mineering.
hertug, duke; ~ **inne,** du-
chess.
herved, hereby.
hes, hoarse.
hesje, s haydrying rack.
heslig, ugly; ~ **het,** ugli-
ness.
hest, horse; ~ **ehandler,**
horsedealer; ~ **ekraft,**
horsepower; ~ **ekur,**
rough remedy; ~ **eved-
deløp,** horse race.
het, hot; ~ **e** s heat; v be
called *el* named;
~ **eslag,** sunstroke; ~ **te,**
hood.
hevd, prescription; (sed-
vane) custom; **holde i**
~**,** maintain; ~ **e,** main-
tain, assert; ~ **vunnen,**
time-honoured.
heve, raise; remove;
(oppheve) lift; (få utbe-
talt) draw; (sjekk) cash;
(møte) dissolve, ad-
journ; ~ **lse,** rising,
swelling; ~ **rt,** syphon.

hevn; ~ **e,** revenge;
~ **gjerrig,** revengeful.
hi, lair.
hikk; ~ **e,** hiccough, hic-
cup.
hikst, catch (of breath);
~ **e,** catch one's breath,
pant.
hilse, greet; ~ **n,** gree-
ting; (sendt) compli-
ments, regards.
himmel, (synlig) sky; *fig*
heaven; ~ **fartsdag,**
Kristi ~**,** Ascension
Day; ~ **sk,** heavenly, ce-
lestial; ~ **strøk,** zone.
hind, hind; ~ **er,** hind-
rance, obstacle; ~ **erløp,**
steeplechase; ~ **re,** pre-
vent, hinder; ~ **ring,**
hindrance, obstacle.
hingst, stallion.
hinke, limp; (hoppe) hop.
hinne, membrane; (tynn)
film.
hisse, excite; (egge) set
on; ~ **ig,** hot-headed,
quick-tempered.
historie, history; (fortel-
ling) story; ~ **iker,** hi-
storian; ~ **isk,** histori-
c(al).
hit, here; ~ **til,** so far,
(up) till now, hitherto.
hittebarn, foundling;

~**godskontor**, lost property office.
hive, (hale) heave; (kaste) throw, fling; (etter pust) gasp (for breath).
hjelm, helmet.
hjelp, help; assistance, aid; ~**e**, help, aid, assist; ~**eaksjon**, relief action; ~**eløs**, helpless; ~**emiddel**, aid; ~**er**, assistant; ~**som**, helpful.
hjem, home; ~**by**, native town; ~**komst**, return; ~**land**, native country; ~**lig**, domestic; (hyggelig) homelike.
hjemlengsel, homesickness, nostalgia; ~**vei**, way home.
hjemme, at home; ~**fra**, from home; ~**industri**, domestic industry; ~**seier**, home (win).
hjerne, brain; ~**betennelse**, inflammation of the brain; ~**hinnebetennelse**, meningitis; ~**rystelse**, concussion of the brain.
hjerte, heart; ~**anfall**, heart attack; ~**bank**, palpitation; ~**infarkt**, infarct of the heart; ~**lig**, hearty, cordial; ~**lighet**, cordiality;

~**løs**, heartless; ~**onde**, heart trouble *el* disease; ~**r**, (kort) hearts; ~**skjærende**, heartrending; ~**slag**, heartbeat; *med* heart failure.
hjort, deer *(pl* deer); (kron-) stag; ~**eskinn**, buckskin.
hjul, wheel; ~**aksel**, (wheel) axle; ~**beint**, bow-legged; ~**spor**, rut, wheel track.
hjørne, corner; ~**stein**, corner-stone.
hode, head; ~**arbeid**, brain work; ~**kulls**, headlong; ~**pine**, headache; ~**pute**, pillow.
hoff, court; ~**folk**, courtiers; ~**narr**, court jester *el* fool.
hofte, hip; ~**holder**, girdle.
hogg, cut; ~**e**, cut, chop; ~**estabbe**, choppingblock; ~**orm**, viper, adder; ~**tann**, fang; (stor) tusk.
hogst, cutting, felling.
hold, (sting) pain, stitch; (avstand) range, distance; (kant) quarter; ~**bar**, tenable; *fig* valid; (varig) durable; ~**barhet**, durability;

~e, hold; (~ seg, beholde) keep; (vare) last; ~eplass, stop, halt; taxi rank *(el* stand); ~epunkt, basis; ~ning, (innstilling) attitude; (kroppsføring) carriage; ~ningsløs, weak, vacillating.

Holland, Holland; ~sk, Dutch.

hollender, Dutchman.

holme, islet, holm.

holt, grove.

homoseksuell, homosexual; *dt s* pansy, queer, fairy; (kvinnelig) Lesbian.

honning, honey.

honnør, honour; ~orar, fee; ~orere, pay; (veksel) honour.

hop, crowd; ~e seg opp, pile up.

hopp; ~e, jump, leap; ~bakke, jumping hill; ~e, (hest) mare.

hor, adultery; ~e, whore.

horisont, horizon.

hormon, hormone.

horn, horn; ~briller, hornrimmed spectacles; ~hinne, cornea; ~musikk, brass music.

hos, with, at.

Hosebåndsordenen, The Order of the Garter.

hospital, hospital; ~s, hospice.

hoste, *s & v* cough.

hotell, hotel.

hov, (hest) hoof.

hovedarving, principle heir; ~bestanddel, main ingredient; ~bygning, main building; ~gate, main street; ~inngang, main entrance; ~kontor, head office; ~kvarter, headquarters; ~nøkkel, master key; ~person *teat* principal character; ~postkontor, central *(el* general) post office; ~regel, principal rule; ~rolle, principle *(el* leading) part; ~sak, main point; ~sakelig, mainly, chiefly; ~setning, *gram* main clause; ~stad, capital; ~vekt: legge ~en på, lay particular stress on.

hoven, swollen; *fig* arrogant; ~enhet, swelling; *fig* arrogance; ~ere, exult; ~mester, headwaiter; ~mod, arrogance; pride; ~ne opp, swell.

hud, skin; (større dyr) hide.

huk: sitte på ~, squat; **~e seg ned,** crouch, squat.

hukommelse, memory.

hul, hollow; **~der,** fairy; **~e ut,** *v* hollow; *s* cave, cavern; **~het,** hollowness.

hulke, sob.

hull, hole; **~et,** full of holes; **~kort,** punch(ed) card; **~maskin,** perforator.

hulmål, measure of capacity; **~ning,** hollow, depression; **~rom,** cavity; **~ter til bulter,** pellmell, helter-skelter; **~øyd,** hollow-eyed.

human, humane; **~isme,** humanism; **~ist,** humanist.

humle, *zool* bumblebee; *bot* hop.

hummer, lobster; **~teine,** lobster-pot.

humor, humour; **~istisk,** humorous.

hump; **~e,** bump.

humør, spirits; **godt, dårlig ~,** high, low spirits.

hun, she.

hund, dog; (jakt-) hound; **~edager,** dogdays; **~ehus,** kennel; **~evakt,** *mar* middle watch; **~eveddeløp,** dog racing.

hundre, a hundred; **~del,** hundredth; **~årsdag,** hundredth anniversary; **~årsjubileum,** centenary.

hundse, bully.

hunger, hunger; **~sdød,** death by starvation; **~snød,** famine, starvation.

hunkjønn, female sex; *gram* feminine gender.

hunn, she, female.

hurra, hurra(h); **~rop,** cheer.

hurtig, quick, rapid, fast; **~het,** quickness, speed, rapidity; **~løp,** (skøyter) speed skating; **~tog,** fast train; express(-train).

hus, house; building; **~arbeid,** house work; **~bestyrerinne,** housekeeper; **~bruk, til ~,** for home purposes; **~dyr,** domestic animal; **~e,** house; **~flid,** home crafts, domestic industry; **~frue,** mistress; **~hjelp,** maid (-servant); **~holdning,** housekeeping; (husstand) household.

huske, *v* remember, recollect; (gynge) swing, seesaw; *s* swing.

hus|**leie**, rent; ~**lig**, domestic; ~**ly**, shelter; ~**mor**, housewife; ~**tru**, wife; ~**vill**, houseless.

hutre, shiver.

hva, what.

hval, whale; ~**fanger**, whaleman; (skip) whaler; ~**fangst**, whaling; ~**ross**, walrus.

(h)valp, pup(py), whelp.

hvelv|**e**; ~**ing**, arch, vault.

hvem, who; whom.

hver, every; each; ~**andre**, each other, one another; ~**dag**, weekday; ~**dagsklær**, everyday clothes; ~**dagslig**, commonplace, everyday; ~**gang**, every time.

hvese, hiss; (katt) spit.

hvete, wheat; ~**brødsdager**, honeymoon; ~**mjøl**, wheat-flour.

hvil; ~**e**, *s* & *v* rest; ~**edag**, day of rest; ~**eløs**, restless.

hvilken, which; what; ~ **som helst**, any.

hvin; **hvine**, shriek.

(h)virvel, whirl; (i vannet) whirlpool, eddy; (knokkel) vertebra.

hvis, if, in case; *gen* whose.

hviske, whisper.

hvit; ~**e**, white; ~**evarer**, linens; ~**glødende**, white-hot; ~**løk**, garlic; ~**ne**, whiten; ~**ting**, (fisk) whiting.

hvor, (sted) where; (grad) how; ~**av**, of which, of whom; ~**dan**, how; ~**for**, why; ~**fra**, from where; ~**hen**, where; ~**vidt**, whether.

hybel, bed-sitting-room; *dt* bedsitter, digs *pl;* ~ **leilighet**, flatlet.

hydraulisk, hydraulic.

hydrofoilbåt, hydrofoil.

hyene, hyena.

hygge, *s* comfort; cosiness; ~ **seg**, make oneself comfortable; have a good time; ~**lig**, cosy; nice; (behagelig) pleasant, comfortable.

hygiene, hygiene; ~**isk**, hygienic.

hykle, feign, simulate; ~**r**, hypocrite; ~**rsk**, hypocritical.

hyl; ~**e**, howl, yell.

hylle, *s* shelf; rack; (i fjellet) ledge; *v* wrap, cover; (gi hyllest) pay homage to; ~**st**, homage.

hylse, case, casing; ~ **ter**, case, cover; holster.

hypnose, hypnosis; ~ **tisere**, hypnotize; ~ **tisk**, hypnotic.

hypotek, mortgage; ~ **tese**, hypothesis; ~ **tetisk**, hypothetical.

hyppe, earth up.

hyppig, frequent; ~ **het**, frequency.

hyrde, shepherd; ~ **dikt**, pastoral (poem); ~ **stav**, pastoral staff, crook.

hyre, s (lønn) wages; v engage, sign on; ~ **kontrakt**, articles of agreement.

hyse (kolje) haddock.

hyssing, string.

hysteri, hysterics; ~ **sk**, hysterical.

hytte, hut, cottage, cabin.

hæl, heel.

hær, army; ~ **skare**, host; ~ **verk**, malicious damage.

høflig, polite, civil, courteous; ~ **het**, politeness, civility, courtesy.

høne, hen, fowl; ~ **s**, fowl, poultry; ~ **segård**, poultry yard; ~ **sehus**, hen-house; ~ **seri**, poultry farm.

hørbar, audible; ~ **e**,

hear; (høre etter) listen; ~ **eapparat**, hearing aid; ~ **erør**, ear-trumpet; (på telefon) receiver; ~ **evidde**, earshot, hearing; ~ **lig**, audible; ~ **sel**, hearing.

høst, (årstid) autumn; *amr* fall; (innhøsting) harvest; (grøde) crop; ~ **e**, harvest, reap.

høvding, chief, chieftain.

høve, se **anledning**, **passe**.

høvel; **høvle**, plane; ~ **benk**, joiner's bench; ~ **flis**, shavings.

høy, s hay. *adj* high; (person, tre) tall; (lyd) loud; ~ **akte**, esteem highly; ~ **aktelse**, high esteem.

høyde, height; (nivå) level; (vekst) stature; (over havet) elevation; (lyd) loudness; *mus* pitch; *geo, ast* altitude; ~ **hopp**, high jump; ~ **punkt**, height, climax, peak.

høyesterett, supreme court; ~ **fjell**, (high) mountain; ~ **fjellshotell**, mountain hotel; ~ **forræderi**, (high) treason; ~ **frekvens**, high frequency; ~ **gaffel**, pitchfork; ~**het**, highness; ~**kant: på** ~, on edge; ~**konjunktur**, boom; ~**lytt**, *adj* loud; *adv* aloud, loudly; ~**messe**, morning service; (katolsk) high mass; ~**ne**, raise, enhance; ~**onn**, haymaking.

høyre, right; *pol* the Right; (partiet) the Conservative Party; ~**mann**, conservative.

høyrød, scarlet; ~**røstet**, loud, vociferous; ~**sesong**, peak season; ~**skole**, university; ~**spenning**; ~**spent**, high tension; ~**st**, most, highly; (i høyden) at (the) most; ~**stakk**, haystack.

høytid, festival; ~**elig**, solemn; ~**elighet**, ceremony; ~**sdag**, holiday; ~**sfull**, solemn.

høytrykk, high pressure.

høytstående, high, important; ~**taler**, loudspeaker; ~**travende**, high-flown.

høyvann, high water.

hå, (fisk) *s* piny dogfish; *agr* aftermath.

hålke, slipperiness.

hån, scorn, disdain.

hånd, hand; ~**arbeid**,

(sytøy) needlework; (motsatt maskinarbeid) handwork; ~**bevegelse**, gesture; ~**bok**, manual, handbook; ~**flate**, palm; ~**granat**, grenade; ~**gripelig**, palpable; ~**heve**, maintain; ~**jern**, handcuffs *pl*; ~**kle**, towel; ~**kuffert**, suitcase; handbag; ~**laget**, handmade; ~**ledd**, wrist; ~**skrift**, handwriting; ~**sopprekning**, show of hands; ~**srekning**, a (helping) hand; ~**tak**, handle; ~**tere**, handle, manage; ~**trykk**, handshake; ~**verk**, trade, craft; ~**verker**, craftsman, tradesman, artisan; ~**veske**, handbag.

håne, scorn, mock; ~**latter**, scornful laughter; ~**lig**, contemptuous, scornful.

håp; ~**e**, hope; ~**efull**, hopeful, promising; ~**løs**, hopeless.

hår, hair; ~**børste**, hairbrush; ~**reisende**, hair-raising; horrific; ~**tørrer**, hair dryer; ~**vann**, hair lotion.

hås, hoarse, husky.

håv, net; (stor) dipper.

I

i, in, at; (tidens lengde) for.

i aften, tonight, this evening.

iaktta, observe; watch; ~**gelse,** observation; ~**ker,** observer.

iallfall, in any case, at all events, at any rate.

iberegnet, included.

iblant, now and then; se *blant*.

i dag, today, to-day.

idé, idea; ~**al,** ideal; ~**alist,** idealist; ~**alistisk,** idealistic; ~**ell,** ideal.

identifikasjon, identification; ~**fisere,** identify; ~**sk,** identical; ~**tet,** identity.

idet, *konj.* as, when.

idiot, idiot; ~**isk,** idiotic.

idrett, sport(s); (fri-) athletics; ~**sforening,** sports club; ~**smann,** sportsman; ~**splass,** sports ground.

idyll, idyll; ~**isk,** idyllic.

i fall, if, in case; ~ **fjor,** last year; ~ **forfjor,** the year before last; ~ **for-**

gårs, the day before yesterday; ~ **formiddag,** this morning.

ifølge, according to, in accordance with.

igjen, again; (til overs) left; **gi ~,** give back.

igle, leech.

i går, yesterday.

ihendehaver, holder, bearer.

iherdig, energetic, persevering; ~**het,** energy.

i hjel, dead, to death.

i hvert fall, se *iallfall*.

ikke, not; no; ~ **noe(n),** *adj* no, not any; *s* nothing, nobody, not anybody.

i kveld, tonight, this evening.

ilbud, express message; (person) express messenger.

ild, fire; ~**fast,** fireproof; ~**flue,** fire-fly; ~**full,** fiery; ~**prøve,** ordeal; ~**raker,** poker; ~**rød,** fiery red; ~**spåsettelse,** arson; ~**sted,** fire-place.

ile, *v* hasten, hurry; *s*

stone sinker; ~**gods**, express goods.

iligne, assess, tax.

i like måte, likewise; (svar) the same to you.

ille, ill, bad(ly); ~**befinnende**, indisposition.

illegal, illegal; ~**itim**, illegitimate.

illevarslende, ill-boding, sinister, ominous.

illojal, disloyal; (konkurranse) unfair; ~**itet**, disloyalty.

illusjon, illusion; ~**sorisk**, illusory; ~**strasjon**, illustration; ~**strere**, illustrate.

ilsamtale, urgent call; ~**telegram**, express telegram; ~**ter**, hasty; irritable.

imaginær, imaginary.

imellom (en gang ~), once in a while; se *mellom*.

imens, *konj* while; *adv* in the meantime, meanwhile.

imidlertid, however.

immatrikulere, matriculate.

immun, immune (**mot:** from); ~**itet**, immunity.

i morgen, tomorrow; ~ **morges**, this morning.

imot, against; **ha ~**, dislike.

imperativ, the imperative (mood); ~**fektum**, the imperfect *el* past tense.

imperium, empire.

implisere, involve, implicate.

imponere, impress; ~**nde**, impressive; (veldig) imposing.

import, import(ation); *konkr* imports *pl;* ~**ere**, import; ~**ør**, importer.

impotens, impotence; ~**t**, impotent.

impregnere (tøy), proof.

impresario, impresario, manager.

improvisasjon, improvisation; ~**isere**, improvise.

impuls, impulse; ~**iv**, impulsive.

imøtegå, (motsette seg) oppose; (gjendrive) refute; ~**komme**, meet, accommodate; ~**kommende**, obliging; ~**se**, look forward to, await.

i natt (som var) last night; (som er *el* kommer) tonight, this night.

indeks, index.

India, India; ~**ner**; ~**nsk**, Indian.

indignasjon, indignation;

~ert, indignant (over: at).

indikativ, the indicative (mood); ~direkte, indirect; ~disium, circumstantial evidence; ~disk, Indian; ~diskresjon, indiscretion; ~diskret, indiscreet; ~disponert, indisposed; ~divid; ~dividuell, individual.

indre, adj inner, interior, internal; s interior, internal.

industri, industry; ~arbeider, industrial worker; ~ell, industrial.

infam, infamous; ~fanteri, infantry, foot; ~feksjon, infection; ~filtrasjon, infiltration; ~finitiv, the infinitive (mood); ~fisere, infect; ~fisering, infection; ~flasjon, inflation; ~fluensa, influenza; dt flu; ~fluere, influence, affect; ~formasjon, information; ~formere, inform.

ingefær, ginger.

ingen, adj no; s no one, nobody, (om to) neither; none.

ingeniør engineer.

ingen som helst, no, none el no one whatever; ~steds, nowhere; ~ting, nothing.

inhabil, disqualified; gjøre ~, disqualify.

inhalere, inhale.

initialer, initials.

initiativ, initiative.

injurie, (skriftlig) libel; (muntlig) slander; ~ere, libel.

inkarnasjon, incarnation; ~kasso, collection; inkludere, include; ~klusive, inclusive of, including; ~kompetent, incompetent; ~konsekvens, inconsistency; ~konsekvent, inconsistent.

inn, in; ~ i, into; ~anke, appeal; ~arbeide: godt ~~t, well established.

innbefatte, include; ~retning; ~rette, report; ~taling, payment.

innbille, make (one) believe; ~ning, imagination, fancy; ~sk, conceited; ~skhet, conceit.

innbinding, binding; ~blandet, bli ~blandet i, be mixed up with, be involved in; ~blanding, intervention; (utidig) interference; ~**blikk**, insight; ~**bo**, furniture; ~**bringe**, yield, bring in, fetch; ~**bringende**, lucrative.

innbrudd, burglary; ~**styv**, burglar.

innby, invite; ~**delse**, invitation; ~**dende**, inviting.

innbygger, inhabitant.

innbyrdes, mutual.

inndele, divide; classify; ~**deling**, division; classification; ~**dra**, (konfiskere) confiscate; ~**drive** (innkassere) collect.

inne, in; ~**bære**, involve, imply; ~**frossen**, icebound; ~**ha**, hold; ~**haver**, (eier) possessor; (lisens o.l.) holder; ~**holde**, contain, hold.

innen (et tidsrom) within; (et tidspunkt) by; ~**bys**, within the town; local; ~**dørs**, indoor; *adv* indoors; ~**for**, within; ~**fra**, from within.

innerst, inmost, innermost; *adv* farthest in.

inneslutte, surround; ~**sluttet**, reserved; ~**sperre**, shut up, imprison; ~**sperring**, confi-

nement; ~**stengt**, shut up, confined; ~**stå**, answer *(el* vouch) for.

inneværende, present, current.

innfall, (tanke) fancy, whim; ~**fatning**, mounting; setting; (brille-) rim; ~**finne seg**, appear; turn *(el* show) up; ~**flytelse**, influence; **ha** ~**flytelse på**, influence; ~**flytelsesrik**, influential; ~**fri** (veksel) meet, honour; (løfte) fulfil; ~**født**, native; ~**føre**, import; (noe nytt) introduce; ~**føring**, introduction; ~**førsel**, se *import*.

inngang, entrance; ~**gifte**, intermarriage; ~**gjerde**, fence in, enclose; ~**gravere**, engrave; ~**grep**, encroachment; *med* operation; ~**gripende**, radical, thorough; ~**grodd**, inveterate, deeply rooted; ~**gå**, (avtale *o.l.)* enter into, make; ~**gående**, thorough.

innhegning, enclosure; ~**hente**, (ta igjen) catch up with, overtake.

innhold, contents *pl;*

~ **sfortegnelse**, (table of) contents.

innhylle, envelop, wrap up.

innhøste; ~ **høsting**, harvest.

inni, inside, within.

innkalle, call in; summon; ~ **kallelse**, summons; ~ **kassere**, collect; ~ **kjøp**, purchase; ~ **kjøpspris**, buying price; (kostpris); ~ **kjøpssjef** (chief) buyer; ~ **kjørsel**, drive; ~ **kreve**, collect; ~ **kvartering**, accommodation, *mil* quartering.

innlasting, shipment; ~ **late seg (på)** enter *(el* embark) (on); ~ **lede**, open; ~ **ledende**, introductory; ~ **ledning**, opening, introduction; ~ **legg**, (i brev) enclosure; (i debatt) contribution; *jur* plea; ~ **lemme**, incorporate; ~ **levere**, hand in; ~ **losjere**, lodge, accommodate; ~ **lysende**, evident, obvious; ~ **løse (få utbetalt)** cash.

innmark, home fields; ~ **mat**, pluck; ~ **melding**, entry.

innover, *adv* inward(s).

innpakking, packing (up); wrapping (up); ~ **pakningspapir**, wrapping paper; ~ **pisker**, whip.

innramme, frame; ~ **rede**, fit up, furnish; ~ **registrere**, register; ~ **retning**, (apparat) contrivance, device; ~ **rette**, arrange; adjust; ~ **rulle**, enrol(l); admit; ~ **rømme**, (gi) allow, grant; (vedgå) admit; ~ **rømmelse**, allowance; admission, concession.

innsamling, collection; ~ **sats**, (anstrengelse) effort; (i spill) stake(s); ~ **se**, realize; ~ **sender**, sender; ~ **sette**, install; ~ **side**, inside; ~ **sigelse**, objection; ~ **sikt**, insight; ~ **sjø**, lake; ~ **skipe**, ship; ~ **skjerpe**, enjoin; ~ **skjerpelse**, enforcement; ~ **skrenke**, restrict; limit; ~ **skrive**, enter; ~ **skrumpet**, shrunken; ~ **skudd**, contribution; (i leilighet) share; (i bank) deposit; ~ **skytelse**, impulse; ~ **skyter**, depositor; ~ **slag**, element;

~**smigrende**, ingratiating; ~**snitt**, incision; ~**stendig**, urgent, pressing; ~**stifte**, institute; ~**stille**, (til embete) nominate; (maskin) adjust; (kikkert) focus; (stanse) stop; (avlyse) cancel; ~**stilling**, nomination; adjustment; (fra komité) report.

innta, (måltid) partake of, take; (erobre) take; ~**tekt**, income; (offentlig) revenue; ~**tektsskatt**, income tax; ~**til**, till, until, up to; ~**tre**, happen, occur; ~**treden**, entry; ~**treffe**, (hende) happen, occur; ~**trengende**, urgent; ~**trykk**, impression.

innunder, below, under; (tid) near *el* just before.

innvandre, immigrate; ~**rer**, immigrant; ~**ring**, immigration.

innvende, object **(imot:** to); ~**ig**, internal, inside; ~**ing**, objection.

innvie, (åpne) inaugurate; (i en hemmelighet) initiate (in); ~**lse**, inauguration; initiation.

innviklet, complicated, intricate, complex;

~**vilge**, grant; ~**virke på**; ~**virkning**, influence; ~**voller**, entrails, bowels; ~**vortes**, *adj* internal.

insekt, insect; ~**sinuasjon**, insinuation; ~**sinuere**, insinuate; ~**sistere**, insist **(på:** . upon); ~**solvens**, insolvency; ~**solvent**, insolvent; ~**speksjon**, inspection; ~**spektør**, inspector; ~**spirasjon**, inspiration; ~**spirere**, inspire; ~**spisere**, inspect; ~**stallasjon**, installation; ~**stallatør**, electrician; ~**stallere**, install; ~**stinkt**, instinct; ~**stitusjon**, institution; ~**stitutt**, institute.

instruere, instruct; ~**ks(er)**, instructions; ~**ktør**, instructor; *teat* director; ~**ment**, instrument.

intakt, intact.

intellektuell, intellectual; ~**igens**, intelligence; ~**igent**, intelligent.

intendant, intendant; *mil* commissary.

intens, intense; ~**itet**, intensity.

interessant, interesting;

~**e**, interest; ~**ere**, interest; ~**ert**, interested.
interiør, interior; ~**messo**, interlude, intermezzo; ~**nasjonal**, international; ~**natskole**, boarding-school; ~**nere**, intern; ~**nering**, internment; ~**pellasjon**, question; ~**pellere**, put a question to, interpellate; ~**vall**, interval; ~**venere**, intervene; ~**vensjon**, intervention; ~**vju**; **intervjue**, interview.
intet, no; none; (ingenting) nothing; ~**kjønn**, the neuter (gender); ~**sigende**, insignificant.
intim, intimate; ~**itet**, intimacy.
intoleranse, intolerance; ~**t**, intolerant.
intransitiv, intransitive.
intrige; ~**re**, intrigue, plot.
introduksjon, introduction; ~**sere**, introduce.
intuisjon, intuition; ~**tiv**, intuitive.
invalid, *adj*, invalid, disabled; *s* invalid.
invasjon, invasion; ~**ventar** (møbler) furniture; (fast tilbehør) fixtures *pl;* (løst) fittings *pl;*

(-fortegnelse) inventory; ~**vestere**, invest; ~**vestering**, investment.
i overmorgen, the day after tomorrow.
ire, Irishman.
irettesette; ~**lse**, rebuke, reprimand.
Irland, Ireland, Eire.
ironi, irony; ~**sere**, speak ironically; ~**sk**, ironic(al).
irr, verdigris; ~**e**, rust.
irrelevant, irrelevant.
irritabel, irritable; ~**asjon**, irritation; ~**ere**, irritate.
irsk, Irish.
is, ice; (-krem) ice-cream; ~**aktig**, icy; ~**bjørn**, polar bear; ~**bre**, glacier; ~**bryter**, ice-breaker; ~**e**, ice.
iscenesette, produce, stage.
isenkram, hardware, ironware.
isfjell, iceberg; ~**flak**, ice floe.
isjias, sciatica.
islam, Islam.
Island, Iceland; ~**sk**, Icelandic.
islending, Icelander.
isolasjon, isolation; *tekn* insulation; ~**ere**, isolate: *tekn* insulate.

isse, crown, top.
i stedet, instead.
istedenfor, instead of.
istiden, the glacial period.
i stykker, to pieces, broken.
især, particularly, especially.
Italia, Italy; ~**ener**; ~**ensk**, Italian.

iver, eagerness.
iverksette, carry into effect, execute; ~**lse**, execution.
ivrig, eager, anxious, keen.
iørefallende, catchy.
iøynefallende, conspicuous.
i år, this year.

J

ja, yes; well; indeed.
jag, rush, hurry; ~**e**, *vt* chase; hunt; drive (away); *vi* (~ **av sted**) hurry, rush; ~**er**, *mar* destroyer; ~~**fly**, fighter; ~**uar**, jaguar.
jakke, jacket, coat.
jakt, hunting, shooting; ~**hund**, sporting dog.
jammer, lamentation, wailing; (elendighet) misery; ~**re**, wail; ~**re over**, bewail.
jamsides, side by side; ~**stilling**, equal position; ~**vekt**, equilibrium, balance.
januar, January.
Japan, Japan; ~**er**; ~**sk**, Japanese.

jarl, earl.
jeg, I; *s* ego, self.
jeger, hunter, sportsman.
jeksel, molar.
jenke seg (etter) adapt oneself to.
jente, girl, lass; ~**unge**, little girl.
jern, iron; ~**alder**, iron age.
jernbane, railway, *amr* railroad; ~**konduktør**, guard; *amr* conductor; ~**kupé**, compartment; ~**skinne**, rail; ~**stasjon**, railway station; ~**tog**, train; ~**vogn**, railwaycarriage; *amr* railroad car.
jernbeslag, iron mounting; ~**blikk**, sheet-

iron; ~**hard,** hard as iron; ~**malm,** iron ore; ~**teppe,** iron curtain; ~**vare,** ironware, hardware; ~**verk,** ironworks.

jerv, glutton, wolverene.

jesuitt, Jesuit.

jetfly, jet plane.

jevn, even, level; smooth; ~**aldrende,** of the same age; ~**døgn,** equinox; ~**e,** level; *fig* smooth, adjust; (suppe) thicken; ~**føre,** compare; ~**god,** equal.

jo, yes; ~ **mer,** ~ **bedre,** the more, the better.

jobb, job; ~**e** (arbeide), work.

jod, iodine; ~**holdig,** iodic.

jodle, yodel.

jolle, dinghy.

jomfru, virgin, maid(en); ~**elig,** virgin(al); ~**nalsk,** old-maidish, spinsterish; ~**elig,** virgin(al); ~**tur,** maiden trip.

jonsok, Midsummer day.

jord, earth; (-overflaten) ground; (-bunn) soil; (-egods) land; ~**bruk,** agriculture, farming; ~**bunn,** soil; ~**bær,** strawberry; ~**e** *v,* earth; *s* field; ~**egods,** landed property, estate; ~**isk,** earthly; ~**klode,** globe; ~**mor,** midwife; ~**skjelv,** earthquake.

journal, journal; *mar* log-book; ~**ist,** journalist.

jubel, exultation, jubilation; rejoicing(s); ~**ile-re,** celebrate a jubilee; ~**ileum,** jubilee; ~**le,** shout with joy, be jubilant.

jugl, gimcrack.

jugoslav, jugoslavisk, Yugoslav.

Jugoslavia, Yugoslavia.

juks, (skrap) trash; (fusk) cheating; ~**e,** cheat.

jul, Christmas; ~**aften,** Christmas Eve; ~**egave,** Christmas present *(el* gift); ~**enisse,** Santa Claus, Father Christmas.

juli, July.

jumper, jumper.

jungel, jungle.

juni, June.

jur, udder, bag.

juridisk, legal, juridical; ~**ist,** lawyer; (student) law student; ~**y,** jury.

jus, law.

justere, adjust.
justisdepartement, ministry of justice; ~mord, judicial murder.
jute, jute.
juv, canyon.
juvél, jewel, gem; ~besatt, jewelled; ~er, jeweller.

Jylland, Jutland.
jypling, colt.
jærtegn, sign, omen.
jøde, Jew; ~inne, Jewess; ~isk, Jewish.
jøkel, glacier.
jåle, s la-di-da; ~t, affected, la-di-da.

K

kabal, patience.
kabaret, cabaret.
kabel, cable.
kabinett, cabinet; ~spørsmål, (stille ~ ~) demand a vote of confidence.
kadaver, carcass.
kadett, cadet.
kafé, café, coffee-house.
kafeteria, cafeteria.
kaffe, coffee; ~bønne, coffee bean; ~grut, coffee-grounds; ~in, caffein(e); ~kanne, coffee-pot.
kagge, keg.
kahytt, cabin; stateroom.
kai, quay, wharf.
kajakk, kayak.
kakao, cocoa.
kake, cake; pastry.

kakerlakk, cockroach.
kaki, khaki.
kaktus, cactus.
kalas, carousal, feast.
kald, cold, frigid; ~blodig, cold-blooded; (rolig) cool; adv in cold blood; coolly; ~svette, be in a cold sweat.
kalender, calendar.
kalesje, hood.
kaliber, calibre, bore.
kalk, (beger) chalice; cup; (jordart) lime; (til hviting) whitewash; (pussekalk) plaster; ~e, whitewash; plaster; ~holdig jord, calcareous earth.
kalkulasjon, calculation; ~ator, calculator; ~ere, calculate.
kalkun, turkey.

kalkyle, calculation.
kalle, call.
kalori, calorie.
kalosjer, galoshes.
kalv, calf; ~ **beint,** knock-kneed; ~ **e,** calve, ~ **ekjøtt,** veal.
kam, comb; **(hane ~, bakke ~)** crest.
kamé, cameo.
kamel, camel.
kamera, camera.
kamerat, companion, friend; comrade; ~ **skap,** companionship; ~ **slig,** comradely.
kamfer, camphor; ~ **dråper,** camphorated spirits.
kamgarn, worsted.
kamin, fire-place; ~ **hylle,** mantelpiece.
kammer, chamber; room; ~ **musikk,** chamber music; ~ **pike,** lady's maid; ~ **tjener,** valet.
kamp, fight, combat, struggle; ~ **anje,** campaign; ~ **dyktig,** in fighting condition; *mil* effective; ~ **ere,** camp; ~ **estein,** boulder; ~ **ånd,** fighting spirit.
kamuflasje; ~ **ere,** camouflage.

Kanada, Canada; ~ **ier;** ~ **isk,** Canadian.
kanal, (gravd) canal; (naturlig) channel.
kanarifugl, canary.
kandidat, (ansøker) candidate; (en som har tatt embetseksamen) graduate; ~ **ur,** candidature.
kanefart, sleighing.
kanel, cinnamon.
kanin, rabbit.
kanne (kaffe, te) pot; (metall) can.
kannibal, cannibal.
kano, canoe.
kanon, gun, (gammeldags) cannon; ~ **båt,** gunboat; ~ **ér,** gunner; ~ **kule,** cannon-ball.
kanskje, perhaps, may be.
kansler, chancellor.
kant, (rand) edge; (egn) part, region; (retning) direction; (hold) quarter; ~ **ate,** cantata; ~ **e,** border, edge; ~ **et,** angular; ~ **ine,** canteen; ~ **re,** capsize.
kaos, chaos; ~ **tisk,** chaotic.
kapasitet, capacity; ability.
kapell, chapel; ~ **an,** cu-

rate; ~**mester**, conductor.

kaperfartøy, privateer.

kapital, capital; ~**isme**, capitalism; ~**ist**, capitalist; ~**istisk**, capitalistic.

kapittel, chapter.

kapitulasjon, capitulation; ~**ere**, capitulate, surrender.

kapp, (forberg) cape; **om** ~, in competition; **løpe om** ~, race; *v* cut; *s* cloak, mantle; (frakk) coat; ~**es**, vie, compete (**om:** for); ~**estrid**, competition, rivalry; ~**løp**, (running)race; ~**roing**, boat-race; ~**rusting**, armaments race; ~**sag**, cross-cut saw; ~**seilas**, sailing race, regatta.

kapre, seize, capture.

kapsel, capsule.

kaptein, captain.

kar, vessel; (mann) man; fellow, chap.

karabin, carabine.

karaffel, decanter, carafe.

karakter, character; (på skolen) mark; *am* grade; ~**fast**, firm; ~**isere**, characterize; ~**istikk**, characterization; ~**istisk**, characteristic (**for:** of).

karamell, caramel.

karantene, quarantine.

karat, carat.

kardemomme, cardamom.

kardialgi, heartburn, cardialgia.

kardinal, cardinal.

karikatur, caricature, cartoon; ~**aturtegner**, caricaturist, cartoonist; ~**ere**, caricature.

karjol, carriole; *amr* sulky.

karm, frame, case.

karneval, carnival; (maskeball) fancy-dress ball.

karosseri, body.

karri, curry.

karriere, career.

karrig, meagre; (jord) barren.

kart, map; *mar* chart.

kartell, cartel.

kartong, carton; (papp) cardboard.

kartotek, file(s), index; ~**skap**, filing cabinet.

karusell, merry-go-round.

karve, *v* cut; *bot* caraway.

kaserne, barracks.

kasino, casino.

kaskoforsikring, (skip) hull insurance; (bil) motor insurance.

kassalapp; **-seddel**, slip, check.

kasse, (av tre) case; (mindre) box; (pengeskrin) cashbox; (i butikk) (cash *el* pay)desk; ~**beholdning,** cash in hand; ~**bok,** cash book; ~**kontrollapparat,** cash register; ~**re,** discard, scrap; ~**rer,** cashier, treasurer; ~**rolle,** saucepan; ~**tt,** cassette.

kast, throw, cast; (vind) gust; (not-) sweep.

kastanje, chestnut; ~**tter,** castanets.

kaste, *v* throw, cast; toss; *s* caste; ~**spyd,** javelin.

kastrere, castrate.

kasus, case.

katakombe, catacomb.

katalog, catalogue.

katarr, catarrh.

katastrofal, catastrophic; disastrous; ~**e,** catastrophe, disaster.

katedral, cathedral.

kategori, category; ~**sk,** categorical.

katekisme, catechism.

kateter (på skole) (teacher's) desk.

katolikk, Catholic; ~**isisme,** Catholicism; ~**sk,** Catholic.

katt, cat; ~**unge,** kitten.

kausjon, security, surety; (ved løslatelse) bail; ~**ere (for),** stand security (for).

kautsjuk, rubber, caoutchouc.

kav, *s* bustle.

kavaller, gentleman; (i dans) partner; ~**eri,** cavalry; ~**kade,** cavalcade.

kave, struggle; bustle about.

kaviar, caviar.

kavring, rusk.

keiser, emperor; ~**dømme,** empire; ~**inne,** empress.

keitet, awkward, clumsy.

keivhendt, left-handed.

kelner, waiter.

kemner, town treasurer.

kenguru, kangaroo.

kennel, kennels *pl.*

keramikk, ceramics.

kikhoste, whooping cough.

kikke, peep, peer; ~**rt,** binoculars, field-glasses; *teat* opera-glasses.

kilde, source, spring.

kile, *v* tickle; (blei) *s & v* wedge; ~**n,** ticklish; ~**skrift,** cuneiform (characters); ~**vink,** box on the ear.

kilo, kilo; ~**gram,** kilogram(me); ~**meter,** kilometre.

kime, s germ, embryo; v ring, chime.

Kina, China; ~**eser;** ~**esisk,** Chinese.

kinin, quinine.

kinkig, ticklish, delicate.

kinn, cheek; ~**e,** s & v churn; ~**skjegg,** whiskers.

kino, cinema; **gå på ~** go to the cinema *(el* the pictures, *amr* the movies).

kiosk, kiosk, **(avis~)** newsstand, (news)stall.

kirke, church; (dissenter-) chapel; ~**gård,** graveyard, cemetery; (ved kirken) churchyard; ~**lig,** ecclesiastical; ~**tjener,** sexton.

kirsebær, cherry.

kirurg, surgeon; ~**i,** surgery.

kiste, chest; *mar* locker; (lik-) coffin.

kitt; ~**e,** putty.

kittel, smock(-frock).

kjake, jaw.

kjapp, quick, fast.

kje, kid.

kjed, weary, tired; ~**e,** v tire, bore; ~**e seg,** be bored; s chain; ~**eforretning,** chain store; ~**elig,** tiresome, tedious; boring, dull; (er-gerlig) annoying.

kjeft, muzzle, chops; **hold ~,** shut your mouth, shut up.

kjegle, *mat* cone; *typogr* shank; ~**formet,** conical; ~**spill,** ninepins, skittles.

kjekk, (tiltalende) nice, likable.

kjekl, wrangling; ~**e,** wrangle, quarrel.

kjeks, biscuit, cracker.

kjele, kettle; (damp-) boiler; ~**dress,** boiler suit, overalls.

kjelke, sledge; toboggan.

kjeller, (etasje) basement; (rom) cellar.

kjeltring, scoundrel, rascal.

kjemi, chemistry; ~**kalier,** chemicals, ~**ker,** chemist; ~**sk,** chemical.

kjemme, comb.

kjempe, s giant; v fight, struggle; ~**messig,** gigantic.

kjenne, know; ~**lig,** recognizable **(på:** by); ~**lse,** decision; (av jury) verdict; ~**merke,** mark, sign; ~**r,** connoisseur.

kjenning, *mar* sight (of land); (bekjent) acquaintance; ~**skap,** knowledge (**til:** of); acquaintance (**til:** with).

kjensgjerning, fact.

kjent, known, familiar; acquainted; well-known.

kjepp, stick, cudgel; ~**hest,** hobby-horse.

kjerne, *s & v* churn; (nøtt og *fig*) kernel; (frukt) seed; pip; (celle) nucleus; *fig* core, essence, heart; ~**fysikk,** nuclear physics.

kjerre, cart.

kjerring, (old) woman, crone.

kjertel, gland.

kjetter, heretic; ~**i,** heresy; ~**sk,** heretical.

kjetting, chain.

kjeve, jaw.

kjevle, *s* rolling-pin; *v* roll.

kjole, dress; frock; gown; (preste-) gown; (herre-) dress-coat; ~**liv,** bodice; ~**stoff,** dress material.

kjortel, coat.

kjæle, fondle, caress;

~**n,** cuddly; ~**navn,** pet name.

kjær, dear; ~**este,** sweetheart; ~**kommen,** welcome; ~**lig,** fond, loving, affectionate; ~**lighet,** love, affection; (neste-) charity; ~**tegn;** ~**tegne,** caress.

kjøkken, kitchen; *mar* galley; ~**benk,** dresser; ~**hage,** kitchen garden; ~**sjef,** chef.

kjøl, keel.

kjøleanlegg, cold storage plant; ~**skap,** refrigerator; *dt* fridge; *am* icebox.

kjølig, cool; (ubehagelig) chilly; ~**ne,** cool.

kjønn, sex; *gram* gender.

kjøp, purchase; buying; (godt-) bargain; ~**e,** buy, purchase (**av:** from); ~**er,** buyer, purchaser; ~**esum,** purchase price; ~**mann,** (detalj-) shopkeeper; (grossist) merchant.

kjøre, drive; run; ride; ~**kort,** driver's (*el* driving) licence; ~**r,** driver; ~**tur,** drive, ride; ~**tøy,** vehicle.

kjøter, cur, mongrel.

kjøtt, flesh; (mat) meat;

~**etende,** carnivorous; ~**forretning,** butcher's shop.

klabbeføre, cloggy *el* sticky snow.

kladd, rough draft.

klaff, leaf, flap; (ventil) valve; ~**e,** tally; fit.

klage, *v* complain; (**over:** of); *s* complaint; ~**sang,** elegy.

klam, clammy, damp.

klammer, brackets.

klammeri, altercation, quarrel.

klamre seg til, grasp, cling to.

klander; ~**re,** blame.

klang, sound, ring.

klapp, (lett slag) tap, rap, pat; (bifall) applause, clapping of hands; ~**e,** clap, applaud; (som kjærtegn) pat, stroke; ~**erslange,** rattlesnake; ~**sete,** flap-up seat.

klapre, rattle; (om tenner) chatter.

klaps; ~**e,** slap.

klar, clear; bright; (tydelig) plain, evident; ~**e,** manage; ~**ere,** clear; ~**ering,** *merk* clearance; ~**het,** clearness; clarity; ~**inett,** clarinet.

klase, cluster, bunch.

klask; ~**e,** smack.

klasse, class; (skole-) form, class; *amr* grade; ~**ifisere,** classify; ~**ifisering,** classification; ~**iker,** classic; ~**isk,** classic(al).

klatre, climb.

klatt, (blekk) blot; (smør) pat; (klump) lump.

klausul, clause.

klave, collar.

klaver, piano; ~**iatur,** keyboard.

kle, dress; (holde med klær) clothe; (passe) become, suit; ~ **seg,** dress; ~ **av seg,** undress; ~ **på seg,** dress (oneself).

kleble, stick, adhere (**ved:** to); ~**erstein,** steatite; ~**rig,** sticky, adhesive.

klede, cloth; ~**bon,** garment; ~**lig,** becoming.

klegg, gadfly, horsefly.

klekke, hatch; ~**lig,** considerable.

klem, hug, squeeze; ~**me,** *s* clamp; *v* squeeze; pinch; (kjærtegn) hug, squeeze.

klemt; ~**e,** toll.

klenge, cling, stick; ~**navn,** nickname.

kleptoman, kleptomaniac.

kles|børste, clothes-brush; ~**henger**, coat hanger; ~**klype**, clothes-peg; ~**kott**, closet; ~**plagg**, garment; ~**skap**, wardrobe.

kli, bran.

klient, client; ~**el**, clientele.

klikk, set, gang, clique; **slå** ~, misfire; *fig* fail; ~**e**, misfire; fail.

klima, climate; ~**ks**, climax; ~**tisk**, climatic.

klimpre, strum.

klinge, *s* blade; *v* sound; jingle; ~**ende mynt**, hard cash; ~**klang**, dingdong; jingle.

klinikk, clinic; ~**sk**, clinic(al).

klinke, *s* rivet; (på dør) latch; *v* rivet.

klipp, cut, clip; ~**e**, cut, clip; (sauer) shear; *s* rock; ~**fisk**, split cod, klippfish.

klirr; ~**e**, clash, clink, jingle.

klisjé, cliché.

kliss, sticky mass; stickiness; ~**e**, stick; ~**et**, sticky; ~**våt**, drenched, soaked.

klister; ~**re**, paste.

klo, claw; (rovfugl) talon.

kloakk, sewer; ~**innhold**, sewage; ~**anlegg**, sewerage.

klode, globe, sphere.

klok, wise, prudent.

klokke, (til å ringe med) bell; (vegg-) clock; (armbåndsur) watch; ~**r**, sexton; ~**slett**, hour.

klokskap, wisdom, prudence.

klor, chlorine; ~**e**, scratch; ~**oform**; ~**oformere**, chloroform; ~**vann**, chlorine water.

klosett, water-closet, W.C.

kloss, *s* block; *fig* bungler; *adj* close; ~**et**, clumsy.

kloster, monastery; (nonne-) convent, nunnery.

klovn, clown.

klubb, club; ~**e**, mallet, club; *v* club; ~**lokale**, club-house.

klukk; ~**e**, cluck.

klump, lump; (jord-) clod; ~**et**, lumpy; ~**fot**, club-foot.

klunke (på instrument) strum.

kluss, trouble; fuss; ~**e med**, tamper with.

klut, cloth; rag; (støve-) duster.

klynge, s cluster, group; v cling to.

klynk; ~e, whimper, whine.

klyp, nip, pinch; ~e, s clip; (snus) pinch; ~e, v nip, pinch.

klyse, gob.

klystér, clyster.

klær, clothes, clothing.

klø, vt scratch; vi itch.

kløft, cleft, crack.

kløkt, shrewdness, sagacity; ~ig, shrewd, sagacious.

kløne, bungler; ~t, awkward; clumsy.

kløver, (kort) clubs; bot clover.

kløvhest, packhorse.

kløyve, split, cleave.

kna, knead, work.

knagg, peg.

knake, creak.

knall, report, crack.

knapp, adj scant(y), scarce; s button; ~e, button; ~e igjen, button up; ~e opp, unbutton; ~enål, pin; ~het, scarcity, shortage; ~hull, buttonhole.

knapt, (neppe) hardly, barely, scarcely.

knase, crackle, (s)crunch.

knaus, crag, rock.

kne, knee.

knebel; ~le, gag.

knegge, neigh, whinny.

kneipe, dive, pub.

kneise, strut, carry the head high.

knekk, crack; (brudd) break, crack; fig shock; ~e, break, crack, snap.

knekkebrød, crispbread.

knekt, fellow; (kort) knave.

knele, kneel.

knep, trick; (håndlag) knack; ~en, narrow.

knepp; ~e, click.

knip, pinch; (mage-) gripes; ~e, s pinch, fix; v pinch; (spare) spare, pinch; (stjele) purloin; ~etak, (i et ~) at a pinch; ~etang, pincers.

kniplinger, lace.

knippe, bunch; bundle.

knips; ~e, fillip, snap.

knirke, creak.

knis; ~e, giggle, titter.

knitre, crackle.

kniv, knife (pl knives).

knokle, knuckle; ~kel, bone; ~let, bony.

knoll, bot tuber.

knop, knot.

knopp, bud; ~skyting, budding; gemmation.

knott, knob; zool gnat.

knudret, rugged; rough.

knuge, press, squeeze; (tynge) oppress; ~ **nde,** oppressive.

knurr; ~ **e,** growl, snarl; *fig* murmur, grumble.

knuse, crush, smash; break.

knusk, tinder; ~ **tørr,** bonedry.

knuslet, niggardly, mean.

knute, knot; ~ **punkt,** junction.

kny, *s* slightest sound; *v* breathe a word.

knytte, tie, knot; *v fig* attach, bind, tie; *s* bundle; ~ **neve,** fist.

koagulere, coagulate.

koalisjon, coalition.

kobbe, seal.

kobbel, (to) couple; (tre) leash.

kobber, copper.

koble, couple; ~ (slappe) **av,** relax.

kobolt, cobalt.

kode, code.

koffert (hånd-) suitcase; (stor) trunk.

koie, shanty.

kok, boiling (state); ~ **ain,** cocaine; ~ **e,** boil; (lage mat) cook; ~ **eplate,** hot-plate; ~ **epunkt,** boiling point.

kokett, coquettish; ~ **ere,** flirt, coquet.

kokhet, boiling hot.

kokk; ~ **e,** cook.

kokosnøtt, coco(a)nut.

koks, coke.

kolbe, (gevær-) butt; *kjem* retort, flask; *bot* spadix.

koldbrann, gangrene.

kolera, cholera; ~ **isk,** choleric.

kolibri, colibri, hummingbird.

kolikk, gripes, colic.

kolje, haddock.

kollbøtte, somersault; **slå** ~ **,** turn a somersault.

kollega, colleague.

kolleksjon, collection; ~ **t,** collection; ~ **tiv,** collective.

kolli, packages, piece.

kollidere, collide, clash; ~ **sjon,** collision, clashing.

kolon, colon.

koloni, colony; ~ **alhandler,** grocer; ~ **alvarer,** groceries; ~ **sasjon,** colonization; ~ **sere,** colonize.

kolonnade, colonnade; ~ **e,** column.

koloss, colossus; ~ **al,** colossal.

kombinasjon, combination; ~ **ere**, combine.
komedie, comedy.
komet, comet.
komfort, comfort(s); ~ **abel**, comfortable.
komfyr, range; cooker.
komiker, comic acter; ~ **sk**; comic(al).
komité, committee.
komma, comma.
kommandant, commandant, governor; ~ **ere**, order; command; ~ **o**, command; ~ **ør**, commodore.
komme, *v* come; (**an ~**) arrive; get; ~ **nde**, coming, next.
kommentar, (bemerkning) comment; (forklaring) commentary; ~ **ere**, comment (on).
kommersiell, commercial.
kommisjon, commission; (nemnd) board; ~ **ær**, commission agent.
kommissariat, commissariat; ~ **ær**, commissary.
kommode, chest of drawers; *amr* bureau.
kommunal, local; (i by) municipal; ~ **e**, municipality; (land-) rural district; ~ **eskatt**, local rate *el* tax.

kommunikasjon, communication; ~ **smiddel**, means of communication.
kommuniké, communiqué.
kommunisme, communism; ~ **t**, communist.
kompani, company; ~ **iskap**, partnership; ~ **jong**, partner.
kompass, compass.
kompensasjon, compensation.
kompetanse, competence; ~ **ent**, competent.
kompleks, *s & adj* complex.
komplett; ~ **ere**, complete.
kompliment, compliment; ~ **kasjon**, complication; ~ **sere**, complicate.
komplott, conspiracy, plot.
komponere, compose; ~ **nist**, composer; ~ **sisjon**, composition.
kompott, compote, stewed fruit.
komprimere, compress.
kompromiss, compromise.
kompromittere, compromise.

kondensator, condenser; ~**densere,** condense; ~**ditor,** confectioner; pastry cook; ~**ditori,** confectioner's shop; (med servering) tearoom; ~**dolanse,** condolence; ~**dolere,** condole with; ~**duite,** tact; ~**duktør,** guard; (buss, trikk) conductor.

kone, (hustru) wife; (kvinne) woman.

konfeksjon, ready-made clothes; ~**fekt,** sweets, chocolates; *amr* candy; ~**feranse,** conference; (samtale) interview; ~**ferere,** confer; ~**fesjon,** confession, creed; ~**fesjonsløs,** adhering to no creed; ~**fidensiell,** confidential; ~**firmant,** candidate for confirmation, confirmand; ~**firmasjon,** confirmation; ~**firmere,** confirm; ~**fiskasjon,** confiscation; ~**fiskere,** confiscate, seize; ~**flikt,** conflict.

konge, king; ~**dømme,** monarchy; ~**lig,** royal; ~**rike,** kingdom.

kongle, cone.

kongress, congress.

konjakk, cognac, brandy.

konjunksjon, conjunction; ~**tiv,** the subjunctive (mood); ~**turer,** state of the market; trade conditions.

konkav, concave; ~**kludere,** conclude; ~**klusjon,** conclusion; ~**kret,** concrete; ~**kurranse,** competition; ~**kurrent,** competitor; ~**kurrere,** compete; ~**kurs,** failure, bankruptcy; *adj* bankrupt; **gå** ~**kurs,** fail, go into bankruptcy.

konsekvens, consistency; consequence; ~**t,** consistent.

konsentrasjon, concentration; ~**rasjonsleir,** concentration camp; ~**rere** (seg), concentrate.

konsept, (rough) draft; **gå fra** ~**ene,** lose one's head.

konsern, group.

konsert, concert.

konservativ, conservative; ~**ator,** keeper, curator; ~**ere,** keep, preserve; ~**ering,** preservation.

konsesjon, concession, licence; ~**sis,** concise; ~**sonant,** consonant; ~**spirere,** conspire;

~ **stant,** invariable, constant; ~ **statere,** ascertain; state.

konstitusjon, constitution.

konstruere, construct; ~ **ksjon,** construction; ~ **ktør,** constructor.

konsul, consul; ~ **at,** consulate; ~ **ent,** adviser, consultant; ~ **tasjon,** consultation; ~ **tere,** consult.

konsumere, consume.

kontakt, contact, touch; *elektr* switch; ~ **tant,** cash; ~ **tinent,** continent; ~ **tinentalsokkelen,** the Continental Shelf; ~ **tingent,** subscription; (kvote) quota; ~ **to,** account.

kontor, office; ~ **dame,** office girl, woman clerk; typist; ~ **ist,** clerk; ~ **tid,** office hours.

kontra, versus; ~ **bass,** doublebass; ~ **hent,** contractor; ~ **here,** contract.

kontrakt, contract; ~ **trast,** contrast.

kontroll; ~ **ere,** control, check; ~ **ør,** controller, supervisor, inspector.

kontur, contour, outline.

konvall, lily of the valley; ~ **veks,** convex; ~ **vensjon,** convention; ~ **versasjon,** conversation; ~ **versasjonsleksikon,** encyclop(a)edia; ~ **versere,** converse; *tr* entertain; ~ **voi,** convoy; ~ **volutt,** envelope.

kooperativ, co-operative; ~ **ordinasjon,** co-ordination.

kopi; ~ **ere,** copy.

kople, couple; ~ **ling,** coupling; *jernb* coupler; (bil) clutch.

kopp, cup; ~ **er,** *med* small-pox; (metall) copper; ~ **erstikk,** print.

kor, chorus; (sangerne) choir; ~ **al,** choral.

korall, coral; ~ **rev,** atoll.

kordfløyel, corduroy.

korg, basket.

korint, currant.

kork, cork; ~ **etrekker,** cork screw.

korn, grain; (på marken) corn; (sikte-) aim, sight.

kornett, cornet.

korporal, corporal.

korps, corps, body.

korpulent, corpulent, stout.

korrekt, correct; ~ **ur,** proof.

korrespondanse, correspondence; ~ **ent,** correspondent; ~ **ere,** correspond.

korridor, corridor.

korrupsjon, corruption; ~ **t,** corrupt.

kors, cross.

korsett, corset, stays.

korsfeste, crucify; ~ **festelse,** crucifixion; ~ **rygg,** loins; ~ **tog,** crusade; ~ **vei,** crossroad.

kort, s card; adj short; ~ **fattet,** concise, brief; ~ **het,** shortness; brevity, conciseness; ~ **klipt,** close cropped; ~ **siktig,** short (-term); ~ **slutning,** short circuit; ~ **spill,** card-game; ~ **stokk,** pack (amr deck) of cards; ~ **synt,** fig shortsighted; ~ **varig,** of short duration, short-lived.

kose, vr make oneself cosy; ~ **lig,** cosy, snug; nice.

kosmetikk, cosmetics pl; ~ **isk;** ~ **isk preparat,** cosmetic.

kost, (mat) board, food, fare; (feie-) broom; (maler-) brush; ~ **bar,** precious, valuable; (dyr) expensive; ~ **e,** cost; ~ **eskaft,** broom-stick; ~ **skole,** boardingschool.

kostyme, costume.

kotelett, cutlet, chop.

kott, cubby(hole).

krabbe, s crab; v crawl.

kraft, strength; power; force; ~ **anstrengelse,** effort; ~ **ig,** strong, vigorous; ~ **stasjon,** power station.

krage, collar.

krakilsk, cantankerous, quarrelsome.

krakk, stool; (handelskrise) crash, collapse.

kram, s wares; (skrap) trash; adj clogging, wettish; ~ **bu,** shop; ~ **kar,** pedlar.

krampaktig, convulsive; ~ **e,** (jernkrok) cramp; (-trekning) spasm; fit, convulsions; cramp; ~ **elatter,** hysteric laughter; ~ **etrekning,** convulsions.

kran, (heise) crane; (vann-) tap, cock.

krangel; ~ **le,** quarrel.

kraniebrudd, fracture of the scull.

krans, wreath, garland.

krater, crater.
kratt, thicket, brush-wood.
krav, demand; (fordring) claim.
kreatur, animal; (kveg) cattle.
kredit; kreditere, credit; ~**or**, creditor; **kreditt**, credit.
kreft, cancer.
krem, (pisket fløte) whipped cream; (hud- o.l.) cream.
kremere, cremate.
kremt, throat-clearing; ~**e**, clear one's throat.
krenge, careen, heel.
krenke, violate; (en) hurt; offend; ~**lse**, violation; injury; ~**nde**, insulting.
krepp, crape.
kreps, crawfish, crayfish.
kresen, fastidious, discriminating; particular.
krets, circle; ring; (distrikt) district; ~**e**, circle.
kreve, demand; require; (fordre) claim.
krig, war; ~**er**, warrior; ~**ersk**, martial, warlike.
kriminaldomstol, criminal court; ~**film**, detective film; ~**roman**, de-

tective novel; ~**sak**, criminal case.
kriminell, criminal.
kringkaste, broadcast; ~**ing**, broadcasting.
krise, crisis, *pl* crises.
kristelig; ~**en**, Christian; ~**torn**, holly; ~**us**, Christ.
kritiker, critic; (anmelder) reviewer; ~**kk**, criticism; ~**sere**, criticize; ~**sk**, critical.
kritt; ~**e**, chalk.
kro, inn, pub(lic-house).
krok (hjørne), corner; (jern-) hook, crook; (fiske-) hook.
krokket, croquet.
krokodille, crocodile.
krone, *s & v* crown.
kronikk, feature article.
kroning, coronation.
kronologi, chronology; ~**sk**, chronological.
kronprins, Crown Prince; (i England) Prince of Wales.
kropp, body; ~**sarbeid**, manual work.
krukke, pitcher, jar.
krum, curved, crooked; ~**kake**, rolled wafer; ~**me**, bend, .bow; ~**ming**, bend, curve; ~**tapp**, crank.

krus, mug; (øl-) tankard;
~ **ning**, ripple.
krusifiks, crucifix.
krutt, (gun-) powder.
kry, *adj* proud; *v* swarm.
krybbe, manger, crib.
krydder; ~ **deri**, spice;
~ **re**, spice, season.
krykke, crutch.
krympe, shrink.
krypdyr, reptile; ~ **e**,
creep; (kravle) crawl;
fig fawn, cringe; ~ **skyt-
ter**, poacher.
krysning, cross(ing).
kryss, cross (vei-) cross-
roads; ~ **e**, cross; ~ **er**,
cruiser; ~ **finér**, ply-
wood; ~ **forhør**, cross-
examination; ~ **ild**,
cross-fire; ~ **ordoppgave**,
crossword puzzle.
krystall, crystal.
krøll(e), *s* curl; ~ **e**, *v*
curl; (om papir, klær)
crease, crumple; ~ **et**,
curly; crumpled;
~ **tang**, curling iron.
krønike, chronicle, an-
nals.
krøpling, cripple.
kråke, crow.
krås, crop.
ku, cow.
kubbe, log.
kube, hive.

kubein, crowbar.
kubikkinnhold, volume;
~ **meter**, cubic metre;
~ **rot**, cube root.
kue, subdue, cow; ~ **jon**,
coward.
kul, bump.
kulde, cold; ~ **grad**, de-
gree of frost; ~ **gysning**,
cold shiver.
kule, ball; globe; *mat*
sphere; (gevær-) bullet;
~ **lager**, ball-bearing;
~ **penn**, ballpen; ~ **støt**,
putting the shot.
kulinarisk, culinary;
~ **ing**, breeze; ~ **isse**,
scene, wing.
kull, (fugler) brood,
hatch; (pattedyr) litter;
(tre-) charcoal; (stein-)
coal; ~ **boks**, coal-
scuttle; ~ **gruve**, coal
mine; ~ **kaste**, upset;
~ **svart**, jet black;
~ **stoff**, carbon; ~ **syre**,
carbonic acid.
kulminere, culminate.
kultivere, cultivate; ~ **ur**,
civilization; culture;
~ **urell**, cultural; ~ **us**,
cult.
kum, tank; ~ **merlig**, mi-
serable.
kunde, customer, client.
kunne, be able to; ~ **gjø-**

re, make known; announce; ~ **skap**, knowledge.
kunst, art; (-stykke) trick; ~ **ig**, artificial; ~ **løp**, figure skating; ~ **maler**, artist, painter; ~ **ner**, artist; ~ **stoff**, synthetic material; ~ **verk**, work of art.
kupé, *jernb* compartment; (bil) coupé.
kupert, rough, rugged.
kupong, coupon.
kupp, coup; (fangst) haul.
kuppel, dome; (lampe-) globe.
kur, cure, (course of) treatment; **gjøre** ~ **til**, make love to; ~ **anstalt**, sanatorium.
kurér, courier.
kurere, cure, heal; ~ **fyrste**, elector; ~ **iositet**, curiosity; ~ **iøs**, curious, singular.
kurs, course; *merk* quotation; (valuta-) rate (of exchange); ~ **iv**, italics; ~ **notering**, exchange quotation.
kursted, health resort; spa.
kursus, course.

kurtisane, courtesan; ~ **ere**, flirt with.
kurv, basket; ~ **e**, curve ~ **fletning**, wicker-work; ~ **stol**, wicker chair.
kusine, cousin.
kusk, coachman, driver.
kusma, mumps.
kutt; ~ **e**, cut.
kuvert, cover.
kvadrant, quadrant; ~ **at**, square; ~ **atmeter**, square metre; ~ **atrot**, square root.
kvaksalver, quack(doctor).
kval, pang, agony, anguish.
kvalifikasjon, qualification; ~ **fisere**, qualify; ~ **tet**, quality.
kvalm, sick; (lummer) close; ~ **e**, sickness, nausea.
kvantitet; ~ **um**, quantity.
kvart, quarter, fourth; (format) quarto; ~ **al**, (tid) quarter; (hus) block; ~ **e**, hook, nab; ~ **er**, quarter (of an hour); ~ **ett**, quartet.
kvarts, quartz.
kvass, sharp.
kvast, tuft.
kve, pen, fold.

kveg, cattle; ~ **avl**, breeding of cattle.

kveil; ~ **e**, coil.

kveite, (fisk), halibut.

kveker, Quaker.

kveld, evening; **i** ~, this evening, tonight.

kvele, strangle; stifle; choke; suffocate; smother; ~ **erslange**, boa constrictor; ~ **stoff**, nitrogen.

kvern, (hand-)mill, grinder.

kvesse, whet, sharpen.

kvie seg, feel reluctant.

kvige, heifer.

kvikk, lively, quick; ~ **sand**, quicksand; ~ **sølv**; quicksilver, mercury.

kvikne til, rally, recover.

kvinne, woman (pl women); ~ **lig**, female; feminine; ~ **sak**, feminism.

kvintessens, quintessence; ~ **ett**, quintet.

kvise, pimple.

kvist, twig, sprig; (i bord) knot; (i hus) garret, at-

tic; ~ **e**, strip; ~ **kammer**, garret.

kvitre, chirp, twitter.

kvitt (bli ~), get rid of.

kvittere, (give a) receipt; ~ **ing**, receipt.

kvote, quota; ~ **ient**, quotient.

kylling, chicken.

kyndig, skilled; ~ **het**, knowledge, skill.

kyniker; ~ **isk**, cynic.

kysk, chaste; ~ **het**, chastity.

kyss; ~ **e**, kiss.

kyst, coast; ~ **båt**, coaster; ~ **by**, seaside town.

kø, queue; (biljard) cue.

København, Copenhagen.

kølle, club, cudgel.

Köln, Cologne.

køye, s berth; (henge-) hammock; (fast) bunk; v turn in.

kål, cabbage; ~ **rabi**, Swedish turnip.

kåpe, coat.

kår (forhold) conditions; circumstances.

kårde, rapier.

kåre, choose, elect.

kåt, wild, wanton.

L

la, let; (våpen) load, charge; (tillate) allow, permit, let.
labb, paw.
laboratorium, laboratory.
labyrint, labyrinth, maze.
ladested, small seaport town; ~ning, (last) cargo, load; (krutt) charge.
lag, (jord- o.l.) layer, stratum; (strøk) coat(ing); (sports- o.l.) team.
lage, make.
lager, stock, store; (lokale) warehouse; på ~, in stock; ikke på ~, out of stock.
lagmannsrett, court of assize.
lagre, store; (for å forbedre) season.
lagune, lagoon.
lake, brine, pickle; (fisk) burbot.
lakei, lackey, footman.
laken, sheet.
lakk, (ferniss) lacquer, varnish; (emalje-) enamel; (segl-) sealing wax; ~e, seal; ~ere, varnish, lacquer, enamel; ~sko, patent leather shoes.

lakris, liquorice.
laks, salmon.
lam, s lamb; adj paralysed; ~a, llama; ~ell, elektr segment; ~me, (gjøre lam) paralyse; (få lam) lamb; ~mekjøtt, lamb.
lampe, lamp; ~feber, stage fright; ~skjerm, lamp shade; ~tt, bracket lamp.
land, country; (mots. sjø) land; ~bruk, agriculture; ~brukshøgskole, agricultural college; ~bruksskole, agricultural school; ~e, land; ~eiendom, landed property; ~eplage, scourge; ~esorg, national mourning; ~evei, highway; ~flyktig, exiled; ~flyktighet, exile; ~gang, landling; konkr gangway; ~krabbe, landlubber; ~måler, surveyor; ~område, territory; ~sby, village; ~sdel, part of the country; ~sforræder, traitor; ~sforræderi, treason; ~skamp, inter-

national (match);
~ **skap,** scenery; (male-
ri) landscape; ~ **slag,**
national team; ~ **smann,**
(fellow) countryman;
~ **smøte,** national con-
gress.
lang, long; ~ **e,** (fisk)
ling; ~ **fredag,** Good
Friday; ~ **modig,** long-
suffering; ~ **renn,**
cross-country race; ~ **s,**
prp along; **på** ~ **s,**
lengthwise; ~ **som,**
slow; ~ **synt,** long-
sighted; ~ **t,** far; ~ **trek-
kende,** far-reaching;
~ **varig,** of long dura-
tion, long; ~ **viser,** mi-
nute hand.
lanse, lance, spear; ~ **re,**
launch, introduce.
lanterne, lantern.
lapp, patch; (papir)
scrap; ~ **e,** patch;
~ **eteppe,** patch-work.
lapskaus, stew, hash;
~ **us,** slip.
larm, noise; ~ **ende,** noi-
sy.
larve, caterpillar, larva.
lasaron, tramp.
lass, load.
last, (synd) vice; (bør)
burden; (skips-) cargo;
~ **e,** load; (klandre)

blame; ~ **ebil,** lorry;
amr truck; ~ **ebåt,** cargo
boat; ~ **erom,** hold.
lat, lazy; ~ **e** (synes)
seem, appear; ~ **e som
om,** pretend to (med
inf), pretend that.
latin, latinsk, Latin.
latter, laughter, laugh;
~ **lig,** ridiculous.
laug, guild.
laurbær, *bot* laurel; *fig*
laurels.
lauv, leaves, foliage.
lav, *adj* low; *s bot* lichen;
~ **a,** lava; ~ **adel,** gen-
try; ~ **endel,** lavender;
~ **erestående,** inferior,
lower; ~ **land,** lowland.
le, *s* shelter; *mar* lee-
(ward); *v* laugh.
ledd, joint; (av kjede)
link; (slekts-) genera-
tion.
lede, lead; (bestyre) man-
age, conduct; (vei-)
guide; *fys* conduct;
~ **lse,** direction, man-
agement; guidance;
~ **nde,** leading; ~ **r,**
leader; *merk* manager,
executive; *fys* conduc-
tor; (i avis) leader, *amr*
editorial; ~ **stjerne,**
lodestar.
ledig, (stilling, leilighet)

vacant, (ikke opptatt) free, available; ~**gang**, idleness.

ledning, line; (rør) pípe.

ledsage, accompany; ~**r**, companion.

legal, legal; ~**alisere**, legalize; ~**asjon**, legation; ~**at**, endowment, foundation.

lege, *s* doctor; physician; *v* heal, cure; ~**attest**, medical certificate; ~**middel**, medicine, drug.

legeme, body; ~**lig**, bodily, corporal.

legende, legend; ~**arisk**, legendary.

legere; ~**ing**, alloy.

legg, *n* fold, plait; *c* calf; ~**e**, put, lay, place; ~ **seg**, lie down; (gå til sengs) go to bed.

legitim, legitimate; ~**asjonspapirer**, identification papers; ~**ere seg**, prove one's identity.

lei, *s* direction; *mar* channel; *adj* sorry (for: about *el* for); sick, tires (av: of); ~**der**, ladder; ~**e**, *s* (betaling) rent, hire; *v* hire; rent; (leie ut) let; (føre ved hånden) lead; ~**ebil**, rented *(el* hired) car; ~**eboer**,

tenant; (losjerende) lodger; ~**egård**, block of flats; *amr* apartment house; ~**etropper**, mercenaries; ~**lending**, tenant farmer; ~**lighet**, (beleilig tid) opportunity; (anledning) occasion; (bolig) flat; *amr* apartment.

leir, camp; ~**e**, clay; ~**krukke**, earthen pot; ~**varer**, earthenware.

lek, *s* game, play; *adj* lay; ~**e**, *v* play; *s* toy; ~**ekamerat**, playfellow; ~**eplass**, playground; ~**etøy**, toy(s).

lekk; ~**e**, leak.

lekker, dainty, nice, delicate.

lekmann, layman; ~**predikant**, lay preacher.

lekse, lesson.

leksikon, (konversasjons-) encyclopaedia; (ordbok) dictionary.

lektor, grammar school teacher; (universitets-) lecturer.

lem, *c* trapdoor; (vindus-) shutter; *n* member; (arm *el* bein); limb; ~**en**, lemming; ~**feldig**, lenient; ~**leste**, mutilate; maim.

lempe på, relax, modify; **med ~,** gently.

lemster, stiff.

lend, loin; **~e,** ground.

lene, lean; **~stol,** armchair, easy-chair.

lengde, length; *geo* longitude; **i ~den,** *fig* in the long run; **~e,** long, (for) a long time; **~es,** long **(etter:** for); **~sel,** longing, yearning; **~selsfull,** longing; **~te,** long.

lenke, *s & v* chain; fetter.

lens, empty; *mar* dry; free (from water); **~e,** *v* run before the wind; (tømme) empty; (øse) bale; *s* timber-boom; **~herre,** feudal lord.

leopard, leopard.

leppe, lip; **~stift,** lipstick.

lerke, *zool* lark; (lomme-) (pocket-)flask.

lerret, linen; (seilduk) canvas; (film) screen.

lese, read; **~bok,** reader; **~lig,** legible, readable; **~sal,** reading-room.

leske, quench; **~drikk,** refreshing drink.

lespe, lisp.

lesse, load; **~ av,** unload.

lest, last.

lete, look, search **(etter:** for).

letne, (klarne opp) lighten *(el* clear) up.

lett, (mots. tung) light; (mots. vanskelig) easy; **~bevegelig,** easily moved; **~e,** (om vekt) lighten; (gjøre mindre vanskelig) facilitate; (løfte) lift; (hjertet) relieve, ease; (tåke) clear, lift; (om fly) take off; **~e anker,** weigh anchor; **~else,** relief.

lettsindig, light, frivolous; **~sindighet,** levity; **~troende,** credulous; **~vekt,** lightweight.

leve, live, be alive; **~brød,** livelihood; **~dyktig,** viable; **~kostnad,** cost of living; **~n,** noise, uproar; **~nde,** living; alive; *fig* lively.

lever, liver; **~postei,** liver paste.

leverandør, supplier; **~anse,** delivery; supply; **~e,** deliver; furnish, supply; **~ing,** delivery; supply.

levesett, mode of living;

~ **standard,** standard of living.

levne, leave; ~ **et,** life; ~ **ing,** remnant; (mat) left-overs *pl.*

levre, coagulate; ~ **t,** clotted.

li, hillside.

liberal, liberal.

lide, suffer; ~ **lse,** suffering; ~ **nskap,** passion; ~ **nskapelig,** passionate.

liga, league.

ligge, lie.

ligne, resemble; (skatt) assess; ~ **else,** parable; ~ **ende,** similar; ~ **ing,** (skatt) assessment; *mat* equation.

lik, *s* corpse, dead body; *adj* like; similar; equal.

like, *adj* (tall) even; *adv* equally, just; ~ **etter,** immediately after; ~ **overfor,** (just) opposite; ~ **ved,** close by; *s* match; **uten** ~, unique; *v* like, fancy; enjoy; ~ **fram,** straightforward; ~ **gyldig,** indifferent; ~ **ledes,** likewise; ~ **stilling,** equality; ~ **strøm,** direct current; ~ **så,** likewise; ~ **vekt,** equilibrium; ~ **vel,** still, yet, all the same; after all.

likhet, likeness, resemblance; similarity; (i rettigheter) equality; ~ **stegn,** sign of equation.

likkapell; ~ **kjeller,** mortuary; ~ **kiste,** coffin.

liksom, like; as; (som om) as if; (så å si) as it were.

likså (stor, mye) **som,** as (big, much) as.

liktorn, corn.

likvid, liquid; ~ **ere,** liquidate.

likør, liqueur.

lilje, lily.

lilla, lilac, mauve.

Lilleasia, Asia Minor.

lim; ~ **e,** glue; ~ **e,** *s* broom.

limonade, lemonade.

lin *bot* flax; (tøy) linen.

lindre, relieve, ease; ~ **ing,** relief, ease.

line, rope; (fiske-) line; ~ **danser,** tight-rope walker.

linerle, wagtail.

linjal, ruler; ~ **e,** line; (studie-) side; ~ **ere,** rule, line.

linoleum, linoleum; ~ **olje,** linseed oil.

linse, lens; *bot* lentil.

lintråd, linen thread; ~ **tøy,** linen.

lirekasse, barrel organ; ~**mann,** organ-grinder.

lisens, licence; *amr* license; **gi** ~, to license.

list, (lurhet) cunning; (kant) list; ~**e,** *s* list; ~**e seg,** move gently, steal; ~**ig,** cunning, sly.

lite *adj, adv* little.

liter, litre, liter.

litt, a little, a bit.

litteratur, literature; ~**ær,** literary.

liv, life; (kjole-) bodice; (midje) waist; ~**aktig,** lifelike; ~**belte,** life-belt; ~**båt,** life-boat; ~**kjole,** tail *(el* dress) coat, tails; ~**lig,** lively, gay; ~**mor,** womb, uterus; ~**nære,** support oneself; *vr* subsist, support oneself; ~**ré,** livery; ~**rem,** belt; ~**rente,** annuity; ~**rett,** favourite dish; ~**sanskuelse,** view of life; ~**sbetingelse,** essential condition; ~**sfare,** mortal danger; ~**sforsikring,** life insurance; ~**svarig,** for life; ′~**vakt,** bodyguard.

ljå, scythe.

lo (på tøy) nap, pile.

lodd, (skjebne) lot; (i lotteri) ticket; (på vekt) weight; *mar* lead; ~**e** (måle havdyp) sound; *fig* plumb; (metall) solder; ~**e ut,** raffle; ~**elampe,** soldering lamp; ~**en,** shaggy; ~**rett,** perpendicular, vertical; ~**seddel,** lottery ticket; ~**trekning,** drawing of lots.

loff, white bread.

loffe, *mar,* luff.

loft, loft; ~**srom,** garret, attic.

logaritme, logarithm; ~**tabell,** table of logarithms.

logg, log; ~**bok,** logbook.

logikk, logic; ~**sk,** logical.

logre, wag the tail.

lojal, loyal; ~**itet,** loyalty.

lokal, local; ~**e,** premises, room; ~**isere,** localize.

lokk, cover, lid; (hår) lock; ~**e,** allure, lure, decoy; tempt; (fugl) call; ~**edue,** decoy, stool pigeon; ~**emat,** bait.

lokomotiv, locomotive, engine; ~**fører,** engine-driver; *amr* engineer.

lomme, pocket; ~ **bok,** wallet, pocket-book; *amr* billfold; ~ **lerke,** (hip-)flask; ~ **lykt,** (electric) torch, flashlight; ~ **tyv,** pickpocket; ~ **tørkle,** (pocket) handkerchief; ~ **ur,** watch.

loppe, flea; ~ **marked,** flea market.

lort, dirt, filth.

los; ~ **e,** pilot.

losje, *teat* box; (frimurer-) lodge; ~ **ere,** lodge; ~ **erende,** lodger; ~ **i,** lodging(s).

loslitt, threadbare.

loss: kaste ~, cast off; ~ **e,** unload, land; ~ **ebom,** derrick; ~ **epram,** lighter.

lott, share; (på fiske) lay; ~ **eri,** lottery.

lov, (tillatelse) leave, permission; *jur* law; (en enkelt) statute, act; ~ **e,** (prise) praise; (gi et løfte) promise; ~ **ende,** promising; ~ **forslag,** bill; ~ **givende,** legislative; ~ **givning,** legislation; ~ **lig,** lawful, legal; ~ **lydig,** law-abiding; ~ **løs,** lawless; ~ **overtreder,** offender; ~ **prise,** praise; ~ **sang,**

hymn; ~ **stridig,** illegal; ~ **tale,** eulogy.

lubben, plump; chubby.

lue, (flamme) *s & v* blaze, flame; (hodeplagg) cap.

luffe, flipper.

luft, air; **i fri** ~, in the open (air); ~ **e,** air; ~ **fart,** aviation; ~ **forurensning,** air pollution; ~ **havn,** airport; ~ **ig,** airy; ~ **post,** airmail; ~ **slott,** castles in the air *(el* in Spain); ~ **speiling,** mirage; ~ **trykk,** atmospheric *(el* air) pressure.

lugar, cabin.

lugg, forelock; ~ **e,** pull (by) the hair.

luke, *s* (lem) trapdoor; (på kontor) window; (billett-) wicket; *mar* hatch; *v* weed.

lukke, *v* shut; close.

lukningstid, closing time.

luksuriøs, luxurious; ~ **s,** luxury.

lukt, smell; scent; odour; ~ **e,** smell.

lummer, close; (også *fig)* sultry.

lumpen, paltry; mean.

lumsk, insidious.

lun, (i le) sheltered; (varm) mild.

lund, grove.

lune, v shelter; s humour, mood; whim; ~**full,** capricious.

lunge, lung; ~**betennelse,** pneumonia.

lunken, tepid, lukewarm.

lunsj, lunch; (formelt) luncheon.

lunte s fuse.

lupe, magnifying glass.

lur, s (kort søvn) nap, doze; (instrument) lur(e); adj cunning, sly; ~**e,** (bedra) trick, fool, take in.

lurveleven, hubbub; ~**t,** shabby.

lus, louse, pl lice; ~**ing,** box on the ear.

luske, sneak, slink.

lut, s lye, lixivium; adj bent, stooping; ~**e,** soak in lye; (bøye seg) stoop, bend.

luthersk, Lutheran.

lutre, purify.

ly, shelter, cover.

lyd, sound; ~**bølge,** sound wave; ~**bånd,** recording tape; ~**båndopptaker,** tape recorder; ~**demper,** silencer, muffler; ~**e,** sound; (om tekst) read, run; (adlyde) obey; ~**ig,** obedient; ~**ighet,** obedience; ~**lære,** acoustics; phonetics; ~**løs,** noiseless; ~**mur,** sound barrier; ~**skrift,** phonetic writing.

lykke, (hell) (good) fortune, luck; (-følelse) happiness; ~**lig,** happy; ~**s,** succeed.

lykksalig, blissful; ~**ønske,** congratulate (med: on).

lykt, lantern; (gate-) streetlamp; ~**estolpe,** lamppost.

lymfe, lymph; ~**kjertel,** lymphatic gland.

lyn, lightning; (-glimt) flash; ~**avleder,** lightning conductor; ~**e,** lighten; fig flash.

lyng, heather; ~**mo,** heath.

lynne, disposition, temper.

lynsje, lynch.

lyr, (fisk) pollack.

lyre, lyre; ~**iker,** lyric poet; ~**ikk,** lyric poetry; ~**isk,** lyric(al).

lys, s light; (talg-) candle; adj light, bright; (hår og hud) fair; ~**bilde,** slide; ~**e,** light, shine; ~**ende,** lumin-

ous, shining, bright;
~ **ekrone**, chandelier;
~ **erød**, pink, light red;
~ **kaster**, searchlight;
(på bil) headlight; ~ **ne**,
lighten; (dages) grow
light, dawn; ~ **ning**, (til
ekteskap) banns *pl;* (i
skogen) glade; ~ **punkt**,
bright spot; ~ **pære**,
(electric) bulb.

lyst, delight, pleasure;
(tilbøyelighet) inclina-
tion; mind; **ha** ~ **på**,
want, feel like; **ha** ~ **til**,
I should like to, I want
to; ~ **hus**, arbour, sum-
mer-house; ~ **ig**, merry,
gay; ~ **ighet**, mirth,
merriment; ~ **re**, obey;
(fiske) spear; ~ **spill**, co-
medy.

lyte, blemish, flaw, de-
fect; ~ **fri**, faultless,
flawless.

lytte, listen; ~ **r**, listener.

lyve, lie, tell a lie.

lær, leather.

lærd, learned; ~ **dom**,
learning.

lære, *v* (andre) teach;
(selv) learn; *s* (hånd-
verks-) apprenticeship;
~ **bok**, textbook; ~ **gutt**,
apprentice; ~ **r**, teacher,
master; ~ **tid**, appren-
ticeship.

lærling, apprentice.

lødig, fine, genuine, pure.

løe, barn.

løft, lift; *fig* big effort.

løfte, *v* lift, raise; *fig*
elevate; *s* promise;
(høytidelig) vow;
~ **brudd**, breach of pro-
mise.

løgn, lie, falsehood; ~ **er**,
liar.

løk, onion; (blomster-)
bulb.

løkke, (renne-) loop,
noose.

lømmel, lout, scamp.

lønn, wages, pay; (gasje)
salary; (belønning) re-
ward; *bot* maple; ~ **e**,
pay; (belønne) reward;
~ **e seg**, pay; ~ **ing**, se
lønn; ~ **ingsdag**, pay-
day; ~ **ingsliste**, pay-
roll; ~ **lig**, secret;
~ **sforhøyelse**, increase
of wages; ~ **skonflikt**,
wage dispute; ~ **skonto**,
wages account; ~ **som**,
profitable; ~ **sstopp**,
wage-freeze.

løp, run, course; (elv)
course; (børse) barrel;
(kanon) bore; **i** ~ **et av**,
in the course of, during.

løpe, run; ~ **bane**, career;
~ **grav**, trench; ~ **num-**

mer, serial number; ~**r,** runner; (sjakk) bishop; (fotball) forward; ~**tid,** (dyrs) rutting time; *merk* (veksel) currency; (lån) term.

løpsk: hesten løp ~, the horse bolted.

lørdag, Saturday.

løs, loose; ~**t skudd,** blank shot; ~**t snakk,** idle talk; ~**arbeid,** casual employment; ~**e,** unfasten, loosen; (løslate) let loose; (løse opp) untie; (billett) book, *amr* buy; (en oppgave) solve; ~**epenger,** ransom; ~**gjenger,** tramp, vagrant; ~**late,** release,

set free; ~**ne,** loosen; ~**ning,** solution: ~**revet,** disconnected; ~**øre,** movables *pl.*

løv, se *lauv.*

løve, lion; ~**tann** *bot* dandelion.

løy, *adj* slack; ~**e,** *mar* abate; ~**er,** fun; ~**pe,** (ski-) ski-track.

løytnant, lieutenant.

lån, loan; ~**e (av),** borrow (from); (låne ut) lend, *amr* loan.

lår, thigh; (slakt) leg.

lås; ~**e,** lock.

låt, sound; (melodi) tune; ~**e,** sound.

låve, barn.

M

madrass, mattress.

magasin, (stor-) department store; (blad; i gevær) magazine; (lager) warehouse; ~**ere,** store, warehouse.

mage, stomach; (buk) belly; ~**saft,** gastric juice; ~**sår,** gastric ulcer.

mager, lean; *fig* meagre.

magi, magic; ~**ker,** magician; ~**sk,** magic(al).

magnet, magnet; ~**isk,** magnetic.

mahogni, mahogany.

mai, May.

mais, maize; *amr* corn; ~**kolbe,** corncob.

majestet, majesty; ~**isk,** majestic.

majones, mayonnaise.

major, major; ~ **itet,** majority.
mak, i ro og ~, at one's leisure.
makaroni, macaroni.
make, *s* (like) match, equal, like; (ekte-, fugls ~) mate; ~ **lig,** *adj* easy, comfortable; (om person) indolent, easygoing; *adv* at one's ease; ~ **løs,** matchless, unique.
makker, partner.
makrell, mackerel; ~ **størje,** tunny.
maksimum, maximum.
makt, power; (kraft) force; **med ~,** by force; **stå ved ~,** be in force, be valid; **ha ~ en,** be in power; ~ **e,** manage; be able to; ~ **esløs,** powerless.
male, paint; (på kvern) grind; (om katt) purr; ~ **er,** painter; (kunst-, også) artist; ~ **eri,** painting, picture; ~ **erkost,** paint-brush; ~ **ermester,** master (house-)painter; ~ **erpensel,** paint-brush; ~ **ing,** painting; (farge) paint; (på kvern) grinding.
malm, ore.

malplassert, misplaced.
malstrøm, maelstrom, vortex, whirlpool.
malt, malt; ~ **ekstrakt,** malt extract.
maltraktere, maltreat; ~ **urt,** wormwood; ~ **urtbeger,** cup of bitterness.
mamma, mamma, ma(mmy), mum(my); ~ **dalt,** mammy's darling, sissy.
mammon, mammon.
mammut, mammoth.
man, *(ubest pron)* one; people, we, you, they.
man, *s* mane.
mandag, Monday.
mandat, (fullmakt) authority; (~ **styre**) mandate; (oppdrag) commission; ~ **del,** almond; (halskjertel) tonsil; ~ **dig,** manful, manly; ~ **dolin,** mandolin; ~ **e,** conjure; ~ **ér,** manner; mannerism; ~ **esje,** ring; ~ **et,** jellyfish.
mange, many, a great *(el* good) many, a lot of, plenty of; ~ **l,** want, lack; (knapphet) shortage, scarcity; (feil) defect, flaw; ~ **lfull,** defective, faulty; ~ **millio-**

nær, multimillionaire;
~ sidet, many-sided.
mangfoldig, manifold;
~ e, very many, ever so
many; ~ gjøre, (noe
skrevet) duplicate.
mangle, (ikke ha) want,
lack; (ikke finnes) be
wanting, be missing;
(ikke ha nok) be short
of; ~ nde, missing.
mani, mania, craze;
~ fest, manifesto; ~ ky-
re, manicure; ~ pula-
sjon, manipulation;
~ pulere, manipulate.
manke, mane.
mankiere, be wanting el
missing; ~ o, deficien-
cy, deficit.
mann, man; (ekte-) hus-
band; ~ dom, man-
hood; ~ equin, manne-
quin; ~ haftig, man-
nish; ~ lig, male, mas-
culine; ~ skap, (skip og
fly) crew; ~ sling, ma-
nikin; ~ tall, census.
mansjett, cuff; ~ knapp,
cuff-link.
manuell, manual; ~ fak-
tur, drapery goods;
~ fakturhandel, draper's
shop; amr dry-goods
store; ~ skript, manu-
script.

manøvre; ~ re, manoeu-
vre.
mappe, (dokument-)
briefcase.
mare; ~ ritt, nightmare.
marg, (i bok) margin; (i
bein) marrow; ~ arin,
margarine; ~ in, mar-
gin; ~ inalskatt, surtax.
marine, navy; ~ soldat,
marine.
marionett, puppet.
mark (el makk), maggot,
worm; (åker) field;
ground, land; ~ ant,
marked, distinctive;
~ blomst, wild flower;
~ ed, market; ~ edsfø-
ring, marketing; ~ ere,
mark; ~ ise, (solseil)
awning; ~ mus, field-
mouse.
marmelade, marmalade.
marmor, marble.
mars, March.
marsipan, marzipan.
marsj; ~ ere, march.
marsjal, marskalk, mar-
shal.
marsjandisehandler, se-
cond-hand dealer, junk
dealer.
marsvin, guinea-pig.
martre, torture; ~ yr,
martyr.
mas, trouble, bother;

(gnål) importunities; ~ e, fuss, bother; (gnå-le) importune; ~ ekopp, persistent person.

maske, (i nett) mesh; (strikking) stitch; (for ansiktet) mask; ~ rade, fancy-dress ball; ~ re, mask, disguise.

maskin, machine; engine; ~ eri, machinery; ~ gevær, machine gun; ~ ingeniør, mechanical engineer; ~ ist, engineer; ~ rom, engine-room; ~ skade, break-down; (liten) engine trouble; ~ skrive, type(write); ~ skriver, typist; ~ skriving, type-writing.

maskot, mascot.

maskulin, masculine.

masovn, blast furnace.

massakre; ~ re, massacre.

massasje, massage.

masse, mass; en ~ av, a lot of, lots of, heaps of; ~ media, mass media.

massiv, massive; (ikke hul) solid.

mast, mast.

mat, food; ~ e, feed.

matematiker, mathematician; ~ ikk, mathema-tics; ~ isk, mathematical.

materiale, material; ~ alisme, materialism; ~ alistisk, materialistic; ~ e, matter, (i sår) matter, pus; ~ ell, *adj s,* material.

matlaging, cooking; ~ mor, mistress of a house; ~ olje, vegetable oil; ~ rester, left-overs.

matrikkel, register, roll; ~ ulere, register; ~ ule-ring, registration.

matrise, matrix.

matros, seaman.

matt, (glansløs) dull, mat; (svak) faint; (i sjakk) mate; ~ e, *s* mat; ~ het, faintness; dullness.

matvarer, foods, foodstuffs.

maur, ant; ~ tue, anthill.

med, *prp* with; by.

medalje, medal; ~ ong, medallion; (smykke) locket.

medarbeider, collaborator, co-worker; ~ borger, fellow citizen; ~ dele, inform, state, report; communicate; advise; ~ delelse, communication, advice; information; ~**delsom**, communicative; ~**eier**, joint owner, co-owner; ~**født**, inborn, innate; ~**følelse**, sympathy; ~**føre**, involve; ~**gang**, prosperity, success; ~**gi**, admit; ~**gift**, dowry; ~**gjørlig**, amenable; ~**hjelper**, assistant; ~**hold**, support.

medisin, medicine; ~**siner**, (student) medical student; (lege) doctor; ~**sinsk**, medical; ~**sintran**, cod-liver oil.

medisterpølse, pork sausage.

medlem, member; ~**skap**, membership.

medlidende, compassionate; ~**lidenhet**, pity, compassion, sympathy; ~**menneske**, fellow being; ~ **mindre**, unless; ~**regnet**, counting, including, included; ~**skyldig**, *adj* accessory (i: to); *s* accomplice (i: in); ~**tatt**, (utslitt) worn out; ~**vind**, fair wind; ~**virke**, co-operate, contribute; ~**ynk**, pity, compassion.

meg, me.

meget, very; (mye) much,

plenty (of), a great *(el* good) deal (of).

mei, runner.

meie, mow, reap.

meieri, dairy; ~**produkter**, dairy produce; ~**st**, dairyman.

meisel; ~**le**, chisel.

meitemark, angleworm, earthworm.

mekaniker, mechanic(ian); ~**ikk**, mechanics; ~**isk**, mechanic(al), automatic; ~**isme**, mechanism.

mekle, mediate; ~**er**, mediator; *merk* broker; ~**ergebyr**, brokerage; ~**ing**, mediation.

mekre, bleat.

mektig, mighty, powerful.

mel, (siktet) flour; (grovmalt) meal.

melankoli; ~**sk**, melancholy.

melde, report, notify; announce; (i kort) declare, bid; ~**ing**, report, notification, announcement.

melk; ~**e**, milk; ~**e**, *s* milt; ~**eutsalg**, dairy; ~**evei**, milky way, galaxy.

mellom, between; (blant) among; **M~-Amerika**,

Central America; ~ **fol-kelig,** international; ~ **fornøyd,** not very pleased; ~ **golv,** midriff, diaphragm; ~ **komst,** intervention; ~ **lande,** touch down; ~ **landing,** intermediate landing; ~ **mann,** middleman; ~ **rom,** space; (tid) interval; *typogr mus* space; ~ **spill,** interlude; ~ **størrelse,** medium size; ~ **ting,** something between.

melodi, tune; melody; ~ **disk,** melodious; ~ **drama,** melodrama; ~ **dramatisk,** melodramatic.

melon, melon.

membran, membrane.

memoarer, memoirs; ~ **randum,** memorandum; ~ **rere,** memorize.

men, but.

men, *s* harm, injury.

mene, (ville ha sagt) mean; (synes) think; (være av den mening at) be of (the) opinion that, think that.

mened, perjury.

mengde, number; quantity; (av mennesker) crowd.

menig, (soldat) common soldier, private; ~ **het,** (i kirken) congregation; (sogn) parish; (sognefolk) parishioners; ~ **mann,** the man in the street.

mening, (oppfatning) opinion, view; (betydning) meaning, sense, (hensikt) intention; ~ **sforskjell,** difference of opinion; ~ **sløs,** absurd; ~ **småling,** (public) opinion poll.

menneske, man, human being; ~ **heten,** mankind; ~ **lig,** human; ~ **rettighet,** human right.

mens, while, whilst; (~ derimot) whereas.

menstruasjon, menstruation.

mental, mental; ~ **itet,** mentality.

mente: en i ~, carry one.

menuett, minuet.

meny, menu, bill of fare.

mer, more.

merkantil, mercantile.

merkbar, noticeable, perceptible; ~ **e,** *s* (tegn) mark; (emblem) badge; (fabrikat) brand, make; *v* mark; (legge merke til) notice; (kjenne) perceive; ~**elapp,** tag; (etikett) label; ~**elig,** remarkable; (underlig) curious, strange, odd; ~**nad,** remark, comment; ~**verdig,** remarkable; (underlig) curious, strange, odd.

merr, mare; jade.

merverdiavgift, value added tax (VAT).

mesén, patron.

meslinger, measles.

messe, (vare-) fair; (høymesse etc.) mass; (spisested) mess(room); *v* chant; ~**hakel,** chasuble; ~**skjorte,** surplice.

Messias, Messiah.

messing, brass.

mest, most; ~**eparten,** the greater part, most.

mester, master; *idr* champion; ~**kokk,** mastercook; ~**lig,** masterly; ~**skap,** (dyktighet) mastership; *idr* championship.

mestre, master, cope with.

metafysikk, metaphysics.

metall, metal; ~**isk,** metallic.

meteor, meteor; ~**olog,** meteorologist; ~**ologi,**

meteorology; ~**ologisk institutt,** Meteorological Office.

meter, metre.

metode, method; ~**isk,** methodical; ~**ist,** Methodist.

mett, jeg er ~, I have had enough (to eat), I am full (up); ~**e,** fill; (skaffe mat) feed; *kjem* saturate; ~**else,** satiety; *kjem* saturation.

middag, (tidspunkt) noon, midday; (måltid) dinner; ~**shvil,** after dinner nap; ~**smat,** dinner.

middel, means; ~**alderen,** the Middle Ages; ~**alderlig,** medi(a)eval; ~**havet,** the Mediterranean; ~**måtig,** mediocre; ~**s,** middling, average, medium; ~**temperatur,** mean temperature; ~**tid,** mean time; ~**vei,** middle course; **den gyldne** ~**vei,** the golden mean.

midje, waist.

midlertidig, temporary.

midnatt, midnight; ~**ssol,** midnight sun.

midt i, in the middle of; ~ **iblant,** in the midst

of; ~ **erst**, middle, central; ~ **punkt**, centre; ~ **skips**, midships; ~ **sommer**, midsummer; ~ **veis**, halfway, midway.

migrene, migraine.

mikrofon, microphone; *dt* mike; ~ **skop**, microscope.

mikstur, mixture.

mil, mile.

mild, mild; gentle; ~ **het**, mildness, gentleness; ~ **ne**, mitigate, alleviate.

milepæl, milestone.

militarisme, militarism; ~ **arist**; ~ **aristisk**; militarist; ~ **s**, militia; ~ **ær**, *adj* military; *s* military man, soldier; ~ **ærnekter**, conscientious objector; ~ **ærtjeneste**, military service.

miljø, environment, milieu, surroundings; ~ **vern**, environmental protection.

milliard, milliard; *amr* billion; ~ **on**, million; ~ **onær**, millionaire.

milt, milt, spleen.

mimikk, facial expression(s); ~ **sk**, mimic.

mimre, twitch.

min (foran *s*) my; (alene) mine.

mindre, (om størrelse) smaller; (om mengde *el* grad) less; ~ **tall**, minority; ~ **verdig**, inferior; ~ **verdighetskompleks**, inferiority complex; ~ **årig**, under age, minor.

mine, (uttrykk) air, look; (gruve, sjømine) mine; ~ **felt**, mine field; ~ **ral**, mineral; ~ **ralvann**, mineral water; ~ **re**, mine, blast; ~ **skudd**, blast.

miniatyr, miniature; ~ **mal**, minimal; ~ **mum**, minimum.

minister, minister, secretary of state; (sendemann) minister; ~ **ium**, ministry; (regjering) cabinet.

mink, mink.

minke, decrease; dwindle.

minne, *s* memory; *konkr* souvenir, keepsake; *v* remind (om: of); ~ **lig**, amicable; ~ **lighet: i ~**, *jur* out of court; ~ **s**, (huske) remember, recollect; (feire minnet om) commemorate; ~ **smerke**, monument, memorial; ~ **verdig**, memorable.

minoritet, minority.

minske, *tr* diminish, reduce; *itr* decrease, diminish.

minst, *(mots* mest) least; *(mots* størst), smallest; **i det ~ e**, at least; ~ **elønn**, minimum wage(s).

minus, minus; less; ~ **utiøs**, minute; ~ **utt**, minute; ~ **uttviser**, minute hand.

mirakel, miracle; ~ **uløs**, miraculous.

misantrop, misanthrope; ~ **billige**, disapprove; ~ **billigelse**, disapproval; ~ **bruk**; ~ **bruke**, abuse; ~ **dannelse**, deformity; ~ **forhold**, disproportion; ~ **fornøyd**, displeased, dissatisfied; (stadig) discontented; ~ **forstå**, misunderstand; ~ **forståelse**, misunderstanding; ~ **foster**, monster; ~ **grep**, mistake, error; ~ **handle**, ill-treat, maltreat; ~ **handling**, ill-treatment, maltreatment.

misjon, mission; ~ **ær**, missionary.

miskreditt, discredit; ~ **ligholde**, break, fail to fulfil; ~ **ligholdelse**, (av kontrakt) breach of a contract; (av veksel) non-payment; ~ **like**, dislike; ~ **lyd**, dissonance; ~ **lykkes**, fail, not succeed; ~ **lykket**, unsuccessful; ~ **modig**, despondent, downhearted; ~ **nøye**, dissatisfaction, discontent; ~ **tanke**, suspicion.

miste, lose.

misteltein, mistletoe.

mistenke, suspect **(for:** of); ~ **elig**, suspicious; ~ **som**, suspicious; ~ **somhet**, suspicion, suspiciousness.

mistillit, distrust; ~ **tillitsvotum**, vote of no confidence; ~ **tro**, *s & v* distrust, mistrust; ~ **troisk**, distrustful, suspicious; ~ **troiskhet**, suspiciousness; ~ **tyde**, misinterpret.

misunne, envy, grudge; ~ **lig**, envious, jealous; ~ **lse**, envy, jealousy; ~ **lsesverdig**, enviable.

misvisende, misleading.

mjød, mead.

mjøl, se *mel*.

mo, s (lyngmo) heath; *mil* drillground.

mobb, mob.

mobilisere, mobilize; ~ **ing,** mobilization.

modell; ~ **ere,** model.

moden, ripe; *fig* mature; ~ **het,** ripeness, maturity.

moderasjon (måtehold), moderation; (avslag i pris), reduction, discount; ~ **at;** ~ **ere,** moderate.

moderlig, maternal.

moderne, fashionable, up-to-date; (nåværende) modern; ~ **isere,** modernize.

modifikasjon, modification; qualification; ~ **sere,** modify; qualify.

modig, courageous, brave.

modn(e), ripen; *fig* mature.

mokasin, moccasin.

mold, mould; ~ **varp,** mole.

molekyl, molecule.

moll, *mus* minor; **gå i** ~, go in the minor key.

molo, mole, pier.

molte, cloudberry.

moment, (faktor) point, item, factor; ~ **an,** momentary.

monark, monarch; ~ **i,** monarchy.

monn, (grad) degree; ~ **e,** (gjøre virkning) help.

monogam, monogamous; ~ **i,** monogamy.

monokkel, monocle.

monolog, monologue, soliloquy; ~ **pol,** monopoly (**på:** of); ~ **polisere,** monopolize; ~ **ton,** monotonous.

monstrum, monster.

monsun, monsoon.

montere, mount, erect; install; (sette sammen) assemble; (sette på) fit on; ~ **ering,** installation, mounting, erection, fitting on, assembly; ~ **re,** show-case; ~ **ør,** fitter; *elektr* electrician.

monument, monument, memorial; ~ **al,** monumental.

moped, moped.

mor, mother.

moral, morality, morals; (kampmoral) morale; (i historie *o.l.*) moral; ~ **isere,** moralize; ~ **isering,** moralising; ~ **ist,** moralist; moralizer; ~ **sk,** moral.

morbror, maternal uncle.

mord, murder; ~ **brann,**

arson; ~ **er**, murderer, assasin; ~ **forsøk**, attempted murder.

more, amuse, divert, entertain; *vr* enjoy oneself.

morell, morello (cherry).

moréne, moraine.

morfar, maternal grandfather.

morfin, morphia, morphine.

morgen, morning; **i** ~, tomorrow; ~ **kjole**, dressing-gown; *amr* robe.

morges, **i** ~, this morning.

morild, phosphorescence.

morken, decayed, rotten; (skjør) brittle; ~ **ne**, decay.

mormor, maternal grandmother.

moro, amusement, fun.

morsk, fierce-looking, grim.

morsealfabet, Morse code.

morsliv, womb; ~ **melk**, mother's milk; ~ **mål**, mother tongue.

morsom, amusing, entertaining; (pussig) funny; ~ **het**, joke.

mort, roach. ~ **er**, mortar.

mortifikasjon, annulment, cancellation; ~ **sere**, declare null and void; cancel.

mosaikk; ~ **arbeid**, mosaic.

mose, moss; ~ **grodd**, mossgrown.

mosjon, exercise; ~ **ere**, take exercise.

moské, mosque.

moskito, mosquito.

moskus, musk; ~ **okse**, musk-ox.

Moskva, Moscow.

most, (eple-) cider; (drue-) must.

moster, maternal aunt.

mot, *prp* against; (henimot) towards; *idr* og *jur* versus; *s* courage, heart; ~ **arbeide**, oppose; (motvirke) counteract; ~ **bevise**, disprove; ~ **bydelig**, disgusting; ~ **bør**, contrary winds; *fig* check, opposition.

mote, fashion, mode; ~ **forretning**, milliner's shop; ~ **hus**, fashion house; ~ **journal**, fashion magazine.

motforslag, counterproposal; (emne) motif, subject; ~ **gang**, adversity; ~ **gift**, antidote; ~ **hake**, barb.

motiv, motive; ~ **ere**, motivate; justify; explain the motives of; ~ **ering**, motivation.

motor, engine (især *elektr)* motor; ~ **båt**, motorboat; ~ **isere**, motorize; ~ **kjøretøy**, motor vehicle; ~ **skip**, motor ship *(el* vessel); ~ **stopp**, engine trouble; breakdown; ~ **sykkel**, motor-cycle; ~ **vei**, motorway.

motpart, opponent.

motsatt, opposite, contrary; (omvendt) reverse; ~ **setning**, opposition, contrast; ~ **sette seg**, oppose; ~ **si**, contradict; ~ **sigelse**, contradiction; ~ **sigende**, contradictory; ~ **spiller**, adversary; ~ **stand**, resistance, opposition; ~ **stander**, opponent, adversary; ~ **strebende**, reluctant; ~ **stridende**, contradictory, conflicting; ~ **stå**, resist, withstand; ~ **svare**, correspond to.

motta, receive; (anta) accept; ~ **gelig**, susceptible; ~ **gelighet**, susceptibility; ~ **gelse**, receipt;

(særlig av person) reception; ~ **ker**, receiver.

motto, motto.

mottrekk, countermove; ~ **vekt**, counterbalance; ~ **verge**, defence; ~ **vilje**, reluctance; ~ **villig**, reluctant; ~ **vind**, contrary wind; ~ **virke**, counteract.

mudder, mud, mire; ~ **dermaskin**, drudge(r); ~ **derpram**, mud boat.

muffe, muff; (på ledning, rør) socket.

mugg, mould; ~ **e**, jug; (stor) pitcher; ~ **en**, musty, mouldy.

mugne, mould.

Muhammed, Mohammed.

muhammedaner; ~ **ansk**, Muslim, Moslem, Mohammedan.

mulatt, mulatto.

muld, se mold.

muldyr, mule.

mule, muzzle.

mulig, possible; ~ **ens**, possibly; ~ **gjøre**, make possible; ~ **het**, possibility, chance.

mulkt; ~ **ere**, fine.

multiplikasjon, multiplication; ~ **lisere**, multiply; (med: by).

mumie, mummy.

mumle, mutter, mumble.

München, Munich.

munk, monk; ~**ekappe,** cowl; ~**ekloster,** monastery; ~**eorden,** monastic order.

munn, mouth; ~**full,** mouthful; ~**hell,** saying; ~**hoggeri,** wrangling; ~**hule,** cavity of the mouth; ~**ing,** (elve-) mouth, (stor) estuary; (på skytevåpen) muzzle; ~**kurv,** muzzle; ~ **og klauvsyke,** foot-and-mouth disease; ~**skjenk,** cup-bearer; ~**spill,** mouth-organ; ~**stykke,** (sigarett) holder; (blåseinstrument) mouth-piece; ~**vik,** corner of the mouth.

munter, gay, merry; ~**het,** gaiety, merriness.

muntlig, oral, verbal.

mur, wall; ~**er,** bricklayer, mason; ~**hus,** house of brick; ~**mester,** master bricklayer; ~**meldyr,** marmot; ~**stein,** brick.

mus, mouse; ~**efelle,** mousetrap.

muse, Muse.

museum, museum.

musikalsk, musical;

~**ant,** ~**er,** musician; ~**k,** music; ~**khandel,** music shop; ~**korps,** brass band.

muskat, nutmeg; ~**blomme,** mace.

muskel, muscle.

musketér, musketeer.

muskulatur, musculature; ~**øs,** muscular.

musling (blåskjell) mussel; ~**skall,** shell.

musselin, muslin.

musserende, sparkling.

mustasje, moustache.

mutt, sulky.

mye, se *meget*.

mygg, mosquito, gnat; ~**stikk,** mosquito bite.

myk, (bløt) soft; (smidig) supple, lithe, pliable.

mylder, throng, crowd: ~**re,** swarm, crowd. teem.

mynde, greyhound.

myndig, (bydende) imperious, authoritative; *jur* of age; ~**het,** authority; ~ ~**salder,** *jur* majority, full age.

mynt, coin; ~**enhet,** monetary unit; ~**fot,** monetary standard.

myr, bog; (sump) swamp, marsh.

myrde, murder.

myrlendt, boggy, swampy.

myrra, myrrh.

myrull, cotton-grass.

myse, *v* squint; *s* whey.

mysterium, mystery; ~ **isk**, mysterious.

myte, *s* myth; ~ **isk**, mythic(al); ~ **ologi**, mythology.

mytteri; gjøre ~, mutiny.

møbel, piece of furniture; *pl* furniture; ~ **elhandler**, furniture dealer; ~ **elsnekker**, cabinetmaker; ~ **lere**, furnish.

møkk, dung, muck; ~ **kjerre**, dung-cart.

mølje, jam, jumble, mix.

møll, moth.

mølle, mill; ~ **r**, miller.

møne, ridge of a roof.

mønje, red-lead, minium.

mønster, pattern, model; *gram* paradigm; ~ **gyldig**, model; ~ **verdig**, exemplary.

mønstre; ~ **ing**, muster; ~ **et**, patterned.

mør, (kjøtt) tender; ~ **banke**, (rundjule) beat black and blue; ~ **brad**, ~ **bradstek**, sirloin.

mørk, dark; (dyster) gloomy; ~ **e**, dark; darkness; ~ **ne**, darken.

mørtel, mortar.

møte, *v* meet; (støte på) meet with; *s* meeting; ~ **s**, meet; ~ **sted**, meeting place.

møy, maid(en), virgin; ~ **dom**, maidenhood.

møye, pains, trouble.

måfå: på ~, at random.

måke, *s* (sea-)gull; *v* clear away, shovel.

mål, (~ **eenhet**) measure; (omfang) dimension; (hensikt) aim, goal, object(ive); (språk) tongue; language; ~ **bevisst**, purposeful; ~ **binde**, nonplus; ~ **e**, measure; ~ **er**, meter; ~ **estokk**, standard; (kart) scale; ~ **føre**, dialect; ~ **mann**, goal-keeper; ~ **stang**, goalpost; ~ **tid**, meal; ~ **trost**, song thrush.

måne, moon; (på hodet) bald spot; ~ **d**, month; ~ **dlig**, monthly; ~ **fase**, phase of the moon; ~ **ferd**, lunar flight; ~ **formørkelse**, eclipse of the moon; moonlight.

måpe, gape.

mår, marten.

måte, way, manner; fashion; ~ **hold**, modera-

tion; (i nytelser) tempe-
rance; ~ **holdende,** mo-
derate, temperate; ~ **lig,**
mediocre; indifferent.
måtte, (nødvendighet) be
obliged to, have to.

N

nabo, neighbour; ~ **lag,**
neighbourhood, vicini-
ty; ~ **skap,** neighbour-
hood.
nafta, naphtha; ~ **lin,**
naphthalene.
nag, bære ~, bear malice
el grudge; ~ **e,** gnaw,
rankle.
nagle, *s* og *v* rivet.
naiv, naive; ~ **itet,** naive-
té.
naken, naked; (i kunst)
nude.
nakke, nape, back of the
head.
Napoli, Naples.
napp, (av fisk) bite.
narkoman, drug addict;
~ **se,** narcosis; ~ **tika,**
narcotics, drugs.
narr, fool; ~ **aktig,** fool-
ish; ~ **e,** trick, fool;
~ **estreker,** pranks, fool-
ery.
nasjon, nation; ~ **al,** nat-
ional; ~ **aldrakt,** nation-
al costume; ~ **alforsam-**
ling, national assembly;

~ **alisere,** nationalize;
~ **alisering,** nationaliza-
tion; ~ **alisme,** national-
ism; ~ **alitet,** nationali-
ty; ~ **alsang,** national
anthem.
naske, pilfer; ~ **ri,** pilfer-
age.
natrium, sodium; ~ **on,**
soda.
natt, night; ~ **bord,** bed-
side table; ~ **ergal,**
nightingale; ~ **kjole,**
night dress; ~ **tillegg,**
bonus for night work;
~ **verden,** the Lord's
Supper, the Holy
Communion.
natur, nature; (landskap)
scenery; ~ **alistisk,** nat-
uralistic; ~ **fag,** natural
science; ~ **forsker,** natu-
ralist; ~ **historie,** natural
history; ~ **lig,** natural;
~ **ligvis,** naturally, of
course; ~ **silke,** real
silk; ~ **stridig,** contrary
to nature; ~ **vern,** nature
conservation; ~ **viten-**

skap, (natural) science;
~ vitenskapsmann, scientist.

nautisk, nautical.

nav, nave, hub; ~ ar, auger.

navigasjon, navigation;
~ atør, navigator; ~ ere, navigate.

navle, navel; ~ streng, navel string, umbilical cord.

navn, name; ~ e, mark;
~ eopprop, call-over, roll-call; ~ eskilt, name plate; ~ etrekk, signature; ~ gi, name, mention by name.

nazisme, Nazism; ~ t;
~ tisk, Nazi.

nebb, beak, bill; ~ et, fig saucy, pert; ~ tang, pliers.

ned, down; ~ arvet, inherited; ~ brent, burnt down; ~ brutt, broken (down); ~ bør, precipitation, rainfall; ~ e, down, below.

nedenfor, prp adv below;
~ fra, from below;
~ under, beneath; down below, downstairs.

nederdrektig, vile, base;
~ lag, defeat; N-land, the Netherlands;

~ landsk, Dutch; ~ st, lowest, nethermost; adv at the bottom.

nedetter, downwards;
~ fall, radioaktivt ~, fall-out; ~ gang, (vei ned) way down, descent; fig decline, falling off; ~ gangstid, recession, depression;
~ komme, be delivered (med: of), give birth to;
~ komst, delivery; ~ latende, condescending;
~ late seg, condescend, stoop; ~ legge (forretning, skole o.l.) close (down), shut down; (arbeidet) stop, cease; (hermetisere) tin, can, pack, (frukt) preserve; ~ over, adv down, downwards; prp down; ~ overbakke, downhill; ~ rakking, running down; ~ re, lower; ~ rig, base, vile;
~ ringet, low(-necked), décolletée; ~ rivning, demolition; ~ ruste, disarm; ~ rustning, disarmament.

nedsable, cut down;
~ satt (pris), reduced;
~ senkning, sinking, lowering; ~ sette, (priser) reduce; (en komité)

appoint, set up; ~**settelse**, reduction; appointment; ~**settende**, disparaging, depreciatory; ~**skjæring**, reduction, cut; ~**skrive**, (valuta) devalue; (redusere) reduce; ~**skriving**, reduction; (av valuta) devaluation; ~**slag** (i pris) reduction, discount; ~**slående**, disheartening; ~**slått**, dejected; ~**stamme**, descend; ~**stemt**, dejected; ~**stemthet**, dejection.

nedtrapping, stepping-down, de-escalation.

nedtrykt, depressed; ~**verdige**, degrade, disgrace; ~**verdigelse**, degradation.

negativ, *s & adj* negative.

neger, Negro.

negl, nail; ~**elakk**, nail varnish *(el polish)*.

neglisjé, negligee, négligé; ~**ere**, neglect.

nei, no.

neie, (drop a) curts(e)y.

nek, sheaf.

nektar, nectar.

nekrolog, obituary.

nekte, refuse; **(be~)** deny; ~**lse**, *gram* negation; ~**nde**, negative.

nellik, pink; (krydder) clove.

nemlig (d.v.s.) namely, viz; (fordi) because, for.

nemnd, committee, board.

nepe, turnip.

neppe, hardly, scarcely.

nerve, nerve; ~**feber**, typhoid fever; ~**lege**, neurologist; ~**smerter**, neuralgia; ~**system**, nervous system.

nervøs, nervous; ~**itet**, nervousness.

nes, isthmus, headland; ~**e**, nose; ~**egrus**, prostrate; ~**evis**, saucy, impertinent; ~**horn**, rhinoceros; *dt* rhino.

nesle, nettle.

nest, **neste**, next; ~**e** *s* neighbour; ~**en**, almost, nearly; ~**formann**, vice-chairman, vice-president; ~**kommanderende**, second in command; ~ **sist**, last but one.

nett, *adj* neat, nice; *s* net; **(bære~)** string bag; ~**hendt**, handy; ~**hinne**, retina; ~**ing**, netting; ~**o**, net; ~**obeløp**, net amount; ~**opp**, just; ~**outbygge**, net proceeds; ~**verk**, net-work.

neve, fist; hand; ~**nyttig**, handy.

never, birch bark.

nevne, mention; ~**r**, denominator; ~**verdig**, worth mentioning.

nevro|log, neurologist; ~**se**, neurosis; ~**tiker**, ~**tisk**, neurotic.

nevø, nephew.

ni, nine.

nidkjær, zealous; ~**het**, zeal.

niese, niece.

nifs, creepy, eerie.

nihilis|me, nihilism; ~**t**, nihilist.

nikk; ~**e**, nod.

nikkel, nickel.

nikotin, nicotine.

Nilen, the Nile.

nipp; ~**e**, sip.

nise, porpoise.

nisje, niche.

nisse, *s* (hob)goblin, puck.

nitr|at, nitrate; ~**oglyserin**, nitro-glycerine.

nitt|en, nineteen; ~**i**, ninety.

niv|ellere; ~**å**, level.

nob|el, noble; ~**lesse**, nobility.

noe (et *el* annet) something; (noe som helst) anything; *adv* some-

what; ~**n**, *adj* og *s* some; any; (en *el* annen) somebody; (noen som helst) anybody; ~**nlunde**, tolerably, fairly; ~**nsinne**, ever; ~**nsteds**, anywhere; (et *el* annet sted) somewhere.

nok, *adj* enough, sufficient; *adv* enough, sufficiently; ~**så**, fairly, pretty; (temmelig) rather.

nomade, nomad; ~**folk**, nomadic people.

nomin|ativ, the nominative; ~**ell**, nominal; ~**ere**, nominate.

nonne, nun; ~**kloster**, nunnery, convent.

nord, north; ~**enfor**, *adj* (to the) north of; ~**isk**, northern; Nordic; ~**lig**, northern; ~**lys**, northern lights, aurora borealis; ~**mann**, Norwegian; ~**pol**, north *el* arctic pole; ~**på**, in the North; **Nordsjøen**, the North Sea.

Norge, Norway.

norm, norm, rule, standard; ~**al**, normal; ~**alisere**, normalize, standardize.

norsk, Norwegian.

not, seine.

nota, bill; ~ **bene,** observe, mind.

notat, note.

note, note; (til et musikkstykke) music; ~ **re,** note, (pris) quote; ~ **ring** (pris-) quotation.

notis, note; (i avis) paragraph, notice; ~ **bok,** notebook.

notorisk, notorious.

novelle, short story.

november, November.

novise, novice.

null, (tegn) nought, naught; (punkt) zero; nil; ~ **punkt,** zero.

numerisk, numerical; ~ **mer,** number; (størrelse av klær) size; (i program) item; (utgave) issue; (eksemplar av blad) copy; ~ **merere,** number; ~ **merert plass,** reserved seat; ~ **merskilt,** (på bil) number-plate.

ny, (mots gammel) new; (ytterligere) fresh, further; (månefase) new moon.

nyanse, shade; ~ **re,** shade off.

nybegynner, beginner; ~ **bygger,** settler.

nydelig, nice, pretty, lovely.

nyfiken, curious, inquisitive; ~ **forlovet,** recently engaged; ~ **gift,** newly married; ~ **het(er),** news; **en** ~ **het,** a piece of news.

nykokt, freshly boiled; ~ **komling,** newcomer; ~ **lig,** recently, lately; of late.

nymalt, freshly painted.

nymfe, nymph.

nymotens, newfangled; ~ **måne,** new moon.

nynne, hum.

nype, hip; ~ **rose,** dog-rose.

nyre, kidney; ~ **stein,** renal calculus, nephrite.

nys; ~ **e,** sneeze.

nysgjerrig, curious; ~ **het,** curiosity.

nysølv, nickel (el German) silver.

nyte, enjoy; ~ **lse,** enjoyment, pleasure; ~ **lsesyk,** pleasure-seeking.

nytt, s news.

nytte, v (gagne) be of use, help; (bruke) use; s use; (fordel) benefit, advantage; ~ **løs,** useless.

nyttig, useful, helpful.

nyttår, New Year; **godt**

~, a Happy New Year; ~ **saften**, New Year's Eve.

nær, *adj* near, close; *prp* near; ~ **e**, nourish, feed; (en følelse) entertain, nourish, cherish; ~ **ende**, nourishing, nutritious; ~ **gående**, indiscreet, forward; ~ **het**, neighbourhood.

næring, (føde) nourishment, food; (levevei) trade, industry; ~ **sdrivende**, trader, tradesman; ~ **sliv**, trade (and industry); ~ **svei**, industry, trade.

nærme seg, approach (draw) near; ~ **synt**, shortsighted; ~ **tagende**, touchy; sensitive; ~ **vær**, presence; ~ **værende**, present.

nød, need, want, distress; ~ **anker**, sheet-anchor; ~ **brems**, emergency brake; ~ **e**, urge, press; ~ **havn**, port of refuge; ~ **ig**, reluctantly; ~ **landing**, forced landing; ~ **lidende**, needy, destitute; ~ **løgn**, white lie; ~ **rop**, cry of distress; ~ **sfall**: i ~, in case of need; ~ **t til**, obliged *(el* forced, compelled) to; ~ **utgang**, emergency exit; ~ **vendig**, necessary; ~ **vendiggjøre**, necessitate; ~ **vendighet**, necessity; ~ **vendigvis**, necessarily; ~ **verge**, self-defence.

nøkk, nix.

nøk|kel, key; *mus* clef; (til gåte) clue; ~ **lehull**, keyhole; ~ **leknippe**, bunch of keys; ~ **lering**, key-ring.

nøktern, sober.

nøl|e, hesitate; ~ **ing**, hesitation.

nøste, *s* ball.

nøtt, nut; ~ **ekjerne**, kernel of a nut; ~ **eknekker**, nutcracker(s).

nøyaktig, exact, accurate; ~ **het**, exactness, accuracy.

nøye, *adj* close; (omhyggelig) careful, *vr* be content *(el* satisfied **(med:** with)); ~ **regnende**, particular **(med:** about).

nøysom, easily satisfied; ~ **het**, contentment.

nøytral, neutral; ~ **isere**, neutralize; ~ **itet**, neutrality.

nå, *adv* now; *v* reach; (tog *o.l.)* catch.

nåde, grace; (barmhjertighet) mercy; ~ **gave**, gift of grace; ~ **støt**, death blow, coup de grâce.

nådig, gracious.

nål, needle; (knappe-) pin; ~ **eskog**, coniferous forest; ~ **etre**, conifer.

når, when; ~ **som helst**, whenever; (at) any time.

nåtid, present time; *gram* the present (tense); ~ **tildags**, nowadays; ~ **vel**, well (then); ~ **værende**, present, prevailing.

O

oase, oasis.

obduksjon, autopsy, post-mortem (examination); ~ **sere**, perform a post-mortem on.

oberst, colonel.

objekt, object; ~ **iv**, *adj* objective; *s* lens, objective; ~ **ivitet**, objectivity.

oblat, wafer.

obligasjon, bond; ~ **torisk**, compulsory, obligatory.

obo, oboe.

observasjon, observation; ~ **atør**, observer; ~ **atorium** observatory; ~ **ere**, observe.

odd, point; ~ **e**, *s* point; *adj* (om tall) uneven, odd.

ode, ode.

odel, allodial possession;

~ **sbonde**, allodialist; ~ **sgård**, allodium.

odiøs, invidious.

offensiv, offensive.

offentlig, public; ~ **gjøre**, publish; ~ **gjørelse**, publication.

offer, sacrifice; (for ulykke) victim; (~ **gave**) offering; ~ **villig**, self-sacrificing.

offiser, officer; ~ **iell**, official.

ofre; ~ **ing**, sacrifice.

ofte, often.

og, and; ~ **så**, also; too; as well.

oker, ochre.

okkupasjon, occupation; ~ **ere**, occupy.

okse, bull; (trekk-) ox; ~ **kjøtt**, beef.

oksyd, oxide; ~**ere,** oxidize; ~**ering,** oxidation.

oktav, (format) octavo; *mus* octave.

oktober, October.

olabukser, jeans.

oldefar, great-grandfather; ~**emor,** great-grandmother; ~**frue,** matron; ~**ing,** old man; ~**tid,** antiquity.

oliven, olive; ~**olje,** olive oil.

olje, *s & v,* oil; ~**aktig,** oily; ~**boring,** drilling for oil; ~**boringsplattform,** drilling platform; ~**farge,** oil-colour; ~**felt,** oil-field; ~**hyre,** oilskins; ~**ledning,** pipeline; ~**lerret,** oilcloth; ~**maleri,** oilpainting.

olm, furious, mad.

olympiade, Olympic Games.

om, *konj* whether, if; (dersom) if; (selv om) even if, even though; *prp* about; of; on; *adv* ~ **igjen,** (over) again, once more; ~**arbeide,** revise; ~**bestemme seg,** change one's mind; ~ **bord,** on board, aboard; ~**bringelse,** delivery;

~**bygning,** rebuilding; ~**bæring,** delivery; ~**danne,** transform, convert; ~**dannelse,** transformation, conversion; ~**dreining,** turn, revolution; rotation; ~**dømme,** judgment; reputation; ~**egn,** neighbourhood, surroundings, environs.

omelett, omelet(te).

omfang, (utstrekning) extent; (størrelse) volume; ~**fangsrik,** extensive; ~**fatte,** (innbefatte) comprise, include, comprehend; ~**fattende,** comprehensive, extensive; ~**favne;** ~**favnelse,** embrace, hug; ~**forme,** transform.

omgang, (omdreining) rotation; (samkvem) intercourse; (i konkurranse) round; (fotball) half-time; ~**gangskrets,** circle of acquaintances; ~**gi,** surround; ~**givelser,** surroundings, environment; ~**gjengelig,** sociable; ~**gå,** evade, *mil* outflank; ~**gående** (pr ~) by return (of post); ~**gås,** associate with.

om|hu, care; ~ **hyggelig**, careful; ~ **igjen**, again, over again; ~ **kamp**, *idr* play-off; ~ **kjørsel**, diversion, detour; ~ **komme**, perish; ~ **kostninger**, cost(s); (avgifter) charge(s); expense(s); ~ **kranse**, encircle; ~ **krets**, circumference; ~ **kring**, (a)round, about; ~ **kved**, refrain.

om| lag, about; ~ **land**, se *omegn;* ~ **laste**, transship; ~ **lasting**, transshipment; ~ **legging**, reorganization; rearrangement; ~ **lyd**, mutation; ~ **løp**, circulation.

omme, over, at an end.

om|ordne, rearrange; ~ **organisere**, reorganize; ~ **planting**, transplanting, replanting; ~ **reisende**, travelling; ~ **ringe**, surround; ~ **riss**, outline; ~ **råde**, territory, area; *fig* field.

om|setning, *merk* turnover, sales; ~ **setningsavgift**, purchase tax; ~ **sette**, sell; ~ **sider**, eventually, at length; ~ **skape**, transform; ~ **skipe**, trans-ship; ~ **skjære**, circumcise;

~ **skjæring**, circumcision; ~ **skolere**, reeducate; ~ **skrive**; ~ **skrivning**, paraphrase; ~ **slag**, (på brev) wrapper; (til bok) cover; *med* compress; (i været) change; ~ **sorg**, care; ~ **stendelig**, *adj* circumstantial, detailed; ~ **stendighet**, circumstance, ~ **stigning**, change; ~ **streifer**, vagrant, tramp; ~ **stridt**, disputed; ~ **styrte**, overthrow; ~ **støte**, (opphe ve) set aside, reverse; ~ **sydd**, altered.

om|tale, *s v* mention; ~ **tanke**, thoughtfulness; ~ **tenksom**, thoughtful; ~ **trent**, about, approximately; ~ **trentlig**, approximate; ~ **valg**, reelection; ~ **vei**, roundabout way, detour; ~ **veltning**, revolution; ~ **vende**, convert; **en** ~ **vendt**, a convert; ~ **vendelse**, conversion; ~ **vendt**, reverse; ~ **verden**, outside world; ~ **viser**, guide; ~ **visning**, showing about; ~ **vurdering**, revaluation.

ond, evil, wicked; ~ **ar-**

tet, (sykdom) dangerous, malignant; ~**e,** evil; ~**sinnet,** evilminded; ~**skapsfull,** malicious.

onkel, uncle.

onsdag, Wednesday.

opera, opera; ~**asjon,** operation; ~**ere,** operate, *tr* operate on; ~**ette,** operetta.

opinion, public opinion; ~**sundersøkelse,** (public) opinion poll.

opp, up; ~**arbeide,** work up; ~**bevare,** keep; ~**bevaring,** *jernb* left-luggage office; ~**blåst,** inflated; ~**brakt,** indignant; ~**brett,** turn-up; ~**brudd,** departure; ~**brukt** (beholdning) exhausted; (penger) spent; ~**byggelig,** edifying.

oppdage, discover; ~**dagelse,** discovery; ~**dagelsesreisende,** explorer; ~**dra,** bring up; ~**drag,** commission; task; ~**dragelse,** upbringing; education; ~**drett,** breeding, rearing; ~**dretter,** breeder; ~**drift,** buoyancy; *fig* ambition.

oppe, up; (åpen) open.

oppfange, (oppsnappe) intercept; ~**farende,** hot-tempered; ~**fatning,** (forståelse) comprehension; (mening) opinion, view; ~**fatte,** (forstå) understand, catch; ~**finne,** invent; ~**finnelse,** invention; ~**finner,** inventor; ~**fordre,** invite, call upon; ~**fordring,** invitation, request; ~**fylle,** fulfil; ~**fyllelse,** fulfilment; ~**føre,** (bygge) construct, erect; *teat* perform; (i regnskap) enter; *vr* behave; ~**førelse,** erection; performance; ~**førsel,** behaviour, conduct.

oppgang, rise; (i hus) staircase; ~**gangstid,** boom; ~**gave,** (fortegnelse) statement; (arbeid) task, job; (stil-) subject; (eksamens-) paper, test; ~**gi,** give up; abandon; (meddele) state; ~**gjør,** settlement; ~**glødd,** *fig* enthusiastic.

opphav, origin; ~**havsmann,** author; ~**heve,** (avskaffe) lift, abolish; (lov) repeal; ~**hevelse,**

lifting, abolition, repeal; ~ **hisse**, excite, stir up; ~ **hisselse**, excitement; ~ **hold**, stay; (stans) break; ~ **holde**, (forsinke) delay; vr stay, (fast) live; ~ **holdstillatelse**, residence permit; ~ **hopning**, accumulation; ~ **hovnet**, swollen; ~ **hør**, cessation, discontinuance; ~ **høre**, cease, stop, end, discontinue; ~ **høye**, raise, elevate; ~ **høyet**, elevated; fig sublime.

oppildne, inflame.

oppkalle etter, name after; ~ **kast**, vomit; ~ **kavet**, flurried; ~ **kjøper**, buyer; ~ **kjørsel**, drive; ~ **klare**, clear up; ~ **knappet**, unbuttoned; ~ **kok**, slight boiling, boil; fig rehash; ~ **komling**, upstart, parvenu; ~ **komme**, spring; well; ~ **komst**, origin, rise; ~ **krav**, (sende mot ~) send C. O. D. (cash on delivery); ~ **kvikke**, refresh; ~ **kreve**, collect.

opplag, (av bok) impression; (av avis) circulation; **skip i** ~ **lag**, laid-up ships; ~ **lagt**, (være

~, i stemning) feel fit, be in a good mood; (selvfølgelig) obvious, evident; ~ **land**, surrounding country; ~ **lesning**, reading (aloud); ~ **leve**, ~ **levelse**, experience; ~ **live**, (oppmuntre) cheer (up); ~ **livningsforsøk**, attempt at resuscitation; ~ **lyse**, light up, illuminate; (meddele) inform, state; ~ **lysning**, (piece of) information; bare sg; (folke~) enlightenment; ~ **lysningstiden**, the Age of Enlightenment; ~ **lyst** (om belysning) illuminated, lit up; (om kunnskaper) enlightened, educated; ~ **læring**, training; ~ **lært**, trained; ~ **løp**, riot; ~ **løse**, dissolve; ~ **løsning** dissolution; kjem solution.

oppmann, umpire, arbitrator; ~ **merksom**, attentive; (være ~ på), be aware of; ~ **merksomhet**, attention; ~ **muntre**, (tilskynde) encourage; (gjøre glad) cheer up; ~ **muntring**, encouragement; ~ **navn**, nick-

name; ~**nevne**, appoint;
~**nå**, obtain, achieve,
attain, gain.
opp|ofre; ~**ofrelse**, sacrifice; ~**ofrende**, devoted.
opponent, opponent;
~**ere**, object, raise objections.
opportunist; ~**istisk**, opportunist.
opposisjon, opposition.
oppover, up, upward(s).
opp|pakning, pack;
~**pussing**, renovation,
redecoration.
opp|regning, enumeration; ~**reisning**, reparation; satisfaction;
~**reist**, erect; ~**rette**,
found, establish; ~**rettelse**, foundation, establishment; ~**rettholde**,
maintain; ~**riktig**, sincere; ~**riktighet**, sincerity; ~**ringning**, call;
~**rinnelig**, original;
~**rinnelse**, origin; ~**rivende**, harrowing; ~**rop**,
proclamation; (navne-)
call-over, roll-call;
~**rustning**, rearmament;
~**rydding**, clearance;
~**rør**, rebellion, revolt;
(opptøyer) riot(s); ~**røre**, (vekke avsky) revolt;
~**rørende**, shocking, re-

volting; ~**rører**, rebel;
~**rørsk**, rebellious;
~**rørt**, (hav) rough; *fig*
shocked; ~**rådd**, at a
loss.
opp|samling, accumulation; ~**satt på**, bent *(el*
keen) on; ~**sigelig**, terminable; (obligasjon)
redeemable; (funksjonær) removable; ~**sigelse**, notice; (kontrakt)
termination; (lån) calling in; ~**sigelsestid**,
term of notice; ~**sikt**,
attention; (sterkere) sensation; ~**siktsvekkende**,
sensational; ~**skaket**,
upset; ~**skjørtet**, bustling; ~**skremt**, alarmed, startled; ~**skrift**, recipe; ~**skrive** (forhøye)
write up; ~**skrytt**,
overpraised; ~**slag**, (på
erme) cuff; (plakat) bill,
notice; ~**slagsbok**, reference book; ~**slagstavle**, notice board;
~**snappe**, *fig* catch;
(brev *o.l.*) intercept;
~**spedd**, diluted,
thinned; ~**spilt**, *fig*
keyed up; ~**spinn**, fabrication; ~**spore**, trace.
opp|stand, insurrection,
rising; ~**standelse**, (fra

de døde) resurrection; (røre) excitement, stir; ~ stemt, in high spirits; ~ stigende, ascending; ~ stigning, ascent; ~ stille, (ordne) arrange; ~ stilling, arrangement; *mil* falling in; ~ stiver, pick-me-up; ~ stoppernese, snub nose; ~ strammer, (tiltale) talking-to; ~ styltet, stilted; ~ styr, stir, commotion; ~ stå, *fig* arise; ~ suge, absorb; ~ summere, sum up; ~ summering, summary; ~ sving, *merk* boom, upswing; ~ svulmet, swollen; ~ syn, supervision; ~ synsfartøy, fishery protection vessel; ~ synsmann, inspector, supervisor; ~ søke (besøke) go and see, look up.

opp∎ta, take up, occupy; ~ tagelse, admission; ~ tagelsesprøve, entrance examination; ~ tak (lydbånd *o.l.)* recording; ~ tatt, engaged; (plass *o.l.* også) taken; ~ tegne; ~ tegnelse, record; ~ tog, procession; ~ trapping, escalation, stepping-up; ~ tre, *teat* appear; (handle) act; (handling) appearance; (handling) action; (oppførsel) conduct; ~ trekker, bottle opener; ~ trinn, scene; ~ trykk, reprint; ~ tøyer, riot(s).

opp∎vakt, bright, intelligent; ~ varming, heating; ~ varte, wait upon *el* on; ~ vask, washing-up; *konkr* dishes; ~ vaskmaskin, dishwashing machine, dishwasher; ~ veie, counterbalance; ~ vekst, adolescence; ~ vigle, stir up; ~ vigler, agitator; ~ vigleri, agitation; ~ vise, show; ~ visning, display, show.

oppøve, train.

optiker, optician.

optimisme, optimism; ~ t, optimist; ~ tisk, optimistic.

orakel, oracle.

oransje, orange.

ord, word; be om ~ et, request leave to speak; gi ~ et, call on, give the floor; ~ bok, dictionary.

orden, order; ~ smann, methodical person; (på

skole) monitor; ~**stall**, ordinal number; ~**tlig**, (som er i orden) orderly, tidy; (riktig); proper, regular; (anstendig) decent.

ord|forråd, vocabulary; ~**fører**, chairman; (i bykommune) mayor.

ordi|nasjon, ordination; ~**ere**, ordain; *med* prescribe; ~**ær**, ordinary; (simpel) common.

ord|klasse, part of speech; ~**lyd**, wording.

ord|ne, arrange, fix; ~**ing**, arrangement.

ordonnans, orderly.

ordre, order.

ord|rett, literal, verbatim; ~**skifte**, debate, discussion; ~**spill**, pun; ~**språk**, proverb; ~**stilling**, word order; ~**styrer**, chairman.

organ, organ; (stemme) organ of speech, voice; ~**isasjon**, organization; ~**isator**, organizer; ~**isere**, organize; ~**isk**, organic; ~**isme**, organism; ~**ist**, organist.

orgel, organ.

orgie, orgy.

orient|alsk, oriental; ~**en**, the East, the Orient;

~**ere**, inform, brief; ~**ere seg**, take one's bearings, orientate oneself; ~**ering**, (rettledning) guidance, information.

original, original.

orkan, hurricane.

orke (greie) manage; (holde ut) bear.

orkester, orchestra, band.

orkidé, orchid.

orm, worm; (slange) snake.

ornament; ~**ere**, ornament.

ortodoks, orthodox.

ortografi, orthography; ~**sk**, orthographic.

os, (røyk) smoke; (elve-) mouth, outlet; ~**e**, smoke.

osean, ocean.

oss, us.

ost, cheese.

osv, etc, and so on, and so forth.

oter, otter.

otium, leisure, retirement.

oval, *adj & s* oval.

oven|for, *adv & prp* above; ~**nevnt**; ~**stående**, above(-mentioned); ~**på** (i etasjen over) upstairs.

over, over; (høyere oppe

enn) above; (tvers ~)
across; ~ alt, every-
where; ~ anstrenge seg,
overwork (el overstrain)
oneself; ~ anstrengelse,
overstrain; ~ arm, up-
per arm.

overbefolket, over-popu-
lated; ~ bevise, convin-
ce (om: of); ~ bevisning,
conviction; ~ blikk, ge-
neral view; ~ bord,
overboard; ~ bringe,
deliver; ~ by, outbid;
~ bærende, indulgent
(med: to); ~ bærenhet,
indulgence.

overdel, upper part;
~ dra, transfer; (myn-
dighet) delegate; ~ dre-
ven, exaggerated; ~ dri-
ve, exaggerate; ~ drivel-
se, exaggeration; ~ dø-
ve, drown; ~ dådig,
luxurious, sumptuous.

overens: komme, stemme
~, agree; ~ enskomst,
agreement; ~ ensstem-
melse, accordance, ag-
reement.

overfall, ~ falle, assault;
~ fart, crossing, pass-
age; ~ fladisk, ~ flate,
surface; ~ flod, abun-
dance; ~ flødig, super-
fluous; ~ for prp adv

opposite; prp fig in (the)
face of; ~ fylt, over-
crowded; ~ føre, trans-
fer; (TV og radio) trans-
mit; ~ føring, transfer;
(TV og radio) transmis-
sion; ~ført, (om betyd-
ning) figurative.

overgang, crossing; fig
transition; ~ gangsalder,
climacteric; ~ gangsbil-
lett, transfer(-ticket);
~ gi, hand over; ~ gi
seg, ~ givelse, surren-
der; ~ grep, encroach-
ment; ~ grodd, overrun;
~ gå, exceed, surpass.

overhale; overhaling,
overhaul; ~ hengende,
(om fare) imminent, im-
pending; ~ herredømme,
supremacy; ~ hode,
head; ~ hodet, (i det he-
le tatt) at all; ~ holde,
observe, keep; ~ høvle,
fig dress down; ~ hånd,
ta ~ ~, become ram-
pant.

overilt, rash.

overingeniør, chief engi-
neer.

overkjeve, upper jaw;
~ kjørt: bli ~, get run
over; ~ klasse, upper
classes; ~ kokk, chef;
~ kommando, chief

command; ~ **komme,**
manage; ~ **kommelig,**
(pris) reasonable.

over|lagt, premeditated;
wilful; ~ **last,** injury;
~ **late,** leave; ~ **lege,**
chief physician; ~ **legen,**
superior; (i vesen)
haughty, supercilious;
~ **legenhet,** superiority;
(i vesen) haughtiness;
~ **legg: med ~,** delibe-
rately; ~ **leve,** survive;
~ **levere,** deliver; ~ **liste,**
outwit; ~ **lær,** upper
vamp; ~ **løper,** deserter,
defector.

over|makt, superiority;
~ **mann,** superior;
~ **manne,** overpower;
~ **menneske,** superman;
~ **moden,** overripe;
~ **morgen: i ~,** the day
after to-morrow; ~ **må-
te,** extremely.

over|natte, stay overnight,
spend the night; ~ **na-
turlig,** supernatural.

over|oppsyn, supervision;
~ **ordentlig,** extraordi-
nary; ~ **ordnet,** superior.

over|raske; ~ **raskelse,**
surprise; ~ **reise,** cross-
ing, passage; ~ **rekke,**
present; ~ **rumple,** take
by surprise.

over, til overs, left(over);
~ **se,** (ikke se) overlook,
miss; ~ **sette,** translate;
~ **settelse,** translation;
~ **setter,** translator;
~ **sikt,** survey; ~ **sjøisk,**
oversea(s); ~ **skride,** ex-
ceed; ~ **skrift,** heading;
(i avis) headline;
~ **skudd,** surplus;
~ **skyet,** overcast;
~ **slag,** estimate;
~ **spent,** high-strung;
~ **stige,** exceed, surpass;
~ **strykning,** crossing
out, deletion; ~ **strøm-
mende,** effusive, pro-
fuse; ~ **svømme,** over-
flow, flood; *fig* overrun;
~ **svømmelse,** flood,
inundation; ~ **søster,**
head nurse.

over|ta, take over; ~ **tak:
ha ~ et,** have the upper
hand; ~ **tale,** persuade;
~ **talelse,** persuasion;
~ **tid,** overtime; ~ **tre,**
(lov *o.l.*) infringe, break;
~ **treffe,** exceed, sur-
pass; ~ **trekke,** (konto)
overdraw; ~ **tro,** super-
stition; ~ **troisk,** super-
stitious.

over|veie, consider, think
over; ~ **veielse,** conside-

ration, deliberation;
~**veiende**, *adv* mainly,
chiefly; ~**vekt**, over-
weight; *fig* preponde-
rance; predominance;
~**velde**, overwhelm;
~**vinne**, conquer, de-
feat; (vanskelighet)
overcome; ~**vintre**,

winter; ~**vurdere**, over-
estimate; ~**være**, at-
tend; ~**våke**, watch
(over), supervise.
overøse med, shower st
on.
ovn, stove; (**baker~**)
oven; (smelte-) furnace;
elektr heater.

P

padde, toad.
padle, paddle.
pakk, (pøbel) mob; ~**e**,
v pack; wrap; ~**e opp**,
unpack; unwrap; ~**e
inn**, wrap up; ~**e** *s* par-
cel; (fabrikkpakket)
packet; ~**epost**, parcel
post; ~**hus**, warehouse;
~**is**, pack ice.
pakning, package, pack-
ing.
pakt, pact, covenant.
palass, palace.
palett, palette.
palme, palm; ~**søndag**,
Palm Sunday.
panel, (på vegg), wain-
scot; (TV, radio) panel.
panikk; **panisk**, panic.
panne, (steke-) frying-
pan; (ansiktsdel) fore-
head; ~**kake**, pancake.

panser, armour; (på bil)
bonnet; *amr* hood;
~**bil**, armoured car;
~**hvelv**, strong room.
pant, pledge; (hånd-)
pawn; (i fast eiendom)
mortgage; (for flaske)
deposit; ~**e**, distrain
on; ~**elåner**, pawn-
broker; ~**obligasjon**,
mortgage (deed); ~**set-
te**, pawn; (i fast eien-
dom) mortgage.
papegøye, parrot.
papir, paper; ~**forret-
ning**, stationer's shop;
~**kurv**, wastepaper bas-
ket; ~**masse**, paper-
pulp; ~**pose**, paper bag.
papp, (limt) pasteboard;
(kartong) cardboard;
~**eske**, cardboard box,
carton.

parade; ~**dere**, parade; ~**dis**, paradise; **hoppe** ~**dis**, play hopscotch; ~**doks**, paradox; ~**doksal**, paradoxical; ~**fin**, paraffin; ~**frase**, paraphrase; ~**graf**, paragraph; (i lov) section; ~**llell**, parallel; ~**ply**, umbrella; ~**sitt**, parasite; ~**soll**, parasol; ~**t**, ready.

parentes, parenthesis, *pl* ~**theses**.

parere, parry; (adlyde) obey.

parfyme, perfume; ~**butikk**, perfumery; ~**re**, perfume.

pari, par.

paringstid, pairing *(el* mating) season.

park, park; ~**ere**, park; ~**eringsplass**, parking-place *(el* ground); (større) car-park; ~**ett**, (golv) parquet; *teat* stalls.

parlament, parliament; ~**arisk**, parliamentary.

parlør, phrase book.

parodi, parody; ~**sk**, parodic.

parole (slagord) watchword, slogan.

parsell, lot; ~**ere**, parcel out.

part, part share; *jur* party; ~**ere**, cut up; ~**erre**, pit; ~**i** *pol* party; (vare-) consignment, shipment; (giftermål) match; *mus* part; ~**isan**, partisan; ~**isipp**, participle; ~**isk**, partial; ~**itur**, score.

parykk, wig.

pasient, patient.

pasifisme, pacifism; ~**ist**; ~**istisk**, pacifist.

pasje, page.

pasjon, passion; ~**ert**, (ivrig) keen, ardent.

pass, (reise-) passport; (fjell-, i kort) pass; (tilsyn) attention, care; (pleie) nursing; ~**asje**, passage; ~**asjer**, passenger; ~**at**, trade-wind; ~**e** (være beleilig) suit; (ha rett form) fit; (ta seg av) look after; ~**ende**, suitable, fit; ~**er**, compasses; ~**ere**, pass (by); ~**érseddel**, permit; ~**iar**, talk, chat; ~**iv**, passive; ~**iva**, liabilities.

pasta, paste.

pastell-, ~**farge**, pastel.

pasteurisere, pasteurize.

pastill, pastille, lozenge.

patent, patent; ~**ert**, patented.

patetisk, pathetic; ~**os**, pathos.

patriark, patriarch; ~**ot**, patriot; ~**otisk**, patriotic.

patron, cartridge.

patrulje; ~**re**, patrol.

patte, suck; ~**barn**, suckling; ~**dyr**, mammal.

pauke, kettle-drum.

pause, pause; *teat o.l.* interval; *mus* rest.

pave, pope; ~**lig**, papal.

paviljong, pavilion.

pedagog, pedagogue, education(al)ist; ~**isk**, pedagogic(al).

pedal, pedal.

peile, take a bearing; ~**ing**, bearing; **ta** ~**ing på** (sikte på) aim at.

peis, fire-place; ~**hylle**, mantelpiece.

pek, **gjøre et** ~, play a trick on; ~**e**, point (**på**: at, *fig* to); ~**efinger**, forefinger; ~**estokk**, pointer.

pels, fur; ~**dyr**, furred animal; ~**handler**, furrier; ~**jeger**, trapper; ~**kåpe**, furcoat.

pen, nice, handsome, pretty.

pendel, pendulum; ~**le** (svinge) oscillate; (reise) commute; ~**ler**, commuter.

pengeknipe, money difficulty; ~**plassering**, investment; ~**pung**, purse; ~**r**, money; ~**seddel**, banknote; ~**skap**, safe; ~**utpressing**, blackmail.

penn, pen; ~**al**, pencil-case; ~**eskaft**, penholder; ~**strøk**, stroke of the pen.

pensel, brush.

pensjon, pension; (kost) board; ~**at**, boarding-house; ~**atskole**, boarding-school; ~**ist**, pensioner; ~**skasse**, pension fund.

pensum, syllabus; curriculum.

pepper, pepper; ~**bøsse**, pepperbox; ~**mynte**, peppermint.

per *el* pr.: ~ **stykk**, a piece; ~ **dag**, per (*el* a) day; ~ **båt**, **post**, by boat, by post.

perfeksjonere seg i, improve one's knowledge of; ~**t**, perfect; ~**um**, the perfect tense.

perforere, perforate.

pergament, parchment; ~**papir,** parchment paper.

periferi, periphery; ~**ode,** period; ~**odevis,** periodic(al); ~**skop,** periscope.

perle, pearl; (glass) bead; ~**fisker,** pearl-diver; ~**halsbånd,** pearl-necklace; ~**mor,** mother-of-pearl.

perm, cover; (omslag) file; ~**anent,** permanent; ~**isjon,** leave (of absence); ~**ittere,** (gi permisjon) grant leave; (sende bort) dismiss.

perpleks, taken aback, perplexed.

perrong, platform.

perser, Persian; ~**ianer,** Persian lamb; khan; ~**ienne,** Venetian blind; ~**ille,** parsley; ~**isk,** Persian.

person, person; *teat* character; ~**ale,** personnel, staff; ~**ifikasjon,** personification; ~**ifisere,** personify; ~**lig,** personal, in person; ~**lighet,** personality.

perspektiv, perspective.

pertentlig, meticulous, prim.

pervers, perverted.

pese, pant.

pessimisme, pessimism; ~**t,** pessimist; ~**tisk,** pessimistic.

pest, plague, pestilence.

petroleum, kerosene, paraffin oil; (jordolje) petroleum.

pianist, pianist; ~**o,** piano.

pietet, piety; ~**etsfull,** reverent; ~**isme,** pietism.

pigg, spike; ~**dekk,** studded tyre; ~**sko,** spiked shoe; ~**tråd,** barbed wire; ~**var,** turbot.

pikant, piquant, racy.

pike, girl; ~**navn** (etternavn) maiden name; **speider**~, girlguide.

pikkolo, (hotellgutt) page; *amr* bellhop, bellboy; ~**fløyte,** piccolo.

pil, *bot* willow; (til bue) arrow; ~**ar,** pillar; ~**egrim,** pilgrim; ~**egrimsferd,** pilgrimage.

pille, *s* pill; *v* pick.

pine, *s og v* pain, torture; ~**benk,** rack.

pingvin, penguin.

pinlig, awkward, painful, embarrassing.

pinne, stick; (vagle) perch.

pinnsvin, hedgehog.

pinse, Whitsun(tide); ~**dag,** Whitsunday; ~**lilje,** white narcissus.

pinsett, tweezers.

pion, peony.

pionér, pioneer.

pip, squeak; ~**e,** s pipe; *mus* fife; *v* whistle; squeak; ~**ekonsert,** cat-calls; ~**erenser,** pipe-cleaner.

piple, trickle, ooze.

pir, (fisk) young mackerel; (brygge) pier; (mindre) jetty.

pirat, pirate.

pirke, prod; ~**eri;** ~**et,** niggling.

pirre, irritate; stimulate.

pisk, whip; (pryl) flogging; ~**e,** whip, flog; (fløte, egg) beat, whip.

piss, piss, urine; ~**e,** piss, urinate; ~**oar,** urinal.

pistol, pistol; gun.

pjolter, whisky and soda.

plage, s og v trouble, bother, worry; ~**som,** troublesome.

plagg, garment.

plagiat, plagiarism; ~**ere,** plagiarize.

plakat, placard, bill, poster.

plan, *adj* plane; *s c* plan, scheme, design; *n* plane; (nivå) level; ~**ere,** level; ~**et,** planet; ~**geometri,** plane geometry.

planke, plank; deal; ~**gjerde,** board fence, hoarding.

planlegge, plan; ~**løs,** planless; ~**messig,** systematic.

plansje, (kart) chart.

plantasje, plantation; ~**asjeeier,** planter; ~**e,** s & v plant; ~**eskole,** forest nursery.

plapre, babble, prattle.

plask; ~**e,** splash; ~**regn,** downpour.

plass, (rom) room, space; (sted) place; (firkantet ~ i en by) square; (sitte ~) seat; (lønnet post), place, situation.

plassere, place; *merk* invest.

plaster, plaster.

plastikk; ~**isk,** plast; plastic.

plate, plate; (bord-) top; (stein-) slab; (tynn metall- *el* glass-plate) sheet; (grammofon-) record; *elektr* hotplate; ~**spiller**, record player.

platt, flat; vulgar; ~**form**, platform; ~**fot**, flat foot; ~**-tysk**, Low German.

platå, plateau, tableland.

pledd, (reise-) travelling rug.

pleie, *v* (ha for vane) usually do st; (pleide å) used to do st; (passe) tend, nurse, look after; *s* nursing; tending; ~**barn**, foster-child; ~**hjem**, nursing home; ~**r**, ~**rske**, nurse.

plen, lawn; ~**klipper**, lawn mower.

plenum, **i** ~, in plenary session.

plett, spot; *fig* blot; (sølv-) silver plate; ~**fri**, spotless.

plikt, duty; ~**ig**, obliged, (in duty) bound; ~**opp-fyllende**, dutiful.

plire, blink, squint.

plissé, pleating.

plog, plough; ~**fure**, furrow.

plombe, (i tann) filling; (bly-) (lead) seal; ~**re**, (tann) fill, stop; (forsegle) seal (with lead).

plomme, (egg) yolk; (frukt) plum.

pludre, babble.

plugg; ~**e**, peg; plug.

plukke, pick; gather.

plump, *adj* coarse, vulgar; *s* splash; ~**e**, plump; ~**het**, vulgarity.

pluss, plus.

plutselig, *adj* sudden; *adv* suddenly.

plyndre, plunder, pillage; rob; ~**ing**, pillage, plundering.

plysj, plush.

plystre, whistle.

pløse (i sko) tongue; (pose) bag; ~**t**, baggy, bloated.

pløye, plough.

podagra, gout.

pode, *v* graft.

poeng, point; ~**tere**, emphasize; ~**tert**, *adv* pointedly.

poesi, poetry; ~**t**, poet.

pokal, cup.

pokker, the deuce, the devil.

pol, pole; ~**akk**, Pole; ~**ar**, polar; ~**arsirkel**, polar (*el* nordlig arctic) circle.

polemikk, controversy; ~**sk**, controversial, polemic.

Polen, Poland.

polere, polish.

poliklinikk, policlinic.
polise, policy; ~**ti,** police; ~**tifullmektig,** superintendent; ~**tikammer,** police-station; ~**tiker,** politician; ~**tikk,** (virksomhet) politics; (linje, fremgangsmåte) policy; ~**timann,** police officer, policeman; ~**timester,** chief constable, chief of police; ~**tisk,** political; ~**tistasjon,** police-station; ~**tur,** polish.
polsk, Polish.
polstre, upholster.
polygami, polygamy.
polypp, *zool* polyp; *med* polyp(us).
pomade, pomade.
pomp, pomp, state; ~**øs,** pompous, stately.
ponni, pony.
poppel, poplar.
popularisere, popularize; ~**aritet,** popularity; ~**ær,** popular.
pore, pore.
pornografi, pornography; ~**sk,** pornographic.
porselen, china, porcelain; ~**svarer,** china(ware).
porsjon, portion, share; (mat) helping.

port, gate; ~**al,** portal; ~**efølje,** portfolio; ~**emoné,** purse; ~**forbud,** curfew; ~**ier,** hall-porter; ~**iere,** curtain, portiére; ~**ner,** porter; ~**o,** postage; ~**rett,** portrait; ~**ugal,** Portugal; ~**ugiser;** ~**ugisisk,** Portuguese; ~**vin,** port.
porøs, porous.
pose, bag; ~**re,** pose.
posisjon, position; ~**tiv,** positive; ~**tur,** attitude, pose.
post, (brev *o.l.*) post, mail; (~**vesen**) post; (stilling) appointment, post, situation; (på program og i regnskap) item; ~**anvisning,** money order; ~**boks,** post office box; ~**bud,** postman; *amr.* mailman.
postei, pie; pâté.
postere, post; ~**e,** post, mail; ~**giro,** post giro, postal cheque (service); ~**hus,** post office; ~**kasse,** letterbox; ~**kontor,** post office; ~**kort,** postcard; ~**legge,** post, mail; ~**mester,** postmaster; ~**nummer,** postcode; ~**oppkrav,** (sende mot ~) send C.

O. D. (cash on delivery); ~**pakke**, postal parcel; ~**stempel**, postmark.

pote, paw.

potens, power; (kjønnskraft også) potency.

potet, potato; ~**mel**, potato flour; ~**stappe**, mashed potatoes.

pottaske, potash; ~**e**, pot; ~**emaker**, potter; ~**eplante**, pot(ted) plant.

pragmatisk, pragmatic.

Praha, Prag, Prague.

praie, hail.

praksis, practice; ~**t**, splendour; ~**tfull**, splendid; ~**tikant**, trainee; ~**tisere**, practise; ~**tisk**, practical.

pram, lighter, barge.

prange, shine; ~**med**, show off.

prat; ~**e**, chat; ~**som**, talkative.

predikant, preacher.

preferanse, preference; ~**aksje**, preference share.

preg, impress, stamp; ~**e**, stamp, characterize.

preke, preach; ~**n**, sermon; ~**stol**, pulpit.

prektig, splendid; excellent.

prekær, precarious.

prelle av, glance off.

preludium, prelude.

premie, (forsikrings-) premium; (belønning) prize; ~**konkurranse**, prize competition.

première, first night *el* performance.

premisse, premise.

preparat, preparation; ~**ere**, prepare.

preposisjon, preposition.

presang, present, gift.

presenning, tarpaulin.

presens, the present (tense); ~**tabel**, presentable; ~**tasjon**, (av person) introduction; (av veksel) presentation; ~**tere**, (person) introduce (**for**: to); (regning, veksel) present.

president, president; (ordfører) chairman; ~**ere**, preside.

presis, precise, punctual; (om klokkeslett) sharp; ~**ere**, define precisely; ~**jon**, precision.

press, pressure; (påkjenning) strain; ~**e**, *s* press; *v* press; ~**ebyrå**, news agency; ~**efrihet**, freedom of the press; ~**erende**, urgent;

~**gruppe,** pressure group.

prest, clergyman; parson; (katolsk) priest; (sogne-) rector, vicar; (kapellan) curate; (skips-, felt- *etc*) chaplain; (Skottland og dissenter-) minister; ~**asjon,** achievement; ~**egård,** rectory, vicarage; ~**ekjole,** cassock; ~**ekrage** *bot* ox-eye daisy; ~**ere,** perform, achieve; ~**isje,** prestige.

pretensiøs, pretentious.

Preussen, Prussia.

prevensjon, contraception; ~**tiv,** *adj* preventive; ~**tive midler,** contraceptives.

prikk, dot; (flekk) spot; ~**e,** dot; (stikke) prick.

prima, first-class; ~**itiv,** primitive; ~**us,** primus; spirit stove; ~**ær,** primary.

prins, prince; ~**esse,** princess; ~**gemal,** Prince Consort; ~**ipiell,** fundamental, in principle; ~**ipp,** principle.

prioritere, give preference *(el* priority) to; ~**et,** priority; (pant) mortgage; ~**etsaksje,**

preference share; ~**etslån,** mortgage loan.

pris, price; (premie) prize; ~**avslag,** allowance, reduction in the price, discount; ~**e,** (rose) praise; (fastsette prisen på) price; ~**fall,** fall in price(s); ~**forhøyelse,** se *-stigning;* ~**liste,** price-list; ~**me,** prism; (i lysekrone) drop; ~**nedsettelse,** reduction in *(el* of) prices; price reduction; ~**notering,** quotation; ~**stigning,** rise of *(el* in) prices; ~**stopp,** price freeze; ~**verdig,** praiseworthy.

privat, private.

privilegium, privilege.

problem, problem.

produksjon, production; ~**kt,** product; ~**ktiv,** productive; ~**sent,** producer; ~**sere,** produce.

profan, profane; ~**fesjon,** profession; (håndverk) trade; ~**fesjonell,** professional; ~**fessor,** professor; ~**fet,** prophet; ~**feti,** prophecy; ~**fil,** profile; ~**fitt;** ~**fittere,** profit.

prognose, prognosis;

~ gram, ~ grammere, program(me); ~ gressiv, progressive; ~ klamasjon, proclamation; ~ klamere, proclaim.

proletar, proletarian; ~ log, prologue; ~ menade, promenade; ~ mille, per thousand.

pronomen, pronoun; ~ pell, propeller; screw; ~ porsjon, proportion.

propp, plug; ~ e, (fylle) cram; ~ e seg, gorge (oneself); ~ full, chokefull.

prosa, prose; ~ isk, prosaic.

prosedere, jur plead; ~ yre, final addresses of counsel; (fremgangsmåte) procedure.

prosent, per cent; (-sats) percentage.

prosesjon, procession.

prosess, jur (law)suit, action; (kjemi) process.

prosjekt, project, scheme; ~ sjektør, teat spotlight; (til film) projector; ~ sjektil, projectile; ~ spektkort, (picture) postcard; ~ stitusjon, prostitution.

protest, protest; ~ testant, Protestant; ~ tes-

tere, protest; ~ tokoll, register, record (møte-) minute-book; ~ tokollere, register, record.

proviant, provisions; ~ ere, take in supplies.

provins, province; ~ vinsiell, provincial; ~ visjon, commission; ~ visorisk, provisional, temporary; ~ vokasjon, provocation; ~ vosere, provoke.

prute, haggle, bargain.

pryd, ornament; ~ e, adorn, decorate, ornament.

pryl, thrashing, beating; ~ e, thrash, beat.

prærie, prairie.

prøve, s trial, test; (av noe, vare-) sample; teat rehearsal; v try; (fagmessig) test; teat rehearse; ~ lse, trial; ~ tur, trial trip.

prøysser; ~ isk, Prussian.

psevdonym, pseudonym, pen-name.

psykiater, psychiatrist; ~ iatri, psychiatry; ~ isk, psychic(al); ~ oanalyse, psychoanalysis; ~ olog, psychologist; ~ ologi, psychology; ~ ologisk, psychological.

pubertet, puberty.
publikasjon, publication; ~**kum**, the public; *teat* audience; ~**sere**, publish.
pudder; ~**re**, powder.
pudding, pudding.
puff; ~**e**, push.
pugg; ~**e**, cram, swot.
pukkel, hump, hunch; ~**rygg**, hunch-back.
pulje, *idr* division, group; (i spill) pool.
pull (på hatt) crown.
puls, pulse; ~**ere**, pulsate; ~**åre**, artery.
pult, desk.
pulver, powder.
pumpe, *s & v* pump.
pund, pound; ~**seddel**, pound note.
pung, purse; *zool* pouch; ~**dyr**, marsupial.
punkt, point; (prikk) dot; ~**ere**, ~**ering**, puncture; ~**lig**, punctual; ~**tum**, full stop.
punsj, punch.
pupill, pupil.
puppe, *zool*, pupa, chrysalis; ~**hylster**, cocoon.
pur, (ren, skjær) pure.
puré, purée.
puritaner, Puritan; ~**sk**, puritan(ical).
purke, sow.

purpur, purple.
purre, *s* leek; *v* (vekke), call; rouse; *mar* turn out; (minne om) remind of, press for.
pus, pussy.
pusle, (små-) fiddle, potter; ~**spill**, (jig-saw) puzzle.
puss, (materie) pus; (pynt) finery; (mur) plaster; (påfunn) trick; ~**e**, (gjøre blank) clean; (rense) polish; ~**emiddel**, polish; ~**ig**, queer, funny.
pust, breath; (vind-) puff; ~**e**, breathe; ~**erom**, breathing space, respite.
pute, (sofa-) cushion; (hode-) pillow; ~**var**, pillow-case *(el* slip).
putre, (småkoke) simmer.
pygmé, pygmy.
pyjamas, pyjama(s).
pynt, ornament; (besetning) trimmings; (odde) point; ~**e**, decorate; ~ **seg**, dress up.
pyramide, pyramid; ~**oman**, pyromaniac.
Pyrenéene, the Pyrenees.
pytt, *s* pool, puddle.
pæl, pole, stake.
pære, pear; *elektr* bulb.

pøbel, mob; ~**aktig**, vulgar.

pøl, pool, puddle.

pølse, sausage; ~**bu**, hot dog stand.

pøns(k)e på, be up to; ~ **ut**, devise, think out.

pøs, bucket; ~**e**, pour.

på, *prp* on, upon; ~**berope seg**, plead; ~**bud**; ~**by**, order.

påfallende, striking; ~**fugl**, peacock; ~**funn**, invention; ~**følgende**, following; ~**gripe**, *jur* arrest; ~**gående**, pushing; ~**hengsmotor**, outboard motor.

påkalle, (oppmerksomheten) attract; ~**kjenning**, strain, stress; ~**kledd**, dressed; ~**kledning**, dress.

påle, pole, stake.

pålegg, (forhøyelse) increase, rise; (på brød) cheese, meat etc.; ~**legge**, (skatt *o.l.*) impose; ~**litelig**, reliable; ~**lydende**, *s* face value; ~**løpne renter**, accrued interest.

påminnelse, reminder; ~**mønstre**, engage; ~**passelig**, attentive, careful; ~**peke**, point out; ~**pekende**, *gram* demonstrative; ~**rørende**, relative.

påse at, see (to it) that, take care that.

påske, Easter; ~**dag**, Easter Day *el* Sunday; ~**lilje**, daffodil.

påskjønne, (belønne) reward; ~**skrift** (på veksel *o.l.*) endorsement; (underskrift) signature; ~**skudd**, pretext, excuse; ~**skynde**, hasten; ~**stand**, assertion; ~**stå**, assert, maintain; ~**ståelig**, assertive, stubborn.

påta seg, assume, undertake; ~**tale**, *v* criticize; *s* censure; *jur* prosecution; ~**talemyndighet**, prosecuting authority; ~**tegne**, endorse; (underskrive) sign; ~**trengende**, obtrusive; (~ **nødvendig**) urgent; ~**trykk**, pressure; ~**tvinge**, force upon.

påvente: i ~ **av**, in anticipation of; pending; ~**virke**; ~**virkning**, influence; ~**vise**, point out, show; (bevise) prove; ~**visning**, demonstration.

R

rabalder, noise, row.
rabarbra, rhubarb.
rabatt, *merk* discount; (bed) border.
rable, scribble.
rad, row; (rekke) rank.
radaranlegg, radar installation.
radiator, radiator.
radikal; ~**er**, radical; ~**isme**, radicalism.
radio, radio, wireless; ~**aktiv**, radioactive; ~**apparat**, radio set;
radium, radium; ~**s**, radius.
raffinade, lump sugar; ~**eri**, refinery.
rage (fram) project; (~ **opp**) rise, tower.
rak, straight; ~**e**, (angå) concern; (med rive) rake.
rakett, rocket; *mil* missile.
rakke ned på, abuse, run down.
rakne, (om tøy) rip; (om strømpe) ladder; ~**fri**, ladderproof.
rakrygget, erect, upright.
ralle, rattle.

ram, (om smak) acrid, rank; ~**askrik**, outcry; ~**bukk**, rammer.
ramle, (falle) tumble; (skramle) rumble, lumber.
ramme, *v* hit, strike; *s* frame.
ramn, raven.
ramp, *koll* mob, rabble; (en person) hooligan; ~**elys**, footlights; *fig* limelight; ~**onere**, damage.
ramse, på ~, by rote; ~**e opp**, reel off.
ran, robbery.
rand, (kant) edge; (på glass) brim; *fig* brink, verge.
rane, rob.
rang, rank; (for-) precedence; ~**el**, spree, booze, revel; ~**ere**, rank; ~**le**, (rasle) rattle; (ture) go on the booze *el* spree, revel; *s* rattle.
rank, straight, erect.
ransake, search, ransack; *dt* frisk; ~**sel**, knapsack; (skole-) satchel; ~**smann**, robber.

rap; ~ **e,** belch.
rapp, *adj* quick, swift.
rapport; ~ **ere,** report.
rar, queer, strange; ~ **ing,** odd type; ~ **itet,** curiosity.
ras, landslide, landslip; (snø-) avalanche; ~ **e,** (ut) slide; (være rasende) rage, rave; storm; *s* race; (dyre-) breed; ~ **ediskriminering,** racial discrimination; ~ **ehat,** racial hatred; ~ **ende,** furious; ~ **ere,** raze; ~ **eri,** fury, rage.
rasjon; ~ **ere;** ration; ~ **alisere,** rationalize; ~ **ering,** rationing.
rask, *adj* quick; rapid, fast.
rasle, rattle; rustle; clank.
rasp; ~ **e,** rasp.
rast; ~ **e,** rest; ~ **løs,** restless.
rate, instalment; (frakt-) rate.
ratt, (steering-) wheel.
raut; ~ **e,** low.
rav, *s* amber; ~ **e,** stagger, reel.
razzia, raid.
re en seng, make a bed.
reagensglass, test-tube; ~ **agere,** react; ~ **aksjon,**

reaction; ~ **aksjonær,** reactionary.
real, honest; straight; (virkelig) real; ~ **fag,** science; ~ **isasjon,** realization; (utsalg) disposal sale; ~ **isere,** realize; ~ **isme,** realism; ~ **ist,** realist; (lærer i realfag) science teacher; ~ **itet,** reality; ~ **lønn,** real wages.
rebell, rebel; ~ **sk,** rebellious.
red, roads *pl*
redaksjon, (kontor) editorial office; (stab) editorial staff; ~ **tør,** editor.
redd, afraid, scared, frightened.
redde, save; (befri) rescue.
reddik, radish.
rede, ready; ~ **gjøre,** give an account (**for:** of); ~ **gjørelse,** account, statement; ~ **lig,** honest; ~ **r,** shipowner; ~ **ri,** shipping company.
redigere, (avis) edit; (formulere) draft.
redning, saving; rescue; ~ **sbelte,** lifebelt; ~ **sbåt,** lifeboat; ~ **svest,** life-jacket.
redsel, horror, terror;

~ sfull, horrible, terrible, dreadful.

redskap, tool, implement.

reduksjon, reduction; **~ sere,** reduce.

reell, real.

referanse, reference; **~ at,** report; (fra møte) minutes; **~ erent,** reporter; **~ ere** (et møte) report; **(~ til)** refer (to).

refleks, reflex; **~ tere,** reflect **(over: on).**

reform; ~ ere, reform.

refreng, refrain, chorus.

refse, chastise, punish; **~ lse,** chastisement, punishment.

refundere, refund; **~ ing,** refundment.

regatta, regatta.

regel, rule; **~ messig,** regular.

regent, ruler, regent; **~ gime,** regime; **~ giment,** regiment; **~ gion,** region; **~ gissør,** *teat* state manager; (film) director.

register, register, record; (alfabetisk) index; **~ rere,** register, record.

regjere, govern, rule; **~ ing,** government.

regle, jingle; **~ ment,** regulations.

regn, rain; **~ bue,** rainbow; **~ byge,** shower; **~ e,** rain; (telle) count; (be-) reckon, calculate; **~ efeil,** miscalculation; **~ emaskin,** calculator, calculating machine; computer; **~ eoppgave,** arithmetical problem; **~ frakk,** raincoat; **~ ing,** (fag) arithmetic; (regnskap) account; (for varer *el* annet) bill; **~ skap,** account(s); **~ skapsbilag,** voucher; **~ skapsfører,** accountant; **~ skur,** shower; **~ vær,** rainy weather.

regulativ, (lønns-) scale of wages; **~ ere,** regulate; (justere) adjust; **~ ering,** regulation, adjustment.

rehabilitere, rehabilitate.

rein, reindeer.

rein, *adj* clean; (ublandet) pure; **~ t** *adv* (helt) purely, quite, completely.

reingjøring, cleaning (up); **~ hold,** cleaning; **~ slig,** cleanly.

reip, rope.

reir, nest.

reise, *vt* raise, erect; *vi* go; (av-) leave, depart

(til: for); (være på reise)
travel; s journey; mar
voyage; passage; (kort
~) trip; ~ byrå, travel
bureau, tourist agency;
~ gods, luggage; ~ le-
der, tour conductor,
courier, guide; ~ nde,
traveller; ~ radio, port-
able radio; ~ rute, itine-
rary; ~ sjekk, traveller's
cheque.

reisning, revolt; (hold-
ning) carriage.

reiv; ~ e, swaddle.

reke, v (drive) stray,
roam; s shrimp, (større)
prawn.

rekke, v reach; (levere)
hand; pass; s row,
range, series; mil rank;
mar rail; ~ følge, order,
sequence; ~ hus, ter-
raced (el undetached)
house; ~ vidde, reach,
scope.

rekkverk, rail(ing); (i
trapp) banisters pl.

reklamasjon, complaint;
(krav) claim; ~ e, adver-
tising; ~ ebyrå, adverti-
sing agency; ~ ere, (kla-
ge) complain, claim;
(drive reklame) adver-
tise.

rekognosere, reconnoitre;

~ kommandert brev, re-
gistered letter; ~ konva-
lesens, convalescence;
~ kord, record; ~ krutt;
~ kruttere, recruit.

rektor, headmaster; (ved
fagskole) principal;
(universitet) rector.

rekyl; ~ ere, recoil.

relativ, relative; ~ itets-
teorien, the theory of
relativity.

relevant, relevant, perti-
nent.

relieff, relief.

religion, religion; ~ øs,
religious.

relikvie, relic.

rem, strap; (liv-) belt;
~ isse, remittance; ~ se,
strip.

ren, se rein.

renessanse, renaissance.

renke, intrigue; ~ smed,
intriguer.

renn, run; idr race, run;
~ e, s conduit, pipe;
(tak-) spout; mar chan-
nel; (i is) lane; (grøft)
canal, drain; v run;
flow; (sola) rise; (lekke)
leak; ~ eløkke, noose;
~ estein, gutter; ~ ing,
warp.

renommé, reputation.

renonsere på, renounce,
give up.

rense, clean; (kjemisk) dry-clean; ~**anlegg,** purifier plant; ~**ri,** cleaner's.

rente(r), interest; ~**fot,** rate.

reol, shelves *pl,* bookcase.

reparasjon; ~**ere,** repair.

repertoar, repertory; ~**petere,** revise; ~**petisjon,** revision; ~**plikk,** *jur* rejoinder; *teat* speech; ~**plisere,** reply; ~**portasje,** report; *rad* (running) commentary.

represalier, reprisals.

representant, representative; ~**asjon,** representation; (bevertning) entertainment; ~**ere,** represent.

reprimande, reprimand.

reprise, *teat* revival; *rad* repeat.

reproduksjon, reproduction; ~**sere,** reproduce.

republikaner; ~**ikansk,** republican; ~**ikk,** republic.

resepsjon, (hotell) reception desk; ~**sdame,** receptionist; ~**ssjef,** reception clerk, receptionist.

resept, prescription.

reservasjon, reservation; ~**e,** reserve; ~**edel,** spare part; ~**elege,** assistant physician; ~**ere,** reserve; ~**oar,** reservoir, basin.

residens, residence; ~**solusjon,** resolution; ~**sonans,** resonance; ~**sonnement,** reasoning; ~**sonnere,** reason.

respekt, respect, regards; ~**abel,** respectable; ~**ere,** respect.

ressurser, resources.

rest, remainder; (med bestemt *art)* rest; (av beløp, ordre) balance; ~**anse,** arrears *pl.*

restaurant, restaurant; ~**atør,** restaurant keeper; ~**ere,** restore.

restere, remain, be left; ~**riksjon,** restriction.

resultat; ~**tere,** result.

resymé, summary, résumé; ~**ere,** sum up, summarize.

retning, direction; ~**snummer** (telefon) dialling code; ~**sviser,** (bil) trafficator, direction indicator.

retorikk, rhetoric.

rett, *s* (mat) dish, course; (motsatt urett) right; *jur* lawcourt; **ha** ~, be right; *adj adv* right; (direkte) straight; ~ **e**, (gjøre ben) straighten; correct; (henvende) address, direct; *s* the right side; ~ **else**, correction; ~ **tenkende**, rightminded; ~ **ergang**, process; ~ **esnor**, *fig* guide.

rettferdig, just; ~ **het**, justice.

rettighet, right, privilege; ~ **ledning**, guidance; ~ **messig**, lawful, legitimate; ~ **skaffen**, upright; ~ **skrivning**, orthography, spelling; ~ **slig**, legal; ~ **ssak**, case, (law)suit; ~ **vinklet**, right-angled.

retur, return; ~ **billett**, return(ticket); ~ **nere**, return.

rev, *mar* reef; *zool* fox.

revansje, revenge; ~ **velje**, reveille; ~ **vers**, reverse.

revesaks, fox-trap.

revidere, revise; (som revisor) audit; ~ **sjon**, revision; (av regnskap) audit(ing); ~ **sor**, auditor, **(statsautorisert** ~**)** chartered accountant.

revmatisk, rheumatic;

~ **isme**, rheumatism.

revne, *s* (sprekk) crack; (flenge) rent; *v* (briste) crack; (sprekke) tear.

revolusjon, revolution; ~ **volusjonær**, revolutionary; ~ **volver**, revolver; ~ **vy**, (mønstring) review; *teat* revue.

Rhinen, the Rhine.

ri, *s* fit, spell; *v* se *ride*.

ribbe, *s* rib; *idr* wall bars; *v* pluck.

ridder, knight; ~ **lig**, chivalrous; ~ **vesen**, chivalry.

ride, ride, go on horseback; ~ **hest**, saddle horse; ~ **pisk**, horsewhip; ~ **tur**, ride.

rifle, (gevær) rifle.

rift, tear; (på kroppen) scratch; (etterspørsel) rush, demand.

rigg, rigging; ~ **e** (til) rig.

rik, rich, wealthy; ~ **dom**, riches; wealth; ~ **e**, kingdom; ~ **elig**, plentiful, abundant; ~ **sadvokat**, attorney-general; ~ **stelefon**(sentral) trunk exchange; (samtale) trunk *(el* long-distance) call.

riktig, *adj* right, correct; *adv* (ganske) quite;

~**het** correctness;
~**nok**, ... (men), it is
true... (but).
rim, (-frost) hoar frost,
rime; (vers) rhyme; ~**e**,
rime; rhyme; ~**elig**,
reasonable.
ring, ring; ~**e**, ring; *adj*
(tarvelig) poor; (ubety-
delig) slight; ~**eakt**,
contempt; ~**eakte**, des-
pise; ~**eapparat**, bell;
~**er**, ringer.
rinskvin, Rhine wine,
hock.
rip(e), (båt-) gunwale;
~**e**, *s* & *v* scratch.
rippe opp i, rake up.
rips, *bot* red currant.
ris, (kvister) twigs; (til
straff) rod; (bjørke-)
birch; (korn) rice; ~**e**,
v birch; *s* giant; ~**en-
gryn**, rice.
risikabel, ~**ere**; ~**o**,
risk.
risle, ripple, run.
risp; ~**e**, scratch.
riss, (utkast) sketch,
draft; ~**e**, scratch; (teg-
ne) draft, sketch, out-
line.
rist, (jern-) grate, grating;
(på fot) instep; ~**e**, (ste-
ke) grill; (brød) toast;
(ryste) shake.

ritt, ride.
ritual, ritual.
rival; ~**isere**, rival.
rive, *v* (flenge, rykke)
tear; (snappe) snatch; *s*
rake; ~**jern**, grater,
rasp; *fig* shrew.
ro, *s* rest; (stillhet) quiet;
v row, pull; ~**båt**, row-
boat.
robber (kortspill), rubber.
roesukker, beet-sugar.
rogn, (i fisk) roe; *bot*
roan, rowan.
rojalist; ~**tisk**, royalist.
rokk, spinning wheel;
~**e**, *v* (vugge) rock;
(flytte) budge; (svekke)
shake; *s* (fisk) ray.
rolig, quiet, calm, still.
rolle, part, role; ~**beset-
ning**, cast.
rom, (værelse) room,
(plass også) space; *mar*
hold; (drikk) rum.
Roma, Rome.
roman, novel; ~**forfat-
ter**, novelist; ~**se**;
~**tikk**, romance; ~**tisk**,
romantic.
romer; ~**sk**, Roman;
~**tall**, Roman numeral.
romfarer, astronaut; ~**t**,
space travelling.
romme, contain, hold;
~**lig**, spacious, roomy.

rop; ~e, call, cry, shout; ~ert, megaphone.

ror, helm; (blad) rudder.

ros, praise.

rosa, pink; ~e, v praise; s rose; ~enkrans, rosary; ~enkål, Brussels sprouts pl.

rosin, raisin.

rosverdig, praiseworthy.

rot, root; (uorden) disorder, mess; ~asjon, rotation; ~ere, rotate, revolve; ~e, (lage rot) make a mess; (gjennom~) rummage; ~et, messy; ~festet, rooted; ~løs, rootless.

rotte, rat; ~felle, rattrap.

rov, prey; ~dyr, beast of prey.

ru, rough.

rubin, ruby.

rubrikk, (spalte) column (til utfylling) space, blank.

rug, rye; ~de, woodcock.

ruge, brood; (~ ut) hatch.

ruin; ~ere, ruin.

rujern, pig-iron.

rulett, roulette.

rull, roll; (valse) roller; (spole) reel; (tøy) mangle; s (kles-) mangle; ~ebane, runway; ~eblad, record; ~egardin, blind; ~eskøyte, rollerskate; ~estol, wheel (el Bath) chair; ~etrapp, escalator.

rumle; ~mel, rumble.

rumpe, buttocks pl. behind, rump.

rund, adj adv; ~e s & v round; ~håndet, generous, openhanded; ~jule, thrash; ~kjøring, roundabout; ~reise, round trip; ~skriv, circular; ~spørring, public opinion (el Gallup) poll; ~stykke, roll.

rune, rune; ~alfabet, runic alphabet.

runge, ring.

rus, intoxication; ~drikk, intoxicant.

rushtid, peak (el rush) hours.

rusk, s (støvgrann) mote; (svær kar) hulk; adj crazy; ~e, pull; shake; ~evær, rough weather.

rusle, loiter, potter.

russer; ~isk, Russian.

Russland, Russia.

rust, rust; ~e, rust; mil arm; (utstyre) fit out; ~en, rusty; ~fri, rustless, stainless; ~ **ning,** armour.

rute, (vei) route; (forbindelse) service; (-plan) time-table; (glass) pane; (firkant) square; ~ **bil,** bus; ~ **fly,** airliner; ~ **r** (kort), diamonds; ~ **t,** chequered.

rutine, routine; (erfaring) experience, practice; ~ **rt,** experienced.

rutsje, glide, slide.

ruve, bulk.

ry, renown, fame.

rydde, clear; ~ **dig,** orderly, tidy; ~ **ning,** clearing.

rye, rug.

rygg, back; (fjell-) ridge; ~ **e,** back, reverse; ~ **esløs,** depraved; ~ **marg,** spinal cord; ~ **rad,** spine; *fig* backbone; ~ **sekk,** rucksack.

ryke (gå i stykker), burst, snap; (sende ut røyk) smoke; (ulme) smoulder.

rykk; ~ **e,** jerk; ~ **evis,** by jerks.

rykte, report, rumour; (omdømme) reputation; ~ **s,** be rumoured.

rynke, *s & v* wrinkle; ~ **pannen,** frown.

rype, ptarmigan, grouse.

ryste, shake; (forferde) shock; ~ **lse,** concussion, tremor.

rytme, rhythm; ~ **isk,** rhythmical.

rytter, horseman, rider.

rød, red; ~ **bete,** beetroot; ~ **e hunder,** German measles; **R-e Kors,** Red Cross; ~ **me,** *s & v* blush; ~ **musset,** ruddy; ~ **spette,** plaice; ~ **vin,** red wine; (bordeaux) claret.

røkelse, incense.

rømme *vi* run away; (om fange) escape; *vt* (e)vacuate; *s* (heavy) cream; ~ **ning,** flight, escape.

rønne, hovel.

røntgen (-stråler) X-rays; ~ **behandling,** X-ray treatment.

røpe, betray, give away.

rør (ledning) pipe; (mindre) tube; ~ **e,** *v* move, stir; (berøre) touch; (våse) talk nonsense; *s* (oppstyr) commotion, stir; (rot)muddle; ~ **ende,** touching, moving; ~ **ledning,** pipeline; ~ **legger,** plumber, pipe layer; ~ **lig,** movable; ~ **sukker,** cane sugar.

røst, voice.
røve, rob; (plyndre) plunder; ~**r**, robber.
røyk; ~**e**, smoke; ~**ekupé**, smoker, smoking-compartment; ~**er**, smoker.
røys, heap of stones; ~**katt**, stoat, ermine.
rå, s mar yard; adj raw; crude; (grov) coarse; rude; vulgar; (luft) damp, raw; v se råde.
råd, advice sg; (et ~) a piece of advice; (utvei) means; (forsamling) council; ~**e**, advise; (herske) rule; ~**elig**, advisable; ~**føre seg**, con-

sult; ~**giver**, adviser; ~**hus**, town hall; ~**løs**, perplexed; ~**mann**, alderman; ~**slagning**, deliberation; ~**slå**, consult, deliberate; ~**spørre**, consult; ~**vill**, perplexed, at a loss.
råk, (is) lane; ~**e**, se treffe.
råkjører, road hog.
råmaterial, raw material; ~**olje**, crude oil; ~**produkt**, raw product; ~**stoff**, raw material.
råtne, rot, decay; ~**ten**, rotten, decayed; ~**tenskap**, rottenness, decay.

S

sabbat, Sabbath.
sabel, sword; sabre.
sabotasje; ~**ere**, sabotage.
saft, juice; bot sap; (med sukker) syrup; ~**ig**, juicy.
sag, saw.
saga, saga.
sagbruk, sawmill; ~**e**, saw; ~**flis**, sawdust.
sagn, legend, tradition.
sak, (anliggende) matter;

(emne) subject; (idé) cause; jur case; ~**kunnskap**, expert knowledge, know-how; ~**kyndig**, expert; ~**lig**, unbiased; objective; ~**lighet**, objectivity; ~**liste**, agenda.
sakrament, sacrament; ~**isti**, vestry, sacristy.
saks, scissors pl.
saksofon, saxophone.
saksomkostninger, costs;

~søke, bring an action against; sue; **~søker,** plaintiff; **~søkte,** defendant.

sakte, slow; **~ens,** no doubt; **~modig,** mild, meek, gentle; **~modighet,** mildness; **~ne,** (på farten) slow down; slacken.

sal, hall; (hest) saddle.

salat, *bot* lettuce; (rett) salad.

saldere; ~o, balance.

sale, saddle.

salg, sale; **til ~s,** for (el on) sale; **~savdeling,** sales department; **~ssjef,** sales manager.

salig, blessed, blest; **~het,** salvation.

salmaker, upholsterer, saddler.

salme, hymn.

salmiakk, sal-ammoniac.

salong, drawing-room; *mar* saloon; **~gevær,** saloon rifle.

salpeter, salpetre, nitre; **~syre,** nitric acid.

salt, *s & adj* salt; **~bøsse,** salt castor; **~e,** salt; **~holdig,** saline; **~kar,** saltcellar; **~lake,** brine, pickle; **~sild,** salted herring(s).

saltomortale, somersault.

salutt; ~ere, salute.

salve, (gevær-) volley; (smurning) salve, ointment; *v* anoint; **~lse,** *fig* unction.

salær, fee.

samarbeid, co-operation, collaboration; **~e,** co-operate.

samband, se *forbindelse;* **~eie,** joint ownership; **~ferdselsmiddel,** means of communication; **~funn,** society, community; **~funnsforhold,** social conditions; **~hold,** concord; **~hørighet,** solidarity; **~kvem,** intercourse.

samle, collect, gather; **~lebånd,** assembly belt; **~leie,** coitus, sexual intercourse; **~ler,** collector; **~ling,** collection; (mennesker) assembly.

samme, the same.

sammen, together; **~bitt,** clenched; **~blanding,** mixture; (forveksling) confusion; **~brudd,** collapse, breakdown; **~drag,** summary, précis; **~fatte,** sum up; **~føyning,** joining, junction; **~heng,** connection; ~ **kalle**, se *innkalle;* ~ **komst**, meeting; ~ **krøpet**, crouching; ~ **ligne**, compare; ~ **ligning**, comparison.

sammensatt, (innviklet) complex; (~ **av**) composed of; ~ **setning**, composition; ~ **slutning**, union; *merk* amalgamation, merger; ~ **smeltning**, fusion; ~ **støt**, collision; ~ **surium**, hotchpotch; ~ **sveise**, weld together; ~ **sverge seg**, conspire; ~ **svergelse**, conspiracy; ~ **treff**, coincidence; ~ **trekning**, contraction; ~ **trengt**, concentrated; ~ **trykt**, compressed.

samordne, co-ordinate; ~ **råd**, consultation; ~ **svar** se *overensstemmelse;* ~ **t** together with; ~ **tale**, *s* conversation, talk; *v* converse, talk; ~ **taleavgift**, charge for a call; ~ **tidig**, *adj* contemporary; (som inntreffer ~) simultaneous; *adv* at the same time; ~ **tykke**, *v & s* consent; ~ **virkelag**, co-operative society; ~ **vittighet**, conscience;

~ **vittighetsfull**, conscientious; ~ **vittighetskval**, pangs of conscience; ~ **vittighetsløs**, unscrupulous.

sanatorium, sanatorium.

sand, sand; ~ **al**, sandal; ~ **papir**, sand-paper.

sanere (bydel) clear (slums); *merk* reorganize.

sang, song; singing; ~ **er**, singer; ~ **kor**, choir.

sanitet, *mil* medical corps; ~ **sbind**, sanitary towel.

sanitær, sanitary.

sanksjon; ~ **ere**, sanction.

sankt, Saint, St.; ~ **hansaften**, Midsummer eve.

sann, true; ~ **elig**, indeed; ~ **ferdig**, veracious; ~ **het**, truth; ~ **synlig**, probable, likely; ~ **synlighet**, probability, likelihood; ~ **synligvis**, probably, most likely.

sans, sense; ~ **e**, perceive, notice; ~ **elig**, sensuous; (sensuell) sensual; ~ **eløs**, senseless.

sardin, sardine.

sarkofag, sarcophagus.

sart, delicate, tender.

satellitt, satellite.

sateng, satin; (imitert) sateen.

satire, satire; ~**isk,** satiric(al).

sats, (takst) rate; *typogr* type; *mus* movement; (ved sprang) take-off; ~**e på,** take on.

sau, sheep; ~**bukk,** ram, ~**ekjøtt,** mutton.

saus, sauce; ~**nebb,** sauce boat.

savn, want; ~**e,** (lengte etter) miss; (mangle) want, be missing.

scene, scene; *teat konkr* stage.

se, see; (se på) look.

sed, custom, usage.

seddel, slip of paper; (penge-) (bank-)note.

sedelighetsforbryter, sexual criminal.

sedvane, custom, usage; ~**erett,** customary law; (i England) common law; ~**lig,** customary, usual.

segl, seal; ~**lakk,** sealing-wax.

segne, sink, drop.

sei, *zool* coalfish.

seidel, mug, tankard.

seier, victory; ~**herre,** victor, conqueror; ~**rik,** victorious; ~**sik-**ker, confident of victory.

seig, tough.

seil, sail; ~**as,** sailing, race; ~**båt,** sailing boat; ~**duk,** canvas; ~**e,** sail.

sein, se *sen.*

seire, conquer, win, be victorious.

sekk, sack; (mindre) bag; ~**epipe,** bagpipe.

sekret, secretion; ~**ariat,** secretariat; ~**ær,** secretary.

seks, six.

seksjon, section.

sekstant, sextant; ~**ten,** sixteen; ~**ualdrift,** sexual instinct *el* urge; ~**ualundervisning** sex instruction; ~**uell,** sexual.

sekt, sect; ~**or,** sector.

sekund, second; ~**a,** second-rate; ~**ant,** ~**ere,** second; ~**ær,** secondary.

sel, seal.

sele, *s & v* harness; ~**r,** (bukse-) braces; *amr* suspenders; ~**tøy,** harness.

selfangst, sealing, seal fishery.

selge, sell; ~**r,** seller; (yrke) salesman.

selje, sallow.
selleri, celery.
selskap, (-elig sammen-komst) party; company; (forening) society; (ak-sje- o.l.) company; ~elig, social; (~ an-lagt) sociable; ~san-trekk, evening dress; ~sreise, conducted tour.
selters, seltzer (water).
selv, *pron* myself *etc; adv* even; ~aktelse, self-respect; ~angivelse, income tax return.
selvbebreidelse, self-re-proach; ~bedrag, self-delusion; ~beherskelse, self-command; ~betje-ning, self-service; ~be-visst, self-confident; ~biografi, autobiogra-phy.
selveier, freeholder; ~ervervende, self-support-ing; ~forsvar, self-de-fence; ~følge, matter of course; ~følgelig, *adj* natural; obvious; mat-ter-of-course; *adv* of course, naturally.
selvgjort, self-made; ~god, conceited; ~hjulpen, self-support-ing; ~isk, selfish;

~mord; ~morder, sui-cide; ~motsigelse, self-contradiction.
selv om, even if; even though; ~oppofrelse, self-sacrifice; ~portrett, self-portrait; ~rådig, wilful; ~rådighet, wil-fulness.
selvsagt, se *selvfølgelig;* ~sikker, self-confident; ~starter, self-starter; ~stendig, independent; ~stendighet, indepen-dence; ~styre, self-government; ~sugges-tion, autosuggestion; ~syn, personal inspec-tion.
selvtekt, taking the law into one's own hands; ~tilfreds, self-satisfied; ~tillit, self-confidence.
semafor; ~ere, sema-phore.
sement; ~ere, cement.
semester, term; *amr* se-mester.
semifinale, semi-final.
semsket (skinn), chamois (leather).
sen, (langsom) slow; (tid) late; ~t, late.
senat, senate; ~or, sena-tor.
sende, send; (ved bordet)

pass; *rad* transmit;
~ **bud**, messenger; ~ **r**,
sender.
sending, (varer) consign-
ment, shipment; *rad*
transmission.
sene, sinew, tendon;
~ **knute**, ganglion;
~ **strekk**, sprain.
seng, bed; ~ **eforlegger**,
bedside rug; ~ **etid**,
bedtime; ~ **etøy**, bed-
ding, bedclothes;
~ **ekant**, bedside.
senil, senile; ~ **or**, senior.
senit, zenith.
senke, lower; (redusere)
reduce; ~ **ned** (i vann)
submerge.
senkning, *med* sedimenta-
tion.
sennep, mustard;
~ **skrukke**, mustard-pot.
sensasjon, sensation;
~ **ell**, sensational.
sensibel, sensitive.
sensor, (film- o.l.) censor;
(ved eksamen) external
examiner; ~ **ur**, censor-
ship; (ved eksamen)
marking; ~ **urere**, cen-
sor; give marks.
senter, centre; *amr* cen-
ter.
sentimental, sentimental.
sentral, *adj* central; *s* (te-

lephone) exchange;
~ **albord**, switchboard;
~ **alborddame**, telepho-
nist, (switchboard) ope-
rator; ~ **alfyring**, central
heating; ~ **alisering**,
centralization; ~ **ifugal-
kraft**, centrifugal force;
~ **um**, centre; *amr* cen-
ter.
separasjon, separation;
~ **t**; **separere**, separate.
september, September.
septer, sceptre.
septiktank, septic tank.
seremoni, ceremony.
serenade, serenade.
serie, series.
sersjant, sergeant.
sertifikat, (kjørekort)
driving *(el* driver's) li-
cence; (ellers) certifica-
te.
servere, serve; ~ **ering**,
service; ~ **eringsavgift**,
service charge; ~ **erings-
dame**, waitress; ~ **icebil**,
breakdown lorry; ~ **iett**,
napkin, serviette; ~ **ise**,
service, set; ~ **itør**, wai-
ter.
sesjon, session, sitting.
sesong, season; ~ **arbeid**,
seasonal work.
sete, seat.

setning, sentence; (ledd-) clause.

sett, (sammenhørende ting) set; (måte) way; ~ **at,** suppose.

sette, place, put, set; *typogr* compose, set; ~ **seg,** sit down; ~ **maskin,** composing machine; ~ **potet,** seed potato; ~ **r,** *zool* setter; *typogr* compositor; ~ **ri,** composing-room.

severdig, worth seeing; ~ **het,** sight.

sevje, sap.

sfære, sphere; ~ **isk,** spherical.

Shetlandsøyene, the Shetland isles.

si, say, tell; ~ **fra,** let know; ~ **opp,** give notice.

Sibir, Siberia.

Sicilia, Sicily.

sid, long; ~ **de,** length.

side, side; (dyr) flank; (bok) page; (av en sak) aspect; ~ **gate,** side street, by-street; ~ **mann,** neighbour.

siden, *prp, konj & adv* since; (senere), later, afterwards; (derpå) then.

sider, cider.

sidestykke, parallel,

counterpart; ~ **vei,** side road.

siffer, figure; ~ **skrift,** cipher.

sigar, cigar; ~ **ett,** cigarette.

sigd, sickle.

sige, (gli) glide; (gi etter) sag.

signal, signal; ~ **ement,** description; ~ **ere,** signal.

signatur, signature.

signe, bless.

signere, sign.

signet, seal, signet.

sigøyner, gipsy.

sikker, (viss) sure, certain; (trygg) safe; ~ **het,** (trygghet) safety, security; (visshet) certainty; ~ **hetsbelte,** seat *(el* safety) belt; ~ **hetsnål,** safety pin; ~ **hetsrådet,** the Security Council; ~ **hetsventil,** safety valve; ~ **t,** *adv* (trygt) safely; certainly.

sikle, slobber, slaver.

sikre, secure, ensure; ~ **ing,** (på våpen) safety catch; *jur* preventive detention; *elektr* fuse.

siksak, zigzag.

sikt, *merk* sight; (såld) sieve; ~ **barhet,** visibili-

ty; ~e, aim, (på, til:
at); charge (for: with);
(mel) sift; s (mål) aim;
(synlighet) sight, view;
~else, *jur* charge;
~ekorn, sight.
sil, strainer.
sild, herring; ~efiske,
herring fishery; ~emel,
herring meal.
sildre, trickle.
sile, *vt* strain, filter.
silhuett, silhouette.
silke, silk; ~stoff, silk
fabric.
silregn, pouring rain.
simpel, (tarvelig) mean,
poor; (udannet) com-
mon; vulgar; ~then
simply.
simulere, simulate, feign.
sinders, patent coke.
sindig, (rolig) steady,
cool.
singel, gravel, shingle.
sink, zinc; ~hvitt, zinc
oxide.
sinke, *v* retard, delay; *s*
backward child.
sinn, mind; ~e, temper,
anger; ~elag, disposi-
tion; ~rik, ingenious.
sinnsbevegelse, emotion,
agitation; ~forvirret,
distracted, mentally de-
ranged; ~forvirring, de-

rangem`ent; ~ro, peace
of mind; ~syk, insane;
~sykdom, mental dis-
ease, insanity; ~syke-
hus, mental hospital;
~tilstand, state of
mind.
sint, angry (på: with).
sionisme, Zionism.
sirene, siren; (fabrikk-)
hooter.
sirkel circle; ~elsag, cir-
cular saw; ~ulasjon,
circulation; ~ulere, cir-
culate; ~ulære, circu-
lar; ~us, circus.
sirup, syrup; (mørk)
treacle.
sist(e), last; (nyeste) lat-
est; ~en, (lek) tag;
~nevnte, last-men-
tioned; (av: to) the lat-
ter.
sitat, quotation; ~ere,
quote.
sitre, tremble, quiver.
sitron, lemon.
sitte, sit; ~plass, seat.
situasjon, situation.
siv, rush, reed.
sive, ooze; filter; *fig* leak
out.
sivil, civil; civilian; ~in-
geniør, graduate engi-
neer; ~isasjon, civiliza-
tion; ~isere, civilize;

~**økonom,** Bachelor of Science in Economics.

sjaber, shabby.

sjakett, morning coat.

sjakk, chess; **holde i** ~, keep in check; **si** ~, say check; ~**brett,** chess-board; ~**brikke,** chess-man; ~**matt,** chessmate.

sjakt, shaft.

sjal, shawl.

sjalte, switch; ~ **ut,** switch off, cut out.

sjalu, jealous **(på:** of); ~**si,** jealousy.

sjampinjong, mushroom.

sjangle, reel, stagger.

sjanse, chance **(for:** of).

sjargong, jargon.

sjarm; ~**ere,** charm.

sjattering, shade.

sjau, (travelhet) bustle; (støy) noise; ~ **e,** bustle; make noise; ~**er,** la-bourer, docker.

sjef, manager, head; *dt* boss, chief; ~**redaktør,** chief editor.

sjeik, sheik.

sjekk, cheque **(på:** for); *amr* check; ~**hefte,** cheque book.

sjel, soul.

sjelden, *adj* rare, scarce; *adv* seldom, rarely;

~**het,** rare thing; *konkr* rarity.

sjelelig, mental; psychi-cal; ~**messe,** requiem; ~**sørger,** spiritual guide.

sjelfull, soulful.

sjenere, (hindre) hamper, (plage) trouble, bother; annoy; ~**ende,** embar-rassing, troublesome; ~**t,** (av vesen) shy; ~**øs,** generous.

sjikane, chicane, spite; ~**øs,** spiteful.

sjiraff, giraffe.

sjofel, mean, shabby.

sjokk; ~**ere,** shock.

sjokolade, chocolate.

sjonglere, juggle; ~**ør,** juggler.

sju, seven.

sjø, (innå) lake; (hav) sea, ocean; ~**aure,** sal-mon-trout, ~**farende,** sea-faring; ~**fart,** navi-gation, shipping; ~**folk,** seamen; ~**for-klaring,** maritime decla-ration; ~**gang,** heavy sea; ~**kart,** chart; ~**mann,** sailor, seaman; ~**mil,** nautical mile; ~**orm,** seaserpent; ~**reise,** voyage; ~**rett,** maritime court; (lov) maritime law; ~**røver,**

pirate; ~**sette**, launch; ~**skade**, seadamage; ~**stjerne**, star-fish; ~**syk**, seasick; ~**syke**, seasickness; ~**tunge**, sole.

sjåfør, driver; (privat-) chauffeur.

skabb, scabbies.

skade, v (såre) hurt, injure, harm; (beskadige) damage; s (på person) injury, hurt; (materiell-) damage; (ulempe) harm; ~**fro**, malicious; ~**fryd**, spite; ~**lig**, injurious, harmful; detrimental; ~**serstatning**, indemnity, compensation; jur damages; ~**sløs: holde** ~, indemnify.

skaffe, procure, obtain, get; (forsyne med) supply (el provide) with.

skafott, scaffold.

skaft, handle; ~**estøvler**, high boots.

skake, shake; (vogn) jolt.

skala, scale.

skalk, (av brød) heel; (hatt) bowler; ~**e luke-ne** batten down the hatches.

skall, shell; (av frukt) peel; ~**dyr**, shellfish; ~**e**, s skull; v (~ **av**) peel (off), scale; ~**et**, bald.

skalp; ~**ere**, scalp.

skam, shame, disgrace; ~**full**, ashamed; ~**løs**, shameless; ~**me seg**, be ashamed.

skammel, (foot-)stool.

skammelig, shameful, disgraceful; ~**plett**, stain.

skandale, scandal; ~**øs**, scandalous.

skandinav; ~**isk**, Scandinavian; **S-ia**, Scandinavia.

skanse, mil earthwork; mar quarter-deck.

skap, (kles-) wardrobe; cabinet; (mat) cupboard; (lite) locker; ~**e**, create; ~**else**, creation; ~**ende**, creative; ~**er**, creator; ~**ing**, creation; ~**ning**, (vesen) creature; ~**sprenger**, safe-breaker.

skar, (i fjell) gap; ~**e**, crowd; (på snø) crust; ~**lagen**, scarlet; ~**lagensfeber**, scarlet fever.

skarp, sharp, keen; ~**retter**, executioner; ~**sindig**, keen, acute; ~**skytter**, sharp-shooter; ~**synt**, keen-sighted.

skarv, *zool* cormorant; (slyngel) scamp, rogue.

skatt, (kostbarhet) treasure; (til stat) tax; (til kommune) rate; ~ **bar,** taxable; ~ **e,** (verdsette); estimate, value; (yte skatt) pay taxes; ~ **ebetaler,** taxpayer; ~ **ebyrde,** burden of taxation; ~ **efoged,** collector of income tax; ~ **egraver,** treasure-hunter; ~ **eligning,** assessment (of taxes); ~ **esnyteri,** tax evasion; ~ **kammer,** treasury; ~ **legge,** tax.

skaut, headscarf.

skavank, fault, defect.

skavl, snow-drift.

skepsis, scepticism; ~ **tiker,** sceptic; ~ **tisk,** sceptical.

ski, ski; **gå på ~,** ski, go skiing.

skibbrudd, shipwreck; ~ **en,** shipwrecked.

skifer; ~ **tavle,** slate.

skift, shift; ~ **e,** *s* change; *jur* division; *v* change; (dele) divide; ~ **enøkkel,** (monkey) wrench; ~ **erett,** probate court.

skiføre, skiing conditions; ~ **gard,** wooden fence.

skikk, custom; ~ **elig,** decent; ~ **else,** form, shape, figure; ~ **et,** fit-(ted), suitable.

skilderhus, sentry-box; ~ **re,** describe; ~ **ring,** description.

skill, parting; ~ **e,** *v* separate, part; ~ **es,** part; (ektefolk) be divorced; ~ **emynt,** (small) change; ~ **etegn,** punctuation mark; ~ **evegg,** partition; ~ **evei,** crossroads.

skilpadde, tortoise; (hav-) turtle.

skilsmisse, divorce; ~ **sak,** divorce suit.

skilt, *s* sign; *adj* (fra-) divorced; ~ **vakt,** sentry.

skiløper, skier; ~ **løype,** skitrack.

skingre, shrill.

skinke, ham.

skinn, (av dyr) skin; (lær) leather; (pels) fur; (lys) light; ~ **angrep,** mock attack, feint; ~ **død,** *adj* apparently dead; ~ **e,** *v* shine; *jernb* rail; ~ **ebein,** shin-bone, tibia; ~ **hanske,** leather glove; ~ **hellig,** hypocritical; ~ **kåpe,** fur coat; ~ **syk,** jealous; ~ **syke,** jealousy.

skip, ship; (kirke) nave; *typogr* galley; ~ **e,** ship.

skipper, captain.

skipsbyggeri, shipyard; ~ **fart,** shipping; (seilas) navigation; ~ **handler,** ship-chandler; ~ **mekler,** shipbroker; ~ **reder,** shipowner; ~ **rederi,** shipping company; ~ **verft,** shipyard.

skirenn, skiing competition.

skisport, skiing.

skisse; ~ **re,** sketch, outline.

skistav, ski stick.

skitt, dirt, filth; *fig* trash, rubbish; ~ **en,** dirty, soiled; ~ **entøy,** dirty linen.

skive, (skyte-) target; (brød, kjøtt) slice; (telefon-, ur-) dial.

skje, *v* happen, occur; *s* spoon.

skjebne, fate, destiny; ~ **svanger (for:** to); (avgjørende) fateful, fatal.

skjede, sheath, scabbard.

skjegg, beard.

skjele, squint.

skjelett, skeleton.

skjell, shell; (fiske-) scale.

skjelle, (ut) abuse; ~ **sord,** invective.

skjelm, rogue; ~ **sk,** roguish.

skjelne, distinguish, discern.

skjelve, tremble, shiver.

skjema, form; ~ **tisk,** schematic.

skjemme, spoil; ~ **bort,** spoil; ~ **seg ut,** disgrace oneself.

skjemt; ~ **e,** jest, joke.

skjendig, disgraceful.

skjenk, (møbel) sideboard; ~ **e,** (gi) present, give; (helle) pour (out); ~ **erett,** licence.

skjenn, scolding; ~ **e,** scold.

skjensel, disgrace, dishonour.

skjeppe, bushel.

skjerf, scarf, muffler.

skjerm, screen; (lampe-) shade; ~ **bildeundersøkelse,** mass radiography; ~ **e,** screen, shield.

skjerpe, (gjøre skarp) sharpen, whet; (gjøre strengere) tighten up.

skjev, wry, crooked; *fig* distorted; ~ **het,** wryness; obliqueness; distortion.

skjold, shield; ~ **bruskkjertel,** thyroid gland; ~ **et,** stained; discoloured.

skjorte, shirt; ~**erme**, shirt-sleeve.

skjul, hiding(-place); (ved-) shed; ~**e**, hide, conceal.

skjær, s (lys) gleam; (farge) tinge; (i sjøen) rock; ~**e**, s magpie; v cut; ~**ende**, (om lyd) shrill; (motsetn.) glaring; ~**gård**, skerries; ~**ing**, *jernb* cutting; ~**ings-punkt**, point of intersection; ~**sild**, purgatory; ~**torsdag**, Maundy Thursday.

skjød, lap; ~**ehund**, lap dog; ~**esløs**, careless.

skjønn, s judgment; (overslag) estimate; *adj* beautiful; ~**e**, understand; ~**er**, connoisseur; ~**het**, beauty; ~**hetskonkurranse**, beauty contest; ~**hets-middel**, cosmetic; ~**hetssalong**, beauty parlour; ~**ssak**, matter of judgment.

skjønt, *konj* (al)though.

skjør, brittle, fragile; ~**buk**, scurvy.

skjørt, skirt.

skjøt, (frakke-) tail; (sammenføyning) joint; ~**e**, s *jur* deed (of con-

veyance); v (på) lengthen; ~**sel**, care; ~**te**, take care of.

skli, slide; (om hjul) skid; ~**e**, slide.

sko, s & v shoe.

skodde, mist; (tykk) fog; (vindus-) shutter.

skofte, shirk, cut work.

skog, forest; (mindre) wood; ~**bruk**, forestry; ~**lendt**, wooded; ~**vokter**, forest guard.

skokrem, shoe polish.

skole, school; ~**fag**, (school) subject; ~**ferie**, (school) holidays; vacation; ~**hjem**, reform school; ~**kjøkken**, school kitchen; ~**penger**, school fees; ~**re**, school, train; ~**styrer**, headmaster; ~**veske**, school bag.

skolisse, shoe-lace.

skomaker, shoemaker.

skonnert, schooner.

skopusser, shoeblack.

skorpe, crust; (sår) scab.

skorpion, scorpion.

skorstein, chimney; *mar* funnel; ~**sfeier**, chimney-sweep(er).

skotsk, Scottish; (om produkter) Scotch.

skotte, Scot(sman);

Scotchman; **S-land,** Scotland.

skotøy, footwear; **~ forretning,** shoe shop.

skral, poor; (syk) poorly.

skrall; ~ e, peal.

skramme, scratch.

skrangel; ~ le, rattle.

skranke, (i bank *o.l.*) counter; *jur* bar.

skrap, rubbish, trash; (avfall) refuse; **~ e,** *v* scrape, *s* (irettesettelse) reprimand; **~ handel,** junk shop; **~ jern,** scrap-iron.

skravle, chatter, jabber.

skred, (snø-) avalanche; (jord-) landslide.

skredder, tailor; **~ sydd,** tailored, tailor-made.

skrei, cod(fish).

skrekk, terror, fright; **~ elig,** terrible, dreadful; **~ slagen,** terror-struck.

skrell, (skall) peel, parings; **~ e,** peel, pare.

skremme, frighten, scare.

skrent, steep, slope.

skreppe, bag, knapsack; **~ kar,** pedlar.

skreve, (ta lange steg) stride; (sprike) spread; **~ s over,** astride.

skribent, writer.

skride, stride, stalk.

skrift, *c* (hånd-) (hand)-writing; *typogr* type, letter; *n* book; pamphlet; **~ e,** *s* confession; *v* confess; **~ emål,** confession; **~ lig,** written, in writing; **~ språk,** written language; **~ sted,** text.

skrik; ~ e, cry; (sterkere) scream, shriek.

skrin, box; casket; **~ legge,** shelve.

skritt, pace, step; *anat* crutch, crotch, fork; **~ e,** pace; **~ vis,** step by step.

skriv, letter; se *brev;* **~ e,** write; *mask* type; **~ ebok,** exercise book; **~ ebord,** writing table, desk; **~ emaskin,** typewriter.

skrog, (skip) hull; (bil) chassis.

skrot, (skrap) scrap, junk.

skrott, (dyr) carcase.

skrubbe, scrub; **~ sulten,** ravenous; **~ sår,** graze.

skrue, *s & v* screw; **~ estikke,** vice; **~ jern,** screwdriver.

skrukke, wrinkle.

skrukork; ~ lokk, screw cap.

skrumpe inn, sammen, shrink, shrivel up.

skrunøkkel, wrench, spanner.

skruppel, scruple.

skrutrekker, screwdriver.

skryt; ~**e,** brag, boast; (esel) bray; ~**er,** braggart, boaster.

skrøne, *s & v* yarn, fib.

skrøpelig, frail, weak.

skrå, *s* quid (of tobacco); *adj* sloping, slanting; *v* cross; (tobakk) chew.

skrål; ~**e,** bawl, roar, shout.

skråne; ~**ning,** slope, slant; ~**plan,** inclined plane; *fig* downward path; ~**sikker,** cocksure; ~**strek,** shilling stroke; ~**tak,** sloping roof; ~**tobakk,** chewing tobacco.

skubb; ~**e,** push.

skudd, shot; *bot* shoot, sprout; ~**hold,** range; ~**sikker,** bullet-proof; ~**år,** leap-year.

skueplass, scene; ~**spill,** play; ~**spiller,** actor; ~**spillerinne,** actress.

skuff, drawer; ~**e,** *s & v* shovel; *v* (ikke oppfylle forventning) disappoint; ~**else,** disappointment.

skulder, shoulder; ~**trekk,** shrug; ~**veske,** shoulder bag.

skule, scowl.

skulke, shirk; (skolen) play truant, shirk school.

skulptur, sculpture.

skuls: være ~, be quits.

skum, *s* foam; (såpe) lather; (øl) head, froth; ~**gummi,** foam rubber; ~**me,** *vi* foam; (øl) froth; (såpe) lather; *vt* skim; ~**mel,** sinister, dismal.

skumring, twilight, dusk.

skur, shed; (regn) shower.

skurd, (skuronn) reaping season.

skure, scrub, scour; ~**fille,** floor cloth; ~**kone,** char-woman; ~**pulver,** scouring powder.

skurk, scoundrel, villain; ~**estrek,** dirty trick.

skuronn, reaping season.

skurre, jar, grate.

skute, vessel, ship, craft.

skvalp; ~**e,** splash.

skvett, splash; (liten slant) dash, drop; ~**e,** *vt* splash; sprinkle; *vi* start; ~**skjerm,** mudguard, wing.

sky, *v* shun, avoid; *adj* shy; *s* cloud; **~brudd,** cloud-burst; **~et,** cloudy.

skygge, shade; **(~bilde)** shadow; (på lue) peak; **~lue,** peaked cap.

skyhøy, sky-high.

skylapper, blinkers.

skyld, (feil) fault; (som blir tillagt) blame; *jur* guilt; **~bevisst,** guilty; **~e,** owe; **~es,** be due to; **~ig,** guilty; (i: of); (som skyldes) owing, due; **~ner,** debtor.

skylle, (rense) rinse; **~vekk** wash.

skynde seg, hurry, hasten.

skyskraper, skyscraper.

skyss, få ~, get a lift.

skyte, shoot; **~bane,** shooting range; **~skive,** target; **~våpen,** fire-arms.

skytsengel, guardian angel; **~helgen,** patron saint.

skytter, marksman, shot; **~grav,** trench; **~lag,** rifle club.

skyve, push, shove.

skøy, fun; **~er,** rogue.

skøyte, *mar* smack; *idr* skate; **~bane,** skating rink; **~løp,** skating; **(et**

~~) skating competition.

skål, (bolle) bowl; (til kopp) saucer; (som utbringes) toast; **~!** (to) your health! (uformelt) cheers! **~e for,** drink the health of; **~tale,** toast.

skåne, spare.

skår, (potte-) sherd; (hakk) cut.

sladder, gossip; **~re,** gossip; **(~om)** tell tales (on); **~rekjerring,** gossip.

slag, blow, hit; *mil* battle; (maskin- *o.l.*) stroke; (rytmisk) beat; (på jakke) lapel; *med* stroke, apoplexy; (sort) kind, sort; **~anfall,** apoplectic stroke; **~er,** hit; **~ferdig,** quick-witted.

slagg, slag; (av koks) cinders.

slagkraft, striking-power; **~mark,** battle-field; **~ord,** catchword, slogan; **~s,** sort, kind; **~side,** *mar* list; **~skip,** battleship; **~smål,** fight, brawl.

slakk, slack; **~e,** slacken.

slakte, kill, slaughter; ~**r,** butcher.

slam, mud, sludge.

slamp, scamp.

slange, snake; (gummi-) tube; (større vann-) hose.

slank; ~**e seg,** slim.

slapp, slack, loose; ~**e av,** relax.

slaps, sludge, slush.

slarv; ~**e,** gossip.

slave, slave; ~**handel,** slave traffic; ~**ri,** slavery.

slede, sledge, sleigh, sled.

slegge, sledgehammer; *idr* hammer; ~**kaster,** hammer-thrower.

sleip, slippery; *fig* (også) oily.

sleiv, ladle.

slekt, family; ~**ledd,** generation; ~**ning,** relative, relation; ~**skap,** relationship.

slem, bad; (uskikkelig) naughty; (kort) slam.

slendrian, carelessness.

sleng|bemerkning, casual remark; ~**e,** (kaste) fling; (dingle) dangle; **(gå og ~)** idle, loaf.

slentre, saunter, stroll.

slep, (kjole) train; **ha på ~,** have in tow; ~**e,** drag; *mar* tow, tug; ~**ebåt,** tug(boat); ~**enot,** trawl.

slepphendt, butterfingered.

slesk, oily, fawning.

slett, (dårlig) bad; (jevn) level, flat; ~ **ikke,** not at all; ~**e,** *s* plain; *v* smooth.

slibrig, *fig* indecent, obscene, smutty; ~**het,** obscenity.

slik, such, like that.

slikke, lick; ~**rier,** sweets.

slim, slime; *anat* phlegm.

slingre, *mar* roll; (hjul *o.l.)* wobble.

slipe, grind; (glass) cut; ~ **stein,** grindstone.

slippe, (løsne taket) let go; (la falle) drop; (unngå) avoid; ~ **opp for,** run out of.

slips, tie.

slire, sheath.

slit, (strev) toil, drudgery; ~**asje,** wear (and tear); ~**e,** (hale) pull, tear; (klær) wear; (arbeide hardt) toil; ~**en,** tired; ~**t,** worn.

slok|ke, extinguish, put out; (tørst) quench; ~**ne,** go out.

slott, palace, castle.
slu, sly, cunning, crafty.
sludd, sleet.
sludder, nonsense.
sluk, (fiske-) spoon(bait); (avgrunn) abyss; (kloakk) gully-hole; ~e, swallow, devour; ~hals, glutton; ~øret, crestfallen.
slumkvarter, slum area.
slump, (rest) remainder; (tilfeldighet) chance; (mengde) lot; **på ~,** at random.
slumre, slumber, doze.
slunken, (mager) lean.
slurk, gulp, draught.
slurpe, slurp.
slurv, carelessness, negligence; ~e, be careless.
sluse, sluice; (i kanal) lock.
slusk, tramp, bum.
slutning, conclusion.
slutt, close, end; (endt) finished; ~e, close, finish, end, stop, conclude; ~e seg sammen, unite; *merk* merge; ~ seg til, join; ~stein, keystone.
slynge, *v* (kaste) fling, hurl, sling; (sno) wind, twine; *s* sling; ~el, rascal, scoundrel; ~plante, creeper, climber.

slør, veil; ~et, (stemmet) husky.
sløse, ~ri, waste.
sløv, blunt; *fig* dull.
sløyd, woodwork.
sløye, gut.
sløyfe, *s* (bundet) bow; (linje) loop; *v* (utelate) leave out, omit, cut out.
slå, beat; (lett slag) strike, hit; (hjerte) beat, throb; (ur, lyn) strike; (gras) mow; (beseire) beat, defeat; ~ på (lys *o.l.*) turn (*el* switch) on; ~brok, dressing-gown; ~maskin, mower; mowing machine.
slåss, fight; ~kjempe, rowdy.
slått, *agr* mowing, haymaking; *mus* tune, air.
smadre, smash.
smak; ~e, taste; ~evit, sample; ~full, tasteful; ~løs, tasteless; ~ssak, matter of taste.
smal; ~ne, narrow.
smalfilm, substandard film.
smaragd, emerald.
smatte, smack (one's lips).
smed, smith; (grov-) blacksmith; ~edikt, lampoon.

smekk, (smell) click; (i bukse) fly; ~**e,** *v* click; *s* bib; ~**er,** slim; slender; ~**lås,** latch.

smell; ~**e,** crack; bang.

smelte, melt; (malm) smelt; ~**digel,** crucible; *fig* melting-pot; ~**ovn,** melting furnace.

smerte, *vi* hurt; *vt* pain, grieve; *s* pain; ~**full;** ~**lig,** painful; ~**stillende (middel),** anodyne; pain-killer.

smi, forge; ~**e,** forge, smithy.

smidig, (myk) supple; (bøyelig) flexible.

smiger, flattery; ~**re,** flatter.

smijern, wrought iron.

smil; ~**e,** smile; ~**ehull,** dimple.

sminke, *v & s* paint, rouge, make-up.

smiske for, fawn on, wheedle.

smitte, *v* infect; **bli** ~**et,** catch the infection; *s* infection; ~**som,** contagious, infectious, catching.

smoking, dinner-jacket.

smug, alley lane; **i** ~, secretly; ~**le,** smuggle; ~**ler,** smuggler.

smul, smooth, calm.

smuldre, crumble, moulder.

smule, *s* particle, bit; (brød) crumb; *v* crumble.

smult, *s* lard.

smurning, grease, lubricant.

smuss, filth, dirt; ~**e til,** soil, dirty; ~**ig,** dirty, foul.

smutte, slip; ~**hull,** loophole.

smyge, creep, crawl.

smykke, *s* ornament; (juvel) jewel; *v* adorn, decorate; ~**skrin,** jewel box, casket.

smør, butter; ~**blomst,** buttercup; ~**brød,** (open) sandwich; ~**e,** (smør) butter; (fett) grease; (olje) oil, lubricate; (bestikke) bribe; ~**ekanne,** oil can; ~**eolje,** lubricating oil.

små, small, little; ~**bruk,** small-holding; ~**bruker,** small-holder; ~**jobber,** odd jobs; ~**lig,** (gjerrig) mean, stingy; ~**penger,** (small) change; ~**sten,** pebble; ~**ting** (bagatell), trifle.

snabel, trunk; ~**dde**, pipe.

snakk, talk; ~**e**, chat, talk; ~**esalig**, talkative.

snappe, snap, snatch.

snar, *adj* quick; ~**t**, *adv* soon, shortly, presently; ~**e**, snare; ~**ere**, (heller) rather, sooner; ~**est**, as soon as possible; ~**lig**, early; ~**rådig**, resourceful; ~**tur**, flying *(el* hurried) visit.

snau, (bar) bare; (knapp) scant(y).

snegle, snail; ~**hus**, snail shell.

snekker, (møbel-) cabinet-maker; (bygnings-) joiner, carpenter.

snelle, reel; (spole også) bobbin, spool.

snerk, skin; ~**pet**, prudish.

snerre, snarl, growl.

snes, score.

snev, (antydning) touch; ~**er**, narrow, restricted; ~**ersyn**, narrow-mindedness.

snike, sneak; ~**mord**, assassination; ~**morder**, assassin; ~**myrde**, assassinate; ~**skytter**, sniper.

snill, kind, good.

snipp, collar; ~**kjole**, dresscoat, tail coat.

snitt, cut, incision; ~**e**, cut.

sno, *vt* twist, twine; *vr* wind; *s* biting, icy wind.

snobb, snob; ~**et**, snobbish; ~**eri**, snobbery.

snodig, funny, queer, odd.

snor, (tynn) string; (tykk) cord.

snorke, snore.

snu (**seg**), turn.

snuble, stumble, trip.

snue, cold (in the head).

snus, snuff; ~**dåse**, snuffbox; ~**e**, (med nesen) sniff; (tobakk) snuff; *fig* pry; ~**hane**, snooper.

snute, muzzle, snout.

snylte, sponge; ~**dyr**; ~**r**, parasite.

snyte, (bedra) cheat; (nesen) blow.

snø, *s & v* snow; ~**ball**, snowball; ~**briller**, snow goggles; ~**fonn**, snowdrift; ~**kjetting**, snow chain.

snøre, *s* (fiske-) line; *v* lace (up); ~ **opp**, unlace.

snøskred, snow-slide, avalanche; ~**slaps**,

slush; ~**vær,** snowy weather.

snål, queer, droll, odd.

sofa, sofa; ~**pute,** sofa cushion.

sogn, parish; ~**eprest,** rector, vicar.

sokk, sock; ~**eholder,** suspender.

sokkel, pedestal, base.

sokne, drag (etter: for).

sol, sun; ~**bad,** sunbath; ~**brent,** sunburnt; (brun) tanned; ~**briller,** sun-glasses, goggles; ~**bær,** black currant.

sold, pay; ~**at,** soldier.

solle, *vr* sun oneself; ~**eklar,** obvious; ~**formørkelse,** eclipse of the sun.

solid, solid; strong; ~**arisk,** having solidarity; ~**aritet,** solidarity.

solist, soloist.

solnedgang, sunset.

soloppgang, sunrise; ~**sikke,** sunflower; ~**skinn,** sunshine; ~**stikk,** sunstroke; ~**ur,** sun-dial.

som, *pron* who, which, that; *konj* as; like; ~ **om,** as if, as though.

somle, dawdle; ~**bort,** (tid) waste; (noe) mislay; ~**mel,** dawdling.

sommer, summer; ~**fugl,** butterfly.

sonde; ~**re,** sound; probe.

sondre, (skjelne) distinguish.

sone, *v* (bøte for) expiate, atone for; (straff) serve; *s* zone.

sonett, sonnet.

soning, expiation, atonement; (av straff) serving.

sope, sweep; ~**lime,** broom.

sopp, fungus *pl* fungi; (spiselig) mushroom; (i hus) dry-rot.

sopran, soprano.

sordin, mute, sordine.

sorg, sorrow, grief; ~**full,** sorrowful; ~**løs,** careless.

sort, *s* sort, kind; *adj* black.

sortere, sort, assort, grade.

sosial, social; ~**arbeider,** social worker; ~**demokratisk,** social democratic; ~**isere,** socialize; ~**isme,** socialism; ~**ist,** socialist; ~**kurator,** welfare officer; ~**økonomi,** economics.

sosiologi, sociology.

sot; ~ **e,** soot; ~ **et,** soo-ty.

sove, sleep; be asleep; ~ **plass,** (på båt, tog) berth; ~ **sal,** dormitory; ~ **vogn,** sleeping car, sleeper; ~ **værelse,** bedroom.

Sovjetunionen, the Soviet Union.

sovne, fall asleep.

spa; ~ **de,** spade.

spak, _s_ lever; (på fly) (control)stick; _adj_ quiet, meek; ~ **ne,** (om vind) subside.

spalte, _s_ split, cleft; _typogr_ column; _v_ split.

Spania, Spain.

spanier, Spaniard.

spann, bucket, pail; (trekkdyr) team.

spansk, Spanish; ~ **rør,** cane.

spar, (kort) spades; ~ **dame,** queen of spades.

spare, save; (skåne) spare; ~ **bank,** savings bank; ~ **bøsse,** savingsbox; ~ **gris,** piggy-bank; ~ **penger,** savings.

spark; ~ **e,** kick.

sparsommelig, thrifty, economical; ~ **melighet,** economy, thrift.

spasere, walk; ~ **stokk,** walking-stick, cane; ~ **tur,** walk.

spe, _adj_ slender, delicate; _v_ dilute, thin; ~ **barn,** baby.

spedalsk, leprous.

spedisjon, forwarding.

speide, watch; ~ **r,** scout; ~ **rgutt,** boy scout; ~ **rpike,** girl guide.

speil, mirror, looking-glass; ~ **blank,** glassy; ~ **e,** (egg) fry; reflect, mirror; ~ **egg,** fried eggs; ~ **glass,** plateglass.

spekepølse, smoked and salted sausage; ~ **sild,** salt _(el_ pickled) herring; ~ **skinke,** cured ham.

spekk; ~ **e,** lard.

spekulant, speculator; ~ **asjon,** speculation; ~ **ere,** speculate.

spenn, (bru) span; (spark) kick; ~ **e,** (stramme) stretch, tighten; (over) span; (sparke) kick; _s_ buckle; ~ **ende,** exciting, thrilling; ~ **ing,** tension; excitement; (usikkerhet) suspense; _elektr_ voltage.

spenstig, elastic; _fig_ buoyant.

spent, tense; (nysgjerrig) curious, anxious.

sperre, _v_ block, close.

spesialisere seg, specialize; ~**alist**, specialist; ~**alitet**, speciality; ~**ell**, special, particular; ~**elt**, (især) especially; particularly; (særskilt) specially.
spetakkel, (bråk) uproar, row; (støy) noise.
spett, bar, crowbar.
spidd; ~**e**, spit.
spiker; ~**re**, nail.
spikke, whittle.
spile, *v* stretch; ~**øynene opp**, open one's eyes wide; *s* lath; (paraply) rib.
spill, play; (lek) game; *teat* playing, acting; (tap) loss, waste; ~**e**, play; (søle) spill, (ødsle bort) waste; ~**edåse**, music-box; ~**emann**, fiddler; ~**er**, player; ~**erom**, scope.
spinat, spinach.
spindelvev, cobweb.
spinkel, slender, thin.
spinne, spin; ~**ri**, spinning mill.
spion, spy; ~**asje**, espionage; ~**ere**, spy.
spir, spire; ~**al**, spiral.
spire, *s* germ, sprout; *v* sprout, germinate.
spiritisme, spiritualism; ~**ist**, spiritualist; ~**uell**,

witty; ~**uosa**, spirits, liquor.
spise, eat; ~**bord**, dining table; ~**lig**, eatable, edible; ~**rør**, gullet; ~**sal**, dining-room; ~**skje**, table-spoon; ~**vogn**, dining car.
spiskammer, larder, pantry.
spiss, *s* point, tip; *adj* pointed, sharp; ~**e**, sharpen; ~**findig**, hairsplitting; ~**rot**, **løpe** ~, run the gauntlet; ~**vinklet**, acute-angled.
spjeld, damper, register.
spjelke, *s* splint; *v* splinter.
spleis; ~**e**, splice; (skyte sammen) club (together), go Dutch; ~**elag**, Dutch treat.
splint, (stykke) splinter; ~**er ny**, brand new; ~**re(s)**, shatter, shiver.
splitt; ~**e**, split; ~**else**, split.
spole, *s* & *v* spool, reel.
spolere, spoil, ruin.
spon, chips; (høvel-) shavings; (fil-) filings.
spontan, spontaneous.
spor, (fot) footprint; (jakt) track, trail; (hjul) track, rut; *jernb* tracks,

rails; *fig* track, trace;
~ **e,** *v* trace, track; (an-)
spur, urge; *s* spur; *fig*
stimulus, incentive; *bot*
spore.

sport, sport(s); ~ **sartik-
ler,** sports goods; ~ **sfis-
ker,** angler; ~ **smann,**
sportsman, athlete.

sporvei, tramway;
~ **vogn,** tram(car); *amr*
streetcar.

spotsk, mocking, deri-
sive.

spott, mockery, derision;
~ **e,** scoff at, deride,
mock.

spraglet, mottled; (gloret)
gaudy.

sprang, leap, jump.

spre, spread; scatter.

sprek, vigorous, fit.

sprekk, (brist) crack; (åp-
ning) chink; ~ **e,** crack,
burst.

sprelle, kick about; (fisk)
flop.

sprenge, burst, break.

sprett; ~ **e,** bound; boun-
ce; ~ **e av,** rip off; ~ **e
opp,** rip open, unstitch;
~ **en,** frisky.

sprike, stand out, spread.

spring, (water)tap;
~ **brett,** spring-board;
fig stepping-stone; ~ **e,**

(hoppe) spring, leap,
jump; (løpe) run; (bris-
te) burst; ~ **ende punkt,**
salient point; ~ **er,**
(sjakk) knight; ~ **marsj,**
mil at the double.

sprinkel, bar; ~ **kasse,**
crate.

sprit, spirit(s).

sprudle, bubble, sparkle.

sprut; ~ **e,** spurt.

sprø, (mat) crisp; (skjør)
brittle.

sprøyte, *s* syringe;
(brann-) fire engine; *v*
spray; (sprute) spurt,
squirt; *med* inject.

språk, language; ~ **fors-
ker,** linguist; ~ **kunnska-
per,** knowledge of lan-
guages; ~ **lig,** linguistic.

spurt; ~ **e,** spurt.

spurv, sparrow.

spy, *s & v* vomit.

spyd, spear; (kaste-) jave-
lin.

spydig, sarcastic; ~ **het,**
sarcasm.

spydkast *idr* throwing the
javelin; ~ **kaster,** javelin
thrower.

spyle, wash, flush.

spytt, spittle, saliva; ~ **e,**
spit.

spøk; ~ **e,** jest, joke; ~ **e**
(gå igjen) haunt;

~efugl, wag, joker; ~else, ghost.

spørre, ask; (~ ut) question; (fore-) inquire; ~konkurranse, quiz; ~skjema, questionnaire.

spørsmål, question; ~stegn, question mark

spå, prophesy, predict; ~dom, prophecy; ~kone, fortune-teller.

sta, obstinate.

stab, staff.

stabbestein, guard-stone.

stabbur, storehouse on pillars.

stabel, pile, stack; mar stocks; ~avløpning, launch(ing).

stabil, stable; (om person) steady; ~isere, stabilize.

stable, pile, stack.

stadfeste, confirm; ~festelse, confirmation; ~ig, steady, constant; adv constantly; ~ion, stadium; ~ium, stage.

stafettløp, relay race.

staffeli, easel.

stagge, curb, check, restrain.

stagnasjon, stagnation; ~ere, stagnate.

stake, s stake; (lang) pole; (lyse-) candlestick; mar sparbuoy; v pole, stake.

stakitt, paling; (av jern) railing.

stakk, (hay)stack, rick.

stakkar, poor creature; ~s, poor.

stall, stable; ~kar, groom.

stam: være ~, stammers; ~far, ancestor; ~gjest, regular (customer), habitué; ~me, (tre-) s stem, trunk; (folk) tribe; s (fra) stem from, date from, (ned-) descend (el be descended) from; (være ~) stammer, stutter.

stampe (gå tungt) tramp; mar pitch; (pantsette) pawn.

stamtavle, pedigree; genealogical table; ~tre, pedigree, genealogical tree.

stand, (til-) state, condition; (samfunns-) class, rank; (være i ~ til) be able to; ~ard, standard; ~haftig, firm, steadfast; ~punkt, standpoint, point of view; ~rett, summary court-martial; ~smessig, suitable to one's station.

stang, (stake) pole; (fis-ke) rod; (metall-) bar, (flagg-) staff; ~ **e,** butt.

stank, stench, stink.

stans, break, pause; stop; ~ **e,** stop, cease; (presse) stamp, punch.

stappe, *s* mash; *v* stuff, cram.

stas, finery; show; ~ **elig,** fine, splendid.

stasjon, station; ~ **svogn,** station-wag(g)on, estate car.

stat state.

statist, (film) extra; *teat* walker-on.

statistikk, statistics; ~ **sk,** statistical.

stativ, stand, rack.

statsadvokat, public pro-secutor; ~ **autorisert revisor,** chartered accoun-tant; ~ **bedrift,** state en-terprise; ~ **borger,** citi-zen, subject; ~ **eiendom,** public property; ~ **for-valtning,** public admini-stration; ~ **funksjonær,** civil servant; ~ **gjeld,** national debt; ~ **kasse,** the Treasury, the Ex-chequer; ~ **kirke,** state-church; (i England) established church; ~ **kupp,** coup d'Etat;

~ **mann,** statsmann; ~ **minister,** prime minis-ter; ~ **råd,** *c* Cabinet minister; *n* Cabinet meeting; ~ **tjeneste-mann,** civil servant; ~ **vitenskap,** political science.

statholder, governor.

statue, statue.

status, status; (tilstand) state of affairs; *merk* balance sheet; ~ **sym-bol,** status symbol.

statutter, statutes, rules.

staur, pole.

stav, staff, stick; ~ **e,** spell; ~ **else,** syllable.

stavn, (for-) stem; prow; (bak-) stern.

stavsprang, pole-jump *el* vault.

stebarn, stepchild.

sted, place, spot; ~ **for-treder,** deputy, substi-tute; ~ **sans,** sense of locality.

stefar, stepfather.

steil, (bratt) steep; (sta) stubborn; ~ **e,** (bli for-bløffet) be staggered; (om hest) rear up.

stein, stone; ~ **alder,** Stone Age; ~ **brudd,** stone-quarry; ~ **e,** stone; ~ **hogger,** stonecutter; ~ **kast,** stone's throw; ~ **kull,** coal; ~ **tøy,** crockery.

stek, joint; roast; ~ **e,** roast; (i panne) fry; ~ **eovn,** oven; ~ **epanne,** frying pan.

stell, (styre) management; (omsorg) care; ~ **e,** (pleie) nurse, care for.

stemme, s voice; pol vote; vi vote; vt tune; (være riktig) be right; ~ **bånd,** vocal chord; ~ **rett,** franchise; ~ **seddel,** ballot paper.

stemning, (sinns-) mood, temper; (i selskap) atmosphere.

stemor, stepmother.

stempel, stamp; mask piston; (på varer) mark, brand; ~ **avgift,** stamp duty.

stemple, stamp, mark.

steng, shot, seine-full; ~ **e,** (sperre) block; (lukke) shut, close; ~ **el,** stem; (stilk) stalk; ~ **etid,** closing time; ~ **sel,** bar, barrier.

stenograf, shorthand writer, shorthand typist; ~ **ere,** write shorthand;

~ **i,** shorthand, stenography.

stensil; ~ **ere,** stencil.

steppe, steppe, prairie; v tap dance; ~ **ing,** tap-dancing.

steril, sterile; ~ **isere,** sterilize.

sterk, strong; (lyd) loud.

stett, stem.

stevne, (møte) rally; (idretts-) meeting; v (styre) steer, head; (innkalle) summon; ~ **møte,** date; rendezvous.

sti, path; (i øyet) sty.

stift, (med hode) tack; (uten hode) brad; ~ **e,** (grunnlegge) found, establish; (gjeld) contract; ~ **else,** foundation, establishment.

stigbrett, (bil) running-board; ~ **bøyle,** stirrup; ~ **e,** rise, go up; (øke) increase; s ladder; ~ **ning,** rise, increase; (på vei) gradient, incline.

stikk, (av insekt) sting; (nåle-) pin-prick; (med kniv o.l.) stab; (kort) trick; ~ **e,** (med noe spisst) stick; (med nål) prick; (insekt) sting; (putte) put; ~ **elsbær,**

gooseberry; ~-**kontakt,** socket; (støpsel) plug; ~**ord,** *mil* password; (oppslagsord) entry; *teat* cue; ~**prøve,** spot *(el* random) test.

stil, style; (skole-) composition, essay-paper; ~**e,** (til) address; ~**ig,** stylish, smart; ~**k,** stem, stalk.

stillas, scaffold(ing).

stille, *adj* still, quiet; *mar* calm; *v* (anbringe) put, place, set; **S-havet,** the Pacific (Ocean).

stillferdig, quiet, gentle; ~**het,** stillness, calm, quiet(ness); ~**ing,** position; (ansettelse også) post, situation, *dt* job; (holdning) attitude; ~**stand,** standstill, stagnation; ~**tiende,** tacit.

stim, (fisk) school, shoal; ~**le sammen,** crowd, throng.

stimulans, stimulant, stimulus; ~**ere,** stimulate.

sting, stitch.

stinkdyr, skunk; ~**e,** stink.

stipendiat, scholarship holder; ~**um,** scholarship.

stirre, stare, gaze.

stiv, stiff, rigid; ~**e;** ~**else,** starch; ~**krampe,** tetanus; ~**nakket,** *fig* stiffnecked; ~**ne,** stiffen; (om væske) coagulate.

stjele, steal.

stjerne, star; ~**bilde,** constellation; ~**skudd,** shooting star; ~**tyder,** astrologer.

stoff, (tøy) material, fabric, cloth; (substans) stuff, matter, substance; ~**skifte,** metabolism.

stokk, (spaser-) stick, cane; ~ **døv,** stone-deaf.

stol, chair.

stole på, rely *(el* depend) (up)on, trust.

stolpe, post; pole.

stolt, proud; ~**het,** pride.

stopp, (i pute) padding, stuffing; (på strømpe) darn; (stans) stop(page); ~**e,** *vt* fill, stuff; (stanse) stop; (strømper) darn, mend; *vi* stop, halt; ~**egarn,** darning wool; ~**eklokke,** stop watch; ~**ested,** stop(ping-place).

stor, great; big; large; (høy) tall; ~**artet,** grand, splendid.

Storbritannia, Great Britain.

storfinans, high finance; ~ **industri,** large-scale industry.

stork, stork.

storm, gale; (sterk ~ og *fig)* storm.

stormagasin, department store; ~ **makt,** Great Power; ~ **mannsgalskap,** megalomania; ~ **vilt,** big game.

strabaser, hardships; ~ **løs,** fatiguing.

straff, punishment; *jur* penalty; ~ **bar,** punishable; ~ **arbeid,** penal servitude; ~ **e,** punish; ~ **elov,** criminal law; ~ **eporto,** (postal) surcharge; ~ **esak,** criminal case; ~ **espark,** penalty kick.

straks, at once, immediately.

stram, (ikke løs) tight; (rank) erect; ~ **me,** tighten; ~ **tsittende,** tight-fitting.

strand, shore, beach; ~ **e,** run aground, strand; *fig* fail; ~ **hogg,** raid.

strateg, strategist; ~ **i,** strategy; ~ **isk,** strategic(al).

strebe, strive; ~ **r,** careerist.

streif, (av lys) gleam; (berøring) graze; ~ **e,** (berøre lett) graze; *fig* touch on; (~ **e om)** roam; ~ **skudd,** grazing shot; ~ **tog,** raid.

streik; ~ **e,** strike; ~ **ebryter,** strike-breaker; ~ **evakt,** picket.

strek, line; (puss) prank, trick; ~ **e,** draw lines; (~ **e under)** underline.

strekke (seg), stretch; ~ til, be sufficient *el* enough, suffice.

strekning, stretch, distance.

streng, *adj* strict; (hard) severe, rigorous; *s* string.

strev, (slit) toil, labour; ~ **e,** (slite) work hard, toil; (forsøke) strive; ~ **som,** hard-working; (hard) hard.

stri, (av sinn) obstinate; (streng) rigorous; (strøm) rapid; *v* (slite) toil.

strid, dispute, strife; ~ **e,** fight, struggle; ~ **ende,** *mil* combatant; ~ **ig,** obstinate; ~ **ighet,** dispute, controversy; **~spunkt,** point at issue.

strie, sacking.

strikk, elastic (band); **~e,** knit; **~epinne,** knitting-needle; **~etøy,** knitting.

strimmel, strip, slip.

stripe, stripe, streak; **~t,** striped.

striregne, pour down.

stritte, bristle; **~ imot,** resist.

strofe, stanza.

stropp, strap.

struktur, structure.

strupe, s throat; v strangle; **~hode,** larynx.

struts, ostrich.

stryk, (pryl) beating; (i elv) rapids; (eksamen) failure; **~e,** stroke; (tøy) iron; (til eksamen) fail; **(~e ut)** cross (out); **~efri,** non-iron; **~ejern,** iron.

strø, strew, sprinkle.

strøk, (egn) part, district; region; (penne-) stroke.

strøm, current; (noe som strømmer) stream; **~e,** stream, pour; **~måler,** electricity meter.

strømpe, stocking; **~bukser,** tights; **~bånd,** garter.

strå, straw.

stråle, s ray, beam; (vann) jet; v shine, radiate, beam; **~nde,** splendid, brilliant.

stråmann, dummy, man of straw; **~tak,** thatched roof.

stubb(e), stub, stump.

student, student; **~ere,** study; **~ie,** **~ium,** study; **~io,** studio.

stue, s (sitting-)room; (hytte) cottage; v (mat) stew; mar stow.

stuert, steward.

stuing, stew.

stum, mute, dumb; **~film,** silent film.

stump, s (sigarett-, lys-o.l.) stub; (av arm, ben) stump; adj blunt; (vinkel) obtuse.

stund, while; **~om,** at times, sometimes.

stup, precipice; (hopp) dive; **~e,** (hoppe) dive; (falle) pitch.

stusse, (klippe) trim; (undres) wonder.

stut, bull(ock); **~teri,** stud.

stygg, ugly; (dårlig) nasty, bad.

stykke, s piece, bit; teat

play; *v* ~ **opp**, split up, divide; ~ **ut**, parcel out.

stylte, stilt.

styr, holde ~ **på**, keep in check; ~ **bord**, starboard; ~ **e**, *vt* steer; (lede) manage, direct; (regjere) govern, rule; *s* (sykkel) handle-bar; *(abst* ledelse) management; (stats-) government, rule; (direksjon) board. of directors; (i forening) (executive) committee; ~ **eformann, chairman;** ~ **er,** se *bestyrer.*

styrke, *s* strength; force; *v* strengthen, fortify.

styrmann, mate, officer.

styrt, (bad) shower-(-bath); ~ **e,** *vi* fall down, tumble down; (om fly) crash; (fare avsted) rush, dash; (om-) overthrow; ~ **hjelm,** crash helmet; ~ **regn,** pouring rain.

stær, *zool* starling; *med* (grå) cataract; (grønn) glaucoma.

stø, *s* landingplace; *adj* steady.

støkk, start, shock; ~ **e,** (skremme) startle; (bli skremt) start (up).

stønad, aid; (trygd) benefit.

stønn, ~ **e**, moan, groan.

støpe, (metaller) cast; (forme) mould; ~ **form,** mould; ~ **jern,** castiron; ~ **ri,** foundry.

støpsel, plug.

størje, tunny.

størkne, (sement *o.l.)* harden, set; (væske) coagulate.

størrelse, size; (omfang) extent; ~ **sorden,** magnitude; *mat* quantity.

størstedelen, the greater part.

støt, (skubb) push; (slag) blow; (dolke-) stab; *elektr* shock; (trompet-) blast; ~ **e,** push; (dunke) bump; (fornærme) offend, hurt; ~ **fanger,** fender, bumper; ~ **pute,** buffer.

støtt, always, constantly; ~ **e,** *v* support; *fig* også back (up); *s* support; backing; (billed-) statue.

støv, dust; ~ **e,** be dusty; ~ **et,** dusty; ~ **eklut,** duster.

støvel, boot.

støvsuger, vacuum cleaner.

støy, noise; ~**e**, make a noise; ~**ende**, noisy.

stå, stand; ~**hei**, fuss.

stål, steel; ~**tråd**, steel wire.

ståplass, standing room; ~**billett**, standing ticket.

subjekt, subject; ~**iv**, subjective.

sublim, sublime.

subsidier, subsidies; ~**e**, subsidize.

subskribent, subscriber; ~**bere**, subscribe (**på**: to); ~**psjon**, subscription.

substantiv, substantive, noun.

subtil, subtle.

subtrahere, subtract.

sufflere, prompt; ~**lør**, ~**løse**, prompter.

sug, suction; ~**e**, suck; ~**erør**, straw.

suite, suite.

sukk; ~**e**, sigh.

sukker, sugar; ~**erter**, sugar-peas; ~**klype**, sugar-tongs; ~**kopp**, sugar-basin; ~**rør**, sugar-cane; ~**syke**, diabetes; ~**tøy**, sweets; *amr* candy.

sukre, sugar, sweeten.

sult, hunger; ~**e**, starve;

~**efore**, underfeed; ~**elønn**, starvation wages; ~**en**, hungry.

sum, sum; ~**marisk**, summary; ~**me**, hum, buzz; ~**me seg**, collect oneself; ~**mere**, sum up; ~**etone**, (telefon) dialling tone.

sump, swamp, bog; ~**et**, swampy, boggy.

sund, sound, strait.

sunn, (frisk) sound, healthy; (gagnlig) wholesome, healthy; ~**het**, health.

suppe, soup; ~**terrin**, tureen.

supplement, ~**re**, supplement.

sur, sour; (syrlig) acid; ~**deig**, leaven.

surre, (summe) hum, buzz; (binde) lash, secure.

surrogat, substitute.

sursild, pickled herring; ~**stoff**, oxygen.

sus, whistling; humming; ~**e**, whistle, whizz.

sutre, whimper, whine.

suvenir, souvenir.

suveren, sovereign; ~**itet**, sovereignty.

svada, claptrap, hot air.

svaie, sway.

svak, weak; (ubetydelig) feeble, faint; ~**het,** weakness.

sval, *adj* cool; *s* gallery, balcony; ~**e,** *v* cool; *s* swallow.

svamp, sponge; ~**aktig,** spongy.

svane, swan; ~**sang,** swansong.

svanger, pregnant; ~**skap,** pregnancy.

svans, tail.

svar; ~**e,** answer, reply.

svart, black; ~**ebørs,** black market; ~**edauden,** the Black Death; **S-ehavet,** the Black Sea; ~**eliste,** black list; ~**emarja,** Black Maria.

sveise, weld; ~**er,** (metall-) welder; (fjøskar) dairyman.

Sveits, Switzerland; ~**er;** ~**isk,** Swiss.

sveiv; ~**e,** crank.

svekke, weaken; ~**lse,** weakening.

svekling, weakling.

svelg, throat, gullet; (avgrunn) abyss, gulf; ~**e,** swallow.

svelle, swell.

svensk, Swedish; ~**e,** Swede.

svepe, whip.

sverd, sword; ~**fisk,** swordfish; ~**side,** male line.

sverge, swear; ~ **falsk,** perjure.

Sverige, Sweden.

sverm, swarm; crowd; ~**e,** swarm; ~**e for,** have a crush on.

sverte, *v* blacken; *s* (sko-) blacking.

svett, sweaty; ~**e,** *v* perspire, sweat; *s* perspiration, sweat.

sveve, hover, float.

svi, *vi* smart; *vt* singe, scorch.

sviger|datter, ~**far,** ~**foreldre,** daughter-in-law, father-in-law, parents-in-law; ~**inne,** sister-in-law.

svik, fraud, deceit; ~**e,** deceive, betray, cheat.

svikt, (brist) flaw; (uteblivelse) failure; ~**e,** fail.

svime av, faint; **i** ~**e,** unconscious; ~**lende,** dizzy.

svin, pig; *koll* swine.

svind|el; ~**le,** swindle; ~**ler,** swindler.

svine|kjøtt, pork; ~**lær,** pigskin; ~**ri,** filthiness; ~**stek,** roast pork.

sving, swing; (på vei) curve, bend, turn(ing); **~dør,** revolving door; **~e,** swing; (bil, vei) turn; (hatten) wave; **~ning,** (variasjon) fluctuation; (fram og tilbake) oscillation.

svinn, waste, loss; **~e,** (forminskes) diminish, dwindle.

svir, carousing; **~e,** carouse, booze.

svirre, (også *fig)* buzz.

sviske, prune.

svoger, brother-in-law.

svor (fleske-), rind.

svovel, sulphur; **~syre,** sulphuric acid.

svull, (is-) ice-fall; (hevelse) swelling; **~me,** swell.

svulst, tumo(u)r; **~ig,** bombastic.

svær, very large, huge; heavy; **~vekt,** heavyweight.

svømme, swim; **~basseng,** swimming-pool; **~belte,** swimming-belt; **~fugl,** web-footed bird; **~hud,** web; **~r,** swimmer.

svøpe, *fig* scourge.

sy, sew; **~dame,** dressmaker.

Syden, the South.

sydfrukter, fruits from the South; **~lig,** south-(ern).

Sydpolen, the South Pole.

syerske, seamstress.

syk, ill (foran *s)* sick; (som predikatsord) ıll; **~dom,** illness, sickness, disease; **~ebil,** ambulance; **~ehus,** hospital; **~epleier,** (hospital) nurse.

sykkel, (bi)cycle, bike; **~le,** cycle; bike; **~list,** cyclist.

syklon, cyclone.

syklubb, sewing circle.

syl, awl.

sylinder, cylinder.

sylte, *v* (frukt *o.l.)* preserve; (i eddik) pickle; *s* brawn; **~tøy,** jam, preserve(s).

symaskin, sewing machine.

symbol, symbol; **~isere,** symbolize; **~sk,** symbolic.

symfoni, symphony.

symmetrisk, symmetrical.

sympati, sympathy; **~sere,** sympathize; **~sk,** likeable, nice.

syn, sight; (mening) view.

synagoge, synagogue.

synd; ~ **e,** sin; (det er synd, leit) it is a pity; ~ **ebukk,** scapegoat; ~ **er,** sinner; ~ **floden,** the Flood; ~ **ig.** sinful.

syne, (vise) show; ~ **s,** think; consider, find; (se ut som) appear, seem.

synge, sing.

synke, sink; fall.

synlig, visible; ~ **sbedrag,** optical delusion; ~ **sk,** clairvoyant, second-sighted; ~ **punkt,** point of view, viewpoint; ~ **srand,** horizon.

syntetisk, synthetic.

synål, (sewing) needle.

syre, acid; *bot* sorrel.

syrin, lilac.

syrlig, sourish, acidulous.

sysselsette, employ; ~ **setting,** employment.

system, system; ~ **atisk,** systematic; *adv* systematically.

syt; ~ **e,** whimper, whine.

sytråd, sewing-thread; ~ **tøy,** needle-work.

sæd, seed; (væske) semen, sperm.

særdeles, highly, most; ~ **deleshet: i** ~, in par-

ticular, especially; ~ **egen,** peculiar; ~ **egenhet,** peculiarity; ~ **eie,** separate estate; ~ **lig,** *adj* special, particular; *adv* especially, particularly; ~ **preg,** distinctive stamp; ~ **skilt,** separate; ~ **tilbud,** special offer.

sødme, sweetness.

søke, seek, search *(el* look) for; (sende søknad) apply for; (forsøke) try; ~ **er,** *fotogr* view-finder; (til stilling) applicant.

søkk, (fordypning) hollow, depression; (trykk) start; ~ **våt,** drenched, soaked.

søknad, application; ~ **smål,** (law)suit; ~ **t,** *fig* far-fetched.

søl, mess; ~ **e,** mud; *v* (spille væske) spill, slop; (~ **e til)** soil; ~ **epytt,** puddle; ~ **et,** muddy, dirty.

sølibat, celibacy.

sølje, (filigree) brooch.

sølv, silver; ~ **bryllup,** silver wedding; ~ **tøy,** table silver.

søm, (det å sy) sewing;

(sammensying) seam; *med bot* suture; ~**me seg**, be becoming; ~**me- lig**, decent, becoming; ~**melighet**, decency, propriety.
søndag, Sunday.
sønn, son; ~**edatter**, grand-daughter; ~**esønn**, grandson.
søppel, rubbish, refuse; ~**kasse**, dustbin; refuse bin.
sør, south.
sørge, (føle sorg) grieve, mourn; ~ **for** (skaffe) provide, arrange for; ~**klær**, mourning; ~**lig**, sad; ~**marsj**, funeral march.
sørgmodig, sad, sorrow-ful.
sørlig, southern; (vind) southerly.
sørpe, slush, sludge.
søsken, brothers and sisters; ~**barn**, cousin.
søster, sister.

søt, sweet; ~**e**, *v* sweeten.
søvn, sleep; ~**gjenger**, sleep-walker; ~**ig**, sleepy; ~**løs**, sleepless; ~**løshet**, insomnia.
søyle, pillar, column.
så, *v* sow; *adv* then; so; ~**dan**, such; ~**kalt**, so called; ~**korn**, seed-corn.
såld, riddle, sieve.
såle, *s & v*, sole.
således, so, thus; ~**mann**, sower; ~**ma-skin**, sowing-machine.
sånn, such; (således) so, thus.
såpe, *s & v* soap; ~**skum**, lather; ~**stykke**, cake of soap.
sår, *s* wound; *adj* sore; painful; ~**bar**, vulnerable; ~**e**, wound; *(fig også)* hurt; ~**ende**, *fig* cutting, wounding; ~**t**, sorely.
såte, (hay)cock.

T

ta, take; (beregne seg) charge.
tabbe, blunder.
tabell, table; ~**lett**, tab-

let; ~**lå**, tableau; ~**u**, taboo; ~**urett**, stool.
taffel, table.
tafs, wisp of hair.

tagg, (pigg) spike, barb.

tak, (med hånd) grasp, hold; (med åre) stroke; (på hus) roof; (i værelse) ceiling.

takkammer, attic, garret.

takk, thanks; thank you; ~**e,** thank; ~**et være,** thanks to; ~**nemlig,** grateful, thankful; ~**nemlighet,** gratitude.

takle, tackle; *(mar også)* rig.

takrenne, gutter.

taksameter, (taxi)meter; ~**ere,** value, appraise, rate; ~**ering,** valuation, appraisement.

takskjegg, eaves; ~**stein,** tile.

takst, rate (person-) fare; (verdi) appraised value; ~**mann,** appraiser.

takt, time; (finfølelse) tact; ~**fast,** measured; ~**full,** tactful; ~**ikk,** tactics; ~**isk,** tactical; ~**løs,** tactless; ~**løshet,** tactlessness; ~**stokk,** baton.

takvindu, skylight.

tale, *v* speak, talk; *s* speech; (snakk) talk; ~**feil,** speech defect; ~**frihet,** freedom; ~**språk,** spoken *(el* colloquial) language.

talent, talent; ~**full,** talented.

taler, speaker; (begavelse) orator; ~**stol,** rostrum, platform.

talg, tallow.

talje, tackle.

talkum, talcum.

tall, number; (-tegn) figure, digit.

tallerken, plate.

tallord, numeral; ~**rik,** numerous; ~**skive,** dial; ~**øs,** countless, innumerable.

talong, counterfoil, stub.

talsmann, spokesman, mouthpiece; (for en sak) advocate.

tam, tame; ~**het,** tameness.

tamp, rope end.

tampong, tampon.

tandem, tandem; ~**der,** delicate, frail.

tang, (ild-) tongs; (knipe-) pincers; *bot* seaweed; ~**e,** tongue (of land); ~**ent,** tangent; (piano) key; ~**ere,** touch.

tank, tank; ~**bil,** ~**båt,** tanker.

tanke, thought, idea; ~**full,** thoughtful; ~**gang,** train of thought; ~ **løs**, thought-less; ~ **strek**, dash.

tann, tooth; (på hjul) cog; ~ **børste**, tooth-brush; ~ **hjul**, cog-wheel; ~ **kjøtt**, gum; ~ **krem**, tooth-paste; ~ **lege**, dentist; ~ **pasta**, tooth-paste; ~ **verk**, tooth-ache.

tante, aunt.

tap, loss; ~ **e**, lose; ~ **er**, loser.

tapet, wallpaper; ~ **sere**, paper.

tapp, (kran), tap; (om-dreinings-) pivot; ~ **e**, tap, draw; (på flaske) bottle; ~ **enstrek**, tattoo.

tapper, brave, valiant; ~ **het**, bravery, valour.

tara, tare.

tare, seaweed.

tariff, tariff.

tarm, intestine; *(pl også)* bowels, guts; ~ **slyng**, ileus.

tast, key; ~ **atur**, key-board.

tater, gipsy.

tatovere; ~ **ing**, tattoo.

tau, rope; ~ **båt**, ~ **e**, se *slepe(båt)*.

taus, silent; ~ **het**, si-lence.

tavle, (skole-) black-board; *elektr* switch-board, fuse board.

te, tea.

teater, theatre; ~ **forestil-ling**, theatrical perfor-mance; ~ **sjef**, theatre *(el* theatrical) manager.

teatralsk, theatrical.

teft, scent; **fin ~ for**, a good nose for.

teglstein, (til tak) tile; (til mur) brick.

tegn, sign, mark; ~ **e**, draw; ~ **efilm**, (animat-ed) cartoon; ~ **er**, draughtsman; (mote-) designer; (karikatur-) cartoonist; ~ **eserie** (strip) cartoon, (comic) strip; ~ **estift**, drawing pin; ~ **ing**, drawing; ~ **setning**, punctuation.

tekanne, tea-pot; ~ **kjøk-ken**, kitchenette.

tekke, *v* roof; (med strå) thatch; ~ **lig**, decent, proper.

tekniker, technician; ~ **ikk**, technique; ~ **isk**, technical.

tekst, text; *mus* words.

tekstil, textile; ~ **fabrikk**, textile mill.

tele, *s* frozen earth.

telefonboks, call-box, telephone kiosk; ~ **ere**,

telephone; ~**katalog,** telephone directory; ~**oppringning,** (telephone) call; ~**sentral,** telephone exchange.

telegraf; ~**ere,** telegraph; wire; ~**i,** telegraphy; ~**isk,** telegraphic, by wire, by cable; ~**ist,** telegraphist.

telegram, telegram, wire, cable.

teleks, telex; ~**melding,** telex(call).

telepati, telepathy; ~**skop,** telescope; ~**visjon,** television, se *fjernsyn.*

telle, count, number; ~**apparat,** turnstile; ~**r,** (i brøk) numerator.

telt, tent; ~**duk,** tentcanvas; ~**leir,** camp of tents.

tema, *mus* theme; (emne) subject, topic.

temme, tame; (gjøre til husdyr) domesticate; ~**lig,** rather, pretty; fairly.

tempel, temple.

temperament, temperament, temper; ~**atur,** temperature; ~**ere,** temper.

tempo, pace, tempo.

tendens, tendency, trend; ~**iøs,** tendentious, bias(s)ed.

tendere, tend.

tenke, think; (akte) mean; (~ **seg**) imagine; ~**lig,** imaginable; ~**r,** thinker.

tenne, light; *elektr* switch *(el* turn) on; (ved gnist) ignite; ~**ing,** ignition.

tennis, tennis; ~**bane,** tenniscourt.

tennplugg, spark(ing-)plug.

tenor, tenor.

tentamen, preliminary examination.

tenåring, teenager.

teolog, theologian; ~**logi,** theology; ~**retiker,** theorist; ~**retisk,** theoretic(al); ~**ri,** theory.

teppe, (gulv-) carpet; (lite) rug; *teat* curtain.

terapeutisk, therapeutic(al); ~**i,** therapy.

termin, period, term; (avdrag) instalment.

termometer, thermometer; ~**sflaske,** thermos-(flask); ~**stat,** thermostat.

terning, die; *pl* dice.

terpentin, turpentine.

terrasse, terrace.
terreng, country, ground; ~løp, cross-country race.
terrin, tureen.
territorialfarvann, territorial waters; ~ium, territory.
terror, terror; ~isere, terrorize; ~isme, terrorism; ~ist, terrorist.
terskel, threshold.
terte, tart; ~fin, prudish.
tesil, tea-strainer; ~skje, tea-spoon.
testament(e), testament, will; ~arisk, testamentary; ~ere, bequeath, leave by will.
testikkel, testicle.
tett, adj (ikke lekk) tight; (ikke spredt) dense; (nær) close; adv close, closely; ~e, make tight; ~sittende, tight(-fitting).
ti, ten.
tid, time; gram tense; ~evann, tide; ~feste, determine the time of; ~lig, early; ~ligere, previous; earlier; ~ligst, at the earliest; ~salder, age; ~sfordriv, pastime; ~sfrist, time limit; ~snok, in time; ~spunkt, time,

moment, hour; ~skrift, periodical, review.
tie, be silent.
tiende, num tenth; s tithe.
tiger, tiger.
tigge, beg; ~r, beggar; ~ri, begging.
tikamp, decathlon.
tikke, tick.
til, prp to; adv en ~, one more; konj till, until.
tilbake, back; (igjen) left; behind; ~betale, repay; ~blikk, retrospect; ~fall, relapse; ~gang, decline; ~holden, reserved; ~holdenhet, reserve; ~komst, return; ~legge, cover; ~levere, return; ~reise, return journey; ~slag, setback; ~tog, retreat; ~trekning, withdrawal; ~trukket, retired; ~vei, way back; ~virkende, retroactive; ~vise, reject; ~visning, rejection.
tilbe, worship; ~der, worshipper; fig admirer.
tilbehør, accessories; ~berede, prepare; ~bringe, spend; ~bud; ~by, offer; ~børlig, due; ~bøyelig, inclined; (ha lett for) be

apt to; ~**bøyelighet**, inclination, tendency.

tildele, (anvise) allot, assign; (ved kvote) allocate; ~**deling**, allotment, assignment; allocation; ~ **dels**, partly; ~**egne**, dedicate; *vr* (kunnskaper *o.l.*) acquire.

tilfalle, fall to; ~**feldig**, casual, accidental; ~**feldighet**, chance; (sammentreff) coincidence; ~**feldigvis**, by chance, accidentally; ~**felle**, case; ~ **felles**, in common; ~**flukt**, refuge; ~**freds**, satisfied; (fornøyd) pleased, content(ed); ~**fredshet**, satisfaction; contentment; ~**fredsstille**, satisfy; ~**fredsstillelse**, satisfaction; ~**fredsstillende**, satisfactory; ~**frosset**, frozen (over); ~**førsel**, supply; ~**føye**, add; (volde) cause.

tilgi, forgive, pardon; ~**givelig**, pardonable; ~**givelse**, pardon; ~**gjengelig**, accessible; ~**gjort**, affected; ~**godehavende**, outstanding debt.

tilhenger, adherent, follower, supporter; ~**holdssted**, resort; ~**hylle**, veil; ~**høre**, belong to; ~**hører**, listener.

tilintetgjøre, annihilate, destroy; ~**lse**, destruction.

tilkalle, call, summon; ~**kjenne**, award; ~**kjennegi**, make known; ~**knytning**, connection; ~**komme**, (være ens plikt) be one's duty.

tillaget, prepared; ~**lags**: gjøre ~, please; ~**late**, allow, permit; ~**latelig**, permissible; ~**latelse**, permission, leave; (skriftlig) permit; ~**legg**, addition; supplement; ~**lempe**, adapt; ~**liggende**, adjacent; ~**lit**, confidence; ~**litsfull**, confident; ~**litsvotum**, vote of confidence; ~**løp**, (til hopp) starting run; *fig* effort, attempt.

tilnærmelse, approach; *fig* advance; ~**svis**, approximately; (ikke-) not nearly.

til overs, left (over).

tilpasning, adap(ta)tion; ~ **se,** adapt.

tilreisende, visitor; ~ **rettelegge,** arrange; ~ **rettevise;** ~ **rettevisning,** rebuke; ~ **rive seg,** usurp; ~ **rop,** cry, hail; ~ **rå,** advise; ~ **rådelig,** advisable.

tilsagn, promise; ~ **sammen,** altogether, in all; ~ **setning,** admixture; ~ **sette,** add; (ansette) engage, appoint; ~ **sidesette,** (person) slight, pass over; (forsømme) neglect; ~ **siktet,** intentional; ~ **skjærer,** cutter; ~ **skrive,** ascribe; ~ **skudd,** grant, contribution; ~ **skuer,** spectator; ~ **skynde,** prompt, urge; ~ **slag,** (auksjon) knocking down; ~ **slutning,** (bifall) approval; (samtykke) consent; ~ **sløre,** veil; ~ **snikelse,** subreption; ~ **spisse seg,** become critical; ~ **sprang,** start; ~ **stand,** state, condition; ~ **stede,** present; ~ **stelning,** arrangement; ~ **strekkelig,** sufficient; ~ **strømning,** influx; ~ **støte,** happen to; ~ **støtende,** adjacent; ~ **stå,** confess; (innrømme) admit; ~ **ståelse,** confession; admission; ~ **svare,** correspond to; ~ **svarende,** corresponding; ~ **syn:** supervision; ~ **syne:** komme ~, appear; ~ **synelatende,** seeming, apparent; ~ **synsmann,** inspector; ~ **søle,** soil, dirty.

tilta, grow, increase; ~ **tak,** (foretagende) enterprise; (forholdsregel) measure; ~ **tale,** v (snakke til) address; (behage) please, appeal to; jur charge (for: with), prosecute; **den** ~ **talte,** the accused, the defendant; ~ **tale,** s address; jur charge, prosecution; ~ **talende,** attractive; ~ **tre** (stilling) take up; ~ **trekke,** attract; ~ **trekkende,** attractive; ~ **trekning,** attraction; ~ **tro,** s confidence; ~ **vant,** accustomed; ~ **vekst,** increase; ~ **værelse,** existence.

time, hour; (undervisning) period, lesson; ~ **plan,** timetable; table of lessons.

tind(e), (fjell-) peak; ~**ebestiger,** Alpinist, mountaineer.

tindre, sparkle.

tine, thaw, melt.

ting, thing; ~**lyse,** register.

tinktur, tincture.

tinn, (metallet) tin; (i bruksgjenstand) pewter; ~**varer,** pewter(ware).

tinning, temple.

tippe, (gjette, og i drikkepenger) tip; (med tippekupong) do the pools; ~**ekupong,** pools coupon.

tippoldefar, great-great-grandfather; ~**mor,** great-great-grandmother.

tirre, tease, provoke.

tirsdag, Tuesday.

tispe, bitch.

tistel, thistle.

titte, peep.

tittel, title; ~**blad,** title page.

titulere, address, style.

tivoli, amusement park, fun fair.

tiår, decade.

tjene, serve; (~ **penger)** earn, (ved fortjeneste) make; ~**r,** servant; ~**ste,** service; favour;

~**stemann,** public servant; ~**stepike,** maid(-servant).

tjern, small lake, tarn.

tjor; ~**e,** tether.

tjue, twenty.

tjære, *s & v* tar; ~**papp,** tarred roofing felt.

to, *num* two; (stoff) stuff.

toalett, toilet; (~**rom** også) lavatory, W.C; ~**bord,** dressing (el toilet) table; ~**papir,** toilet paper.

tobakk, tobacco; ~**sbutikk,** tobacconist's (shop); ~**shandler,** tobacconist.

tog, train; (opptog) procession; ~**plan,** railway timetable.

tokt, cruise; (ri) fit.

toleranse, tolerance; ~**ant,** tolerant; ~**ere,** tolerate.

tolk, interpreter; ~**e,** interpret; (uttrykke) express.

toll, (avgift) duty; (~**vesen)** Customs; (avgift), (customs) duty; ~**bu,** customhouse; ~**egang,** oar-lock; ~**ekniv,** sheath-knife; ~**er,** customs officer; ~**fri,** duty-free; ~**vesenet,** the Customs.

tolv, twelve.

tom, empty; ~**at,** tomato; ~**bola,** tombola; ~**hendt,** empty-handed; ~**het,** emptiness.

tomme, inch; ~**lfinger,** thumb; ~**liten,** Tom Thumb; ~**stokk,** folding rule.

tomt, (bygge-) site, (rundt et hus) grounds.

tone, *v* (lyde) sound; tone; *s* tone; (enkelt-) note; ~**angivende,** leading; ~**høyde,** pitch.

tonn, ton; ~**asje,** tonnage.

topp, top; (fjell- og *fig*) summit; ~**e,** top; ~**figur,** figurehead; ~**gasje,** top salary; ~**møte,** summit meeting; ~**punkt,** summit; *geom* apex; ~**stilling,** top position.

torden, thunder; ~**skrall,** thunder clap; ~**vær,** thunderstorm.

tordivel, (dung)beetle.

tordne, thunder.

tore, dare, venture.

torg, market(-place).

torn, thorn; ~**efull,** thorny.

torpedere; ~**o,** torpedo.

torsdag, Thursday.

torsk, cod(-fish); ~**elevertran,** cod-liver oil.

tortur; ~**ere,** torture.

torv, (myr-) peat; (gress-) turf.

tosk, fool; ~**et,** foolish.

total, total; ~**itær,** totalitarian.

tradisjon, tradition; ~**ell,** traditional.

trafikk, traffic; ~**ert,** busy, crowded; ~**-knute,** traffic jam; ~**åre,** artery.

tragedie, tragedy; ~**isk,** tragic.

trakt, funnel; (egn) region, tract; ~**at,** treaty; ~**e,** (sile) filter; ~**e etter,** aspire to.

traktor, tractor.

tralle, *v,* sing; *s* trolley, truck.

tramp, tramp, stamp; ~**e,** tramp, stamp, trample; ~**fart,** tramp trade.

tran, cod-liver oil.

trane, crane.

trang, *s* (behov) want, need; (lyst) desire; *adj* narrow; (om klær) tight; ~**synt,** narrow-minded.

transe, trance.

transaksjon, transaction; ~**formator,** transformer; ~**itiv,** transitive; ~**itthandel,** transit trade; ~**latør**, translator; ~**port**, transport, conveyance; ~**portbånd**, conveyor belt; ~**portere**, transport; ~**portmiddel**, means of transport *el* conveyance.

trapés, trapeze; *mat* trapezium.

trapp, stairs; (trappeoppgang) staircase; (utenfor dør) (door-)steps; ~**eavsats**, landing; ~**egelender**, banisters *pl;* ~**etrinn**, step.

traske, trudge; plod.

trass(ig) se *tross(ig)*.

tratte, draft.

trau, trough.

traust, steady, sturdy.

trav; ~**e**, trot.

travbane, trotting-track.

travel, busy; ~**het**, bustle.

tre, *num* three; *v* tread; step; *s* tree; (ved) wood; ~**demølle**, treadmill; ~**dje**; ~**djedel**, third; ~**enighet**, Trinity.

treffe, hit; (møte) meet; ~**ende**, apt; to the point.

trefning, *mil* engagement.

treg, sluggish, slow; inert; ~**het**, indolence; inertia.

tregrense, tree *(el* timber) line; ~**hjulssykkel**, tricycle.

trekant, triangle; ~**et**, triangular.

trekk, *n* (rykk) pull; (ansikts-) feature; (sjakk) move; (karakter-) trait, feature; (dekke) cover; *c* draught; ~**e**, draw, pull; (betrekke) cover; ~**e fra**, deduct; *mat* subtract; ~**e tilbake**, withdraw; ~**fugl**, migratory bird; ~**full**, draughty; ~**papir**, blotting-paper; ~**spill**, accordion.

treklang, triad; ~**kløver**, trefoil.

trekning, (lotteri) draw; (krampe) convulsion; ~**sliste**, list of prizes.

trekull, charcoal; ~**last**, timber, wood.

trell, slave; ~**binde**, enslave; ~**dom**, bondage; ~**e**, slave.

tremasse, wood-pulp.

tremenning, second cousin.

trene, train, practise; ~**r**, trainer, coach; ~**re**, delay, retard.

trenge, (presse) press, force, push; (behøve)

need, want, require; ~
seg fram, press forward;
~ igjennom, penetrate;
~ nde, needy.
trengsel, (folk) crowd;
(nød) distress.
treningsdrakt, training
suit.
treske, thresh; ~maskin.
thresher; threshing-
machine.
treskje, wooden spoon.
treskjærer, wood-carver;
~ sko, clog, wooden
shoe; ~snitt, woodcut;
~sprit, wood alcohol;
~stamme, trunk (of a
tree).
tresteg, hop, step, and
jump.
trett, tired; (kjed) weary
(av: of); ~e, v tire;
(stride) quarrel; s dis-
pute, quarrel; ~ekjær,
quarrelsome; ~en, thir-
teen; ~het, weariness,
fatigue; ~e, thirty.
treull, wood-wool.
trevarer, woodware.
trevl, fibre; (av tøy)
thread.
triangel, triangle; ~bu-
ne, stand; (overbygd)
grand stand; ~gono-
metri, trigonometry;
~kin, trichina.

trikk, (knep) trick; (spor-
vogn) tram(-car); amr
streetcar.
trikot, tricot; ~asje, ho-
siery.
trille, roll; mus s & v
trill; ~bår, wheelbar-
row.
trilling, triplet.
trinn, step; (stige) rung;
(stadium) stage.
trinse, pulley; (lite hjul)
castor.
trio, trio.
tripp; ~e, trip.
trisse, pulley.
trist, sad, dismal,
gloomy; ~het, sadness,
gloom.
tritt, step; fig holde ~
med, keep pace with.
triumf, triumph; ~bue,
triumphal arch; ~ere,
triumph; ~erende, tri-
umphant.
trives, thrive; (like seg)
feel comfortable; ~iell,
commonplace, trivial,
trite; ~sel, prosperity;
(velvære) well-being.
tro, adj faithful, loyal; s
faith, belief; (grise-)
trough; v believe; think;
~fast, faithful, loyal;
~fasthet, fidelity, faith-
fulness.

trofé, trophy.

trolig, credible; (sannsynlig) probable, likely.

troll, troll, ogre; ~ **binde,** spellbind; ~ **dom,** witchcraft, sorcery; ~ **et,** naughty; ~ **kjerring,** witch; ~ **mann,** sorcerer.

troløs, faithless.

tromme, s drum; v (beat the) drum; ~ **hinne,** ear-drum, membrane; ~ **hvirvel,** roll of drums; ~ **l,** drum; ~ **slager,** drummer; ~ **stikke,** drumstick.

trompet, trumpet.

tronarving, heir to the throne; ~ **e,** s & v throne; ~ **følger,** successor; ~ **himmel,** canopy; ~ **tale,** speech from the Throne.

tropene, the tropics; ~ **isk,** tropical.

tropp, troop; ~ **erevy,** review.

troskap, fidelity, loyalty; ~ **skyldig,** unsuspecting.

tross, s defiance; prp (til ~ for) in spite of; ~ **e,** v defy; s hawser; ~ **ig,** obstinate.

trost, thrush.

troverdig, trustworthy, reliable, credible.

trubadur, minstrel, troubadour.

true, threaten, menace.

trumf, trump.

trusel, threat, menace.

truser, briefs.

trutne, swell.

trygd, insurance; ~ **ekasse,** health insurance fund.

trygg, secure, safe (**for:** from); ~ **e,** make safe, secure; ~ **het,** security, safety.

trygle, beg, entreat, implore.

trykk, n pressure; (betoning) stress; c print; **på** ~, in print; ~ **e,** press; (klemme) pinch; typogr print; ~ **efrihet,** freedom of the press; ~ **er,** printer; ~ **eri,** printingworks; ~ **feil,** misprint; ~ **knapp,** snap fastener; (til klokke) push-button; ~ **saker,** printed matter.

trylle, conjure; ~ **fløyte,** magic flute; ~ **kunstner,** conjurer; ~ **ri,** magic; ~ **stav,** magic wand.

tryne, snout.

trøffel, truffle.

trøst, consolation, comfort; ~e, comfort, console.

trøye, jacket, coat.

trå, step, *adj* (harsk) trancid.

tråd, thread; (metall) wire; ~løs, wireless; ~snelle, (cotton) reel.

tråkk, trampling; ~e, step, trample.

tråkle, tack.

trål; ~e, trawl; ~er, trawler.

tsar, czar.

tsjekkisk, Czech; T-oslovakia, Czechoslovakia.

tube, tube.

tuberkulose, tuberculosis; ~øs, tuberculous.

tue, mound; (maur-) ant hill.

tukle med, tamper with.

tukt, discipline; (straff) punishment; ~e, chastise, punish; ~hus, gaol, prison.

tulipan, tulip; ~løk, tulip bulb.

tull, (tøv) rubbish, nonsense; ~e, (tøve) talk nonsense *(el* rubbish); ~ inn, wrap up; ~et, crazy; ~ing, fool, silly person.

tumle, tumble; ~ le med, struggle with; ~ me-

lumsk, bewildered; ~ult, tumult.

tun, farm-yard.

tunfisk, tunny.

tung, heavy; ~e, tongue; ~hørt, hard of hearing; ~industri, heavy industries; ~nem, dull; ~sindig; ~sindighet, melancholy; ~tveiende, *fig* weighty; ~vint, cumbersome.

tunnel, tunnel; ~bane, underground, tube; *amr* subway.

tur, (spaser-) walk; (liten reise) trip; se *reise;* (til å gjøre noe) turn; (dans) figure; ~bin, turbine; ~ist, tourist; ~n, gymnastics *pl;* ~né, tour.

turne, do gymnastics; ~er, gymnast; ~ering, tournament; ~hall, gymnasium.

turnips, turnip.

tur-retur-billett, return ticket.

tusen, thousand; ~fryd, daisy.

tusj, Indian ink.

tuskle; ~handel, barter.

tusmørke, dusk, twilight.

tut, (på kanne) spout; (ul) howl; (av fløyte, ugle) hoot; (horn, fløyte)

toot; ~e, howl; hoot;
toot; (gråte) cry.

tvang, force, compulsion;
~sarbeid, hard labour;
~sauksjon, forced sale;
~sforestilling, obsession; ~strøye, straitjacket.

tverr, sullen, cross;
~bjelke, crossbeam;
~ligger, idr crossbar;
~snitt, cross-section.

tvers igjennom, right
through; ~over, right
(el straight) across; på
~, crosswise.

tvert imot, adv on the
contrary; prp contrary
to.

tvetydig, ambiguous;
~het, ambiguity.

tvil; ~e, doubt; ~er,
doubter.

tvilling, twin.

tvilrådig, in doubt;
~som, doubtful.

tvinge, force, compel.

tvinne, twist, wind, twine.

tvist, (strid) dispute;
(bomullsgarn) cotton
waste.

tvungen, compulsory;
(unaturlig) forced.

ty til, resort to.

tyde, make out; ~på, indicate; ~lig, clear; (lett

å se, forstå) distinct;
~ligvis, evidently, obviously.

tyfus, typhus, tyhpoid fever.

tygge, chew; ~gummi,
chewing-gum.

tykk, thick; (om person)
corpulent, stout, fat;
(tett) dense; ~else,
thickness; ~hudet, fig
callous; ~tarm, large
intestine, colon.

tylft, dozen.

tyll, tulle.

tyngde, weight; ~dekraft, force of gravity;
~e, oppress, weigh
upon.

tynn, thin; (spe) slender;
~slitt, worn thin;
~tarm, small intestine.

type, type; ~isk, typical
(for: of); ~ograf, typographer.

tyr, bull; ~ann, tyrant;
~anni, tyranny; ~annisk, tyrannical; ~efekting, bullfight.

tyrk, Turk; T-ia, Turkey;
~isk, Turkish.

tysk; ~er, German; T-land, Germany.

tyst, silent.

tyttebær, cowberry.

tyv, thief; (innbrudds-)

burglar; ~**eri**, theft; burglary.

tære, (om rust *o.l.*) corrode; ~**ing**, *med* consumption.

tø; ~ **opp**, thaw.

tøffel, slipper; ~**helt**, henpecked husband.

tølper, churl, boor.

tømme, *s* rein; *v* empty.

tømmer, timber; *amr* lumber; ~**fløting**, floating; ~**flåte**, raft; ~**hogger**, lumber-jack; ~**hytte**, log cabin; ~**mann**, carpenter; ~**menn**, *fig* hangover; ~**stokk**, log.

tømre, build, make.

tønne, barrel, cask; ~**band**, hoop; ~**stav**, barrel stave; ~**vis**, by the barrel.

tør (han ~ ikke) he dare not *el* he does not dare to; se *våge*.

tørk, drying; ~**e**, *s* drought; *v* dry; ~**e av**, wipe.

tørkle, (hals-) scarf; (hode-) headscarf, kerchief.

tørn, turn; spell.

tørr, dry; ~**dokk**, dry dock; ~**fisk**, stockfish; ~**legge**, drain; ~**melk**, dried milk; ~**skodd**, dry-shod.

tørst, *s* thirst; *adj* thirsty; ~**e**, be thirsty; (etter) thirst (for).

tøs, tart, hussy.

tøv, nonsense, rubbish; ~**e**, talk nonsense.

tøvær, thaw.

tøy (klær) clothes; se *stoff*.

tøye, stretch; strain; ~**lig**, elastic, extensible.

tøyle, *s* rein; *v* bridle; ~**sløs**, unbridled, licentious.

tøys, nonsense, rubbish.

tå, toe; **på** ~, on tiptoe.

tåke, fog; (lett) mist; ~**lur**, fog-horn *el* -siren; ~**t**, foggy, misty; *fig* vague, foggy, hazy.

tåle, (ikke ta skade av) stand; (utstå) bear, stand; (finne seg i) put up with, stand; ~**modig**, patient; ~**modighet**, patience.

tåpe, fool; ~**lig**, foolish, silly; ~**lighet**, foolishness, folly.

tår, drop; ~**e**, tear; ~**egass**, tear gas.

tårn, tower; (kirke) steeple; (sjakk) castle; *mar* turret; ~**e seg opp**, pile up.

tåteflaske, feeding-bottle.

U

uaktet, *prp* despite, in spite of; *konj* (al)though; ~ **som,** negligent, careless; ~ **somhet,** negligence, carelessness.
ualminnelig, uncommon, rare, unusual.
uanfektet, unmoved, unaffected; ~ **meldt,** unannounced; ~ **selig,** insignificant; ~ **sett,** *prp* without regard to; ~ **stendig,** indecent; ~ **stendighet,** indecency; ~ **svarlig,** irresponsible; ~ **svarlighet,** irresponsibility; ~ **tagelig,** unacceptable; inapplicable.
uappetittlig, unappetizing; ~ **atskillelig,** inseparable.
uavbrutt, continuous; ~ **gjort,** unsettled, undecided; *idr* a draw; ~ **hengig,** independent; ~ **hengighet,** independence; ~ **kortet,** unabridged; ~ **latelig,** unceasing, continual.
ubarbert, unshaven; ~ **barmhjertig,** merciless, relentless.

ubebodd, uninhabited; ~ **elig,** uninhabitable.
ubedt, unasked, uninvited.
ubefestet, unfortified; *fig* unsettled; ~ **gavet,** unintelligent; ~ **grenset,** incomprehensible; ~ **hagelig,** unpleasant, disagreeable; ~ **hagelighet,** unpleasantness; ~ **hersket,** uncontrolled, unrestrained; ~ **hjelpelig,** awkward; ~ **kvem,** uncomfortable; ~ **kvemhet,** inconvenience; ~ **kymret,** unconcerned; ~ **kymrethet,** unconcern; ~ **leilig,** inconvenient; ~ **merket,** unnoticed.
ubenyttet, unused; ~ **regnelig,** incalculable; ~ **rettiget,** unjustified, unwarranted; ~ **rørt,** untouched; (upåvirket) unaffected.
ubeseiret, unconquered; *idr* unbeaten; ~ **sindig,** imprudent, rash; ~ **skjeden,** immodest; ~ **skjeftiget,** unem-

ployed; ~**skrivelig**, indescribable; ~**sluttsom**, irresolute; ~**stemmelig**, indeterminable; ~**stemt**, indefinite; (ubesluttsom) undecided; (uklar) vague; ~**stikkelig**, incorruptible; ~**stridt**, undisputed; ~**esvart**, unanswered.

u**betalt**, unpaid; ~**talelig**, invaluable; ~**tenksom**, (tankeløs) thoughtless; (overilet) rash; ~**tenksomhet** thoughtlessness, rashness; ~**tinget**, unconditional; absolute; ~**tont**, unaccented; ~**tydelig**, insignificant, slight.

ube**vegelig**, immovable; (som ikke beveger seg, også) motionless; ~**vegelighet**, immobility; ~**visst**, unconscious; ~**voktet**, unguarded.

u**blandet**, unmixed; ~**blodig**, bloodless; ~**blu**, (om pris) exorbitant; ~**brukbar**, useless, unfit for use; ~**brukt**, unused; ~**buden**, uninvited; ~**bundet**, unrestrained; ~**bønnhørlig**, inexorable; ~**bøyelig**,

inflexible; *gram* indeclinable; ~**båt**, submarine.

u**dannet**, uneducated; (i opptreden) rude; ~**delelig**, indivisible; ~**delt**, undivided; ~**demokratisk**, undemocratic; ~**dryg**, uneconomical; ~**dugelig**, incapable; ~**dyr**, monster; ~**dyrket**, uncultivated; ~**dødelig**, immortal; ~**dåd**, misdeed, outrage, atrocity.

u**egennyttig**, disinterested; ~**ekte**, imitation; false; (barn) illegitimate; ~**elskverdig**, unkind, unamiable; ~**endelig**, endless, infinite; ~**endelighet**, infinity; ~**enig**, (**være** ~) disagree, be disagreed; ~**enighet**, disagreement; ~**ensartet**, heterogeneous.

u**erfaren**, inexperienced; ~**farenhet**, inexperience; ~**stattelig**, irreplaceable; (om tap) irreparable.

u**farbar**, impassable; (elv) unnavigable; ~**farlig**, safe, harmless; not dangerous; ~**fatte-**

lig, incomprehensible; (utrolig) inconceivable; ~ **feilbar**, infallible; ~ **feilbarlig**, unfailing; ~ **ferdig**, unfinished; ~ **fin**, (simpel) rude; ~ **flaks**, bad luck; ~ **flidd**, unkempt. **uforanderlig**, unchangeable; ~ **andret**, unchanged, unaltered; ~ **bederlig**, incorrigible; ~ **beholden**, unreserved; ~ **beredt**, unprepared. **ufordelaktig**, disadvantageous; ~ **dervet**, uncorrupted, unspoiled; ~ **dragelig**, intolerable; ~ **døyelig**, indigestible; ~ **døyd**, undigested. **uforenlig**, incompatible; ~ **falsket**, genuine; ~ **ferdet**, undaunted; ~ **gjengelig**, imperishable; ~ **glemmelig**, unforgettable. **uforholdsmessig**, disproportionate; ~ **klarlig**, inexplicable; ~ **kortet**, unabridged. **uformelig**, shapeless; ~ **mell**, informal; ~ **minsket**, undiminished; ~ **nuftig**, unwise, senseless; ~ **rettet**, (med ~ **sak**) without success.

uforsiktig, (skjødesløs) careless; (ikke varsom) incautious; ~ **skammet**, insolent, impudent; ~ **skammethet**, insolence, impudence; ~ **skyldt**, undeserved; ~ **sonlig**, implacable; (om motsetninger) irreconcilable; ~ **stand**, want of understanding; ~ **styrrelig**, imperturbable; ~ **styrrelighet**, imperturbability; ~ **styrret**, undisturbed; ~ **ståelig**, incomprehensible, unintelligible; ~ **svarlig**, indefensible, inexcusable; ~ **sørget**, unprovided for. **ufortjent**, undeserved; ~ **tollet**, duty unpaid, uncustomed; ~ **utsett**, unforeseen; ~ **varende**, unawares. **uframkommelig**, impassable; ~ **frankert**, unstamped; ~ **fri**, unfree; ~ **frihet**, (slaveri) bondage; ~ **frivillig**, involuntary; ~ **fruktbar**, infertile, barren. **ufullkommen**, imperfect; ~ **stendig**, incomplete. **ufyselig**, disgusting; ~ **følsom**, insensible, unfeeling; ~**før**, disabled; ~**føretrygd**, disablement insurance.

u**gagn**, mischief; ~**gift**, unmarried, single.

ugjen**drivelig**, irrefutable; ~**kallelig**, irrevocable; ~**kjennelig**, irrecognizable.

ugjennom**førlig**, impracticable; ~**siktig**, opaque; ~**trengelig**, impenetrable.

ugjer**ne**, reluctantly; ~**ing**, outrage, misdeed.

u**gjestfri**, inhospitable; ~**gjestfrihet**, inhospitality; ~**gjort**, undone; ~**gjørlig**, impracticable; ~**glad**, sad.

ugle, owl.

u**gras**, weed; ~**greie**, tangle; *fig* difficulty, trouble; ~**grunnet**, unfounded; ~**gudelig**, impious; ~**gudelighet**, impiety; ~**gunstig**, unfavourable; ~**gyldig**, invalid.

u**harmonisk**, inharmonious; ~**hederlig**, dishonest; ~**helbredelig**, incurable; ~**heldig**, unlucky; (ikke vellykket) unfortunate; ~**heldigvis**, unfortunately;

~**hell**, misfortune; (ulykkestilfelle) accident; ~**hensiktsmessig**, unsuitable, inexpedient; ~**hildet**, unbiased; ~**holdbar**, untenable; ~**hygge**, uncanniness; (nifs) uncanny; (utrivelig) dismal; (illevarslende) sinister; ~**hygienisk**, insanitary; ~**hyre**, *adj* tremendous, enormous; *s* monster; ~**høflig**, impolite, rude; ~**høflighet**, impoliteness, rudeness; ~**hørt**, unheard (enestående) of; ~**håndterlig**, unhandy, awkward.

uimot**sagt**, uncontradicted; ~**ståelig**, irresistible; ~**tagelig**, insusceptible.

uinn**budt**, uninvited; ~**bundet**, unbound; ~**fridd**, ~**løst**, unredeemed; *merk* unpaid; ~**innskrenket**, unlimited; ~**vidd**, (jord) unconsecrated; (i hemmelighet) uninitiated.

uinteres**sant**, uninteresting; ~**sert**, uninterested.

u**jevn**, uneven, rough.

uke, week; ~**blad**, week-

ly (paper); ~**dag**, week-day; ~**lønn**, weekly wages *pl;* ~**ntlig**, week-ly; ~**vis: i** ~, for weeks.
ukjennelig, unrecogniz-able; ~**t**, unknown.
uklanderlig, irreproach-able; ~**klar**, (utydelig) indistinct; *fig* vague; *mar* foul; ~**klarhet**, dimness; indistinctness; confusion; ~**klok**, un-wise, imprudent; ~**krenkelig**, inviolable; ~**kritisk**, uncritical; ~**kuelig**, indomitable; ~**kultivert**, uncultured, unrefined; ~**kunstlet**, artless; ~**kurant** (om varer) unsal(e)able; ~**kvemsord**, abusive words; ~**kvinnelig**, un-womanly; ~**kyndig**, in-competent; (ikke fag-lært), unskilled.
ul, hoot(ing); howl(ing).
ulage, disorder; ~-**land**, developing country; ~**leilige**; ~**leilighet**, trouble, inconvenience; ~**lempe**, drawback; ~**lendt**, rugged; ~**len-kelig**, lanky; ~**leselig**, illegible.

ulik, unlike; (tall) odd; ~**het**, dissimilarity.
ull, wool; ~**en**, woollen ~**garn**, woollen yarn; (kam-) worsted; ~**tep-pe**, blanket.
ulme, smoulder.
ulogisk, illogical; ~**lov-lig**, illegal, unlawful.
ulv, wolf; ~**eflokk**, pack of wolves; ~**inne**, she-wolf.
ulydig, disobedient (**mot:** to).
ulykke(stilfelle) accident; (katastrofe) disaster; (uhell) misfortune; ~**lig**, unhappy; ~**sfor-sikring**, accident insur-ance; ~**stilfelle**, acci-dent.
ulyst, (motstreben) reluc-tance; ~**lønnet**, unpaid; ~**lønnsom**, unprofita-ble; ~**løselig**, unsolva-ble.
umak, pains, trouble; ~**e**, odd.
umalt, unpainted; ~**mandig**, unmanly; ~**medgjørlig**, unman-ageable; ~**menneske**, monster; ~**menneskelig**, inhuman; ~**merkelig**, imperceptible; ~**mette-lig**, insatiable.

umiddelbar, immediate; (naturlig) spontaneous; ~ **het,** spontaneity.

uminnelig, immemorial.

umoden, unripe; *fig* immature; ~ **moderne,** unfashionable, out of fashion; ~ **moral,** immorality; ~ **moralsk,** immoral; ~ **mulig,** impossible; ~ **mulighet,** impossibility; ~ **myndig,** under age; ~ **møblert,** unfurnished; ~ **måtelig,** immense, enormous.

unaturlig, unnatural; (påtatt) affected.

under, *s* wonder, miracle; *prp* under; (neden-) below; (om tid) during; ~ **arm,** forearm; ~ **avdeling,** subdivision; ~ **betale,** underpay; ~ **bevisst,** subconscious; ~ **bevissthet,** subconsciousness; ~ **bukser,** pants, drawers.

underdanig, submissive; ~ **direktør,** assistant manager; ~ **ernæring,** undernourishment; ~ **ernært,** undernourished; ~ **forstå,** imply.

undergang, destruction, ruin, fall; (for fortjengere) subway; ~ **gjerning,** wonder, miracle; ~ **gjørende,** miraculous; ~ **grave,** undermine, sap; ~ **grunnsbane,** underground, tube; *amr* subway; ~ **gå,** undergo.

underhold, ~ **e,** support; (more) entertain; ~ **ning,** entertainment.

Underhuset, the (House of) Commons.

underhånden, privately.

underjordisk, subterranean, underground; ~ **kaste,** submit; ~ **kastelse,** submission; ~ **kjøle,** slip; ~ **klassen,** the lower classes; ~ **kue,** subdue, subjugate; ~ **kuelse,** subjugation; ~ **køye,** lower berth.

underlag, foundation, base; ~ **legen,** inferior; ~ **legenhet,** inferiority; ~ **lig,** strange, queer, curious; ~ **liv,** abdomen; ~ **minere,** undermine; (*fig* også) sap; ~ **måler,** numskull.

underoffiser, non-commissioned officer.

underordne, subordinate; ~ **et,** subordinate; (uviktig) secondary.

underretning, information; ~ **te,** inform.

undersetsig, thickset, stocky; ~**sjøisk,** submarine; ~**skjørt,** petticoat, underskirt; ~**skrift,** signature; ~**skrive,** sign; ~**skudd,** deficit; ~**slag,** embezzlement; ~**slå,** embezzle; (brev) intercept; ~**st,** lowest, undermost; ~**stell,** (på bil) chassis; ~**streke,** underline; *fig* (også) stress, emphasize; ~**støtte,** assist, help, support; ~**støttelse,** help, support, relief; ~**søke,** examine; (granske) investigate; go into; ~**søkelse,** examination; inquiry; investigation; ~**sått,** subject.

undertegne, sign; ~**tiden,** sometimes, now and then; ~**trykke,** suppress; (underkue) oppress; ~**trykkelse,** suppression; oppression; ~**trøye,** vest; ~**utviklet,** underdeveloped; ~**tøy,** underwear.

undervannsbåt, submarine; ~**vannsskjær,** sunken rock; ~**veis,** on the way; ~**vekt,** underweight; ~**vektig,** short in weight; ~**verden,** underworld; ~**verk,** wonder, miracle; ~**vise,** teach; ~**visning,** instruction; ~**vurdere,** underrate, underestimate; ~**vurdering,** underrating, underestimation.

undre, wonder; se *forbause;* ~**es,** wonder; ~**ing,** wonder, astonishment, surprise.

undulat, budgerigar.

unektelig, undeniable.

unevnelig, unmentionable.

ung, young; ~**dom,** youth; (unge mennesker) young people; ~**dommelig,** youthful; ~**domsherberge,** youth hostel; ~**domskriminalitet,** juvenile delinquency; ~**domsskole,** comprehensive school; ~**e,** kid, child; (bjørn, rev etc.) cub; ~**kar,** bachelor.

uniform; ~**ere,** uniform.

union, union.

univers, universe; ~**al;** ~**ell,** universal; ~**itet,** university.

unna, away, off; out of the way; ~**dra,** withdraw; *vr* avoid; evade; ~**fallen,** yielding;

~ **fange,** conceive; ~ **gjelde,** pay, suffer; ~ **gå,** (med vilje) avoid; (unnslippe) escape; ~ **late,** fail; (forsømme) omit; ~ **latelse,** failure; omission.

unnselig, bashful, shy; ~ **setning,** relief; ~ **skylde,** excuse; (tilgi) pardon; ~ **skyldning,** excuse; **(det å be om ~)** apology.

unnta, except; ~ **gelse,** exception; ~ **gen,** except, save; but; ~ **kstilstand,** state of emergency.

unnvikende, evasive; ~ **være,** do (el go) without.

unote, bad habit; ~ **nytte,** uselessness; ~ **nyttig,** useless; ~ **nødvendig,** unnecessary, needless; ~ **nøyaktig,** inaccurate; ~ **nøyaktighet,** inaccuracy; ~ **nåde,** disgrace.

uomgjengelig, unsociable; (uunngåelig) unavoidable; ~ **tvistelig,** indisputable.

uoppdragen, rude, illmannered; ~ **fordret,** uninvited; ~ **hørlig,** incessant; ~ **lagt,** indis-

posed; ~ **løselig,** indissoluble; kjem insoluble.

uoppmerksom, inattentive; ~ **merksomhet,** inattention; ~ **nåelig,** unattainable; ~ **rettelig,** irreparable; ~ **sigelig,** (funksjonær) not subject to notice; (kontrakt) irrevocable; ~ **skåret,** uncut.

uorden, disorder; ~ **entlig,** disorderly.

uorganisert, unorganized, non union.

uoverensstemmelse, disagreement; (avvik) discrepancy; ~ **kommelig,** insurmountable; ~ **lagt,** rash; ~ **treffelig,** unsurpassable; ~ **truffet,** unsurpassed; ~ **veid,** rash; ~ **vinnelig,** invincible.

upartisk, impartial; ~ **partiskhet,** impartiality; ~ **passende,** improper; ~ **personlig,** impersonal; ~ **plettet,** unstained; ~ **populær,** unpopular; ~ **praktisk,** unpractical.

upåaktet, unnoticed; ~ **klagelig,** irreproachable; ~ **litelig,** unreliable; ~ **passelig,** heedless; ~ **talt,** unchallenged.

ur, watch; (større) clock; (stein) rock-strewn slope.

uraffinert, unrefined; ~**ransakelig**, inscrutable; ~**ravstemning**, ballot; ~**redd**, (seng) unmade; (modig) fearless; ~**redelig**, dishonest; ~**regelmessig**, irregular; ~**ren**, unclean; ~**renhet**, impurity; ~**renslig**, uncleanly.

urett, wrong; injustice; ~**ferdig**, unjust; ~**ferdighet**, injustice; ~**messig**, illegal.

uriktig, wrong, incorrect.

urimelig, unreasonable; (meningsløs) absurd; ~**het**, unreasonableness, absurdity.

urin, urine; ~**ere**, urinate.

urmaker, watch-maker.

urne, urn; (valg-) ballotbox.

uro, unrest; (engstelse) anxiety; ~**e**, disturb, trouble.

urokkelig, firm, inflexible; ~**t**, unshaken.

urolig, restless; (engstelig) uneasy, anxious; (vær) rough; ~**lighet**, disturbance, trouble.

urskive, dial; ~**skog**, primeval forest.

urt, herb, plant.

urverk, works of a clock (el watch); ~**viser**, hand of a clock (el watch).

uryddig, untidy; ~**rørlig**, immovable; ~**rørt**, untouched; ~**råd**, impossibility; **ane** ~**råd**, suspect mischief.

usagt, unsaid; ~**sakkyndig**, incompetent; ~**saklig**, bias(s)ed; ~**sammenhengende**, incoherent; ~**sammensatt**, simple.

usann, untrue, false; ~**ferdig**, untruthful; ~**het**, untruth, lie, falsehood; ~**synlig**, improbable, unlikely; ~**synlighet**, improbability, unlikelihood.

usedelig, immoral; ~**sedelighet**, immorality; ~**sedvanlig**, unusual, uncommon; ~**seilbar**, unnavigable; ~**selskapelig**, unsociable; ~**selvstendig**, (om person) dependent on others; (om arbeid) unoriginal; ~**sigelig**, unspeakable; ~**sikker**, uncertain; (forbundet med fare) unsafe; insecure; ~**sikkerhet,** uncertainty; unsafeness; ~**siktbar,** thick, hazy; ~**sivilisert,** uncivilized; ~**sjenert,** (uberørt) unconcerned; ~**skadd,** (om person) unhurt; (om ting) undamaged; ~**skadelig,** harmless.

uskikk, bad habit; ~**elig,** naughty; ~**et,** unfit, unqualified (**til:** for).

uskyld, innocence; ~**ig,** innocent.

usling, wretch.

uslitelig, everlasting; ~**smakelig,** unsavoury; ~**sminket,** unpainted; *fig* unvarnished; ~**spiselig,** inedible.

ussel, wretched, miserable; ~**het,** misery, wretchedness.

ustadig, unsteady; ~**stadighet,** unsteadiness; ~**stand, i** ~, out of order; ~**stanselig,** incessant; ~**stemt,** (om språklyd) voiceless; ~**straffet,** unpunished; ~**styrlig,** unruly; ~**stø,** unsteady; ~**sunn,** unhealthy; ~**svekket,** unimpaired; ~**svikelig,** unfailing; ~**sympatisk,**

unpleasant; ~**synlig,** invisible; ~**sømmelig,** indecent; ~**sårlig,** invulnerable.

ut, out; ~**abords,** outboard; ~**advendt,** extrovert.

utakknemlig, ungrateful; ~**het,** ingratitude.

utakt: komme i ~, fall out of step; ~**tallig,** innumerable, countless.

utarbeide, prepare, work out; ~**arbeidelse,** preparation.

utbasunere, blazon abroad; ~**be seg,** request; ~**betale,** pay out; ~**betaling,** payment, disbursement; ~**bre,** spread; ~**bredelse,** spreading; diffusion; ~**bredt,** widespread; ~**brudd,** outbreak; *fig* outburst; ~**brukt,** worn out; ~**bryte (si)** exclaim, cry; (bryte ut) break out; ~**bytte,** *v* exploit; *s merk* profit, proceeds; *fig* benefit, profit.

utdanne, educate, train; ~**dannelse,** education; ~**dele,** distribute; ~**deling,** distribution; ~**drag,** extract; summary; ~**dype**, amplify; ~**død**, extinct.

ute, out; ~**arbeid**, outdoor work; ~**bli**, fail to come; ~**late**, leave out, omit; ~**liv**, out-door life; ~**lukke**, *fig* exclude; ~**lukkende**, exclusively; ~**lukket**, out of the question.

uten, without; ~**at**, by heart; ~**bys**, out of town; ~**for**, *adv* outside; *prp* out of, outside; ~**fra**, from without, from (the) outside.

utenkelig, unthinkable, inconceivable.

utenlands, abroad; ~**landsk**, foreign; ~**om: gå ~**, evade; ~**omsnakk**, irrelevant talk; ~**på**, outside; ~**riks**, abroad; ~**riksdepartement**, ministry of foreign affairs; (i England) the Foreign Office; ~**rikshandel**, foreign trade; ~**riksminister**, foreign minister; (i England) Foreign Secretary, (i USA) Secretary of State.

utestengt, shut out; ~**stående**, outstanding.

utett, (lekk) leaky; (slutter ikke) not tight.

utfall, issue, result; *mil* sally; ~**fart**, excursion; exodus; ~**ferdige**, draw up, prepare; ~**flod**, discharge; ~**flukt**, excursion, outing; *fig* excuse, evasion; ~**folde**, unfold; (legge for dagen) display; ~**fordre**; ~**fordring**, challenge; ~**forme**, shape; ~**forming**, design, shaping; ~**forrenn**, *idr* downhill racing; ~**forske**, investigate; (geografisk) explore; ~**fylle**, fill; (skjema) fill in; ~**føre**, (besørge) carry out; (eksportere) export; (bestilling) execute; *mus* execute, play; ~**førelse**, carrying out; (av bestilling) execution; (**fagmessig ~**) workmanship; ~**førlig**, full, detailed.

utgang, (dør) exit, way out; (slutt) end, close; ~**gangsdør**, exit door; ~**gangspunkt**, starting-point; ~**gave**, edition; ~**gi** (sende i bokhandelen) publish; (redigere) edit; ~**gift**, expense;

~givelse, publication; ~giver, publisher; ~gjøre, constitute, make up; ~graving, excavation; ~gyte, pour out; ~gå, (utelates) be left out; ~gående, outgoing; (skip) outward bound; ~gått, (sko) worn out.

ut|heve, *typogr* distinguish by italics; *fig* emphasize; ~hevelse, italics; emphasizing; ~holdende, persevering; ~holdenhet, perseverance; ~hule, hollow; ~huling, hollowing; ~hus, outhouse; ~hvilt, rested.

utid: i ~e, out of season.

ut|lbørlig, improper; ~bøyelig, disinclined; ~freds, dissatisfied, discontented; ~fredshet, dissatisfaction; ~fredsstillende, unsatisfactory; ~givelig, unpardonable; ~gjengelig, inaccessible; ~latelig, *adj* inadmissible; ~nærmelig, unapproachable; ~regnelig, irresponsible; ~strekkelig, insufficient; ~talende, unpleasant.

ut|kant, outskirts; ~kast, draft; (skisse) sketch (til: of); ~kik(k), lookout; ~kjempe, fight (out); ~kjørt, exhausted, worn out; ~klekke, hatch; ~klipp, cutting; ~kledd, dressed up; ~kommandere, call out; ~komme, *v* be published, appear; *s* living, livelihood; ~kåre, choose, elect.

ut|landet, foreign countries; i ~, abroad; ~lede, deduce; ~legg, outlay, expense; *jur* execution; ~legge, explain; ~leie, *s* hiring out, letting (out); ~lending, foreigner; ~levere, deliver, give up; ~levering, delivery; (av forbrytere) extradition; ~ligne, (betale) settle, balance; (oppveie) offset; *idr* equalize; ~ligning, (betaling) payment, settlement; *idr* equalization; (av skatt) assessment; ~lodning, lottery; ~løp, outlet; (munning) mouth; (tid) expiration; ~løpe, (tid) expire; ~løse, release; (fremkalle) provoke; ~ **lån**, loan.

ut|**mattelse**, exhaustion; ~ **mattet**, exhausted; ~ **merke**, distinguish; ~ **merkelse**, distinction; ~ **merket**, excellent.

ut|**navn**, nickname; ~ **nevne**, appoint; ~ **nevnelse**, appointment; ~ **nytte**, utilize; ~ **nyttelse**, utilization.

utover, (hinsides) beyond, in excess of.

ut|**pakking**, unpacking; ~ **panting**, distraint, distress; ~ **parsellere**, parcel out; ~ **peke**, point out; ~ **pint**, exhausted; ~ **plyndre**, plunder; ~ **post**, outpost; ~ **preget**, marked; ~ **pressing**, (penge-) blackmail.

utrette, do; (oppnå) achieve.

utrettelig, indefatigable, untiring.

utringet, low-necked, low cut.

utrivelig, uncomfortable.

utro, unfaithful (mot: to); ~ **lig**, incredible; unbelievable.

utrop, exclamation; ~ **e**, proclaim; ~ **er**, herald, crier; ~ **stegn**, exclamation mark.

utroskap, unfaithfulness.

utrust|**e**, fit out, equip; ~ **ning**, equipment, outfit.

utrydde, exterminate, extirpate; ~ **lse**, extermination, extirpation.

utrygg, insecure; ~ **het**, insecurity.

utrøstelig, inconsolable.

ut|**sagn**, statement; ~ **salg**, sale(s); ~ **satt**, exposed; typogr finished; ~ **seende**, appearance, look(s); ~ **sendelse**, sending; rad broadcast, transmission; ~ **sending**, delegate; ~ **sette**, (oppsette) put off, postpone, defer; (for fare) expose; (dadle) find fault with; mus transcribe, adapt; ~ **settelse**, postponement, deferment, delay; mus transcription, adaption; (for fare) exposure.

ut|**sikt**, view; (fremtids-) prospect; ~ **skeielser**, excesses; ~ **skifting**, replacement; ~ **skille**, separate; (utsondre) secrete; ~ **skjæring**, cutting; (kunstnerisk) carving, sculpture; med excision; ~ **skrive**, (skatt) levy; (soldater) raise, enlist; (fra sykehus) discharge; ~skrivning, conscription, enlistment; ~skudd, refuse, scum; ~skytningsplattform, launching pad; ~slag: gjøre ~et, decide the matter; ~slett, rash, eruption; ~slette, obliterate, wipe out; ~slitt, worn out.

utsmykke, decorate; ~smykning, decoration; ~snitt, cut(ting); mat sector; ~solgt, out of stock, sold out; ~spark (fra mål) kick-out; ~spekulert, designing, cunning; ~spill, lead; ~spring, (elvs) source; ~spørre, question; ~stede, issue, make out; (trekke) draw; ~stedelse, issue.

utstilling, exhibition; (varemesse) fair; (hunde-blomster o.l.) show; (vindus-) display; ~s-gjenstand, exhibit; ~svindu, show-window.

utstrakt, extensive, wide; ~strekning, extent; ~strømning, flow; fig emanation; ~stråle, radiate; ~stråling, radia-

tion; ~stykke, parcel out; ~styr, outfit, equipment; (hus-) furnishings; (brude-) trousseau; ~styre, equip, fit out; (forsyne) supply; furnish; ~stå, se tåle; ~suge, fig fleece; ~sultet, famished; ~svevelser, debauchery; ~svevende, dissolute, licentious; ~søkt, select(ed), exquisite.

uttaking, selection; ~tale, v pronounce; s pronunciation; ~talelse, statement, declaration.

uttrykk, expression; ~e, express; ~elig, adj express; ~sfull, expressive; ~småte, mode of expression.

uttært, emaciated; ~tømme, exhaust; ~tømmende, exhaustive.

utur, bad luck.

utvalg, (av varer) selection; choice; (komité) committee; ~vandre, emigrate; ~vandrer, emigrant; ~vandring, emigration; ~vanning, fig diluting; ~vei, (middel) means, expedient, way out; ~veksle, exchange; ~veksling, exchange;

~ **vekst**, protuberance; ~ **velge**, select, pick out; ~ **vendig**, *adj* outside, external; *adv* (on the) outside.
utvetydig, unequivocal.
utvide, widen, extend, expand; ~ **videlse**, extension, expansion; ~ **vikle**, develop; ~ **vikling**, development; (fysikk) evolution; (kjemi) emission; ~ **viklingshjelp**, development aid; ~ **viklingsland**, developing country; ~ **viklingslæren**, the theory of evolution.
utvilsom, undoubted; *adv* undoubtedly, without doubt, no doubt.
utvinne, extract, win; ~ **virke**, obtain; ~ **vise**, expel; (legge for dagen) show; ~ **visning**, expulsion; ~ **vortes**, external.
utvungen, (naturlig) free and easy; ~ **het**, ease.
utydelig, indistinct.
utyske, monster.
utøse, pour out; ~ **øve**, ~ **øvelse**, exercise; ~ **øvende**, executive.
utøy, vermin; ~ **tøylet**, unbridled; ~ **tålelig**, intolerable; ~ **tålmodig**,

impatient (**over:** at); ~ **tålmodighet**, impatience.
utånde, (dø) expire; (puste ut) exhale.
uunngåelig, inevitable; ~ **værlig**, indispensible.
uutgrunnelig, unfathomable; ~ **holdelig**, intolerable, unbearable; ~ **sigelig**, unutterable; ~ **slettelig**, indelible; ~ **tømmelig**, inexhaustible; ~ **viklet**, undeveloped.
uvane, bad habit; ~ **vanlig**, se *usedvanlig*; ~ **vant**, unaccustomed; ~ **vedkommende**, irrelevant; (**en** ~) intruder; ~ **vel**, unwell, uncomfortable; ~ **velkommen**, unwelcome; ~ **venn**, enemy; ~ **vennlig**, unfriendly, unkind; ~ **vennskap**, enmity; ~ **ventet**, unexpected; ~ **verdig**, unworthy; ~ **vesen**, nuisance; ~ **vesentlig**, unessential, immaterial; ~ **viktig**, insignificant; ~ **vilje**, ill-will; (ulyst) reluctance; ~ **vilkårlig**, involuntary; ~ **villig**, *adj* unwilling; ~ **virkelig**, unreal;

~ **virksom,** inactive,
idle; (virkningsløs) in-
effective; ~ **virksomhet,**
inactivity; ~ **viss,** uncer-
tain; ~ **visshet,** uncer-
tainty; ~ **vitende,** igno-
rant (**om:** of); ~ **viten-
het,** ignorance; ~ **viten-
skapelig,** unscientific;
~ **vurderlig,** invaluable;
~ **væpnet,** unarmed;

~ **vær,** storm, bad
weather; ~ **vøren,** reck-
less.
uærbødig, disrespectful;
~ **het,** disrespect.
uærlig, dishonest; ~ **het,**
dishonesty.
uøkonomisk, (som ikke
lønner seg) unecono-
mic; (om person og
udrøy) uneconomical.

V-W

va, (vade) wade.
vable, blister.
vadefugl, wading-bird;
~ **sted,** ford.
vadmel, frieze, russet.
vaffel, waffle, wafer.
vagabond, vagabond,
tramp; *amr* hobo.
vagle, perch, roost.
vaie, fly, wave, float.
vakker, beautiful, hand-
some.
vakle, (sjangle) stagger,
reel; *fig* waver, vacillate.
vaksinasjon, vaccination;
~ **e,** vaccine; ~ **ere,** vac-
cinate.
vakt, watch, guard; (tje-
neste) duty; *mar* watch;
~ **avløsning,** changing of
the guard; ~ **havende,**

on duty, in charge;
~ **hund,** watchdog;
~ **mann,** watchman;
~ **mester,** caretaker;
(særlig *amr*) janitor; (i
leiegård) (house) porter;
~ **post,** sentry; ~ **som-
het,** vigilance.
vakuum, vacuum.
valen, benumbed, numb.
valfart, pilgrimage; ~ **e,**
make a pilgrimage.
valg, choice; *pol* election;
~ **bar,** eligible; ~ **fri,**
optional; ~ **kamp,** elec-
tion campaign; ~ **krets,**
constituency; ~ **lokale,**
polling station; ~ **språk,**
motto.
valmue, poppy; ~ **nøtt,**
walnut.

valp, pup(py), whelp.
vals; ~ **e**, (dans) waltz;
(~ **e**), s cylinder, roller;
~ **e**, v roll; ~ **takt**,
waltztime.
valuta, (pengesort) currency; (-kurs) exchange;
(verdi) value; ~ **kurs**,
rate of exchange.
vampyr, vampire.
vandel, conduct; ~ **sattest**, certificate of good
conduct.
vandre, wander, roam;
~ **pokal**, challenge cup;
~ **r**, wanderer.
vane, habit, custom;
~ **messig**, habitual, routine; ~ **sak**, matter of
habit.
vanfør, crippled, disabled; ~ **het**, disablement.
vanhellig; ~ **e**, profane.
vanilje, vanilla.
vanke, (besøke ofte) frequent.
vankelmodig, inconstant,
wavering.
vanlig, usual, customary;
~ **vis**, usually, generally.
vann, water; ~ **basseng**,
water reservoir; ~ **e**, v
water; ~ **farge**, watercolour; ~ **forsyning**, water supply; ~ **klosett**,

water-closet, W.C.;
~ **kopper**, chicken pox;
~ **kraft**, water-power;
~ **melon**, water-melon;
~ **rett**, horizontal, level;
~ **skille**, watershed;
~ **skrekk**, hydrophobia;
~ **slange**, (water-)hose;
zool water-snake;
~ **stoff**, hydrogen;
~ **tett**, watertight; (om
tøy) waterproof; ~ **verk**,
waterworks.
vanry, bad repute, disrepute; ~ **røkt**, neglect;
~ **skapt**, deformed.
vanskelig, adj difficult,
hard; ~ **gjøre**, complicate, make difficult;
~ **het**, difficulty.
vanskjøtte, mismanage,
neglect; ~ **stell**, bad
management; ~ **styre**,
misrule.
vant til, used (el accustomed) to.
vante, woollen glove.
vantrives, feel uncomfortable; ~ **tro**, adj unbelieving; s unbelief.
vanvare, inadvertence; av
~, inadvertently;
~ **vidd**, insanity, madness; ~ **vittig**, mad,
(sinnssyk) insane.

vanære, *s & v* dishonour, disgrace.

varaformann, vice-chairman, vice-president; ~**mann**, deputy, substitute.

varde, cairn.

vare, *s* (handels-) article, product, line, commodity; ~**r**, goods; **ta seg i** ~ **for**, beware of; **ta** ~ **på**, take care of; *v* (ved-) last; ~ **beholdning**, stock; ~ **bil**, van; ~ **hus**, ~ **magasin**, department store; ~ **merke**, trade mark; ~ **messe**, (industries) fair, trade fair; ~ **parti**, consignment shipment, parcel; ~ **prøve**, sample; ~ **skur**, goods shed; ~ **ta**, attend to, look after; ~ **tekt**, custody, care; ~ **tektsarrest**, custody; ~ **trekk**, cover.

variabel, variable; ~ **asjon**, variation; ~ **ere**, vary; ~ **eté**, variety, music-hall.

varig, lasting, permanent; ~ **het**, duration.

varm, warm; hot; ~ **e**, *s* warmth, heat; *v* warm, heat; ~ **ebølge**, heat wave; ~ **eflaske**, hot-water bottle; ~ **egrad**, degree of heat; ~ **tvannsbeholder**, hot-water tank.

varsel, (advarsel) warning; *jur* notice, summons; (for-) omen, sign; ~ **ku**, *v* warn, *s* warning; ~ **le**, (gi melding) notify; (advare) warn; (være ~) augur; ~ **om**, cautious.

varte opp, wait (upon), attend.

vasall, vassal; ~ **stat**, satellite state.

vase, *s* (blomster-) vase.

vaselin, vaseline.

vask, washing; (kum) sink; ~ **bar**, washable; ~ **e**, wash; ~ **eekte**, washproof; ~ **emaskin**, washing-machine; ~ **epulver**, washing-powder; ~ **eri**, laundry; ~ **eservant**, wash-stand.

vasse, wade; ~ **trukken**, sodden, waterlogged.

vater, **i** ~, level; ~ **pass**, spirit-level.

vatt, wadding; ~ **ere**, wad, stuff; ~ **ering**, wadding.

ved, *prp* by, at; on, in.

ved, *s* wood.

vedbli, continue, go on, keep on.

vedde, bet, wager; ~ **løp,** race; ~ **løpsbane,** race-course; ~ **mål,** wager, bet.

vedgå, admit, own.

vedhogger, wood-cutter; ~ **st,** wood-cutting.

vedholdende, persevering, continuous; ~ **het,** perseverance.

vedkjenne seg, own, acknowledge.

vedkomme, concern, bear on; ~ **nde,** concerned; *s* **for mitt** ~ **nde,** for my part, personally.

vedlagt, (i brev) enclosed; ~ **legg,** enclosure; ~ **legge,** enclose; ~ **likehold,** maintenance; ~ **likeholde,** keep in repair, maintain.

vedskjul, wood-shed.

vedta, adopt, pass, carry; ~ **tak,** resolution; ~ **tekter,** rules, regulations.

vedvare, last, continue; ~ **nde,** unceasing, constant.

vegetabilsk, vegetable; ~ **arianer,** vegetarian.

vegg, wall; ~ **edyr;** ~ **elus,** bedbug; ~ **epryd,** wall-flower.

vegne: på mine ~, on my behalf.

vegre seg, refuse, decline; ~ **ing,** refusal.

vei, road; (retning) way, route; (hoved-) high-road, highway; ~ **arbeider,** navvy; ~ **bom,** turnpike.

veie, weigh.

veigrøft, (roadside) ditch.

veik, (myk) flexible; (svak) weak; ~ **het,** weakness.

veikryss, crossroad.

veilede, guide, instruct; ~ **er,** guide, instructor; ~ **ning,** guidance; instruction(s).

veiv, crank(handle); ~ **e,** (svinge) swing, wave.

veivals, steam-roller; ~ **viser,** guide.

veke, (lampe-) wick.

vekk, (borte) away, gone; (bort) away, off.

vekke, awake(n), wake; (etter avtale) call; *fig* arouse, excite; *relg* revival; ~ **rur,** alarm-clock.

veksel, *merk* bill (of exchange), (tratte) draft; ~ **aksept,** acceptance of a bill (of exchange); ~ **bruk,** *agr* rotation of crops; ~ **strøm,** *elekt* alternating current; ~**virkning,** reciprocal action; ~**vis,** *adv* by turns.

veksle, change; (ut-) exchange; ~**penger,** change.

vekst, growth; (høyde) stature; *bot* herb, plant.

vekt, weight; (veieinnretning) scales, balance; **legge ~ på,** lay stress on; ~**ig,** weighty; ~**skål,** scale; ~**stang,** balance-lever.

vel, *s* welfare, good, benefit; *adv* well; ~**befinnende,** health; ~**behag,** delight, pleasure; ~**berget,** safe.

velde, power; might; ~**ig,** (kraftig) powerful; (stor) enormous.

veldedig, charitable; ~**het,** charity.

velferd, welfare; ~**ferdsstat,** welfare state; ~**fortjent,** well-deserved.

velge, choose; *pol* elect; ~**r,** elector.

velgjerning, benefit, charitable deed; ~**gjort,** well done; ~**gjørende,** (sunn) beneficial; (veldedig) charitable; ~**gjø-**

renhet, charity; ~**gjører,** benefactor.

velhavende, well-to-do; wealthy, prosperous.

velkjent, well-known; ~**klang,** harmony; ~**kledd,** well-dressed; ~**klingende,** melodious, harmonious; ~**kommen;** ~**komst,** welcome.

velling, thin porridge, gruel.

velluktende, fragrant, sweet-scented, perfumed; ~**lyd,** euphony; ~**lykket,** successful; ~**lyst,** voluptuousness, sensuality; ~**lystighet,** lasciviousness.

velnært, well-fed.

veloppdragen, well-bred; ~**het,** good manners.

velsigne, bless; ~**signelse,** blessing; ~**skapt,** well-shaped; ~**skikket,** well qualified (til: for); ~**smakende,** savoury, tasty; ~**stand,** prosperity; ~**standssamfunnet,** the Affluent Society; ~**stående,** well-to-do, prosperous, well off.

veltalende, eloquent; ~**het,** eloquence; rhetoric.

velte, *vt* upset, overturn; *vi* tumble over, be upset.

velvalgt, well-chosen; **~vilje,** benevolence, good-will; **~villig,** benevolent, kind; **~være,** well-being.

velynder, well-wisher, patron.

velærverdig, reverend.

vemmelig, disgusting, nasty; **~lse,** disgust; **~s,** be disgusted.

vemod, sadness; **~ig,** sad.

vende, turn; **~ekrets,** tropic; **~epunkt,** turning point; **~ing,** turning, turn; *fig* turn, (talemåte) phrase.

vene, vein; **~risk,** veneral.

venn, friend; **~e,** accustom; **~eløs,** friendless; **~esæl,** liked, beloved; **~etjeneste,** friendly turn; **~inne,** (girl) friend; **~lig,** kind; (vennskapelig) friendly; **~lighet,** kindness; friendliness; **~ligsinnet,** friendly; **~skap,** friendship; **~skapelig,** friendly.

venstre, *adj* left; til **~,** to *(el* on) the left.

vente, *vi* wait, (på: for); *vt* expect, await; **~liste,** waiting list; **~værelse,** waiting-room.

ventil, ventilator; *mark* valve; **~asjon,** ventilation; **~ere,** ventilate.

veps, wasp; **~ebol,** wasp's nest.

veranda, veranda.

verb, verb.

verd, *adj* worth; (verdig) worth; *s* worth, value.

verden, world; **~sbanken,** the World Bank; **~sberømt,** world-famous; **~sdel,** continent; **~shistorie,** history of the world; **~skrig,** world war; **~smester,** world champion; **~smesterskap,** world championship; **~somseiling,** circumnavigation of the world; **~srommet,** space; **~sutstilling,** world exhibition, world('s) fair.

verdi, value, worth; **~ifull,** valuable; **~ig,** worthy; **~ighet,** dignity; **~igjenstand,** article of value; **~iløs,** valueless, worthless; **~ipapir,** security; **~ipost,** insured mail; **~isaker,** valuables; **~sette,** estimate, value.

verdslig, secular, worldly; ~**het,** secularity, worldliness.

verft, shipbuilding yard, shipyard.

verge, *v* defend; *s* (formynder) guardian; (våpen) weapon of defence; ~**løs,** defenceless.

verifisere, verify; ~**ing,** verification.

verk, *arb* work; *mus* opus; (bruk) factory, works, mill; (smerte) ache; (materie) puss, matter; ~**e,** ache, pain; ~**efinger,** swollen finger; ~**sted,** workshop; ~**tøy,** tool.

verken ... eller, neither ... nor.

vern, defence; ~**e,** defend; ~**eplikt,** compulsory military service.

verpe, lay.

verre, worse.

vers, stanza, verse; ~**efot,** foot; ~**emål,** metre; ~**ere,** circulate.

versjon, version.

verst, worst.

vert, host; (hus *o.l.*) landlord.

vertikal, vertical.

vertinne, hostess; (på pensjonat *o.l.*) landlady; ~**shus,** inn; ~**shusholder,** innkeeper; ~**skap,** host and hostess.

verve, enlist; recruit.

vesen, being; *filos* entity; *dt* creature; (egenart) essence; (natur) nature; (opptreden) manners; ~**sforskjell,** essential difference; ~**tlig,** *adj* essential; *adv* essentially; (mest) chiefly, mostly.

veske, (hand)bag; (mappe) briefcase.

vesle, little; ~**voksen,** precocious.

vest, (plagg) waistcoat; *amr* vest; (retn.) west; ~**enfor,** west of; **V-Europa,** Western Europa; ~**kanten,** the West End; ~**lig,** *adj* western, westerly; *adv* towards the west; **vestmaktene,** the Western Powers; ~**over,** to the west.

veteran, veteran.

veterinær, veterinary, vet.

veto, veto.

vett, brains, sense; ~**løs,** stupid; ~**skremt,** scared, out of one's senses.

vev, (-stol) loom; (det som veves) web; *fig* tissue; ~e, weave; ~er, weaver; ~eri, textile factory, weaving mill.

vi, we; via, via, by way of.

vibrasjon, vibration; ~ere, vibrate.

vid, wide; ~d, (vittighet) wit; ~de, width; ~e ut, broaden, widen; ~ere, wider; (ytterligere) farther, further; inntil ~ere, until further notice; ~eregående, further, advanced; ~eregående skole, secondary school; ~erekommet, advanced.

vidt, adv far, widely; ~gående, far-going, extreme; ~rekkende, far-reaching.

vidunder, wonder, miracle; ~barn, (child) prodigy; ~lig, wonderful, marvellous.

vie, consecrate; dedicate; (ektefolk) marry; ~lse, wedding ceremony; ~lsesattest, marriage certificate; ~vann, holy water.

vifte, v flutter, wave; s fan.

vignett, vignette; ~sel, consecration; ~sle, consecrate.

vik, creek, cove, inlet.

vikar, substitute, deputy; ~iat, position as a deputy; ~iere, act as substitute.

vike, give way (for: to); ~ tilbake, retreat; flinch (for: from); ~ til side, step aside; ~plikt, duty to keep clear.

vikle, wrap, twist.

viktig, important; (innbilsk) conceited; ~het, importance.

vilje, will; ~kraft, willpower; ~løs, weakwilled; ~sak, matter of will; ~sterk, strongwilled; ~styrke, willpower.

vilkår, conditions; (pl også) terms; ~lig, arbitrary; ~lighet, arbitrariness.

vill, wild; savage; fierce.

villa, detached house, villa.

ville, be willing; (ønske) wish, want; jeg vil, I will; ~else, delirium; ~het, wildness, savageness; ~ig, adj willing; ready; ~ighet, willingness; ~ede, lead astray; ~edende, misleading; ~mann, savage;

~**mark**, wilderness; ~**rede**, perplexity, confusion; ~**spor**, wrong track.

vilt, game; (kjøtt) venison; ~**er**, giddy, wild; ~**handel**, poulterer's shop.

vimpel, pennant.

vimse, fuss, bustle.

vin, wine.

vind, wind; ~**e**, wind; ~**eltrapp**, winding stairs; ~**ing**, winding, twist; ~**kast**, squall, gust of wind; ~**mølle**, windmill; ~**rose**, compass card.

vindrue, grape.

vindstille, calm.

vindu, window; ~**skarm**, window-frame; ~**spost**, sill; ~**srute**, windowpane.

vinge, wing; ~**skutt**, winged.

vingle, flutter about; stray; *fig* vacillate.

vingård, vineyard; ~**høst**, vintage; ~**kart**, wine card.

vink, sign, signal; (antydning) hint; ~**e**, wave, beckon.

vinkel, angle.

vinne, (oppnå) gain, win;

(erobre) conquer, win; ~**ende**, winning; *fig* prepossessing; ~**er**, winner; ~**ing**, gain, profit.

vinsj, winch.

vinter, winter; ~**dvale**, hibernation, wintersleep.

virke, act, work; influence; (gjøre virkning) take effect; (om legemidler) operate; *s* material; building materials; ~**felt**, field of activity; ~**lig**, *adj* real, actual; (sann) veritable; *adv* really, actually; indeed; ~**liggjøre**, realize; ~**liggjørelse**, realization; ~**lighet**, reality; ~**lyst**, energy; ~**lysten**, energetic; ~**middel**, means, agent.

virkning, effect; ~**ningsfull**, effective; ~**ningsløs**, ineffective; ~**som**, active; ~**somhet**, activity; (arbeid) operations.

virtuous, virtuoso.

virvar, confusion, mess.

vis, *adj* wise; *s* way, manner; ~**dom**, wisdom; ~**domstann**, wisdom tooth; ~**e**, *v* show; (legge for dagen) display;

(bevise) prove; ~e seg, appear; (dukke opp) turn up; (viste seg å være) prove; ~e, s song, ditty, ballad; ~e-, (forstavelse) vice-, deputy; ~er, hand; ~ergutt, errand-boy, messenger.

visitas, visitation; ~ere, inspect; search; ~t, visit; avlegge ~t, call on, pay a visit; ~tkort, card.

visjon, vision; ~ær, visionary.

viske, rub; ~lær, India rubber, eraser.

visne, wither, fade.

visp, ~e, beat, whisk.

viss, certain, sure; ~elig, certainly, to be sure.

vissen, withered; ~het, withered state.

visshet, certainty; ~t, certainly; ~tnok, no doubt.

visum, visa; ~tvang, compulsory visa.

visvas, nonsense.

vital, vital; ~itet, vitality.

vitamin, vitamin.

vite, know; få ~, learn; ~n; ~nde, knowledge; ~nskap, science (ånds-) scholarship; ~nskape-

lig, scientific; ~nskapsmann, scientist; (lærd) scholar.

vitne, v testify, witness, give evidence; s witness; ~sbyrd, evidence; (fra skole) certificate; ~utsagn, evidence.

vits, joke; ~tig, witty; ~tighet, wittiness; (vits) joke.

vogge, s cradle; v rock; ~esang, lullaby.

vogn, carriage; (firhjulet arbeids-) waggon; (tohjulet arbeids-) cart; jernb carriage; amr car.

vokal, s vowel; adj vocal.

voks, wax; ~duk, oilcloth; ~e, (med voks) wax; (bli større) grow; (tilta) increase; ~en, grown(-up), adult; ~enopplæring, adult education.

vokte, watch, guard; ~r, keeper.

vold, (overlast) violence, force; ~gift, arbitration; ~som, violent; ~somhet, violence; ~ta, ~tekt, rape.

voll, mound, dike; mil rampart; (gras-) green field; ~grav, moat.

volt, volt.

volum, volume.

vom, belly, paunch.

vond, bad, evil, wicked.

vorte, wart; (bryst-) nipple.

vott, mitten.

vrak, wreck; ~ **e**, (forkaste) reject; (sortere) sort; ~ **gods**, wreckage.

vrang, (vrengt) inverted, pulled inside out; (forkjært) wrong, (vanskelig) intricate; ~ **e**, wrong side; ~ **forestilling**, delusion; ~ **lære**, heresy; ~ **lærer**, heretic; ~ **lås**: **døra gikk i** ~, the lock caught; ~ **strupe**: **få i** ~ **n**, swallow the wrong way; ~ **vilje**, disobligingness; ~ **villig**, disobliging.

vred, angry; **bli** ~ **over**, get angry at; ~ **e**, anger, wrath.

vrenge, turn inside out.

vri, *v* twist, wring; ~ **dning**, torsion; ~ **en**, (person) wayward; (ting) intricate.

vrikke, wriggle; *mar* scull; (forvri) contort, sprain.

vrimle; ~ **mel**, swarm, shoal **(av:** with).

vrinsk; ~ **e**, neigh.

vrist, instep.

vrøvl, nonsense; ~ **e**, talk nonsense; ~ **ebøtte**, twaddler.

vulkan, volcano; ~ **isere**, vulcanize; ~ **sk**, volcanic.

vurdere, value, estimate **(til:** at); (skatte) appreciate, value; ~ **ing**, valuation.

væpne, arm; ~ **r**, esquire; armour-bearer.

vær, weather; (sauebukk) ram; ~ **bitt**, weatherbitten; ~ **e**, be; (lukte) scent; ~ **else**, room; ~ **fast**, weather-bound; ~ **hane**, weather-cock; ~ **hard**, exposed, unsheltered; ~ **melding**, weather forecast *(el* report).

væske, *s* liquid, fluid.

væte, *v* wet, moisten; *s* wet, moisture.

våg, (bukt) bay, inlet; (materie) matter, pus; ~ **al**, audacious, daring; ~ **e**, venture; risk; ~ **estykke**, daring (venture); ~ **et**, bold, risky.

våke, wake, be awake; ~ **over**, watch over; ~ **n**,

awake; ~**ne**, (a)wake
(**av**: from).
våningshus, dwelling
house.
våpen, weapon; arms;
(familie-) (coat of)
arms; ~**hvile**, armistice,
truce; ~**makt**, military
power; ~**merke**, device.
vår, *pron* our; *s* spring.

vås, nonsense, rubbish;
~**e**, talk nonsense.
våt, wet.

watt, watt.
whisky, whisky; ~**pjol-
ter**, whisky and soda.
Wien, Vienna; **wiener-
brød**, Danish pastry.

Y-Æ-Ø

yacht, yacht.
ydmyk, humble; ~**e**, hu-
miliate; ~**else**, humilia-
tion; ~**het**, humility.
ymt; ~**e**, hint.
yndle, *s* grace, charm;
~**efull**, graceful; ~**ig**,
graceful; charming;
~**ling**, favourite.
yngel, brood; ~**le**,
breed; ~**ling**, youth.
yngre, younger; (temme-
lig ung) youngish; (av
seinere dato) later; ~**st**,
youngest.
ynk, misery; (medynk)
pity; ~**e**, pity; ~**e seg**,
moan; ~**elig**, miserable.
ypperlig, excellent.
yppig, exuberant; ~**het**,
exuberance.
yr, *adj* giddy, wild;

(duskregn) drizzle; ~**e**,
drizzle; (kry) teem,
swarm.
yrke, occupation, craft,
trade; (akademisk) pro-
fession; ~**dag**, work-
day; ~**skvinne**, working
woman; ~**sskole**, voca-
tional school; ~**sveiled-
ning**, vocational guid-
ance.
yste, make cheese; ~ **ost**,
make cheese; ~**ri**,
cheese factory.
yte, grant, give; ~**lse**,
performance; ~**evne**,
capacity.
ytre, *adj* outer; external;
s the exterior; *v* utter,
express.
ytring, remark; ~**sfrihet**,
freedom of speech.

ytterligere, further, extreme(ly); ~ **liggående**, extreme; ~ **lighet**, extreme; ~ **tøy**, outdoor things.

æra, era.
ærbar, modest; chaste.
ærbødig, respectful; ~ **het**, respect; ~ **st**, (i brev) Yours faithfully.
ære, *s* honour; glory; *v* honour; ~ **frykt**, awe, veneration; ~ **krenkelse**, defamation.
ærend, errand.
æresborger, honorary citizen; ~ **doktor**, honorary doctor; ~ **ord**, word of honour.
ærfugl, eider duck.
ærlig, honest; ~ **het**, honesty.
ærverdig, venerable.
ætling, descendant.
ætt, family; ~ **esaga**, family saga; ~ **etavle**, genealogical table; ~ **ledd**, generation.

øde, *adj* deserted, desolate; *v* waste; ~ **legge**, ruin, destroy; (skade) damage, (skjemme) spoil; ~ **leggende**, ruinous; ~ **leggelse**, ruin,

destruction; ~ **mark**, waste land.
ødsel, prodigal; wasteful; ~ **le**, be wasteful.
øgle, lizard; (utdødde arter, *pl)* saurians.
øke, increase; ~ **navn**, nickname.
økolog, ecologist; ~ **i**, ecology; ~ **isk**, ecological.
økonom, economist; ~ **i**, (sosial-) economics; (sparsommelighet) economy; ~ **isk**, (som angår økonomi) economic; (om en persons økonomi) financial; (sparsommelig) economical.
øks, axe, hatchet.
økt, spell (of work).
øl, beer; ale; ~ **bryggeri**, brewery.
øm, tender; (vondt) sore; ~ **fintlig**, sensitive **(for:** to); ~ **het**, soreness; *fig* tenderness; ~ **hjertet**, tender-hearted; ~ **tålig**, (skjør) fragile; *fig* delicate.
ønske, *s* wish, desire; *v* desire, wish; want; ~ **lig**, desirable.
ør, confused.
øre, ear; ~ **døvende**, dea-

fening; ~ **fik,** box on the ear; ~ **flipp,** lobe of the ear; ~ **kyte,** minnow; ~ **pine,** earache.

ørken, desert; wilderness.

ørkesløs, idle.

ørliten, puny, tiny, wee.

ørn, eagle; ~ **enese,** aquiline nose, hooknose; ~ **ung,** eaglet.

ørret, trout.

ørsk, bewildered.

øse, v bale, scoop; (brønn, *fig)* draw; (suppe) serve *el* ladle; *s* scoop; ladle; ~ **kar,** baler, scoop.

øsregn, downpour of rain.

øst, east; ~ **en,** the East; ~ **erlandsk,** oriental.

Østerrike, Austria.

østers, oyster.

østgående, easterly; *mar* eastward bound; ~ **kanten,** East End; ~ **lig,** eastern; ~ **over,** eastward.

øve, practise; exercise, train; ~ **lse,** practice, exercise.

øverst, uppermost, highest; *fig* supreme.

øy, island; (i navn) isle.

øye, eye; ~ **blikk,** instant, moment; ~ **blikkelig,** immediate; momentary; ~ **bryn,** eyebrow; ~ **eple,** eyeball; ~ **kast,** glance; ~ **lokk,** eyelid; ~ **med,** object, aim; ~ **nsynlig,** evident; ~ **stikker,** dragonfly; ~ **vipper,** eyelashes; ~ **vitne,** eye-witness.

øyne, see, behold.

Å

å, to, (elv) rivulet, brook.

åbor, perch.

åger, usury; ~ **gerpris,** exorbitant price; ~ **re,** practise usury.

åk, yoke.

åker, field.

ål, eel; ~ **eteine,** eel-pot.

ånd, spirit; (spøkelse) ghost, spirit; (forstand) mind, intellect; ~ **e,** *s* breath; *v* breathe; ~ **edrett,** respiration; ~ **elig,** mental, intellectual; (motsatt verdslig) spiritual; ~ **eløs,** breathless; ~ **enød,** difficulty in breathing.

åndsarbeid, intellectual work; ~**evne**, (mental) faculty; ~**fraværende**, absent-minded; ~**frihet**, intellectual freedom; ~**frisk**, sound in mind; ~**kraft**, mental power; ~**svak**, imbecile, mentally deficient; ~**svakhet**, imbecility, mental deficiency.

åpen, open; ~**bar**, evident, obvious; ~**bare**, reveal; ~**het**, openness; *fig* frankness; ~**hjertig**, openhearted, frank; ~**lys**, open, undisguised.

åpne, open (**for**: to); ~**ing**, opening; (innvielse) inauguration.

år, year; ~**bok**, yearbook, annual.

åre, vein; (puls) artery; *min* grain, vein; *mar* oar; ~**blad**, oar-blade; ~**forkalket**, suffering from arteriosclerosis; ~**knute**, varicose vein; ~**late**, bleed; ~**latning**, bleeding; ~**mål**: på ~,

on a term of years; ~**tak**, stroke; ~**vis**: i ~, for years.

årgang, (tidsskrift *o.l.*) volume; (vin og *fig*) vintage; ~**hundre**, century; ~**lig**, yearly, annual.

årsak, cause; (grunn) reason.

årsberetning, annual report; ~**møte**, annual meeting; ~**tall**, year, date; ~**tid**, season.

årvåken, vigilant, alert; ~**het**, vigilance, alertness.

ås, (mountain) ridge, hill; (bjelke) beam; ~**rygg**, crest.

åsted, scene of the crime.

åsyn, face, visage, countenance.

åte, bait.

åtsel, carcass, carrion; ~**gribb**, vulture.

åtte, eight; ~**kant**, octagon; ~**nde**, eighth.

åtti, eighty; ~**ende**, eightieth; ~**åri(n)g**, octogenarian.